Volker Depkat

Geschichte der USA

Verlag W. Kohlhammer

Für Simon

1. Auflage 2016

Alle Rechte vorbehalten
© W. Kohlhammer GmbH, Stuttgart
Gesamtherstellung: W. Kohlhammer GmbH, Stuttgart

Print:
ISBN 978-3-17-018797-9

E-Book-Formate:
pdf: ISBN 978-3-17-026744-2
epub: ISBN 978-3-17-026745-9
mobi: ISBN 978-3-17-026746-6

Für den Inhalt abgedruckter oder verlinkter Websites ist ausschließlich der jeweilige Betreiber verantwortlich. Die W. Kohlhammer GmbH hat keinen Einfluss auf die verknüpften Seiten und übernimmt hierfür keinerlei Haftung.

Inhalt

Vorwort 9

I　Voreuropäische Zeit und Kontaktphase 15
　　1　Die ersten Amerikaner 15
　　2　Indianische Lebensformen 18
　　3　Entdeckungsgeschehen 26

II　Das koloniale Britisch Nordamerika 30
　　1　Koloniale Experimente 30
　　　　Die Kolonien des Südens 32
　　　　Die Kolonien Neuenglands 34
　　　　Die Kolonien des Mittleren Atlantiks 39
　　　　Grundmuster britischer Kolonisation 43
　　2　Die Anfänge der Sklaverei 45
　　3　Indianer und Weiße 48

III　Revolution (1763–1787/88) 52
　　1　Imperiale Krise und Eskalation des Steuerstreits 1763–1773 52
　　2　Wende zur Revolution 1774/76 56
　　3　Die vielen Kriege des Amerikanischen Revolutionskrieges 59
　　4　Die Geburt des modernen Konstitutionalismus 62
　　　　Verfassungsgebung in den Einzelstaaten 63
　　　　Verfassungsgebung auf Bundesebene 65
　　5　Die revolutionäre Gesellschaft 67
　　6　Die »kritische Periode« und die Verfassung von 1787/88 71

IV　Frühe Republik und Bürgerkrieg 1789–1865 82
　　1　Behauptung der Union nach innen und außen 1789–1815 82
　　2　Territoriale Expansion, inneres Wachstum und *Manifest Destiny* 95
　　3　Demokratisierung der Republik 101
　　4　Marktrevolution und Industrialisierung 109
　　5　Herren und Sklaven im Alten Süden 113
　　6　Sektionaler Konflikt und föderale Krise 119
　　7　Der Bürgerkrieg als »zweite Revolution« 129

V	**Der Durchbruch der Moderne 1865–1914**	**139**
1	*Reconstruction*. Die Wiedereingliederung des Südens	140
2	Die Besiedlung des Westens und das Ende der *Frontier*	148
3	Die industriekapitalistische Metamorphose der USA	153
4	Die Herausbildung der industriellen Gesellschaft	158
	Die amerikanische Arbeiterklasse	158
	Die amerikanische Mittelklasse	162
5	*New Immigration* und neue ethnische Pluralität..................	164
6	Kommunikations- und Verkehrsrevolution	166
7	Urbanisierung und die Ausdifferenzierung des städtischen Raums...	169
8	Die Widersprüche der industriellen Moderne und soziale Reform	173
9	Imperialismus und Industrialisierung	178

VI	**Die USA im »kurzen 20. Jahrhundert« (1914–1990)**................	**185**
1	Die USA im Ersten Weltkrieg	185
	Politische Neutralität und wirtschaftliche Verflechtung	185
	Over There – Die amerikanischen Truppen in Europa	188
	Over Here – Staat, Wirtschaft und Gesellschaft im Krieg	189
	Der schwierige Friede von Versailles	191
2	Paradoxe Zwischenkriegszeit	194
	Prekärer Wohlstand und *Great Depression*	194
	Die Paradoxien der Moderne	196
	Vom *American Individualism* zum *New Deal*	202
	Neutralität und *demokratischer Internationalismus*	206
3	Die USA im Zweiten Weltkrieg	210
	Kriegführung in Europa und Asien...............................	210
	Innere Wandlungsprozesse	213
	Alliierte Nachkriegsplanungen	216
4	Wandel der Rassen- und Geschlechterordnungen 1914–1945	221
	New Negroes	221
	Neue Frauen	225
5	Fronten des Kalten Krieges	228
	Die Entstehung des Kalten Krieges	229
	Die Anfänge des Kalten Krieges in Asien	232
	Konsolidierung der Fronten in Europa	235
	Krisenherde und Konflikte des Kalten Krieges	238
	Entspannungspolitik, Re-Eskalation und Ende des Kalten Krieges	254
6	Wirtschaftlicher, sozialer und kultureller Wandel 1945–1991	259
	Die wirtschaftliche Entwicklung	260
	Die Entfaltung der Wohlstandsgesellschaft	264
	Bürgerrechtsrevolutionen	268
	Die Ordnung der Geschlechter	275

	7	Phasen der Innenpolitik im Kalten Krieg	279
		Innenpolitik im Zeichen des New Deal Konsens 1945–1968	279
		New Left und *New Right*	285
VII	**Die USA im 21. Jahrhundert**		**297**
	1	Außenpolitik	297
		Der Erste Irakkrieg	297
		US-Außenpolitik im Zeichen des *Enlargement*	299
		9/11 und der *War on Terror*	302
		Der Afghanistankrieg	304
		Der Zweite Irakkrieg	306
		Der Nahostkonflikt	310
	2	Wirtschaftliche, soziale und kulturelle Wandlungsprozesse	312
		Wirtschaftswachstum und prekärer Wohlstand	312
		Demographische Entwicklungen	316
		Wertewandel und Kulturkämpfe	320
		Medienrevolution	326
		Umweltzerstörung und Umweltschutz	327
	3	Innenpolitik	327
Zusammenfassung			**338**
Literaturverzeichnis			**347**
	1	Quellen	347
	2	Nachschlagewerke und Hilfsmittel	348
	3	Gesamtdarstellungen	349
	4	Epochen	349
		4.1 Präkolumbisches Amerika	349
		4.2 Koloniales Amerika	349
		4.3 Die Amerikanische Revolution	350
		4.4 Frühe Republik (1789–1861)	352
		4.5 Bürgerkrieg und Reconstruction	354
		4.6 Durchbruch der Industriellen Moderne, Gilded Age und Progressive Era	355
		4.7 Die USA im Ersten Weltkrieg	357
		4.8 Die USA zwischen den Weltkriegen (1918–1941)	357
		4.9 Die USA im Zweiten Weltkrieg	359
		4.10 Die USA im Kalten Krieg	359
		4.11 Die USA im 21. Jahrhundert	362
	5	Themen	363
		5.1 Native American History	363
		5.2 Außenpolitik und Internationale Beziehungen	364

5.3	Rechts- und Verfassungsgeschichte	365
5.4	Wirtschafts- und Sozialgeschichte	366
5.5	Migrationsgeschichte	366
5.6	African American History	367
5.7	Ethnien	369
5.8	Gender History	369
5.9	Geschichte Neuenglands	370
5.10	Geschichte des Südens	371
5.11	Geschichte der Frontier und des Westens	371
5.12	Urban History	371
5.13	Umweltgeschichte	372
5.14	Religionsgeschichte	372

Vorwort

Auch wenn die Vorstellung vom *geschichtslosen Amerika* in Deutschland tief verwurzelt ist, so haben die USA durchaus eine Geschichte, und diese soll in ihren Grundzügen für ein allgemein interessiertes deutsches Publikum erzählt werden. Die Geschichte der USA ist so lang wie kompliziert und in jeder ihrer Phasen faszinierend. Diese Faszination besteht darin, dass die USA das älteste Land der Moderne sind, dessen spezifische Modernität sich in Umrissen bereits in der Vormoderne ausprägte. Viele Akteure, keinesfalls nur weiße, angelsächsische und protestantische Männer, prägen die Geschichte der USA, die sich in einer bunten Vielfalt von natürlichen und sozialen Räumen in Nordamerika und anderswo entfaltete. Diese Räume waren immer auch Kontaktzonen, in denen unterschiedliche Kulturen, Ethnien und Nationalitäten spannungsreich aufeinandertrafen und miteinander agierten. Das Ergebnis waren vielfältige und in viele Richtungen gehende Formen des Kulturtransfers, die einerseits neue, dezidiert amerikanische Wertideen und Lebensweisen produzierten. Andererseits aber erreichten die USA auf diese Weise einen Grad an kultureller Diversität, der es schwer macht, von *der* amerikanischen Kultur als einem in sich geschlossenen, einheitlichen und gleichgerichteten Phänomen zu sprechen. Nicht zuletzt deshalb ist die Geschichte der USA eine Geschichte fortlaufender sozialer Konflikte im Spannungsfeld von Hegemonie und Marginalität, Einheit und Vielfalt, Einschluss und Ausschluss.

So facettenreich und vielschichtig die Geschichte der USA auch ist, sie lässt sich durchaus auf bestimmte Grundlinien und Hauptthemen zurückführen. Da ist zunächst das Thema von den USA als revolutionär begründetes und bis heute nicht abgeschlossenes Experiment in Sachen Demokratie. Dieses markierte im ausgehenden 18. Jahrhundert den Beginn einer möglichen, durch Grundrechtsliberalismus, Konstitutionalismus und Volkssouveränität definierten politischen Moderne. Für die Durchführung ihres Demokratieexperimentes konnten die Amerikaner nur sehr bedingt auf europäische Vorbilder, Traditionen und Verfahren zurückgreifen. Sie mussten deshalb ihren Weg buchstäblich im Gehen finden, und dieser Weg war steinig. Die Etablierung, die Ausgestaltung und der wiederholte Umbau einer freiheitlich-liberalen, parlamentarischen Demokratie in einem föderal organisierten Flächenstaat war ein von scharfen Konflikten strukturierter Prozess, in dem *Krise* und *Transformation* eng ineinander verschlungen waren. Diese spannungsgeladene Konstellation formierte einerseits eine Vielzahl von Reformbewegungen, die die fortlaufende Ausweitung demokratischer Selbstbestimmungsrechte im Lichte des revolutionären Ideals von »Life, Liberty, and the Pursuit of Happiness« vorantrieben. Andererseits jedoch entfaltete der Grundsatzstreit über die Ausgestaltung der auf universalen Grundwerten beruhenden Demokratie mit dem Amerikanischen Bürgerkrieg (1861–1865) ein selbstzerstörerisches Potential, das das mit großen Hoffnungen gestartete Experiment in Sachen Demokratie fast beendet hätte.

Die aus kolonialen Anfängen revolutionär begründete amerikanische Demokratie stieg im Laufe ihrer Geschichte zur Welt- und Supermacht auf. Das ist das zweite große Thema, von dem hier berichtet werden soll. Dieser Aufstieg war nicht selbstverständlich, auch wenn es vielen heute so scheinen mag. Zwar wurde das Experiment in Demokratie von Beginn an mit Erwartungen künftiger nationaler Größe gestartet, doch begriffen die Gründerväter es auch als ihre Aufgabe, mit den Traditionen und Konventionen der krieg- und gewaltgebärenden europäischen Großmachtpolitik zu brechen und die Außenpolitik insgesamt auf eine neue, friedliche Basis im Kontext einer neuen Weltordnung zu stellen. Dieses von einer unverkennbar missionarischen Dynamik getragene Bestreben war gekoppelt an eine Politik der Expansion zur Gründung eines *Empire of Liberty*, die sich zunächst auf den nordamerikanischen Kontinent konzentrierte und nach dem Amerikanischen Bürgerkrieg in die Welt ausgriff. In den beiden Weltkriegen des 20. Jahrhunderts, in denen Europa, das bisherige Zentrum der Welt, sich selbst zerstörte, stiegen die USA zur Welt- und Supermacht auf. Nach 1945 waren sie einer der beiden zentralen Akteure in der bipolaren Welt des Kalten Krieges, der mit dem Zusammenbruch der Sowjetunion im Jahr 1991 endete. Anschließend agierten die USA als einzig verbliebener Hegemon in einer grundlegend veränderten Welt, in der neue, durch ethnischen Nationalismus, religiösen Fundamentalismus und Terrorismus geprägte Konfliktkonstellationen entstanden. Diese stellten Washington vor ganz neue Herausforderungen, die mit den bekannten Instrumenten, Verfahren und Strategien der bisherigen Außenpolitik nur unvollkommen zu bewältigen waren.

Das dritte große Thema der US-amerikanischen Geschichte ist die Entfaltung der amerikanischen Moderne, also einer spezifischen Variante des industriell-urbanen Lebensstils in einer sich in den USA früher als anderswo formierenden Konsumgesellschaft. Auch diese Entwicklung ist nicht selbstverständlich. Die mit der Unabhängigkeitserklärung der USA am 4. Juli 1776 eingeläutete politische Moderne begann in einer noch vorindustriellen, agrarisch geprägten Lebenswelt, und einige der revolutionären Gründerväter wie Benjamin Franklin und Thomas Jefferson hätten diese agrarische Republik gerne dauerhaft erhalten. Sie wollten eine Industrialisierung der USA verhindern, weil die aus der Industrialisierung notwendig folgende industrielle Klassengesellschaft viel zu viele abhängige und arme Menschen hervorbringen würde, mit denen sich republikanische Freiheit unmöglich erhalten ließe. Individuelle *Unabhängigkeit* im weitesten Sinne war ihrer Meinung nach die Voraussetzung für das Gelingen des demokratischen Experimentes. Die Entfaltung einer durch Industrie, Urbanität, Massenkonsum, Bürokratie, Mobilität, Pluralität und Säkularität gekennzeichneten sozio-ökonomischen Moderne ist also ein ganz eigenes Thema der US-Geschichte.

Die Entfaltung dieser Moderne ging einher mit sozialen Transformationsprozessen, die die agrarisch geprägte Gesellschaft des 19. Jahrhunderts zunächst in eine industrielle Klassengesellschaft verwandelten und diese dann zu der durch Massenkonsum geprägten postindustriellen Wohlstandsgesellschaft der Gegenwart weiter entwickelten. In diesem Gesellschaftstyp arbeitet die Mehrheit der Arbeitskräfte als Angestellte in

Dienstleistungsberufen, sind soziale Hierarchien primär durch den Grad der Teilhabe am Konsum von industriell produzierten Fertigwaren bestimmt und ist Armut die Erfahrung einer Minderheit. Zwei neue soziale Formationen entstanden im Zuge dieser gesellschaftlichen Entwicklung, und zwar einerseits die Industriearbeiter, also die *Blue-Collar Workers*, und andererseits die Angestellten, die *White-Collar Workers*. Letztere bilden den Kern der amerikanischen *Middle Class* und ihren durch Aufstiegsmentalität, Bidlungsbewusstsein, Mobilität und Konsum geprägten Lebensstil, der bei vielen als der Inbegriff des *American Way of Life* schlechthin gilt.

Das vierte große Thema der US-amerikanischen Geschichte ist die fortlaufende Pluralisierung und Diversifizierung einer von Beginn an pluralen Gesellschaft. Die Geschichte der US-Gesellschaft lässt sich nur als die Geschichte eines sich in seiner ethnisch-kulturellen Zusammensetzung wiederholt transformierenden Ensembles *verschiedener* Gesellschaften schreiben. In diesem schillernden gesellschaftlichen Mosaik war Ungleichheit in jeweils zeitspezifischen Konstellationen stets durch Geschlecht, Rasse, Ethnizität und Klasse definiert. Migration, freiwillige oder wie im Falle der *African Americans* erzwungene, ist in seiner Bedeutung für die Geschichte der USA kaum zu überschätzen. Neben den verschiedenen europäischen Einwanderergruppen, die seit dem 16. Jahrhundert nach Nordamerika kamen und deren Demographie sich im Verlauf der Zeit wiederholt grundlegend wandelte, stellen die Indianer, die *African Americans*, die Asiaten und schließlich die *Hispanics* wichtige Akteure des Migrationsgeschehens dar. Es ist kennzeichnend für die Geschichte der US-Gesellschaft, dass sie einerseits durch Prozesse der *Amerikanisierung*, also der freiwilligen oder erzwungenen Assimilation an den jeweils hegemonialen *American Way of Life*, und andererseits durch Strategien des Beharrens auf ethnisch-kultureller Eigenständigkeit der verschiedenen Gruppen strukturiert ist.

Das fünfte und letzte große Thema der US-Geschichte, wie sie hier erzählt werden soll, ist die Enfaltung einer durch freiheitlich-demokratische Grundwerte bestimmten, in sich vielfältig schillernden und im Kern modernen Kultur, eines hedonistischen, konsumorientierten und technologiegesättigten *Way of Life* also, der zentral im umfassend verstandenen Gedanken der individuellen Selbstbestimmung ankert. Phänomene und Entwicklungsprozesse der amerikanischen Kultur lassen sich ohne Bezug zur demokratischen Herrschafts- und Gesellschaftsordnung der USA nicht angemessen verstehen. Das Zusammenspiel von Demokratie und Marktwirtschaft formierte eine spezifisch amerikanische *Popular Culture*, die die in Europa geläufigen Unterscheidungen zwischen Eliten- und Volkskultur, Ernst und Unterhaltung, Form und Funktion sowie Kunst und Kommerz überwand. Die Manifestationen dieser amerikanischen Kultur – die Romane Ernest Hemingways oder Toni Morrisons, das Theater von Tennessee Williams oder Edward Albee, die *Pop Art* von Andy Warhol, die Musik von Elvis und Bob Dylan, Madonna und Beyoncé sowie vor allem die zahllosen Kinofilme und Fernsehserien – fanden im 20. Jahrhundert zunehmend in der ganzen Welt ihr Publikum. In der Folge verschränkten sich kulturelle Praktiken und Produkte der USA überall in der Welt mit lokalen Traditionen zu etwas Neuem. Überall kam es zu hoch komplexen Prozessen der produktiven Anpassung, Anverwandlung und auch Neuerfindung tatsächlich oder vermeintlich »amerikanischer« Produkte und Verhaltensweisen, so dass in der zweiten Hälfte des 20. Jahrhunderts eine globale Popkultur mit regionalen Variationen entstand, die tatsächlich immer weniger »amerikanisch« war.

Von all' diesen Themen auf den Achsen Politik, Gesellschaft, Wirtschaft und Kultur soll in diesem Buch in gebotener Kürze und angemessener Differenzierung berichtet werden. Nachdem ich in meiner eher experimentellen *Geschichte Nordamerikas. Eine Einführung* (Köln 2008) die Geschichte der USA in kontinentaler Perspektive reflektiert habe, kehre ich mit diesem Werk nun zu einem eher konventionell nationalgeschichtlichen Ansatz zurück. Das mag wegen der anhaltenden Diskussionen über die Internationalisierung und Transnationalisierung der Geschichtsschreibung im Zeitalter der Globalisierung unzeitgemäß erscheinen. Gleichwohl haben auch nationalgeschichtliche Ansätze angesichts der tatsächlichen historischen Wirkmächtigkeit von Nationalstaaten weiterhin ihre Berechtigung. Schließlich geht es in der Debatte um transnationale Geschichte nicht darum, den Nationalstaat als Subjekt und Objekt der Geschichte wegzudiskutieren, sondern vielmehr darum, die Kategorie des Nationalen zu verkomplizieren, indem einerseits die Offenheit nationaler Systeme betont und andererseits ihre vielfältigen Verflechtungen mit der Welt reflektiert werden. Dies kann man machen, indem man die Geschichte einer Weltregion oder sogar der ganzen Welt schreibt. Man kann transnationale Verflochtenheit aber auch in nationalgeschichtlicher Perspektive sichtbar machen. Insofern ist diese Geschichte der USA kein Bruch mit dem kontinentalen Ansatz, den ich zuvor verfolgt habe; sie komplementiert ihn eher, und doch steht dieses Buch zunächst und vor allem für sich selbst.

Die Arbeiten an ihm begannen vor rund zehn Jahren, und viele Menschen haben mitgeholfen, sie zu einem Abschluss zu bringen. Da sind zunächst die zahllosen Studierenden, die mit mir in einer bunten Reihe von Lehrveranstaltungen Aspekte und Themen der amerikanischen Geschichte kritisch diskutiert haben. Von ihnen habe ich viel mehr gelernt als sie ahnen. Ein großer Dank gebührt Andreas Osterholt, Miles Hookey, Katinka Uppendahl, Liv-Birte Buchmann, Katharina Matuschek und Tamara Heger, die im Laufe der Jahre als studentische Hilfskräfte Kapitelmanuskripte kritisch gelesen, Literatur recherchiert und Fakten überprüft haben. Gleichwohl bleiben alle Fehler in diesem Buch allein meine. Besondere Verdienste um dieses Werk hat sich Alexander Hackl erworben, der als einziger alle Kapitel sorgfältig Korrektur gelesen und deren Qualität mit seinem ausgeprägten Sprachgefühl, seinen breiten Kenntnissen, seiner akribischen Genauigkeit und seiner intellektuellen Hingabe deutlich gehoben hat. Ein besonderer Dank gebührt meiner Lektorin im Kohlhammer Verlag, Monica Wejwar, die dieses langwierige Projekt mit ausdauerndem Wohlwollen, schwäbischem Gleichmut und nie nachlassendem Interesse bis zum letzten Tag ihres Berufslebens begleitet hat. Mit dem Ausscheiden von Frau Wejwar übernahm Dr. Daniel Kuhn und hat mit seinem engagierten Lektorat noch viele Verbesserungen vorgeschlagen.

Auch dieses Buch, das die verdiente einbändige USA-Geschichte von Hans Guggisberg im Programm des Kohlhammer-Verlags ersetzen soll, habe ich in meinen viel zitierten »Nebenstunden« und meist am Wochenende geschrieben, weil es im gegenwärtigen Hochschulsystem, in dem Forschungsleistung in Drittmitteln gemessen wird, ja gar nicht mehr vorgesehen ist, dass Professoren noch selbst Bücher schreiben. Ich will mir dies aber nicht nehmen lassen. Den Preis für dieses Berufsethos hat wieder einmal meine postmoderne Kleinfamilie bezahlt, die auf mich Schreibtischhocker allzu oft verzichten musste und dies mit Geduld ertragen hat, meistens jedenfalls. Als kleiner Trost sei dieses Buch unserem Fußballersohn Simon gewidmet.

Regensburg, im Herbst 2015   Volker Depkat

I Voreuropäische Zeit und Kontaktphase

1 Die ersten Amerikaner

Die Frage, wer die ersten Amerikaner waren, ist akademisch und identitätspolitisch brisant. Diese Brisanz hat sich in dem Maße erhöht, in dem der lange Zeit dominante Entwurf nationaler Identität, der die USA als ein im Kern weißes, angelsächsisches und protestantisches Land definierte, im Zuge der sogenannten *Culture Wars* in Frage gestellt worden ist. Mit dem Begriff ist eine in den 1950/60er Jahren mit der afroamerikanischen Bürgerrechtsbewegung einsetzende Serie politisch-sozialer Kontroversen bezeichnet, durch die bislang marginalisierte ethnische Gruppen ihre eigene Sicht auf die Geschichte der USA formulierten und ihr Recht auf Eigenart jenseits des *White, Anglo-Saxon, Protestant* (WASP) Konsenses einforderten. Diese Entwicklung hat nicht nur die Augen geöffnet für die vielfältigen Einflüsse und Faktoren, die die US-amerikanische Kultur über Jahrhunderte geprägt haben. Sie hat auch die Frage nach den Geschichtsanfängen in Nordamerika neu gestellt und dem präkolumbischen Amerika, das heißt dem Amerika vor der Ankunft von Christoph Columbus im Jahr 1492, neue Relevanz verliehen.

Bis vor kurzem noch hätte eine Darstellung zur Geschichte der USA mit der Ankunft der ersten Europäer in Nordamerika eingesetzt. Das waren – je nach Perspektive und Ansicht des Historikers – entweder die ersten europäischen Entdeckungsreisenden, die um 1500 das Gebiet der späteren USA erstmals erkundeten, oder die ersten englischen Siedler, die sich am Beginn des 17. Jahrhunderts dauerhaft an der nordamerikanischen Atlantikküste niederließen. Die zentralen Daten in diesem Zusammenhang sind das Jahr 1607, das die Gründung von Jamestown, Virginia erlebte, und das Jahr 1620, in dem die puritanischen Pilgerväter auf der *Mayflower* im späteren Massachusetts anlandeten und *Plymouth Plantation* gründeten. Die indianischen Kulturen Nordamerikas bildeten in diesen Geschichtsbildern lange Zeit nur den Hintergrund, vor dem sich die von europäischen, zumal angelsächsischen Siedlern getragene und vorangetriebene Geschichte des Landes abspielte. Deshalb tauchten die Indianer in den einschlägigen Geschichtswerken erst dann auf, wenn sie im Begriff waren, durch das scheinbar unaufhaltsame Vordringen der europäisch-amerikanischen Lebensform verdrängt zu werden. Dieser Vorgang wurde dann meist als »Zivilisierung« einer ursprünglichen »Wildnis« beschrieben, als deren integraler Bestandteil die Indianer erschienen. Mit dieser Geschichtsdeutung untrennbar verknüpft ist die von den europäischen Siedlern selbst formulierte Ansicht, dass der nordamerikanische Kontinent bei ihrer Ankunft im Wesentlichen »leer« und »unberührt« gewesen sei. Allenfalls eine kleine Zahl von Jägern und Sammlern, die in isolierten Kleingruppen zusammenlebten, habe ihn bevölkert, und diese indianischen Gesellschaften seien seit ihren archaischen Anfängen im Kern unverändert geblieben. Erst die europäisch-amerikanische Besiedlung markierte demnach den Beginn von Geschichte auf dem Gebiet der späteren USA.

Dass das präkolumbische Amerika lange als »dunkle Zeit« erscheinen konnte, hat jedoch nicht nur etwas mit kulturell geprägten Perspektiven und Sinnstiftungsprozessen zu tun, sondern auch mit der Quellenlage. Eine auf schriftliche Zeugnisse fixierte Geschichtswissenschaft fand bei den indianischen Kulturen Nordamerikas nur wenig, aus dem sich ihre Geschichte bis zur Ankunft der Europäer rekonstruieren ließ; die in mündlichen Kulturen lebenden präkolumbischen Indianer haben nicht viel Schriftliches hinterlassen. Auch die Archäologie, das zweite große Materialreservoir der Geschichtswissenschaft, half im Falle Nordamerikas zunächst kaum weiter. Die Siedlungsformen der Indianer waren vielfältig, aber flüchtig im Charakter. Grashütten und Holzhäuser, Zelte und Erdhügel sind nicht sehr dauerhaft. Städte und Monumentalbauten, wie sie für die mittel- und südamerikanischen Indianerkulturen charakteristisch sind, gab es in Nordamerika bis auf ganz wenige Ausnahmen nicht. Cahokia, in der Nähe des heutigen St. Louis, Missouri gelegen, war die einzige Stadt, die in Nordamerika vor dem 16. Jahrhundert bestand. Auch die im heutigen Nationalpark *Mesa Verde* im Südwesten Colorados gelegenen Großsiedlungen der Anasazikultur stellen spektakuläre Ausnahmen dar. In der Regel beschränken sich die von der Archäologie gefundenen Zeugnisse der materiellen Kultur auf Speerspitzen, Töpfe, Krüge, Hügelgräber samt Grabbeigaben, Schmuck, Feuerstellen sowie Fels- und Sandzeichnungen. So sprechend dieses Material im Einzelfall auch ist, für eine umfassende Rekonstruktion der amerikanischen Geschichte bis 1491 ist das zu wenig.

Erst seitdem sich die Geschichtswissenschaft die Erkenntnisse und Methoden der Linguistik, der Klima- und Umweltforschung, der Anthropologie, der Geographie, der Epidemiologie, der Genetik und der Entwicklungsbiologie zu eigen gemacht hat, ist einiges an Licht in die vermeintlich dunkle Zeit des präkolumbischen Nordamerika gekommen. Die meisten Wissenschaftler gehen davon aus – und das ist auch nach wie vor die plausibelste Theorie – dass Amerika während der letzten Eiszeit (ca. 33 000-10 700 v. Chr.) von Asien aus besiedelt worden ist. Wie und wann genau dies geschah, ist jedoch Gegenstand heftiger Kontroversen. Viele Theorien gehen davon aus, dass die ersten Amerikaner zu Fuß kamen, und zwar über eine Landbrücke zwischen Asien und Nordamerika in der Beringstraße. Auf dieser gelangten die ersten Menschen, die als eiszeitliche Großwildjäger den Mammuts, Mastodonten, Hirschelchen und Bisons nachzogen, nach Amerika. Es ist sehr wahrscheinlich, dass die ersten Amerikaner bereits um 13 000 v. Chr. in Beringia, der breiten Steppenebene zwischen dem heutigen Russland und Amerika, sowie Alaska angelangt waren, doch war ihnen der weitere Weg durch die riesigen Eismassen versperrt, die damals Kanada bedeckten. Mit der am Ende der letzten Eiszeit einsetzenden allmählichen Erwärmung des Klimas entstand entlang des Yukon-Flusses ein eisfreier Korridor, der ihnen den Weg über das kanadische Eisschild ins zentrale Tiefland Nordamerikas eröffnete.

Diese Theorie erhielt belastbare Beweise als in den 1930er Jahren in der Nähe der Stadt Clovis, New Mexico, steinerne Speerspitzen und andere steinzeitliche Jagdwerkzeuge gefunden wurden, die sich mit der C-14-Methode auf die Zeit von etwa 11 500 bis

10 900 v. Chr. datieren ließen. Das war der Beleg für eine paläoindianische Kultur, deren charakteristisch geformte Projektilspitzen aus Feuerstein in den folgenden Jahren auch an anderen Orten der USA gefunden wurden. Deshalb wurde die *Clovis*-Kultur bis in die 1980er Jahre hinein als die erste paläoindianische Kultur überhaupt gesehen. Sie breitete sich um 10 000 v. Chr. rasch im Gebiet der heutigen USA aus und gründete zentral in der Jagd auf eiszeitliches Großwild. Allerdings spielte auch das Sammeln von Früchten, Samen und Wildpflanzen eine wichtige Rolle.

Die »*Clovis*-These« wurde jedoch vielfach kritisiert. Diverse DNA-Analysen legten in den 1990er Jahren einen früheren Beginn der paläoindianischen Einwanderung nach Amerika nahe. Im Jahr 1994 kamen die Genetiker Douglas Wallace und James Neel nach der DNA-Analyse von 18 räumlich weit auseinanderlebenden zentralamerikanischen Indianergruppen zu dem Schluss, dass deren genetische Stammmütter bereits vor zwischen 28 000 und 20 000 v. Chr. nach Amerika eingewandert waren. Drei Jahre später ergaben die Analysen von Sandro L. Bonatto und Francisco M. Bolzano aus Porto Allegre, Brasilien, dass die ersten Amerikaner Asien bereits zwischen 41 000 und 31 000 v. Chr. verlassen haben mussten, also noch vor dem Höhepunkt der letzten Eiszeit.

Diese Ergebnisse, so unterschiedlich sie waren, befeuerten die seit längerer Zeit bereits geführte Diskussion über den Verlauf der paläoindianischen Migration. Die Forschungen des Sprachwissenschaftlers Joseph H. Greenberg kamen Mitte der 1980er Jahre zu einem unerwarteten Ergebnis: Nachdem er die verwirrende Vielfalt der rund 1200 Indianersprachen nach linguistischen Abstammungsverhältnissen untersucht und festgestellt hatte, dass sie sich in drei Sprachfamilien einteilen ließen, stellte er die These auf, dass sich die Migration in drei, zeitlich weit auseinander liegenden Wellen vollzogen habe. Greenberg stützte damit einerseits die »*Clovis*-These«, behauptete aber auch, dass die *Clovis*-Kultur nur auf die erste von insgesamt drei paläoindianischen Wanderungsbewegungen zurückgehe.

Greenbergs Drei-Wanderungen-Theorie löste heftige Kontroversen aus und motivierte unter anderem auch die genetischen Analysen der 1990er Jahre. Die schon erwähnten Bonatto und Bolzano kamen am Ende ihrer Untersuchungen zu dem Schluss, dass es nur eine asiatische Migrationswelle gegeben habe. Die von Asien nach Alaska gewanderte Gruppe habe sich dort geteilt. Ein Teil sei südlich weiter gezogen, während die anderen in Beringia geblieben seien, wo es sich damals gut habe leben lassen. Dort seien sie dann vom Eis für fast 20 000 Jahre eingeschlossen worden und dann in mehreren Wellen weitergezogen, als das Klima wärmer wurde. Demnach wurde Amerika von nur einer Gruppe von Paläoindianern besiedelt, dies aber zu unterschiedlichen Zeitpunkten. So widersprüchlich die Ergebnisse und Theorien auch sind, sie müssen sich nicht unbedingt alle gegenseitig ausschließen. Die »*Clovis*-These« allerdings, die einen relativ späten und einmaligen Eintritt der Indianer am Ende der letzten Eiszeit postuliert, scheint inzwischen kaum noch haltbar zu sein. Vieles deutet darauf hin, dass die indianischen Kulturen in der westlichen Hemisphäre seit 20 000 vielleicht sogar schon seit 30 000 Jahren bestehen, dass die ersten Amerikaner auf mehreren Wegen auf den Kontinent gelangten und dass verschiedene Gruppen dies zu verschiedenen Zeiten taten.

Auf die *Clovis*-Kultur folgte die *Folsom*-Kultur, benannt nach den 1927 in der Nähe von Folsom, New Mexico, gefundenen steinernen Speerspitzen, die deutlich kleiner und filigraner gearbeitet waren als die *Clovis*-Projektile und die sich per C14-Methode auf zwischen 8900 und 8200 v. Chr. datieren ließen. Die gefundenen Zeugnisse deuten darauf hin, dass die Paläoindianer nun kleineres Wild jagten, vor allem Bisons, aber auch Waschbären und Hasen. Das Sammeln von Wildpflanzen, Früchten und Samen gewann an Bedeutung, und die zahlreichen in Höhlen gefundenen Mahlsteine zeigen, dass die Paläoindianer pflanzliche Nahrung zuzubereiten wussten. Als das eiszeitliche Großwild vor rund 12 000 Jahren auszusterben begann, vollzog sich der Wandel von den Großwildjagdkulturen zu einfacheren, nichtsesshaften Jäger-, Fischer- und Sammlerkulturen. Die weitere Ausdifferenzierung der indianischen Lebensformen in ganz verschiedene Kulturen fand ab ca. 2500 v. Chr. statt. Zwar blieben die nordamerikanischen Indianer im Vergleich zu denen Süd- und Mittelamerikas relativ rückständig, doch prägten sich im ersten Jahrtausend vor Christus auch in einigen Teilen Nordamerikas komplexere Lebensformen aus, und einige von ihnen entwickelten sich bis zum Beginn der europäischen Expansion an die Schwelle zur Hochkultur.

So umstritten die Forschungsergebnisse zur Geschichte des präkolumbischen Nordamerika im Einzelnen auch sind, sie deuten alle in eine Richtung: Am Vorabend der europäischen Expansion waren die indianischen Gesellschaften größer, älter und auch komplexer als lange Zeit angenommen.

2 Indianische Lebensformen

Nordamerika im Jahr 1491 war ein sich entwickelnder, sehr diverser Ort mit einer schillernden Vielfalt an indianischen Kulturen. Tausende von Sprachen wurden gesprochen, ganz unterschiedliche Formen der sozialen Organisation und des Wirtschaftens hatten sich ausgeprägt, und die religiösen Vorstellungen und Kulte deckten ein breites Spektrum ab. Einige indianische Gesellschaften lebten in dauerhaften Siedlungen umgeben von großen Mais-, Bohnen- und Kürbisfeldern. Andere zogen als nomadische Jäger und Sammler umher und wohnten in Grashütten oder Zelten, wieder andere Indianerkulturen stützen sich ausschließlich auf den Fischfang. Handelsnetze waren teils weit geknüpft. So sind beispielsweise Kupferschmuck aus dem Gebiet der Großen Seen im Südosten der USA gefunden worden, oder Muschelsorten vom Atlantik weit im Westen. Einige Gegenden in Nordamerika, vor allem die Küstenregionen im Osten und im Westen waren dicht besiedelt, die *Great Plains* hingegen waren vor der Einführung des Pferdes durch die Europäer im 16. Jahrhundert so gut wie menschenleer.

Die Anthropologie hat diese bunte Vielfalt indianischer Lebensformen mit dem Konzept des Kulturareals geordnet und klassifiziert. Ein Kulturareal ist ein Gebiet, dessen Indianerkulturen viele spezifische Gemeinsamkeiten aufweisen und sich zugleich markant von den Indianerkulturen in anderen Regionen unterscheiden. Damit wird unterstellt, dass die Vielfalt indianischer Lebensformen als Ergebnis hochkomplexer kultureller Anpassungsprozesse an die verschiedenen natürlichen Umwelten Nordamerikas zu begreifen ist. Allerdings sollte dies nicht zu einem deterministischen Denken führen, das die indianischen Lebensformen als *allein* durch die natürlichen Umweltbedingungen bestimmt sieht. Indem die Indianer ihre Lebensform an die Umweltbedingungen anpassten, wirkten sie zugleich auch wieder auf die natürliche Umwelt zurück. Nordamerika im Jahr 1491 war alles andere als ein unberührter, im Zustand ursprünglicher Wildnis verharrender Ort. In der anthropologischen Forschung kursieren mehrere Vorschläge zur Einteilung Nordamerikas in Kulturareale, die sich im Detail vielfach unterscheiden, die jedoch die zentralen Grundlinien gemeinsam haben. Folgende indianische Kulturareale sind demnach zu benennen: (1) die arktische Region, (2) die subarktische Region, (3) die Nordwestküste, (4) Kalifornien, (5) das Plateau und das Große Becken, (6) der Südwesten, (7) die *Great Plains* und (8) das östliche Waldland. Dieser Gliederung liegt im Kern der ethnographische Zustand aus der Zeit um 1500 zu Grunde, doch spiegelt sie auch Verhältnisse wider, wie sie sich ab etwa 2500 v. Chr. in ganz Nordamerika zu entwickeln begannen.

Das arktische Kulturareal umfasst das Küstengebiet von Westalaska bis Ostgrönland, die Aleuten und die Inseln des arktischen Archipels. In dieser extrem lebensfeindlichen Umwelt lebten die Aleuten und Inuit. Deren Kultur prägte sich zunächst in verschiedenen, eher unverbunden nebeneinander bestehenden Lokalvarianten aus, erfuhr dann aber mit der sich zwischen 1000 und 1200 n. Chr. von Alaska aus ausbreitenden Thule-Kultur einen Homogenisierungsschub, der zu einer relativ einheitlichen Inuit-Kultur entlang der arktischen Küste führte. Lebensform und Sozialstruktur der Inuit-Gesellschaft ankert in einer auf Jagd und Fischfang basierenden Subsistenzwirtschaft. Karibu, Robben, Walrosse und Wale bildeten in regionaler Differenzierung die wichtigste Nahrungsgrundlage. Mit dem Kayak und anderen Booten, dem von Hunden gezogenen Kufenschlitten, der Harpune, der Tranlampe und nicht zuletzt dem Iglu entwickelte die Inuit-Kultur ausgeklügelte technische Hilfsmittel, die das Überleben in der arktischen Tundra ermöglichten. Der Tauschhandel mit Karibu-Fellen und Robbenöl verband die Küsten-Inuit mit den im Binnenland lebenden Inuit-Gruppen, lange bevor die ersten Europäer nach Nordamerika kamen. Neben individuellen Handelsverbindungen lassen sich vor allem für Alaska auch überregionale Handelsmärkte feststellen, auf denen mit Waren aus allen Teilen der Arktis gehandelt wurde.

Die Gesellschaften, die sich im arktischen Kulturareal entwickelten, waren nur wenig komplex. Größere Stämme oder noch weiterreichende politische Einheiten gab es nicht. Das zentrale Element sozialer und politischer Ordnung war die Großfamilie und ihre blutsverwandtschaftlichen Beziehungen. Weit verstreute kleine Lager und dörfliche Siedlungen waren charakteristisch für die indianischen Lebensformen in der Arktis. Den sozialen und religiösen Mittelpunkt einer jeden Siedlung bildete das *Qarigi* oder *Qasgiq*, das Versammlungs-, Wohn- und Schlafhaus der Männer und Knaben einer Siedlung. Hier wurden Kontakte gepflegt, Boote und Jagdutensilien ausgebessert und die Séancen der Schamanen abgehalten. Der Platz der einzelnen Männer im *Qasgiq* wurde durch ihre soziale Stellung bestimmt, die über Alter, Ehestand und Reichtum definiert war. Insgesamt waren diese Siedlungseinheiten Solidar- und Jagdgemeinschaften mit flacher Hierarchie. Die größeren Beutetiere wurden als der gemeinsame Besitz aller betrachtet, während die kleineren zwischen den Jägern und anderen Mitgliedern der Siedlungsgemeinschaft geteilt wurden.

Entlang der pazifischen Küste von Südostalaska bis Nordkalifornien entfalteten sich seit etwa 4000 v. Chr. auf dem schmalen Landstreifen zwischen den Kordilleren und dem

Meer die Überflussgesellschaften der Nordwestküsten-Indianer. Sie lebten fast ausschließlich vom Fischfang und bauten um ihn herum eine hochkomplexe und sehr effiziente Fischerkultur auf. Die zahlreichen Küstenflüsse und das Meer lieferten Fische im Überfluss, so dass der pazifische Nordwesten im Jahr 1491 mit zu den am dichtesten besiedelten Regionen Nordamerikas gehörte. Die Nordwestküsten-Indianer siedelten zumeist in Dörfern mit Häusern aus Zedernholz. Der Überfluss an Nahrungsmitteln in Kombination mit weitgehender Sesshaftigkeit führte zur Ausbildung komplexer gesellschaftlicher Strukturen mit vergleichsweise stark ausgeprägter sozialer Schichtung. Die dörflichen Gemeinschaften waren mit Klan- oder Sippenverbänden identisch. In ihnen gab es Häuptlinge, die als Oberhaupt die Gemeinschaft führten. Es gab eine meist aus den engeren Verwandten der Häuptlinge bestehende Führungselite, das einfache Volk und schließlich, als unterste Rangstufe, Sklaven, die gewöhnlich Kriegsgefangene waren. Rang und Prestige dokumentierten sich in der Fähigkeit, über Nahrungsmittel und Gebrauchsgüter, Sklaven und Luxusartikel zu verfügen. Die vergleichsweise weit vorangeschrittene soziale Differenzierung lässt sich auch an den hochentwickelten kunsthandwerklichen Fähigkeiten der Nordwestküsten-Indianer ablesen. Ihre Tierplastiken auf Masken und Totempfählen sind genauso berühmt wie ihre Reliefdarstellung und ihre Malerei. Dieser hohe Stand der Kunst deutet darauf hin, dass es Spezialisten gab, die von der Aufgabe der gemeinschaftlichen Nahrungsbeschaffung entbunden waren, um sich ganz dem Kunsthandwerk widmen zu können.

Zwischen der bewaldeten Küste Kaliforniens und der *Sierra Nevada* erstreckte sich das Kulturareal der kalifornischen Indianer. Hier gab es in voreuropäischer Zeit dichte Eichenwälder, so dass die Eichel als Hauptnahrungsmittel und eine um sie herum organisierte intensive Sammelwirtschaft charakteristisch für die indianischen Gesellschaften dieses Kulturareals waren. Hinzu kamen im Binnenland die Jagd sowie an den Flüssen und entlang der Küste der Fischfang. Die meisten Sammler im Gebiet des heutigen Kalifornien waren sesshaft und siedelten in Dörfern. Typisch waren autonome, verwandtschaftlich gefügte Lokalgruppen mit einem Häuptling an der Spitze. Dieser besaß jedoch eine vergleichsweise geringe Autorität; sie beruhte vielfach auf seiner religiösen Funktion als Hüter sakraler Gegenstände.

Das Gebiet zwischen dem Kaskadengebirge und der *Sierra Nevada* im Westen und den *Rocky Mountains* im Osten bildete das Kulturareal für die Indianerkulturen der Plateaus und des Großen Beckens. Es erstreckte sich von *British Columbia* über die heutigen Staaten Washington und Montana, Teile von Oregon und Idaho in das von Utah und Nevada gebildete Große Becken und reicht im Süden bis an das Colorado-Plateau heran. In dieser Trockensteppe wuchsen Büschelgräser und Kräuter, im Süden auch Kakteen und Yuccas. Dichtere Wälder gab es nur in den höheren Gebirgslagen. Der Norden bot vielfältige Möglichkeiten zum Fischen und Jagen. Hinzu kamen das Sammeln von Wildwurzeln und zahlreiche Beerenarten. Im Süden hingegen war die Natur karg. Deshalb bildeten Pinyon-Nüsse und Grassamen die Hauptnahrungsquelle der dort lebenden Indianer. Hinzu kam die Jagd auf Kleinwild, vor allem Hasen und Antilopen. Die Sozialstruktur der nicht-sesshaften Wildbeutergesellschaften dieses Kulturareals war labil, die Gesellschaften waren politisch und sozial kaum integriert.

Hier verhinderte die ökonomisch notwendige Aufteilung in kleine und kleinste Sammelgruppen die Bildung größerer Gemeinschaften mit komplexeren Führungsstrukturen.

Im nordöstlichen Waldland, also auf dem riesigen Gebiet, das vom Sankt-Lorenz-Strom im Norden bis zum Cumberland-Fluss im Süden und vom Mississippi im Westen bis zur mittleren Atlantikküste reicht, lebten die Indianer zweier Sprachfamilien, die Irokesen und die Algonkin. Der dichte Mischwald, der dieses Gebiet vor der Ankunft der Europäer bedeckte, bot ein breites Angebot an Wildpflanzen sowie ein artenreiches Wildbret. Die zahlreichen Flüsse und der Atlantik steuerten eine große Vielfalt an Fisch bei, doch waren die meisten indianischen Bewohner des nördlichen Waldlandes Bodenbauern. Mais, Kürbis und Bohnen waren die Hauptanbaupflanzen in diesem Gebiet, manchmal wurde auch Tabak kultiviert. Die Indianer des nordöstlichen Waldlandes siedelten charakteristischerweise in Dörfern entlang der großen Flüsse. Ihre Siedlungen waren oft durch komplexe Netzwerke von Hauptsiedlungen, vorgelagerten Weilern und Jagdstützpunkten verbunden. Die Algonkin bauten sich kuppelförmige Wigwams, während die Irokesen in großen, rechteckigen Langhäusern mit Giebel- oder Tonnendach wohnten. Allerdings waren diese indianischen Siedlungsformen nicht so dauerhaft wie die europäischen: Wenn die Felder erschöpft waren, siedelten sich die indianischen Bodenbauern an anderer Stelle neu an. Dieses Wanderfeldbauerntum führte zu den komplexesten, stabilsten und raumgreifendsten Formen der politischen und sozialen Organisation im präkolumbischen Nordamerika. Das historisch wirkmächtigste Ergebnis dieser regionalen Bundestradition war die Konföderation der Irokesen, zu der sich die fünf Stämme der Onondaga, Mohawk, Oneida, Seneca und Cayuga um 1570 zusammenschlossen.

Das Kulturareal des südöstlichen Waldlandes erstreckt sich über das heutige North und South Carolina, Georgia, Alabama und Florida bis in Teile von Louisiana und Mississippi hinein. Auch die hier lebenden Indianer waren erfolgreiche Ackerbauern. Von Mexiko her war der seit etwa 1000 v. Chr. belegte Maisanbau in das südöstliche Waldland vorgedrungen. Jagd und Fischfang bereicherten ihren Speiseplan, so dass sich hier vergleichsweise große Gesellschaften ernähren konnten. Die indianischen Gesellschaften des südöstlichen Waldlandes waren sesshaft, und ihre Sozialordnung war hochkomplex und funktional differenziert. Das Kunsthandwerk war hier ähnlich hoch entwickelt wie an der Nordwestküste. Bereits um etwa 500 n. Chr. entstand im südöstlichen Waldland mit der Mississippi-Kultur eine bedeutende überregionale Kultur, die sich durch befestigte Siedlungen mit monumentalen Kultbauten und weitverzweigten Handelsbeziehungen sowie einen hohen Grad an politischer Organisation und scharf ausgeprägte soziale Hierarchien auszeichnete. Jedes größere Dorf hatte mit der *Plaza* ein kultisches Zentrum, wo sich neben den Zeremonial- und Versammlungshäusern auch der Ballspielplatz befand. Mit Cahokia brachte die Mississippi-Kultur die erste und einzige Stadt im präkolumbischen Nordamerika hervor. Gleichwohl ist über die politisch-territoriale Organisation der südöstlichen Waldlandstämme kaum etwas bekannt.

Wenngleich sich eine breite Vielfalt von Sozialformationen feststellen lässt, sind klar ausgebildete Hierarchien für die Gesellschaften des Südostens charakteristisch. Die

Spitze wurde von einem oftmals erblichen Friedenshäuptling gebildet, der vielfach in seiner Person auch das Amt des höchsten Priesters vereinte. Ihm zur Seite stand eine fest etablierte Adelsschicht, die gleichermaßen politische wie religiöse Funktionselite war. Darunter gab es eine große Zahl gewöhnlicher Indianer, während Sklaven die unterste Schicht der sozialen Hierarchie bildeten. Besonders deutlich hatte sich diese theokratisch strukturierte Gesellschaft bei den *Natchez* und anderen Indianern des unteren Mississippi-Tales ausgeprägt. Die *Natchez* zelebrierten einen Sonnenkult und verehrten ihren als Gott geltenden obersten Häuptling als »Große Sonne«. Dieser Sonnengottglauben erfüllte staatsreligiöse Funktionen; er wurde von einer adligen Priesterkaste verwaltet, die zugleich auch die politische Führungsschicht der Gesellschaft war.

Der Nordwesten des heutigen Mexikos, die US-Bundesstaaten Arizona und New Mexico sowie die südlichen Teile von Utah und Colorado bildeten das südwestliche Kulturareal. Locker gestellte Büsche, Krüppelbäume, Yucca-Palmen und zahlreiche Kakteenarten prägen diese Trockensteppe, in der Wassermangel das existentielle Grundproblem schlechthin darstellt. Von allen Kulturarealen Nordamerikas enthielt der Südwesten das wohl breiteste Spektrum indianischer Lebensformen. Es reichte von halbnomadischen Jägern und Sammlern bis hin zu hochentwickelten sesshaften Gesellschaften, die Ackerbau betrieben und zu diesem Zweck ausgeklügelte künstliche Bewässerungssysteme entwickelten. Als einzige in Nordamerika kannten die Indianer des Südwestens bereits in voreuropäischer Zeit die Weberei.

Die Bodenbauer des Südwestens lebten entweder in Lehmhäusern oder in Pueblos, also in mehrstöckigen Komplexen von über- und nebeneinander gebauten kastenförmigen Häusern, die in präkolumbischer Zeit wohl keine Fenster besaßen und deren Eingang sich auf dem Dach befand. Nur über Leitern, die im Verteidigungsfall weggezogen wurden, konnte man das Innere der Pueblos erreichen. Auch die berühmten *Cliff Dwellings* von *Mesa Verde* sind eine Variante der Pueblo-Kultur.

Die politische und soziale Organisation der südwestlichen Indianerkulturen war kleinteilig. Jedes Pueblo und jede Siedlung war ein unabhängiger, hierarchisch strukturierter politisch-sozialer Verband. Eine Vereinigung der einzelnen Pueblo-Gemeinschaften zu größeren Verbänden lässt sich für den Südwesten nicht feststellen. An der Spitze eines Pueblos standen auf Lebenszeit gewählte Kultpriester, die sogenannten Kaziken, denen jeweils zwei Vertreter an die Seite gestellt waren. Zusammen bildeten der Kazike und seine beiden Vertreter die politische und kultische Führungsspitze des Pueblo-Verbandes.

Ab etwa 1300 n. Chr. kam es im Südwesten zu einem tiefgreifenden demographischen Strukturwandel. Von Norden her wanderten athapaskisch sprechende Stämme ein. Sie hatten sich von ihren Sprachverwandten in Nordwestkanada getrennt und waren am Ostrand der *Rocky Mountains* in das weitläufige Steppenland eingewandert. Im Kern rekrutierte sich diese Wanderungsbewegung aus Navajo und Apachen. Beides waren ursprünglich reine Jäger- und Sammlerkulturen, doch während die Apachen dies bis zum Beginn der Kontaktperiode mit den Europäern und darüber hinaus auch blieben, übernahmen die Navajo von den Pueblo-Indianern den Bodenbau, wurden sesshaft und gingen in frühkolonialer Zeit durch die Übernahme europäischer Haustiere (Ziege, Schaf, Rind, Pferd) erfolgreich zur Viehzucht über. Die Apachen hingegen blieben halbnomadische Wildbeuter, die weiterhin Bisons jagten und Früchte, Nüsse sowie Wurzeln sammelten.

Für das Bild vom nordamerikanischen Indianer als bisonjagendem, federschmucktragendem, tomahawkschwingendem, in Tipis wohnendem und überaus kühnem Reiterkrieger sind die indianischen Lebensformen des Kulturareals der *Great Plains* bis zum heutigen Tag prägend. Dabei ist dies die historisch jüngste und zugleich kurzlebigste aller indianischen Kulturformationen Nordamerikas. Sie entstand überhaupt erst im 17. Jahrhundert, als die Indianer das Pferd von den Europäern übernahmen.

Das Areal der *Great Plains* umfasst ein riesiges Steppen- und Savannengebiet, das sich von Zentralkanada im Norden bis zum Rio Grande im Süden, und vom Ostrand der *Rocky Mountains* bis zum Westrand des Mississippitales erstreckt. Diese große Ebene lässt sich noch einmal unterteilen in das Grasland der Prärien, das sich westlich des Mississippi durch die heutigen Staaten North und South Dakota, Minnesota, Nebraska, Iowa, Kansas, Missouri, Oklahoma bis nach Arkansas erstreckt, und in die westlich sich daran anschließende Steppe der eigentlichen Plains.

In voreuropäischer Zeit waren die *Plains* das wohl am spärlichsten bevölkerte Gebiet Nordamerikas. Im Winter war sie mit Ausnahme eines dauerhaft bewohnten Gebietes im Süden so gut wie menschenleer, weil sich die Indianer in ihren Winterquartieren in den Tälern entlang der westlichen Berge und in den angrenzenden Waldgebieten aufhielten. Erst im Frühjahr gingen sie zur Bisonjagd auf die offenen *Plains*. Sie wohnten charakteristischerweise in Tipis, den berühmten kegelförmigen Stangenzelten mit einer Plane aus Bisonhäuten, die vielfach für die indianische Behausung schlechthin gehalten wird.

War in den *Plains* ein Ackerbau rein klimatisch schon nicht möglich, so ist für die Prärien der Anbau von Mais seit etwa Christi Geburt belegt. Um 1000 n. Chr. entstand in den südlichen Teilen eine Präriedorf-Kultur sesshafter Bodenbauern, von denen die Pawnee die bekanntesten sind. Die Prärie-Indianer bauten Mais, Bohnen, Kürbisse, Melonen und Tabak an. Insgesamt entstand auf den Prärien bereits in voreuropäischer Zeit eine dem östlichen Waldland vergleichbare indianische Kulturformation. Allerdings waren die Prärieindianer zu einem Gutteil auch von der Bisonjagd abhängig. Im Spätsommer und Winter gingen ganze Dörfer oder auch nur einzelne Gruppen gemeinschaftlich auf Bisonjagd. Als mobile Behausung diente ihnen das Tipi, das vor der Einführung des Pferdes von Hunden gezogen wurde und deshalb auch kleiner war als die Tipis des 18. und 19. Jahrhunderts. Außerhalb der Jagdsaison lebten die Prärie-Indianer in festen Siedlungen. Die nördlichen und zentralen Präriestämme wohnten in befestigten Dörfern aus großen, kuppelförmigen Erdhäusern; die südlichen Stämme der Prärien hingegen bauten Grashütten oder Holzhäuser. Im Allgemeinen waren die Siedlungen um einen großen Platz gruppiert, der religiös-kultischen Zwecken diente; daneben gab es große Versammlungshäuser, in der unter anderem der Stammesrat tagte.

Mit den nomadischen Jägern der *Plains* und den sesshaften Bodenbauern der Prärien bestanden somit bis ins 17. Jahrhundert hinein zwei ganz unterschiedliche Indianerkulturen auf dem Gebiet der *Great Plains*. Dann jedoch brachten die Spanier, als sie von Mexiko her kommend in das heutige Texas und New Mexico vordrangen, Pferde mit und richteten in Santa Fé und San Antonio Gestüte ein. Bereits in den 1630er Jahren gelangten die südlichen Ute und die Comanchen in den Besitz der Reittiere und machten sich daran, selbst Pferde zu züchten. Bald schon begann ein reger inner-indianischer, in Süd-Nord-Richtung verlaufender Pferdehandel, der dazu führte, dass die meisten Präriestämme bis etwa 1750 über Pferde verfügten. Das Pferd bedeutete einen ungeheuren Mobilitätsgewinn für die Indianer, die den Bisonherden nun einfacher und schneller folgen konnten. Ebenso erleichterte das Pferd den Transport von Menschen und Materialien. Insgesamt bewirkte dies auf den *Great Plains* einen großen Homogenisierungsschub: Alle dort lebenden Indianer wurden nun zu nomadischen Bisonjägern, selbst jene, die, wie beispielsweise die Cheyenne, bis dahin sesshafte Bodenbauern gewesen waren. Auch zogen jetzt zahlreiche Stämme aus den Prärien, dem östlichen Waldland und dem Nordwesten dauerhaft in die *Plains*, um dort Bisons zu jagen. Damit wurden die indianischen Gesellschaften der *Great Plains* vollständig vom Bison abhängig; sie aßen das Fleisch, stellten aus dem Fell und Leder Kleidung, Mokassins und die Zeltplane der Tipis her, drehten aus der Bisonwolle Stricke und Schnüre, nutzten die Bisonmägen als Wasserbehälter und gebrauchten die Sehnen der Bisons als Nähmaterial und für ihre Bogensehnen. Aus den Knochen machten sie Schaber, Spachtel und Ritzinstrumente, die Bisonhörner dienten als Schmuck auf der Pelzkappe und aus den Klauen kochten sie Leim. Kurz: es gab kein Teil des Bisons, das nicht irgendwie gebraucht und verarbeitet wurde. Diese vollständig vom Bison abhängige Lebensform war hochgradig fragil; sie verschwand als das Bison ausgerottet wurde.

Innerhalb der Vielfalt der indianischen Lebensformen des präkolumbischen Amerika, die hier in groben Zügen skizziert worden ist, werden einige gemeinsame Strukturen sichtbar, durch die sich indianische Herrschafts- und Gesellschaftsformen insgesamt von den europäischen unterschieden. Ins Auge sticht zunächst die hohe Bedeutung der auf Blutsverwandtschaft gründenden Großfamilie als Grundeinheit der sozialen Organisation. Untereinander waren die Großfamilien zu Klanen vernetzt, doch war dieses Netz in einigen Regionen sehr viel dichter geknüpft als in anderen. Mit Großfamilie und Klan sind die beiden zentralen Ordnungseinheiten indianischer Gesellschaften benannt, über die das Zusammenleben organisiert und Konflikte ausgetragen wurden. Der Grad sozialer Hierarchie hing vom Grad der Sesshaftigkeit ab; gänzlich hierarchielose indianische Gesellschaften gab es nicht.

Für die politische Organisation der Indianer ist festzustellen, dass es bis auf einige Ausnahmen keine großräumigen und interregional eng verknüpften Herrschaftsgebilde im präkolumbischen Nordamerika gab. Raumgreifende, durch eine mit weitreichenden administrativen Befugnissen und exekutiven Eingriffsrechten ausgestattete Zentralgewalt integrierte politische Herrschaftsverbände gab es außerhalb des nordöstlichen Waldlandes nicht. Und selbst dort war der Grad an Machtkonzentration relativ gering. Charakteristisch für die Organisation von Herrschaft bei indianischen Gesellschaften ist deshalb nicht die monokratische Machtkonzentration, sondern eher die Vermischung von Macht in einem horizontal wie vertikal weit verzweigten System von Ratsgremien mit unterschiedlich weit reichenden Befugnissen. Im Kern war Herrschaft bei den Indianern somit lokal konfiguriert und Macht eher dezentral organisiert. In vielen nordamerikanischen Stämmen gab es eine politische Gewaltenteilung zwischen Friedens- und Kriegshäuptlingen. Während der Friedenshäuptling in erster Linie für den Zusammenhalt des Stammes verantwortlich war, übernahm in Kriegszeiten ein Kriegshäuptling die Führung eines Stammes. Insgesamt ist festzustellen, dass nordamerikanische Indianer-Häuptlinge in der Regel keine Autokraten waren, sondern primär die Aufgabe hatten, in ihrer Gruppe den Frieden zu erhalten, für Ordnung zu sorgen und das Überleben ihrer Gruppe zu sichern. Die eigentliche Macht lag vielfach bei einem Stammesrat, der sich aus Männern zusammensetzte, die sich in Krieg und Frieden bewährt hatten und deshalb hoch angesehen waren.

Ein letztes charakteristisches Merkmal sei hervorgehoben: Die indianischen Gesellschaften waren nicht nur Überlebens- und Solidargemeinschaften, sondern auch Kultgemeinschaften, in denen spirituelle Autorität und soziale Hierarchie untrennbar miteinander verbunden waren. Der Verlust der Eliten zog deshalb leicht die Destabilisierung der gesamten Ordnung nach sich. Die Glaubensvorstellungen der Indianer waren so vielfältig wie die indianischen Lebensformen selbst. Was sie freilich alle verbindet, ist, dass sie sich kaum in die Begrifflichkeit des Christentums oder einer anderen Weltreligion übersetzen lassen. Bei aller Vielfalt sind den religiösen Vorstellungswelten der Indianer einige strukturelle Gemeinsamkeiten zu eigen. Da sind zunächst die indianischen Kosmogonien, also die Lehren von der Entstehung, der Organisation und der Entwicklung der Welt. Diese gründen in der Idee eines unauflöslichen Seinszusammenhangs, der die Menschen mit der belebten und unbelebten Natur zu einem komplexen Netzwerk von Familienbeziehungen verbindet. Indianische Kosmogonien verstehen das Verhältnis von Menschen und Tieren wie auch das von Menschen und Bäumen, Bergen, Flüssen oder Sternen als Verwandtschaftsbeziehung, die wechselseitige Rücksichtnahme erfordert. Die menschlichen Lebensformen werden in diesem Denken zu integralen Bestandteilen einer Umwelt, die Kultur und Natur gleichermaßen umfasst. Doch geht dieser alles umgreifende Seinszusammenhang weit über die materiell-sichtbare Welt hinaus. Er bezieht die immateriell-unsichtbare Welt mit ein, denn die Toten und die Noch-Gar-Nicht-Geborenen, die Geister und Götter stehen allesamt ebenfalls in einer Beziehung zu den jeweils lebenden Generationen.

Indianische Kosmogonien sehen die Welt durchdrungen von der allgegenwärtigen Kraft des Heiligen. Das erklärt den Reichtum an teilweise hochgradig spezialisierten Riten und Zeremonien, die den indianischen Alltag strukturieren, denn in diesen religiösen Akten wird die zeitlose Verbindung zwischen dem Einzelnen, seiner Gruppe, dem Universum und dem Heiligen hergestellt, erneuert und aufrechterhalten. Es gab so gut wie keinen Aspekt des täglichen Lebens der nordamerikanischen Indianer, der nicht religiös-rituell durchsetzt war. Selbst scheinbar rein weltliche Handlungen haben eine religiöse Dimension, denn die Ordnung des Universums kann angesichts der Allpräsenz des Heiligen bereits durch ein geringfügiges Fehlverhalten gestört werden. Diese Form der Religiosität war untrennbar mit dem Land verbunden, das die Indianer bewohnten. Es waren die Berge und Flüsse einer bestimmten Gegend, auf denen die religiösen Kulte der Indianer beruhten, viele der Jagdriten waren auf der Fauna einer Region gegründet, andere religiöse Praktiken machten sich an den jeweiligen Anbaupflanzen fest. Diese enge Bindung der Religiosität an eine spezifische Umwelt hatte nicht nur zur Folge, dass den nordamerikanischen Indianern der europäische Begriff des Privateigentums fremd war. Sie hatte vielmehr auch die Konsequenz, dass indianische Religiosität nicht so ohne weiteres an anderen Orten »lebbar« war. Deshalb war die Vertreibung der Indianer aus einer Gegend vielfach gleichbedeutend mit der Zerstörung der Grundlagen ihres religiösen Lebens und damit ihrer Kultur.

3 Entdeckungsgeschehen

Christoph Kolumbus war nicht der erste Europäer in Amerika. Die Wikinger waren schon rund 500 Jahre vor ihm da gewesen, als sie nämlich im Zuge der großen skandinavischen Expansion des 9./10. Jahrhunderts zunächst bis nach Grönland und dann auch nach Neufundland vorstießen. Der aus Island wegen Totschlags ausgewiesene Erich der Rote fand im Jahr 982 Grönland. Kurz danach entstanden an der dortigen Westküste zwei Streusiedlungen mit etwa 300 Höfen und 4000 Einwohnern, die rund 400 Jahre existierten. Von Grönland aus fuhren die Wikinger bis mindestens 1347 regelmäßig auf das nordamerikanische Festland, um Holz zu holen. Im Jahr 1000 strebten sie unter der Führung Leif Erikssons, ein Sohn Erichs des Roten, die Gründung dauerhafter Siedlungen in Neufundland an. Diese Niederlassungen der Wikinger bestanden jedoch offenbar nicht sehr lange, denn bis zum Beginn der europäischen Expansion im 16. Jahrhundert waren sie längst vergessen.

Eine neue, auf den bis dahin gültigen Landkarten gar nicht verzeichnete Welt wollte niemand im Europa des 15. Jahrhunderts entdecken. Es ging vielmehr darum, neue Seewege nach Indien zu finden, um daraus einerseits ökonomische Vorteile zu ziehen und andererseits Ansehen, Ruhm und Ehre zu gewinnen. Bereits Mitte des 15. Jahrhunderts begann Portugal mit der Erkundung westlicher Seerouten auf dem Atlantik, entdeckte Madeira, die Kanaren sowie die Azoren und unterwarf sie der portugiesischen Herrschaft. Im Jahr 1488 segelte Bartolomeu Diaz im Auftrag der portugiesischen Krone die afrikanische Atlantikküste nach Süden entlang, um das Kap der Guten Hoffnung herum und ein Stück in den indischen Ozean hinein. Neun Jahre später nahm Vasco da Gama dieselbe Route noch weiter nach Osten und gelangte nach Kalkutta. Damit war er der erste Europäer, der auf dem Seeweg nach Indien gelangt war. Um diesen Seeweg zu sichern, errichtete Portugal ein ganzes System von Befestigungsanlagen und Handelsstützpunkten entlang der afrikanischen Küste, und war dadurch in der Lage, den Handel mit Afrika und Asien zu kontrollieren und den bis dahin führenden italienischen Stadtstaaten Venedig und Genua den Rang streitig zu machen. Um ökonomisch nicht ins Hintertreffen zu geraten, bemühten sich andere europäische Handelsmächte in Zusammenarbeit mit einzelnen Entdecker-Abenteurern wie Christoph Kolumbus einer war, alternative Seewege nach Asien zu finden.

Kolumbus, im italienischen Genua geboren, war ehrgeizig, militant katholisch und einer der talentiertesten und kühnsten Seefahrer seiner Zeit. Getrieben von der Idee, einen westlichen Seeweg nach Asien zu finden, hatte er die Schriften von Marco Polo, Ptolemäus, Toscanelli und anderen Gelehrten verschlungen. Weil er selbst nicht genügend Geld hatte, um eine Expedition zur See auszurüsten, und auch keine privaten Sponsoren fand, wandte er sich an die Monarchen Europas mit der Bitte um Unterstützung. Die portugiesische Krone lehnte sein Ersuchen ebenso ab wie die englische und die französische, weil ihnen das Unternehmen als viel zu gewagt, zu teuer und nur wenig erfolgversprechend erschien. Beim spanischen Königspaar Ferdinand und Isabella stieß er jedoch nach mehreren Fehlschlägen auf offene Ohren. Die Aussicht, das portugiesische Monopol auf den Asienhandel zu brechen, war in ihren Augen unwiderstehlich, und selbst wenn Kolumbus die Seeroute nach Asien nicht fand, so entdeckte er doch vielleicht neue Inseln im Atlantik die ähnlich lukrativ waren wie die Kanaren oder die Azoren. Deshalb investierten Ferdinand und Isabella viel Geld in das Projekt des Kolumbus, so dass dieser am 3. August 1492 mit 90 Mann auf den drei Schiffen *Santa Maria*, *Pinta* und *Santa Clara* von Palos de la Frontera aus in See stechen konnte. Die Expedition segelte zunächst auf der bekannten Route zu den Kanaren und nahm dort Kurs nach Westen. Nach nur 36 Tagen erreichte Kolumbus am 12. Oktober 1492 die Insel *Guanahani*, die er San Salvador taufte. Von dort aus segelte er in südlicher Richtung weiter und fand die westindischen Inseln. Anschließend machte er sich auf den Heimweg und kehrte im März 1493 nach Spanien zurück.

Die Nachrichten von Kolumbus' Entdeckungen verbreiteten sich dank einer so gezielten wie effizienten Medienarbeit rasch in ganz Europa. Dies löste eine rege Entdeckertätigkeit einzelner seefahrender Abenteurer aus, die gezielt von den Königshäusern in Spanien, Portugal, Frankreich und England unterstützt wurden. Die Modalitäten des Entdeckungs- und Inbesitznahmeverfahrens wiesen dabei überall vergleichbare Strukturen auf: In der Regel vergaben die Kronen von Spanien, Portugal, Frankreich und England Privilegien an interessierte Privatleute, die dann die Expeditionen organisierten und durchführten. Die Privilegien garantierten ihren Inhabern den Besitz des neu entdeckten Landes unter königlicher Oberhoheit und das Handelsmonopol in diesem Gebiet, sahen aber zugleich eine Beteiligung der Krone am Gewinn vor. In einer gemeinsamen Aktion von privater Initiative und staatlicher Förderung wurden so weitreichende Herrschaftsrechte in der »Neuen Welt« vergeben und Besitztitel begründet.

Das Entdeckungsgeschehen konzentrierte sich zunächst auf Mittel- und Südamerika, doch war auch der nördliche Teil der Hemisphäre von Beginn an im Blick der europäischen Entdecker. Dabei bestimmten zwei Dinge ihr Interesse an Nordamerika: die Suche nach Gold- und Silberschätzen, die denen in Süd- und Mittelamerika vergleichbar waren, und die Suche nach einer Nordwestpassage nach Asien. Im Zuge dieser Entwicklung wurde die Atlantikküste Nordamerikas und zum Teil auch schon das Innere des Kontinents von Europäern bereist und erforscht. Portugal machte in Nordamerika den Anfang. Wohl im Jahr 1499 entdeckte der Portugiese João Fernandes Lavrador Grönland wieder und nannte es *Tiera des Lavrador* (Lavradors Land). 1501 ging sein Landsmann Gaspar Corte Real in der Gegend von Neufundland verloren, ebenso 1502 sein ihn dort suchender Bruder Miguel. Unter Führung von Juan Fagundes versuchte Portugal in den folgenden Jahren sogar, in Neufundland eine Siedlung zu gründen, doch war dem Unternehmen auf *Cape Breton* kein Erfolg beschieden. Allerdings entwickelte sich Neufundland im weiteren Verlauf des 16. Jahrhunderts zu einem sehr ertragreichen Fischfanggebiet, in dem vor allem portugiesische und französische Fischer ihre Sommer verbrachten und zu diesem Zweck kleine Holzhaussiedlungen als Sommerlager errichteten.

In den ersten Jahrzehnten des 16. Jahrhunderts beteiligten sich auch die Spanier an der Erkundung Nordamerikas. Sie stießen von Haiti und Kuba aus über den Golf von Mexiko nach Nordamerika vor. So entdeckte Juan Ponce de León im Jahr 1513 Florida. 1521 segelte Francisco de Gordillo die nordamerikanische Küste bis nach South Carolina nordwärts, und 1524 erkundete der Spanier Estévan Gómez im Auftrag des spanischen Königs Karl V. die nordamerikanische Küste zwischen Maine und der Sankt-Lorenz-Mündung. Im weiteren Verlauf des 16. Jahrhunderts erkundeten spanische Expeditionen das nordamerikanische Festland auf dem Landweg. Dabei stießen sie tief in das Landesinnere des Kontinents vor. Hernando de Soto startete im Jahr 1539 in Florida seinen bis 1542 dauernden ausgedehnten Expeditionsmarsch durch den Südosten der heutigen USA. Dabei gelangte er über das Mississippigebiet bis ins heutige Oklahoma und von dort bis zur texanischen Küste am Golf von Mexiko. Etwa zur gleichen Zeit stieß Francisco Vázquez de Coronado vom mexikanischen Festland aus in den Südwesten der heutigen USA vor; zwischen 1540 und 1542 gelangte er über das heutige Arizona und New Mexico bis hinein nach Kansas und erreichte sogar den Missouri. Allerdings führten alle diese Aktionen zu keiner nachhaltigen Durchdringung Nordamerikas durch Spanien.

Anfangs machte auch England beim Wettlauf der europäischen Mächte um den amerikanischen Kontinent mit. Im Jahr 1496 nahm Heinrich VII. von England den Venezianer Giovanni Caboto, der auf der Insel John Cabot hieß, in seine Dienste und rüstete ihn für eine Expedition nach Amerika aus. Cabot erreichte 1497 Neufundland, glaubte aber, sich in China zu befinden. Ein Jahr später brach er zu einer weiteren Expedition auf, von der er jedoch nicht wiederkehrte. Danach verlor England für rund 70 Jahre das Interesse an einem weiteren Engagement in Amerika und griff aufgrund der Reformation und außenpolitischer Überlegungen gegenüber Spanien erst im letzten Drittel des 16. Jahrhunderts wieder ins Geschehen ein. Zu dieser Zeit wurden in England die Stimmen lauter, die meinten, England solle eigene Niederlassungen in Nordamerika gründen, um dort nicht ins Hintertreffen zu geraten. Zur treibenden Kraft der Kolonisierungsbemühungen entwickelte sich Sir Humphrey Gilbert, der sich bei der Krone zielstrebig um ein Entdeckerpatent bemühte. Am 11. Juni 1578 erhielt er von der englischen Königin eine bis zum 11. Juni 1584 gültige *Charter* (ein königliches Patent, das dem Landnehmer besondere Rechte zur Ausbeutung des Landes zusicherte), die ihn zur Inbesitznahme und Besiedlung allen unbesetzten Landes zwischen Labrador und Florida ermächtigte und ihm das Handelsmonopol sowie die Rechte eines Vizekönigs in diesem Gebiet verlieh. Das war der Beginn der offiziellen Kolonialpolitik Englands in Nordamerika. Nachdem Gilbert fünf Jahre lang vergeblich versucht hatte, die Küste Nordamerikas zu erreichen, segelte er 1583 nach Neufundland und nahm es für die englische Krone in Besitz. Von dieser Reise kehrte er jedoch nicht mehr in seine Heimat zurück.

Gilberts Erbe war sein Halbbruder Sir Walter Raleigh, der, ähnlich militant antikatholisch eingestellt wie Gilbert, bei Elisabeth I. ebenfalls in hoher Gunst stand. Er bemühte sich erfolgreich um die Verlängerung der Gilbert gewährten *Charter* um weitere sechs Jahre und erreichte zugleich, dass sie nun auf seinen, Raleighs, Namen ausgestellt wurde. Am 25. Mai 1584 kam die Königin dieser Bitte nach, und Raleigh begann sofort mit der Vorbereitung für eine Expeditionsreise nach Nordamerika. Noch im Sommer 1584 entsandte er zwei Schiffe, die einen geeigneten Platz für die Gründung einer Siedlung finden sollten. Bei Roanoke Island im heutigen North Carolina fanden sie einen solchen Siedlungsplatz, der auch strategisch günstig gelegen war, weil er sehr nah an die spanischen Besitzungen in Florida heranreichte und damit eine ideale Operationsbasis für Kaperfahrten oder weiter gehende militärische Abenteuer bot. Umgehend ließ Raleigh den Bericht seiner Kundschafter drucken, und die auf Raleighs Wunsch vom anglikanischen Geistlichen Richard Hakluyt verfasste Schrift *A Discourse Concerning Western Planting* tat ein Übriges, um die Stimmung in England für ein Kolonialabenteuer zu bereiten. Am 9. April 1585 verließen die von Raleigh gesponserten Sir Richard Grenville und Ralph Lane mit sechs Schiffen und 600 Leuten England, um in Roanoke die erste englische Siedlung zu gründen.

Zunächst wurden die Europäer von den Indianern freundlich empfangen und mit Lebensmitteln versorgt. Doch bereits im Winter hatten sich die europäisch-indianischen Beziehungen ins gerade Gegenteil verkehrt. Die englischen Siedler waren vollständig von der Versorgung durch die Indianer abhängig und erwarteten auch, dass die Indianer ihnen Lebensmittel brachten. Das stellte eine existentielle Belastung für die Indianer dar, die gerade genug hatten, um sich selbst zu versorgen. In den daraus entstehenden Konflikten töteten die englischen Siedler mehrere Indianer. Zahlreiche Konflikte innerhalb der englischen Siedlergemeinschaft verschärften die Situation, und die wiederholten Attacken der Spanier taten ein Übriges. Als Sir Francis Drake im Sommer 1586 vor Roanoke aufkreuzte, gingen viele Siedler mit ihm zurück nach England. Die Versorgung der Siedlung blieb schwierig; der offene Konflikt mit Spanien hinderte englische Schiffe wiederholt daran, die Kolonie mit Nachschub zu versorgen, und als dann endlich eine Nachschubexpedition 1590 in Roanoke ankam, fand sie die erste englische Siedlung auf dem nordamerikanischen Kontinent verlassen vor.

Es führt also keine direkte Linie von der »Entdeckung« Amerikas durch Kolumbus zur Gründung dauerhafter englischer Kolonien in Nordamerika. Allerdings begründeten die europäischen Mächte durch die Entdeckungsfahrten Rechts- und Besitzansprüche in Nordamerika, die sie penibel auf Landkarten dokumentierten. Weil Nordamerika damit immer mehr zu einem Ort wurde, auf dem die Konkurrenz der europäischen Mächte ihre Fortsetzung fand, gingen Entdeckungsfahrten und Siedlungsprojekte in der zweiten Hälfte des 16. Jahrhunderts eine immer engere Verbindung ein. Freilich war diesen Siedlungsprojekten im 16. Jahrhundert noch keine lange Dauer beschieden. Deshalb ist es sinnvoll, die Jahre von 1492 bis 1607 als eigene Zeit zu reflektieren, in der die Zukunft Nordamerikas sehr offen war.

II   Das koloniale Britisch Nordamerika

1   Koloniale Experimente

Mit der Gründung von Jamestown, Virginia, am 13. Mai 1607 begann ein neuer Abschnitt der amerikanischen Geschichte. Die relative Einheit dieser Epoche ist durch die Etablierung und das rasche Wachstum dauerhafter englisch-europäischer Siedlungen auf dem Gebiet der späteren USA sowie die Ausbildung eines funktionierenden Regierungs- und Verwaltungssystems im Kontext des englischen Herrschaftsverbandes bestimmt. Diese Periodisierung lässt zwar außer Acht, dass die Spanier mit St. Augustine, Florida, bereits 1565 die erste dauerhafte europäische Siedlung auf dem Gebiet der späteren USA ins Leben riefen. Gleichwohl scheint es gerechtfertigt, das Jahr 1607 an den Anfang der amerikanischen Kolonialgeschichte zu setzen, denn die Amerikanische Revolution, die am Ende der Kolonialzeit steht, erwuchs aus den historischen Kontexten und Erfahrungen des britischen Herrschaftsbereiches in Nordamerika. Gleichzeitig liegen einige der stärksten Wurzeln der Kultur des Liberalismus, der Selbstregierung und des ethnisch-religiösen Pluralismus, die einen Gutteil der spezifischen Modernität der USA ausmachen, im Grund des kolonialen Britisch Nordamerika.

Gleichwohl sollten Historiker sich davor hüten, die Jahre von 1607 bis 1763 als bloße Vorgeschichte der amerikanischen Nationalgeschichte, die mit der Unabhängigkeitserklärung der USA am 4. Juli 1776 beginnt, zu reflektieren, so wie es bis etwa 1980 meist getan worden ist. Seitdem ist kaum eine historische Periode derart grundlegend neu bewertet worden wie die Kolonialzeit. Im Zentrum stehen nunmehr die soziale, kulturelle, ökonomische und regionale Vielfalt des kolonialen Nordamerika sowie die politisch-sozialen Konflikte innerhalb und zwischen den einzelnen Kolonien. Auch sind die vielfältigen Beziehungs- und Verflechtungsgeschichten der Kolonien sowohl mit Europa und Afrika als auch mit den Indianern und anderen nicht-englischen Gesellschaften und Kulturen Nordamerikas ins Blickfeld gerückt. Vor allem aber wird die Offenheit der historischen Entwicklung in Britisch Nordamerika nun stärker betont. Etwas überspitzt könnte man formulieren, dass inzwischen die Amerikanische Revolution das Phänomen ist, das vor dem Hintergrund der Kolonialgeschichte als eher unwahrscheinlich problematisiert werden muss.

Von zentraler Bedeutung für den Prozess der englischen Kolonisation Nordamerikas ist der Begriff der Siedlungskolonie. Damit ist ein ganz eigener Typus von Herrschaft benannt, der die spezifische Eigenart der Entwicklung des kolonialen Britisch Nordamerika gerade auch im Unterschied zum spanischen, portugiesischen und französischen Nordamerika zu einem Gutteil erklärt. Eine Siedlungskolonie ist ein überseeisches

Herrschaftsgebiet, das von Beginn an für die systematische Besiedlung durch eine große Zahl europäischer Einwanderer vorgesehen war. Dieser Besiedlungsprozess wurde vom Mutterland militärisch zwar begleitet, die militärische Eroberung ging jedoch der Koloniegründung nicht voraus. Vielmehr sollte die Besiedlung der Kolonien die militärische Eroberung überflüssig machen; es ging um die Beherrschung von Territorium durch Siedler, nicht durch Soldaten. Siedlungskolonien zielten auf die langfristige, profitorientierte Ausbeutung der natürlichen Ressourcen und des in großen Mengen verfügbaren, billigen Landes ab. Die europäischen Einwanderer sollten das Land urbar machen und es dann landwirtschaftlich nutzen. Damit wird die Verwandlung von ökonomisch nutzloser »Wildnis« in nutzbares Agrarland durch die Arbeit der eingewanderten Siedler zum erklärten Ziel von Siedlungskolonien. Anders als im spanischen und portugiesischen Herrschaftsbereich wurden die Arbeitskräfte im kolonialen Britisch Nordamerika nicht aus der indianischen Bevölkerung, sondern aus der europäischen Einwanderung rekrutiert.

Da jedoch die Zahl der freien Siedler nicht ausreichte, um das Land urbar und die Kolonie überlebensfähig zu machen, gingen die Kolonisten sehr schnell dazu über, unfreie Arbeitskräfte in großer Zahl einzuführen. Das waren zum einen afrikanische Sklaven (vgl. S. 45 ff.) und zum anderen *Indentured Servants*, arme europäische Auswanderer, die die Kosten für die Überfahrt nach Amerika nicht bezahlen konnten. Sie verkauften sich deshalb in eine meist auf vier bis sieben Jahre befristete Dienstknechtschaft an einen wohlhabenden Dienstherren, der als Gegenleistung die Kosten der Schiffsreise übernahm. Während ihrer Vertragslaufzeit hatten *Indentured Servants* stark eingeschränkte Rechte, waren aber im Unterschied zu Sklaven nicht vollkommen rechtlos, da ihr Dienstverhältnis auf einer vertraglichen Übereinkunft beruhte. Sie galten nicht als Besitz ihrer Herren, durften selbst Eigentum besitzen und vor Gericht klagen. Am Ende ihrer Dienstknechtschaft erhielten sie eine Abfindung, die ihnen meist den Erwerb von Landbesitz ermöglichte. Ein weiteres Charakteristikum der Siedlungskolonie als Typus englischer Herrschaftsbildung in Nordamerika ist, dass die Besiedlung des Landes mit der gewaltsamen Verdrängung der dort lebenden Indianer einherging. Der Landhunger der europäischen Siedler hat das Verhältnis zwischen Indianern und Weißen im kolonialen Nordamerika und darüber hinaus entscheidend bestimmt (vgl. S. 48 ff.). Die expansive Dynamik der Siedlungskolonie drängte nach fortlaufender Ausweitung des Siedlungslandes und führte – anders als in Iberoamerika – zu einer strikten Trennung von indianischer Urbevölkerung und europäischer Siedlergesellschaft.

Die englische Siedlungskolonie in Nordamerika trat in drei Typen auf, und zwar als Eigentümerkolonie, als Handelsgesellschaftskolonie und als Kronkolonie. Im Falle von Eigentümerkolonien erhielt eine einzelne Person ein Gebiet in Nordamerika als Besitz übertragen, nahm dort die Herrschaftsrechte wahr, bestimmte zentrale Grundsätze, nach denen öffentliches Leben und Gesellschaft zu organisieren waren, baute die Verwaltung auf, besetzte die wichtigsten Regierungsämter, erhob Steuern, sicherte die Kolonie nach außen und warb Siedler an. Eigentümer trugen das wirtschaftliche Risiko des Kolonieunternehmens alleine und konnten wirtschaftlichen Profit nur dann erzielen, wenn es ihnen gelang, viel Land zu verkaufen oder zu verpachten. Ihnen blieb also nichts anderes übrig, als europäische Einwanderer in großer Zahl nach Amerika zu locken – und das taten sie in der Regel durch das Versprechen billigen Landes, religiöser Freiheit und politischer Mitbestimmung. Handelsgesellschaftskolonien funktionierten nach demselben Prinzip wie Eigentümerkolonien, nur dass hier nicht ein Einzelner, sondern ein Zusammenschluss von Kaufleuten und Kolonialunternehmern den Auf- und Ausbau der Kolonien vorantrieb und das wirtschaftliche Risiko trug. Kronkolonien waren direkt der Krone unterstellt und wurden von der königlichen Verwaltung regiert. Bestanden diese drei Formen anfangs nebeneinander, so war der Trend hin zur Kronkolonie in ganz Nordamerika unübersehbar.

Die englische Kolonialherrschaft in Nordamerika war nicht das Ergebnis zentraler Planung und konsequenter Regierungspolitik. Vielmehr wurde die Gründung von Kolonien in Nordamerika einerseits durch hohe Regierungsbeamte, Kaufleute und Mitglieder des englischen Landadels in der Hoffnung auf Profit betrieben. Andererseits waren religiöse Gruppen wie die Puritaner oder die Quäker, die ihren Glauben in Europa nicht leben konnten und deshalb auswanderten, wichtige Träger der englischen Kolonisation Nordamerikas.

Die englische Kolonisation Nordamerikas nahm ihren Ausgang in zwei räumlich weit auseinander liegenden Regionen, und zwar in der Chesapeake-Bucht und in Neuengland. In der Chesapeake-Bucht entstanden mit Virginia (1607) und Maryland (1634) zwei Kolonien, in Neuengland markiert die *Plymouth Plantation* der radikalen *Pilgrim Fathers* 1620 den Anfang der europäischen Kolonisation. Folgenreicher für die Geschichte Neuenglands – und überhaupt der USA – war allerdings die Gründung von Massachusetts im Jahr 1630 durch die von John Winthrop angeführten Kongregationalisten. Von der Chesapeake-Bucht und Massachusetts aus brachte England bis 1732 die gesamte atlantische Küste durch Koloniegründungen unter seine Kontrolle. Bis zur Mitte des 18. Jahrhunderts war so ein weit gespanntes, sehr komplexes britisches Kolonialreich entstanden, dessen herausragendes Merkmal eine Vielfalt in ökonomischer, ethnischer, religiöser und kultureller Hinsicht war. Diese Vielfalt ist zum einen das Ergebnis der ganz unterschiedlichen räumlich-geographischen Konstellationen in Nordamerika, zum anderen gründet sie zentral auf der ganz unterschiedlichen Genese der einzelnen britischen Kolonien in Nordamerika. Allerdings lässt sich diese Diversität zu größeren regionalen Einheiten zusammenfassen, wobei sich drei Großregionen abzeichnen: der Süden, Neuengland und der Mittlere Atlantik.

Die Kolonien des Südens

Der Süden des kolonialen Britisch Nordamerika war durch die Kolonien Virginia, Maryland, North und South Carolina sowie Georgia definiert. Das Klima dieser Region ist subtropisch. Die Sommer sind lang, heiß und schwül, die Winter kurz und mild. Die Topographie ist durch eine nach Westen zu den Appalachen hin sanft ansteigende Küstenebene bestimmt, die sich allmählich aus dem Atlantik erhebt und die Übergänge von Wasser zu Land fließend macht. Die Küstenebene ist durchzogen von Sümpfen, Lagunen und vielen schiffbaren, aber langsam fließenden Flüssen. Im 17. Jahrhundert war dieses Gebiet noch dicht bewaldet und die Böden fruchtbar, doch gesund war der

Süden für seine Bewohner nicht. In den vielen Sumpfgebieten lebten Millionen von Insekten, die Krankheiten wie Malaria, Ruhr, Typhus und Gelbfieber übertrugen. Das Wasser vieler Flüsse und Seen war verschmutzt oder versalzt und deshalb nicht als Trinkwasser zu gebrauchen. Die langsam fließenden Flüsse transportierten zudem Unrat nur sehr unzureichend ab, so dass auch hier überall Krankheitserreger lauerten. In der Konsequenz war die Sterblichkeitsrate in den Kolonien des Südens deutlich höher und die allgemeine Lebenserwartung deutlich niedriger als in Neuengland oder am Mittleren Atlantik. Das machte die Anfänge der europäischen Kolonisation im Süden noch schwerer als anderswo in Nordamerika.

Das zentrale strukturgebende Moment, das Politik, Gesellschaft, Wirtschaft und Kultur in allen Kolonien des Südens gleichermaßen prägte, war die Plantagenwirtschaft. Plantagen waren großflächige, außerhalb dörflicher Verbände im Raum verteilte, hochgradig spezialisierte agrarische Großbetriebe, in denen eine große Zahl unfreier Arbeitskräfte unter der Herrschaft eines Eigentümers landwirtschaftliche Erzeugnisse für den Export nach Europa produzierte. Die Plantagen der südlichen Kolonien waren locker entlang von schiffbaren Flüssen in der Landschaft verstreut und weitgehend autarke Wirtschaftseinheiten. Fast alles, was für den täglichen Betrieb benötigt wurde, wurde auf der Plantage selbst hergestellt. Deshalb gab es im Süden nur wenige Dörfer und Städte.

Die Plantagenökonomie des Südens produzierte eine ihr eigene Gesellschaft, die nur wenig mit denen Neuenglands oder des Mittleren Atlantiks zu tun hatte. Diese Pflanzergesellschaft war stark hierarchisch gegliedert und der Besitz in ihr war sehr ungleich verteilt. An der Spitze stand die schmale Schicht einer quasi-feudalen Pflanzeraristokratie, die die politische, soziale, wirtschaftliche und kulturelle Macht in ihren Händen hielt. Die Pflanzeraristokraten besaßen die größten Plantagen mit den besten Böden entlang der schiffbaren Flüsse, und sie bildeten einen Lebensstil aus, der in vielem den des englischen Landadels kopierte. Sie kultivierten Werte wie Höflichkeit, Großzügigkeit, Gastfreundschaft und Fürsorglichkeit, und sie bauten repräsentative Herrenhäuser, die Wohlstand, Ansehen und Macht symbolisierten und buchstäblich das Zentrum einer jeweiligen Plantage waren. Die Pflanzerfamilien waren verwandtschaftlich eng untereinander verbunden; Sippenloyalität, gemeinsame wirtschaftliche Interessen, Abgrenzung zu den unteren sozialen Schichten und zugleich paternalistische Verantwortung für sie waren bestimmend für diese Familien. Im Unterschied zu den feudalen Gesellschaften Europas beruhte der Vorherrschaftsanspruch der Pflanzereliten jedoch nicht auf Geburt und Privilegien, sondern auf materiellem Wohlstand, Bildung und den schwer zu fassenden Kategorien »Ansehen«, »Status«, »Ehre« und »Würde«.

Der kleinen Zahl von Pflanzeraristokraten stand eine große Zahl von selbstständigen kleinen und mittelständischen Landwirten gegenüber, die teils karge wirtschaftliche Existenzen fristeten. Ihr Land, das sie als Eigentum besaßen und das in der Regel deutlich schlechter und entlegener war als das der reichen Pflanzer, bearbeiteten sie mit ihren Familien und, sofern sie es sich leisten konnten, einigen zusätzlichen Arbeitskräften. Nach ihnen kam sozial gesehen die große Gruppe der Pächter, die das Land von Großgrundbesitzern mit ihren eigenen Familien selbstständig bearbeiteten und zwischen 10 % und 25 % der Erträge an den Eigentümer abtreten mussten. Im letzten Viertel des 17. Jahrhunderts bestand die Siedlergesellschaft Virginias zu mehr als einem Drittel aus Pächtern, die ebenfalls meist als *Indentured Servants* nach Amerika gekommen waren, sich aber nach dem Ende ihrer Dienstknechtschaft kein Land hatten kaufen können. Diese bildeten die breite Masse der weißen Unterschichten, von denen viele ihr Glück in den weiter westlich gelegenen, noch unerschlossenen Gebieten suchten. Ein weiteres hervorstechendes Merkmal der Pflanzergesellschaften des Südens war schließlich die große Zahl unfreier Arbeitskräfte. Die Plantagenwirtschaft erzeugte einen großen Bedarf an Arbeitskräften, der zunächst bis etwa 1680 in erster Linie aus der systematischen Anwerbung von *Indentured Servants*, danach dann durch den massiven Import von afrikanischen Sklaven gedeckt wurde.

Insgesamt waren die sozialen Beziehungen und Interaktionsformen im Süden zentral durch das Ethos des Paternalismus bestimmt. Die in der Figur des Vaters zentrierte Familie war das Modell sozialer Ordnung schlechthin. Dabei gehörten zur Familie alle vom *Pater Familias* abhängigen Personen des Hauses; neben der Ehefrau und den leiblichen Kindern waren dies die eingeheirateten Familienmitglieder, alle abhängig Beschäftigten wie beispielsweise *Indentured Servants*, Sklaven sowie auch Pächter. Ungleichheit und Hierarchie waren zentrale Elemente dieser paternalistischen Sozialphilosophie, der die Vorstellung naturrechtlich definierter Gleichheit aller Individuen einer Gesellschaft insgesamt fremd war. Aus der scheinbar gottgegebenen sozialen Ungleichheit resultierte auf der einen Seite der Herrschaftsanspruch der Elite, ergab sich für sie auf der anderen Seite aber auch eine besondere Verantwortung für das Wohlergehen der von ihnen Abhängigen. Soziale Hierarchie brachte demnach Pflichten und Verantwortlichkeiten mit sich, die in beide Richtungen verliefen.

In religiöser Hinsicht war der Süden die wohl homogenste Region im kolonialen Britisch Nordamerika. Die Anglikanische Kirche hatte hier den Status einer Staatskirche, die kaum andere Konfessionen und Glaubensgemeinschaften neben sich zuließ. Allerdings kamen mit den Sklaven religiöse Vorstellungen, Praktiken und Traditionen Afrikas nach Nordamerika, die sich in den Sklavenquartieren der Plantagen eine Zeit lang erhielten und mit Versatzstücken europäisch-amerikanischer und auch indianischer Religionen zu einer dezidiert afroamerikanischen Religiosität verschränkten.

Die Kolonien Neuenglands

In Neuengland entstanden bis zum Ende des 17. Jahrhunderts die Kolonien Massachusetts, Connecticut, Rhode Island und New Hampshire. Die Geographie dieser Region ist durch die dicht bewaldeten Mittelgebirgsketten der Appalachen sowie durch viele, schnell fließende Flüsse bestimmt, die das Gebiet durchziehen. Die Böden Neuenglands sind steinig, seine Winter lang und kalt, die Sommer kurz und warm. In vieler Hinsicht erinnern Topographie und Klima der Region an England, was ein Grund dafür war, dass die ersten europäischen Siedler dieses Gebiet *Neuengland* tauften. Im Vergleich zum schwül-heißen Süden war das kühle Neuengland gesünder; Krankheiten wie Malaria und Ruhr traten weniger häufig auf, und zu Fieberepidemien kam es dort nicht. Allerdings machten die steinigen Böden in Kombination mit den klimatischen Bedingungen

Landwirtschaft zu einem Geschäft, das mit vergleichsweise wenig Profit und viel harter Arbeit verbunden war. Charakteristischerweise waren die Farmen in Neuengland deshalb nicht sehr groß und die Landwirtschaft eher kleinteilig strukturiert. Ebenfalls bedeutsam ist, dass die langen Winter und die nur kurzen Wachstumsperioden die Institution der Sklaverei in Neuengland unprofitabel machten, weil man die doch teuren Sklaven in der Landwirtschaft gar nicht das ganze Jahr lang über beschäftigen konnte. Zwar gab es auch in Neuengland Sklaven, doch es waren nur sehr wenige, und sie lebten in den Städten, wo sie in Handwerksbetrieben oder als Lager- und Hafenarbeiter tätig waren.

Neuengland wurde von Puritanern, genauer gesagt von den Kongregationalisten, besiedelt, was die Eigenart dieser Region entscheidend bestimmte. Der englische Puritanismus war ein sehr schillerndes Phänomen, das eine breite Vielfalt von religiösen Gruppierungen unter seinem Dach vereinigte, wovon die Kongregationalisten eine waren. Mit den anderen Puritanern teilten sie eine Orientierung an den Lehren Johannes Calvins und den Dissens mit der Anglikanischen Kirche, der sie im Kern vorwarfen, die mit der Reformation gegebene Chance auf Verwirklichung eines »wahren«, gottgefälligen Christentums nicht genutzt zu haben. Theologie, Liturgie und Strukturen der Anglikanischen Kirche waren in den Augen der Puritaner mithin viel zu »katholisch« geblieben. Zudem warfen sie der Anglikanischen Kirche ihre große Nähe zur britischen Monarchie, also dem weltlichen Staat, vor. Indem sie sich mit den weltlichen Institutionen gemein gemacht hatte, hatte die Anglikanische Kirche scheinbar Gottes Lehren verraten. Es war deshalb ein zentrales Anliegen der Puritaner, die Kirche vom Einfluss des Staates zu emanzipieren und sie inhaltlich von allen Überresten des Katholizismus zu reinigen, zu purifizieren also. Daher der Name *Puritaner*.

Die Puritaner strebten nach einer direkten Beziehung zwischen Gott und dem Individuum, die sich durch regelmäßige Bibellektüre im Familienkreis und durch Konversionserlebnisse herstellen ließ. Gott wurde ihrer Meinung nach nicht in erster Linie durch Theologie und Liturgie der Amtskirche intellektuell erschlossen, sondern von den Gläubigen individuell erfahren. Die Gottesdienste der Puritaner waren deshalb schlicht. Die Gemeinde versammelte sich in einem einfachen *Meeting House*, sang geistliche Lieder, betete ausgiebig, hörte sich zunächst eine Passage aus der Bibel und dann eine Predigt an, die darauf zielte, dem Gläubigen Einsicht in seine eigene Sündhaftigkeit zu vermitteln und Wege zu Gott aufzuzeigen. Dabei ankerten die religiösen Vorstellungswelten der Puritaner zentral im kalvinistischen Gedanken der Erbsünde und der daran gekoppelten Überzeugung von der grundsätzlichen Sündhaftigkeit aller Menschen. Der Teufel war demnach allgegenwärtig und rang fortwährend mit Gott um die Seelen der Menschen. Deshalb meinten die Puritaner, alles tun zu müssen, um der immer und überall gegenwärtigen Versuchung durch den Teufel und dem Bösen zu widerstehen, was sich allein in einer politischen, sozialen, ökonomischen und kulturellen Ordnung verwirklichen ließ, die auf die Lehren der Bibel gestützt war. Allerdings war dadurch die Erlösung durch Gott keinesfalls garantiert, denn die kalvinistische Prädestinationslehre legte nahe, dass die Seligkeit oder Verdammnis durch Gott vorherbestimmt sei, woran kein noch so gottgefälliges Leben im Diesseits etwas ändern könne. Allerdings konnten diejenigen, die hart arbeiteten, fromm und gottergeben lebten und permanent an ihrer eigenen moralischen Vervollkommnung arbeiteten, zumindest begründet hoffen, erlöst zu werden. Im Laufe der Zeit prägt sich in puritanischen Kreisen deshalb eine Haltung aus, die materielles Wohlergehen in dieser Welt als sichtbares Zeichen von Gottes Gnade interpretierte. Dies sind die religiösen Grundlagen der protestantischen Arbeitsethik, die nahelegt, sich durch ein von harter Arbeit und Moralität geprägtes Leben im Diesseits auf das Jenseits vorzubereiten.

Bei alledem hingen die Puritaner der Lehre vom allgemeinen Priestertum der Laien an. Sie fanden, dass Kirchen mit ihren Ämterhierarchien, zentralisierten Instanzenzügen und Glaubensdogmen der direkten Beziehung zwischen dem einzelnen Gläubigen und Gott im Weg standen. Deshalb waren die Puritaner davon überzeugt, dass allein die einzelne, autonome Kirchengemeinde der Kern- und Ausgangspunkt jeglicher religiöser Ordnung sei. Diese Überzeugung war bei den Kongregationalisten besonders ausgeprägt, deren theologisches und politisch-soziales Denken zentral in der Idee von der Autonomie der lokalen Gemeinde, der Kongregation, ankerte. Das bedeutet, dass die einzelne Gemeinde sowohl in theologischer als auch in politisch-sozialer Hinsicht als eine in hohem Maße selbstbestimmte und selbstorganisierte Einheit begriffen wurde. Die Kongregationen stellten ihre Prediger selbst ein und entließen sie auch, wenn sie mit ihren Diensten nicht zufrieden waren. Sie bestimmten über die Aufnahme und den Ausschluss von Mitgliedern und organisierten auch die weltlichen Belange: Die Gemeinden kauften Land, um ihre Bethäuser darauf zu errichten, bauten Schulen, stellten Lehrer ein und nahmen sich auch sonst der täglichen Geschäfte an. Allerdings galten nur die *Saints*, also die wahren Gläubigen, die ihr Konversionserlebnis vor den Augen der Gemeinde öffentlich glaubhaft gemacht, ihren Sünden widersagt und Zeugnis von ihrer emotional gefühlten Gotteserfahrung abgelegt hatten, als vollgültige Mitglieder einer Gemeinde, die deshalb auch die vollen Rechte und Pflichten der Selbstbestimmung hatten.

In Neuengland stehen die radikalen *Pilgrim Fathers*, die auf der *Mayflower* den Atlantik überquerten und im Herbst 1620 in der Nähe von *Cape Cod Plymouth Plantation* gründeten, am Anfang der europäischen Kolonisation. Die *Pilgrim Fathers* lehnten jede Form von kirchlicher Autorität außerhalb der Gemeinde ab, weigerten sich, einen Loyalitätseid auf den weltlichen Staat zu schwören und zahlten keine Steuern. Sie waren Separatisten, die radikal mit der Anglikanischen Kirche brachen und sich ganz außerhalb ihrer Strukturen ansiedelten. Nachdem ein Teil der in England verfolgten *Pilgrims* 1608 nach Holland ausgewandert war und sich 1609 in Leyden niedergelassen hatte, fassten sie dort 1617 den Entschluss, nach Amerika auszuwandern, um dort ein ihren religiösen Vorstellungen gemäßes Leben führen zu können. Von der *Virginia Company* erwarben sie ein Kolonisationspatent und stachen im September 1620 mit mehr als 24 Familien und insgesamt 102 Personen von Plymouth aus in See. Ende November erreichten sie nach 66-tägiger Seereise Cape Cod, Massachusetts, erkundeten für einige Wochen die Gegend und gingen am 21. Dezember 1620 in Plymouth an Land, um sich dort anzusiedeln. Weil sie sich so weit im Norden außerhalb der Jurisdiktion der *Virginia Company* befanden, war ihr Kolonisationspatent ungültig geworden. Die *Pilgrims* halfen sich selbst aus der Verlegenheit, indem sie noch vor der Landung den berühmten *Mayflower Compact* unterschrieben. Darin erklärten die 41 Unterzeichner ihre Absicht, sich zu einem Gemeinwesen *(Civil Body Politic)* zusammenschließen, sich gegenseitig Beistand zu leisten und sich den gemeinsam verabschiedeten Gesetzen unterwerfen zu wollen.

Folgenreicher für die Geschichte Neuenglands – und überhaupt der USA –als *Plymouth Plantation* war jedoch das Kolonisationsprojekt der *Massachusetts Bay Company*, das, nachdem die Handelsgesellschaft 1629 eine königliche *Charter* erhalten hatte, mit der Ankunft der von John Winthrop angeführten Kongregationalisten an der Küste Neuenglands im Jahr 1630 begann. Anders als die *Pilgrims* waren die Kongregationalisten keine Separatisten, sondern sie begriffen sich als Mitglieder der Anglikanischen Kirche, die sie von innen reformieren wollten. Sie waren im besonderen Maße geprägt von einem Auserwähltheits- und Sendungsbewusstsein, wie es seine paradigmatische Ausformulierung in der Predigt John Winthrops *A Model of Christian Charity* im Jahr 1630 fand. In der noch vor Ankunft in Massachusetts gehaltenen Predigt führte Winthrop seinen Glaubensbrüdern vor Augen, dass sie einen Bund mit Gott geschlossen hätten. Sollten sie sicher in Amerika ankommen, so würde dies ein Zeichen dafür sein, dass Gott diesen Bund von seiner Seite aus ratifiziert habe. Das würde sie im Gegenzug dazu verpflichten, streng nach seinen Gesetzen zu leben. Nur wenn es ihnen gelänge, ein Modell brüderlicher Nächstenliebe, christlicher Barmherzigkeit, Bescheidenheit und Gerechtigkeit zu verwirklichen, würde der Bund Bestand haben. Sollte dies nicht gelingen, so hätten sie den Bund ihrerseits aufgekündigt und Gottes Rache würde fürchterlich sein. Nach dem Willen Winthrops sollte mithin in der Wildnis Neuenglands ein wahrhaft christliches, das heißt von allen Verfälschungen, Lastern und Korruptionen Europas gereinigtes Gemeinwesen entstehen, von dem die Erneuerung der Welt ausgehen würde. Es sei deshalb ihre Aufgabe, meinte Winthrop, eine *City upon a Hill* zu begründen, auf die die Augen der ganzen Welt gerichtet sein würden.

Neuengland wurde in den 1630er Jahren durch die sogenannte *Great Migration*, in deren Verlauf etwas weniger als 23 000 englische Puritaner nach Amerika emigrierten, rasch besiedelt. Entlang der Atlantikküste entstand eine ganze Reihe von Siedlungen, wobei Salem und Boston schnell zu dynamisch wachsenden Hauptorten heranwuchsen. Nach 1660 entwickelten sich die Kolonien Neuenglands rasant. Die Bevölkerung wuchs auch nach dem Ende der *Great Migration* kontinuierlich an. Im Jahr 1660 wohnten etwa 33 000 Siedler in Neuengland, von denen allein 20 000 in Massachusetts lebten. 100 Jahre später war die europäisch-amerikanische Bevölkerung in den vier Neuengland Kolonien auf 450 000 Personen angewachsen. Dieses rasche Bevölkerungswachstum war fast ausschließlich das Ergebnis der hohen Geburtenrate. Die puritanische Migration hatte sich zum ganz überwiegenden Teil als Gruppenmigration vollzogen. Waren die Gesellschaften des Südens anfangs von Junggesellen dominiert, so waren die Siedler Neuenglands in ganzen Familien ausgewandert. Daraus resultierte ein ausgewogenes Verhältnis von männlicher und weiblicher Bevölkerung, das neben dem allgemeinen Wohlstand der Hauptgrund für die hohe Geburtenrate in Neuengland war.

In sozialer Hinsicht war Neuengland die egalitärste und in ethnischer Hinsicht die homogenste Region im kolonialen Britisch Nordamerika. Dort lebte eine Gesellschaft freier, weißer Eigentümer mit angloamerikanischem Hintergrund und puritanischen Weltsichten. Die Neuengländer waren nicht reich, aber wohlhabend genug, um materiell unabhängig und im Sinne des *Common Law* frei zu sein. Selbstständige Farmer, Kaufleute und Handwerker aus den mittleren Schichten dominierten eine Gesellschaft, in der es kaum *Indentured Servants* und so gut wie keine afroamerikanischen Sklaven gab. Gerade einmal rund 2 Prozent der Bevölkerung Neuenglands waren um 1700 *African American*. Der Wohlstand war in Neuengland mithin relativ gleich verteilt; extremen Reichtum gab es genauso wenig wie extreme Armut und ökonomische Abhängigkeit. Dies war ganz im Sinne des ökonomischen Denkens der Puritaner, die davon ausgingen, dass ein von selbsttätigen Individuen erarbeiteter Wohlstand auf »mittlerem Niveau« die beste Voraussetzung für ein gottesfürchtiges und gottgefälliges Leben darstelle.

Puritanische Vorstellungswelten sind auch der Grund für den hohen Stellenwert von Bildung in Neuengland. Aus Sicht der Puritaner konnte nur eine allgemein gebildete Gesellschaft, in der jeder wenigstens lesen und schreiben konnte, das Wort Gottes verstehen und deshalb aus eigener Einsicht zum »wahren« Christentum vordringen. Deshalb gründeten die Neuengländer systematisch Schulen, und auch die ersten Hochschulen Nordamerikas entstanden in Neuengland. Schon sechs Jahre nach der Ankunft von John Winthrop wurde 1636 Harvard College gegründet, um den Predigernachwuchs der Kolonie auszubilden. Weitere Institutionen höherer Bildung entstanden in rascher Folge, so dass Neuengland aufs Ganze gesehen die gebildetste Region im kolonialen Britisch Nordamerika war.

Typischerweise lebten die Neuengländer in Weilern, Dörfern und kleinen Städten, die in einer von Feldern, Wiesen und Obstgärten strukturierten Agrarlandschaft verstreut waren. Diese Siedlungsstruktur war im Kern das Ergebnis des *Township System*, unter dem Land als kollektiver Besitz an eine Gruppe von Siedlern gegeben wurde, die sich zu einer neuen Kongregation zusammengeschlossen hatten. Die Mitglieder dieser neuen Gemeinde bestimmten gleich nach der Ankunft in dem ihnen zugewiesenen Gebiet einen Teil des Landes für den Bau eines Bethauses sowie einer Schule und teilten dann den Rest unter sich auf. Aus diesem *Township System* resultierte die relativ gleichmäßige Verteilung des Besitzes innerhalb der neuenglischen Gesellschaft. Zwar kauften einige Familien im Laufe der Zeit Land dazu, während andere etwas abgaben, aber charakteristischerweise lebten die Neuengländer am Beginn des 18. Jahrhunderts auf Familienfarmen von mittlerer Größe mit 40 bis 48 Hektar Land.

Die Landwirtschaft Neuenglands war in hohem Maße diversifiziert. Angebaut wurden Weizen, Roggen, Mais, Kartoffeln, Bohnen und anderes Gartengemüse. Darüber hinaus betrieben die neuenglischen Landwirte Viehwirtschaft, und entlang der Küste entwickelte sich eine blühende Fischereiwirtschaft. Eine weitere wichtige natürliche Ressource Neuenglands waren die dichten Wälder, die die Holzwirtschaft zu einem wichtigen Motor der ökonomischen Entwicklung werden ließen. Bei alledem produzierten die Neuengländer ihre landwirtschaftlichen Erzeugnisse primär für den eigenen Bedarf, aber auch für den Verkauf auf lokalen, regionalen und überseeischen Märkten, wobei für Neuengland vor allem der Austausch mit der Karibik von zentraler Bedeutung war.

Neben der Landwirtschaft waren Handwerk, Gewerbe und Handel tragende Säulen der kolonialen Wirtschaft Neuenglands. Vor allem die Hafenstädte entwickelten sich schnell zu Handelszentren, die fest in die weltwirtschaftlichen Zusammenhänge der Zeit integriert waren. Um 1700 war Boston die drittwichtigste Hafenstadt des britischen Weltreiches. Im Zuge dieser Entwicklung wurde das Transportgewerbe zu einem ganz eigenen blühenden Wirtschaftszweig. Da sowohl die Fischerei als auch der Überseehandel einen großen Bedarf an Schiffen produzierten und Neuengland sehr waldreich war, entstand eine dynamisch wachsende Schiffbauindustrie. Gegen Ende des 17. Jahrhunderts bauten die Neuengländer fast all ihre Schiffe selbst, und immer mehr englische Kaufleute bestellten ihre Schiffe in Neuengland, wodurch Boston gleich nach London zur zweitwichtigsten Schiffbaumetropole des britischen Weltreiches wurde.

Das allgemeine Wachstum in Neuengland ließ den Korporatismus der kongregationalistischen Theologie nach 1660 allmählich erodieren. Das individuelle Streben nach Selbstbestimmung, Ansehen und Wohlstand löste sich allmählich von seinen religiösen Grundlagen ab und wurde zu einem weltlichen Selbstzweck. Konsens und Gemeinschaft in einem auf brüderlicher Nächstenliebe gegründeten Gemeinwesen traten bis zum Vorabend der Amerikanischen Revolution in den Hintergrund. In dem Maße, in dem die Gesellschaft Neuenglands wuchs und mobiler wurde, lockerten sich auch die zuvor fest gefügten sozialen Verbindungen und der Druck des Kollektivs auf das Individuum. Der religiöse Eifer der Anfangsjahre begann zu verblassen und der Einfluss, das Ansehen sowie die Autorität der Prediger zu schwinden; Besitz wurde zunehmend bedeutsamer für einen gesellschaftlichen Führungsanspruch. So ist denn die Geschichte des kolonialen Neuenglands einerseits die Geschichte einer Region, die zutiefst vom Puritanismus kongregationalistischer Prägung bestimmt war; andererseits ist auch festzustellen, dass der Puritanismus bis zum Vorabend der Amerikanischen Revolution zunehmend an Bedeutung verlor, ohne seine Wirkung jedoch völlig einzubüßen.

Die Kolonien des Mittleren Atlantiks

Die dritte Großregion des kolonialen Britisch Nordamerika war der Mittlere Atlantik, wo drei Kolonien entstanden, und zwar New York, Pennsylvania und New Jersey. Das Klima am Mittleren Atlantik ist deutlich milder als in Neuengland, aber auch nicht so schwül-heiß wie im Süden. Die langen und warmen Sommer bieten Wachstumsperioden von rund 180 Tagen im Jahr. Die fruchtbaren Böden in der von sanften Hügelketten und vielen Flusstälern durchzogenen Gegend stellen geradezu ideale Bedingungen für die Landwirtschaft dar, zumal drei große schiffbare Flüsse, der Susquehannah, der Delaware und der Hudson, das Hinterland gut erschließen.

Im 17. Jahrhundert war die Lage am Mittleren Atlantik eher unübersichtlich. Schweden und Niederländer waren die ersten Kolonisatoren in dieser Gegend. Die Initiative zur Gründung der Kolonie Neu-Niederlande ging von Kaufleuten aus, die sich 1621 zur Westindischen Kompanie zusammengeschlossen hatten und am Hudson River einen Handelsstützpunkt gründen wollten, um in den bis dahin fast allein von Frankreich kontrollierten Pelzhandel mit den Indianern einzusteigen. Am 3. Juni 1621 erhielt die Westindische Kompanie von der niederländischen Regierung ein Kolonisationspatent, das ihr das Land zwischen dem 40. und 45. Breitengrad übertrug und ihr das Handelsmonopol für dieses Gebiet gewährte. Im Jahr 1624 gründete die Westindische

Kompanie mit Fort Oranje, das heutige Albany, und dem angegliederten Ort Beverwijk am oberen Hudson River die erste niederländische Siedlung. Um die Mündung des Hudson zu sichern und zugleich Fort Oranje mit Lebensmitteln zu versorgen, gründete die Westindische Kompanie 1625 mit Neu-Amsterdam eine befestigte Siedlung auf der Insel Manhattan. Allerdings entwickelte sich die Kolonie nur schleppend und wurde zum Verlustgeschäft. Dies auch weil in der unmittelbaren Nachbarschaft mit Neu-Schweden, aus dem später der Bundesstaat Delaware hervorgehen sollte, ein Konkurrent um den lukrativen Pelzhandel mit den Irokesen existierte. Diese Konkurrenz fand 1655 ihr Ende, als Peter Stuyvesant, Generaldirektor der Kolonie Neu-Niederlande, Fort Christina eroberte und sich Neu-Schweden einverleibte.

Die Verschärfung des britisch-niederländischen Gegensatzes in Europa in der Mitte des 17. Jahrhunderts wirkte unmittelbar auf Nordamerika zurück. Als sich Anfang der 1660er Jahre ein neuer Seekrieg zwischen Großbritannien und den Niederlanden abzeichnete, der 1665 auch tatsächlich ausbrach, marschierten englische Truppen unter dem Kommando des *Duke of York*, dem Bruder König Karls II., im Jahr 1664 in die niederländische Kolonie ein und nahmen sie für England in Besitz. Aus Neu-Niederlande wurde jetzt New York, und aus Neu-Amsterdam wurde New York City. Die neuen Herren betrieben die forcierte Anglisierung der ehemals niederländischen Kolonie, doch waren sie damit nur in Maßen erfolgreich. Die niederländische Westindische Kompanie hatte von Beginn an eine religiöse Toleranzpolitik betrieben, um Siedler und kapitalkräftige Kaufleute anzulocken. Zwar war die Niederländische Reformierte Kirche offiziell die einzig anerkannte Glaubensgemeinschaft, doch die Behörden hatten dieses Staatskirchentum nicht wirklich forciert. Deshalb waren viele Puritaner aus Neuengland in die niederländische Kolonie gezogen. Ebenso hatten viele Quäker, Lutheraner, Hugenotten und Juden aus dem westlichen Europa dort eine Heimat gefunden. Diese ethnisch-kulturell-sprachliche Vielfalt ließ sich durch keine auch noch so entschiedene Anglisierungspolitik homogenisieren. Zwar führten die Engländer nach der Eroberung das *Common Law* ein, verboten den Gebrauch des Niederländischen vor Gericht, schlossen alle Niederländer von Verwaltungspositionen aus und forderten von jedem Kolonisten einen Treueeid auf den englischen König. Doch dies förderte bei den Kolonisten nur eine trotzige Verweigerungshaltung. Sie sprachen Englisch nur dann, wenn sie mussten, hielten die niederländische Sprache und Kultur hoch und begannen erst zur Mitte des 18. Jahrhunderts die englische Kultur anzunehmen. In den ersten Jahrzehnten der englischen Herrschaft in New York wurde die Bevölkerung in vieler Hinsicht »niederländischer« als sie es zuvor je gewesen war. Ein weiteres Erbe der niederländischen Herrschaft war die für den Mittleren Atlantik ungewöhnliche Ungleichheit in der Verteilung des Landbesitzes. Bedingt durch die Praxis der Landvergabe der Westindischen Gesellschaft gab es im Hudson-Tal viele Großgrundbesitzer, die ihr Land von Pächtern, *Indentured Servants* und auch afroamerikanischen Sklaven bebauen ließen. Im Gegensatz zu den anderen nördlich von Virginia und Maryland gelegenen Kolonien gab es deshalb in New York viele Sklaven. Ihr Anteil an der Gesamtbevölkerung lag durchgehend bei rund 15 Prozent. Die Sklaverei war bereits von der Westindischen Kompanie eingeführt worden und wurde unter englischer Herrschaft fortgeführt.

Nachdem die Briten Neu-Niederlande ihrem Herrschaftsbereich einverleibt hatten, machten sie sich daran, das übrige Territorium am Mittleren Atlantik unter ihre Kontrolle zu bringen. Pennsylvania entstand als Eigentümerkolonie der Familie Penn im Jahr 1681, als König Karl II. William Penn eine *Charter* zur Gründung einer Kolonie in Nordamerika gewährte, um so die Schulden zu tilgen, die die Krone bei den Penns hatte. William Penn war ein überzeugter Quäker, der in den Wäldern Nordamerikas ein im Sinne der Quäker ideales Gemeinwesen begründen wollte, daher der Name *Pennsylvania*, der Wald Penns. Die Quäker gehörten zu den radikalsten Gruppen des englischen Puritanismus. Sie waren überzeugt davon, dass allein die mystische Erfahrung eines »inneren Lichts«, durch das Gott jeden einzelnen Menschen erleuchtete, der wahre Weg zum Glauben und zur Erlösung sei. Daraus resultierte eine radikale Individualisierung des Verhältnisses von Gott zum einzelnen Gläubigen, was wiederum dazu führte, dass die Quäker dogmatische Lehrgebäude ebenso ablehnten wie jede Form des Staatskirchentums. Sie verweigerten weltlichen Institutionen jeglichen Eid, und ihr radikaler Pazifismus ließ sie jede Form des Kriegsdienstes ablehnen. Deshalb waren sie in England bis zur Toleranzakte des Jahres 1689 schweren Verfolgungen ausgesetzt, so dass das Kolonieprojekt in Pennsylvania als ein Asyl für die in England verfolgten Quäker gestartet wurde. Da es jedoch nicht genügend willige Quäker gab, um die Kolonie zu besiedeln, ging William Penn zur massiven Anwerbung von Auswanderern jeglicher christlicher Überzeugung und ethnischer Herkunft über. Er lockte mit einfach zu erwerbendem Landbesitz, der Garantie der Glaubens- und Gewissensfreiheit sowie der Möglichkeit zur politischen Mitbestimmung in gewählten Parlamenten. Mit dieser Politik machte er Pennsylvania zu dem am schnellsten wachsenden und effizientesten englischen Kolonieprojekt des 17. Jahrhunderts. Bereits fünf Jahre nach der Gründung Pennsylvanias lebten dort mehr als 8000 Siedler.

Die Kolonie New Jersey war ursprünglich Teil der Neu-Niederlande. Holländer, Schweden und Finnen waren die ersten Europäer in diesem Gebiet, in dem das 1660 gegründete Bergen die erste dauerhafte europäische Siedlung war. Als die Engländer im Jahr 1664 Neu-Niederlande eroberten, teilte der Herzog von York das Gebiet in die Kolonien New York und New Jersey auf und übergab New Jersey den englischen Adligen Sir George Carteret und Lord John Berkeley als Eigentümerkolonie. Carteret und Berkeley begannen umgehend mit der Anwerbung von Siedlern und lockten dabei ähnlich wie William Penn mit niedrigen Landpreisen, religiöser Freiheit und demokratischer Selbstverwaltung durch ein gewähltes Parlament. Dadurch wurde New Jersey relativ rasch besiedelt. Im Jahr 1700 lebten rund 14 000 europäische Siedler in beiden Teilen New Jerseys, das ab 1702 von der Krone direkt verwaltet wurde. Für einige Jahre teilte sich New Jersey den Gouverneur mit New York, doch ab 1738 hatte die Kolonie ihren eigenen Gouverneur.

Das dominante Siedlungsmuster in Pennsylvania und New Jersey war die einzelne Familienfarm inmitten einer agrarischen Kulturlandschaft, in der es jedoch anders als in Neuengland kaum Dörfer und Städte gab. Die Mehrheit der Landwirte besaß das Land, das sie mit ihren Familien und allenfalls noch einigen *Indentured Servants* bearbeiteten, als Eigentum. Es gab aber auch viele Pächter in Pennsylvania und New Jersey, in einigen Regionen sogar bis zu 50 Prozent. Insgesamt aber war der Besitz in Pennsylvania und

New Jersey relativ gleich verteilt und die Mehrheit der Arbeitskräfte frei. Damit entsprachen die Kolonien am Mittleren Atlantik am ehesten dem Bild einer Mittelklassengesellschaft aus unabhängigen Eigentümern, die ihre Kräfte frei gebrauchten, um sich materiellen Wohlstand und soziales Ansehen zu erarbeiten. Die Gesellschaft war sehr mobil, die sozialen Strukturen eher locker gefügt, und die Erwartung, dass in Nordamerika jeder nach seiner Fasson selig und durch seiner eigenen Hände Arbeit zu seines Glückes Schmied werden könne, entsprach am Mittleren Atlantik noch am ehesten der Realität.

Alle Kolonien am Mittleren Atlantik entwickelten sich im Laufe des 18. Jahrhunderts sehr dynamisch. Ihre Bevölkerung wuchs sprunghaft an, von rund 63 000 weißen Siedlern im Jahr 1710, über 200 000 im Jahr 1740 bis hin zu 520 000 im Jahr 1770. In gerade einmal 60 Jahren hatte sich die europäisch-amerikanische Bevölkerung am Mittleren Atlantik verachtfacht. Die Gründe für dieses rasante Bevölkerungswachstum waren einerseits wie in Neuengland die hohe Geburtenrate, andererseits aber – und dies ist ein signifikanter Unterschied – die fortlaufende Einwanderung aus Nordwesteuropa. Die Einwanderer kamen von den britischen Inseln, aus Deutschland und Skandinavien, und sie wanderten meist in Familienverbänden aus. Entsprechend ausgeglichen war das Geschlechterverhältnis, was zusammen mit der Entwicklung des allgemeinen Wohlstands der Geburtenrate nur zuträglich war.

Die Wirtschaft der Kolonien am Mittleren Atlantik war durch Handel, Gewerbe und eine hochgradig diversifizierte Landwirtschaft bestimmt. New York, Pennsylvania und New Jersey waren »Brotkolonien«, die eine breite Vielfalt an Agrarerzeugnissen, vor allem Getreide und Fleisch, sowohl für den eigenen Bedarf als auch für den Verkauf auf lokalen, regionalen und überseeischen Märkten produzierten. An der Küste entstand eine Reihe von Städten, in denen Handel und Gewerbe konzentriert waren. Hier entwickelten sich New York City und Philadelphia nach schwierigen Anfängen zu den wichtigsten Handelsknotenpunkten, die das nordamerikanische Hinterland mit den Märkten im atlantischen Raum verbanden. Mit New York City und Philadelphia lagen zwei der drei größten, wohlhabendsten und wichtigsten Städte des kolonialen Nordamerika – die dritte Stadt war Boston – am Mittleren Atlantik. Sie waren zugleich Heimat für eine breite Vielfalt von Handwerk und Gewerbe. Es gab Mühlen und Meiereien, Eisengießereien und Schreinereien, Schiffbauer und Hersteller von Pottasche sowie andere Handwerksbetriebe.

In ethnisch-kultureller Hinsicht war der Mittlere Atlantik die vielfältigste Region des kolonialen Nordamerika. Hier bildete sich die spezifische, auf individueller Freiheit und sozialer Pluralität gründende Modernität der späteren USA viel früher und prägnanter aus als im puritanisch durchsetzten Neuengland oder in den Sklavereigesellschaften des Südens. Dafür gibt es zwei Hauptgründe. Zum einen ist die multikulturelle Diversität des Mittleren Atlantik dem Umstand geschuldet, dass die kolonialen Anfänge hier nicht überall durch England, sondern auch durch Schweden und die Niederlande markiert wurden. Zum anderen waren die Kolonien in der zweiten Hälfte des 17. Jahrhunderts in den Händen sehr unternehmerischer Eigentümer, die die Besiedlungspolitik energisch vorantrieben und dabei potentielle europäische Auswanderer nicht nur mit dem Versprechen billigen Landes, sondern auch mit dem Versprechen religiöser Freiheit lockten.

Grundmuster britischer Kolonisation

Insgesamt lassen sich drei Hauptmotive für die Gründung britischer Kolonien ausmachen, und zwar ökonomische, strategische und utopische. In ökonomischer Hinsicht waren die Kolonieprojekte Spekulationsobjekte privater Investoren, die die natürlichen Ressourcen des Landes profitorientiert ausbeuten (lassen) wollten. Dabei ging es einerseits um Pelze, Holz und Fische, andererseits um die Produktion hochwertiger Agrarerzeugnisse für den Export auf überseeische Märkte: Tabak, Reis, Indigo, aber auch Getreide. In strategischer Hinsicht waren die Koloniegründungen integraler Bestandteil britischer Großmachtpolitik im Kontext der europäischen Mächtekonkurrenz. Die Siedlungskolonie als solche zielte auf die Kontrolle überseeischen Territoriums durch Besiedlung und damit auch auf die Ausweitung des englischen Herrschaftsbereichs. Einmal eingeleitet, entwickelte die Politik kolonialer Expansion ihre Eigendynamik. So wurde New York erobert, um die Konkurrenz der Niederländer auszuschalten, während Georgia als eine Art »Pufferkolonie« gegründet wurde, die die südliche Grenze des britischen Herrschaftsbereichs in Nordamerika gegenüber Spanien und Frankreich sichern sollte. Der utopische Charakter der englischen Kolonisation manifestiert sich in den verschiedenen religiösen Experimenten in den Neuenglandkolonien, in Pennsylvania und Maryland. So unterschiedlich diese Kolonien im Einzelnen auch waren, was sie verband, war der Wille ihrer Initiatoren, dort politisch-soziale Ordnungen zu schaffen, die sich in Europa nicht verwirklichen ließen und dort allenfalls als Zukunftsprojekte gedacht werden konnten.

Charakteristisch für die englische Kolonisation sind ein nur relativ schwach ausgeprägtes imperiales Streben und ein vergleichsweise geringes direktes Engagement der Krone. Die englische Regierung überließ die Gründung und Entwicklung der Kolonien anfangs privater Initiative, die sie durch die Gewährung von Herrschaftsrechten und Handelsprivilegien unterstützte. Gleichzeitig behielt sich die Krone in allen Fällen den Oberherrschaftsanspruch über die Kolonien in Nordamerika vor und wollte auch an den wirtschaftlichen Gewinnen beteiligt werden. Ein solches Vorgehen würde man heute wohl als *Outsourcing* beschreiben: die Krone delegierte die Gründung von Kolonien an Privatleute, die unternehmerische Interessen verfolgten und das volle wirtschaftliche Risiko trugen, gewährte ihnen Selbstverwaltungsrechte im Rahmen der englischen Verfassung, behielt sich aber zugleich die Oberhoheit und die Möglichkeit vor, in die kolonialen Angelegenheiten einzugreifen. Die Monarchie war demnach die Quelle allen Rechts und zog mit denkbar geringem Aufwand nur Vorteile aus diesem Arrangement. Allerdings ist es ein Grundmuster der englischen Kolonisation Nordamerikas, dass die Krone im Laufe der Entwicklung die den Privatleuten gewährten *Charters* zurückzog und direkt über die Kolonien in Nordamerika zu regieren begann. Charakteristischerweise übernahm die Krone die Zügel immer dann, wenn sich herausstellte, dass Eigentümer und Handelsgesellschaften nicht in der Lage waren, die Kolonien ordentlich zu entwickeln, zu verwalten oder zu verteidigen. Diese Entwicklung hatte einen gewissen homogenisierenden Effekt. Um 1750 hatten alle englischen Kolonien in Nordamerika vergleichbare politische Strukturen. Überall war ein königlicher Gouverneur der Chef der Regierung. Ihm zur Seite stand ein zumeist ernanntes *Council*, das ihn in der Verwaltung der Kolonie beriet, und ihm gegenüber stand mit der *Assembly* ein lokal gewähltes Parlament, das nach englischem Vorbild allein das Recht hatte, Steuern zu beschließen. In allen Kolonien galt das *Common Law* und war Englisch die offizielle Sprache.

Jenseits aller Politik gab es auch im Feld der Religion einen machtvollen Homogenisierungsfaktor: In den 1740er Jahren schwappte die Welle protestantischer Erweckung von Europa nach Nordamerika über und löste dort eine kraftvolle Bewegung massenhaften religiösen Erwachens aus. Das *Great Awakening* (großes Erwachen), das auf eine längere Tradition lokaler religiöser Erweckungen in den Kolonien aufbauen konnte, erfasste alle britischen Kolonien, und es wurde von charismatischen Wanderpredigern wie George Whitefield, Jonathan Edwards oder Gilbert Tennent bestimmt. Von seinem Charakter her war es überkonfessionell, denn es zog sowohl die verschiedenen englischen Kirchen (Anglikaner, Kongregationalisten, Presbyterianer) als auch die verschiedenen kontinentaleuropäischen Religionsgemeinschaften europäischer Einwanderer wie beispielsweise Lutheraner, Herrnhuter und Reformierte in seinen Bann. Im Zuge dieses »ersten großen Erwachens« der amerikanischen Geschichte prägten sich Grundformen des für die Entwicklung der USA so ungemein wirkmächtigen Evangelikalismus erstmals voll aus. Letzterer ankert zentral in zwei Grundüberzeugungen: Nämlich erstens im Gedanken der Sündhaftigkeit aller Menschen und zweitens in der Idee, dass die Beziehung zwischen Gott und dem einzelnen Gläubigen durch die persönliche Hinwendung zu Gott in einem vor aller Augen sichtbar demonstrierten Akt der Konversion zustande kommt, also der Wiedergeburt als bekennender Christ, der sein Leben auf die Grundlage der Zehn Gebote und anderer Lehren der Bibel zu stellen bereit ist. Dabei ankerte der evangelikale religiöse Stil im Gedanken einer freien Wahl zwischen einem Leben in Sünde und einem Leben in Gott. Deshalb konnten die Prediger dem Einzelnen zwar ins Gewissen reden, versuchen, ihn von der Sündhaftigkeit der eigenen Existenz zu überzeugen, und die Strafen der Hölle so plastisch wie drastisch ausmalen – ein Konversionserlebnis erzwingen konnten sie jedoch nicht. Dies kam nur durch die individuelle Entscheidung des Einzelnen in der Gemeinde zustande. Aus diesem Glaubens- und Frömmigkeitsverständnis heraus entwickelte sich im Zuge des *Great Awakening* eine Reihe von kultisch-liturgischen Praktiken, die charakteristisch für evangelikale Gottesdienste sind. Ein wichtiges Charakteristikum ist die Tatsache, dass diese als *Revivals* oder *Camp Meetings* stattfanden. Das waren multikonfessionelle Gottesdienste, die unter freiem Himmel abgehalten wurden, um gar nicht erst eine Verbindung zu irgendeiner Kirche und der allgemeinen biblischen Wahrheit aufkommen zu lassen. Zudem waren Erweckungsgottesdienste durch hingebungsvolle Gesänge und Gebete, expressive Lesungen aus der Bibel und eine meist frei gehaltene, mitreißende Predigt bestimmt. Weil die Zeitungen sehr ausführlich über die *Camp Meetings* berichteten und die örtlichen Veranstalter von Erweckungsgottesdiensten eine sehr geschickte Öffentlichkeitsarbeit betrieben und nicht zuletzt auch weil die Predigten veröffentlicht wurden, entstand im Zuge des *Great Awakening* erstmals so etwas wie eine transkoloniale amerikanische Öffentlichkeit, die dann für die Geschichte der amerikanischen Revolution von zentraler Bedeutung sein sollte.

2 Die Anfänge der Sklaverei

Die Geschichte der nordamerikanischen Sklaverei beginnt mit der Ankunft der ersten 20 afrikanischen Sklaven in Jamestown, Virginia, im Jahr 1619, also nur wenige Jahre nachdem die Kolonisten gelernt hatten, Tabak anzubauen. Schwarze Sklaven gab es am Vorabend der Amerikanischen Revolution in allen 13 Kolonien, die die Unabhängigkeitserklärung unterzeichneten. Allerdings war keine andere Region des kolonialen Nordamerika wirtschaftlich so abhängig von der Sklaverei wie der Süden, der die nördliche Spitze des bis tief nach Südamerika hineinreichenden Plantagensystems markiert.

Die Geschichte der Sklaverei in Nordamerika ist untrennbar mit dem Aufstieg der Plantagenwirtschaft in der westlichen Hemisphäre verknüpft. Die dortigen Zucker-, Tabak-, Reis- und Indigoplantagen hatten einen enormen Bedarf an Arbeitskräften, der zu einem ganz großen Teil mit versklavten Afrikanern gedeckt wurde. Damit ist ein Spezifikum der neuzeitlichen Sklaverei in Amerika benannt: Die Menschen, die als Sklaven in die westliche Hemisphäre verschleppt wurden, kamen fast ausschließlich aus Schwarzafrika, genauer gesagt aus den südlich der Sahara gelegenen Küstengebieten Westafrikas, wo heute die Staaten Guinea, Togo, Benin, Nigeria, Ghana und die Elfenbeinküste liegen. Auch viele Afrikaner aus dem Gebiet des heutigen Angola und Kongo wurden versklavt. Es gab somit im kolonialen Amerika eine untrennbare Verbindung zwischen Sklaverei und Schwarz-Sein. Die Versklavung von Menschen wurde mit deren vermeintlicher Minderwertigkeit als menschliche Rasse begründet. In diesem Zusammenhang stellt sich die Frage, ob Rassismus bereits die Voraussetzung für die Versklavung der Afrikaner war, oder ob sich nicht vielmehr der neuzeitliche Rassismus als Legitimationsideologie parallel zum Aufstieg der Sklaverei entfaltete. Letzteres wird im Licht neuester Forschungsergebnisse immer plausibler, denn bis in die 1680er Jahre hinein war die große Mehrheit der unfreien Arbeitskräfte in den britischen Kolonien Nordamerikas europäische *Indentured Servants*; erst danach gewann die Sklaverei ihre zentrale Bedeutung für die Plantagenökonomie im Süden des nordamerikanischen Festlands.

Fragt man nach den Gründen für diese Entwicklung, so ist zunächst zu konstatieren, dass Ende des 17. Jahrhunderts der Handel mit Tabak, Reis und Indigo boomte. Dadurch steigerte sich der Bedarf an Arbeitskräften um ein Vielfaches. Gleichzeitig wurden schwarze Sklaven nach 1680 in den britischen Kolonien immer einfacher verfügbar, weil Großbritannien nun immer größer in den internationalen Sklavenhandel einstieg. In der Folge sanken die Marktpreise für Sklaven um 1700 deutlich, und in dem Maße, in dem die Plantagenbesitzer auf Sklavenarbeit umstiegen, entdeckten sie auch die Vorteile, die das System gegenüber der *Indentured Servitude* hatte. Im Vergleich zu *Indentured Servants*, die stets nur für eine begrenzte Anzahl von Jahren als Arbeitskräfte zur Verfügung standen, konnten Sklaven ihr Leben lang zur Arbeit gezwungen werden. Daraus ergab sich nicht nur eine deutlich geringere Fluktuation, sondern mittel- und langfristig war die Sklaverei auch billiger als die *Indentured Servitude*: Sklaven erhielten am Ende ihrer Knechtschaft keine Abfindung in Form von Land und Geldzahlungen, sie waren Eigentum ihrer Besitzer, weshalb man sie als Arbeitskräfte außer Haus vermieten, sie mit

Gewinn verkaufen oder sie als Sicherheit in Kreditgeschäfte einbringen konnte. Vor allem aber waren Sklaven ein sich selbst reproduzierendes Arbeitskräftereservoir. Das gilt allerdings nur für die britischen Kolonien auf dem Gebiet der späteren USA, zumal denen des Südens, wo es zu dem für die westliche Hemisphäre einmaligen Phänomen kam, dass die Sklavenpopulation sich auf natürlichem Wege mit hohen Wachstumsraten vermehrte. Am Vorabend der Amerikanischen Revolution war die überwiegende Mehrheit der Farbigen oder *African Americans* auf dem Gebiet der späteren USA deshalb bereits in Amerika geboren.

Im Zuge seiner Entfaltung entwickelte sich der atlantische Sklavenhandel zu einem sehr ausgeklügelten, arbeitsteiligen System, das Europa, Afrika, die Westindischen Inseln und das amerikanische Festland eng miteinander vernetzte. In diesem System gab es viele Untersysteme, aber das übergreifende Muster war das Folgende: ein mit Manufakturwaren und anderen Fertigprodukten beladenes Schiff fuhr von Liverpool, Boston oder einer anderen englischen oder neuenglischen Hafenstadt an die afrikanische Westküste um dort die Güter gegen Sklaven einzutauschen. In diesem Zusammenhang ist die Feststellung wichtig, dass afrikanische Stammeshäuptlinge und Händler vielfach eng mit den Europäern kooperierten, denn die letzteren machten nur selten selbst Jagd auf Afrikaner, um sie zu versklaven. Vielmehr war der atlantische Sklavenhandel für einzelne afrikanische Händler und Häuptlinge selbst ein einträgliches Geschäft, mit dem sie Kriegsgefangene oder überführte Verbrecher lukrativ in die Sklaverei verkauften. Als sich der Sklavenhandel zum ganz großen Geschäft entwickelte, zogen einzelne afrikanische Stämme sogar gezielt in den Krieg gegen andere Stämme, um Gefangene zu machen, für die sie dann europäisch-amerikanische Handelsgüter bekommen konnten.

Von der afrikanischen Küste aus verfrachteten die europäischen oder amerikanischen Händler die Sklaven dann über den Atlantik nach Amerika. Das war die berüchtigte *Middle Passage*, ein besonders grausamer Aspekt des ohnehin schon grausamen Sklavenhandels. Die Schiffe waren vollkommen überfüllt; die Sklaven lagen dicht an dicht unter Deck angekettet, so dass sie sich kaum bewegen konnten. Bei gutem Wetter wurden sie zweimal täglich zu den Mahlzeiten für eine kurze Zeit an Deck gebracht, bei schlechtem Wetter mussten sie im Bauch des Schiffes bleiben. Die Rationen waren karg, die hygienischen Verhältnisse unvorstellbar. Viele Afrikaner – durchschnittlich etwa 20 Prozent – starben an Erschöpfung und Krankheiten noch bevor sie Amerika überhaupt erreichten und wurden ins Meer geworfen.

In Amerika wurden die afrikanischen Sklaven entweder direkt aufs Festland oder – und das war der üblichere Weg – auf die westindischen Inseln gebracht, wo sie sich an die klimatischen Verhältnisse Amerikas gewöhnen sollten und auf überaus brutale Weise in das System der Sklaverei eingeschleust wurden. Viele der Sklaven auf dem Gebiet der späteren USA waren über Westindien auf das nordamerikanische Festland gekommen, weil Händler aus Neuengland und den Mittelatlantikkolonien Fisch, Holz und Agrarprodukte in der Karibik gegen Sklaven tauschten und sie in die 13 britischen Kolonien entlang des Atlantiks verkauften.

Allerdings ist die Geschichte der Sklaverei im kolonialen Nordamerika nicht nur die Geschichte der Entfaltung und Ausdifferenzierung des internationalen Sklavenhandels.

Sie ist auch die Geschichte der rechtlichen Kodifizierung der Sklaverei als Institution, denn ihre Entfaltung ging einher mit der rechtlichen Entmenschlichung der Sklaven selbst. Am Ende dieses Prozesses waren die Sklaven rechtlich gesehen der bewegliche Besitz ihrer Herren und hatten damit den gleichen Rechtsstatus wie Tiere. Gerade dies stellt in besonderem Maße eine Erfindung der weißen Kolonisten im britischen Nordamerika dar, denn die britische Rechtstradition kannte die Institution der Sklaverei zuvor nicht. Deshalb war der rechtliche Status der importierten afrikanischen Arbeitskräfte in den britischen Kolonien anfangs auch gar nicht eindeutig. Bis ins letzte Drittel des 17. Jahrhunderts hinein gab es offenbar noch ein relativ hohes Maß an Flexibilität in der Ausgestaltung der Sklaverei. Wenngleich die afrikanischen Arbeitskräfte von Beginn an rechtlich bedeutend schlechter gestellt waren als die *Indentured Servants*, so gab es zwischen ihnen doch viele Parallelen. Völlig rechtlos waren die ersten afrikanischen Sklaven in Virginia und anderswo anfangs offenbar nicht. Sie konnten sich freikaufen, der Sklavenstatus galt noch nicht in jedem Fall lebenslänglich und – wichtiger noch – er ging wohl auch noch nicht in jedem Fall auf die Kinder über. Historiker haben herausgefunden, dass in Northampton County, Virginia, mindestens 13 der insgesamt 101 schwarzen Sklaven zwischen 1664 und 1677 ihre Freiheit erlangen und Landbesitz erwerben konnten. Für das Jahr 1668 wiesen sie nach, dass rund 30 Prozent der schwarzen Bevölkerung von Northampton County rechtlich frei waren.

Um 1700 wandelte sich die Institution der Sklaverei dann jedoch grundlegend. Die anfängliche Flexibilität wich dem System der sogenannten *Chattel Slavery*, das den Sklaven ihre Menschlichkeit absprach und sie zu völlig rechtlosen »Dingen« in den Händen ihrer Besitzer machte. Der *Slave Code* Virginias aus dem Jahr 1705 war das erste umfassende Gesetzgebungswerk, das die Sklaven ausdrücklich als beweglichen Besitz ihrer Halter definierte. Diese Bestimmung fand in den darauffolgenden Jahren Eingang in die *Slave Codes* aller anderen Kolonien auf dem Gebiet der späteren USA.

Hand in Hand mit der rechtlichen Erfindung der *Chattel Slavery* ging die Entfaltung des Rassismus als Ideologie zur Rechtfertigung der Sklaverei. Mit Rassismus sei hier eine Vorstellungswelt bezeichnet, die Merkmale des menschlichen Körpers wie beispielsweise Hautfarbe, Schädelform oder Gesichtszüge nutzt, um die Menschheit in verschiedene Gruppen einzuteilen und diese als »Rassen« zu klassifizieren. Gleichzeitig wird von den sichtbaren Phänomenen des menschlichen Körpers auf die unsichtbaren Charaktereigenschaften wie beispielsweise Fleiß oder Faulheit, Klugheit oder Dummheit, Ehrlichkeit oder Verschlagenheit der so definierten Gruppe geschlossen. Rassistisches Denken ankert mithin in hierarchischen Ordnungsvorstellungen, die die »Menschenrassen« in Kategorien von überlegen und unterlegen, höherwertig und minderwertig, besser und schlechter einteilt. Insgesamt gründet der Rassismus in der Vorstellung einer wesenhaften Verschiedenheit von Bevölkerungsgruppen und sieht diese angenommene Verschiedenheit als dauerhaft und unüberbrückbar an. Im kolonialen Nordamerika zog die Vorstellungswelt des Rassismus scharfe Trennlinien zwischen Weißen und Schwarzen und erlaubte es, die Institution der Sklaverei auf die Doktrin von der *White Supremacy*, also der angenommenen Überlegenheit des kaukasischen Menschenschlags zu gründen. Weil die Schwarzen in den Augen weißer Rassisten im Vergleich zu den weißen Kaukasiern minderwertig und unterlegen waren, erschien die Versklavung von Menschen schwarzer Hautfarbe legitim.

Der Rassismus war ein sehr starker Zement, der die ansonsten hochgradig diverse und durch vielfältig ausgeprägte soziale Ungleichheit charakterisierte Gesellschaft der Weißen zusammenzuhalten vermochte. Vor allem in den Kolonien des Südens etablierte er bereits in der Kolonialzeit einen Konsens, der die bestehenden sozialen Konflikte innerhalb der weißen Gesellschaft überlagerte. In diesem Zusammenhang sei eine schlichte demographische Tatsache hervorgehoben: Die Sklavenhalter waren im Süden und anderswo im kolonialen Britisch Nordamerika immer eine Minderheit. Die weitaus meisten Sklavenhalter besaßen weniger als fünf Sklaven, während diejenigen, die mehr als 100 Sklaven hatten, auch in der Pflanzergesellschaft des Südens nur eine schmale Elite darstellten. Die große Mehrheit der Weißen hatte keine Sklaven, weil sie sich aus moralischen Gründen keine leisten wollten oder – was viel wichtiger ist – weil sie sich finanziell keine leisten konnten. Dennoch sind gerade die armen Weißen ein Schlüssel zum Verständnis der Wirkmächtigkeit des Rassismus im kolonialen Nordamerika und weit darüber hinaus, denn die Doktrin der *White Supremacy* schloss auch sie ein und erlaubte es ihnen, sich den Schwarzen gegenüber überlegen zu fühlen, obwohl es ihnen rein materiell gesehen teilweise schlechter ging als den Sklaven auf den Plantagen reicher Pflanzer.

3 Indianer und Weiße

Die Bedeutung der Indianer für die Geschichte des kolonialen Britisch Nordamerika kann kaum überschätzt werden. Diese Feststellung ist deshalb wichtig, weil die Historiographie bis in die 1960er Jahre hinein die indianischen Kulturen eher als die Hintergrundkulisse für eine Kolonialgeschichte gesehen hat, die allein europäisch-amerikanische Akteure und Handlungsstränge kannte. In dieser Geschichte wurden die Indianer vor allem als Hindernis für die als unaufhaltsam begriffene Ausbreitung der europäisch-amerikanischen Zivilisation gesehen, weshalb die Indianer in diesen Geschichten charakteristischerweise immer erst dann auftauchten, wenn sie gerade im Begriff waren, zu verschwinden. Seit den 1970er Jahren jedoch haben wir die Kolonialepoche als eine Zeit zu betrachten gelernt, die ohne die Präsenz und Aktivität der Indianer kaum hinreichend verstanden werden kann.

Über weite Strecken des 17. Jahrhunderts waren die europäischen Kolonien nur schwach besiedelte, instabile und hochgradig anfällige Gebilde. Die europäische Bevölkerung lebte zusammengedrängt in einem rund 80 Kilometer breiten Korridor entlang der Atlantikküste, der Rest des riesigen Kontinents war von Indianern bewohnt. Während die europäische Bevölkerung in ganz Nordamerika am Beginn des 18. Jahrhunderts die Grenze von 300 000 wohl noch nicht überschritten hatte, lebten um 1700 vielleicht zwischen 1,4 und 1,6 Millionen Indianer in Nordamerika. Die ganze Bedeutung dieser noch konservativen Schätzung erschließt sich erst, wenn man bedenkt, dass die indianische Bevölkerung bis zum Jahr 1700 durch eine nicht abreißende Folge von Krankheitsepidemien und Kriegen bereits massiv reduziert worden war. Im 18. Jahrhundert verschoben sich die Kräfteverhältnisse wegen der Stabilisierung und des raschen Wachstums der Kolonien dann massiv zu Ungunsten der Indianer. Bis 1800 sank die indianische Bevölkerung Schätzungen zufolge auf etwa 600 000 ab, während die kolonialen Siedlergesellschaften rasant expandierten. Die Indianer waren zunehmend weniger in der Lage, ihr Land und ihre Lebensform zu verteidigen. Das ändert freilich nichts an der Tatsache, dass sie während der gesamten Kolonialzeit ein sehr aktiver, nachhaltig wirksamer und ungemein präsenter Faktor der amerikanischen Geschichte waren. Dabei waren sich die Indianer ihrer Bedeutung für die Weißen durchaus bewusst, verfolgten geschickt ihre eigenen Interessen und nutzten die Agenda der Weißen ebenso geschickt für ihre eigenen Ziele aus.

Die Beziehungsgeschichte zwischen Indianern und Weißen begann im 16. Jahrhundert. Das Entdeckungs- und Erkundungsgeschehen brachte Europäer und Indianer miteinander in Kontakt, und recht schnell entstand eine rege Interaktion von Europäern und Indianern in den reichen Fischgründen vor Neufundland und entlang der nördlichen Atlantikküste sowie im St. Lorenz-Golf, wo europäische Fischer regelmäßig die Sommer verbrachten. Die Indianer lieferten den europäischen Fischern Lebensmittel und Pelze im Austausch für Eisenwaren und Textilien, Glasperlen und Alkohol. Gab es mithin schon europäisch-indianische Kontakte vor dem Beginn dauerhafter europäischer Besiedlung in Nordamerika, so waren diese im 16. Jahrhundert punktuell und zeitlich begrenzt. Das änderte sich grundlegend mit der Gründung europäischer Kolonien in Nordamerika, deren Folgen für die indianischen Kulturen weitreichend waren.

Für die europäischen Siedler waren die Indianer in dreierlei Hinsicht bedeutsam, nämlich erstens als Überlebenshelfer in der nordamerikanischen Umwelt, zweitens als Handelspartner sowie drittens als militärischer Bündnispartner. Um mit dem ersten anzufangen, so ist es nicht übertrieben zu behaupten, dass das Überleben der europäischen Siedler vor allem in den kritischen Anfangsjahren einer jeden Kolonie ganz vom guten Willen und der Unterstützung der Indianer abhing. Die Indianer kannten sich mit der örtlichen Flora und Fauna aus. Sie wussten, welche Pflanzen genießbar waren oder heilende Wirkung hatten und welche Tiere man essen konnte. Sie kannten das Land und seine Wege, weshalb sie auch als *Scouts* wichtige Dienste leisteten. Auch war es mit der technologischen Überlegenheit der Europäer im 17. Jahrhundert nicht weit her. Die Pfeile der Indianer flogen weiter und hatten oft eine höhere Durchschlagskraft als die aus den umständlich zu handhabenden und nicht sehr zielsicheren europäischen Feuerwaffen abgeschossenen Bleikugeln. Die indianischen Mokassins waren bequemer und wasserdichter als die klobig-schweren Lederstiefel der Europäer, die indianischen Kanus waren wendiger und schneller als die europäischen Ruderboote. Um in der nordamerikanischen Umwelt überleben zu können, mussten die Europäer also indianische Überlebenstechniken übernehmen und sich deren Umweltexpertise aneignen.

Auch als Handelspartner spielten die Indianer eine zentrale Rolle. Anfangs waren ihre Lebensmittellieferungen für die europäischen Siedler von existentieller Bedeutung, später dann veränderten sich die Handelsbeziehungen. In New York, Neuengland, Pennsylvania sowie im Gebiet um die Großen Seen war das Verhältnis zwischen Indianern und Weißen maßgeblich durch den Pelzhandel bestimmt, zu dem die Indianer als Jäger die Pelze beisteuerten. Daraus ergab sich einerseits ein regelrechtes Buhlen der

Franzosen, Niederländer und Engländer um Handelsabkommen mit den Indianern. Andererseits warben aber die Indianer genauso um den Zugang zum Handel mit den Weißen, weil sie zunehmend von europäischen Waffen, Metallgegenständen, Textilien und Alkohol abhängig waren. Handelsbeziehungen zwischen Indianern und Weißen waren unweigerlich immer auch militärische Allianzen. Teilweise griffen sich die Indianer aus freien Stücken gegenseitig an, um ihre Jagdreviere zu erweitern oder zu verteidigen, teilweise wurden sie von den europäischen Siedlern aber auch gezielt dazu angestachelt.

Die unauflösbare Einheit von kommerziellen und militärischen Bündnissen führte dazu, dass die Indianer eine zentrale militärische Größe in den Kriegen der europäischen Großmächte um die Vorherrschaft auf dem Kontinent waren. Seit dem ausgehenden 17. Jahrhundert entfaltete sich die imperiale Konkurrenz insbesondere zwischen Großbritannien und Frankreich immer auch als ein Ringen um die Gunst der Indianer. Die indianische Art der Kriegführung, die sich charakteristischerweise als Serie von schlagartigen Überfällen, kurzen Scharmützeln und hoch mobilen Angriffsaktionen im Schutz des Waldes entfaltete, war mit den Mitteln europäischer Militärtaktik kaum sinnvoll zu bekämpfen. Deshalb suchten sowohl die europäischen Regierungen als auch die Siedler in den Kolonien Bündnisse mit den Indianern. Diese ließen sich zwar immer wieder auf solche militärischen Allianzen ein, waren dabei jedoch nur selten bloße Erfüllungsgehilfen europäischer Machtpolitik; vielmehr nutzten sie die europäische Mächtekonkurrenz oft für die Verfolgung eigener politischer und ökonomischer Interessen aus.

Insgesamt war das Verhältnis zwischen Indianern und Weißen durch vielfältige und in beide Richtungen gehende Formen des Kulturtransfers bestimmt, durch die die Lebensformen von Indianern und Weißen gleichermaßen verändert wurden. Neben den Handelswaren übernahmen die Indianer von den Europäern beispielsweise auch das Pferd, die Weberei und die Viehzucht. Die europäischen Siedler hingegen lernten von den Indianern, wie man Mais und Tabak anbaut. Sie begannen, indianische Speisen zu essen und Heilmittel der Indianer anzuwenden. Sie lernten, Kanu zu fahren und imitierten indianische Jagd-, Ackerbau- und Fischfangmethoden. Es ist jedoch insgesamt charakteristisch für die Formen des indianisch-europäischen Austausches, dass die europäischen Kulturelemente in den indianischen Gesellschaften vielfach eine zerstörerische Wirkung entfalteten, während umgekehrt die Übernahme indianischer Kulturelemente die Existenz der Kolonialgesellschaften zu sichern half.

Von enormer Bedeutung waren in diesem Zusammenhang die von den europäischen Siedlern nach Amerika eingeschleppten Krankheiten wie Typhus, Masern, Grippe und vor allem Pocken. Gegen diese Krankheiten waren die Indianer nicht immun und wurden deshalb reihenweise von ihnen dahingerafft. Ganze Landstriche wurden durch Krankheitsepidemien entvölkert – und das war vielfach noch nicht einmal das Ergebnis direkten Kontaktes zwischen Indianern und Weißen, sondern oft der Tatsache geschuldet, dass Indianer, die bereits Kontakt mit Europäern gehabt hatten, Krankheiten auf andere, weiter von ihnen entfernt lebende indianische Gruppen übertrugen. So wurden beispielsweise geschätzte 90 Prozent der indianischen Bevölkerung Neuenglands bei einer 1616 ausbrechenden Epidemie innerhalb von nur drei Jahren ausgelöscht.

Als die Pilgerväter im Jahr 1620 mit der *Mayflower* in Neuengland anlandeten, stießen sie also auf ein bereits entvölkertes Gebiet. Auch in anderen Regionen Nordamerikas hatten aus Europa eingeschleppte Krankheitsepidemien die indianischen Gesellschaften bereits dezimiert, geschwächt oder ganz dahingerafft, noch bevor es überhaupt zu direkten Kontakten zwischen Weißen und Indianern kam. Insgesamt sind bedeutend mehr Indianer durch europäische Krankheiten als durch europäische Waffen umgekommen. Die Krankheitsepidemien zerstörten die sozialen Strukturen der indianischen Gesellschaften. Deren maßgeblich durch Verwandtschaftsbeziehungen gefügte Ordnung wurde durch den massenhaften Verlust von Menschen durcheinander geschüttelt, Hierarchien und Führungsstrukturen lösten sich auf, und auch die Autorität der indianischen Priester und Schamanen erodierte. Warum, so fragten sich viele Indianer, sind unsere Götter nicht in der Lage, uns vor diesen Krankheiten zu schützen? Die Epidemien erschienen als Störung der naturgegebenen kosmischen Ordnung, die in Balance zu erhalten Sinn und Zweck des indianischen Ritus war; deshalb stürzten die aus Europa eingeschleppten Krankheitsepidemien viele indianische Gesellschaften in eine tiefe religiöse Krise.

III   Revolution (1763–1787/88)

Mit dem Begriff *Amerikanische Revolution* wird gemeinhin der die Jahre von 1763 bis 1787/88 ausfüllende, gewaltsame Prozess bezeichnet, durch den sich 13 britische Kolonien Nordamerikas vom Mutterland emanzipierten, als unabhängige Einzelstaaten konstituierten und zu den Vereinigten Staaten von Amerika zusammenschlossen. Dieser Prozess führte über den von 1775 bis 1783 währenden Krieg, die Unabhängigkeitserklärung vom 4. Juli 1776 und die *Critical Period* (1783–1787/88) zur Gründung der USA als föderal organisiertem Bundesstaat, der in allen seinen Teilen auf dem Prinzip der Volkssouveränität gründet. Die Amerikanische Revolution begann als ein Streit über Steuern, der sich im Kontext der britischen Verfassung entfaltete, dann jedoch bald eskalierte und den durch die britische Tradition gesetzten Rahmen sprengte: Immer weniger beriefen sich die Kolonisten in ihrem Widerstand auf ihre Rechte als Untertanen der britischen Krone und führten stattdessen immer lauter ein gänzlich neues Kriterium für ihr Recht auf Widerstand ins Feld, nämlich die universal gültigen und unveräußerlichen Menschenrechte, die zu schützen der einzige Zweck staatlicher Gewalt sei. Diese revolutionäre Wende fällt in die Jahre 1774/76.

Die Dynamik der Amerikanischen Revolution entfaltete sich aus einem transatlantischen Zusammenspiel von Aktion und Reaktion, das auf mehreren Ebenen stattfand und eine Vielzahl von Akteuren hatte. Gleichzeitig entwickelte sich der revolutionäre Prozess in jeder Kolonie anders, da sich der imperiale Konflikt dort mit ganz unterschiedlich gelagerten lokalen sozialen Konflikten verband, die sich in Kategorien des Nationalen kaum hinreichend erfassen lassen. Deshalb ist die Amerikanische Revolution keineswegs das gewissermaßen zwangsläufige Ergebnis einer langen freiheitlichen Tradition, die von den ersten europäischen Siedlern in den Boden Britisch Nordamerikas gepflanzt wurde, sich dann im Verlauf der Kolonialgeschichte sukzessiv entfaltete und bis zur Mitte des 18. Jahrhunderts so stark geworden war, dass die Loslösung vom Mutterland und die Gründung der USA als demokratischem Flächenstaat notwendigerweise passieren mussten. Die Amerikanische Demokratie ist 1776 nicht vom Baum gefallen wie ein reifer Apfel.

1   Imperiale Krise und Eskalation des Steuerstreits 1763–1773

Der Siebenjährige Krieg (1756–1763) war militärisch und machtpolitisch ein Triumph für Großbritannien, finanziell hingegen ein Desaster. Die britischen Staatsschulden hatten sich im Laufe des Krieges fast verdoppelt und beliefen sich im Jahr 1763 auf ungeheuerliche 137 Millionen Pfund. Gleichzeitig war die Herrschaft Großbritanniens in Nordamerika neu zu ordnen, denn im Frieden von Paris waren 1763 die vormals französischen Besitzungen Neuschottland, Kanada und Louisiana östlich des Mississippi sowie das spanische Florida unter britische Herrschaft gekommen. In dieser Situation entschloss sich London dazu, die imperiale Kontrolle über die nordamerikanischen Kolonien zu verstärken und sie fortan mehr an den Kosten für ihre Verwaltung und Verteidigung zu beteiligen. Neu war dieser Anspruch Großbritanniens auf imperiale Kontrolle über seine nordamerikanischen Kolonien nicht; neu war vielmehr der entschiedene Wille zur forcierten Durchsetzung der Herrschaftsrechte in dem nunmehr massiv ausgeweiteten Herrschaftsgebiet Britisch Nordamerikas. Allerdings traf diese neue Politik des imperialen Zentrums in den 13 Kolonien entlang der Atlantikküste auf eine Bevölkerung, die es gewohnt war, sich in lokal gewählten Parlamenten weitgehend selbst zu regieren. Gleichzeitig hatten die Kolonisten im zurückliegenden *French and Indian War* in den Reihen der britischen Truppen gekämpft und ihren Teil zum britischen Sieg über Frankreich beigetragen. Viele von ihnen sonnten sich deshalb im imperialen Glanz des Mutterlandes und fühlten sich mehr denn je als Engländer. Groß war deshalb der Ärger, als die britische Regierung gleich nach dem Ende des Siebenjährigen Krieges die Zügel imperialer Herrschaft anzuziehen begann. Die Kolonisten fühlten sich zurückgesetzt, als Untertanen zweiter Klasse behandelt und vor allem in ihrer Selbstbestimmung beschnitten. Aus dieser Konstellation heraus entwickelte sich die Amerikanische Revolution.

Die erste Manifestation der neuen britischen Politik gegenüber den nordamerikanischen Kolonien war die Königliche Proklamation des Jahres 1763, mit der König Georg III. die britische Herrschaft in ganz Nordamerika umfassend neu ordnen wollte. Die meisten ihrer Bestimmungen betrafen deshalb auch Florida und die Gebiete des ehemaligen Neu-Frankreich. Ein zentraler Punkt wurde jedoch für die 13 Kolonien entlang der Atlantikküste unmittelbar relevant: In dem Willen, das Verhältnis zu den indianischen Ureinwohnern zu regulieren, stellte die königliche Proklamation das Gebiet zwischen den Appalachen und dem Mississippi unter die direkte Verwaltung der Krone und erklärte es zu einem Reservat für die indianischen Ureinwohner. Damit einher ging das Verbot für die Kolonisten, die Gebiete jenseits der Appalachen zu besiedeln und direkt mit den Indianern über Landverkäufe zu verhandeln. Diese Maßnahmen wurden in den Kolonien als Eingriff in ihre Bewegungsfreiheit begriffen, zumal viele Siedler schon in das fragliche Gebiet vorgedrungen waren und zahlreiche Landspekulanten dort bereits Besitztitel erworben hatten.

Als wäre das nicht schon Zündstoff genug, begann die Londoner Regierung nach dem Siebenjährigen Krieg auch noch damit, eine neue Fiskalpolitik gegenüber den Kolonien einzuleiten. Diese schlug sich in einer Reihe von Zoll- und Steuergesetzen nieder, deren Bestimmungen zunehmend größere Teile der Kolonialbevölkerung direkt betrafen. Den Auftakt machte der *Sugar Act* vom 5. April 1764, doch so richtig ins Rollen kamen die Dinge mit dem *Stamp Act*, den das britische Parlament ungeachtet der bereits im Vorfeld von den Kolonien geäußerten Proteste am 22. März 1765 verabschiedete. Mit diesem Gesetz erhob die Krone direkte Abgaben auf eine lange Liste von amtlichen Dokumenten und sonstigem gedruckten Material wie beispielsweise Landpatente, Lizenzen, Zeitungen, Pamphlete und selbst Kartenspiele. Sie alle mussten mit einem amtlichen Stempel versehen werden, bei dessen Anbringung eine Gebühr fällig wurde. Anders als vom *Sugar Act* war fast jeder Bewohner der britischen Kolonien in Nordamerika von der Stempelsteuer betroffen. Folglich formierte sich massiver Widerstand auf verschiedenen Ebenen und in vielerlei Gestalt. Die *Assemblies* der Kolonien verabschiedeten Resolutionen gegen das Gesetz, und auch in Zeitungen und Pamphleten machten die Kolonisten ihrem Ärger Luft. Daneben kam es zu einer breiten Vielfalt von direkten Protesten, deren wichtigste und wirkungsvollste Form der Boykott britischer Waren und Dienstleistungen war. Es blieb allerdings nicht bei gewaltlosem Widerstand. In Boston kam es am 14. August 1765 zum sogenannten *Boston Riot*, bei dem die aufgebrachte Menge unter anderem den vermeintlichen Rohbau einer neuen Zollbehörde mit großem Hurra in Schutt und Asche legte. Der anfangs spontane und unkoordinierte Widerstand gegen den *Stamp Act* führte im Oktober 1765 dazu, dass sich mit dem *Stamp Act Congress* erstmals eine interkoloniale Versammlung konstituierte, an der 27 Delegierte aus neun Kolonien teilnahmen. Sie verabschiedeten eine gemeinsame Resolution, in der sie hervorhoben, dass nach britischer Verfassungstradition keine Steuern ohne die Zustimmung der Besteuerten erhoben werden dürften. Deshalb seien die in den Kolonien lokal gewählten Parlamente, nicht aber das Parlament im fernen London, die einzig legitime Institution für die Erhebung von Steuern in Nordamerika. Der koloniale Widerstand gegen den *Stamp Act* hatte durchschlagenden Erfolg: Die britischen Steuereinnahmen sanken spürbar, während die Stimmung in den Kolonien immer militanter und entschlossener wurde. Am 21. Februar 1766 hob das britische Parlament das Stempelsteuergesetz auf, verabschiedete aber am 4. März den *Declaratory Act*, mit dem es seine uneingeschränkte Souveränität über die Kolonien behauptete.

Die nächste Eskalationsstufe folgte, als Charles Townshend, Finanzminister im Kabinett von William Pitt, in den Jahren 1766/67 versuchte, auf andere Weise an das Geld der Kolonisten zu kommen. Der Kern seines in den *Townshend Acts* vom 29. Juni 1767 niedergelegten Programms bestand in einer Reihe von Zöllen auf eine breite Palette aus England importierter Fertigwaren und Luxusgüter wie Glas, Blei, Papier, Farbe und Tee. Dabei hoffte Townshend, dass die Kolonisten Einfuhrzölle (*External Taxes*) eher akzeptieren würden als Steuern (*Internal Taxes*), wie sie mit dem *Stamp Act* erhoben worden waren. Dem war freilich nicht so. Wieder reagierten die Kolonien mit massiven Protesten, die diesmal jedoch drei Jahre lang anhielten und sich vor allem auf Boykottmaßnahmen konzentrierten. Wieder sah sich die britische Regierung mit massiven Einnahmeausfällen konfrontiert, wieder radikalisierte sich die Stimmung in den Kolonien mit der Dauer der Proteste, und auch die Entschlossenheit stieg, die britische Steuerpolitik nicht hinnehmen zu wollen. Erst im April 1770 zog das Londoner Parlament alle Townshend-Zölle bis auf eine eher symbolische Abgabe auf Tee zurück.

Allerdings beruhigte sich die Lage in den Kolonien nicht. Ganz im Gegenteil, der Ärger richtete sich nun zunehmend auf die in den Kolonien stationierten britischen Soldaten, die mit ihren roten Uniformen gut sichtbare Zeichen des britischen Herrschaftsanspruchs über die Kolonien waren. Die »Rotröcke« kampierten auf öffentlichen

Plätzen, requirierten öffentliche Gebäude, fällten immer wieder die Freiheitsbäume, die die Kolonisten als Zeichen ihres Protestes gegen die britische Politik gepflanzt hatten, und hielten ostentativ in den Straßen Paraden ab, oft auch sonntags, wenn die Bevölkerung in der Kirche war und sich in ihrer Sonntagsruhe gestört fühlte. Immer wieder kam es zu gewaltsamen Auseinandersetzungen zwischen britischen Soldaten und der kolonialen Bevölkerung. Der blutigste und zugleich folgenreichste Zusammenstoß ereignete sich am 5. März 1770 in Boston bei dem fünf Demonstranten in einem Handgemenge starben, die fortan als Märtyrer der Revolution verehrt wurden.

Als das britische Parlament im Mai 1773 den *Tea Act* verabschiedete, hatte dies mit der zurückliegenden Steuerpolitik gegenüber den nordamerikanischen Kolonien eigentlich nichts zu tun. Vielmehr wollte die britische Regierung mit diesem Gesetz eigentlich die desolate Finanzlage der *East India Company* verbessern, indem sie die Modalitäten des Teeverkaufs in den Kolonien veränderte. Mit dem *Tea Act* wurde es der *East India Company* erlaubt, ihren Tee in den Kolonien des britischen Weltreichs direkt zu vermarkten. Auch wurden ihr die üblichen Zölle und Gebühren erlassen, so dass sie ihren Tee viel billiger verkaufen konnte als die Konkurrenz. Obwohl Tee dadurch tatsächlich billiger wurde, kurbelte der *Tea Act* die Debatte über Souveränität in den Kolonien erneut an, zumal die Kolonisten inzwischen nicht mehr bereit waren, überhaupt noch irgendwelche – vom Londoner Parlament erhobene – Steuern zu akzeptieren. Die kolonialen Proteste kulminierten am 16. Dezember 1773 in der berühmten *Boston Tea Party*. Bereits Ende November 1773 waren drei Schiffe der *East India Company* mit Tee an Bord in den Hafen von Boston eingelaufen, doch die Stadtverordnetenversammlung hatte beschlossen, die Löschung der Ladung zu verhindern und zu diesem Zweck eigene Wachen am Hafen aufgestellt. Der Gouverneur von Massachusetts, Thomas Hutchinson, hatte aber auf der Entladung der Schiffe bestanden. Der Konflikt schwelte für rund zwei Wochen, dann enterten rund 60 als Indianer verkleidete *Sons of Liberty* am 16. Dezember 1773 die Handelsschiffe und warfen den Tee in das Bostoner Hafenbecken. Um neun Uhr abends hatten sie 342 Kisten mit Tee im Wert von rund £ 10 000 zerstört.

Die Reaktion des britischen Mutterlandes erfolgte prompt. Auf Anraten von Premierminister Frederick Lord North verabschiedete das britische Parlament im Frühjahr 1774 die *Coercive Acts*, die von den Kolonisten als *Intolerable Acts*, als nicht-hinnehmbare Gesetze also, bezeichnet wurden: Der Hafen Bostons wurde für den Handel geschlossen, die Sitzungen der Stadtversammlungen ausgesetzt, die Befugnisse des Gouverneurs erweitert, die Präsenz der britischen Truppen verstärkt und die Strafverfolgung der Aufrührer erleichtert. Diese Strafmaßnahmen der britischen Regierung stießen in den Kolonien auf erbitterten Widerstand. Die Einwohner von Massachusetts ignorierten die gesetzlichen Bestimmungen schlichtweg. Richter und Soldaten, die die Bestimmungen der Zwangsgesetze umsetzen wollten, wurden bedroht und teils verprügelt. Die Stadt- und Kreisversammlungen hielten weiterhin Sitzungen ab und übernahmen zunehmend die Regierung, während die *Committees of Correspondence* den Widerstand organisierten. Doch der Protest endete nicht an den Grenzen von Massachusetts. Eine gewaltige Solidarisierungswelle schwappte über alle 13 Kolonien entlang der Atlantikküste, die alle britischen Versuche, Boston und Massachusetts zu isolieren, grandios scheitern ließen. Überall kam es zu Boykotten britischer Waren und zu gewaltsamen Übergriffen auf Regierungsgebäude und Vertreter der Krone, deren Macht rasant verfiel.

2 Wende zur Revolution 1774/76

Das Revolutionäre der sich zwischen 1774 und 1776 ereignenden Wende ist dadurch definiert, dass die Kolonisten in der Rechtfertigung ihres Widerstands aus dem britischen Verfassungskontext ausbrachen und ihn auf die neue Grundlage des aufklärerischen Naturrechtsliberalismus stützten. Hatten sie sich in ihrem Protest bisher auf die ungeschriebenen Traditionen der britischen Verfassung, die *Rights of Englishmen* und die in den kolonialen *Charters* von der Krone gewährten Rechte berufen, so griffen sie nach 1774 immer mehr auf die universalen Prinzipien der Aufklärung zurück. Folglich ging es seit 1774 immer weniger um Steuern und immer mehr um die Grundfragen legitimer Herrschaft und den Zweck von Staatlichkeit überhaupt. Damit einher ging eine grundlegende Hinwendung zur Zukunft: Bis zur revolutionären Wende von 1774/76 war der koloniale Widerstand gegen die imperiale Politik des Mutterlandes rückwärtsgewandt gewesen, denn es ging den Kolonisten um die Bewahrung des Status quo, wie er sich bis 1763 etabliert hatte. Die protestierenden Amerikaner wollten in die »Zeit vor 1763« zurück, und sie suchten auch ihre Argumente in der Vergangenheit der britischen Verfassungsgeschichte. Die Wende zur Revolution, die in der Erklärung der Unabhängigkeit am 4. Juli 1776 kulminierte, ist deshalb auch eine Wende von der Vergangenheitsorientierung hin zur Ausrichtung auf eine offene Zukunft, deren Gestaltung sich die Revolutionäre zur Aufgabe machten.

Von entscheidender Bedeutung für die Wende zur Revolution war der Zusammentritt des Ersten Kontinentalkongresses in Philadelphia am 5. September 1774. Die insgesamt 56 Delegierten aus zwölf Kolonien – nur Georgia war nicht vertreten – bildeten das nach dem *Stamp Act Congress* zweite interkoloniale Parlament und sahen sich mit der Aufgabe konfrontiert, die Interessen der Kolonien gegenüber dem Mutterland zu vertreten und den eskalierenden kolonialen Widerstand zu organisieren. Dadurch arbeitete der Erste Kontinentalkongress faktisch als nationale Regierung, ohne dass die Delegierten das damals schon von sich gedacht oder dass die Kolonisten das so gesehen hätten. Der Kontinentalkongress rief die Bewohner der 13 Kolonien zur Verschärfung des Boykotts bis hin zum völligen Abbruch aller Handelsbeziehungen zum Mutterland auf. Gleichzeitig beschloss er, örtliche *Committees of Inspection* einzurichten, die die Einhaltung der Boykotte rigoros und teils gewaltsam durchsetzten. Zudem stellten die Delegierten des Ersten Kontinentalkongresses in der am 14. Oktober 1774 verabschiedeten *Declaration of Colonial Rights and Grievances* fest, dass das britische Parlament keinerlei Autorität über die inneren Angelegenheiten der Kolonien im britischen Herrschaftsverband habe. Diese Resolution war die letzte große Manifestation eines sich auf die *Rights of Englishmen* berufenden Widerstandes gegen die Politik des Mutterlandes. Am 26. Oktober 1774 ging der Erste Kontinentalkongress auseinander, jedoch nicht ohne ein Nachfolgeparlament einzuberufen, das im Mai 1775 zusammentreten sollte.

Die Stimmung in den Kolonien wurde zunehmend militanter. Immer offener wurde die Autorität der britischen Behörden missachtet, ein militärisches Vorgehen des Mutterlandes wurde immer wahrscheinlicher. Die Milizen in Massachusetts und anderswo begannen, Waffen- und Munitionslager anzulegen und sich auf eine militärische Konfrontation vorzubereiten, die Spannung stieg. Am 19. April 1775 entlud sie sich, als in Lexington und Concord, Massachusetts jene Schüsse fielen, die rund um die Welt gehört werden sollten. Fünf Tage zuvor hatte General Thomas Gage, Oberbefehlshaber der britischen Truppen in Nordamerika und seit 1774 auch Militärgouverneur in Massachusetts, den Befehl erhalten, den in Concord illegal tagenden Provinzialkongress aufzulösen, dessen Anführer zu verhaften und die von den kolonialen Milizen dort angelegten Waffenlager zu zerstören. Am Abend des 18. April verließen 700 britische Soldaten Boston und marschierten auf Concord zu. In seinem legendenumwobenen Ritt durch die Nacht schlug der Bostoner Silberschmied Paul Revere Alarm, und die Nachricht verbreitete sich über das gut funktionierende Kommunikationsnetzwerk der *Committees of Correspondence* wie ein Lauffeuer. Auf ihrem Weg nach Concord kamen die britischen Truppen durch den kleinen Ort Lexington, wo sie bereits von etwa 70 Milizionären erwartet wurden. Es ist bis heute nicht geklärt, wer zuerst schoss, aber es fiel ein Schuss, woraufhin es zu einem heftigen Gefecht zwischen den britischen Soldaten und den amerikanischen Milizen kam, das die Briten noch für sich entschieden. Sie zogen weiter und trafen in Concord auf ein ungleich größeres Kontingent amerikanischer Milizen, die zu allem entschlossen waren. Sie schlugen die Briten an der Nordbrücke von Concord zurück und beschossen sie anschließend auf ihrem langen Marsch zurück nach Boston unablässig aus dem Hinterhalt. Am Ende des Tages waren 273 britische Soldaten und 95 Kolonisten tot, verwundet oder vermisst. Der Amerikanische Revolutionskrieg hatte begonnen. Alle weiteren politischen Entwicklungen fanden fortan unter den Bedingungen eines bereits laufenden und schnell an Härte gewinnenden Krieges statt. Das hervorzuheben ist wichtig, denn es dauerte noch länger als ein Jahr, bis die 13 amerikanischen Kolonien ihre Unabhängigkeit erklärten.

Knapp einen Monat nach den Gefechten von Lexington und Concord trat am 10. Mai 1775 der Zweite Kontinentalkongress in Philadelphia zusammen. Dessen Delegierte sahen sich nun in erster Linie mit der Aufgabe konfrontiert, den Krieg gegen die damals stärkste Militärmacht der Welt zu organisieren. Folglich hob der Zweite Kontinentalkongress mit der Kontinentalarmee eigene Streitkräfte aus und betraute George Washington, einen militärisch erfahrenen und sehr wohlhabenden Pflanzer aus Virginia, mit dem Oberbefehl. Allerdings bemühte sich das interkoloniale Parlament dessen ungeachtet weiterhin um einen Ausgleich mit dem Mutterland. Die Mehrheit der Delegierten war immer noch nicht bereit, den Schritt einer Unabhängigkeitserklärung zu gehen. Auf Betreiben des moderaten John Dickinson aus Pennsylvania verabschiedete der Zweite Kontinentalkongress am 5. Juli 1775 die *Olive Branch Petition*, die, direkt an König Georg III. adressiert, in ergebenem Ton feststellte, dass die Kolonien sich weiterhin als loyale Untertanen der britischen Krone begriffen und an einer einvernehmlichen Lösung des Konflikts interessiert seien. Diese Feststellung verband sich jedoch mit den Forderungen nach einem Waffenstillstand in Boston, der Rücknahme der *Coercive Acts* und Verhandlungen über die Garantie kolonialer Rechte. Als Georg III. die an ihn gerichtete *Olive Branch Petition* erhielt, war er gar nicht amüsiert und erklärte am 23. August 1775, dass sich die Kolonien in einem Zustand der Rebellion befänden. Er rief alle Vertreter der britischen Krone und alle loyalen Untertanen in den Kolonien dazu auf, die Rebellen nach Kräften zu bekämpfen.

Auch diese britische Reaktion produzierte noch keine Mehrheiten für eine Unabhängigkeitserklärung, obwohl entsprechende Forderungen in der Öffentlichkeit immer lauter wurden. In diese Situation platzte Thomas Paine mit seinem Pamphlet *Common Sense*, das erstmals im Januar 1776 in Philadelphia erschien und dann in vielen Ausgaben weit zirkulierte. Kaum ein politischer Text hat je eine solch weitreichende Wirkung erzielt wie dieses Pamphlet, das beherzt, eloquent und entschieden für die Unabhängigkeit plädierte. Wortgewaltig hämmerte Paine seinem Publikum ein, dass der Rubikon überschritten sei, es ein Zurück zu der Situation von 1763 nicht geben könne und die Amerikaner es in ihrer Hand hätten, die Welt ganz neu zu machen. Die Voraussetzungen dafür, meinte Paine, seien jedoch die Unabhängigkeit Amerikas und der Bruch mit dem System der Monarchie.

Damit war die Frage der Unabhängigkeitserklärung auf der politischen Tagesordnung. Der Druck auf die Delegierten des Zweiten Kontinentalkongresses stieg beinahe täglich, da auch immer mehr Bewohner in den einzelnen Kolonien auf Unabhängigkeit drängten. Entscheidend war in diesem Zusammenhang die Initiative des Provinzialkongresses von Virginia, der im Mai 1776 die eigene Delegation im Kontinentalkongress instruierte, sich für die Unabhängigkeit einzusetzen. Am 7. Juni stellte Richard Henry Lee deshalb weisungsgemäß den Antrag, der Zweite Kontinentalkongress möge die Kolonien zu »freien und unabhängigen Staaten« erklären, ausländische Mächte um Beistand im Kampf gegen Großbritannien bitten und eine Konföderation vorbereiten. Drei Tage später setzte der Kongress einen Ausschuss ein, der den Entwurf für eine Unabhängigkeitserklärung erarbeiten sollte. Diesem Ausschuss gehörten John Adams, Benjamin Franklin, Roger Sherman, Robert Livingston und Thomas Jefferson an. Ab dem 2. Juli berieten die Delegierten des Zweiten Kontinentalkongresses den maßgeblich von Thomas Jefferson verfassten Textentwurf, brachten mehrere, teils weitreichende Veränderungen ein, und nahmen die Unabhängigkeitserklärung am 4. Juli 1776 einstimmig an.

Die Unabhängigkeitserklärung ist das zentrale Dokument der Amerikanischen Revolution. Sie beinhaltet weit mehr als nur die Loslösung der 13 Kolonien von ihrem britischen Mutterland. Vielmehr formuliert sie diejenigen Prinzipien, auf die politische und gesellschaftliche Ordnungen künftig gegründet sein müssten, um als legitim gelten zu können. Damit ist sie selbst ein revolutionäres Dokument, das am Anfang der politischen Moderne steht. Die ersten Absätze der Unabhängigkeitserklärung enthalten den unverrückbaren Kern der auf den Grundwerten der Aufklärung ruhenden Staats- und Gesellschaftsordnung der USA. Gleich zu Beginn wird festgestellt, dass die Menschen von Natur aus gleich seien und deshalb jeder Mensch die gleichen, unveräußerlichen Grundrechte habe. Als die wichtigsten dieser Rechte benennt die Unabhängigkeitserklärung *Life, Liberty and the Pursuit of Happiness*, also das Recht auf Leben, das Recht auf eine grundrechtlich definierte Freiheit und das Recht, sein Glück zu suchen, sein Leben also so zu leben wie es einem gefällt, solange es die Freiheit der anderen nicht gefährdet oder gar ganz zerstört. Die Unabhängigkeitserklärung konzipiert »Gesellschaft« somit als Gesellschaft freier Individuen, die miteinander auf der Basis gleicher Rechte interagieren und ihre Kräfte bei der Verfolgung des individuellen Lebensglücks frei einsetzen. Dieser Naturrechtsliberalismus bildet den Kern des US-amerikanischen Individualismus, denn diese Rechte hat man nicht als Mitglied einer bestimmten sozialen Gruppe oder eines Untertanenverbandes; als Individuum hat man sie überall und immer. Mit dieser Feststellung verließen die Erklärer der Unabhängigkeit den traditionsgefügten britischen Verfassungskontext, ersetzten die Berufung auf die historisch gewachsenen *Rights of Englishmen* durch die universal gültigen Menschenrechte und begründeten die Legitimität des eigenen Protests überhaupt nur noch mit den ahistorischen, in der Vernunft gründenden Prinzipien des aufgeklärten Naturrechts. Diese Hinwendung im Denken zum Universalismus der Aufklärung ist die eigentliche revolutionäre Wendung, die sich mit der Unabhängigkeitserklärung vollzog.

Neben der liberalen Gesellschaftstheorie enthält die Unabhängigkeit drei weitere politisch-soziale Grundprinzipien: Erstens verbindet sie das Bekenntnis zum Naturrechtsliberalismus mit einem Staatsverständnis, das die einzig legitime Aufgabe von Regierung und staatlicher Machtausübung im Schutz der Grundrechte sieht. Dies koppelt sie zweitens mit der Forderung, dass Regierungen vom Einverständnis der Regierten abhängig, also demokratisch legitimiert sein sollten. Drittens schließlich konstatiert die Unabhängigkeitserklärung ein Recht auf Revolution: Immer dann, wenn eine Regierung ihre Macht nicht mehr zum Schutz der Grundrechte einsetze, sondern sie dazu nutze, die grundrechtlich definierte Freiheit der Bürger zu beschneiden oder gar ganz zu zerstören, hätten die Bürger nicht nur das Recht, sondern sogar die Pflicht, das bestehende Regierungssystem zu stürzen und es so neu zu organisieren, dass der Schutz der Grundrechte besser gewährleistet sein würde.

3 Die vielen Kriege des Amerikanischen Revolutionskrieges

Nach dem 4. Juli 1776 musste die einmal erklärte Unabhängigkeit militärisch durchgesetzt werden, und dies geschah in einem achtjährigen, sehr blutigen Krieg mehrerer Kriege, die einen jeweils eigenen Charakter hatten, einer jeweils eigenen Dynamik folgten und zugleich unterschiedlich lange dauerten. Der Krieg der Amerikanischen Revolution war erstens ein internationaler Krieg zwischen zunächst zwei, am Ende dann vier Staaten, der mit regulären Armeen und im Wesentlichen mit europäischen Taktiken und Strategien geführt wurde. In diesem Krieg kämpften die USA sowie die nach 1777 mit ihnen verbündeten Staaten Frankreich und Spanien gegen Großbritannien. Zweitens war der Amerikanische Revolutionskrieg ein Bürgerkrieg zwischen den Befürwortern der Unabhängigkeit, die sich selbst »Patrioten« nannten, und den »Loyalisten«, die weiterhin treu zur britischen Krone standen. Dieser Krieg zwischen »Patrioten« und »Loyalisten« ging um die Geltung der am 4. Juli 1776 für die Welt verkündeten politischen Prinzipien. Den dritten Krieg der Amerikanischen Revolution führten Indianer und Siedler an der *Frontier*, wo sich der internationale Konflikt mit dem Kampf um Land verband.

Militärisch waren die Kolonisten nur schlecht auf einen konventionellen Krieg gegen Großbritannien vorbereitet. Gewiss, sie waren es gewohnt, sich zu verteidigen, und dank ihres effizienten Milizsystems waren sie recht gut bewaffnet und auch kampferprobt. Dennoch war es höchst unwahrscheinlich, dass sie einen Krieg gegen Großbritannien gewinnen konnten. Eine reguläre Armee hatten die Kolonisten nicht, und so einfach ließen sich lokale, dezentral organisierte Milizen, die es zudem gewöhnt waren, ihre Kommandeure durch Wahl zu bestimmen, nicht in eine gedrillte, disziplinierte und über große räumliche Distanzen hinweg effizient operierende Armee verwandeln. Genau das war George Washingtons Hauptproblem in den Anfangsjahren des Krieges, und es dauerte einige Zeit bis er die aus einer Vielzahl von Milizen bestehende Kontinentalarmee zu einer nach europäischem Vorbild gestalteten Armee ausgebildet hatte. Doch auch für Großbritannien stellte der Krieg eine schwere Belastung dar. Unter großen Anstrengungen steigerte das Königreich die Zahl seiner in Nordamerika, Westindien und den britischen Inseln stationierten Soldaten von 48 000 auf 110 000 Mann. Darüber hinaus stockte die britische Krone die eigenen Streitkräfte mit rund 30 000 deutschen Hilfstruppen auf, die von ihren Landesherren in Braunschweig, Hessen-Kassel, Hessen-Hanau, Waldeck, Ansbach-Bayreuth und Anhalt-Zerbst verkauft worden waren. Außerdem nahm die britische Krone die militärische Hilfe von rund 21 000 nordamerikanischen »Loyalisten« dankbar an. Auf dem Höhepunkt des militärischen Engagements 1778 belief sich die Stärke dieser bunten Truppe, die in Nordamerika zum Einsatz kam, auf rund 50 000 Soldaten, und bis zum Ende des Konflikts fiel ihre Zahl nicht unter die 30 000-Mann-Marke.

Nach der amerikanischen Unabhängigkeitserklärung wurde der Krieg bis 1778 schwerpunktmäßig im Nordosten geführt. Großbritannien setzte alles daran, New York unter seine Kontrolle zu bringen, um einen Keil zwischen die revolutionären Zentren in Massachusetts und Pennsylvania zu treiben. Im Sommer 1776 landeten 32 000 britische Soldaten auf 130 Kriegsschiffen in New York City an. Gegen diese vom britischen Oberbefehlshaber General William Howe und seinem Bruder Admiral Richard Howe angeführte Übermacht konnten die etwa 18 000 schlecht ausgebildeten Soldaten der Kontinentalarmee in Gefechten auf Long Island und Massachusetts kaum etwas ausrichten. Bis zum Jahresende trieben die britischen Truppen die zeitweise auf nur noch 3000 Mann geschrumpfte Kontinentalarmee vor sich her, ohne sie vernichtend schlagen zu können. Dafür landete Washington zu Weihnachten 1776 mit seiner legendären Überquerung des Delaware-Flusses, dem Überraschungsangriff auf das britische Lager in Trenton sowie seinem Sieg bei Princeton (3. Januar 1777) gleich mehrere Coups, die die Moral seiner Truppe deutlich hob.

Im Sommer 1777 versuchten die Briten, ihre Strategie, Neuengland zu isolieren und die amerikanischen Staaten in zwei Hälften zu teilen, durch einen anderen Plan umzusetzen. In einer Zangenbewegung sollten britische Truppen von Kanada und der Chesapeake-Bucht aus den Widerstand der Amerikaner brechen. Ende August 1777 segelten die Howe-Brüder mit 18 000 Soldaten von New York aus die Atlantikküste herunter und bogen dann in die Chesapeake-Bucht ein, fuhren diese in nördlicher Richtung bis zum *Elk River* in Maryland hoch und zogen von dort aus gegen Philadelphia. Am 11. September trafen sie am *Brandywine Creek* auf die 16 000 Mann starke Kontinentalarmee und brachten ihr eine empfindliche Niederlage bei. Washingtons Armee wurde zerrieben, ihre Einheiten zogen sich in heilloser Flucht aus Philadelphia zurück, der Zweite Kontinentalkongress verließ die Stadt in Panik, die britischen Truppen besetzten Philadelphia und überwinterten dort komfortabel.

War der erste Teil der britischen Zangenoperation des Jahres 1777 ein durchschlagender Erfolg, so entwickelte sich der zweite Teil zu einem kriegsentscheidenden Desaster. Ebenfalls im Sommer 1777 zogen 8300 britische und hessische Soldaten und die mit ihnen verbündeten Irokesen unter dem Oberkommando von General John Burgoyne von Quebec aus durch das Mohawk- und Hudsontal auf New York zu. Gleichzeitig marschierte Oberstleutnant Barry St. Leger mit insgesamt 1900 britischen Soldaten und irokesischen Verbündeten von Fort Oswego am Lake Ontario aus nach New York ein. Er sollte sich bei Albany mit der Hauptstreitmacht Burgoynes vereinigen, wurde jedoch von der Kontinentalarmee am 23. August 1777 bei Fort Stanwix gestoppt und musste sich daraufhin zurückziehen. Unterdessen gelang Burgoyne zwar die Rückeroberung von Fort Ticonderoga, doch er überdehnte im weiteren Vormarsch seine Nachschublinien und wurde von General Horatio Gates und seinen 7000 Mann in der Nähe von Saratoga gestellt. Nach zwei für die Briten verlustreichen Schlachten kapitulierte Burgoyne am 17. Oktober 1777. Der amerikanische Sieg von Saratoga war der entscheidende Wendepunkt des Krieges. Die Briten verloren im Norden die Initiative, und Frankreich entschloss sich, die USA anzuerkennen und an ihrer Seite in den Krieg einzutreten. Am 6. Februar 1778 unterzeichneten die USA und Frankreich einen Freundschafts-, Handels- und Allianzvertrag, vier Monate später griffen französische Einheiten in die Kämpfe ein. 1779 trat dann auch Spanien als Alliierter Frankreichs – nicht der USA – in den Krieg gegen Großbritannien ein. Damit waren die Kräfteverhältnisse in Nordamerika grundlegend verändert.

Daraufhin änderten die Briten ihre Strategie und trugen den Krieg in den Süden, wo besonders viele Loyalisten lebten. Allerdings kamen die Rotröcke hier nicht über Anfangserfolge hinaus. Bis zum Sommer 1781 ereignete sich eine Reihe von militärischen Zusammenstößen, bei denen die Amerikaner zwar keinen entscheidenden Sieg landen, aber den Briten unter dem Kommando von General Charles Cornwallis doch so viele Verluste zufügen konnten, dass dieser mit seiner erschöpften und mangelhaft versorgten Streitmacht nach Virginia zog und in Yorktown sein Hauptlager errichtete. Am 30. August 1781, ging die französische Flotte dort vor Anker. Kurz darauf vereinigten sich von Pennsylvania und dem Norden Virginias kommende und von Marquis de Lafayette und General Anthony Wayne kommandierte amerikanische Einheiten mit den Franzosen. Als dann auch noch George Washington und der französische Marschall Jean Baptiste de Rochambeau mit dem Hauptkontingent der Kontinentalarmee vor Yorktown aufkreuzten, waren die 6000 britischen Soldaten von einer französisch-amerikanischen Übermacht eingekesselt. Cornwallis kapitulierte am 19. Oktober 1781, womit der Krieg zwischen Großbritannien und den USA faktisch zu Ende war. Die anderen Kriege der Amerikanischen Revolution dauerten jedoch an.

Im Windschatten der Auseinandersetzungen zwischen den regulären Armeen war von Beginn an ein Bürgerkrieg entbrannt, der sich als ein brutaler Kampf zwischen patriotischen und loyalistischen Milizen entfaltete. Nach den amerikanischen Siegen von Trenton und Princeton waren die recht starken Loyalisten in New Jersey des britischen Schutzes beraubt, so dass patriotische Milizen ein leichtes Spiel hatten, sie zu entwaffnen, ihren Besitz zu plündern und ihre Anführer zu verhaften. Unter diesem Druck fügten sich viele Loyalisten den Umständen und legten einen Eid auf den Zweiten Kontinentalkongress ab. Das gleiche passierte überall im Norden, wo patriotische Milizen im Rücken der Kontinentalarmee die versprengten Reste der bewaffneten Loyalisten systematisch aufrieben. Auch im Süden tobte der Bürgerkrieg lange und brutal. Vor allem nach 1778 wogte der Kampf zwischen patriotischen und loyalistischen Milizen als grausamer Guerillakrieg hin und her.

Der dritte Krieg der amerikanischen Revolution fand an der *Frontier* statt und entfaltete sich als eine nicht abreißende Kette von Scharmützeln zwischen Indianern und weißen Siedlern, die weitgehend unabhängig von britischer und amerikanischer Strategie stattfanden. Die überwiegende Mehrheit der indianischen Stämme an der *Frontier* war mit Großbritannien verbündet, weil sie sich seit der königlichen Proklamation von 1763 von der britischen Krone Schutz vor den amerikanischen Siedlern erhofften. Dieser Krieg im Westen begann im Jahr 1776 mit einem Angriff der Cherokee auf die Frontiergebiete in North Carolina, wo sie den Siedlern große Verluste zufügten. Daraufhin führten die Siedler einen regelrechten Vernichtungskrieg gegen die Cherokee, der diese am Ende dazu zwang, Friedensverträge zu schließen, mit denen sie große Gebiete in South Carolina, North Carolina und Tennessee an die Weißen abtraten. Weitere Hauptschauplätze des Krieges an der *Frontier* waren das Ohiotal sowie das Hinterland von New York und Pennsylvania.

Während in Nordamerika der Bürgerkrieg und der Krieg an der *Frontier* noch in vollem Gange waren, begannen am 27. September 1782 die Friedensverhandlungen zwischen Großbritannien und den USA. Diese Verhandlungen, die für die USA u.a. von Benjamin Franklin, John Adams und John Jay geführt wurden, endeten mit der Unterzeichnung des Friedens von Paris am 3. September 1783. Mit ihm erkannte Großbritannien die Unabhängigkeit der USA an und trat alles Land zwischen den Appalachen und dem Mississippi an sie ab. Zudem gewährte das ehemalige Mutterland den USA Fischereirechte vor der Küste Kanadas und willigte ein, die britisch besetzten Forts an den großen Seen zu räumen und diejenigen afroamerikanischen Sklaven, die sich unter britischen Schutz gestellt hatten, an ihre amerikanischen Eigentümer zurückzugeben. Auch definierte der Frieden von Paris die Grenze zwischen den USA und Kanada bis zum *Lake of the Woods*. Im Gegenzug erklärten sich die USA bereit, die Loyalisten für ihre materiellen Verluste zu entschädigen und britische Gläubiger der Amerikaner zu befriedigen. Keinerlei Erwähnung fanden die Indianer; die britische Krone zog sich als Schutzmacht der Indianer zurück und überließ es ihnen selbst, mit den USA über die künftigen Beziehungen zu verhandeln. In einem separaten Frieden trat Großbritannien in Paris die Floridas an Spanien ab. Die politische Landkarte Nordamerikas hatte sich abermals grundlegend verändert.

4 Die Geburt des modernen Konstitutionalismus

Die Amerikanische Revolution stellte politische Herrschaft auf eine ganz neue Basis. Die Grundsätze von Monarchie und monarchischer Legitimität wurden über Bord geworfen und legitime politische Herrschaft stattdessen auf die Grundsätze der Volkssouveränität und des Konstitutionalismus gegründet. Mit »Konstitutionalismus« ist das Prinzip geschriebener Verfassungen als herrschaftsbegründende Dokumente eines Staates gemeint. Verfassungen kreieren die Organe der Staatsgewalt, definieren die Bedingungen legitimer politischer Herrschaft und verrechtlichen dadurch die Ausübung politischer Macht. Verfassungsgebung ist deshalb für den revolutionären Prozess zentral. Diese fand auf zwei Ebenen statt, in den Einzelstaaten und auf Bundesebene.

Verfassungsgebung in den Einzelstaaten

In den Einzelstaaten begann der Prozess der konstitutionellen Neuordnung teilweise bereits kurz nach den Gefechten von Lexington und Concord, was hauptsächlich dem galoppierenden Verfall der britischen Herrschaft geschuldet war. In mehreren Kolonien übernahmen Provinzialkongresse und andere illegale Konvente bereits 1774/75 faktisch die Regierungsgewalt. Als die Lage immer unübersichtlicher und potentiell auch unkontrollierbarer wurde, empfahl der Kontinentalkongress den Kolonien New Hampshire, South Carolina und Virginia bereits Ende 1775 die Einführung neuer Verfassungen. Im Mai 1776 forderte er dann alle Kolonien auf, sich selbst neue Verfassungen zu geben, um die politische Situation zu stabilisieren. Dann jedoch erhielt der bereits laufende Prozess der konstitutionellen Neuordnung mit der Unabhängigkeitserklärung eine neue Wendung, denn nun standen die Amerikaner nicht mehr nur vor dem Problem, eine sich in Auflösung befindende Staatsgewalt durch neue Verfassungen stabilisieren zu müssen. Vielmehr ging es fortan darum, die in der Unabhängigkeitserklärung niedergelegten Prinzipien zur Grundlage der neuen Herrschafts- und Gesellschaftsordnung zu machen. Mit dem 4. Juli 1776 wurde mithin die Frage virulent, wie Staat und Gesellschaft organisiert sein müssten, um den Grundrechten auf *Life, Liberty and the Pursuit of Happiness* Genüge zu tun. Wie war eine politische Ordnung zu gestalten, in der staatliche Machtausübung dem einzigen Zweck diente, die individuellen Grund- und Freiheitsrechte zu schützen? Wie sollte eine Regierung aussehen, deren Autorität auf der Zustimmung der Regierten beruhte? All' dies war alles andere als klar, und die Amerikaner fanden ihren Weg erst beim Gehen. Deshalb begannen in den Jahren 1776/77 in den ehemaligen Kolonien 13 ganz unterschiedliche Experimente in Demokratie; das Spektrum der Möglichkeiten war breit, die Spannungen zwischen demokratischem Egalitarismus und elitärem Ordnungsverlangen hoch. Das lässt sich exemplarisch am Beispiel der Verfassungen von Pennsylvania und Massachusetts deutlich machen.

Die im Sommer 1776 vom Provinzialkongress erarbeitete erste Verfassung Pennsylvanias ist die demokratischste der revolutionären Konstitutionen. Kennzeichnend für sie war ein parlamentarischer Radikalismus, der die politische Macht in einem jährlich gewählten Parlament mit nur einer Kammer konzentrierte und die exekutiven Aufgaben einem kollegial besetzten, mit nur schwachen Befugnissen ausgestatteten Exekutivrat überantwortete. So durfte der zwölfköpfige Exekutivrat beispielsweise keine vom Parlament beschlossenen Gesetze mit seinem Veto belegen. Alle männlichen Steuerzahler und deren erwachsene Söhne durften wählen, und der politische Entscheidungsprozess sollte für die Öffentlichkeit so transparent wie möglich gestaltet werden: Parlamentsdebatten waren öffentlich, Gesetzesentwürfe wurden bereits vor ihrer endgültigen Verabschiedung publiziert und in der breiteren Öffentlichkeit zur Diskussion gestellt. Alle politischen Ämter wurden durch Wahl – nicht länger durch Ernennung – besetzt und durften nur für eine begrenzte Zeit ausgeübt werden. Das breit angewandte Rotationsprinzip sollte Ämterpatronage, Machtmissbrauch und oligarchische Strukturen verhindern.

Völlig anders war die Staatsverfassung von Massachusetts, die im Oktober 1780 in Kraft trat. Bei allem Bekenntnis zum Naturrechtsliberalismus und dem Mehrheitsprinzip war sie darum bemüht, die politische Macht in den Händen der besitzenden und gebildeten Schichten zu halten und den Grad demokratischer Mitbestimmung zu reduzieren. Die im Wesentlichen von John Adams formulierte Verfassung begann mit einer Erklärung der Grundrechte und konstituierte dann ein gewaltenteiliges Regierungssystem mit einem Zweikammer-Parlament und einer starken Exekutive in Form eines Gouverneurs. Dieser wurde ebenso wie die Mitglieder des Parlaments vom Volk direkt gewählt und hatte deshalb eine entsprechend starke Stellung: Er durfte vom Parlament beschlossene Gesetze mit seinem Veto belegen sowie alle Richter und Sheriffs ernennen. Die Besitzqualifikationen für das aktive und passive Wahlrecht waren hoch: Wählen durften nur erwachsene weiße Männer, die entweder über einen Besitz im Wert von £ 60 oder Einkünfte von £ 3 im Jahr aus einem *Freehold* verfügten, also freies Eigentum, das die Bedingungen für das Wahlrecht erfüllte. Um als Senator gewählt werden zu können, musste man einen Besitz im Wert von £ 600 haben, für einen Sitz im Repräsentantenhaus £ 200, und wollte jemand Gouverneur werden, so musste der Besitz £ 1000 wert sein.

Zwischen den Verfassungen von Pennsylvania und Massachusetts rangierten die der anderen Einzelstaaten. So breit das Spektrum der Möglichkeiten in dieser aufregenden Experimentierphase der US-amerikanischen Verfassungsgeschichte auch war, es gab eine Reihe von gemeinsamen Elementen, die in allen Einzelstaatsverfassungen präsent waren. So handelte es sich bei allen Verfassungen um geschriebene Texte. Sie waren ihrem Charakter nach schriftliche Verträge zwischen der Regierung und den Regierten, die das Ziel hatten, die Macht der Regierung zugleich sowohl zu definieren als auch zu beschränken, um den Einzelnen in seinen Grundrechten vor dem willkürlichen Zugriff des Staates zu schützen. Um diesen Schutz der grundrechtlich definierten individuellen Freiheit noch weiter zu erhöhen, enthielten alle Einzelstaatsverfassungen Grundrechtskataloge. Virginia war noch vor der Unabhängigkeitserklärung der erste Staat, der am 12. Juni 1776 eine vom Pflanzeraristokraten George Mason formulierte Grundrechteerklärung in seine Verfassung aufnahm, die berühmte *Virginia Declaration of Rights*. Bis zum Jahr 1784 hatten auch die anderen Staaten der USA ihre Verfassungen um solche Grundrechtskataloge ergänzt.

Ein weiteres Prinzip aller Verfassungen war die Teilung der Staatsgewalt zwischen der in Parlamenten institutionalisierten Legislative und der in kollegialen Ratsgremien oder einzelnen Gouverneuren verankerten Exekutive. Elf der 13 Staaten führten Zweikammerparlamente bestehend aus Repräsentantenhaus und Senat ein, während Georgia und

Pennsylvania vorübergehend nur Einkammerparlamente hatten. Daneben waren kurze Amtszeiten und häufige Wahlen zumeist im jährlichen Turnus ein weiteres verbindendes Element in allen Einzelstaatsverfassungen. Damit einher ging die strikte Begrenzung von Amtszeiten: In den meisten Staaten waren die Repräsentanten nur auf ein Jahr gewählt, die Senatoren für ein bis fünf Jahre, Gouverneure für ein bis drei Jahre. Insgesamt ist es kennzeichnend für die revolutionären Einzelstaatsverfassungen, dass sie die Rechte und Zuständigkeiten des Parlaments ausweiteten, während sie die Kompetenzen der Exekutive deutlich beschnitten. Die Legislativen – und nicht mehr die Gouverneure – ernannten in vielen Staaten fortan die Richter, bestimmten die Höhe ihrer Gehälter und wachten über ihre Tätigkeit. Den Gouverneuren wurde vielfach das Vetorecht zu Gesetzen und ein Großteil ihrer Befugnisse bei der Besetzung öffentlicher Ämter entzogen. Sie waren in einigen Staaten kaum mehr als Geschäftsführer einer Regierung, der vom Parlament die Vorgaben gemacht wurden. In den meisten Staaten wurde die Exekutive zudem von den Parlamenten bestimmt; nur in New York und Massachusetts wurden die Gouverneure direkt vom Volk gewählt.

Aus allen Einzelstaatsverfassungen spricht eine tief sitzende Furcht vor der Macht des Staates und ihrer Konzentration in den Händen einer verkrusteten Funktionselite. Allerdings reflektieren viele Einzelstaatsverfassungen auch eine Furcht vor zu viel Freiheit und den Unwägbarkeiten der direkten Demokratie, die scheinbar immer dann besonders groß waren, wenn ungebildete Menschen aus den unteren sozialen Schichten in Positionen politischer Macht gelangten und mitbestimmen durften. Dieses Dilemma von Freiheit und Ordnung hat die Verfassungsgeschichte der Amerikanischen Revolution entscheidend strukturiert. Am sichtbarsten manifestiert sich dies darin, dass das Wahlrecht in allen neuen Staaten an Besitzqualifikationen gebunden blieb. Zwar reduzierten neun der Einzelstaatsverfassungen die Höhe der Besitzqualifikation, aber abgeschafft wurden sie in keinem der neuen Staaten. Dies schloss nicht nur Frauen, sondern alle ökonomisch und rechtlich Abhängigen vom Wahlrecht aus, von den völlig rechtlosen Sklaven ganz zu schweigen. Zwar unterschieden sich die Besitzqualifikationen von Staat zu Staat in der Höhe, aber an der grundsätzlichen Überzeugung, dass nur weiße Männer mit einem Mindestmaß an Besitz wählen und in Ämter gewählt werden durften, rüttelten die Einzelstaatsverfassungen nicht.

Verfassungsgebung auf Bundesebene

Die zweite Ebene des revolutionären Verfassungsgebungsprozesses war die bundesstaatliche, und hier ist für das Verständnis der amerikanischen Geschichte von zentraler Bedeutung, dass die heute noch gültige Bundesverfassung von 1787 bereits die zweite nationale Verfassung der USA ist. Die erste waren die *Articles of Confederation*, die vom *Zweiten Kontinentalkongress* am 15. November 1777 verabschiedet und dann den Einzelstaaten zur Ratifikation übersandt wurden. Als Maryland als 13. Staat die *Articles of Confederation* am 1. März 1781 ratifizierte, traten sie in Kraft und begründeten eine immerwährende Union (*Perpetual Union*) zwischen den zu den »Vereinigten Staaten von Amerika« zusammengeschlossenen 13 Einzelstaaten. Als Sinn und Zweck des Zusammenschlusses nannte der dritte Artikel die gemeinsame Verteidigung gegen äußere Feinde, die Sicherung der Freiheit und die Förderung des allgemeinen Wohls der Union. Diese war allerdings noch kein Bundesstaat in der uns heute geläufigen Form, sondern ein Staatenbund, in dem die Einzelstaaten stark, die Zentralgewalt hingegen schwach war. Ausdrücklich hielt der zweite Konföderationsartikel fest, dass jeder Mitgliedsstaat alle diejenigen Souveränitätsrechte behalte, die nicht ausdrücklich an die im Konföderationskongress institutionalisierte Bundesgewalt abgetreten wurden. Diese im Gedanken der Dominanz der Einzelstaaten gründende Herrschaftsarchitektur verrät eine tiefsitzende Furcht vor einer zu starken Zentralgewalt. Zentralgewalten, davon waren die Amerikaner damals überzeugt, hatten einen ihnen innewohnenden Drang, die in ihren Händen konzentrierte Macht immer weiter auszudehnen, was naturgemäß die Vernichtung der Freiheit bedeutete. Die Lehre der zurückliegenden Ereignisse war es, dass die amerikanischen Verfassungsväter immer zuerst die britische Monarchie und insbesondere König Georg III. vor Augen hatten, wenn sie über die mit einer Zentralgewalt verbundenen Gefahren nachdachten. Die Freunde der *Articles of Confederation* betrachteten deshalb starke, in ihrer Souveränität kaum eingeschränkte, republikanisch verfasste Einzelstaaten als das beste Bollwerk zum Schutz individueller Freiheitsrechte.

In den *Articles of Confederation* bestand die Bundesregierung nur aus einem nationalen Parlament, dem Konföderationskongress. Das war ein Einkammerparlament, in dem die Einzelstaaten durch von ihren Parlamenten bestimmte Delegierte vertreten waren. Jeder Staat war im Konföderationskongress mit nicht weniger als zwei und nicht mehr als sieben Delegierten vertreten, allerdings hatte jeder Staat bei Abstimmungen nur eine Stimme. Wichtige Gesetze, die an die Kernaufgaben des Konföderationskongresses rührten, konnten nur mit den Stimmen von neun Staaten beschlossen werden. Andere Beschlüsse konnten mit einfacher Mehrheit gefasst werden. Eine Änderung der *Articles of Confederation* konnte allerdings nur vorgenommen werden, wenn sie zunächst vom Konföderationskongress beschlossen und dann von *jedem* Einzelstaat bestätigt wurde. Die Debatten und Beschlüsse des Kongresses sollten monatlich veröffentlicht und damit den Bürgern zugänglich gemacht werden. Eine außerhalb des Parlaments angesiedelte nationale Exekutive gab es unter den *Articles of Confederation* nicht. Exekutive Aufgaben wurden ebenfalls allein vom Konföderationskongress und den von ihm gebildeten Ausschüssen erledigt. In den Zeiten außerhalb der Sitzungsperioden nahm ein *Committee of the States*, in dem jeder Staat mit einem Repräsentanten vertreten war, die exekutiven Aufgaben wahr.

Insgesamt wird in dieser konstitutionellen Struktur die für die amerikanische Revolution so charakteristische Lehre von der Dominanz der Legislative im politischen Prozess sichtbar. Allein in den Parlamenten schien demnach das Herz von Freiheit und Demokratie zu schlagen; allein sie sollten in der Lage sein, individuelle Freiheitsrechte effektiv schützen zu können, allein hier waren für viele die Ideale der Amerikanischen Revolution institutionalisiert. Demgegenüber hatte das Agieren der britischen Regierung seit 1763 in den Augen vieler amerikanischer Revolutionäre nicht nur die Autorität der Britischen Krone, sondern überhaupt jede Form der Exekutive nachhaltig diskreditiert. Nationale Exekutiven standen in Nordamerika seit 1776 pauschal unter Monarchie- und Tyranneiverdacht.

Nicht zuletzt deshalb war das Machtgebäude des von den *Articles of Confederation* konstituierten Staatenbundes auf merkwürdige Art schief geraten. Das Problem war weniger die Stärke der Einzelstaaten und die Schwäche der Zentralgewalt. Vielmehr bestand die Problematik in der eigentümlichen Diskrepanz zwischen der Reichweite und Bedeutung der Aufgaben, die zu erledigen dem Konföderationskongress aufgetragen war, und den Machtinstrumenten, die ihm dafür zur Verfügung standen. Laut dem dritten Konföderationsartikel vereinigten sich die 13 Staaten zu einem Bund, um die gemeinsame Verteidigung zu organisieren, ihre Unabhängigkeit und Freiheit dauerhaft zu sichern und das allgemeine Wohl zu fördern. Dem Konföderationskongress war es aufgetragen, diese Bundesaufgaben zu erledigen. Er sollte die diplomatische Vertretung der USA nach außen übernehmen, die Verteidigung der USA organisieren, ihre Freiheit und Unabhängigkeit sichern, das allgemeine wirtschaftliche Wachstum befördern, ein nationales Postsystem einrichten sowie die Maße, Gewichte und Währung der Union bestimmen. Außerdem sollte der Konföderationskongress die letzte Instanz für die Schlichtung von Streitigkeiten zwischen den Bundesmitgliedern sein. Damit nahm das nationale Parlament nicht nur die Aufgaben der Legislative und der Exekutive, sondern auch die der Judikative wahr.

Diesen weitreichenden Aufgaben stand ein beklagenswert schwaches Machtinstrumentarium für die Zentralgewalt gegenüber. Der Kongress sollte die nationale Verteidigung organisieren, doch eine nationale Armee gab es nicht, weil stehende Heere im Denken vieler Amerikaner einer europäischen Monarchie, nicht aber einer Demokratie anstanden. Deshalb sahen die *Articles of Confederation* vor, dass die Einzelstaaten Milizverbände unterhielten, die im Bedarfsfall dem Bund zur Verrichtung seiner Aufgaben zur Verfügung gestellt werden sollten. Die Offiziere und Unteroffiziere der Bundesarmee sollten hingegen vom Konföderationskongress ernannt und auch bezahlt werden. Das hieß freilich, dass die Zentralgewalt im Verteidigungsfall darauf angewiesen war, dass die Einzelstaaten Truppenkontingente aus ihren Miliztruppen auch tatsächlich stellen. Ferner sollte der Kongress Streit im Inneren schlichten, hatte aber keine Möglichkeiten, einmal getroffene Entscheidungen auch durchzusetzen, weil es keine eigenen Bundesbehörden gab. Der Konföderationskongress sollte Gesetze für das allgemeine Wohl verabschieden, hatte aber keine Handhabe gegen die Staaten, die sich weigerten, diese Gesetze zu befolgen. Vor allem aber konnte die Zentralgewalt keine eigenen Steuern erheben. Alle Kosten, die der Konföderation im Vollzug ihrer Aufgaben entstanden, sollten aus einer Bundeskasse bestritten werden, in die die Einzelstaaten einzahlen sollten. Diese kamen ihren Zahlungsverpflichtungen allerdings nur unvollständig oder gar nicht nach. Das erwies sich nicht nur wegen der laufenden Kosten, sondern vor allem auch wegen der exorbitanten, seit 1776 aufgehäuften Staatsschulden als ein sehr großes Problem.

5   Die revolutionäre Gesellschaft

Die zweite Hälfte des 18. Jahrhunderts war eine Zeit beschleunigten sozialen Wandels, der im Kern von den freiheitlich-egalitären Wertideen der Unabhängigkeitserklärung vorangetrieben wurde. Mit der Zeit richteten sich die von der Politik des Mutterlandes ausgelösten Debatten über Tyrannei und Freiheit, Hierarchie und Gleichheit auch auf soziale Ungleichheiten in der amerikanischen Gesellschaft selbst. Eine klare Linie ist hier allerdings nicht zu erkennen: Bezogen auf die freien weißen Männer hatte die amerikanische Revolutionsideologie erstaunlich radikale Konsequenzen, weil sie soziale Beziehungen zwischen ihnen enthierarchisierte und den *Common Man*, den Gemeinen Mann also, zu einem Leitbild erhob, dem sich auch die höheren sozialen Schichten verpflichtet fühlten. Allerdings verdeckte dieser Habitus die real existierenden Unterschiede, die in der revolutionären Gesellschaft allen Umschichtungen zum Trotz fortbestanden: *African Americans* und Frauen blieben vom Gleichheitsversprechen der Unabhängigkeitserklärung vorerst gänzlich ausgeschlossen, und die Indianer wurden noch nicht einmal als Teil der Nation betrachtet, die sich am 4. Juli 1776 konstituiert hatte.

Am Beginn der Amerikanischen Revolution standen die Strukturen der *Deferential Society* noch unverrückt. Die Kolonisten lebten in hierarchisch gegliederten Gesellschaften, in der es vielfältige Formen von Abhängigkeit und Unfreiheit gab. Die Eliten der kolonialen Gesellschaften vereinigten die wirtschaftliche und die politische Macht in ihren Händen, doch soziale Hierarchien waren nicht allein über harte ökonomische Fakten definiert. Im Unterschied zu den feudalen Gesellschaften Europas beruhte der Vorherrschaftsanspruch der Eliten nicht auf Geburt und Privilegien, sondern auf materiellem Wohlstand, Bildung und den nur schwer zu fassenden Kategorien »Ansehen«, »Status«, »Ehre« und »Würde«. In dieser Gesellschaft waren »oben« und »unten« klar definiert. Soziale Beziehungen wurden einerseits über den Respekt der Unteren für die Oberen bestimmt, andererseits aber auch durch das Verantwortungsbewusstsein der Oberen für die Unteren. Dies alles geriet während der Amerikanischen Revolution für alle Beteiligten sichtbar durcheinander. Die Dynamik des kolonialen Protestes politisierte weite Teile der Bevölkerung und mobilisierte viele Menschen aus den mittleren und unteren sozialen Schichten. Boykotte und Petitionen, Protestmärsche sowie nicht zuletzt der Krieg gegen Großbritannien lockerten die sozialen Hierarchien und verflüssigten die sozialen Strukturen. Handwerkergesellen und Hafenarbeiter, die Farmer der *Frontier*gebiete sowie andere soziale Gruppen, die bislang kaum in die Politik involviert waren, drangen auf Mitbestimmung und Teilhabe am politischen Prozess, der zuvor fest in der Hand der wohlhabenden und gebildeten Eliten gewesen war. Es entfaltete sich eine egalitäre Dynamik, die jegliche Form von Abhängigkeit, Unterordnung und sozialer Ungleichheit grundsätzlich in Frage stellte. Zwar kam es zu keiner tiefgreifenden Umschichtung der Besitzverhältnisse, aber es ist kaum zu übersehen, dass sich die freiheitlich-egalitären Wertideen der Amerikanischen Revolution zunehmend auch gegen die etablierten Hierarchien im Innern und die Vorherrschaft der angestammten Eliten richteten. Die Idee, dass zumindest alle weißen Männer gleichermaßen frei sein sollten, macht einen Gutteil des Radikalismus der Amerikanischen Revolution aus.

Diese Transformation der politisch-sozialen Kultur war nun alles andere als eine harmonische Entwicklung, sondern vielmehr das Ergebnis vielfältiger sozialer Konflikte, die regional und lokal jeweils anders waren und von unterschiedlichen Gruppierungen bestimmt wurden. In vielen Städten kämpften Handwerkergesellen, kleine Kaufleute,

Arbeiter und Tagelöhner gegen die von Großkaufleuten, Rechtsanwälten, Ärzten und anderen Funktionseliten gebildete Oberschicht. In ländlichen Regionen wurden erbitterte Kämpfe um den Zugang zu Land ausgefochten, und in einigen Gegenden stritt das Hinterland mit den Küstenregionen um die politische Macht im Staat. Eine weitere Gruppe der revolutionären Gesellschaft, die besondere Aufmerksamkeit verdient, waren die rund 500 000 *African Americans*, die am 4. Juli 1776 in den USA lebten und rund 20 Prozent der Gesamtbevölkerung stellten. Die erdrückende Mehrheit von ihnen war versklavt, gerade einmal 25 000 *African Americans* waren rechtlich frei, wurden aber auf vielfältige Art und Weise diskriminiert. Am Tage der Unabhängigkeitserklärung existierte Sklaverei in allen Staaten der USA, und diejenigen, die unter Berufung auf die universal gültigen Grundwerte des Naturrechtsliberalismus die Unabhängigkeit der USA erklärten, verspürten nur wenig Neigung, daran etwas zu ändern. Thomas Jefferson, George Washington und viele andere führende Revolutionäre waren Sklavenbesitzer. Damit tat sich am 4. Juli 1776 ein Grundwiderspruch zwischen dem freiheitlich-egalitären Anspruch der USA und dem Fortbestand von Sklaverei sowie rassistisch begründeter sozialer Ungleichheit auf, der die Geschichte des Landes bis weit ins 20. Jahrhundert hinein zentral geprägt hat.

Das heißt freilich nicht, dass die Amerikanische Revolution gar keine Folgen für die *African Americans* und die Institution der Sklaverei hatte. Die revolutionsgefügte Auflösung der angestammten sozialen Ordnung sowie auch die Kraft der »Ideen von 1776« brachte Bewegung in die Beziehungen zwischen Schwarzen und Weißen. Die Dynamik des kolonialen Protestes eröffnete den *African Americans* neue, wenn auch immer noch sehr begrenzte Spielräume. Sie marschierten in den Protestumzügen und Demonstrationen mit und sandten Petitionen an die kolonialen Parlamente oder die *Committees of Correspondence*, in denen sie die Aufhebung der Sklaverei forderten. Andere afroamerikanische Gruppen entwickelten Pläne für eine Rückkehr der Schwarzen nach Afrika. Viele nutzten das Durcheinander der Protest- und Kriegsjahre, um von ihren Besitzern wegzulaufen. In den Sümpfen des Südens entstanden dadurch einige autonome Flüchtlingsgemeinschaften, die dem Zugriff der staatlichen Behörden und dem der Sklavenhalter für die Dauer der Revolution weitgehend entzogen waren. Einige Sklaven griffen ihre Besitzer und Aufseher an und ermordeten sie, wieder andere boten den britischen oder den amerikanischen Truppen ihre Dienste an, wenn sie dafür im Gegenzug ihre Freiheit erlangten.

Waren *African Americans* mithin auf vielfältige Weise Akteure im revolutionären Prozess, so stellten die Ideale der Unabhängigkeitserklärung zugleich die Institution der Sklaverei in Frage. Die von *African Americans* und Weißen gleichermaßen vorgebrachte Forderung nach Aufhebung der Sklaverei traf vor allem in Neuengland und in den Staaten des Mittleren Atlantiks auf Gehör. Bereits 1770 verbot das Jahrestreffen der Quäker Neuenglands den eigenen Glaubensgenossen den Besitz von Sklaven. Sechs Jahre später erließen die Quäker in New York City und Philadelphia ein ähnliches Verbot. Auch einige Staaten gingen dazu über, Sklaverei zu verbieten. Vermont, Pennsylvania, Massachusetts, Rhode Island und Connecticut verabschiedeten zwischen 1777 und 1784 Gesetze zur graduellen Abschaffung der Sklaverei. Bis 1804 hatten mit Ausnahme von New Hampshire alle Staaten nördlich von Virginia diesen Schritt ebenfalls getan. Die sofortige Abschaffung der Sklaverei wurde jedoch nirgendwo beschlossen. Vielmehr folgten alle Staaten einem Muster, wonach die ab einem bestimmten Zeitpunkt geborenen Kinder der Sklaven mit dem Erreichen eines bestimmten Alters frei sein sollten. Dadurch war das Ende der Sklaverei auch im vermeintlich freien Norden ein langwieriger und schleichender Prozess; noch 1840 gab es mehr als 1000 afroamerikanische Sklaven in den formal sklavenfreien Staaten des Nordens. Gleichwohl entstand im Norden seit dem ausgehenden 18. Jahrhundert eine kleine Gemeinschaft freier Schwarzer. Die allermeisten von ihnen waren arm und vielfältigen Formen der Diskriminierung ausgesetzt. Einige wenige jedoch brachten es zu Besitz und Bildung. Diese schwarze Elite spielte im Verlauf des 19. Jahrhunderts eine wichtige Rolle in der nach 1830 immer mehr an Fahrt und Gefolgschaft gewinnenden Bewegung der Abolitionisten.

Südlich von Pennsylvania hingegen wurde am Bestand der Sklaverei nicht gerüttelt, da diese Staaten ökonomisch ungleich stärker von dieser Institution abhängig waren als die des Nordens. Hier lebte die große Mehrheit aller afroamerikanischen Sklaven, und hier waren Gesellschaft und Kultur zentral von der Sklaverei geprägt. Die Abschaffung der Sklaverei hätte dort nicht nur das Ende eines Produktionssystems, sondern das Ende eines ganzen Lebensstils bedeutet. Die Südstaaten beharrten deshalb auf dem Erhalt der Sklaverei und beriefen sich dabei auf biblische und rassistische Argumente, aber auch auf die Ideale der Amerikanischen Revolution. Diese hatte zwar einerseits Freiheit proklamiert, zugleich aber auch den Schutz des Eigentums zu einem unveräußerlichen Grundrecht erklärt; Sklaven waren rechtlich gesehen bewegliches Eigentum. Dem Beharren der Südstaaten auf der Sklaverei setzten die Staaten des Nordens im ausgehenden 18. Jahrhundert nur wenig Widerstand entgegen. Um den ohnehin prekären Zusammenhalt des Bundes nicht zu gefährden, übten die Staaten Neuenglands und des Mittleren Atlantiks in der Sklavereifrage kaum Druck auf den Süden aus. Auch verfügte der Bund über keinerlei finanzielle Mittel, um die Sklavenbesitzer zu entschädigen.

Ebenso wie die *African Americans* waren auch die Frauen auf vielfältige Weise in das revolutionäre Geschehen involviert. Sie waren integraler Bestandteil des Geschehens auf der Straße, zogen in Protestmärschen mit, unterschrieben Petitionen und gingen von Haus zu Haus, um Spendengelder für die Kontinentalarmee zu sammeln. In den Boykottaktionen der Kolonisten kam ihnen eine zentrale Rolle zu, weil sie sich zum einen als Konsumentinnen dem Kauf britischer Waren verweigerten und weil sie zum anderen als Heimarbeiterinnen gefragt waren, die nun die ansonsten gekauften Hosen, Hemden und andere Kleidungsstücke zu Hause selbst herstellten. Während des Krieges bewegten sich Tausende von Frauen im Tross der Armeen, und zwar sowohl der amerikanischen als auch der britischen. Dort verdingten sie sich als Köchinnen, Wäscherinnen und Krankenschwestern. Sie brachten den auf den Schlachtfeldern kämpfenden Soldaten Essen, tränkten und versorgten die Pferde, schleppten Munition und verrichteten andere Aufgaben im Umfeld der Armee. Viele von ihnen waren mit ihren Ehemännern mitgezogen, andere waren von einem Soldaten schwanger geworden und folgten dem Vater des zukünftigen Kindes. Wieder andere suchten Schutz im Windschatten der Kontinentalarmee oder der britischen Truppen, und einige trieb auch die pure Abenteuerlust. Die überwiegende Mehrheit der Frauen blieb jedoch auf den Farmen oder in den Betrieben zurück, während die Männer im Krieg waren. Dadurch wurden Frauen vielfach zu Familienoberhäuptern, denen die alleinige Verantwortung für das Wohlergehen ihrer Angehörigen oblag.

All dies brachte Bewegung in die patriarchalisch strukturierte Geschlechterordnung. Der Naturrechtsliberalismus der Unabhängigkeitserklärung tat ein weiteres, um die bestehende Geschlechterordnung in Frage zu stellen. Hier und da kam das Problem der Gleichberechtigung der Frau auch auf die politische Tagesordnung, doch insgesamt rüttelten die amerikanischen Revolutionäre nicht an der rechtlichen Diskriminierung der Frauen: Sie galten weiterhin als von ihren Vätern, Brüdern oder Ehemännern abhängige Personen (*Dependents*) und waren nur sehr eingeschränkt gerichtsfähig. Juristisch galten Frauen nicht als »Person« und durften deshalb weder eigenen Besitz haben noch wählen gehen. Allein Witwen waren in einigen Staaten rechtlich etwas besser gestellt. In politischer und rechtlicher Hinsicht blieben Frauen Bürger zweiter Klasse. Allerdings, und das ist die andere Seite der Medaille, war das Problem der Gleichberechtigung der Frauen mit dem 4. Juli 1776 auf der Tagesordnung. Bereits in unmittelbarer zeitlicher Nähe zur Unabhängigkeitserklärung formierten sich die ersten Anfänge einer feministischen Bewegung, die das Recht der Frauen auf Gleichberechtigung und Teilhabe an der amerikanischen Demokratie formulierte. Eine wesentliche Forderung war dabei das Recht auf Bildung als erster Schritt auf dem Wege zur bürgerlichen und politischen Emanzipation der Frau. Ein zentraler Text ist in diesem Zusammenhang Judith Sargent Murrays 1790 erschienener Aufsatz *On the Equality of Sexes*, in dem sie feststellte, dass die Geschlechter über die gleichen intellektuellen Fähigkeiten verfügten, weshalb sie auch gleichermaßen Anspruch auf Bildung hätten.

Diese feministischen Stimmen waren während der Revolutionszeit freilich kaum zu hören; fürs erste änderte die Amerikanische Revolution an der patriarchalisch strukturierten Geschlechterordnung kaum etwas. Allerdings brachte die Amerikanische Revolution eine erhebliche politische Aufwertung der Frauen als Hausfrauen und Mütter mit sich. Dies manifestierte sich im revolutionären Frauenideal der *Republican Motherhood*, das den Frauen die Aufgabe zuwies, ihre Kinder zu demokratiebewussten Republikanern zu erziehen. Eine Demokratie konnte, davon waren die Gründerväter der USA überzeugt, nur dann dauerhaft bestehen, wenn sie von einer demokratisch konditionierten Gesellschaft getragen würde. Als Erzieherinnen der Kinder sollten die auf die häuslich-private Sphäre beschränkten Frauen für die Heranbildung immer neuer, republikanisch eingestellter Generationen verantwortlich sein. In diesem Entwurf der *Republican Motherhood* waren zwei mögliche Entwicklungen angelegt: Eine Linie führt von dort zum *Cult of Domesticity* des ausgehenden 19. Jahrhunderts, der die häusliche Sphäre völlig entpolitisierte und den Frauen jegliche politisch-öffentliche Rolle absprach. Die andere Linie hingegen führt direkt zur amerikanischen Frauenbewegung, die sich in den 1830/40er Jahren formierte.

6 Die »kritische Periode« und die Verfassung von 1787/88

Das 1783 mit dem *Frieden von Paris* besiegelte Ende des Krieges in Nordamerika bedeutete nicht zugleich auch den Beginn von Stabilität. Vielmehr erlebten die Jahre von

1783 bis 1789 eine sich rasant vertiefende Krise, die nicht nur die gerade erst mühsam durchgesetzte Unabhängigkeit der USA gleich wieder existentiell gefährdete, sondern auch das Leben, die Freiheit und vor allem auch das Eigentum einer wachsenden Zahl von Amerikanern. Vom Glücksversprechen der Unabhängigkeitserklärung schien ungeachtet des militärischen Triumphes der USA in der Situation der 1780er Jahre nicht mehr viel übrig zu sein. Die Krise war vielgestaltig; in ihr kamen mehrere Probleme zusammen, die wechselseitig aufeinander einwirkten und sich dadurch auch gegenseitig verstärkten. In der vom Historiker John Fiske so genannten »kritischen Periode« überlagerte sich auf sehr komplexe Weise die Krise der öffentlichen Finanzen mit einer Wirtschaftskrise und einer ganzen Reihe von sozialen Konflikten, in denen es letztlich um die Frage ging, welche sozialen Schichten in der neuen Republik das Sagen haben und wie umfassend oder restriktiv die demokratischen Ideale der Amerikanischen Revolution in sozialer Hinsicht angewandt werden sollten.

Am Ende des Amerikanischen Revolutionskrieges waren die öffentlichen Finanzen in einem chaotischen Zustand. Der Kontinentalkongress hatte sich riesige Geldsummen sowohl von freundlich gesonnenen europäischen Regierungen als auch von den Bürgern der USA geliehen. Im Jahr 1783 beliefen sich die Schulden der USA auf gigantische 522 Millionen Dollar in Papiergeld, was rund 3,1 Millionen Dollar in Hartgeld entsprach, Hartgeld jedoch gab es in Nordamerika kaum. Hinzu kam, dass sich auch jeder einzelne Bundesstaat im Zuge des Konflikts mit Großbritannien massiv verschuldet hatte. Um ihre Finanzen in den Griff zu bekommen, sahen sich die Einzelstaaten gezwungen, ihren Bürgern Steuern aufzubürden, die weitaus höher waren, als die, welche die britische Regierung zwischen 1763 und 1770 einzutreiben versucht hatte. Die Bürger der jungen USA ächzten jedoch nicht nur unter den hohen Steuerlasten, sondern litten viel mehr noch an der rasanten Geldentwertung, die viele Amerikaner verarmen ließ. Zudem hatten viele Bürger in patriotischem Enthusiasmus ihr privates Kapital in nationale oder einzelstaatliche Kriegsanleihen investiert und mussten nun erleben, dass die neuen Regierungen nicht in der Lage waren, ihnen das Geld samt Zinsen zurückzuzahlen. Ähnlich erging es vielen Veteranen der Kontinentalarmee, die an Stelle von Sold Versorgungsscheine in Millionenhöhe bekommen hatten, die ihnen Geld, Naturalien und Zinsen für die Zeit nach dem Krieg versprachen. Auch diese finanziellen Versprechungen wurden nicht eingelöst. Enttäuschung und Frust waren die Folge bei vielen, die ihr Leben und ihr Vermögen für die Sache der Freiheit eingesetzt hatten.

Diese Krise der öffentlichen Finanzen verschränkte sich in den 1780er Jahren mit einer tiefen Wirtschaftskrise, deren Ursachen auch in der Unabhängigkeitserklärung lagen. Mit dem 4. Juli 1776 fielen die Kolonien aus dem merkantilistischen Wirtschaftsverband des britischen Weltreiches heraus und verloren damit über Nacht ihre Märkte in Europa und Westindien. Sie mussten fortan die hohen Zölle zahlen, mit denen Großbritannien seinen Wirtschaftsraum gegen ausländische Importe schützte. Gleichzeitig überschwemmte das in seiner industriellen Entwicklung weit fortgeschrittene England seine ehemaligen Kolonien mit konkurrenzlos billigen Fertigwaren. Diese Gemengelage gebar vielfältige soziale Unruhen. Viele verzweifelte und durch Armut radikalisierte Bürger machten ihrem Unmut Luft. Eine nicht abreißende Kette von militanten Protesten und Akten des Widerstandes gegen die noch junge Staatsgewalt in den USA war die Folge. Zum gefährlichsten Aufstand kam es im Spätsommer 1786 im westlichen Massachusetts. Dort legten rund 2000 Farmer, die ihre Steuern nicht mehr zahlen konnten und deshalb mit Zwangsversteigerung ihres Besitzes rechnen mussten, unter der Führung von Daniel Shays, einem ehemaligen Hauptmann der Kontinentalarmee, die Kreisgerichte in der Hoffnung lahm, die Sheriffs am Vollzug der Zwangsvollstreckungen zu hindern. Shays Rebellion hielt Massachusetts und die USA für rund ein halbes Jahr in Atem, bevor sie im Frühjahr 1787 unter Einsatz von Milizen aus den Küstenregionen niedergeschlagen wurde.

In diesem Zusammenhang ist nun die Feststellung wichtig, dass die von den *Articles of Confederation* konstituierte politische Ordnung ein integraler Bestandteil der Krise der 1780er Jahre war. In einer Situation, in der es zur Lösung der Probleme einer starken Bundesregierung bedurft hätte, war das Fehlen einer mit weitreichenden Kompetenzen ausgestatteten Zentralgewalt ein Teil des Desasters. Diese Krisenerfahrungen der 1780er Jahre trieben in den USA Bestrebungen zur Reform des Staatenbundes maßgeblich voran.

Allerdings waren diese Reformbestrebungen nicht allein durch die unmittelbar einsichtigen Probleme der Herrschaftsordnung motiviert. Vielmehr mündete auch der Konflikt zwischen den Eliten und den mittleren und unteren sozialen Schichten in diese Reformbestrebungen ein. Zwar kontrollierten die reichen Landbesitzer und Kaufleute, die Bankiers, Rechtsanwälte und andere Eliten weiterhin die Parlamente, doch im Verlauf des revolutionären Prozesses waren immer mehr Angehörige der mittleren und unteren sozialen Schichten in Positionen politischer Macht gelangt und machten vielfach ostentativ als »einfache Leute« Politik gegen die Eliten. Den Besitzenden und den Gebildeten ging dieser demokratisch-egalitäre Radikalismus rasch zu weit; aus ihrer Sicht standen die USA am Rand der Anarchie. Für die Eliten waren die sozialen Unruhen und die Instabilität der 1780er Jahre nicht das Ergebnis der ökonomischen Krise, sondern das Produkt von zu viel Demokratie. Deswegen waren sie darum bemüht, den egalitären Radikalismus zu bändigen, die demokratischen Energien zu kanalisieren und sicherzustellen, dass nur diejenigen Bürger der Republik in politische Ämter gewählt wurden, die aufgrund von Bildung und Besitz auch in der Lage waren, im Sinne des Gemeinwohls zu handeln. Aus Sicht der Eliten sollte mithin eine durch Leistung und Talent legitimierte »natürliche Aristokratie« in der amerikanischen Republik dauerhaft das Sagen haben.

Aus diesen beiden Krisenerfahrungen – die Schwäche der nationalen Regierung und die Ängste vor den potentiell anarchischen Konsequenzen einer sozial zu breiten Anwendung der demokratisch-egalitären Wertideen der amerikanischen Unabhängigkeitserklärung – resultierten die Initiativen zur Reform der *Articles of Confederation*. Bereits vom 11. bis 14. September 1786 hatten sich zwölf Delegierte der fünf Staaten New Jersey, New York, Pennsylvania, Delaware und Virginia in Annapolis, Maryland, getroffen, um Möglichkeiten zur Verbesserung des zwischenstaatlichen Handels zu erörtern. Da die staatenbündische Herrschaftsorganisation als eine Hauptursache für die wirtschaftliche Misere ausgemacht wurde, forderten die Delegierten die Einberufung einer von allen Bundesstaaten getragenen Versammlung, die im Mai 1787 in Philadelphia tagen und über eine Reform der *Articles of Confederation* beraten sollte. Der Bericht, den die *Annapolis Convention* an den Konföderationskongress und die Regierungen der Einzelstaaten sandte, stieß auf breite Zustimmung. Mit Billigung des Konföderationskongresses entsandten zwölf Staaten im Frühjahr 1787 insgesamt 55 Delegierte nach Philadelphia, die allesamt von den Einzelstaatsparlamenten bestimmt worden waren. Allein Rhode Island blieb der Versammlung fern, die es nicht für verfassungsgemäß hielt. In der Tat war der Konvent von Philadelphia eine Versammlung, die außerhalb der von den *Articles of Confederation* etablierten institutionellen Strukturen und Verfahren tagte.

Am 25. Mai 1787 nahm die Versammlung, die als Verfassungskonvent von Philadelphia Geschichte gemacht hat, ihre Arbeit im *State House* von Pennsylvania auf, heute bekannt als *Independence Hall*. Die 55 Delegierten entstammten ausschließlich der Elite: Es waren reiche Pflanzer, darunter 19 Sklavenhalter, und Kaufleute, die in Philadelphia zusammenkamen, um sich Gedanken über die Reform der Verfassungsordnung zu machen. Die meisten von ihnen hatten einen Collegeabschluss, mehr als die Hälfte waren Juristen. Unter den Delegierten waren gewichtige und weltberühmte ältere Herren wie George Washington und Benjamin Franklin, doch die meisten waren im Alter von 30 bis 40 Jahren, darunter die für die weitere Geschichte der USA so bedeutsamen Aufsteiger Alexander Hamilton und James Madison. Frauen waren ebenso wenig vertreten wie *Common Men*, von *African Americans* und Indianern ganz zu schweigen. Der Verfassungskonvent von Philadelphia repräsentierte mithin nur einen eher kleinen Ausschnitt der revolutionären Gesellschaft.

Auch in ideologischer Hinsicht war er eher homogen, denn es überwogen Vertreter der Ansicht, dass die Bundesgewalt gestärkt werden müsse. 39 der Delegierten hatten schon im Konföderationskongress gesessen und die Schwäche der Bundesgewalt aus nächster Nähe erfahren. Diejenigen, die gegenteiliger Meinung waren und vor allem die mit der Zentralisierung von Macht verbundenen Gefahren für die individuelle Freiheit betonten, wie beispielsweise Samuel Adams und Patrick Henry, waren der Versammlung freiwillig ferngeblieben. Die Versammlung wählte George Washington, den verdienten General der Kontinentalarmee und in den Augen vieler die Personifikation der Amerikanischen Revolution, zum Präsidenten, was der Versammlung zusätzliche Legitimität verlieh – denn wenn Washington für etwas war, dann waren auch die meisten Amerikaner dafür. Des Weiteren beschlossen die Delegierten, unter Ausschluss der Öffentlichkeit zu tagen und ihre Beratungen auch im Anschluss in keiner Form zu veröffentlichen. Ein offizielles Protokoll wurde ebenfalls nicht geführt. Mit all diesen Maßnahmen wollte die Versammlung sicherstellen, dass allein die Kraft des besseren Arguments in einer freien und ohne Störfeuer von den Einzelstaaten geführten Debatte am Ende siegen würde. Herausgekommen ist dann auch keine Reform des Staatenbundes, sondern der komplette Neubau der staatlichen Ordnung, denn der Verfassungsentwurf, den die verbliebenen 39 Delegierten am 17. September 1787 unterschrieben und den Einzelstaaten zur Ratifikation übergaben, sah die Verwandlung des von den *Articles of Confederation* konstituierten Staatenbundes in den heute noch bestehenden föderal organisierten Bundesstaat vor.

Dass die Delegierten sich nicht allzu lange mit der Reparatur des Staatenbundes aufhalten würden, wurde noch im Mai klar, als Edmund Randolph den maßgeblich von

James Madison entworfenen *Virginia Plan* einbrachte, der den Entwurf einer starken Zentralregierung in Form eines Zweikammernparlamentes enthielt. Madisons Vorschlag sah vor, dem Bundeskongress beinahe unbeschränkte legislative Vollmachten und Besteuerungsrechte zu geben. Außerdem sollte er die Gesetzgebung der Einzelstaaten mit einem Veto belegen dürfen und zudem die Macht haben, militärische Gewalt gegen widerspenstige Einzelstaaten anzuwenden. In beiden Häusern des Bundeskongresses sollten die Staaten proportional zu ihrer Bevölkerung durch Delegierte vertreten sein. Das Volk sollte nur die Delegierten des Unterhauses wählen, und dieses sollte dann die von den Einzelstaatsregierungen vorgeschlagenen Delegierten des Oberhauses wählen. Beide Häuser gemeinsam sollten dann den Präsidenten und die Bundesrichter ernennen. Wäre dieser Vorschlag durchgekommen, hätte er die Autorität, Rechte und Kompetenzen der Einzelstaatsregierungen zu einem Grade beschnitten, dass diese im politischen Prozess der USA kaum noch eine Rolle gespielt hätten. Zudem begünstigte die Repräsentation gemäß Bevölkerungsproporz einseitig die bevölkerungsreichen Staaten, die in beiden Häusern des nationalen Parlamentes eine strukturelle Mehrheit gehabt hätten. Von der staatenbündischen Organisation wäre nichts mehr übrig geblieben.

Es kann deshalb kaum überraschen, dass der *Virginia Plan* auf heftige Kritik vor allem der kleinen, bevölkerungsarmen Staaten stieß. Am 14./15. Juni brachte William Patterson aus New Jersey deshalb einen Gegenvorschlag ein, der ein nationales Einkammerparlament vorsah, in dem jeder Staat wie bislang auch eine gleiche Anzahl von Stimmen gehabt hätte. Das wiederum hätte den sieben kleinsten Staaten, in denen gerade einmal ein Viertel der US-Bevölkerung lebte, erlaubt, die Bundesregierung zu kontrollieren. Auch dieser Vorschlag fand keine Mehrheit und wurde von den Delegierten der großen Staaten energisch bekämpft. Am Ende einigte man sich auf eine neuartige Form der Repräsentation, die die Interessen sowohl der großen als auch der kleinen Staaten kunstvoll ausbalancierte: Die Verfassungsväter kreierten den US-Kongress als ein aus zwei Häusern, dem Senat und dem Repräsentantenhaus, bestehendes Parlament, in dem beide Repräsentationsformen zur Anwendung kamen. Im Senat war jeder Staat der Union durch zwei Senatoren vertreten; die Zusammensetzung basierte mithin auf dem Prinzip der Gleichheit aller Staaten der Union. Im Repräsentantenhaus hingegen waren die Staaten gemäß ihres Anteils an der Gesamtbevölkerung vertreten: Pro 30 000 Einwohner erhielt ein Staat jeweils einen Sitz. Deshalb legt Artikel I der Bundesverfassung fest, dass – beginnend mit dem Jahr 1790 – alle zehn Jahre Volkszählungen stattfinden sollten, um die Zahl der Repräsentanten für die Staaten ermitteln zu können. Die Repräsentanten sollten für zwei Jahre direkt vom Volk gewählt werden, während die Senatoren anfangs noch von den Einzelstaatsparlamenten gewählt wurden.

Neben dieser Frage des Ausgleichs der Interessen zwischen kleinen und großen Staaten drehten sich die Debatten in der verfassungsgebenden Versammlung Philadelphias um weitere Problemkomplexe, von denen der wohl wichtigste der Ausgleich von Freiheit und Ordnung war. Wie konnte die grundrechtlich definierte Freiheit trotz der gewollten Zentralisierung der Staatsgewalt dauerhaft gesichert werden? Die Antwort, die der Verfassungskonvent auf diese zentrale Frage fand, zielte darauf, Freiheit durch Struktur zu sichern, durch die Struktur des Regierungssystems selbst nämlich. Im

Denken der Verfassungsväter sollte die von ihnen erdachte Ordnung eine Maschine sein, die dauerhaft von selbst lief, ein Automat, dessen Operationen zum Schutz der individuellen Freiheitsrechte unabhängig von denjenigen abliefen, die gerade das Sagen hatten. Pointiert formuliert heißt dies, dass die Ordnung so konzipiert sein musste, dass sie selbst die Präsidentschaft eines Unfähigen unbeschadet überstehen würde. Doch auch ein anderes Szenario war bestimmend für die Ängste der Verfassungsväter, nämlich die Möglichkeit einer »Tyrannei der Mehrheit«, die die Grundrechte einer Minderheit durch Mehrheitsbeschluss beschneiden oder ganz außer Kraft setzen würde. Als Königsweg zur Lösung beider Grundprobleme erschien den Verfassungsvätern deshalb die Teilung der politischen Gewalten, und dies gleich doppelt auf horizontaler und vertikaler Achse.

Auf der vertikalen Achse stärkten die Verfassungsväter die Macht der Bundesregierung gegenüber den Einzelstaaten deutlich. Die Bundesregierung erhielt das Recht, Einfuhrzölle und Steuern zu erheben, um die Verteidigung des Landes zu sichern und die allgemeine Wohlfahrt zu befördern. Ferner durfte sie Maßnahmen ergreifen, um den Binnenhandel und den Export zu regulieren. Damit wurde die Bundesregierung finanziell weitgehend unabhängig von den Einzelstaaten und konnte direkt auf die Bürger zugreifen. Gleichzeitig wurden die wirtschaftlichen Kompetenzen der Einzelstaaten durch die Verfassung von 1787 beschnitten: Sie durften fortan keine eigene Währung mehr ausgeben und keine eigenen Zölle erheben. Mit diesen Bestimmungen waren die Voraussetzungen für einen einheitlichen Binnenmarkt und eine gemeinsame Wirtschafts-, Währungs- und Handelspolitik geschaffen. Ferner durfte die Bundesregierung nun eigene Streitkräfte unterhalten, die Staatsmilizen beaufsichtigen und sie bei Bedarf auch bei inneren Unruhen einsetzen. Über diese konkreten Bestimmungen hinaus billigte Artikel I, Abschnitt 8, dem neuen nationalen Parlament pauschal das Recht zu, alle Gesetze zu beschließen, die es für notwendig und angemessen hielt, um die ihm von der Verfassung übertragenen Aufgaben erfüllen zu können. Im Artikel VI erklärte sich die Verfassung selbst und alle unter ihren Bestimmungen ordnungsgemäß beschlossenen Gesetze zum höchsten geltenden Recht des Landes, das auch durch Gesetze der Einzelstaaten nicht außer Kraft gesetzt werden könne.

Auch wenn alle diese Bestimmungen dazu beitrugen, eine starke Bundesregierung zu etablieren, so waren die Verfassungsväter zugleich bemüht, die Macht auf der Bundesebene horizontal so zu verteilen, dass die Zentralisierung der Gewalt nicht zur Zerstörung der Freiheit führte. Folglich teilten sie die bundesstaatliche Macht zwischen drei Organen auf: der Exekutive (Präsident), der Legislative (US-Kongress) und der Judikative (Oberstes Verfassungsgericht). Der von ihnen entworfene Text der Bundesverfassung definiert die Kompetenzen und Zuständigkeit der Verfassungsorgane sehr genau, grenzt sie voneinander ab und setzt sie zugleich über das System der *Checks and Balances* auf komplexe Weise zueinander in Beziehung. Unter diesem System ist jedes der Verfassungsorgane im Vollzug seiner Aufgaben auf die Kooperation mit den anderen beiden angewiesen. Zugleich beobachten sich Präsident, Parlament und Verfassungsgericht fortwährend gegenseitig, um zu verhindern, dass eines der Verfassungsorgane die Verfassung selbst verletzt. So erhielt der Präsident beispielsweise das Recht, die vom US-Kongress beschlossenen Gesetzesvorlagen mit seinem Veto zu belegen. Um jedoch zu verhindern, dass der Präsident sein Vetorecht als Hebel zur Einrichtung einer Alleinherrschaft nutzen würde, kann das präsidentielle Veto mit einer Zwei-Drittel-Mehrheit in beiden Häusern des Kongresses außer Kraft gesetzt werden. Auch in anderen Bestimmungen der Verfassung taucht dieses Muster der wechselseitigen Abhängigkeit und Kontrolle immer wieder auf.

Diese horizontale Gewaltenteilung auf der Ebene der Bundesregierung ist strukturell auf komplexe Weise gekoppelt mit einer vertikalen Teilung der Gewalt zwischen der Bundesregierung und den Einzelstaaten. Der US-amerikanische Föderalismus kreiert also einen aus Staaten zusammengesetzten Staat, in dem die Einzelstaatsregierungen zwar einerseits der Bundesregierung nachgeordnet sind, aber zugleich weiterhin große Freiräume für eine eigenständige Politik innerhalb des von der Bundesverfassung vorgegebenen Rahmens haben. Die Einzelstaaten teilen die Macht mit der Bundesregierung und beschränken diese dadurch auch wiederum in ihrer Macht. Am deutlichsten sichtbar wird dies bei dem in Artikel V festgelegten Verfahren zur Verfassungsänderung. Demnach können Änderungen und Ergänzungen der Verfassung (*Amendment*) entweder von beiden Häusern des Kongresses mit Zweidrittelmehrheit oder von einem auf Beschluss von zwei Drittel der Staaten einberufenen Verfassungskonvent vorgeschlagen werden. Um Gültigkeit zu erlangen, muss jeder Vorschlag zur Änderung der Verfassung von drei Vierteln der Einzelstaaten ratifiziert werden.

Ein besonderes Problem war die Frage der Exekutive, die im Artikel II konstituiert wird. Die Präsidentschaft ist die wohl merkwürdigste Erfindung der Verfassungsväter. Dass sie überhaupt eine vom Parlament unabhängige nationale Exekutive einrichten und dann die exekutive Macht nur einer einzigen Person überantworten würden, war vor dem Hintergrund der zurückliegenden Ereignisse alles andere als selbstverständlich. Wenn die Verfassungsväter es dennoch taten, dann, weil sie in einer starken nationalen Exekutive den Sachwalter des jenseits aller Tagespolitik liegenden Allgemeinwohls erblickten. Im Präsidenten war der zukunftsbezogene Ewigkeitscharakter der neuen Union und damit die Permanenz der Revolution in besonderem Maße verankert. Während in der Legislative der Parteienstreit institutionalisiert worden war, der sich aus rasch wechselnden Konstellationen entfaltete und politische Entscheidungen vielfach allein gegenwartsbezogen unter dem Druck des Augenblicks traf, sollte der Präsident das bleibende Interesse der Union als Bollwerk der »Ideale von 1776« verfolgen. In vieler Hinsicht war der Präsident der Vereinigten Staaten deshalb das funktionale Äquivalent zum Monarchen in der gemischten Verfassung Großbritanniens, dies aber in einem Herrschaftsgefüge, das jede Form der erblichen Macht ablehnte und auf dem Prinzip gegründet war, dass am Ende die Mehrheit regiert. Mit dem Präsidentenamt versuchten die Verfassungsväter so etwas wie die Quadratur des Kreises, weil sie in ihm die Prinzipien von Demokratie und Monarchie verbanden und das Unding eines republikanischen Monarchen kreierten.

Ein letztes wichtiges Problem, an dem die Verhandlungen des Verfassungskonventes beinahe gescheitert wäre, war die Sklaverei, die jenseits aller moralischen Fragen auch ein föderales Problem darstellte. Denn je nachdem, wie die Sklaven in die Berechnung der Bevölkerungszahlen des offiziellen Zensus einflossen, hatten die einzelnen Staaten mehr oder weniger Delegierte im Repräsentantenhaus. Wären beispielsweise in einem Staat wie South Carolina, dessen Bevölkerung zu zwei Dritteln aus afroamerikanischen

Sklaven bestand, nur die Weißen gezählt worden, hätte der Staat im Bund kaum Gewicht gehabt, während ein kleiner Staat wie New Hampshire, in dem es kaum Sklaven gab, wesentlich besser dagestanden wäre. Allerdings konnten die Südstaaten auch nicht energisch auf die volle Einbeziehung der Sklaven in die Volkszählung drängen, weil sie damit den Bürgerstatus der Sklaven anerkannt und dadurch die Institution der Sklaverei selbst in Frage gestellt hätten, denn die beruhte ja seit den *Slave Codes* auf der Prämisse, dass die Sklaven »Besitz« ihrer Herren seien und folglich auch keine bürgerlichen Rechte hatten. Einen Ausweg aus dem Dilemma, das freilich nur unter den Bedingungen rassistischen Denkens ein solches war, bahnten sich die Verfassungsväter durch einen doppelten Kompromiss, ohne dass die Worte »Sklave« oder »Sklaverei« überhaupt im Text der Verfassung auftauchen. Der 9. Abschnitt von Artikel I erlaubte dem Kongress, zum Jahre 1808 die Einfuhr von Sklaven zu verbieten, während der zweite Abschnitt desselben Artikels den berüchtigten Drei-Fünftel-Kompromiss enthält, wonach fünf afroamerikanische Sklaven bei den Volkszählungen so viel zählen sollten wie drei freie Personen.

Der Text der neuen Bundesverfassung wurde am 17. September 1787 von den Verfassungsvätern in Philadelphia unterzeichnet und an den Kontinentalkongress übergeben, der ihn am 28. September an die Einzelstaaten zur Ratifikation durch eigens zu diesem Zweck gewählte Versammlungen sandte. Die Verfassung würde gemäß ihres Artikels VII in Kraft treten, sobald neun Staaten sie angenommen hatten. Damit begannen Monate eines erbitterten politischen Streits über Annahme oder Ablehnung der Verfassung. In ihm prallten die *Federalists*, die Befürworter der Verfassung von 1787, hart mit den *Anti-Federalists* aufeinander, die den Entwurf ablehnten. Im Laufe dieser Kontroverse schrieben Alexander Hamilton, James Madison und John Jay die berühmten *Federalist Papers*, eine Serie von 85 Essays, die bis heute die umfassendste Erläuterung der US-Verfassung sind. In den Jahren 1787/88 hatten diese Texte jedoch vor allem die Aufgabe, die Mitglieder der Ratifizierungsversammlungen zur Annahme des Verfassungsentwurfs zu bewegen. Angesichts dieser massiven Kritik am Entwurf der Bundesverfassung überrascht es nicht, dass die Entscheidung über Annahme oder Ablehnung in vielen Ratifikationskonventen auf Messers Schneide stand. Innerhalb gut eines Monats hatten allerdings schon fünf Staaten die Verfassung ratifiziert, aber bis auf Pennsylvania war noch kein großer und bedeutsamer Staat dabei. Eine Union ohne Virginia, Massachusetts, New York und South Carolina war hingegen nicht vorstellbar. Am 9. Februar 1788 nahm die Ratifizierungsversammlung von Massachusetts die Verfassung denkbar knapp mit 187 zu 168 Stimmen an, und dies auch nur, weil die *Federalists* versprochen hatten, die Verfassung um einen Grundrechtekatalog zu ergänzen. Eine ähnliche Formel wurde im Folgenden in mehreren Staaten beschlossen. Am 21. April 1788 nahm Maryland als siebter Staat die Verfassung an (63 zu 11 Stimmen), und am 23. Mai erlebten die *Federalists* in South Carolina einen wahrhaftigen Triumph, als die dortige Versammlung mit 149 zu 73 für die Verfassung stimmte. Am 21. Juni beschloss New Hampshire nach heftigen Kontroversen die Annahme der Verfassung mit 57 zu 47 denkbar knapp. Damit war das Quorum von neun Staaten erfüllt, doch war allen Beteiligten klar, dass erst der Beitritt Virginias und New Yorks dem neuen Bundesstaat Kraft und Autorität verleihen würde. In Virginia stimmte die Ratifikationsversammlung am 26. Juni mit 89 zu 79 zu. Noch knapper war es in New York, wo die Verfassung am 26. Juli mit 30 zu 27 Stimmen angenommen wurde.

Die von der Verfassung von 1787 konstituierte politische Ordnung war etwas Noch-nie-Dagewesenes. Sie ist zu Recht als »Revolution in der Revolution« bezeichnet worden, wobei das Revolutionäre der Verfassung von 1787 vor allem darin zu sehen ist, dass die von ihr konstituierte Ordnung einer flächenstaatlichen Republik, die föderal organisiert war und in allen ihren Teilen auf dem Prinzip der Volkssouveränität gründete, ein historisches Novum war. Die Verfassung von 1787 stellte sowohl die Legislative als auch die von ihr getrennte Exekutive auf die Grundlage der Volkssouveränität. Die Verfassung selbst wurde direkt vom Volk gebilligt, das somit sowohl Souverän als auch Autor einer auf einem schriftlichen Dokument ruhenden Verfassungsordnung war, der es sich im Anschluss selbst unterwarf. Unerhört war ferner, dass die Verfassung eine flächenstaatliche Republik begründete, die von Beginn an sogar noch auf Ausdehnung nach Westen angelegt war, denn neue Staaten sollten gemäß Artikel IV, Abschnitt 3 in die Union aufgenommen werden dürfen. Das war ein kühner Bruch mit allem, was damals über Geschichte und Theorie von Republiken bekannt war. Bis 1787 war es nämlich weithin geteilte Überzeugung, dass republikanisch verfasste Staaten allein in überschaubaren, flächenmäßig kleinen Gemeinwesen wie beispielsweise in Städten oder kleinen Staaten wie den Niederlanden oder der Schweiz zu bestehen vermochten. Immer wenn Republiken in den Raum expandierten, schienen Freiheit und Demokratie an ihr Ende zu gelangen; sie lösten sich entweder in Anarchie auf oder entwickelten sich in eine Monarchie. Die Verfassungsväter kannten diese Ansichten, setzten sich aber doch über sie hinweg.

Zwei Aspekte der Verfassung sollten sich für die weitere Geschichte der USA als in besonderem Maße folgenreich erweisen. Da ist erstens die Tatsache, dass das Problem der Sklaverei ungelöst geblieben war. Zweitens sollte es sich als historisch folgenreich erweisen, dass der Text der Verfassung einige Dinge sehr ausführlich und eindeutig regelt, während er andere Punkte vage hält. Die Verfassung bestimmt die Organe, die Strukturen und die Verfahren des politischen Prozesses sowie die Qualifikationen für die zentralen politischen Ämter. Unbestimmt blieben jedoch der politische Charakter des Präsidentenamtes und sein Ort im politischen Prozess, die konkreten Zuständigkeiten der Bundesregierung im politischen Tagesgeschäft sowie die spezifische Ausgestaltung des Verhältnisses von Bundesregierung und Einzelstaaten. Die Klärung dieser offenen Fragen hatten die Verfassungsväter ganz bewusst dem durch die Verfassung angestoßenen und regulierten politischen Prozess überlassen. Deshalb entfaltete sich Politik in den USA seit dem ausgehenden 18. Jahrhundert als eine fortlaufende, kontroverse Interpretation und Re-Interpretation des Verfassungstextes, und das barg – wie sich im Folgenden immer wieder zeigen wird – ein hohes Konfliktpotential, das bis hin zum Bürgerkrieg führen konnte.

III Revolution (1763–1787/88)

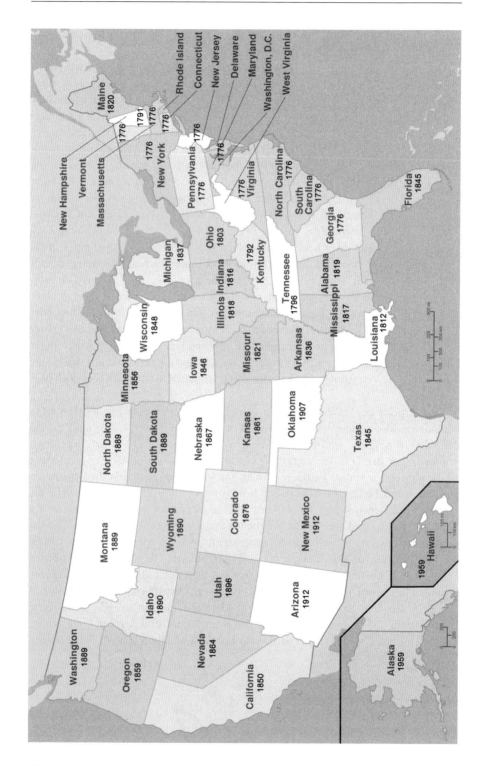

6 Die »kritische Periode« und die Verfassung von 1787/88

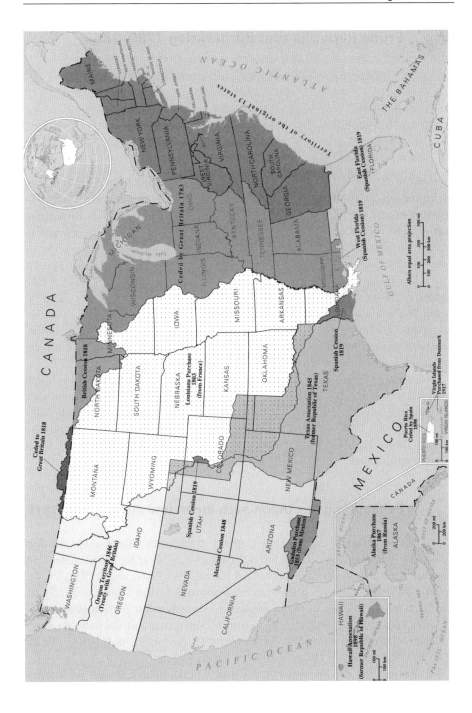

IV   Frühe Republik und Bürgerkrieg 1789–1865

Ähnlich wie die Kolonialzeit hat auch die Phase der Frühen Republik in der historischen Forschung seit den 1980er Jahren eine tiefgreifende Neubewertung erfahren. Dass es die Epochenbezeichnung »Frühe Republik« überhaupt gibt, ist an sich schon bemerkenswert, denn bis vor kurzem war es schwer, die Jahre von 1789 bis 1865 auf einen Begriff zu bringen. Sie galten entweder als Nachgeschichte der Amerikanischen Revolution oder als Vorgeschichte des Amerikanischen Bürgerkrieges, selten aber als eigenständige Epoche. Inzwischen aber erscheint die erste Hälfte des 19. Jahrhunderts als eine Zeit, in der die Amerikaner ihren revolutionär begründeten Bundesstaat unter den Bedingungen rasanten Wachstums im Inneren ausgestalteten und seine Souveränität nach außen behaupteten. Gleichzeitig wurde die Republik in diesen Jahren ungeachtet aller fortbestehenden Ungleichheiten und Defizite immer demokratischer, und es bildete sich ein dynamisch wachsender, arbeitsteilig organisierter Binnenmarkt aus, auf dem die Industrialisierung des Nordens untrennbar an die Expansion der Sklaverei im Süden gekoppelt war. Allerdings verschärften sich durch das atemberaubende Wachstum auch die seit 1789 schwelenden, um Föderalismus und Sklaverei kreisenden sektionalen Konflikte in den USA, die 1861 zum Ausbruch des Amerikanischen Bürgerkrieges führten. Dieser bis heute blutigste Krieg in der Geschichte der USA stellt in vieler Hinsicht eine »Zweite Amerikanische Revolution« dar.

1   Behauptung der Union nach innen und außen 1789–1815

Als George Washington am 30. April 1789 bei strahlendem Sonnenschein auf dem Balkon der *Federal Hall* in der Wall Street, New York City, als erster Präsident der USA vereidigt wurde, war die Verfassung der USA nur ein Stück Papier und der Ausgang des mit allergrößten Hoffnungen gestarteten Experiments in Sachen Demokratie völlig offen. Die Bundesverfassung hatte nur Strukturen, Verfahren und Zuständigkeiten definiert, die konkrete Ausgestaltung der föderalen Demokratie aber dem von ihr angestoßenen politischen Prozess selbst überantwortet. Deshalb waren die Probleme, die die ersten Politiker der neuen Ordnung zu lösen hatten, enorm.

Die Behauptung der Souveränität des neuen Bundesstaates sowohl nach innen gegenüber den Einzelstaaten als auch nach außen gegenüber den europäischen Großmächten war das gewichtigste politische Problem dieser Jahre, in denen eben deshalb Innen- und Außenpolitik besonders eng miteinander verflochten waren. Da sich die führenden Politiker der Zeit über das Ziel der inneren und äußeren Konsolidierung der

USA zwar einig waren, nicht aber über den Weg dahin, ist die politische Geschichte der Jahre von 1789 bis 1815 durch eine ganze Serie von hochgradig kontroversen Diskussionen bestimmt, die zur Herausbildung von zwei immer schärfer konturierten politischen Lagern führte: die *Federalists* und die *Jeffersonian Republicans*. Das ist insofern eine Ironie der Geschichte, weil die Bundesverfassung von 1787 eigentlich gegründet worden war, um die Gefahren zu bannen, die für die Demokratie von Parteien ausgingen. Allerdings handelte es sich bei den *Federalists* und den *Jeffersonian Republicans* noch nicht um politische Parteien im modernen Sinne. Sie waren eher politische Lager, die sich um bestimmte politische Grundsätze, einzelne Politikerpersönlichkeiten sowie um einzelne Zeitungen oder Zeitschriften herum formierten.

Die politischen Zielvorstellungen der *Jeffersonian Republicans* waren getragen vom Ideal einer agrarisch geprägten Gesellschaft der *Yeoman Farmers*, also der kleinen, unabhängigen Landwirte mit eigenem Grund und Boden. Angesichts der scheinbar unerschöpflichen Verfügbarkeit von Land auf dem nur spärlich besiedelten nordamerikanischen Kontinent schien die amerikanische Republik für eine agrarische Ordnung geradezu prädestiniert zu sein. Dies war für Thomas Jefferson, der die Zentralisierung von staatlicher Macht fürchtete wie der Teufel das Weihwasser, zugleich der beste Garant für den Erhalt der Freiheit in den USA. Freie, unabhängige Landwirte mit Besitz von mittlerer Größe waren für ihn das Kernelement einer sozial homogenen, landwirtschaftlich geprägten Wirtschafts- und Gesellschaftsordnung, die für den Bestand freiheitlich-demokratischer Ordnungen existentiell war. Jefferson war davon überzeugt, dass die Menschen prinzipiell gut und tugendhaft seien; nur die Ungleichheit der Bedingungen korrumpiere sie. Industrialisierung und Urbanisierung gefährdeten seiner Meinung nach Demokratie und Freiheit, weil – hier hatte er stets die Entwicklung im frühindustriellen England im Auge – scharf ausgeprägte soziale Ungleichheit, die Polarisierung des Wohlstands, ökonomische Abhängigkeit und materieller Mangel die scheinbar notwendigen Folgen industrieller Ordnungen waren. Wohin Jefferson im damaligen England auch blickte, überall sah er vielfältige Formen physischer und mentaler Unterdrückung, die Zentralisierung von staatlicher Macht sowie eine weit gestreute moralische Korruption, die jene freiheitlich-demokratische Gesinnung zerstörte, ohne die ein demokratisch verfasster Staat nicht bestehen konnte.

Deshalb ging es Jefferson darum, die agrarische Republik in den USA auf Dauer zu etablieren. Amerika sollte agrarische Rohstoffe für den europäischen Markt produzieren und seinen Bedarf an Fertigwaren durch europäische Importe sichern. Die Werkstätten und Manufakturen Amerikas sollten also in Europa verbleiben – und damit auch die aus Industrialisierung und Urbanisierung notwendig resultierenden sozialen Probleme und Konflikte. Gleichzeitig wollten die *Jeffersonian Republicans* die Bundesregierung auf eine möglichst passive Rolle eines Garanten, der die gleichen Rahmenbedingungen für alle gewährleisten solle, beschränkt wissen. Sie betonten die mit der Zentralisierung von staatlicher Macht verbundenen Gefahren für den Erhalt der grundrechtlich definierten Freiheit. Deshalb war ihr Ideal eine Bundesregierung, die möglichst wenig in die wirtschaftlichen und sozialen Prozesse eingriff. Gleichzeitig tendierten die *Jeffersonian Republicans* dazu, die Staatsmacht auf eine möglichst breite institutionelle Basis zu stellen und sie auch vertikal zu dezentralisieren. Das hieß konkret, die Rechte der Einzelstaaten gegenüber der Bundesgewalt hoch zu halten. Jeffersons Lesart der Verfassung legte diese somit eng aus und meinte deshalb, dass die Bundesregierung nur das tun dürfe, was ihr vom Verfassungstext ausdrücklich aufgetragen und erlaubt wurde. Außenpolitisch zielten die *Jeffersonian Republicans* darauf, den Zugang zu den europäischen Märkten für amerikanische Händler zu erhalten, das Prinzip der Freiheit der Meere zu behaupten und das Expansionsrecht der USA auf dem nordamerikanischen Kontinent durchzusetzen. Das verband sich mit einer tief sitzenden Aversion gegenüber Großbritannien, welches als die größte Gefahr für die friedliche Entwicklung der USA begriffen wurde. Eine Unterordnung unter das ehemalige Mutterland lehnten die *Jeffersonian Republicans* kategorisch ab, und aus ihrer Sicht war das revolutionäre Frankreich nicht nur in ideologischer, sondern auch strategischer Hinsicht der gleichsam natürliche Partner der USA. Allerdings standen die *Jeffersonian Republicans* auf dem Standpunkt, dass die USA eine Neutralitätspolitik gegenüber den europäischen Konflikten verfolgen sollten.

Das andere politische Lager, das sich in den scharfen politischen Kontroversen der 1790er Jahre herausbildete und bis 1800 den Ton angab, war das der *Federalists* mit Alexander Hamilton als der zentralen politischen Figur. Den *Federalists* ging es primär um die Konsolidierung der Union durch die Stärkung der Bundesregierung, die, um die politische Unabhängigkeit USA zu sichern, die wirtschaftliche Differenzierung des Landes durch eine gezielte Industrialisierungspolitik forcieren sollte. Denn nur eine Wirtschaftsordnung, in der Landwirtschaft, Handel und Industrie gleichberechtigt nebeneinander existierten, gewährleistete aus Sicht der *Federalists* die ökonomische Unabhängigkeit der USA, ohne die auch ihre staatliche Unabhängigkeit nicht zu haben war. Der Schlüssel zum Erfolg war für Hamilton, Finanzminister im ersten Kabinett von George Washington, eine aktive Finanz-, Steuer- und Zollpolitik der Bundesregierung. Hamiltons Politik gründete auf einem Verständnis von Macht, das nicht nur die mit ihr verbundenen Gefahren für die individuelle Freiheit sah, sondern auch die daraus resultierende Verantwortung für ihren Erhalt. Für Hamilton war die Macht des Staates nicht die Gefährdung, sondern die Bedingung der Möglichkeit von Freiheit. Außenpolitisch blickten die *Federalists* illusionslos auf die machtpolitischen Konstellationen im internationalen Mächtesystem der Zeit, die ihrer Meinung nach den USA kaum etwas anderes übrig ließen, als Realpolitik im Sinne der Staatsräson zu betreiben. Militärisch sahen sie die USA richtigerweise den Großmächten hoffnungslos unterlegen, weshalb jedes rein ideologisch motivierte Engagement in einem europäischen Krieg eine nicht zu verantwortende Gefährdung der eigenen Unabhängigkeit darstellte. Aus Hamiltons Sicht war das Verhältnis zu Großbritannien von zentraler sicherheitspolitischer Bedeutung, da es nicht nur die stärkste Militärmacht der Welt war, sondern auch der Löwenanteil des amerikanischen Handels noch über das ehemalige Mutterland lief. 35 % der amerikanischen Exporte gingen 1790 nach Großbritannien. Frieden und stabile wirtschaftliche Beziehungen mit Großbritannien waren deshalb für die *Federalists* die Voraussetzung für die innere Festigung der USA.

Die Wirtschafts- und Finanzpolitik waren für Hamilton die wichtigsten Hebel zur Verwirklichung seiner sozio-ökonomischen Zukunftspläne. Sein Konsolidierungsprogramm sah die Übernahme der exorbitanten Einzelstaats- und Konföderationsschulden durch den Bund, die Einrichtung einer Nationalbank als monetäres Zentrum sowie die

Industrialisierung des Landes durch forcierte Kapitalbildung und Schutzzollpolitik vor. Der Kongress folgte zwar mehrheitlich den in drei großen Reports in den Jahren 1790/91 entwickelten Vorschlägen Hamiltons, doch dies geschah nicht ohne Kontroversen. Im Gegenteil, die Übernahme der Einzelstaatsschulden stieß bei denjenigen Staaten, die ihren Haushalt bereits in Ordnung gebracht hatten, auf scharfe Kritik. Der Gedanke an die sozialen Missstände und Ungerechtigkeiten in der von Hamilton gewollten industriellen Gesellschaft ließ Politiker wie Jefferson und Madison schaudern. Auch schien die Politik der forcierten Industrialisierung nur den Neuenglandstaaten wirklich zu nützen, da es dort schon viel Gewerbe und Handel gab. Die im großen Stil nach Europa exportierenden Plantagenbesitzer des Südens hatten an Schutzzöllen kein Interesse, und auch für die Frontierbewohner im Gebiet westlich der Appalachen hielt Hamiltons Wirtschaftspolitik nur wenig bereit. Die schärfsten Kontroversen löste allerdings das Projekt der Nationalbank aus, denn die Entfesselung kapitalistischen Gewinnstrebens würde in den Augen vieler zu einer gefährlichen Polarisierung des Wohlstands führen. Moralische Korruption und die zunehmende Abhängigkeit der Politik von wirtschaftlichen Interessen war aus Sicht der Kritiker die notwendige Folge einer Nationalbank. Die Finanz- und Wirtschaftspolitik Alexander Hamiltons sorgte jedoch nicht nur für erbitterten politischen Streit, sondern bescherte der jungen Republik auch gefährliche innere Unruhen, die sich im Juli 1794 im Hinterland von Pennsylvania in der sogenannten *Whiskey Rebellion* entluden. In der Region um Pittsburgh gingen Farmer im Protest gegen eine neu eingeführte Abgabe auf Whiskey handgreiflich gegen Repräsentanten und Symbole der Bundesregierung vor. Die Bundesregierung ließ sich diese Infragestellung ihrer Autorität nicht auch nur im Ansatz gefallen. Hamilton verurteilte die *Whiskey Rebellion* als pure Anarchie, und der in die Jahre gekommene George Washington zog eigens noch einmal seine Generalsuniform aus dem Revolutionskrieg an, um die gegen die Whiskey-Rebellen ziehende fast 13 000 Mann starke Bundesarmee höchstpersönlich ins Feld zu führen. Als diese Streitmacht das Gebiet um Pittsburgh erreichte, brach der Aufstand rasch in sich zusammen.

Diese innenpolitischen Konflikte über die Weichenstellungen für die wirtschaftliche und soziale Zukunft der USA verknüpften sich seit dem Beginn der französischen Revolutionskriege im Jahr 1792 mit der Frage nach der grundsätzlichen Ausrichtung der amerikanischen Außenpolitik, insbesondere im Verhältnis zu Frankreich und Großbritannien. Das war nicht nur eine diplomatische, sondern auch eine weltanschaulich-ideologische Herausforderung, denn es ging im Kern um die Frage, wie sich die USA als ein revolutionsgeborener Staat zu nachfolgenden Revolutionen verhalten sollten. Realistisch betrachtet waren die USA am Beginn der 1790er Jahre nicht in der Lage, einen Krieg gegen eine europäische Großmacht zu führen. Ein stehendes Heer gab es ebenso wenig wie eine schlagkräftige Kriegsmarine. Das Staatswesen war im Inneren alles andere als festgefügt, und als Handelsnation waren die USA auf freien Zugang zu den internationalen Märkten und auf die Sicherheit der Seewege angewiesen. Realpolitisch betrachtet kam also nichts anderes als ein Kurs der Neutralität gegenüber den europäischen Konflikten in Frage. Dem stand allerdings einerseits die französisch-amerikanische Allianz von 1778 im Wege. Anderseits gab es eine weltanschaulich-ideologische Nähe zum revolutionären Frankeich, dessen Revolution auf den gleichen Idealen beruhte wie die der USA, während Großbritannien die stärkste Macht der gegenrevolutionären Koalition war. Folgte daraus nicht eine ideologisch begründete Beistandsverpflichtung der USA gegenüber Frankreich?

Auf diese Fragen musste die erste Bundesregierung Antworten finden, die zugleich aufs engste mit innenpolitischen Grundsatzentscheidungen verbunden waren. Das konnte nicht ohne heftigsten politischen Streit geschehen, weshalb die 1792 beginnende und sich bis 1815 erstreckende Folge von europäischen Kriegen die Herausbildung der politischen Lager in den USA beförderte. Allerdings waren sich alle führenden Politiker ungeachtet aller parteipolitischen Differenzen darin einig, dass die oberste Priorität der amerikanischen Außenpolitik die Sicherung der eigenen staatlichen Souveränität sein müsse und dass dies am ehesten durch einen Kurs der Neutralität gegenüber den europäischen Großmächten zu erreichen sei. Folglich erklärte George Washington die USA im April 1793 gegenüber dem europäischen Konflikt für neutral, ohne die Allianz mit Frankreich zu erwähnen. Jedoch ruhte diese Erklärung auf einem schwelenden parteipolitischen Konflikt, denn Hamilton und die *Federalists* befürworteten bei aller Neutralität eine Anlehnung an Großbritannien, während die *Jeffersonian Republicans*, die mit Thomas Jefferson den ersten Außenminister der USA stellten, mit Frankreich sympathisierten.

Nach längerem Streit konnten die *Federalists* ab 1793 ihren außenpolitischen Kurs durchsetzen, der ganz darauf ausgerichtet war, die Beziehungen zu Großbritannien zu verbessern und einen Krieg gegen das ehemalige Mutterland zu verhindern. Großbritannien hingegen setzte seine arrogante Missachtung amerikanischer Souveränität unbeeindruckt fort. Die britische Marine stoppte amerikanische Handelsschiffe auf hoher See nach Belieben, beschlagnahmte Handelsgüter als »Konterbande« und zwang viele Besatzungsmitglieder zum Dienst in der *Royal Navy* – eine höchst umstrittene Praxis, die die Zeitgenossen als *Impressment* bezeichneten. Auch stachelten die Briten die Indianer im Ohio-Gebiet gegen die USA auf. Auf einem großen Treffen der Shawnee und anderer, im Ohiotal lebender Indianer erklärte der königliche Gouverneur von Kanada, dass die USA keinerlei Ansprüche auf das Gebiet nördlich des Ohio-Flusses hätten. Er forderte die Indianer auf, die amerikanischen Siedler mit Gewalt aus dem Gebiet um die Großen Seen zu vertreiben und stellte ihnen dafür die Unterstützung britischer Truppen in Aussicht. Das ließen sich die Shawnee und ihre Verbündeten nicht zwei Mal sagen und zogen gegen die Weißen in den Krieg. Als sie alle von den USA wiederholt angebotenen Verhandlungen ausschlugen, schickte George Washington eine Militärexpedition unter dem Kommando von General Anthony Wayne zu einem regelrechten Vernichtungsfeldzug in die Siedlungsgebiete der Indianer. Wayne zerstörte rücksichtslos alle indianischen Dörfer, die auf seinem Weg lagen, legte Forts und andere Befestigungsanlagen an und fügte den Indianern am 20. August 1794 in der *Battle of Fallen Timbers* die entscheidende Niederlage bei. Diese zwang die Shawnee und ihre Verbündeten zur Unterzeichnung des Vertrags von Greenville, mit dem sie weite Teile des heutigen Bundesstaates Ohio und ein Stück des heutigen Indiana an die USA abtraten.

Ungeachtet dieser kriegerischen Entwicklung im damaligen Nordwesten, an der Großbritannien nicht schuldlos war, setzte Präsident Washington im direkten Verhältnis zum ehemaligen Mutterland weiterhin auf eine diplomatische Lösung der

Konflikte. Im Jahr 1794 entsandte er John Jay als Sonderbotschafter nach London, um die Probleme im britisch-amerikanischen Verhältnis auf dem Verhandlungswege zu lösen. Das Ergebnis der Gespräche war *Jay's Treaty*. Mit ihm verpflichteten sich die USA, auch weiterhin keiner Koalition gegen Großbritannien beizutreten, während London minimale Zugeständnisse im Westindien-Handel machte und sich darüber hinaus bereit erklärte, die Forts an den Großen Seen endlich zu räumen. Damit sicherte der Vertrag zwar den Frieden zwischen den USA und Großbritannien, ließ jedoch die eigentlichen Konflikte – die Beschlagnahme amerikanischer Handelsgüter und das *Impressment* – völlig außen vor. Es kann deshalb kaum überraschen, dass die Debatte über die Ratifizierung des Vertrags den Parteienstreit in den USA weiter anheizte. Die *Jeffersonian Republicans* sahen in ihm eine schändliche Kapitulation vor Großbritannien und eine einseitige Begünstigung der wirtschaftlichen Interessen Neuenglands, wo die *Federalists* ihre Hochburgen hatten. Dennoch wurde *Jay's Treaty* im Juni 1795 nach erbitterter Diskussion vom amerikanischen Senat mit einer sehr knappen Zweidrittelmehrheit ratifiziert.

Als der erste Präsident der USA, George Washington, im Jahr 1797 nach zwei Amtszeiten aus der Politik ausschied, hatte sich die Union nach innen konsolidiert und nach außen behauptet. Die Grundlagen für die weitere Expansion der USA nach Westen waren gelegt und die Weichen für die Entwicklung eines dynamischen, wirtschaftlich differenzierten Binnenmarktes gestellt. Allerdings hatten sich im Inneren die Konturen der zwei verfeindeten politischen Lager immer deutlicher herausgebildet; auch waren die außenpolitischen Probleme längst noch nicht gelöst. In seiner berühmten *Farewell Address* von 1796 schrieb George Washington seinen Landleuten deshalb ins Stammbuch, die Union als staatliche Institutionalisierung der revolutionären »Ideen von 1776«, als Bollwerk der bürgerlichen Freiheit und der außenpolitischen Unabhängigkeit um jeden Preis zu bewahren. Als Hauptgefahr für den Bestand der Union identifizierte er Parteien und Parteienzwist. Die außenpolitische Manifestation von Parteigeist waren für Washington Bündnisse und Allianzen, durch die die USA leicht in Konflikte hineingezogen werden könnten, die nicht wirklich ihre eigenen Interessen berührten. Deshalb empfahl Washington seinen Landsleuten eine Außenpolitik, die die Handelsbeziehungen zu auswärtigen Mächten systematisch ausbaute und zugleich dauerhafte militärisch-politische Bündnisse mit ihnen vermied.

Die politische Realität der folgenden Jahre sprach Washingtons Forderung nach einer überparteilichen Politik im Sinne des Gemeinwohls geradezu Hohn. Der Parteistreit verschärfte sich rasch weiter. Washingtons Nachfolger im Präsidentenamt, John Adams, schlug sich in seiner von 1797 bis 1801 währenden Amtszeit offen auf die Seite der *Federalists*, und die außenpolitischen Entwicklungen heizten die politischen Grundsatzkontroversen immer wieder aufs Neue an. Innenpolitik und Außenpolitik blieben eng miteinander verflochten, doch jetzt rückte das Verhältnis zu Frankreich zunehmend in den Mittelpunkt der Kontroversen. In der Karibik kam es wieder zu kriegsähnlichen Auseinandersetzungen zwischen amerikanischen und französischen Freibeutern, dem sogenannten *Quasi War* von 1798. Daraufhin erklärte der Kongress die französisch-amerikanische Allianz von 1778 für ungültig; die *Federalists* schrien immer lauter nach Krieg, forderten die Erhöhung der Militärausgaben und den Aufbau schlagkräftiger

Streitkräfte. Diese Politik stieß auf den erbitterten Widerstand der *Jeffersonian Republicans*, in deren Augen die Entschlossenheit der *Federalists*, die militärische Konfrontation mit Frankreich zu suchen, in keinem Verhältnis zu der Kompromissbereitschaft stand, die sie Großbritannien entgegenbrachten.

In dieser Situation waren die 1798 auf Initiative der Adams-Regierung als Kriegsmaßnahme verabschiedeten *Alien and Sedition Acts* wie ins Feuer gegossenes Öl: Der *Alien Act* erschwerte Einwanderern die Einbürgerung und erlaubte dem Präsidenten die Ausweisung unerwünschter Ausländer ohne Gerichtsverfahren. Der *Sedition Act* stellte Kritik an der Bundesregierung unter Strafe und schränkte damit das Grundrecht auf Meinungsfreiheit massiv ein. Wenngleich sich diese Gesetze in erster Linie gegen die im Land lebenden Franzosen richteten, die angesichts des *Quasi War* der subversiven Tätigkeit verdächtigt wurden, so konnten die *Alien and Sedition Acts* auch als Versuche der Bundesregierung interpretiert werden, die in lautstarken Pressepolemiken vorgebrachte Kritik der *Jeffersonian Republicans* an den *Federalists* durch staatlichen Machteinsatz zum Schweigen zu bringen. Das gab den mit einer starken Bundesregierung verbundenen Ängsten großen Auftrieb. Die Wellen schlugen so hoch, dass die Parlamente von Kentucky und Virginia noch 1798 Resolutionen verabschiedeten, mit denen sie die *Alien and Sedition Acts* für null und nichtig erklärten, weil die Bundesregierung mit ihnen ihre Kompetenzen überschritten habe. Als »Doktrin von '98« wurden diese maßgeblich von Jefferson und Madison formulierten Resolutionen in den folgenden Jahren zu zentralen Dokumenten für die sogenannte *States Rights Doctrine*, die für den Ausbruch des Bürgerkrieges im Jahr 1861 entscheidend werden sollte.

So ereignisreich und folgenschwer die Entwicklungen des Jahres 1798 auch waren, zum Krieg zwischen den USA und Frankreich kam es nicht. Auch wenn die *Federalists* um Hamilton immer entschiedener auf Krieg drängten, setzte Präsident John Adams weiterhin auf den Verhandlungsweg, und dies mit Erfolg: Im Jahr 1800 beschlossen die USA und Frankreich die *Konvention von Môrtefontaine*, mit der beide Parteien darauf verzichteten, sich weiterhin gegenseitig auf dem Meer zu behindern, und die Allianz von 1778 offiziell beendeten. Der innenpolitische Preis für Adams war jedoch hoch: Mit den *Alien and Sedition Acts* hatte er die erste schwere Bürgerrechtskrise in der Geschichte der USA heraufbeschworen. Zudem spaltete sich aus Unzufriedenheit mit der scheinbar schwächlichen Außenpolitik der Adams-Regierung die Gruppe der sogenannten *High Federalists* um Hamilton und Charles Pinckney von den *Federalists* ab. Diese Parteispaltung verhinderte im Jahr 1800 eine Wiederwahl von John Adams. Statt Adams wurde Thomas Jefferson der dritte Präsident der USA. Mit ihm zog im Jahr 1801 der erste Kandidat einer politischen Opposition in das damals noch unfertige Weiße Haus ein. Der Machtwechsel verlief friedlich. Das durch die Verfassung von 1787 begründete politische System funktionierte.

Auch unter der Präsidentschaft Thomas Jeffersons, der von 1801 bis 1809 im Amt war, wurde die Politik der nationalen Konsolidierung vorangetrieben. Angesichts der in den 1790er Jahren scheinbar unüberbrückbaren Gegensätze zwischen *Federalists* und *Jeffersonian Republicans* ist es insgesamt überraschend, dass sich die politische Praxis nach 1800 kaum änderte. Zwar verkleinerte Jefferson den Apparat der Bundesregierung, kürzte die Staatsausgaben und senkte Steuern. Auch strich er das unter Adams begon-

1 Behauptung der Union nach innen und außen 1789–1815

nene Flottenbauprogramm zusammen und verkleinerte die US-Armee. Allerdings machte Jefferson weder das Finanz-, Steuer- oder Zollsystem Hamiltons rückgängig, noch rüttelte er am Grundsatz einer starken Bundesregierung, die ihre Macht und Kompetenzen aktiv einsetzte, um die Union zu konsolidieren und ihr Wachstum zu befördern. In diesem Zusammenhang landete die Jefferson Administration im Jahr 1803 mit dem Kauf Louisianas für 15 Millionen Dollar einen spektakulären Erfolg.

Die Gründe für den Verkauf Louisianas sind in den europäischen Machtgegensätzen der Zeit und den imperialen Aspirationen Napoleon Bonapartes zu suchen, der das 1763 verlorene französische Kolonialreich in Nordamerika wiederherstellen wollte. Diese Pläne wurden 1803 durch das Scheitern des französischen Expeditionskorps auf Haiti zunichte gemacht, das die revolutionäre Insel wieder unter die Kontrolle Frankreichs hatte bringen und die Sklaverei erneut einführen sollen. Gleichzeitig zeichnete sich 1803 ein neuer Krieg mit England ab. Napoleon brauchte Geld, musste die Kräfte Frankreichs bündeln und wollte zugleich die USA als Gegengewicht zu Großbritannien aufbauen. Deshalb bot er den amerikanischen Unterhändlern in Paris, Robert R. Livingston und James Monroe, sehr zu deren Überraschung am 11./12. April 1803 den Verkauf ganz Louisianas an. Diese nahmen sofort an, obwohl sie damit ihre Vollmachten deutlich übertraten. Die Folgen des *Louisiana Purchase* waren weitreichend. Frankreich schied als Machtfaktor in Nordamerika endgültig aus, und auch gegenüber Großbritannien konnten die USA ihre Expansionsansprüche auf dem Kontinent behaupten. Die USA kontrollierten fortan den Mississippi und New Orleans und kamen ferner in den Besitz eines riesigen Gebiets jenseits des Mississippi, das ihr Staatsgebiet über Nacht verdoppelte. Dadurch gewannen sie Unmengen neuen Siedlungslandes, das freilich nur unter Vertreibung der dort lebenden Indianer zu haben war. Die agrarische Republik der *Yeoman Farmers* schien in alle Zukunft gesichert.

Allerdings waren die genauen Dimensionen und die geographische Beschaffenheit des als »Louisiana« gekauften Gebiets weitgehend unbekannt. Deshalb schickte die Bundesregierung gleich im Jahr 1804 ein von Meriwether Lewis und William Clark angeführtes wissenschaftliches Erkundungsteam in das neu erworbene Gebiet. Die bis zum 23. September 1806 währende, 28-monatige Lewis-und-Clark-Expedition führte über den Columbia-Fluss bis zum Pazifik und trug zu einer enormen Vermehrung des geographischen, zoologischen, botanischen und völkerkundlichen Wissens über das Landesinnere Nordamerikas bei. Die Expedition fand einen Landweg zum Pazifik, kartierte erstmals Geographie, Flora und Fauna der durchreisten Gebiete, und sie dokumentierte auch die Lebensformen der dort lebenden Indianer.

Während Lewis und Clark den pazifischen Nordwesten erkundeten, gingen in Europa die napoleonischen Kriege weiter, was für die USA unmittelbare politische Folgen hatte. Als im Jahr 1805 der Dritte Koalitionskrieg in Europa ausbrach, erklärten die USA abermals ihre Neutralität. Gleichwohl wurden amerikanische Handelsschiffe und US-Staatsbürger wieder verstärkt Opfer von französischen und vor allem britischen Übergriffen. Darüber hinaus erlitt der amerikanische Handel mit Europa durch die englische Seeblockade und die napoleonische Kontinentalsperre empfindliche Einbußen. Trotz starker außenpolitischer Spannungen setzte die Jefferson-Regierung auf eine »sanfte« Politik der wirtschaftlichen Sanktionen, um Großbritannien auf friedlichem

Weg zur Achtung der amerikanischen Souveränität und Neutralität zu zwingen. Jefferson war überzeugt davon, dass Großbritannien nicht lange auf die Lieferung amerikanischer Agrarprodukte und anderer Rohstoffe würde verzichten können, weshalb ihm ein Embargo als sehr wirkungsvolles Instrument einer Außenpolitik des »friedlichen Zwangs« (*Peaceable Coercion*) erschien. Allerdings war das 1807 verhängte Embargo ein grandioser Fehlschlag. In den USA, zumal in den Neuenglandstaaten und am Mittleren Atlantik, wo mit Boston, New York City und Philadelphia die großen Überseehäfen lagen, war das Embargo wegen hoher geschäftlicher Verluste höchst unpopulär. Das Embargo wurde auf vielfältige Weise unterlaufen und Schmuggel war an der Tagesordnung. Schließlich sah sich die Bundesregierung gezwungen, das Embargo mit dem *Non-Intercourse Act* zum 1. März 1809 de facto aufzuheben, ohne dass Großbritannien aufgehört hätte, amerikanische Neutralitätsrechte zu verletzen.

Das Desaster der Politik der *Peaceable Coercion* gab den *Federalists* zwar einigen politischen Auftrieb, dennoch kontrollierten die *Jeffersonian Republicans* weiterhin beide Häuser des Kongresses und stellten mit James Madison, der 1809 als vierter Präsident der USA vereidigt wurde, auch den Regierungschef. Wie Jefferson war auch Madison davon überzeugt, dass die USA eine exportorientierte, agrarische Republik bleiben sollten. Gleichzeitig verschärfte sich unter dem Präsidenten Madison die nationalistische Agitation in den USA. Bei den Kongresswahlen des Jahres 1810 wurde eine Gruppe von jungen Falken, die sich um Henry Clay und John C. Calhoun scharten, ins nationale Parlament gewählt. Die *War Hawks*, wie sie genannt wurden, waren zwischen 30 und 40 Jahre alt, kannten den Revolutionskrieg nur aus Erzählungen und drängten entschieden auf eine aggressivere Politik gegenüber Großbritannien, um amerikanische Handelsinteressen durchzusetzen und die nationale Ehre nach all den Demütigungen vor allem durch Großbritannien wiederherzustellen. Im Zuge des von ihnen befürworteten Krieges sollten die USA Kanada annektieren und auch die Spanier aus Florida vertreiben.

Komplex mit dem britisch-amerikanischen Gegensatz überlagert war der aus dem stürmischen Vordringen amerikanischer Siedler in den damaligen Nordwesten der USA resultierende Konflikt mit den Indianern, der um 1810 ebenfalls eskalierte. Orte der Handlung waren das westliche Ohio und das Tal des Wabash River im Indiana-Territorium. Die unmittelbare Ursache für die steigenden Spannungen zwischen Indianern und Weißen war der Vertrag von Fort Wayne, den der Gouverneur des Indiana-Territoriums, William Henry Harrison, im Jahr 1809 mit den Delawares, Putawatimies, Miamis, Eel River Indians, Weeas und Kickapoos ausgehandelt hatte. Mit der Übereinkunft verkauften die Indianer fast drei Millionen *Acre* Land entlang des Wabash River zum Preis von etwa einem Drittelcent pro *Acre* an die Amerikaner. Die genannten Stämme verfolgten bereits seit längerem eine Politik des Ausgleichs mit den USA und hatten zuvor schon mehrere Verträge mit ihnen geschlossen. Stets hatten die Indianer dabei Land verkauft und im Gegenzug jährliche Geld- und Hilfslieferungen (*Annuities*) erhalten, wodurch sie materiell von Washington abhängig geworden waren. Der Vertrag von Fort Wayne folgte dem gleichen Muster, allerdings hatten die Indianer mit ihm Land an die USA verkauft, auf das sie bislang keine Besitzansprüche erhoben hatten. Die im Tal des Wabash und am Lake Erie lebenden Indianer waren obendrein nicht an den Verhandlungen beteiligt gewesen. Kein Wunder also, dass der Vertrag von Fort Wayne auf massive Kritik und erbitterten Widerstand dieser Indianer traf.

Damals strebte eine panindianische Erneuerungsbewegung im alten Nordwesten der USA ihrem Höhepunkt entgegen. Deren charismatische Führer waren der bei den Weißen als »der Prophet« bekannte Schamane vom Stamme der Shawnee, Tenskwatawa, und sein Bruder Tecumseh. Tenskwatawa, der ursprünglich Lalawethika hieß und bis zu seinem Bekehrungserlebnis im Jahr 1805 eine gescheiterte Existenz und Alkoholiker gewesen war, predigte die religiös-kulturelle Erneuerung des indianischen Lebens durch die Rückbesinnung auf die eigenen Traditionen und die entschiedene Abgrenzung von den Weißen. Er berief sich dabei auf Visionen, in denen ihn der Große Geist beauftragt habe, das Erneuerungswerk einzuleiten. Er scharte eine rasch wachsende Gemeinde um sich und gründete 1808 am Zusammenfluss der Flüsse Wabash und Tippecanoe eine Siedlung, die von den Weißen *Prophetstown* genannt wurde. Gleichzeitig schmiedete sein Bruder Tecumseh eine militärisch-politische Allianz aller in Indiana, Ohio und am Lake Erie lebenden Indianer. Der Shawnee-Häuptling Tecumseh war eine genauso schillernde Figur wie sein Bruder. Er agitierte energisch gegen die Politik des Ausgleichs mit den Weißen und forderte die Stämme der Region auf, sich dem Vertrag von Fort Wayne entgegenzustellen. In der Folge wurden einige Häuptlinge, die den Vertrag von Fort Wayne unterschrieben hatten, ermordet, Landvermesser mit Gewalt aus dem Wabash-Tal vertrieben, Siedler überfallen und die Lebensmittellieferungen der Bundesregierung für die »Vertragsindianer« gestohlen. Unablässig arbeitete Tecumseh an der Vergrößerung der panindianischen Allianz und sammelte Waffen für ein koordiniertes militärisches Vorgehen gegen die Weißen.

Hier nun verflocht sich der Konflikt im Nordwesten mit der weltpolitischen Gemengelage, denn die Briten bemühten sich um gute Beziehungen zu den Indianern, um sie für den Fall eines Krieges gegen die USA an ihrer Seite zu wissen. Angesichts dieser Entwicklungen drängte Gouverneur Harrison, dem an einer raschen Besiedlung Indianas gelegen war, Washington zu einem energischen Vorgehen gegen die Indianer. Im Sommer 1811 gab das zunächst zögerliche Washington dieser Forderung nach und entsandte im Juli Truppen ins Indiana-Territorium. Als Harrison erfuhr, dass Tecumseh für einige Monate im Süden sein würde, um dort weitere Allianzpartner zu gewinnen, nutzte er die Gelegenheit zu einem Militärschlag. Im Oktober 1811 zog er mit 1000 Mann gegen *Prophetstown* und errichtete an der Mündung des Tippecanoe-Flusses ein Lager. Dieses wurde in der Nacht zum 7. November von den Shawnees angegriffen. Tenskwatawa hatte diesen Angriff autorisiert, der den Amerikanern zwar schwere Verluste beibrachte, am Ende aber von ihnen zurückgeschlagen wurde. Die Indianer zogen sich zurück und gaben *Prophetstown* auf. Harrison marschierte ein, zerstörte das Dorf und zog sich dann ebenfalls rasch zurück. Daraufhin begannen die Indianer, US-Forts und Siedler überall im Nordwesten anzugreifen.

Unterdessen baute sich in den USA bis zum Sommer 1812 ein Kriegsfieber auf, das nicht mehr zu lindern war, weil ein Krieg vielen als die einzige Möglichkeit erschien, Großbritannien zur Anerkennung der staatlichen Souveränität der USA zu zwingen. Am 1. Juni 1812 schickte Präsident Madison eine geheime Botschaft an den Kongress, in der er den Stand des britisch-amerikanischen Verhältnisses erörterte, die lange Liste der britischen Übergriffe seit dem Beginn des 19. Jahrhunderts Revue passieren ließ und suggerierte, dass Großbritannien sich bereits im Krieg gegen die USA befände. Madisons Botschaft wurde den zuständigen parlamentarischen Ausschüssen übergeben, und nach einiger Beratung sprachen sich beide Häuser des Kongresses bis zum 17. Juni dafür aus, dem ehemaligen Mutterland den Krieg zu erklären. Am 18. Juni 1812 unterzeichnete Madison das Gesetz, womit der erste große Krieg begann, den der neue Bundesstaat zu führen hatte.

Die USA waren denkbar schlecht für einen Krieg gegen die damals stärkste Militärmacht der Welt gerüstet. Ein schlagkräftiges stehendes Heer gab es nicht. Auf dem Papier verfügte der Bundesstaat über eine Armee von rund 35 000 Mann, doch standen im Sommer 1812 tatsächlich nur rund 11 700 Mann unter Waffen, von denen die meisten in den US-Forts entlang der Siedlungsgrenze stationiert waren. Darüber hinaus waren die Zustände in der Armee chaotisch. Es mangelte an gut ausgebildeten, führungsstarken Offizieren, und die einfachen Soldaten waren unerfahren. Die Versorgung war schlecht, ein stabiles Nachschubsystem gab es nicht, der Sold wurde nur selten pünktlich ausgezahlt und die Ineffizienz der Militärverwaltung spottete jeder Beschreibung. Desertion, Meuterei und andere Disziplinlosigkeiten waren folglich an der Tagesordnung. Hinzu kamen die rund 700 000 Mann, die in den Milizeinheiten der Bundesstaaten Dienst taten, die jedoch für einen großen internationalen Krieg kaum zu gebrauchen waren. Im Vergleich zum Heer bot die Marine ein deutlich anderes Bild. Die amerikanische Kriegsmarine bestand trotz der Militärpolitik Jeffersons am Beginn des Krieges aus 20 Schiffen, sechs davon waren schwer bewaffnete Fregatten. Hinzu kam eine recht große und während des Krieges ständig wachsende Zahl von leichten Kanonenbooten, mit denen die USA den Krieg auf den Großen Seen führten. Allerdings war auch die US-Marine im Vergleich zu der seit der Seeschlacht von Trafalgar (1805) scheinbar unbesiegbaren *Royal Navy* kaum konkurrenzfähig. Große Seeschlachten ließen sich mit ihr nicht bestreiten, für die Kriegsführung auf Binnengewässern und für kurze Duelle mit britischen Schiffen auf hoher See reichte es jedoch. Hier erzielten US-Schiffe eine ganze Reihe von Siegen, die zwar oft spektakulär, aber keineswegs kriegsentscheidend waren.

Wenn der Krieg sich ungeachtet des eklatanten militärischen Ungleichgewichts zwischen beiden Kontrahenten dennoch bis 1815 entscheidungslos hinschleppte, dann lag das in erster Linie daran, dass Großbritannien bis 1813 durch die napoleonischen Kriege in Europa gebunden war und den Krieg in Nordamerika zunächst nur mit weniger als halber Kraft führen konnte. Dabei konzentrierte London sich darauf, Kanada zu sichern und die offensiven Operationen der Marine zu überlassen. Diese baute von Süden her entlang der Küste eine sehr effiziente Blockade amerikanischer Hafenstädte auf.

Demgegenüber war das zentrale Ziel der USA die Eroberung Kanadas, und sie zögerten nicht, es noch im Sommer 1812 in Angriff zu nehmen. Der Plan war, auf drei Wegen in Kanada einzumarschieren und Montreal zu erobern. Dabei gingen die amerikanischen Politiker und Offiziere davon aus, dass die Kanadier sich nur zu bereitwillig mit den amerikanischen Truppen verbrüdern und mit ihnen gemeinsame Sache gegen die britischen Kolonialherren machen würden. Diese Hoffnung erwies sich allerdings als unbegründet. Zusammen mit den regulären britischen Truppen und ihren indianischen Verbündeten leisteten die kanadischen Milizen den Amerikanern energischen Widerstand. Die Eroberung Kanadas gelang den USA bis zum Ende des Krieges nicht.

Der noch im Juni 1812 auf drei Einfallsrouten – am westlichen Eriesee, im Niagaratal und am Champlainsee – erfolgte Angriff der USA kam über seine Anfänge nicht hinaus und war bis zum November 1812 gescheitert. Auch im folgenden Jahr wogte das Kampfgeschehen an den Großen Seen mit beträchtlichen Verlusten auf beiden Seiten hin und her, ohne dass eine Entscheidung fiel. Seit der Völkerschlacht von Leipzig im Oktober 1813, die den Sturz Napoleons besiegelte, hatte Großbritannien in Europa den Rücken frei und konnte sich nun stärker auf den Krieg in Nordamerika konzentrieren. Folglich gingen die Briten im Jahr 1814 zur Offensive über. Am 24. August 1814 eroberten sie die Hauptstadt Washington, brannten das Weiße Haus, das Kapitol und andere Regierungsgebäude nieder, zogen sich dann aber wieder zurück. So spektakulär die Eroberung Washingtons auch war, militärisch war sie nur ein symbolischer Erfolg, denn sowohl die Eroberung des militärisch ungleich wichtigeren Baltimore als auch die mit rund 11 000 kampferprobten Veteranen der napoleonischen Kriege über den Champlain-See versuchte Invasion der USA scheiterten Anfang September 1814.

Nach dem Misserfolg ihrer Offensive im Norden versuchte Großbritannien, die USA von Süden her anzugreifen und New Orleans unter ihre Kontrolle bringen. Im November 1814 segelten mehr als 10 000 britische Soldaten unter dem Kommando von General Sir Edward Pakenham von Jamaika aus an die Mündung des Mississippi und tauchten im Dezember 1814 vor den Toren von New Orleans auf. General Andrew Jackson, seit August 1814 militärischer Oberbefehlshaber an der Golfküste, hatte sich auf der direkt am Mississippi gelegenen *Chalmette Plantation* eingeigelt und dort den Angriff der Briten erwartet. Dieser kam am 8. Januar 1815, als Pakenham mit 5400 Mann gegen die Stellungen Jacksons vorging. Die Amerikaner schossen aus allen Rohren und mähten ganze Regimenter der Briten binnen kürzester Zeit nieder, ohne dass die Rotröcke überhaupt in die Nähe der amerikanischen Barrikaden kamen.

Die Schlacht von New Orleans war der größte militärische Sieg, den die Amerikaner in diesem Krieg errangen. Allerdings wurde er erfochten, nachdem Großbritannien und die USA im belgischen Gent einen Friedensvertrag unterzeichnet hatten. Dieser war jedoch zum Zeitpunkt der Schlacht von New Orleans noch nicht ratifiziert. Bereits im August 1814 hatten die Kriegsparteien Friedensverhandlungen aufgenommen, weil sie beide erkannt hatten, dass sie den Krieg nicht würden gewinnen können. Der am 24. Dezember 1814 unterzeichnete Friede stellte den *Status Quo* vor dem Krieg wieder her und delegierte alle ungelösten Streitfragen an bilaterale Kommissionen. Die beiden wichtigsten Kriegsgründe waren bis Weihnachten 1814 durch den Gang der Ereignisse in Europa ohnehin weggefallen: Mit dem Ende der napoleonischen Kriege in Europa konnte die englische Marine wegen des deutlich verringerten Bedarfs an Personal auf die Praxis des *Impressment* verzichten. Gleichzeitig entfiel mit dem Beginn des Friedens in Europa auch das Problem der Übergriffe auf amerikanische Handelsschiffe.

Eine historische Bewertung des Krieges von 1812 fällt nicht leicht. Das Kriegsgeschehen war so blutig wie chaotisch und es endete scheinbar ergebnislos. Die Eroberung Kanadas durch die USA war grandios und ein für alle Mal gescheitert, die militärische

Bilanz der Amerikaner war bestenfalls durchwachsen. Allerdings hatten die USA ihre Souveränität in einem zweiten Waffengang gegen das ehemalige Mutterland behauptet und es damit endgültig zur Anerkennung der amerikanischen Unabhängigkeit gezwungen. Gleichzeitig hatten die USA ihren Expansionsanspruch auch auf dem Kontinent gegenüber Großbritannien behauptet. Nach 1815 nahm London die Ausdehnung der USA nach Westen billigend in Kauf und überließ die Indianer ihrem Schicksal. Zum Garanten der Westexpansion entwickelte sich nun die US-Armee, vor allem ihr Offizierskorps, das nach den vielfach desaströsen Erfahrungen des Krieges von 1812 systematisch reformiert und professionalisiert wurde.

Darüber hinaus zeitigte der Krieg Folgen für die Entfaltung des amerikanischen Nationalismus, der nicht zuletzt wegen des spektakulären Erfolges in New Orleans einen kräftigen Schub erhielt. Die Amerikaner definierten sich nach 1815 zunehmend als eine Nation, die sich gleichermaßen von Großbritannien und Frankreich abgrenzte und fortan den Kern ihrer Identität allein in Nordamerika selbst suchte. Der Krieg hatte das nationale Pantheon um einige glorreiche Kriegsgeschichten und dazugehörige Helden bereichert. Zu nennen ist hier insbesondere Andrew Jackson, doch stand er nicht allein. Erwähnt sei auch, dass der Text der amerikanischen Nationalhymne *The Star Spangled Banner* sich dem Krieg von 1812 verdankt: Francis Scott Key erlebte im September 1814 die englische Bombardierung des Fort McHenry bei Baltimore aus nächster Nähe mit und freute sich darüber, dass das Sternenbanner auch nach einer Nacht intensivster Kanonade im frühen Morgengrauen noch stolz im Winde wehte. Zwar wurde das von ihm gedichtete Lied erst 1931 offiziell zur Nationalhymne der USA erklärt, doch es gehörte bereits gleich nach seinem Erscheinen zum Kanon der populärsten patriotischen Lieder in den USA.

Schließlich führte der Krieg von 1812 zu einer Befriedung des Parteienkonflikts in den USA, auch wenn dies nicht durch einen Akt konsensualer Einsicht, sondern durch zwei sich überkreuzende Entwicklungen zu Stande kam. Erstens hatte der nach 1805 eskalierende Konflikt mit Großbritannien im Lager der *Jeffersonian Republicans* dazu geführt, dass es einige zentrale wirtschaftspolitische Zielvorstellungen der *Federalists* für sich übernahm. Nach 1815 waren auch die *Jeffersonian Republicans* davon überzeugt, dass eine auf Industrieförderung und Erschließung eines Binnenmarktes zielende Wirtschaftspolitik das beste Mittel zur dauerhaften Sicherung der amerikanischen Unabhängigkeit sei. Die zweite Entwicklung, die zur inneren politischen Befriedung beitrug, war die Selbstzerstörung der *Federalists* im Krieg von 1812. Diese hatten sich mit der Dauer des Krieges immer entschiedener auf die Seite der Kriegsgegner gestellt, die vor allem in Neuengland sehr zahlreich waren. Einige *Federalists* hatten sogar die Abspaltung Neuenglands von der Union gefordert. Am 15. Dezember 1814 war in Hartfort, Connecticut, mit Billigung der Neuenglandstaaten eine Versammlung der *Federalists* zusammengetreten, die die Kritik am Krieg erneuert und zugleich weit reichende Verfassungsänderungen gefordert hatte, die darauf zielten, den Einfluss des Südens in der Union zu schwächen und eine Vorherrschaft der *Jeffersonian Republicans* zu verhindern. Die *Hartford Convention* tagte bis zum 5. Januar 1815, am 6. Januar wurden ihre Beschlüsse publik und am 8. Januar besiegte Andrew Jackson die Briten bei New Orleans. Einen unpassenderen Moment für eine massive Kritik am Krieg und an den *Jeffersonian Republicans* hätten sich die *Federalists* kaum aussuchen können. Nach 1815 verschwanden sie von der politischen Bühne.

2 Territoriale Expansion, inneres Wachstum und *Manifest Destiny*

Die Jahre der Frühen Republik waren die Zeit eines rasanten Wachstums der Union in territorialer, demographischer und wirtschaftlicher Hinsicht. Die Expansion der USA ging einher mit der Ziehung nationaler Grenzen auf dem Kontinent. Diejenige zwischen den USA und Kanada wurde etappenweise reguliert. Der Friede von Gent hatte die Aufgabe der Grenzziehung an eine bilaterale Kommission delegiert, deren Verhandlungen 1818 zum Abschluss einer Konvention führten, die den 49. Breitengrad als Grenze zwischen den USA und Kanada definierte. Allerdings galt dies nur für das Gebiet von den Großen Seen bis zum Osthang der *Rocky Mountains*. Das Territorium jenseits davon wurde als *Oregon Territory* unter eine gemeinsame britisch-amerikanische Verwaltung gestellt. Das damalige Oregon war viel größer als der heutige Bundesstaat; es reichte von der nördlichen Grenze Kaliforniens bis zur Südgrenze Alaskas.

Ein Jahr nach der Konvention von 1818 regelten die USA mit dem *Adams-Onís*-Vertrag auch ihre Grenze zum spanischen Amerika. Vor allem zwei Streitpunkte bestimmten das Verhältnis zwischen den beiden Staaten. Der eine davon war Florida, in das US-Truppen unter dem Kommando von Andrew Jackson bereits 1818 einmarschiert waren, um die von diesem Gebiet aus gegen die USA operierenden Seminolen-Indianer zu vernichten. Der zweite Streitpunkt war der unkontrolliert nach Westen vordringende Strom von amerikanischen Siedlern auf Gebiete, die Spanien für sich reklamierte. Der *Adams-Onís*-Vertrag von 1819 löste beide Probleme fürs erste. Spanien verkaufte Florida für fünf Millionen Dollar an die USA. Zugleich wurde mit der sogenannten »Adams-Onís-Linie« ein Verlauf der Grenze definiert, der den gesamten heutigen Südwesten der USA als spanischen Besitz auswies.

Allerdings wurde das Verhältnis der USA zu Spanien durch die lateinamerikanischen Unabhängigkeitsbewegungen belastet, die seit 1810 das spanische Amerika erschütterten. Die USA verhielten sich den Unabhängigkeitsbestrebungen in der südlichen Hemisphäre gegenüber neutral, beobachteten aber die Geschehnisse dort sehr genau. Als sich das um den Erhalt seiner Kolonialherrschaft kämpfende Spanien nach 1815 auch um die Unterstützung der *Heiligen Allianz* bemühte, jenes auf der Basis christlicher und monarchistischer Ideale geschmiedeten Bündnisses zwischen Russland, Preußen und Österreich, das sich den Kampf gegen die Revolution in Europa auf die Fahnen geschrieben hatte, war aus Sicht der USA der Zeitpunkt für eine außenpolitische Stellungnahme gekommen. Der von der Möglichkeit einer europäischen Intervention im zerfallenden spanischen Kolonialreich beunruhigte Präsident James Monroe gab in seiner letzten Jahresbotschaft an den Kongress am 2. Dezember 1823 der Welt zu verstehen, dass die USA jeglichem Versuch dieser Art nicht teilnahmslos gegenüberstehen könnten. In seiner Rede, die maßgeblich von Außenminister John Quincy Adams geschrieben worden war, definierte Monroe vier Grundprinzipien, die als Monroe-Doktrin in die Geschichte eingegangen sind. Monroe stellte fest, dass die USA sich auch weiterhin nicht in europäische Angelegenheiten einmischen und bereits bestehende europäische Kolonien in der westlichen Hemisphäre respektieren würden. Neue Kolonien hingegen dürften hier nicht begründet werden. Die USA würden fortan jeden Versuch europäischer Mächte, neue Kolonien in der westlichen Hemisphäre zu gründen oder unabhängig gewordene Staaten erneut zu unterdrücken als einen gegen die USA gerichteten feindlichen Akt ansehen. Nach der *Farewell Address* von George Washington ist die Monroe-Doktrin der zweite große programmatische Grundtext der frühen amerikanischen Außenpolitik.

Zum Zeitpunkt ihrer Verkündung war die Monroe-Doktrin ein außenpolitischer Anspruch, der durch keine entsprechende militärische Macht hätte aufrechterhalten werden können. In ihrer Tendenz war die letzte Jahresbotschaft Monroes jedoch zugleich bezeichnend für die Prioritäten der amerikanischen Politik in der ersten Hälfte des 19. Jahrhunderts: Sicherung der US-amerikanischen Souveränität innerhalb einer jetzt scharf abgesteckten Interessensphäre in der westlichen Hemisphäre und dem damit verbundenen Anspruch auf weitere ungehinderte Expansion in Nordamerika. Die potentiell daraus resultierende Hegemonialstellung der USA innerhalb der westlichen Hemisphäre wurde durchaus einkalkuliert, war aber zu diesem Zeitpunkt noch nicht der leitende Gesichtspunkt amerikanischer Außenpolitik. Gleichzeitig nahmen die USA mit dieser Botschaft endgültig Abschied von der Idee, europäische Revolutionen zu unterstützen.

Stand die Monroe-Doktrin im Jahr 1823 zunächst einmal nur auf dem Papier, so war das »wilde«, sich staatlicher Kontrolle weitgehend entziehende Ausgreifen der amerikanischen Siedler in die noch unbesiedelten Gebiete des Westens eine Realität. Hunderttausende zogen auf der Suche nach Land immer weiter nach Westen und siedelten sich dort an, wo es lukrativ erschien, ohne nach staatlichen Grenzen und politischen Zuständigkeiten zu fragen. Legendär in diesem Zusammenhang ist der *Oregon Trail*, auf dem bereits in den 1820/30er Jahren ungezählte Siedlertrecks von Independence und St. Joseph, Missouri, quer über die *Great Plains* in den Südwesten Wyomings und von dort über die Rocky Mountains in die sehr fruchtbaren Täler des Willamette und des *Columbia River* zogen. Viele wanderten von dort auch weiter nach Kalifornien. Die Reise dauerte sechs bis acht Monate, war so beschwerlich wie gefährlich und führte anfangs über kaum markierte Pfade. Dennoch lockten maßlos überzeichnete Beschreibungen von Oregon als einem wahren Schlaraffenland eine große Zahl von Siedlern an. Einige sprechen von 400 000, andere von bis zu 650 000 Siedlern, die während des *Oregon-Fiebers* der Jahre von 1841 bis 1865 auf dem *Oregon Trail* an die Westküste Nordamerikas zogen.

Ähnlich lagen die Dinge im Südwesten; auch hier strömten amerikanische Siedler nach 1815 massenhaft in das zunächst von Spanien und dann seit 1821 von Mexiko kontrollierte Gebiet. Vor allem Texas war ein beliebtes Ziel. Im Jahr 1836 lebten dort rund 30 000 amerikanische Siedler, denen nur etwa 4000 Mexikaner gegenüberstanden. Das Verhältnis zwischen der zunehmend marginalisierten mexikanisch-katholischen Bevölkerung und den aus den USA gekommenen Siedlern, die in ihrer erdrückenden Mehrzahl protestantisch waren und Englisch sprachen, war durch tiefe politische und kulturelle Gegensätze bestimmt. Alle Versuche einer gezielten Hispanisierung der

Amerikaner durch eine Reihe von mexikanischen Gesetzen scheiterten kläglich. Als Mexiko im Jahr 1829 die Sklaverei aufhob, verschärfte dies noch die Konflikte zwischen der mexikanischen Regierung und den texanischen Siedlern, die die mit dem Baumwollboom gegebenen ökonomischen Chancen nutzen und deshalb das ihnen von den USA her geläufige Sklavensystem auch in Texas erhalten wollten. Am 6. April 1830 verbot die mexikanische Regierung jegliche weitere Einwanderung nach Texas aus dem Gebiet der USA, was die Texaner als massiven Eingriff in ihre lokale Autonomie begriffen. Als sich der mexikanische Präsident Antonio López de Santa Anna 1835 anschickte, die föderalistische Verfassung Mexikos von 1824 durch eine neue zentralistische Konstitution zu ersetzen und zugleich mit Truppen in Texas einmarschierte, um den Herrschaftsanspruch der Zentralregierung gegenüber den Autonomiebestrebungen der Provinz durchzusetzen, eskalierte der seit langem schwelende Konflikt. Unter der Führung von Sam Houston – und ermuntert durch Politiker in den USA – erklärten sich die Texaner am 2. März 1836 für unabhängig und verabschiedeten eine eigene Verfassung, die den Besitz von Sklaven erlaubte.

Allerdings mussten sie kurz darauf eine empfindliche militärische Niederlage hinnehmen: Am 6. März 1836 eroberten rund 3000 mexikanische Soldaten die von 200 texanischen Unabhängigkeitskämpfern, unter ihnen Davy Crockett, gehaltene Mission San Antonio. Kurz danach gewannen jedoch die Texaner die Oberhand und brachten der mexikanischen Armee am 21. April 1836 in der Schlacht von San Jacinto eine entscheidende Niederlage bei. Danach existierte Texas, dessen Unabhängigkeit die USA im März 1837 anerkannten, bis 1845 als selbstständige Republik. Mexiko hingegen erkannte die texanische Unabhängigkeit nur halbherzig an und hoffte, die abtrünnige Republik eines Tages wieder in den eigenen Staatsverband eingliedern zu können. Der Konflikt kristallisierte sich an der Grenzfrage. Texas reklamierte den Rio Grande, während Mexiko nur den rund 240 Kilometer nördlich gelegenen Nueces River als Grenze zuzugestehen bereit war. Der Konflikt köchelte vor sich hin.

Als der Demokrat James K. Polk mit einer aggressiv-expansionistischen Agenda die amerikanische Präsidentschaftswahl des Jahres 1844 gewann, gerieten die Dinge in Texas in Bewegung. Polk hatte ordentlich mit dem Säbel gerasselt, die Annexion von Texas gefordert und zugleich erkennen lassen, dass er bereit sei, es für Oregon auf einen Krieg mit Großbritannien ankommen zu lassen. Nach der Wahl Polks brachte der noch amtierende Präsident John Tyler eine Vorlage zur Annexion von Texas in den Kongress ein, die beide Häuser des Kongresses im Februar 1845 als gemeinsame Resolution beschlossen, bevor Polk überhaupt in sein Amt eingeführt war. Polk selbst machte sich dann unmittelbar nach seiner Inauguration am 4. März 1845 daran, seine Expansionspläne in die Tat umzusetzen. In seiner Inaugurationsrede betonte er noch einmal die Ansprüche der USA auf Oregon und erklärte, dass die Eingliederung von Texas allein eine zwischenstaatliche Angelegenheit zwischen Texas und den USA sei. Derart ermuntert stimmte eine eigens zu diesem Zweck gewählte Versammlung in Texas am symbolischen Datum des 4. Juli 1845 mit überwältigender Mehrheit für die Annahme der amerikanischen Annexionsresolution. Unmittelbar danach ließ Präsident Polk Truppen unter der Führung von General Zachary Taylor bis in das jenseits des Nueces River gelegene Corpus Christi vorrücken.

In dieser Situation veröffentlichte der Journalist John L. O'Sullivan im *United States Magazine and Democratic Review* seinen berühmten Artikel *Annexation*, in dem er die zahlreichen und durchaus lautstarken Gegner der Expansionspolitik aufforderte, ihren politischen Widerstand gegen die Eingliederung von Texas in die Union aufzugeben. Es sei schließlich die offenkundige Bestimmung der USA sich über den ganzen Kontinent auszudehnen. Damit war die enorm wirkungsmächtige Formel von der *Manifest Destiny* geprägt.

Allerdings ging es Polk und seinen politischen Freunden im Sommer 1845 schon längst nicht mehr nur um die Behauptung von Texas mit dem Rio Grande als Grenze. Ihre imperialen Visionen gingen weit darüber hinaus und richteten sich auf Kalifornien. Ein siegreicher Krieg gegen Mexiko, so die gar nicht einmal mehr geheim gehaltene Erwartung, könnte den USA den Weg nach Kalifornien und damit zum Pazifik öffnen. Nachdem die US-Regierung ohne Erfolg versucht hatte, Mexiko auf dem Verhandlungswege zur Abtretung von Texas zu bewegen, unterzeichnete Polk am 29. Dezember 1845 das Gesetz über die Annexion von Texas. Im Januar 1846 ließ er seine Truppen bis zum Rio Grande vorrücken, um einen mexikanischen Angriff zu provozieren.

Gleichzeitig fand die Polk-Regierung im Frühjahr 1846, dass es an der Zeit sei, die Oregonfrage zu lösen. Im April 1846 kündigte der Kongress auf Anregung des Präsidenten den Vertrag über die gemeinsame britisch-amerikanische Verwaltung des *Oregon Territory* auf. Damit stand Großbritannien nun vor der Wahl, mit den USA zu verhandeln oder ihnen den Krieg zu erklären. Polk, der ungeachtet aller lautstarken Kriegsdrohungen in der Sache durchaus begrenzte Ziele verfolgte, signalisierte der britischen Regierung über diplomatische Kanäle, dass er sich mit der Teilung des *Oregon Territory* entlang des 49. Breitengrads zufrieden geben würde. Großbritannien war nicht bereit, es wegen Oregon auf einen weiteren Krieg gegen die USA ankommen zu lassen und verhandelte deshalb den Oregonvertrag von 1846, der den 49. Breitengrad nun auch von den Rocky Mountains bis zum Pazifik als Grenze zwischen den USA und Kanada definierte, Vancouver Island jedoch den Briten überließ.

Im gleichen Monat, als die USA gegenüber Großbritannien die gemeinsame Verwaltung des *Oregon Territory* aufkündigten, kam es in Texas zur lange erwarteten militärischen Konfrontation mit Mexiko. Am 23./24. April 1846 überquerten mexikanische Einheiten den Rio Grande, am 25. April kam es zu einem Scharmützel, bei dem elf US-Soldaten getötet wurden. Am 11. Mai sandte Präsident Polk seine bereits seit langem vorbereitete Kriegsbotschaft an den Kongress. In ihr stellte er fest, dass amerikanisches Blut auf amerikanischem Territorium vergossen worden sei und deshalb der Kriegszustand zwischen Mexiko und den USA bestehe. Auch wenn er damit seine Kompetenzen übertrat, denn laut Verfassung darf nur der Kongress den Krieg erklären, so stimmten beide Häuser trotzdem mit überwältigenden Mehrheiten für die Kriegserklärung an Mexiko.

Noch im Mai 1846 drangen die Truppen Zachary Taylors über den Rio Grande vor und eroberten am 25. September die Stadt Monterey. Im Februar 1847 brachten sie der von Präsident und General Santa Anna angeführten mexikanischen Armee bei Buena Vista eine empfindliche Niederlage bei. Ebenfalls bis Anfang 1847 hatten die US-Streitkräfte New Mexico und Kalifornien weitgehend unter ihre Kontrolle gebracht.

Allerdings zwangen erst die von General Winfield Scott im März 1847 kommandierte Seelandeoperation bei Vera Cruz und der anschließende Marsch auf Mexico City, das im September 1847 erobert wurde, Mexiko zur Kapitulation. Der Preis war hoch: Mit dem Vertrag von Guadalupe Hidalgo, der am 2. Februar 1848 den Mexikanisch-Amerikanischen Krieg beendete, erkannte Mexiko den Rio Grande als Grenze an und trat mit Kalifornien und New Mexico mehr als die Hälfte seines bisherigen Staatsgebiets an die USA ab. Im Gegenzug zahlten die USA 15 Millionen Dollar und übernahmen zugleich Schuldverpflichtungen der mexikanischen Regierung in Höhe von gut drei Millionen Dollar. Der Vertrag von Guadalupe Hidalgo wurde am 10. März 1848 vom US-Senat ratifiziert. Kurz zuvor, am 24. Januar 1848, war in Kalifornien Gold gefunden worden, eine Nachricht, die sich erst allmählich verbreitete, dann aber den berühmten Goldrausch von 1849 auslöste. Das damals in rauen Mengen gefundene Gold stellte eine wichtige Kapitalschöpfung dar, die den atemberaubenden ökonomischen Aufschwung der USA in der zweiten Hälfte des 19. Jahrhunderts beflügelte.

Insgesamt also hatten sich die USA bis 1850 einen von Küste zu Küste reichenden Expansionsraum auf dem nordamerikanischen Kontinent gesichert. Allerdings waren damit nur die internationalen Grenzen der USA gezogen. Die innere politische Organisation der neu hinzugewonnenen Gebiete stand immer erst noch bevor. Für die Bildung neuer Bundesstaaten hatte die *Northwest Ordinance* von 1787 ein Verfahren etabliert, das bei der Gründung neuer Bundesstaaten im 19. Jahrhundert im Kern beibehalten wurde. Demnach vollzog sich die Bildung neuer Staaten in drei Stufen. In der ersten Stufe erklärte der US-Kongress ein geographisch genau definiertes Gebiet zu einem *Territory*, setzte einen Gouverneur ein, ernannte Richter, ließ das Land vermessen und verkaufte es dann. Sobald 5000 weiße, erwachsene, wahlberechtigte Männer in einem *Territory* siedelten, gaben diese sich als zweite Stufe eine vorläufige Verfassung und wählten ein Parlament, das die Angelegenheiten der lokalen Selbstverwaltung regelte. Die dritte Stufe wurde eingeleitet, sobald 60 000 Menschen, also nicht mehr nur wahlberechtigte, weiße Männer, in einem *Territory* lebten. In dieser dritten Stufe gaben sich die Siedler eine endgültige Staatsverfassung, die im Einklang mit der Bundesverfassung stehen und vom US-Kongress genehmigt werden musste. War dies geschehen, wurde der neue Bundesstaat durch Beschluss des US-Kongresses mit gleichen Rechten und Pflichten als neues Mitglied der Union aufgenommen.

Dieses Verfahren der Neubildung von Staaten ist für das Verständnis der amerikanischen Geschichte bis zum Bürgerkrieg von zentraler Bedeutung, denn es ergab sich schon bald die Frage, ob die Bundesregierung die Aufnahme neuer Staaten in die Union an Bedingungen binden konnte oder nicht. Durfte der US-Kongress beispielsweise verlangen, dass ein neuer Staat sklavenfrei sein musste, um in die Union aufgenommen werden zu können, selbst wenn die dort lebende Bevölkerung die Sklaverei gerne eingeführt hätte? In diesen föderalen Grundsatzfragen gründete ein sektionaler Konflikt, der sich unter den Bedingungen rasanter territorialer Expansion bis 1860 radikal verschärfte und sich schließlich im Amerikanischen Bürgerkrieg entlud.

Die rasante territoriale Expansion der USA ging einher mit einem atemberaubenden Wachstum der Bevölkerung. Zählte der Zensus im Jahr 1790 noch 3,9 Millionen Amerikaner, so waren es 40 Jahre später schon 12,8 Millionen und am Vorabend des

Bürgerkrieges mehr als 31 Millionen. Dieses rasante Bevölkerungswachstum war einerseits das Ergebnis einer hohen Geburtenrate, andererseits war eine sich zwar in Wellen vollziehende aber doch insgesamt kontinuierliche Einwanderung aus Europa zwischen 1790 und 1860 ein zentraler Faktor des demographischen Wandels. In der Erklärung dieser Migrationsbewegungen unterscheidet die historische Forschung traditionell zwischen *Pull* und *Push*-Faktoren, wobei die *Pull*-Faktoren diejenigen Gründe sind, die Auswanderer in ein Land ziehen, während die *Push*-Faktoren diejenigen sind, die sie aus ihrem Heimatland forttreiben. In der ersten Hälfte des 19. Jahrhunderts waren es vor allem ökonomische Notlagen, die viele Europäer auswandern ließen. In England führte die sich entfaltende Industriegesellschaft zu einer scharfen Polarisierung des Wohlstands und zur Entstehung eines Industriearbeiterproletariats, dessen von materieller Not und Entbehrungen gekennzeichnete Lebenswelt Charles Dickens meisterhaft beschrieben hat. In Deutschland produzierte der einsetzende Übergang zur Industrialisierung den Pauperismus des Vormärz, in Irland grassierte in den 1840er Jahren eine beißende Hungersnot, weil die 1845 erstmals auftretende Kartoffelfäule wiederholt gesamte Ernten vernichtete. Auch in den ökonomisch rückständigen Gebieten Schwedens, Norwegens und Finnlands herrschte damals allgemeine Not. Demgegenüber lockten die USA mit hohen Löhnen und vor allem der Aussicht auf eigenen Landbesitz. Neben den ökonomischen motivierten vielfach auch politische Gründe den Entschluss zur Auswanderung. Politische Verfolgung demokratisch-liberal gesonnener Zeitgenossen in dem durch die Heilige Allianz und die Karlsbader Beschlüsse geprägten europäischen Kontext, vor allem aber das Scheitern der europäischen Revolutionen von 1848/49, ließen viele europäische Demokraten in Amerika Asyl suchen.

In Folge dieser Migrationsbewegungen wurde die US-Gesellschaft nicht nur größer, sondern auch in ethnisch-kultureller Hinsicht bunter. Die verschiedenen Einwanderergruppen behielten viele Elemente ihrer Heimatkulturen teils über mehrere Generationen hinweg bei. Sie benutzten ihre Muttersprachen weiter, hatten ihre eigenen Zeitungen und Zeitschriften, betrieben ihre eigenen Schulen und Kirchen, praktizierten viele der Sitten, Gebräuche und Umgangsformen ihres Heimatlandes auch in den USA. Gleichzeitig übernahmen sie mit fortschreitender Zeit auch viele Elemente aus ihrem neuen nordamerikanischen Umfeld. So entstanden spezifische deutsch-amerikanische, schwedisch-amerikanische oder iro-amerikanische Subkulturen in den USA, die immer weniger mit den Lebensformen der Heimatländer zu tun hatten, sondern diese »Heimat« vielfach überhaupt erst neu erfanden.

Diese hochkomplexen Kulturtransferprozesse können freilich nicht verbergen, dass sich im Zuge der an Fahrt gewinnenden Einwanderung auch die kulturellen Konflikte intensivierten. Mit den Iren kamen erstmals Katholiken in großer Zahl in die USA, was innerhalb der dominant protestantischen US-Gesellschaft viele Ressentiments und Überfremdungsängste schürte, die sich wiederholt in offenen Feindseligkeiten entluden. Analog dazu wurden die wenigen chinesischen Einwanderer an der Westküste bereits in den 1850er Jahren vielfach zum Opfer einer von rassistischen Überlegenheitsgefühlen der Euro-Amerikaner getragenen Diskriminierung und Gewalt.

Kaum anders sah es im Südwesten der USA aus. Nach 1848 wurde die hispanische Kultur im ehemaligen mexikanischen Norden durch den Ansturm von angloamerikanischen Siedlern rasch marginalisiert. Tiefe kulturelle Gräben trennten hier Angloamerikaner, Indianer und *Hispanics* voneinander. Letztere wurden auf vielfache Art und Weise diskriminiert. Bis ins erste Drittel des 20. Jahrhunderts hinein bestand im Südwesten der USA eine Trennung der Ethnien, die in vielem an die Segregation von Weißen und Afroamerikanern im Südosten erinnert.

3 Demokratisierung der Republik

Zwischen 1789 und 1860 wurde die amerikanische Republik immer demokratischer. Die sich rasant beschleunigende Demokratisierung erfasste den Bereich der institutionalisierten Politik genauso wie die Gesellschaft und das Feld der Religion. Im Ergebnis entstand eine neue Form der populären Demokratie, deren charakteristisches Merkmal die alles durchdringende Kultur umfassender individueller Selbstbestimmung war. Die demokratische Gärung des frühen 19. Jahrhunderts produzierte sowohl religiösen Eifer als auch eine breite Vielfalt von sozialen Reformbewegungen. Außerdem ließ sie moderne Parteiensysteme entstehen, die die Geschichte der USA bis zum Bürgerkrieg und weit darüber hinaus entscheidend geprägt haben. Insgesamt verwandelten sich die USA in der ersten Hälfte des 19. Jahrhunderts in eine liberale Demokratie, die individuelle Selbstbestimmung unter den Bedingungen gesellschaftlicher Pluralität verkörperte. Ein wichtiger Schrittmacher der Demokratisierungsprozesse war – und das mag zunächst überraschend erscheinen – das *Second Great Awakening*, eine religiöse Erweckungswelle, die um 1800 von Neuengland rasch in westliche Frontierstaaten wie Kentucky und Tennessee vordrang. Das *Second Great Awakening* wurde zwar hauptsächlich von den Presbyterianern, den Methodisten und den Baptisten getragen, dennoch war es seinem Charakter nach eine interkonfessionelle Bewegung mit eigenem Führungspersonal, eigenen Institutionen und eigenen religiös kultischen Praktiken.

Die zentrale Figur des *Second Great Awakening* war der Presbyterianer Charles G. Finney, der in den 1820/30er Jahren als charismatischer Prediger zu einem regelrechten Erweckungsunternehmer wurde. Die wichtigste Institution des *Second Great Awakening* waren *Camp Meetings* (vgl. S. 44). Das erklärte Ziel dieser Erweckungsgottesdienste war es, systematisch Bekehrungserlebnisse zu produzieren, die aus zuvor sündhaften Gläubigen wiedergeborene Christen machten. *Camp Meetings* waren religiöse Großereignisse von ekstatischem Charakter; ihre zentralen Elemente waren hingebungsvolle Gesänge und Gebete, expressive Lesungen aus der Bibel und frei gehaltene, mitreißende Predigten, die den Einzelnen zum öffentlichen Bekenntnis seiner Sündhaftigkeit bewegen und damit seine Wiedergeburt als Christ einleiten sollten. Teilweise wälzten sich die Teilnehmerinnen und Teilnehmer in ihrer Ekstase auch auf dem Boden, warfen ihre Köpfe wild hin und her und grunzten wie Tiere. Spektakuläre *Camp Meetings* fanden 1801 in Cane Ridge, Kentucky, und 1830/31 in Rochester, New York, statt. Doch das waren nur besondere Ausprägungen eines die erste Hälfte des 19. Jahrhunderts kontinuierlich durchziehenden Phänomens, das in vielen lokalen Zusammenhängen auftauchte. Im Verlauf der 1840er Jahre verlor das *Second Great Awakening* an Dynamik. Allerdings verschwanden Erweckungsgottesdienste damit nicht von der Bildfläche; sie wurden vielmehr zu einer fest institutionalisierten Praxis mit lukrativen kommerziellen Gewinnchancen, wodurch der Bewegung viel von ihrer ursprünglichen Spontanität abhandenkam.

Das ändert freilich nichts an der Tatsache, dass das *Second Great Awakening* die religiöse Landschaft der USA nachhaltig verändert hat. Die evangelikalen Konfessionen gewannen stark an Sichtbarkeit und Einfluss, und die Methodisten wurden mit mehr als einer Million Mitgliedern bis 1844 zur stärksten protestantischen Kirche der USA. Dicht dahinter waren die Baptisten, die in der ersten Hälfte des 19. Jahrhunderts ebenfalls starken Zulauf hatten. Demgegenüber taten sich die Quäker sowie große Teile der Kongregationalisten, der Anglikaner, der Lutheraner und der Reformierten mit der neuen Erweckungskultur schwer. Es ist bezeichnend, dass im Laufe des 19. Jahrhunderts gerade diejenigen Gruppen in den protestantischen Mainstream vorrückten, die sich am weitesten für den evangelikalen Stil öffneten, während diejenigen, die dies entweder gar nicht oder nur sehr zögerlich taten, den Anschluss an diese Entwicklungen verpassten.

Eine weitere religionsgeschichtlich bedeutsame Entwicklung ist in diesem Zusammenhang ebenfalls kurz zu beleuchten, nämlich das Erscheinen der Mormonen. Die Ursprünge der Mormonen, der einzigen in den USA neu entstandenen Offenbarungsreligion, liegen im west- und östlichen Teil New Yorks, der damals ein wahres Treibhaus religiösen Eifers war. Dort erschien dem Gründer der Mormonen Joseph Smith nach eigenem Bekunden im Jahr 1827 der Engel Moroni und übergab ihm mit Hieroglyphen beschriebene goldene Platten. Diese wurden von Smith ins Englische übersetzt und 1830 als »Buch Mormon« veröffentlicht. Das Buch erzählt die Geschichte des hebräischen Propheten Lehi, dessen Nachkommen nach Amerika wanderten, dort eine blühende Zivilisation begründeten und die Ankunft des Erlösers erwarteten. Nach dem »Buch Mormon« war Jesus Christus tatsächlich in Amerika gewesen und habe dort Wunder gewirkt. Allerdings hätten die Bewohner Nordamerikas dies dann wieder vergessen, den Pfad der wahren Tugend verlassen und sich von Gott abgewandt. Deshalb habe Gott sie verflucht und ihre Haut zur Strafe dunkler werden lassen. Die Nachkommen dieser Menschen waren nach der mormonischen Lehre die Indianer.

Nach der Veröffentlichung des »Buches Mormon« sammelte sich rasch eine Gemeinde um Joseph Smith, der sich immer mehr als Prophet und Wiedergründer eines wahren Priestertums in der Nachfolge Jesu Christi sah. Allerdings waren die Mormonen im Staat New York nicht sehr willkommen, so dass sie ihn verließen und in den 1830er Jahren für eine Weile umherzogen, bis sie 1839 in Illinois ihre Modellstadt Nauvoo gründeten. Im Jahr 1843 behauptete Smith eine weitere Offenbarung gehabt zu haben, mit der Gott die Mormonen zu Polygamie aufgerufen habe. Die Mormonen folgten dann auch im Wesentlichen diesem Angebot. Dadurch wurden sie vielen Amerikanern noch suspekter. Zusammen mit seinem Bruder wurde Joseph Smith 1844 in Carthage, Illinois, unter der Anklage der unrechtmäßigen Zerstörung der Druckerpresse einer oppositionellen Zeitung ins Gefängnis gebracht und dort von einem mormonenfeindlichen Lynchmob ermordet. Drei Jahre später gaben die Mormonen Nauvoo auf, der Großteil von ihnen zog unter der Führung von Brigham Young nach Westen, wo sie 1847 Salt Lake City gründeten und eine ihren Glaubensvorstellungen gemäße theokratische Herrschafts- und Gesellschaftsordnung errichteten. In ihr hatten die geistlichen Führer zugleich auch die politischen Ämter inne. Diese Siedlung der Mormonen am Großen Salzsee war die Keimzelle des späteren Bundesstaates Utah, der 1896 als 45. Staat in die Union aufgenommen wurde. Allerdings mussten die Mormonen damals die Grundprinzipien der US-Verfassung – insbesondere die Trennung von Staat und Kirche – akzeptieren und ihre polygame Praxis aufgeben.

Bewirkte das *Second Great Awakening* mithin eine tiefgreifende Transformation der religiösen Landschaft in den USA, so blieb der Einfluss des evangelikalen Erwachens nicht allein auf das Feld der Religion beschränkt. Es strahlte im Gegenteil sehr weit in Politik und Gesellschaft aus, denn das *Second Great Awakening* war auf überaus komplexe Weise mit den laufenden Demokratisierungsprozessen verschränkt. Das Glaubensverständnis der Erwecker war in sich demokratisch, weil es das in seinem Willen und seinen Entscheidungen freie Individuum in den Mittelpunkt rückte. Am Beginn des wahrhaft christlichen Lebens stand demnach immer die individuelle Entscheidung für Gott. Verstärkt wurde die demokratische Dynamik des *Second Great Awakening* durch seinen ausgeprägten Egalitarismus. Der evangelikale Enthusiasmus des 19. Jahrhunderts ankerte im Gedanken der Gleichheit aller Gläubigen vor Gott und machte deshalb nur wenig Unterschiede zwischen arm und reich. Auch öffnete er sich in besonderem Maße für marginalisierte und entrechtete Gruppen. So waren viele Frauen führend in der Erweckungsbewegung engagiert. Historisch noch signifikanter ist jedoch, dass die evangelikalen Denominationen sich den *African Americans* öffneten.

Es war allerdings nicht nur das Feld der Religion, das durch die sich beschleunigenden Demokratisierungsprozesse in der ersten Hälfte des 19. Jahrhunderts tiefgreifend verändert wurde. Die Signatur der Epoche ist vielmehr auch durch die Aktivität einer breiten Vielfalt von Reformbewegungen charakterisiert, die sich jeweils als »soziale Bewegung« identifizieren lassen. Soziale Bewegungen, die seit dem frühen 19. Jahrhundert eine zentrale Rolle in der amerikanischen Politik spielten, organisierten sich außerhalb politischer Parteien und vertraten in der Regel nur ein einziges Reformanliegen. Sie entstanden aus dem Zusammenwachsen mehrerer unabhängig voneinander agierender Organisationen, deren Weltanschauung, soziale Trägerschicht, Motivation und Strategie sehr unterschiedlich sein konnten. Diese vielfach auf lokaler und regionaler Ebene tätigen Interessensgruppen wuchsen meist von unten nach oben zusammen. Dennoch waren soziale Bewegungen insgesamt nur locker institutionalisiert und fielen in der Regel wieder auseinander, sobald sie ihr Reformanliegen durchgesetzt hatten. Sie entstanden mithin durch Selbstorganisation aus der Mitte der Gesellschaft und waren ein Faktor der Politik, der außerhalb politischer Parteien und des durch die Verfassung geregelten politischen Entscheidungsprozesses angesiedelt war und doch auf dieses System zurückwirkte.

Das Spektrum der Reformbemühungen war breit und schillernd vielfältig. Die Verbesserung des Schulwesens, die Reform der Gefängnisse, die Einrichtung von Armenhäusern und vieles andere mehr stand auf der Agenda der Reformer. Stets ging es dabei um die Behebung sozialer Missstände durch strukturelle Maßnahmen, die den Einzelnen in die Lage versetzen sollten, sich selbst zu helfen. Dabei waren viele Reformen getragen von dem optimistischen Glauben an die potenziell grenzenlose »Machbarkeit« und »Verbesserbarkeit« von Dingen. Das soll hier am Beispiel von zwei großen und historisch besonders folgenreichen Reformbewegungen exemplarisch erörtert werden, und zwar die der Sklavereigegner (Abolitionisten) und die der Frauen.

Im Jahr 1817 schloss sich eine durchaus heterogene Allianz von Philanthropen, Quäkern und anderen vielfach religiösen Gruppen zur *American Colonization Society* (ACS) zusammen, der sich auch führende Politiker wie Thomas Jefferson, James Madison, Henry Clay und später auch Abraham Lincoln anschlossen. Die ACS verfolgte den Plan einer graduellen Abschaffung der Sklaverei, der die finanzielle Entschädigung der Sklavenhalter genauso beinhaltete wie die Rückführung der befreiten Sklaven nach Afrika. Dies war insofern eine merkwürdige Idee, weil der größte Teil der Sklavenpopulation damals bereits in den USA geboren worden war. Im Jahr 1822 erwarb die ACS das Gebiet von Monrovia im heutigen Liberia, um dort die freigelassenen amerikanischen Sklaven anzusiedeln. Allerdings war dem Unternehmen kein Erfolg beschieden. Gerade einmal 1400 Schwarze emigrierten zwischen 1820 und 1830 nach Liberia, bis 1867 war diese Zahl auf rund 13 000 gewachsen. Sie fristeten eine kärgliche Existenz in einem sich nur langsam entwickelnden, ihnen völlig unbekannten Land.

Gegen das Modell der graduellen Sklavenemanzipation formierte sich bereits in den 1820er Jahren eine ungleich radikalere Strömung, die, sich auf die Vernunftmoral der Aufklärung und den Naturrechtsliberalismus, aber zugleich auf biblisch-religiöse Gründe berufend, auf die sofortige und entschädigungslose Aufhebung der Sklaverei drängte. Diese Bewegung wurde von einer sehr heterogenen Gruppe von Aktivisten getragen: freie, durchaus finanzkräftige schwarze Geschäftsleute und Intellektuelle des Nordens fanden sich in ihr, genauso wie freigeistige Radikale und evangelikal-christliche Prediger. Eine wichtige Rolle in der Bewegung spielten auch entlaufene ehemalige Sklaven wie Frederick Douglass, Harriet Jacobs oder Sojourner Truth. Im Jahr 1831 gründete William Lloyd Garrison die Zeitung *The Liberator*, die zu einem zentralen Kristallisationspunkt der abolitionistischen Bewegung in den USA werden sollte. Zwei Jahre später formierte sich die *American Anti-Slavery Society*, unter deren Dach sich eine Vielzahl lokaler Gruppen versammelte, die zunehmend militanter für die sofortige Aufhebung der Sklaverei agitierten. Sie verteilten Flugblätter, betrieben Zeitungen, schrieben unablässig Petitionen an Politiker und entwickelten ein breites Spektrum von Agitationsformen, mit denen sie den Kampf gegen die Sklaverei in die Öffentlichkeit trugen.

Dabei war die abolitionistische Bewegung, die in New York und Massachusetts besonders stark war, alles andere als in sich geschlossen. Sie bestand vielmehr aus einer Vielzahl konkurrierender Gruppen, die untereinander über Strategie und Ziele stritten. Auch waren die Abolitionisten nicht immer frei von Rassismus. Vielfach verurteilten sie die Sklaverei als Institution, weil sie dem freiheitlichen Anspruch der USA zuwiderlief, doch hieß das nicht zugleich auch, dass sie bereit waren, den Schwarzen die volle bürgerliche und politische Gleichberechtigung zuzugestehen, oder dass sie sich vorstellen konnten, mit ihnen dauerhaft in einer integrierten Gesellschaft zusammenzuleben. Dazu war die Ideologie der *White Supremacy* auch in abolitionistischen Kreisen zu tief verankert.

Gleichwohl war die abolitionistische Bewegung nach 1830 ein ganz wesentlicher Faktor der Fundamentalpolitisierung der amerikanischen Gesellschaft. Das gilt insbesondere für die Politisierung von Frauen, denn einige der führenden Abolitionisten waren weiblich, wie zum Beispiel Angelina und Sarah Grimké, Ottilie Assing oder Harriet Beecher Stowe. Ihre Gegnerschaft gegen die Sklaverei war vielfach von einer auf die Familie als Hort christlich-bürgerlicher Moral fixierten Perspektive getragen. Sie empörten sich über die Zerstörung von Sklavenfamilien durch den Verkauf einzelner Mitglieder, wobei vor allem die Trennung von Müttern und Kindern den besonderen Abscheu der Abolitionistinnen erregte. Wie sollten die Schwarzen jemals moralisch leben können, so fragten sie, wenn ihre Familien als Quelle aller Moralität instabil und beständig von der Auflösung bedroht waren. Es ging den Abolitionistinnen freilich nicht nur um die Moralität der Schwarzen. Sie hatten vielmehr immer auch – und vielleicht sogar vor allem – die negativen Folgen im Blick, die die Sklaverei für die Moralität der weißen Sklavenhalter hatte, die beständig dazu ermuntert und teils auch gezwungen wurden, unmoralisch zu handeln. Das galt insbesondere natürlich für die vielen außerehelichen Beziehungen der Sklavenhalter zu jungen Sklavinnen, doch auch der rein ökonomischen Erwägungen folgende Verkauf von Sklaven wurde als zutiefst unmoralischer Akt gesehen.

Gleichzeitig schärfte der Kampf gegen die Sklaverei bei einer wachsenden Zahl von Abolitionistinnen das Bewusstsein für die vielfältigen Diskriminierungen, denen sie selbst in der amerikanischen Gesellschaft ausgesetzt waren (vgl. S. 71). Deshalb kann es kaum überraschen, dass sich unter dem Dach der abolitionistischen Bewegung in den 1830/40er Jahren ein dezidiert feministisches Lager formierte, das neben der Befreiung der Sklaven auch die rechtliche und soziale Gleichstellung der Frauen forderte. Einige der prominentesten amerikanischen Frauenrechtlerinnen des 19. Jahrhunderts wie beispielsweise Angelina und Sarah Grimké, Abby Kelley, Lucy Stone, Lucretia Mott und Elisabeth Cady Stanton begannen ihre politischen Karrieren in der abolitionistischen Bewegung, emanzipierten sich dann aber im Laufe der 1840er Jahre von ihr und stellten die Frauenbewegung auf ein eigenes programmatisches Fundament.

Das Gründungsdatum der amerikanischen Frauenbewegung ist das Jahr 1848, als in Seneca Falls, New York, ein von Lucretia Mott und Elisabeth Cady Stanton organisierter Kongress zusammentrat, der mit der *Declaration of Sentiments* das programmatische Grunddokument der amerikanischen Frauenbewegung verabschiedete. Dabei wurde das Fortwirken der Ideale der Amerikanischen Revolution offenkundig, denn die *Declaration of Sentiments* formuliert den Text der amerikanischen Unabhängigkeitserklärung Wort für Wort so um, dass nun auch Frauen die unveräußerlichen Grundrechte ausdrücklich zugestanden werden. »We hold these truths to be self-evident: that all men and women are created equal«, heißt es in der *Declaration of Sentiments*, die zugleich die Herrschaft des Mannes über die Frauen als Despotie verurteilt. Die sich formierende Frauenbewegung verfolgte ein breites Spektrum von Zielen. Sie forderte die gleichen Bildungschancen für Frauen und deren volle bürgerliche Gleichstellung, kämpfte für mehr Partnerschaftlichkeit in der Ehe und forderte auch schon das Wahlrecht für Frauen.

War es somit in erster Linie eine Abfolge von Reformbewegungen, die die Demokratisierung der amerikanischen Republik nach 1815 vorantrieb, so wirkte diese in der Mitte der Gesellschaft entspringende Fundamentalpolitisierung mit der Zeit auch auf das Regierungssystem der USA zurück. Das zeigte sich unter anderem darin, dass in jenen

Jahren immer mehr öffentliche Ämter für direkte Wahlen geöffnet wurden. So wurden beispielsweise die Mitglieder des Wahlmännergremiums für die Präsidentenwahl, die ursprünglich allein von den Parlamenten der Bundesstaaten bestimmt worden waren, nach 1800 in immer mehr Staaten durch die direkte Volkswahl ermittelt. Noch viel deutlicher manifestiert sich die Demokratisierung jedoch in der Ausweitung des Wahlrechts, das nach 1815 zunehmend vom Landbesitz entkoppelt und an Wahlsteuern gebunden wurde, wodurch immer mehr US-Bürger die Besitzqualifikation für das Wahlrecht erfüllten. Auch trat die geheime Wahl in immer mehr Staaten an die Stelle der bis dahin üblichen öffentlichen Abstimmung, so dass das individuelle Abstimmungsverhalten nun weniger durch Einschüchterung und Gruppendruck beeinflusst werden konnte. Im Ergebnis ist festzustellen, dass zum einen der politische Prozess in der US-Demokratie bis zum Vorabend des Bürgerkrieges auf einer immer breiteren sozialen Grundlage ruhte, und sich zum anderen die gesellschaftlichen Mitbestimmungsmöglichkeiten zunehmend ausweiteten.

In dem Maße, in dem das geschah, prägte sich auch eine neue Form der populären Demokratie aus, die zentral im fiktiven Sozialtypus des *Common Man* ankerte, des gemeinen Mannes also, dessen Interessen durch das Handeln der Politiker vertreten werden sollten. Dieser neue Egalitarismus generierte eine politische Kultur der Hemdsärmeligkeit, die mit einem neuartigen Werben der Politiker um die Stimmen der Wähler einherging. Im Präsidentschaftswahlkampf des Jahres 1828 zeichneten sich die Konturen dieser neuen, uns heute sehr vertraut erscheinenden populären Politik erstmals scharf ab.

Der am Ende siegreiche Andrew Jackson, der erste Präsident der USA, der sich aus ärmlichen Verhältnissen durch Fleiß und Leistung hochgearbeitet hatte, erfand sich damals selbst als Sachwalter der Interessen des *Common Man*. Damit wurde er zum Symbol jener neuen Kultur des Egalitarismus, der breitgestreuten politischen Partizipation und der sozialen Mobilität. Jackson stellte seinen Wahlkampf gegen Amtsinhaber John Quincy Adams ganz auf den Gegensatz zwischen einer entrückten, quasi-aristokratischen, verkrusteten politischen Elite, für die Adams stand, und einer von ihm, Jackson selbst, verkörperten »wahren« demokratischen und freiheitlichen Gesinnung ab. Mit dieser Wahlkampfstrategie hatte Jackson durchschlagenden Erfolg; er gewann die Wahl, bei der jetzt fast überall in den USA direkt abgestimmt wurde, mit überwältigender Mehrheit.

Jacksons Amtseinführung am 4. März 1829 entwickelte sich zu einem bisher in Washington nicht gesehenen Volksfest. Die »kleinen Leute« reisten von überall her nach Washington und feierten dort ausgelassen sich und »ihren« Präsidenten. Beim traditionellen Empfang des Präsidenten fühlten sie sich alle eingeladen und stürmten das Weiße Haus, wo ihnen freilich schnell zu verstehen gegeben wurde, dass sie dort eigentlich nichts zu suchen hätten. Man begann, die Verköstigung auf dem Rasen zu verteilen. Diese kleine Episode ist insofern bezeichnend, als sie auch die Grenzen der Demokratisierung jener Jahre deutlich macht. Komplett hinweggefegt wurden die traditionellen Eliten, deren Einfluss auf Besitz und sozialem Ansehen beruhte, von der neuen, oft ins Rabaukenhafte abgleitenden politischen Kultur nämlich nicht. Auch weiterhin lief der politische Prozess der amerikanischen Demokratie in keinem Falle gegen den Willen der besitzenden und gebildeten Schichten ab. Ganz im Gegenteil, neuere Forschungen haben gezeigt, wie sehr sich gerade im sogenannten »Zeitalter des gemeinen Mannes« die klassengesellschaftlichen Strukturen in den USA verfestigten.

Gleichzeitig bildete sich in den 1820/30er Jahren ein neues Parteisystem heraus, das von einigen Historikern als das »zweite Parteiensystem« bezeichnet wird, tatsächlich aber in vieler Hinsicht überhaupt das erste Parteiensystem im modernen Sinne darstellte. Bei den *Federalists* und *Jeffersonian Republicans* hatte es sich ja eher um politische Lager als um wirkliche politische Parteien mit einem breiten Netz von Institutionen, Instanzenzügen, politischen Grundsatzprogrammen und national abgestimmten Wahlkampfstrategien gehandelt. Nach dem Zerfall der *Federalists* im Krieg von 1812 hatte es in den USA eine Zeit lang nominell nur eine Partei gegeben, nämlich die *Jeffersonian Republicans*. Mit der Wahl Andrew Jacksons begann sich das politische Spektrum dann wieder zu differenzieren und es bildeten sich die zwei Parteien der Demokraten und der *Whigs* heraus, die zwischen 1830 und 1855 das politische Geschehen in den USA bestimmten.

Programmatisch sind die beiden Parteien nur schwer zu fassen. Generell lässt sich feststellen, dass sich die *Whigs* im Laufe der 1830er Jahre in der Opposition zur Politik Andrew Jacksons und der Demokraten zu einer Partei formierten. Jacksons Politik wiederum folgte selbst keiner klaren programmatischen Linie, sondern entfaltete sich in einer Reihe von politischen Grundsatzentscheidungen, die während seiner Präsidentschaft zu treffen waren. Insgesamt verstand Jackson sich zwar in der Nachfolge Thomas Jeffersons, doch seine Anknüpfung an die Politik des dritten Präsidenten der USA war eher locker. Einerseits war Jacksons Politik getrieben von einer eher diffusen Angst vor zu starken Eingriffen der Bundesregierung in die wirtschaftliche und soziale Entwicklung der USA, weswegen er möglichst viel den Einzelstaaten überlassen wollte. Andererseits ließ er keinen Zweifel daran aufkommen, dass für ihn – wie schon für George Washington – die föderale Union als Bollwerk der amerikanischen Freiheit um jeden Preis erhalten werden müsse.

Gegen die Politik Andrew Jacksons formierte sich im Laufe der 1830er Jahre eine bunte, sich aus mehreren Quellen speisende Opposition, die sich schließlich bis zum Jahr 1836 in der *Whig*-Partei institutionalisierte. Auch deren Politik zeugte von nur wenig programmatischer Geschlossenheit. Gewisse Eckpunkte lassen sich allerdings ausmachen. Ihren prägnantesten Ausdruck fanden sie in der Person von Henry Clay und dessen Entwurf eines *American System*. Clay hatte bereits im Kontext des Krieges von 1812 erstmals seine Idee eines auf nationaler Planung beruhenden Konsolidierungsprogramms formuliert, das die Manufakturen durch Schutzzölle fördern, einen Binnenmarkt für die eigenen landwirtschaftlichen Produkte erschaffen und diesen durch den systematischen Ausbau der Infrastruktur sowie durch ein stabiles monetäres System absichern sollte. Dieses Programm verlangte nach einer starken Bundesregierung, die den Prozess des inneren Ausbaus initiierte, lenkte und auch zu einem Gutteil finanzierte. Bis Mitte der 1830er Jahre hatten sich immer mehr Politiker diese Ideen zu Eigen gemacht, und das *American System* wurde mehr und mehr zum Fixpunkt der Whig-Partei. Gleichzeitig fanden auch viele der Sozialreformer ihren Weg in das Lager der *Whigs*, denn eine aktive Bundespolitik im Dienste einheitlicher Standards war ganz im

Sinne derjenigen, die gegen den Missbrauch von Alkohol und für die Verbesserung des Schulsystems, gegen die Sklaverei und für eine Reform der Gefängnisse kämpften.

Die hoch komplexen Frontstellungen der damaligen amerikanischen Politik und die ihnen zugrundeliegenden ungeklärten föderalen Grundsatzfragen lassen sich am Fallbeispiel der Kontroverse um die US-Nationalbank verdeutlichen. Gerade diese ist für die politische Signatur der Epoche von 1815 bis zum Ausbruch des Amerikanischen Bürgerkrieges in vieler Hinsicht symptomatisch. Zugleich wirft der Streit um die Einrichtung, die Aufgaben und die Finanzierung der Notenbank am Beginn des 19. Jahrhunderts ein scharfes Schlaglicht auf Traditionen der Geldpolitik in den USA, die zum Teil bis heute nachwirken.

Auslöser des Streits um die Notenbank waren die vom US-Kongress auf Drängen Henry Clays im Jahr 1832 beschlossenen neuen Statuten für die zweite *Bank of the United States*, die 1816 auf 20 Jahre befristet gegründet worden war. Nachdem Alexander Hamilton mit seinem Vorschlag für eine Gründung einer Nationalbank als Motor der Kapitalschöpfung und Instrument zur Stabilisierung der nationalen Währung in den 1790er Jahren noch auf den erbitterten Widerstand der *Jeffersonian Republicans* gestoßen war, hatten nach dem Krieg von 1812 selbst die einstigen Gegner der Bank deren geldpolitische Bedeutung anerkannt und eine zweite Nationalbank gegründet. Diese wurde ungeheuer mächtig. Ihr Kapitalstock belief sich auf rund 35 Millionen Dollar, mehr als das Doppelte des jährlichen Bundeshaushaltes. Damit war sie zugleich ein finanzpolitisches Instrument, das die Geld- und Kreditpolitik der Banken der Einzelstaaten effektiv kontrollieren konnte. Allerdings war die Nationalbank der Kontrolle durch die Bundesregierung weitgehend entzogen. Sie hatte ihren Sitz in Philadelphia, und ihre Hauptaktionäre waren eine Handvoll reicher Privatleute zumeist aus dem Nordosten, die die Geldpolitik der Bank im Sinne eigener ökonomischer und ordnungspolitischer Interessen weitgehend bestimmten.

Insgesamt erfüllte die Bank die ihr zugedachten geld- und kreditpolitischen Aufgaben bis 1829 nur unzureichend. Ihre inflationäre Geld- und Kreditpolitik trug insofern zur *Panik von 1819* bei, als der übereilte Rückruf von einst so freigiebig gewährten Krediten der Wirtschaft Geld entzog und sie dadurch in eine Krise riss, die das Land bis Mitte der 1820er Jahre erfasste. Zwar griffen in dieser Krise mehrere Faktoren ineinander – der Verfall der Baumwollpreise in England ebenso wie die mit der ebenfalls inflationären Kreditpolitik der Einzelstaatsbanken finanzierte, heiß laufende Landspekulation –, doch für die meisten Amerikaner, vor allem für die verschuldeten Neuansiedler in den westlichen Gebieten, war die Nationalbank der eigentliche Sündenbock. Einige Staaten im Süden und Westen empfanden die Bank gleich ganz als verfassungswidrig, belegten ihre Zweigstellen mit hohen Steuern oder verboten ihr die Niederlassung im Staatsgebiet gänzlich.

Als der Kongress 1832 die vorzeitige Erneuerung der 1836 auslaufenden *Charter* für die *Bank of the United States* beschloss, legte Präsident Andrew Jackson sein Veto ein. Er sah in der Bank die Privatorganisation einiger weniger reicher Kapitalisten und Geldspekulanten, die aus niederen ökonomischen Instinkten die Politik im Würgegriff hielten, die Zirkulation von Hartgeld in den westlichen Gebieten unterbanden, und die vielen kleinen Farmer in den Gebieten jenseits der Appalachen in dauerhafte Abhängigkeit drückten. Aus Jacksons Sicht waren Banker eine kleine Elite von *Monied Capitalists*, die von der Arbeit der *Common Men* lebten, ohne selbst zu arbeiten.

Gleich nach seiner Wiederwahl im Jahr 1832 zog Jackson große Teile des Bundesvermögens von der Nationalbank ab und zahlte es bei Banken der Einzelstaaten wieder ein, meist bei solchen, die in den zurückliegenden Jahren ihre besondere Loyalität gegenüber den *Democrats* bewiesen hatten. Jackson hatte mit diesem Schritt die Hoffnung verbunden, die inflationäre Geld- und Kreditpolitik der amerikanischen Banken zu stoppen, wirtschaftliche Transaktionen wieder auf eine Hartgeldbasis zu stellen und den Umlauf von Papiergeld (damals eigentlich eher Schuldscheine, die bei jeder Bank jederzeit gegen Hartgeld eingetauscht werden können sollten) zu reduzieren. Diese Hoffnung erfüllte sich jedoch nicht, denn die in ihren Geldreserven aufgestockten Einzelstaatsbanken, die als Depots des Bundesvermögens fungierten und gleichzeitig nicht länger durch die Nationalbank kontrolliert wurden, waren nun in der Lage, großzügig Kredite an Neusiedler und Landspekulanten zu gewähren. Gleichzeitig vermehrte sich die Zahl der Depotbanken für das Bundesvermögen in den Einzelstaaten in einem atemberaubenden Tempo, während die bundesstaatliche Kontrolle über sie immer weiter reduziert wurde. Die im Umlauf befindliche Menge an Papiergeld stieg, die Landspekulation weitete sich aus und die Verschuldung der Farmer wuchs.

Da dies das Gegenteil von dem war, was er sich von der Zerschlagung der Nationalbank erhofft hatte, ruderte Andrew Jackson im Jahr 1836 ein Stück weit zurück und erließ den *Specie Circular*, eine präsidentielle Verfügung die festlegte, dass Landtransaktionen fortan nur mit Hartgeld (*Specie*) und nicht mit den von den Banken in Umlauf gebrachten papierenen Schuldscheinen getätigt werden dürften. Diese radikal deflationäre Maßnahme reduzierte die im Umlauf befindliche Geldmenge über Nacht, führte zu einem rasanten Verfall von Preisen und Löhnen und trug so zur *Panik von 1837* bei, die die Spekulationsblase platzen ließ und das Land abermals in eine tiefe Wirtschaftskrise stieß. Deren Ursachen lagen zwar nicht allein in der Bankpolitik Jacksons, sondern zu einem ganz überwiegenden Teil in den weltwirtschaftlichen Zusammenhängen, doch immerhin hatte Andrew Jacksons »Krieg gegen die Nationalbank« in hohem Maße zu dieser Krise beigetragen. Präsident Jackson selbst allerdings musste sich mit ihr nicht mehr auseinandersetzen, denn seine Amtszeit endete im Jahr 1837. Seinem Nachfolger im Amt, dem Parteigenossen Martin Van Buren, hatte er allerdings eine schwere Bürde aufgehalst. Insgesamt liefert die Kontroverse um die Nationalbank der USA ein sehr sprechendes Beispiel für den um 1840 immer noch ungeklärten Ort der Bundesregierung im politischen Prozess der USA. Darüber hinaus trug sie wesentlich zur Ausdifferenzierung des politischen Spektrums in den USA bei, denn die *Whigs* fanden während der 1830er in erster Linie als Opposition zu Jacksons Bankenpolitik als Partei zueinander.

4   Marktrevolution und Industrialisierung

Mit dem Begriff »Marktrevolution« wird ein für die Geschichte der Frühen Republik entscheidender wirtschaftlicher, sozialer und kultureller Transformationsprozess bezeichnet, in dessen Folge sich eine dynamisch wachsende, arbeitsteilig organisierte und diversifizierte nationale Marktwirtschaft herausbildete. Dabei griffen wenigstens fünf Faktoren ineinander. Neben der schon erörterten rasanten territorialen Expansion der USA und dem raschen Bevölkerungswachstum waren das die Kommerzialisierung der Landwirtschaft, die um 1815 in Neuengland einsetzende Industrialisierung und schließlich der Ausbau des Verkehrswesens durch den Kanal- und Eisenbahnbau. Durch das Zusammenwirken dieser Faktoren entstand in den USA nach 1815 ein boomender nationaler Markt, der rasant expandierte, der wirtschaftliche Netzwerke über immer größere Distanzen hinweg spannte und der von Beginn an in die weltwirtschaftlichen Zusammenhänge integriert war.

Das treibende Moment dieser Entwicklung war damals die Kommerzialisierung der Landwirtschaft, die im Zuge der Westexpansion der USA ungeheuer dynamisch zunahm. Die gewinnträchtigsten Agrarprodukte waren Weizen, Mais, Fleisch und andere Grundnahrungsmittel sowie nach 1820 im Süden Baumwolle, die sich national wie international höchst profitabel vermarkten ließ. Die Mechanismen der Marktrevolution ließen aus den amerikanischen Landwirten Agrarunternehmer werden, die unter ständiger Beobachtung der nationalen und internationalen Agrarpreise ihre Produkte strategisch und profitorientiert anbauten. Das galt für die Familienfarmer des Mittleren Westens genauso wie für die Baumwollpflanzer des Südens, die sich selbst gerne als vorkapitalistische, quasi-aristokratische Eliten beschrieben, deren Wertehorizont und Verhaltenskodex scheinbar nichts mit der kommerziellen Dynamik der marktwirtschaftlichen Ordnung zu tun hatten. Diese Selbstsicht der Baumwollpflanzer sollte freilich nicht den Blick dafür verstellen, dass die Baumwollwirtschaft des amerikanischen Südens ein integraler Bestandteil der in die globalen Zusammenhänge integrierten nationalen Marktwirtschaft der USA war.

Der neben der Kommerzialisierung der Landwirtschaft zweite Prozess ist die Industrialisierung, die in Neuengland begann und dann in die Staaten am Mittleren Atlantik, vor allem nach New York und Pennsylvania, vordrang. Wie in Großbritannien entwickelte sich die Textilindustrie auch in den USA zu einem Schrittmacher der frühen Industrialisierung. Im Jahr 1813 eröffnete ein Konsortium von Kaufleuten aus Boston in Waltham, Massachusetts, die erste vollmechanische Textilfabrik der USA. Zehn Jahre später entstand in Lowell, Massachusetts eine noch viel größere. Dort waren um 1850 300 000 Spindeln und 10 000 Webrahmen im Einsatz. Die Arbeitstage in den Textilfabriken waren lang und die Arbeitsbedingungen skandalös.

Weitere Wachstumsbranchen der amerikanischen Frühindustrialisierung waren Leder und Schuhe, Papier, Glas, Teppiche, Möbel und der Schiffbau sowie auch die vor allem in Pennsylvania beheimatete Eisenindustrie. Gleichzeitig kreierte die in der ersten Hälfte des 19. Jahrhunderts rasant steigende Nachfrage nach Werkzeugen und Maschinen einen dynamisch expandierenden Markt für die Werkzeug- und Maschinenbaubranche. Die Zahl der Erfindungen stieg in der ersten Hälfte des 19. Jahrhunderts deutlich an. Zwischen 1820 und 1830 wurden durchschnittlich 535 Patente im Jahr angemeldet, in der folgenden Dekade waren es schon 646, und von 1851 bis 1860 dann sogar 2525. Viele dieser Erfindungen trieben die Mechanisierung des Fertigungsprozesses durch arbeitssparende Maschinen voran.

In dieser Phase der Industrialisierung waren Wasser und Holz die wichtigsten Energiequellen, und die Staaten Neuenglands und des Mittleren Atlantiks verfügten über beides in reichem Maße. Das allein erklärt aber nicht, warum die Industrialisierung der USA nun gerade im Nordosten begann. Vielmehr gab es in dieser Region mit Boston, New York City und Philadelphia die damals größten städtischen Zentren der USA, die als Hafenstädte schon seit langem in die globalen Verkehrs- und Wirtschaftsströme integriert waren. Dort gab es eine lange Handelstradition und eine daraus gewachsene Kultur des Unternehmertums, ein vergleichsweise weit entwickeltes Handwerk und ein großes, durch die fortlaufende Einwanderung gespeistes Reservoir an Arbeitskräften. Auch hatte sich hier bis 1815 genügend Kapital in den Händen der großen Kaufmannsfamilien konzentriert, das diese dann nach 1815 in Manufakturen und Fabriken investieren konnten.

Allerdings erweist sich ein auf große Fabriken mit Hunderten von Arbeitern an dampfgetriebenen Maschinen konzentriertes Bild vom Industrialisierungsprozess für die Frühe Republik als irreführend. Gewiss, vor allem in Neuengland entstanden entlang der Flüsse große Fabriken, in denen der Produktionsprozess zusammengezogen war. Im Ganzen betrachtet war jedoch die tiefgreifende Reorganisation des Fertigungsprozesses durch systematische Arbeitsteilung, Spezialisierung der Produktion und die Standardisierung der Produkte für die Expansion des industriellen Sektors viel entscheidender. Im Zuge dieser Entwicklung entstand ein überaus komplexes Gesamtsystem, in dem große Fabriken, klein- und mittelständische Handwerksbetriebe, Rohstoffproduzenten und Kaufleute zusammenwirkten und einander zuarbeiteten. Entscheidend für das Verständnis der frühen Industrialisierung ist somit, dass das entstehende Fabriksystem die Betriebe selbstständiger Handwerker nicht verdrängte, sondern ihnen einen neuen Platz im Gesamtgefüge zuwies. Industrialisierung in der Frühen Republik heißt also nicht in erster Linie Mechanisierung der Arbeit, sondern vor allem die arbeitsteilige Reorganisation des Fertigungsprozesses durch die Zerlegung des Produktionsvorgangs in eine Vielzahl von Einzeltätigkeiten, die hochgradig spezialisiert und deshalb sehr monoton waren. Der Alltag der Arbeiter im Nordosten der USA war hart. Die Arbeitszeiten waren lang, zwölf Stunden und mehr, die Löhne waren der Schwere und der Dauer der Arbeit kaum angemessen. In den großen Einwandererhäfen New York City, Philadelphia oder Boston gab es ein Überangebot an billigen Arbeitskräften, die, gerade erst aus Europa angekommen, bereit waren, für nahezu jeden Lohn zu arbeiten. Es kann deshalb kaum verwundern, dass es bereits in der Frühphase der amerikanischen Industrialisierung zu Streiks und militanten Protesten der Arbeiter für höhere Löhne, kürzere Arbeitszeiten und bessere Bedingungen am Arbeitsplatz kam. Als die Kohlenträger im Jahr 1835 in Philadelphia für den Zehn-Stunden-Tag protestierten, schlossen sich die Zimmerleute, Zigarrendreher, Schuhmacher, Lederarbeiter und andere Handwerker schnell an. Das war der erste Generalstreik der an Streiks und Militanz reichen Geschichte der amerikanischen Arbeiterschaft. Allerdings waren die Industriejobs ungeachtet aller Belastungen vergleichsweise sicher und gut bezahlt, weshalb viele vom Land in die Städte zogen, um in den entstehenden Industriebranchen zu arbeiten. Unter ihnen waren viele junge Mädchen, die meist bis zu ihrer Heirat in den Textilmanufakturen arbeiteten. Rund 60 000 Frauen waren so im Jahr 1860 allein in Neuenglands Textilbranche beschäftigt.

Die Entstehung eines nationalen Marktes in den USA wurde von einer Kommunikations- und Transportrevolution ermöglicht und zugleich getragen, die dazu führte, dass Menschen, Güter und Nachrichten in immer kürzerer Zeit über immer größere Distanzen und mit steigenden Graden der Zuverlässigkeit transportiert werden konnten. Dadurch wurde die lokale Abgeschiedenheit vieler Regionen in den USA überwunden und die einzelnen Teile des Landes fester aneinander gebunden und so immer größere Wirtschaftsräume geschaffen. Um 1800 waren die Verkehrsverhältnisse in Nordamerika im Kern noch so, wie sie bereits seit rund 200 Jahren gewesen waren. Pferde und Kutschen transportierten Menschen, Waren und Nachrichten auf meist schlecht ausgebauten Wegen von Dorf zu Dorf oder vom Dorf in die nächste Stadt. Weitere Strecken und größere Warenmengen wurden per Schiff bewältigt. Die Hafenstädte entlang der atlantischen Küste, allen voran Boston, New York City und Philadelphia waren damals die wichtigsten Waren- und Handelsumschlagplätze in Nordamerika. Im Landesinneren war mit den Großen Seen sowie dem Ohio-Mississippi-Missouri-Flusssystem ein dichtes, natürliches Wegenetz gegeben, das über den Golf von Mexiko die Verbindung zu den atlantischen Seehäfen herstellte.

Die meisten Handelsströme verliefen deshalb in Nord-Süd-Richtung. Wollte man beispielsweise Handelsgüter von Cincinnati, Ohio, nach New York City transportieren, so musste man sie per Schiff oder Floß den Ohio und dann den Mississippi hinab nach New Orleans schippern, um dort die Waren auf ein seegängiges Schiff zu verfrachten, das dann durch den Golf von Mexiko und entlang der Atlantikküste nach New York City segelte. Das dauerte, wenn alles gut ging, mindestens sieben Wochen. Realistische Alternativen zu diesem Transportweg gab es vor 1815 nicht. Die wenigen Landwege über die Appalachen waren unbefestigt, bei schlechtem Wetter schnell unpassierbar und nicht zuletzt deshalb für den Transport von größeren Warenmengen kaum zu gebrauchen. Entsprechend kostenintensiv war der inneramerikanische Handel. Um 1815 war es noch genauso teuer, eine Tonne Handelsgüter von einer der atlantischen Hafenstädte 30 Meilen landeinwärts zu transportieren, wie dieselbe Tonne Handelsware von England nach Amerika zu verfrachten.

Nach 1815 griffen dann drei Faktoren ineinander, die die erste Stufe der Transportrevolution in Nordamerika beförderten. Erstens führte die rasante Besiedlung und Erschließung des Westens dazu, dass immer mehr Siedlungen in abgelegenen Gebieten entstanden, wodurch immer größere Entfernungen in den USA zu überwinden waren. Zweitens verlangte die sich intensivierende Wirtschaftstätigkeit auf dem entstehenden Binnenmarkt nach dem gezielten Ausbau der Infrastruktur. Drittens folgten Innovationen auf dem Gebiet der Transport- und Kommunikationstechnologie damals rasch aufeinander, wobei vor allem das Dampfschiff, die Eisenbahn und der Telegraph zu Schlüsseltechnologien wurden.

Insgesamt verband die Transport- und Kommunikationsrevolution der ersten Hälfte des 19. Jahrhunderts die Agrarregionen des Mittleren Westens und des Südens mit den Handelsstädten und den Industrieregionen des Nordostens. Im Ergebnis formierte sich ein arbeitsteilig organisierter Binnenmarkt: Die entstehenden Industrieregionen Neuenglands und des Mittleren Atlantiks verbrauchten die im Mittleren Westen und Süden erzeugten agrarischen Rohstoffe und versorgten diese Gebiete zugleich mit industriellen

Fertigwaren. Gleichzeitig exportierten amerikanische Landwirte ihre Überschussproduktion weiterhin in die Karibik und nach Europa, wo Großbritannien bis zum Bürgerkrieg der mit Abstand wichtigste Wirtschaftspartner der USA blieb. Die Marktrevolution veränderte jedoch nicht nur die wirtschaftlichen und sozialen Strukturen in den USA nachhaltig. Sie ließ auch eine Kultur des marktwirtschaftlichen Gewinnstrebens, des Unternehmertums und der profitorientierten Rastlosigkeit zur vollen Entfaltung kommen, die von europäischen Amerikareisenden in der ersten Hälfte des 19. Jahrhunderts immer wieder beschrieben worden ist.

5   Herren und Sklaven im Alten Süden

Im Jahr 1789 war die Zukunft der Sklaverei in den USA durchaus offen. Zwar hatte die Amerikanische Revolution die Sklaven nicht befreit, doch die Tatsache der Sklaverei war in einem auf freiheitliche Prinzipien gegründeten Staatswesen ein ideologischer Widerspruch, der von vielen Zeitgenossen auch als solcher gesehen wurde. Vor allem in den Staaten Neuenglands und des Mittleren Atlantiks setzte die Freiheitsideologie der Revolution so starke abolitionistische Energien frei, dass die Sklaverei dort bis zum Beginn des 19. Jahrhunderts abgeschafft worden war (vgl. S. 69 f.). In den Südstaaten allerdings bestand die Sklaverei ungeachtet allem revolutionären Freiheitspathos' weiter. Sie wurde damit zu einem regionalen Phänomen des Südens, dessen regionales Eigenbewusstsein nach 1800 mehr als je zuvor auf der *Peculiar Institution* gründete.

Allerdings enthielt die US-Verfassung zwei ganz widersprüchliche Bestimmungen bezüglich dieser Institution, ohne dass das Wort »Sklaverei« überhaupt im Verfassungstext auftaucht. Zum einen autorisierte sie den Kongress, die internationale Einfuhr von Sklaven mit dem Jahr 1808 zu verbieten. Zum anderen aber enthielt sie den oben schon erläuterten *Drei-Fünftel-Kompromiss* (vgl. S. 77 f.). Damit eröffneten die Bestimmungen der Verfassung am Beginn der Republik zwei mögliche Zukunftsszenarien: Während der *Drei-Fünftel-Kompromiss* die Sklaverei zementierte, weil sie den Staaten des Südens jeden Anlass nahm, die Institution abzuschaffen, nährte die Aussicht auf ein Verbot des internationalen Sklavenhandels zum Jahr 1808 die Erwartung, dass die Sklaverei in naher Zukunft mangels Nachschub von Sklaven auslaufen würde.

Letzteres passierte nicht. Im Gegenteil, die Sklaverei expandierte in der ersten Hälfte des 19. Jahrhunderts rasant. Die Zahl der Sklaven wuchs bis zum Vorabend des Amerikanischen Bürgerkrieges kontinuierlich an. Zählte der Zensus des Jahres 1800 noch 893 602 Schwarze, so waren es 1820 mit 1,5 Millionen fast doppelt so viele. Noch einmal 20 Jahre später lebten rund 2,4 Millionen Schwarze in den USA, und 1860 gab es dort mit exakt 3 953 760 mehr Schwarze als jemals zuvor. Die erdrückende Mehrheit von ihnen war im Süden versklavt; nur rund 10 Prozent der afroamerikanischen Bevölkerung lebte in Freiheit, fast alle von ihnen im Norden der USA.

Diese Expansion der Sklaverei war das Ergebnis zweier sich nach 1800 überkreuzender Entwicklungen. Da ist zunächst die Tatsache, dass die Geburtenrate der amerikanischen Sklavenbevölkerung ungewöhnlich hoch war. Der zweite Grund für die dynamische Expansion der Sklaverei war die Marktrevolution, die den Süden der USA zum weltweit führenden Baumwollproduzenten aufsteigen ließ. In den 1850er Jahren wurden zwei Drittel der in der Welt angebauten Baumwolle im Süden der USA produziert. 70 Prozent ihrer Baumwollernte exportierten die Pflanzer des Südens nach England, die übrigen 30 Prozent gingen nach Neuengland. Diese ökonomische Entwicklung des Südens war am Beginn der Frühen Republik nicht vorauszusehen gewesen. Im Jahr 1789 waren die Hauptanbaupflanzen des Südens noch Tabak, Reis und Indigo, aber auch Getreide und Zucker gewesen. Erst als nach 1820 *King Cotton* zu regieren begann, wurde der Baumwollanbau zur Monokultur vor allem in den Staaten des tiefen Südens.

Fragt man nach den Gründen, so ist zunächst eine technologische Neuerung zu nennen, nämlich die von Eli Whitney im Jahr 1793 erfundene *Cotton Gin*, eine Maschine zur Entkörnung der kurzfaserigen Baumwolle. Sie trennte die Baumwollfasern von den Samenkapseln und ermöglichte dadurch die Weiterverarbeitung der kurzfaserigen Baumwolle zu Textilien. Bis zur Erfindung der *Cotton Gin* mussten die Samen mühsam per Hand aus den Baumwollbüscheln heraus gepflückt werden, weshalb kurzfaserige Baumwolle bis dahin so gut wie gar nicht angebaut worden war. Andere Arten der Baumwolle wuchsen aber unter den klimatischen Bedingungen des amerikanischen Südens nicht. Mit der Erfindung der *Cotton Gin* ließ sich die kurzfaserige Baumwolle jedoch profitabel anbauen und die im Zuge der an Fahrt gewinnenden Industrialisierung rasant steigende Nachfrage nach Baumwolle decken. Die Plantagen des Südens entwickelten sich immer mehr zu regelrechten Agrarfabriken, in denen alle für die Produktion von Rohbaumwolle notwendigen Arbeitsschritte verrichtet wurden. Die Arbeitsabläufe wurden immer effizienter organisiert, um Unkosten zu reduzieren und Profite zu maximieren. Dadurch wurden die Plantagenbesitzer allem aristokratischen Habitus zum Trotz zu global agierenden Agrarunternehmern, die mit neuen Anbaumethoden und -pflanzen experimentierten, um Erträge und Qualität zu erhöhen.

Im Zuge dieser Entwicklung prägte sich im Süden der USA in der ersten Hälfte des 19. Jahrhunderts eine Wirtschaftsordnung aus, die ganz auf der Baumwolle gründete. Baumwolle war damals das ganz große Geschäft, doch verhinderten der Baumwollboom und die mit ihm zu erzielenden exorbitanten Profite die ökonomische Diversifizierung des Südens, der mit den Industrieregionen des amerikanischen Nordens und Europas auf symbiotische Weise verflochten blieb. Die Baumwollpflanzer des Südens fanden in den Spinnereien und Textilfabriken Englands und Neuenglands verlässliche Abnehmer. Die Bankiers des amerikanischen Nordens finanzierten sowohl den Export der Baumwolle nach Übersee als auch die Ausweitung der Anbauflächen für Baumwolle und den Kauf von Sklaven. Gleichzeitig hätte die Industrialisierung in den USA nicht so einen kraftvollen Start gehabt, wenn die heimische Rohbaumwolle nicht in großen Mengen preisgünstig verfügbar gewesen wäre.

Das alles zementierte die Abhängigkeit des Südens von der Institution der Sklaverei, die sich gleich in mehrerer Hinsicht durchaus rechnete. Sklaven waren Arbeitskräfte, die sich auf der eigenen Plantage einsetzen ließen, die man aber auch an andere Pflanzer als Leiharbeiter vermieten konnte. Mit dem Verbot des internationalen Sklavenhandels zum Jahr 1808 stieg zudem der Wert jedes einzelnen Sklaven in dem Maße, in dem die Binnennachfrage stieg. Die Pflanzer waren sich des Marktwertes ihres menschlichen

Besitzes jederzeit bewusst und rechneten auch mit ihm als Betriebskapital. Als James Coles Bruce, ein Zuckerpflanzer im Staate Louisiana, im Jahr 1849 seinen Besitz inventarisierte, zählte er 136 Sklaven sein Eigentum; 92 davon klassifizierte er als »Männer und Jungen«, 44 als »Frauen und Kinder«. Er listete ihre Namen sorgfältig auf und notierte hinter jedem den jeweiligen Marktwert. Alte und ganz junge Sklaven galten am wenigsten, doch selbst sie hatten einen Marktwert: Ein paar männliche Sklaven im Alter von 50 und älter waren zwischen 100 und 300 Dollar wert, die zehn Sklavenkinder im Alter von acht Monaten bis zu sechs Jahren zwischen 100 und 200 Dollar. Die wertvollsten Sklaven, die Bruce im Besitz hatte, waren gesunde, zuverlässige und arbeitswillige Feldarbeiter, die man für zwischen 700 und 800 Dollar verkaufen konnte, und die Handwerker-Spezialisten seiner Plantage, ein Schmied und ein Kupferschmied, hatten einen Marktwert von zwischen 1000 und 1200 Dollar. Dieser bewegliche Besitz ließ sich jederzeit auf dem Sklavenmarkt kapitalisieren, und das geschah in der ersten Hälfte des 19. Jahrhunderts sehr oft. Zwischen 600 000 und 700 000 Sklaven wurden zwischen 1815 und 1860 vom *Upper South* in den tiefen Süden und von der Atlantikküste in den Westen verkauft. Das riss Sklavenfamilien auseinander, wirbelte die etablierte Ordnung der Sklavereigesellschaften in den traditionellen Kerngebieten durcheinander und konfigurierte ganz neue Sklavereigesellschaften an der *Frontier* des Südens in den Gebieten jenseits der Appalachen, wo es zuvor kaum Sklaverei gegeben hatte.

Sklaverei war jedoch nicht nur eine ökonomischer Produktionsmodus und eine Form der Arbeitsorganisation. Sie war vielmehr auch ein kultur- und gesellschaftsbildender Faktor von kaum zu überschätzender Bedeutung, denn sie bestimmte letztlich alle Aspekte des *Southern Way of Life*. Die Sklaverei begründete ein System der doppelten Hierarchisierung, wonach die Strukturen sozialer Ungleichheit in der Gesellschaft des Südens gleichermaßen durch »Rasse« und »Klasse« bestimmt wurden. Sklaverei unterschied die Weißen von den Schwarzen und damit zugleich die Freien von den Unfreien. Doch auch die Hierarchien in der weißen Gesellschaft wurden durch die Sklaverei strukturiert. In der Gesellschaft des weißen Südens basierten Status und Macht auf Sklavenbesitz. Sklaverei unterschied den Sklavenhalter von denjenigen Farmern und Pflanzern, die keine Sklaven hielten, weil sie es sich nicht leisten konnten. Die Spitze der sozialen Pyramide wurde von den Pflanzeraristokraten vom Schlage eines George Washingtons oder Thomas Jeffersons gebildet. Ihnen gehörten riesige Ländereien, die sie von 100 und mehr Sklaven bearbeiten ließen. Allerdings waren diese Pflanzeraristokraten nur eine sehr kleine Elite: 88 Prozent der Sklavenhalter besaßen weniger als 20 Sklaven, 72 Prozent weniger als zehn und 50 Prozent weniger als fünf. Drei Viertel der Weißen des Südens hatten überhaupt keine Sklaven. Der Wohlstand des Südens war also in den Händen einer kleinen Pflanzerelite mit aristokratischem Habitus konzentriert, die wirtschaftlich zugleich auch am meisten vom System der Sklaverei profitierte.

Diese scharf ausgeprägten Klassengegensätze innerhalb der weißen Gesellschaft des Südens wurden jedoch überwölbt durch ein gemeinsam geteiltes, rassistisch gefügtes Überlegenheitsgefühl der Weißen gegenüber den Schwarzen. Der sich in der Formel von der *White Supremacy* konzentrierende Rassismus etablierte eine Solidarität zwischen den verschiedenen sozialen Schichten des weißen Südens, der die dort vorhandenen Klassenunterschiede verdeckte. Dabei war der eigentliche Sitz des Rassismus gar nicht

115

einmal so sehr innerhalb der Pflanzerelite zu finden, sondern vielmehr in den unteren Schichten, deren wirtschaftliche Existenz prekär war. Die kleinen Sklavenhalter, vor allem aber die Weißen ohne eigene Sklaven, waren wohl die militantesten Rassisten in der Gesellschaft des Südens. Die materielle Lage dieser unteren sozialen Schichten war der der afroamerikanischen Sklaven gar nicht einmal so unähnlich. Armut und ökonomische Abhängigkeit war eine beide Gruppen verbindende Erfahrung. Immerhin jedoch waren die weißen Armen frei, und die rassistische Ideologie von der Überlegenheit der Weißen erlaubte es ihnen, sich den Schwarzen überlegen zu fühlen.

Es gab jedoch auch Unterschiede innerhalb der Gemeinschaft der Sklaven. Der Alltag der einfachen Feldarbeiter war ein anderer als der der Vorarbeiter, der Alltag der Arbeitskolonnen auf den Feldern ein anderer als der der Schmiede, Zimmerleute, Schneider, Maler und anderer handwerklicher Spezialisten. Letztere waren aufgrund ihrer Expertise unverzichtbar und genossen deshalb einen höheren Grad an Autonomie als diejenigen, die die Felder kultivierten, so begrenzt dies alles unter den Bedingungen der Sklaverei auch war. Diejenigen Sklaven, die im Haus des *Masters* als Bedienstete arbeiteten, hatten vergleichsweise mehr Privilegien als die übrigen. Darüber hinaus definierte die Sklaverei auch die geschlechtsspezifischen Unterschiede in der Sklavengesellschaft. Für die afroamerikanischen Männer war es unmöglich, eine Rolle als Ernährer und Beschützer ihrer Familien zu spielen, die Sklavinnen erlebten noch vielfältigere Formen der Diskriminierung und Ausbeutung. Von den afroamerikanischen Ehefrauen wurde erwartet, dass sie neben der täglichen Arbeit für ihren Besitzer auch die häusliche Arbeit in den Wohnquartieren der Sklavenfamilien verrichteten. Nach langen Tagen härtester Arbeit auf den Feldern, in den Werkstätten oder im Haus des Besitzers kochten sie für ihre Familien, nähten oder reparierten Kleidung, machten die Wäsche oder putzten die Hütte. Hinzu kam die sexuelle Ausbeutung durch die Besitzer, wobei vor allem junge afroamerikanische Frauen vielfach Opfer sexueller Gewalt ihrer weißen Herren wurden. Gleichzeitig war der ökonomische Blick auf die Sklavinnen auch dadurch bestimmt, dass sie als Mütter potentiell zur Vermehrung des Besitzes ihrer Herren beitrugen. Die Besitzer ermunterten ihre Sklaven deshalb vielfach zur Ehe und ließen die von ihnen gestifteten Sklavenfamilien zugleich in der permanenten Angst leben, dass ihre Kinder verkauft werden könnten.

Vor allem aber resultierten die unterschiedlichen Erfahrungen, die *African Americans* mit der Sklaverei machten, daraus, dass die Institution selbst ein System vieler Systeme war. Da sind zunächst die regionalen Unterschiede. In den nördlichen Staaten des Südens, dem sogenannten *Upper South* mit North Carolina, Virginia, Maryland, Delaware, Kentucky, Tennessee und Missouri lebten mehr Weiße als Schwarze, die dort im Schnitt rund etwa ein Viertel der Bevölkerung ausmachten. Die Landwirtschaft des *Upper South* war vergleichsweise diversifiziert, weil neben Baumwolle auch Tabak, Mais und Weizen profitorientiert angebaut und Viehzucht betrieben wurde. Da jede Anbaupflanze spezifische Fähigkeiten und Fertigkeiten verlangte, waren die Tätigkeiten, zu denen Sklaven hier herangezogen wurden, vergleichsweise vielfältig und abwechslungsreich. Gleichzeitig verlor die Sklaverei als Produktionssystem im *Upper South* bis 1860 an Bedeutung, weil einerseits die Böden zu erschöpft waren, um für den Baumwollanbau noch viel herzugeben, und weil andererseits die Sklaverei sich als ein für

Viehzucht oder Getreideanbau unrentables System erwies. Es kommt deshalb nicht von ungefähr, dass gerade die Sklavenhalter des *Upper South* sich rege am internen Sklavenhandel der USA beteiligten. Ganz anders waren die Verhältnisse im *Lower South*. In den Staaten des tiefen Südens mit South Carolina, Georgia, Alabama, Mississippi, Louisiana, Arkansas und Texas lebten deutlich mehr Sklaven als im *Upper South*. Im Ganzen betrachtet waren 50 Prozent der Bevölkerung des *Lower South* afroamerikanisch, in einzelnen Staaten waren die Schwarzen jedoch sogar in der Mehrheit. Im tiefen Süden entwickelte sich Baumwolle nach 1820 zur Monokultur, dennoch gab es auch Reis- und Zuckerrohranbau.

Der Alltag der Sklaven war rigide durchorganisiert, ihre Arbeit war lang, hart und vielfach monoton. Insgesamt machten aber auch hier die Anbaupflanze und die an sie gekoppelten Tätigkeiten vielfach den Unterschied. Während die Aussaat, Hege, Pflege und Ernte der Baumwolle den Einsatz von Arbeitskolonnen notwendig machte, die dem einzelnen Sklaven kaum Freiräume ließ, eröffnete der Reisanbau dem einzelnen Sklaven einen relativ hohen Grad an selbstbestimmter Arbeit, weil die Felder individuell betreut wurden und der Ertrag der Pflanzen entscheidend von den individuellen Fähigkeiten und Kenntnissen der schwarzen Feldarbeiter abhing. Neben der Region und Anbaupflanze war auch die Größe der jeweiligen Plantagen entscheidend für die unterschiedlichen Erscheinungsformen der Sklaverei und der mit ihr verbundenen Erfahrungen.

Doch ganz gleich, wie groß oder klein der Landwirtschaftsbetrieb war, in dem Sklaven arbeiteten, sie waren niemals nur passive Objekte und Opfer von Sklaverei, sondern immer auch Subjekte und Akteure in ihr. Sie behaupteten Sphären der Autonomie für sich, so eng begrenzt diese auch waren, und waren bestrebt, Vorstellung von Identität und Selbstachtung unter den Bedingungen eines Systems aufrechtzuerhalten, das eben diese Identität und Selbstachtung zerstörte und zugleich suggerierte, dass Menschen afrikanischer Herkunft Angehörige einer minderwertigen Rasse seien, denen die Freiheit nicht fehlte, da sie ohnehin nichts mit ihr anzufangen wüssten. Unter den Bedingungen der Sklaverei prägten die Sklaven eine eigene Lebensform aus, die dezidiert afroamerikanisch war, weil sie Elemente afrikanischer, europäisch-amerikanischer und auch indianischer Kultur zu etwas Neuem verband. In diesem Zusammenhang waren vor allem Familie und Religion zwei zentrale Säulen kultureller Autonomie und Selbstbestimmung.

Die meisten Sklaven lebten in der ersten Hälfte des 19. Jahrhunderts in Familien zusammen, wobei der Begriff »Familie« hier weit zu fassen ist. Zur Familie gehörten im Verständnis afroamerikanischer Sklaven keinesfalls nur die Kernfamilie bestehend aus Vater, Mutter und Kindern, sondern auch die erwachsenen Schwestern und Brüdern mit ihren Kindern. Diese Familien waren bestrebt, die Geschlechterordnung der weißen Gesellschaft zu kopieren. Sie sprachen also dem Mann die Rolle des Familienoberhauptes und Beschützers zu, selbst wenn er diese Rolle unter den Bedingungen der Sklaverei kaum hinreichend ausfüllen konnte. Der Vater hatte kein Eigentum, auf den er seine patriarchalische Stellung hätte stützen können. Er trug nichts zur Ernährung und materiellen Versorgung seiner Familie bei. Auch konnte er seine Frau nicht vor den sexuellen Übergriffen der weißen Besitzer und Aufseher schützen, er konnte die Trennung seiner Familie durch Verkauf nicht verhindern und war auch sonst der strukturellen Gewalt des Sklavereisystems in vielfältiger Weise ausgeliefert. Das System der Sklaverei wies Afroamerikanerinnen eine dominante Rolle als Ehefrau und Mutter zu, doch bemühten sie sich vielfach nach Kräften, die Rolle ihrer Männer als Familienoberhaupt zu stützen. Ungeachtet dieser strukturellen Probleme und ihrer grundsätzlichen Fragilität erfüllten die Familien eine wichtige Schutz- und Solidaritätsfunktion im Kontext des Sklavenlebens.

Neben der Familie war die christliche Religion ein Hort afroamerikanischer Autonomie. Nach 1800 traten viele Sklaven zum Christentum über. Das geschah teilweise auf Druck ihrer Besitzer, doch auch der Sog des *Second Great Awakening* ließ viele Sklaven den christlichen Glauben annehmen. Dabei übernahmen sie nicht einfach nur den europäischen Glauben, sondern sie verwoben ihn mit afrikanischen Traditionen und produzierten so einen ganz neuen religiösen Stil, der durch ein hohes Maß an Emotionalität und Spiritualität, durch rhythmisches Singen und Tanzen und andere Formen der Ekstase gekennzeichnet ist. Während die Sklaven in den Gottesdiensten der Weißen von den Predigern immer wieder zu hören bekamen, dass Sklaverei gottgewollt und die willige Unterordnung unter den Herren deshalb ein christliches Gebot sei, predigten die afroamerikanischen Priester das genaue Gegenteil. Sklaverei sei nicht gottgegeben, sondern vielmehr eine Sünde, die Gott dereinst im Jenseits vergelten würde.

Ungeachtet dieser mentalen Fluchten in bessere Welten akzeptierten nur die allerwenigsten *African Americans* die Sklaverei. Ihr Verlangen nach Freiheit blieb ungebrochen, und vielfältige Formen des Widerstandes brachten dies zum Ausdruck. Am eklatantesten manifestierte sich die Auflehnung gegen die Sklaverei natürlich in Akten der Gewalt gegen Besitzer und Aufseher. Dies geschah einerseits in einer Vielzahl einzelner Übergriffe, bis 1831 kam es aber auch zu einer Reihe von Sklavenaufständen. Im Jahr 1800 führte Gabriel Posser einen solchen an, 1811 kam es zu einer Rebellion der Sklaven in New Orleans, das Jahr 1822 erlebte die Verschwörung von Denmark Vesey und 1831 versuchte eine von Nat Turner angeführte Gruppe, einen allgemeinen Sklavenaufstand im Süden anzuzetteln. Zwischen 1835 und 1842 kämpften geflohene Sklaven in Florida an der Seite der Seminolen gegen die US-Armee, die die Indianer aus ihrem angestammten Gebiet vertreiben und sie jenseits des Mississippi neu ansiedeln wollte. Allerdings blieben diese afroamerikanischen Widerstandsaktionen lokal eng begrenzt, fanden kaum Gefolgschaft und wurden schnell und erbarmungslos niedergeschlagen.

Der Widerstand der *African Americans* erschöpfte sich jedoch nicht allein in Akten der Gewalt gegen ihre weißen Herren. Auch Flucht war ein weithin sichtbares Zeichen der Auflehnung. Mit der *Underground Railroad* etablierte sich damals ein geheimes System von Verstecken, Fluchthelfern und Kommunikationskanälen, das entlaufene Sklaven auf den Weg nach Norden geleitete. Doch auch auf den Plantagen selbst praktizierten Sklaven vielfältige und subtile Formen des Widerstands. Sie bummelten bei der Arbeit und taten vielfach auch nur so lange etwas, wie sie vom Aufseher beobachtet wurden. Sie schützten Krankheiten und Arbeitsunfähigkeit vor, und sabotierten auf vielfältige Weise die Arbeit in den Feldern, indem sie Werkzeuge zerstörten, Samen und Pflanzen unbrauchbar machten oder Blütenstände ruinierten.

6 Sektionaler Konflikt und föderale Krise

Der föderale Bundesstaat der USA war nur um den Preis von zwei Gründungskompromissen zustande gekommen, die jedoch die darunterliegenden Grundsatzprobleme nicht gelöst, sondern nur vorübergehend verdeckt hatten. Der erste betraf die Sklaverei, zu der die Verfassung zwei widersprüchliche Regelungen enthielt, die die Zukunft der Sklaverei durchaus offen ließen (vgl. S. 113). Der zweite Gründungskompromiss betraf das ungeklärte Verhältnis zwischen der Bundesgewalt und den Einzelstaaten. Zwar hatte die Verfassung von 1787 die Macht der Bundesregierung auf Kosten der Einzelstaaten gestärkt und deren klare Unterordnung unter die Zentralgewalt verlangt, aber die Regelungskompetenz von Bundesregierung und Einzelstaatsgewalt in konkreten politischen Entscheidungssituationen offen gelassen.

Darüber hinaus war der Charakter der föderalen Union in zentralen Aspekten unbestimmt. Waren die Kolonien mit der Unabhängigkeitserklärung erst zu selbstständigen Staaten geworden und hatten sich dann aus eigenem souveränen Entschluss zur föderalen politischen Ordnung der USA zusammengeschlossen? Oder waren die USA und die Einzelstaaten gleichzeitig entstanden, so dass die Einzelstaaten ihre eigene Souveränität überhaupt nur im föderalen Verband der Vereinigten Staaten von Amerika erhielten? Wer war überhaupt der ausschlaggebende politische Akteur im Verfassungsgebungsprozess der USA gewesen? War es das amerikanische Volk, das sich selbst die Verfassung gab, der es sich dann unterwarf? Oder war die Union nicht doch eher eine Föderation von Einzelstaaten und ihrer Regierungen? Alle diese Fragen waren mit der Ratifikation der Verfassung von 1787 nicht beantwortet.

Für das Verständnis der amerikanischen Geschichte zwischen 1789 und 1861 ist entscheidend, dass der rasante innere Wachstumsprozess in Kombination mit der von der Marktrevolution gefügten ökonomischen Differenzierung einen sektionalen Konflikt zwischen den Nord- und Südstaaten entstehen ließ, durch den die ohnehin prekären Gründungskompromisse bis zum Vorabend des Amerikanischen Bürgerkrieges immer brüchiger wurden. Zwischen 1789 und 1861 wurden insgesamt 22 neue Staaten in die Union aufgenommen, und zwar im Kern nach dem von der *Northwest Ordinance* von 1787 etablierten Verfahren (vgl. S. 99). Im Zuge dieser Entwicklung verband sich die Bildung neuer Staaten immer enger mit dem Problem der Sklaverei. Mit jedem neuen Bundesstaat veränderte sich die föderale Machtbalance in der Union, und die Aufnahme eines jeden neuen Staates brachte immer wieder die Frage auf die Tagesordnung, ob in dem neuen Bundesstaat die Sklaverei erlaubt sein sollte oder nicht, und vor allem, wer darüber entscheiden durfte – die Bundesregierung oder die Bevölkerung in den neuen Bundesstaaten? Diese Konstellation verlangte vom amerikanischen Regierungssystem die fortdauernde Fähigkeit zum Kompromiss. Genau diese Kompromissfähigkeit erodierte jedoch in der ersten Hälfte des 19. Jahrhunderts so weit, dass das amerikanische Regierungssystem am Vorabend des Amerikanischen Bürgerkrieges rein strukturell kompromissunfähig geworden war. Die Folge war ein 4-jähriger Bürgerkrieg, der bis heute der blutigste militärische Konflikt in der Geschichte der USA geblieben ist.

Ihre ganze Sprengkraft offenbarte die Kombination von Staatsbildung und Sklaverei erstmals in den Jahren 1819/20, als die Aufnahme Missouris im US-Kongress diskutiert wurde. Die Union war bis dahin auf 22 Staaten angewachsen, wobei sich sklavenhaltende und sklavenfreie Staaten mit je elf die Waage hielten. Bis zum Jahr 1819 waren drei sklavenhaltende Staaten aus dem Gebiet des *Lousiana Purchase* herausgeschnitten worden: Louisiana (1812), Mississippi (1817) und Alabama (1819). Im Jahr der Aufnahme Alabamas in die Union stellte das Territorium Missouri den Antrag, als Sklavenstaat aufgenommen zu werden. Da dies die föderale Machtbalance zu Ungunsten der sklavenfreien Nordstaaten verschoben hätte, beantragte einer der Vertreter New Yorks im Repräsentantenhaus, James Tallmadge, Missouri nur unter der Bedingung zuzulassen, dass der Staat mit dem Tag der Aufnahme keine weiteren Sklaven einführen würde und alle danach geborenen Kinder von Sklaven für frei erklärte. Das Repräsentantenhaus nahm das sogenannte *Tallmadge Amendment* mit einer sich aus den Vertretern der Nordstaaten rekrutierenden Mehrheit an. Der Senat lehnte es jedoch ab, woraufhin das Repräsentantenhaus die Aufnahme Missouris verweigerte.

Das war der Beginn einer scharfen Kontroverse, die die Union in ihren Fundamenten erschütterte. Diejenigen, die die Aufnahme Missouris an Bedingungen binden wollten, reklamierten eine Regelungskompetenz des Bundes, die tief in die Souveränität der Einzelstaaten eingriff. Demgegenüber argumentierten ihre Gegner, dass es allein Sache der Einzelstaaten sei, darüber zu entscheiden, ob sie Sklaverei zulassen wollten oder nicht. Der Streit endete im Jahr 1820 mit einem komplizierten Kompromiss, der aus zwei Teilschritten bestand: Erstens wurde das gerade von Massachusetts abgetrennte Maine 1820 als sklavenfreier Staat in den Bund aufgenommen, so dass die Aufnahme Missouris als Sklavenstaat im Jahr 1821 das föderale Gleichgewicht beibehielt. Zweitens beschloss der Kongress, Missouri ohne Bedingungen der Union beitreten zu lassen, legte aber zugleich fest, dass die Sklaverei in allen künftig noch auf dem Gebiet des *Lousiana Purchase* entstehenden Staaten oberhalb der Linie von 36° 30' nördlicher Breite auf alle Zeit verboten sein sollte. Diese Regelung zeigt einerseits, wie tief die Union bereits 1819/20 entlang sektionaler Kontroversen gespalten war. Sie zeigt andererseits aber auch, dass die Mehrheit der politischen Akteure noch zu Kompromissen fähig war.

Neben der Sklaverei beförderten Fragen der Außenwirtschaftspolitik – und hier vor allem die der Zölle – die sektionale Kontroverse. Die wirtschaftspolitischen Interessen der einzelnen Regionen – des agrarischen Mittleren Westens, des sich industrialisierenden Nordostens und der Baumwollregion des Südens – entwickelten sich im Zuge der »Marktrevolution« in einem Maße auseinander, dass sie kaum noch durch eine einheitliche nationale Politik befriedigt werden konnten. Hohe Zölle verteuerten die Importe aus Europa, wovon vor allem die noch junge Industrie des Nordens profitierte, deren Produkte vor billiger Konkurrenz aus Europa, besonders aus Großbritannien, geschützt waren. Für den Süden bedeuteten Zölle hingegen in zweifacher Hinsicht einen Nachteil. Zum einen war er wegen fehlender eigener Industrie auf den Import von industriellen Fertigwaren angewiesen, zum anderen war zu erwarten, dass sich hohe US-Zölle negativ auf das eigene Exportgeschäft auswirken würden, weil Großbritannien als Reaktion auf die Hochzollpolitik der USA seinerseits die Zölle erhöhen und den Handel des Südens erschweren würde. Verbanden sich nun diese wirtschaftspolitischen Kontroversen mit Grundsatzproblemen des Föderalismus, so konnte die Union als solche schnell zur Disposition stehen. Das zeigte sich erstmals während der »Nullifikationskontroverse« der Jahre von 1828 bis 1833.

Im Jahr 1828 hatte der Kongress ein Zollgesetz verabschiedet, das den entstehenden amerikanischen Binnenmarkt durch hohe Einfuhrzölle auf europäische Importwaren schützen sollte. Das Gesetz war deshalb ganz im Sinne Neuenglands und der Staaten am Mittleren Atlantik, stieß aber im Süden auf massive Ablehnung. In dieser Situation veröffentlichte John C. Calhoun aus South Carolina im Jahr 1828 sein politisches Pamphlet *South Carolina Exposition and Protest*, in dem er argumentierte, dass die Bundesregierung mit der Verabschiedung eines Zollgesetzes, das nicht der ganzen Union gleichermaßen, sondern nur einzelnen Regionen zu Gute kam, ihre Kompetenzen überschritten habe. Deshalb hätten die Einzelstaaten das Recht, es zu nullifizieren, d. h. für ihr Territorium außer Kraft zu setzen. Dies machte South Carolina dann auch und erklärte das Zollgesetz von 1828 und ein weiteres von 1832 für null und nichtig. Zugleich wurde die Erhebung der Bundeszölle in den Häfen South Carolinas unter Strafe verboten. Die Bundesregierung unter Präsident Jackson verfolgte daraufhin eine Doppelstrategie: Zum einen machte sie unmissverständlich klar, dass sie die Nullifikation von Bundesgesetzen in keinem Fall akzeptieren würde und die Rechte der Union in South Carolina zur Not auch mit Waffengewalt durchsetzen würde. Zum anderen aber zeigte sich Präsident Jackson kompromissbereit, indem er dem Süden eine weitere Verringerung der Einfuhrzölle in Aussicht stellte. Daraufhin hob South Carolina seine Nullifikationsbeschlüsse auf, ohne dass das föderale Grundsatzproblem damit gelöst worden wäre.

Nach der Nullifikationskontroverse begann eine Zeit der relativen Ruhe, doch nach dem territorialen Expansionsschub der 1840er Jahre verschärfte sich die föderale Krise wieder. Allerdings erhielt der sektionale Konflikt nun eine neue Qualität, weil einerseits die abolitionistische Bewegung immer stärker wurde. Ein Meilenstein war in diesem Zusammenhang die Veröffentlichung von Harriet Beecher Stowes' Roman *Uncle Tom's Cabin* im Jahr 1852, der als moralische Anklage gegen die Sklaverei ein riesiger Publikumserfolg wurde. Andererseits ging der Süden nun zu einer offensiven Rechtfertigung der Sklaverei über. Südstaaten-Intellektuelle wie beispielsweise George Fitzhugh verteidigten in Schriften wie *Southern Thought* (1857) ein Eigen- und Sonderbewusstsein des Südens, dessen spezifischer *Way of Life* untrennbar mit der Sklaverei als Basis einer paternalistischen Ordnung wechselseitiger Fürsorge und Verantwortung verbunden sei. Es formierten sich zwei weltanschaulich-kulturelle Lager, die zwei ganz unterschiedlichen Konzepten von Demokratie und zwei ganz unterschiedlichen Lesarten der Amerikanischen Revolution anhingen. Während die Staaten des Nordens dazu tendierten, die Existenz der Sklaverei als Widerspruch zum freiheitlichen Anspruch der USA zu begreifen und den naturrechtsliberalen Egalitarismus der Revolution betonten, verwiesen die Verfechter der Sklaverei darauf, dass die Amerikanische Revolution auch ausgefochten wurde, um das Eigentumsprinzip durchzusetzen. Sklaven seien der bewegliche Besitz ihrer Eigentümer, weshalb die Aufhebung der Sklaverei einer Enteignung gleichkomme.

Nach dem Mexikanisch-Amerikanischen Krieg eskalierte der Nord-Süd-Konflikt, weil sich die ungelösten Grundsatzprobleme von Sklaverei und Föderalismus nun so ineinander verkeilten, dass man nicht mehr über Sklaverei reden konnte, ohne über Föderalismus zu reden und umgekehrt. Dies ging einher mit der rasanten Erosion der Kompromissfähigkeit des amerikanischen Regierungssystems. Der letzte Kompromiss, zu dem die amerikanische Demokratie noch fähig war, war der *Große Kompromiss von 1850*, mit dem die Staatsbildung auf dem von Mexiko im Frieden von Guadalupe Hidalgo abgetretenen Gebiet geregelt wurde. Diese unter heftigsten öffentlichen Kontroversen geborene Übereinkunft nahm Kalifornien als sklavenfreien Staat in die Union auf und erklärte Oregon zu einem sklavenfreien Territorium, ohne aber für die beiden übrigen Territorien New Mexico und Utah eine Aussage zu machen. Damit wurde der Missouri-Kompromiss für das Gebiet der *Mexican Cession* im Jahr 1850 nicht erneuert; die 1821 nur für das Gebiet des *Louisiana Purchase* gezogene Kompromisslinie von 36° 30' nördlicher Breite wurde nicht bis zum Pazifik weitergeführt. Vielmehr akzeptierten die politischen Akteure stillschweigend, dass in diesen beiden Fällen die dort lebende Bevölkerung über die Einführung der Sklaverei entscheiden würde. Indem der US-Kongress mit dem *Großen Kompromiss von 1850* das Prinzip der Volkssouveränität in der Sklavereifrage implizit anerkannte, schied er in der Zukunft als Problemlösungs- und Regelungsinstanz aus. Dadurch wurde die Entscheidung über Einführung oder Verbot von Sklaverei in den noch zu organisierenden Gebieten des Westens dem sich außerhalb der verfassungsmäßigen Institutionen entfaltenden öffentlichen Streit überantwortet, was ein hohes Gewaltpotential mit sich brachte. Frontal und durch keinerlei politische Institution mehr vermittelt stießen Befürworter und Gegner der Sklaverei fortan direkt aufeinander.

Ein weiterer Bestandteil des Kompromisspakets von 1850 war ein neues Gesetz zur Behandlung entlaufener Sklaven (*Fugitive Slave Act*). Es war wesentlich auf Druck der Südstaaten hin verabschiedet worden und weitete die Machtbefugnisse der Bundesregierung bei der Rückführung entlaufener Sklaven deutlich aus. Unter anderem verpflichtete das Gesetz US-Marshalls dazu, den Sklavenhaltern bei der Suche nach entlaufenen Sklaven zu helfen, und es verhängte hohe Strafen gegen jeden, der entlaufenen Sklaven half oder deren Gefangennahme behinderte. Dieses Gesetz stieß bei den Abolitionisten auf empörte Ablehnung, die nun vielfach zum offenen Widerstand gegen das Gesetz übergingen. Überall im Norden wurden Sklavenjäger angegriffen, jegliche Mithilfe bei der Suche nach entlaufenen Sklaven verweigert und geflohene Sklaven weiterhin versteckt. Insgesamt also trug der *Große Kompromiss von 1850* nicht zu einer Befriedung des Landes bei, sondern ließ den sektionalen Konflikt eskalieren.

Das Vorspiel zum Bürgerkrieg fand in Kansas statt, und es begann mit dem 1854 vom US-Kongress beschlossenen *Kansas-Nebraska Act*. Dieses Gesetz schnitt mit Kansas und Nebraska zwei neue Territorien aus dem Gebiet des *Louisiana Purchase* heraus, die beide oberhalb der Linie 36° 30' nördlicher Breite lagen. Deshalb hätten beide Territorien sklavenfrei bleiben müssen. Allerdings beschloss der US-Kongress mit dem *Kansas-Nebraska Act*, dass der Missouri-Kompromiss auf die beiden neuen Territorien keine Anwendung finden und dass die dort lebende Bevölkerung selbst entscheiden sollte, ob sie Sklaverei einführen wollten oder nicht. Dieses Gesetz war maßgeblich auf Betreiben von Stephen A. Douglas zustande gekommen. Der aus Illinois stammende Senator, der vor allem durch seine Redeuelle mit Abraham Lincoln im Rahmen der Senatswahlen des Jahres 1858 der Nachwelt in Erinnerung geblieben ist, war ein starker Verfechter der Lehre des *Manifest Destiny*. Als solcher wollte er die Expansion der USA entschieden vorantreiben, indem er den noch unorganisierten Rest des *Louisiana-Purchase*-Gebiets staatlich organisierte, um die Lücke zwischen dem Mittleren Westen und Kalifornien zu schließen. Da dieses Gebiet jedoch aufgrund der Bestimmungen des Missouri-Kompromisses als sklavenfrei ausgewiesen war, hatten die Südstaatler keinen Grund, die Douglas-Pläne zu unterstützen. Ohne die Zustimmung der Vertreter des Südens hatte Douglas mit seinem Vorhaben jedoch keine Aussicht auf Erfolg. Deshalb waren Douglas und seine politischen Freunde bereit, den Missouri-Kompromiss außer Kraft zu setzen, um den Süden zur Zustimmung zu bewegen.

Das Kansas-Nebraska-Gesetz war im Kongress entlang sektionaler Linien hochgradig umstritten gewesen. Im Norden hatte sich um die Repräsentanten Samuel P. Chase, Charles Sumner und Alexander De Witt eine Gruppe von *Unabhängigen Demokraten* gebildet, die das Gesetz als verbrecherische Verschwörung der Sklavenhalter gegen die Freiheit der USA interpretierten. Sie befürchteten, dass mit diesem Gesetz das gesamte noch unorganisierte Territorium des Westens für die Sklaverei geöffnet würde, und riefen die Bevölkerung deswegen zum kompromisslosen Widerstand gegen die Auslieferung des Staates an die despotischen Interessen der Sklavenhalter auf. Damit hatte die abolitionistische Agitation nun endgültig das nationale Parlament der USA erreicht, das fortan nur noch eine Arena war, in der Nord- und Südstaatler, Abolitionisten und Sklavereibefürworter hart und unversöhnlich aufeinanderprallten. Damit hörte das Parlament auf, eine Institution des Interessensausgleichs zu sein.

Nachdem sie die Verabschiedung des Kansas-Nebraska-Gesetzes im Kongress nicht hatten verhindern können, entschlossen sich die Sklavereigegner, die sogenannten *Free Soilers*, die Entscheidung in Kansas selbst zu suchen. Systematisch warben sie bekennende Abolitionisten als Siedler für das Territorium an, um eine Mehrheit für Kansas als sklavenfreiem Staat zu organisieren. Das wollten vor allem die Einwohner des an Kansas angrenzenden Sklavenstaates Missouri nicht so ohne weiteres geschehen lassen. Zu Tausenden zogen sie nach Kansas, um sich dort bis zur Abstimmung über die Staatsverfassung anzusiedeln. Noch viel mehr Einwohner Missouris pendelten als sogenannte *Border Ruffians* nur zu Abstimmungen in das angrenzende Kansas, um dort für die Einführung der Sklaverei zu stimmen. In Pro-Sklaverei-Zeitungen wurden die Pflanzer des Südens dazu aufgerufen, sich mit ihren Sklaven in Kansas anzusiedeln.

Die Situation in Kansas ähnelte immer mehr einem Bürgerkrieg. Im Frühjahr 1856 kam es zu einem regelrechten Angriff der Sklavereibefürworter auf Lawrence, die Hauptstadt des zu gründenden Staates, wo die vorläufige, von Abolitionisten gestellte Regierung residierte. Der Angriff endete mit der Zerstörung von Lawrence. Kurz darauf trat auch der evangelikale Eiferer und militante Abolitionist John Brown erstmals in das Licht der Geschichte. Er war im Frühjahr 1856 nach Kansas gekommen, um sich dort im Guerillakrieg der Abolitionisten gegen die Befürworter der Sklaverei zu engagieren. Als er von der Zerstörung von Lawrence hörte, beschloss Brown, ein Exempel zu statuieren. Zusammen mit vier seiner Söhne und drei Gefolgsleuten überraschte er in der Nacht vom 24. auf den 25. Mai fünf benachbarte, die Sklaverei befürwortende Siedler am Pottawatomie-Fluss in ihren Blockhäusern und spaltete ihre Schädel mit einem Schwert.

Brown, der überzeugt war, im Auftrag Gottes zu handeln, kam ungeschoren davon. Zusammen mit der Zerstörung der Hauptstadt Lawrence trug das Massaker am Pottawatomie zur weiteren Eskalation des Bürgerkrieges in Kansas bei. Seit dem Sommer 1856 versank das Territorium in purer Anarchie, das Wort vom »blutenden Kansas« machte die Runde.

Das Kansas-Nebraska-Gesetz führte nicht nur zu bürgerkriegsähnlichen Zuständen in Kansas, sondern trug auch unmittelbar zum Zerfall des »Zweiten Parteiensystems« in den USA und zum Aufstieg der erst 1854 gegründeten Republikanischen Partei zur sektionalen Partei des Nordens bei. In dem Maße, in dem die Republikaner zur Partei des Nordens wurden, entwickelten sich die Demokraten zur Partei des sklavenhaltenden Südens. Damit schieden die Parteien als nationale Integrationsinstanzen aus und waren nicht länger fähig, Kompromisse im Sinne des föderalen Ganzen auszuhandeln. Das Drama begann mit dem Zerfall der Whig-Partei, die sich zwar noch unter höchster Kraftanstrengung die Zustimmung zum Kansas-Nebraska-Gesetz hatte abringen können, dann aber in sich zusammenfiel. Die Partei war seit den 1840er Jahren zunehmend von abolitionistisch gesinnten Nordstaatlern dominiert worden und hatte deshalb im Süden massiv an Unterstützung verloren. Nach dem Kansas-Nebraska-Gesetz brachen viele *Whigs* in den Nordstaaten mit der Partei. Gleichzeitig schlossen sich viele *Whigs* des Südens den Demokraten an, die die Sklaverei befürworteten und immer entschiedener als Partei des Südens auftraten. Dadurch verloren die Demokraten jedoch ihre Wählerschaft im Norden.

In dieser Situation wurde die Republikanische Partei zu einem Sammelbecken der politisch heimatlos gewordenen *Whigs* im Norden. Dazu gesellte sich eine recht bunte und ideologisch keinesfalls homogene Gruppe von Aktivisten, die zuvor keiner Partei angehört hatten und erst durch den eskalierenden sektionalen Konflikt politisiert wurden. Das, was die in sich sehr diverse Republikanische Partei zu integrieren vermochte, war die aggressive Opposition zur Sklaverei und die militante Gegnerschaft zum *Southern Way of Life*. Die Republikaner betonten das Recht auf Meinungsfreiheit, sahen überall eine Verschwörung der Sklavenhalter gegen die Freiheit der USA am Werk, und empfanden die Sklaverei als einen eklatanten Widerspruch zum freiheitlichen Anspruch der USA. Ihr Gesellschaftsideal ankerte in einer Gesellschaft freier und selbstbestimmter Individuen, die entweder als Landwirte auf eigenem Grund oder in freier Lohnarbeit ihren Lebensunterhalt bestritten. Das heißt natürlich nicht, dass die Republikanische Partei frei von Rassismus gewesen wäre. Das Gegenteil ist der Fall. Während die Republikaner die Institution der Sklaverei aus ideologischen Gründen entschieden ablehnten, so war ihre Haltung gegenüber der schwarzen Bevölkerung dennoch höchst ambivalent. Ein gleichberechtigtes Nebeneinander von Weißen und Schwarzen in ein und derselben Gesellschaft konnten sich nur die wenigsten vorstellen. Dazu waren Überzeugungen von der grundsätzlichen Verschiedenheit von Weißen und Schwarzen sowie die Ideologie der *White Supremacy* auch in der Republikanischen Partei viel zu weit verbreitet. Gleichwohl erfuhr die Republikanische Partei in den vier Jahren vor dem Amerikanischen Bürgerkrieg ein rasantes Wachstum als Anti-Sklaverei-Partei des Nordens, die gegenüber dem Süden einen Kurs der militanten Kompromisslosigkeit fuhr. In einer politischen Landschaft, in der sich die *Whigs* auflösten und die Demokraten entlang der sektionalen Linie gespalten waren, wurde ein republikanischer Wahlsieg bei den Präsidentschaftswahlen des Jahres 1860 wahrscheinlich.

Nachdem mit dem Kansas-Nebraska-Gesetz sowohl das nationale Parlament als auch die nationalen Parteien als Kompromissfindungsinstanz ausgeschieden waren, fiel mit dem sogenannten Dred-Scott-Urteil des Jahres 1857 auch noch der *Supreme Court* als eine über dem sektionalen Streit stehende Instanz aus. In den 1830er Jahren war der Sklave Dred Scott mit seinem Besitzer von Missouri nach Illinois und in das *Wisconsin Territory* übergesiedelt. Da diese Gebiete sklavenfrei waren, wollte Scott seine Freiheit einklagen. Der Fall ging durch die Instanzen und erreichte 1856 den *Supreme Court*, der am 6. März 1857 sein Urteil verkündete. Der Oberste Bundesrichter Roger B. Taney wies die Klage von Dred Scott einerseits mit der Begründung zurück, dass Sklaven und die Nachkommen von Sklaven, egal ob frei oder nicht, keine Bürger der USA seien und deshalb gar nicht vor den Gerichten der USA klagen dürften. Andererseits erklärte der *Supreme Court* die Klage Dred Scotts auch deshalb für unzulässig, weil der Missouri-Kompromiss, der Illinois und Wiconsin überhaupt erst sklavenfrei gemacht habe, verfassungswidrig sei. Mit dem Verbot der Sklaverei in dem Gebiet oberhalb der Linie von 36° 30' nördlicher Breite habe der US-Kongress seine Kompetenzen überschritten und das fünfte *Amendment* (Schutz des Eigentums) verletzt. Dieses Urteil, das den *Supreme Court* selbst zur Partei in dem schwelenden sektionalen Konflikt werden ließ, polarisierte die Stimmung in den USA weiter.

Die Jahre 1859/60 waren durchzogen von turbulenten Ereignissen, an deren Ende der Republikaner Abraham Lincoln zum Präsidenten gewählt wurde und eine erste Gruppe von Südstaaten sich von der Union lossagte, noch bevor Lincoln im Frühjahr 1861 überhaupt als Präsident eingeführt wurde. Am Anfang des Tumults steht John Brown, der schon das Massaker am Pottawatomie Fluss angerichtet hatte und bis 1859 immer mehr zum Anhänger einer »blutigen Emanzipation« geworden war. Er war folglich davon überzeugt, dass die »Sünde« der Sklaverei überhaupt nur noch mit Gewalt auszumerzen sei. Seit 1858 plante er eine Invasion Virginias mit einer kleinen Armee Gleichgesinnter. Sein Ziel war es, das Bundesarsenal in *Harper's Ferry* anzugreifen und die dort gelagerten Waffen an Sklaven zu verteilen, die sich dann gegen die Sklavenhalter erheben sollten.

Am 16. Oktober 1859 marschierte John Brown mit seiner kläglichen, aus 18 Mann bestehenden Armee von seiner Farm in Maryland aus nach Virginia ein und besetzte das Waffenlager in *Harper's Ferry*. Die Bundesregierung ließ sich diese Provokation nicht gefallen. Schnell eroberte die US-Armee das Arsenal zurück, nahm die Aufrührer fest und leitete umgehend das Gerichtsverfahren gegen John Brown ein. Der Staat Virginia befand ihn des Verrats, des Mordes und des aufrührerischen Tuns für schuldig, und richtete ihn am 2. Dezember 1859 hin. Bis zum März 1860 wurden auch alle Mitverschwörer John Browns verurteilt und exekutiert. Während die Südstaatler den verrückten Überfall auf *Harper's Ferry* als einen weiteren Beweis einer aggressiven Verschwörung des Nordens zur Abschaffung der Sklaverei werteten und deshalb die rasche Aburteilung der Beteiligten begrüßten, wurde John Brown im Norden zum abolitionistischen Märtyrer gemacht. Überall in Neuengland und am Mittleren Atlantik läuteten am Tag seiner Hinrichtung die Kirchenglocken, hielten Geistliche Trauerpredigten, wurden Salutschüsse abgegeben und Schweigeminuten eingelegt. Dies empörte die Südstaatler fast noch mehr als der Angriff John Browns auf *Harper's Ferry* selbst. All dies nährte eine hysterische Furcht vor der unmittelbar bevorstehenden direkten Aktion des Nordens zur Aufhebung der Sklaverei.

Zeigt die ganz unterschiedliche Rezeption John Browns, in wie verschiedenen Vorstellungs- und Sinnwelten der Norden und der Süden der USA inzwischen lebten, so wurden die sektionalen Differenzen auf dem Nominierungsparteitag der Demokraten, den diese im April 1860 in Charleston abhielten, noch deutlicher. Der Parteitag entwickelte sich zum Desaster, weil es den Demokraten nicht gelang, sich auf einen gemeinsamen Kandidaten für die Präsidentschaftswahlen im Herbst zu einigen. Die Partei brach auseinander. Die Demokraten des Nordens nominierten Stephen A. Douglas als ihren Präsidentschaftskandidaten, während die Demokraten des Südens John C. Breckinridge aus Kentucky auf den Schild hoben.

Während die Demokraten auseinanderfielen, waren die Republikaner 1860 innerlich so geeint wie noch nie. Gleichwohl war es zunächst eher unwahrscheinlich, dass sie Abraham Lincoln als ihren Kandidaten ins Rennen schicken würden. Der im Jahr 1809 geborene Lincoln war ein *Self-Made Man*; er war der erste Präsident der USA, der tatsächlich in einem Blockhaus an der *Frontier* geboren und aufgewachsen war. Obwohl seine Schulbildung rudimentär war, hatte er sich im Selbststudium die notwendigen juristischen Kenntnisse beigebracht, um ein Anwaltspatent erwerben zu können. Seit den 1830er Jahren arbeitete er sehr erfolgreich als »Feld-, Wald- und Wiesenanwalt« in Illinois und entwickelte sich gleichzeitig zu einem der führenden Köpfe der dortigen *Whigs*. Als die *Whigs* über dem Kansas-Nebraska-Gesetz zerbrachen, schloss sich Lincoln, der entschieden gegen dieses Gesetz gewesen war, der 1854 neu gegründeten Republikanischen Partei an. Im Jahr 1858 trat Lincoln bei der Wahl für den US-Senat gegen den *Spiritus Rector* des Kansas-Nebraska-Gesetzes, Stephen A. Douglas, an, und lieferte sich mit dem Demokraten insgesamt sieben öffentliche Rededuelle, die damals ein Medienereignis ohne gleichen waren. Lincoln verlor zwar die Wahl, doch er war durch seine Rededuelle mit Douglas, in denen er sich als rhetorisch ungemein versierter moderater Gegner der Sklaverei exponiert hatte, zu einer nationalen Berühmtheit geworden. Seitdem galt er als ein ernsthafter Präsidentschaftskandidat der Republikanischen Partei für die Wahlen des Jahres 1860.

Gleichwohl hatte Lincoln auf dem Nominierungsparteitag der Republikaner in Chicago im Mai 1860 allenfalls Außenseiterchancen. Weil sich jedoch die beiden Favoriten William H. Seward und Samuel P. Chase gegenseitig blockierten und Lincolns politische Freunde in Chicago zugleich ein wahres Meisterstück an politischer Netzwerkerei vollbrachten, ging Lincoln aus dem dritten Wahldurchgang als Sieger hervor. Einmal nominiert, gelang es ihm im Folgenden, die aus vielen untereinander zerstrittenen Gruppierungen und gegensätzlichen Lagern bestehende Partei hinter sich zu scharen. In der Sklavereifrage verfolgte Lincoln einen gemäßigten Kurs. Er sprach sich entschieden gegen die Ausweitung der Sklaverei in das noch unorganisierte Territorium im Westen aus, sagte aber auch immer wieder, dass er die Sklaverei in den Staaten, in denen sie bereits bestand, nicht antasten würde. Diese Position enttäuschte zwar die radikalen Abolitionisten wie William Lloyd Garrison oder Wendell Phillips, der Lincoln gar einmal als »Sklavenhund aus Illinois« verächtlich machte, hielt aber die übergroße Mehrheit der Republikaner bei der Stange. Aus Sicht der Sklavenhalter in den Südstaaten war freilich selbst Lincolns moderater Kurs schon zu viel. Sie waren überzeugt, dass ein Präsident Lincoln auf die sofortige Aufhebung der Sklaverei überall in den USA hinarbeiten würde.

Lincoln gewann die Präsidentschaftswahl am 6. November 1860 ausschließlich mit den Stimmen des Nordens, denn in den meisten sklavenhaltenden Staaten waren die Republikaner gar nicht erst angetreten. Obwohl Lincoln kaum mehr als 40 Prozent aller abgegebenen Stimmen auf sich vereinigen konnte, gewann er genug Staaten, um im Wahlmännergremium eine klare Mehrheit zu haben. Damit begann die Sezessionskrise, die sich in den vier Monaten zwischen der Wahl Lincolns und seiner Amtseinführung am 4. März 1861 in rasantem Tempo vertiefte. In der festen Erwartung, dass der einmal in sein Amt eingeführte Lincoln die Sklaverei überall in der Union aufheben würde, erklärten insgesamt sieben sklavenhaltende Staaten ihren Austritt aus der Union. Sie schlossen sich am 8. Februar 1861 in Montgomery, Alabama, zu den *Konföderierten Staaten von Amerika* zusammen, gaben sich eine vorläufige Verfassung und wählten Jefferson Davis zu ihrem Präsidenten.

An diesem Vorgang sind drei Aspekte bemerkenswert. Erstens traten die sezedierenden Staaten zunächst einzeln aus der Union aus und schlossen sich dann in einem souveränen Akt zu einer neuen Konföderation zusammen. Damit behaupteten sie ihren Status als souveräne Einzelstaaten, den sie ihrer Sicht zufolge auch in der föderalen Union stets inne gehabt hatten. South Carolina war am 20. Dezember 1860 der erste Staat, der seinen Austritt aus der Union erklärte. Es folgten Mississippi (9. Januar 1861), Florida (10. Januar), Alabama (11. Januar), Georgia (19. Januar), Louisiana (26. Januar) und Texas (1. Februar). Zweitens ist zu betonen, dass die Bevölkerung in den sezedierenden Staaten in eigens dafür gewählten Versammlungen – und gerade nicht in den gewählten Staatsparlamenten – über den Austritt aus der Union befand. Damit wurde das verfassungsgebende Verfahren von 1787/88 regelrecht umgekehrt. So wie die Bevölkerung der Einzelstaaten in eigens gewählten Ratifikationskonventen die Verfassung von 1787 angenommen hatte, so machte sie im Sezessionswinter 1860/61 diese Entscheidung wieder rückgängig. Drittens ist schließlich zu betonen, dass sich zum Zeitpunkt der Amtseinführung Lincolns acht sklavenhaltende Staaten, nämlich Arkansas, Tennessee, North Carolina, Missouri, Kentucky, Virginia, Maryland und Delaware, noch nicht der Sezession angeschlossen hatten. Alle acht lagen im *Upper South*, in dem die Sklaverei angesichts ausgelaugter Böden und der laufenden Diversifizierung der Landwirtschaft an ökonomischer Bedeutung verloren hatte. Die Staaten des *Lower South* hingegen waren von der Sklaverei existenziell abhängig und folglich die ersten, die sich für die Sezession entschieden.

Die nach der Wahl Lincolns zunächst noch amtierende Regierung von Präsident James Buchanan blieb den Geschehnissen im Süden gegenüber weitgehend passiv. Als die Staaten der Konföderation begannen, Bundesbesitz wie beispielsweise Zollämter und Münzstätten, vor allem aber Arsenale und Militärstützpunkte der US-Armee zu übernehmen, ließ Präsident Buchanan den Dingen ihren Lauf. Der neu gewählte, aber noch nicht in sein Amt eingeführte Präsident Lincoln konzentrierte sich demgegenüber ganz darauf, eine Ausweitung der Sezessionsbewegung auf die bislang noch in der Union verbliebenen sklavenhaltenden Staaten zu verhindern. Indem er den *Upper South* in der Union hielt, wollte er den tiefen Süden isolieren und die Staaten der neu gegründeten Konföderation zur freiwilligen Rücknahme ihres Sezessionsbeschlusses bringen. Dabei ging Lincoln irrtümlicherweise davon aus, dass es im Süden noch eine große schweigende Mehrheit von Unionsanhängern gebe.

Unterdessen fuhr die Konföderation mit der Beschlagnahmung von Bundesbesitz auf ihrem Gebiet zielstrebig fort. Am 4. März 1861, dem Tage von Lincolns Inauguration, waren nur noch zwei vor der Küste Floridas gelegenen Außenposten und zwei eher unbedeutende Forts unter der Kontrolle der Bundesregierung. Das eine von ihnen, Fort Pickens, lag in Florida, bei dem anderen handelte es sich um Fort Sumter in South Carolina. Dieses Fort war sowohl aus Sicht der Unionisten als auch der Sezessionisten ein sehr starkes Symbol nationaler Souveränität, lag es doch auf einer künstlichen Insel im Hafen von Charleston und damit in der Wiege der Sezessionsbewegung.

Das war die Situation, in der Abraham Lincoln als 16. Präsident der USA in sein Amt eingeführt wurde. In seiner Inaugurationsrede sagte Lincoln, er wolle die föderale Union der USA um jeden Preis erhalten, betonte aber, dass er als Präsident der USA es als seine Hauptaufgabe betrachte, die Union zu bewahren, die nach seinem Verständnis ewig und deshalb unauflösbar sei. Kein Staat könne rechtmäßig aus der Union austreten; tat er es doch, befand er sich in einem Zustand des Aufruhrs gegen die rechtmäßige Regierung der USA. Deshalb kündigte Lincoln an, dass er den Bundesbesitz auf dem Gebiet der Konföderation wieder in die Kontrolle des Bundes bringen und außerdem die dem Bund zustehenden Zölle und Abgaben auch dort eintreiben werde. Nochmals betonte er, dass er die Sklaverei dort, wo sie bereits bestehe, nicht abschaffen wolle. Dazu habe er als Präsident weder die Absicht, noch die gesetzliche Befugnis.

Als Lincoln nach seiner Inauguration die Arbeit aufnahm, erreichte ihn die Nachricht des Kommandanten von Fort Sumter, dass die Vorräte in einigen Wochen aufgebraucht sein würden. Lincoln war entschlossen, Fort Sumter zu halten, verfolgte aber weiterhin einen Kurs, der die Tür für eine Verhandlungslösung offenhielt. Er informierte den Gouverneur von South Carolina darüber, dass die Bundesregierung Fort Sumter auf dem Seeweg mit Lebensmitteln versorgen, aber weder Waffen und Munition noch weitere Soldaten schicken werde. Daraufhin griffen Artillerieverbände der Konföderierten Staaten Fort Sumter im Morgengrauen des 12. April 1861 an, belegten es mit einer unablässigen Kanonade und zwangen den Kommandanten des stark zerstörten Fort Sumter am 14. April zur Kapitulation.

Nur einen Tag später stellte Präsident Lincoln als Oberkommandierender der US-Streitkräfte 75 000 Milizsoldaten der Einzelstaaten in den Dienst der Bundesregierung, um den Aufstand im Süden mit Waffengewalt niederzuschlagen, ohne dafür den Kongress um Autorisierung ersucht zu haben. Diese Nachricht elektrisierte die Bevölkerung der sklavenhaltenden Staaten des *Upper South*. In vielen Staaten feierte die Bevölkerung die Kapitulation von Fort Sumter überschwänglich als Sieg des Südens und forderte die Staatsregierungen auf, sich der Konföderation anzuschließen. In schneller Folge sagten sich Virginia, North Carolina, Arkansas und Tennessee von der Union los und schlossen sich der Konföderation an. Missouri, Maryland, Delaware und Kentucky verblieben hingegen als sklavenhaltende Staaten im Bund. Der Bürgerkrieg hatte begonnen.

7 Der Bürgerkrieg als »zweite Revolution«

Im April 1861 waren weder die Union noch die Konföderation in militärischer, finanzieller und wirtschaftlicher Hinsicht auf einen Krieg vorbereitet, und die meisten Amerikaner gingen von einem kurzen Krieg aus. Tatsächlich dauerte der Amerikanische Bürgerkrieg aber fast auf den Tag genau vier Jahre, und als der Oberkommandierende der Konföderationstruppen, General Robert E. Lee am 9. April 1865 in Appomatox Court House, Virginia, kapitulierte, waren 620 000 Soldaten gefallen, 360 000 auf Seiten der Union und 260 000 auf Seiten der Konföderation. Sie waren in einem Krieg mit vielen Gesichtern gestorben.

Das eine davon waren große Feldschlachten, die an der Ostküste und hier vor allem in Virginia, Maryland und Pennsylvania ausgefochten wurden. Dort trafen riesige Volksarmeen in teils mehrtägigen Schlachten aufeinander, um Gelände zu gewinnen oder zu behaupten. Dabei lag der Druck der Initiative ganz bei den Unionsstaaten, die in das Gebiet der Konföderation vordringen und die in Virginia gelegene Hauptstadt Richmond erobern mussten, um den Krieg gewinnen zu können. Demgegenüber führte die Konföderation einen Verteidigungskrieg, der sich im Kern darauf konzentrierte, die gegnerischen Angriffe zurückzuschlagen und gelegentlich in das Gebiet der Union vorzudringen, um die Regierung in Washington zur Anerkennung der Sezession zu zwingen. Die Konsequenz dieser strategischen Konstellation waren nie gekannte blutige Schlachten mit enormen Opfern auf beiden Seiten. Die dreitägige Schlacht von Gettysburg etwa, die vom 1. bis zum 3. Juli 1863 tobte und die entscheidende Wende des Krieges brachte, ließ insgesamt rund 50 000 Soldaten tot, verwundet oder vermisst zurück. Das war freilich nur ein Höhepunkt eines brutalen Gemetzels, das sich in einer ganze Abfolge von enorm destruktiven Schlachten an der Ostküste bis ins letzte Jahr des Krieges hinzog.

Allerdings beschränkte sich das militärische Geschehen des Bürgerkrieges nicht auf die Ostküste. Auch im Westen, also dem Gebiet zwischen den Appalachen und dem Mississippi-Tal, wurde gekämpft. Die Erscheinungsformen des Krieges waren hier jedoch ganz andere. Das Kriegsgeschehen entfaltete sich als Bewegungskrieg über große Distanzen hinweg, was den Soldaten tagelanges, entbehrungsreiches Marschieren abverlangte, ohne dass sie auf gegnerische Verbände trafen. Die Chronologie dieses Krieges verzeichnet deshalb eine kaum abreißende Folge von Scharmützeln. Offene Feldschlachten wie die von Shiloh, die am 6./7. April 1862 20 000 tote oder verwundete Soldaten auf beiden Seiten forderte, waren im Westen die Ausnahme.

Der Amerikanische Bürgerkrieg war auch ein Krieg zur See, der sowohl auf dem offenen Meer als auch auf den Flüssen der USA geführt wurde. Dabei folgte die Union dem sogenannten Anaconda-Plan, den der General des Mexikanischen Krieges, Winfield Scott entworfen hatte. Demnach sollte die Union ihre Seeüberlegenheit dazu nutzen, die Hafenstädte der Konföderation vom Atlantik aus zu blockieren, und gleichzeitig versuchen, vom Norden her das Ohio-Missouri-Mississippi-Flusssystem bis hinunter zum Golf von Mexiko unter ihre Kontrolle zu bringen. Wie eine Anaconda würde sich die Union so um die Konföderation legen und sie am Ende erwürgen. Allerdings dauerte es bis zur Eroberung der Stadt Vicksburg, Mississippi, am 4. Juli 1863 durch General Ulysses S. Grant bis die Union ihren Anaconda-Plan tatsächlich umgesetzt hatte. Die Seeblockade ließ große Schlupflöcher für risikobereite Händler der Konföderation, doch insgesamt gelang es der Union vor allem nach 1863, den Süden effizient von der Außenwelt abzuriegeln.

Die unerwartete Grausamkeit des Amerikanischen Bürgerkrieges hing zu einem ganz wesentlichen Teil damit zusammen, dass es sich bei ihm um den ersten Krieg handelt, der unter den Bedingungen der heraufziehenden industriellen Moderne ausgefochten wurde. In ihm gingen Wissenschaft, (kriegs)technologische Entwicklung und industrielle Massenfertigung erstmals jene Symbiose ein, die sich dann in den industriellen Kriegen des 20. Jahrhunderts voll entfalten sollte. Im Amerikanischen Bürgerkrieg kam der auf neuesten wissenschaftlichen Erkenntnissen beruhenden Kriegstechnologie eine überragende Rolle zu. Vorläufer vieler der Waffentechnologien, die die Kriege des 20. Jahrhunderts prägen sollten, kamen zwischen 1861 und 1865 erstmals zum Einsatz: U-Boote, Panzerschiffe und Maschinengewehre, um nur die wichtigsten Innovationen zu nennen. Wichtiger jedoch als diese spektakulären, aber insgesamt noch uneffektiven neuen Waffentechnologien war die gezielte Weiterentwicklung konventioneller Waffen. So wurden im Amerikanischen Bürgerkrieg beispielsweise erstmals massenhaft Repetiergewehre eingesetzt, die nicht nach jedem Schuss neu geladen werden mussten und mit denen man über große Distanzen hinweg viel zielgenauer schießen konnte als mit den herkömmlichen Gewehren. Neues Pulver und Patronen verhinderten, dass Gewehre nach nur ein paar Schuss verstopft waren. Auch die in der ersten Hälfte des 19. Jahrhunderts neu eingeführten Kommunikations- und Transporttechnologien wirkten sich auf das Kriegsgeschehen aus: Telegraphen ermöglichten schnelle Kommunikation über große Distanzen hinweg, Eisenbahnen beschleunigten die Truppenbewegung und erweiterten den Radius militärischer Operationen substantiell, und die Fotografie ermöglichte neue Formen der militärischen Aufklärung und Dokumentation.

Ein zentraler Aspekt des Amerikanischen Bürgerkrieges ist darüber hinaus sein Charakter als Wirtschaftskrieg. Ein solcher war er in wenigstens dreierlei Hinsicht. Da ist zunächst die Tatsache, dass der Amerikanische Bürgerkrieg ein Krieg zwischen der industrialisierten, auf dem Prinzip freier Lohnarbeit beruhenden Wirtschaft des Nordens gegen die auf Sklavenarbeit gegründete agrarische Wirtschaft des Südens war. Ein Wirtschaftskrieg war er auch insofern als in ihm der wirtschaftlichen Leistungsfähigkeit der Kriegsparteien eine kriegsentscheidende Bedeutung zukam. Der Ausgang des Krieges hing nicht mehr nur von der Größe der Armeen, vom strategischen und taktischen Geschick der Offiziere oder vom Mut und militärischen Können der Truppen ab, vielmehr spielte die Leistungsfähigkeit der Wirtschaft nun eine zentrale Rolle.

Wäre der Amerikanische Bürgerkrieg nur durch militärische Faktoren entschieden worden, so hätte ihn wohl die Konföderation gewonnen. Sie verfügte über die besseren Generäle und die entschlosseneren Soldaten und war darüber hinaus in der taktisch einfacheren Position, einen Verteidigungskrieg führen zu können. Bei den »Quantitäten«

war der Süden jedoch im Nachteil. Dort lebten rund 9 Millionen Menschen, darunter rund ein Drittel Sklaven. Im Norden dagegen wohnten 22 Millionen Menschen, womit die Union über dreieinhalb Mal so viele Männer im wehrpflichtigen Alter verfügte wie die Konföderation. In diesem Zusammenhang war Präsident Lincoln durchaus bereit, sich auf die zynische Taktik eines Abnutzungskrieges einzulassen, die darin bestand, dem Süden in massiven Attacken an mehreren Fronten große Verluste zuzufügen und dabei hohe eigene Verluste billigend in Kauf zu nehmen. In der Gewissheit, dass die Union diese auf Dauer einfacher würde ersetzen können als die Konföderation. Darüber hinaus hatte die Union einen entscheidenden strukturellen Vorteil, und zwar die gut entwickelte Industrie, die der Konföderation völlig fehlte. 90 Prozent aller Industrieanlagen der USA lagen damals im Gebiet der Union, dazu zwei Drittel des nationalen Eisenbahnnetzes. Im Laufe des Krieges beschleunigte sich die Industrialisierung des Nordens sogar noch, weil der Staat nun als Auftraggeber für Waffen, Munition, Uniformen, Decken und andere industriell gefertigte Güter in Erscheinung trat und damit das Wachstum der kriegswichtigen Industrien beförderte. In den Staaten der Konföderation hingegen gab es am Vorabend des Bürgerkrieges so gut wie keine Fabriken. Zwar änderte sich das im Laufe des Krieges, weil nun auch die Regierung der Konföderation die Industrialisierung des Südens forcierte, doch dies konnte das zuvor schon bestehende strukturelle Ungleichgewicht nicht aufheben. Im Gegenteil, in Folge der sich gerade im Norden zwischen 1861 und 1865 beschleunigenden Industrialisierung wurde die relative industrielle Rückständigkeit des Südens im Laufe des Krieges sogar noch größer.

Der Bürgerkrieg war jedoch nicht nur deshalb ein Wirtschaftskrieg, weil die wirtschaftliche Leistungsfähigkeit von zunehmend zentraler Bedeutung für den Ausgang des Krieges war. Er war vielmehr auch deshalb ein Wirtschaftskrieg, weil die Zerstörung der ökonomischen Grundlagen der Kriegsfähigkeit des Gegners immer mehr zum Ziel militärischer Strategie wurde. In diesen Zusammenhang ist auch die Aufhebung der Sklaverei zum 1. Januar 1863 durch die *Emancipation Proclamation* von Präsident Abraham Lincoln zu stellen. Die präsidentiell verfügte Aufhebung der Sklaverei war nicht in erster Linie ein humanitärer Akt, sondern, wie es im Text der *Emancipation Proclamation* ausdrücklich heißt, eine »Kriegsmaßnahme«, um die Rebellion der Südstaaten zu beenden. Die Aufhebung der Sklaverei würde, das wusste Lincoln sehr genau, die Wirtschaftsordnung der Konföderation in ihren Grundlagen erschüttern, das Hinterland der Revolution preisgeben und damit eine Fortführung des Krieges unmöglich machen. Es ist deshalb bezeichnend, dass Lincoln die *Emancipation Proclamation* in seiner Eigenschaft als Oberkommandierender der Streitkräfte unterzeichnete und die Sklaverei nur in den Staaten aufhob, die sich im Aufruhr gegen die Union befanden, nicht aber in den sklavenhaltenden Staaten, die auf Seiten der Union kämpften. Der Amerikanische Bürgerkrieg hatte unter wirtschaftlichen Gesichtspunkten einen doppelten Effekt: Er zerstörte die in Sklaverei gründende Wirtschaftsordnung des Südens und beschleunigte zugleich die Industrialisierung des Nordens. Die Grundlagen für die weit ins 20. Jahrhundert hinein sichtbare ökonomische Rückständigkeit des Südens wurden also durch den Amerikanischen Bürgerkrieg gelegt.

Unauflöslich mit dem Charakter des Amerikanischen Bürgerkrieges als eines unter den Bedingungen der heraufziehenden industriellen Moderne ausgefochtenen Krieges verbunden ist das Phänomen der »Heimatfront«. Weil der Charakter des Krieges die weitgehende Mobilisierung aller sozialen und wirtschaftlichen Ressourcen für die Kriegsanstrengung verlangte, wurden weite Teile der Zivilbevölkerung in den Krieg hineingezogen. Gleichzeitig führte die Mobilisierung von Wirtschaft und Gesellschaft auf beiden Seiten zu einer dramatischen Ausweitung der Staatstätigkeit. Tiefer als je zuvor griffen die Regierungen von Union und Konföderation in wirtschaftliche Zusammenhänge und das Leben ihrer Bürger ein. Am augenfälligsten wird dies an der allgemeinen Wehrpflicht, die beide Seiten einführten als offensichtlich wurde, dass der Krieg angesichts der exorbitanten Verluste nicht mehr mit Freiwilligenarmeen geführt werden konnte. Die Konföderation ging im April 1862 voran und führte erstmals in der Geschichte der USA ein Gesetz zur allgemeinen Wehrpflicht ein, das alle gesunden weißen Männer zwischen 18 und 35 Jahren zu einem 3-jährigen Militärdienst verpflichtete. Im März 1863 vollzog auch die Union diesen Schritt. Sowohl im Süden als auch im Norden steigerte diese Politik den ohnehin schon vorhandenen Unmut in der Bevölkerung, zuvor schon bestehende soziale Konflikte intensivierten sich, denn es gab vielfältige Ausnahmen bei der allgemeinen Wehrpflicht: die Wohlhabenden waren zum Beispiel teils ganz vom Wehrdienst ausgenommen oder konnten sich einen Stellvertreter kaufen, der für sie in den Krieg zog.

Doch nicht nur als Soldaten waren die Bürger für den Krieg relevant, sondern auch als Arbeitskräfte für die Kriegswirtschaft. Am auffälligsten wird dies natürlich im Fall der Kriegsindustrien selbst, deren Bedarf an Arbeitskräften im Laufe des Krieges stark anstieg. Doch auch auf den Farmen und Plantagen wurde zunehmend nur noch für den Krieg produziert, wobei hier vielfach den Frauen die Aufgabe zukam, in Abwesenheit der Männer die Betriebe zu leiten. Das brachte vor allem für die Frauen des Südens einen tiefgreifenden Wandel ihrer Rolle und Funktion mit sich. Insgesamt hatten zwar beide Seiten mit Arbeitskräftemangel zu kämpfen, doch dem Norden gelang die Mobilisierung der sozialen Ressourcen für die Kriegsanstrengung insgesamt besser als dem Süden. Dadurch wurde die traditionelle Unterscheidung zwischen Soldaten und Zivilisten zunehmend brüchig.

Darüber hinaus führte der Krieg sowohl bei der Union als auch der Konföderation zu einem massiven Machtzuwachs der Exekutive. Auf beiden Seiten mussten große Armeen aus dem Boden gestampft, die Wirtschaft für die Kriegsanstrengung mobilisiert und die Meinung derjenigen, die sich gegen den Krieg aussprachen, unterdrückt werden. Die administrative Regelung dieser Aufgaben führte zu tiefen Eingriffen des Staates in Wirtschaft und Gesellschaft, die mit einer bedenklichen Beschneidung der Bürgerrechte einherging. Sowohl im Norden als auch im Süden wurden die Regierungen ermächtigt, Bürger auch ohne ordentliches Gerichtsverfahren einzusperren, wenn sie die Kriegsanstrengung untergruben. Während Jefferson Davis von dieser Möglichkeit keinerlei Gebrauch machte, ging Abraham Lincoln entschiedener gegen Kritiker und Aufrührer vor. Er hatte bereits 1861 für den strategisch wichtigen Grenzstaat Maryland die Festsetzung von Bürgern ohne Gerichtsverfahren erlaubt, 1863 weitete er diese Maßnahme nach gewaltsamen Protesten in New York City gegen die Einführung der allgemeinen Wehrpflicht auf die ganze Nation aus. Die Gefangennahme von Rebellen, Wehrdienstverweigerern, wie überhaupt aller Bürger, die sich »illoyaler Praktiken« schuldig machten, war fortan ohne ordentliches Gerichtsverfahren möglich. Gleichzeitig setzte Lincoln Militärgerichte ein, die außerhalb des regulären Gerichtswesens der USA angesiedelt waren und für die Richtersprüche des Obersten Verfassungsgerichts und anderer Bundesgerichte der USA nicht bindend waren. An die 15 000 Unionsbürger kamen auf diese Weise ins Gefängnis.

Politische Maßnahmen wie diese haben dazu geführt, dass seit langem schon die Frage diskutiert wird, ob Abraham Lincoln als Präsident in den Jahren des Bürgerkrieges nicht die Verfassung wiederholt gebrochen und seine Kompetenzen als Präsident überschritten habe, um die Verfassung selbst und die von ihr konstituierte Union zu erhalten. Diese Diskussion kulminierte in dem Vorwurf, der Kriegspräsident Lincoln habe tatsächlich als Diktator agiert, um die föderale Demokratie der USA zu retten. In der Tat brachte Lincoln die Union nach den Schüssen von Fort Sumter schnell und eigenmächtig auf Kriegskurs. In den ersten drei Monaten nach den Schüssen von Fort Sumter verbot der Präsident den Versand »illoyaler« Publikationen über die Bundespost, vergrößerte die regulären Streitkräfte der Union und nahm Kredite in Millionenhöhe auf. Außerdem berief er 42 000 Freiwillige zu den Streitkräften ein, ließ Kriegsschiffe ausrüsten und stellte zwei Millionen Dollar für militärisch notwendige Konfiskationen zur Verfügung. Jede dieser Entscheidungen – wie auch viele andere, die er im weiteren Verlauf des Bürgerkrieges traf – waren verfassungsrechtlich zumindest unklar. Es war fraglich, ob Lincoln als Präsident all das durfte, was er da tat, denn die Verfassung gibt allein dem US-Kongress das Recht, Krieg zu erklären, die Post zu kontrollieren, die Verwendung öffentlicher Gelder zu bestimmen und das Grundrecht auf *Habeas Corpus*, also das Recht auf Haftprüfung, einzuschränken. Allerdings hat Lincoln sich alle seine zunächst eigenmächtig getroffenen Maßnahmen im Nachhinein vom Kongress absegnen lassen. Zudem herrscht inzwischen die Meinung vor, dass Lincoln seine Kompetenzen als Präsident zwar bis an die äußersten Grenzen des Erlaubten ausdehnte, sein Agieren als Kriegspräsident aber durchaus im Einklang mit dem heutigen Verständnis von den Rechten und Kompetenzen der Exekutive in Krisenzeiten war. Auch sei hervorgehoben, dass die Bundesregierung ungeachtet aller problematischen Maßnahmen die Grundprinzipien der amerikanischen Demokratie während der gesamten Dauer des Krieges nicht außer Kraft setzte. So fanden die verfassungsmäßig vorgeschriebenen Präsidentschaftswahlen auch während des Krieges statt – und dies obwohl Lincoln im Jahr 1864 durchaus um seine Wiederwahl fürchten musste.

Ein letzter Aspekt des Amerikanischen Bürgerkrieges bleibt noch zu thematisieren, und zwar sein Charakter als Medienkrieg. Das militärische und politische Geschehen des Krieges wurde breit in den Zeitungen und Zeitschriften dargestellt, erörtert und kommentiert. Von journalistischer Unparteilichkeit konnte dabei nur in den wenigsten Fällen die Rede sein. Vielmehr trugen Zeitungen und Zeitschriften auf beiden Seiten maßgeblich dazu bei, den Kriegsnationalismus zu schüren und den Krieg zu ideologisieren. Darüber hinaus fand der Krieg unter den Bedingungen des heraufziehenden Zeitalters der Fotografie statt. In vieler Hinsicht erlebte die Fotografie in den Jahren des Amerikanischen Bürgerkrieges ihren Durchbruch.

Der Verlauf des Krieges lässt sich in drei Phasen einteilen: die Jahre des unentschiedenen Ringens 1861/62, das Wendejahr 1863 und schließlich 1864/65 die Radikalisierung des Krieges. In den ersten beiden Kriegsjahren wogte das Kriegsgeschehen an der Ostküste unentschieden hin und her. Die Union konzentrierte sich darauf, die Grenzstaaten Kentucky und Missouri zu sichern und drang von dort aus nach Süden vor, um Richmond, die Hauptstadt der Konföderation, zu erobern. Die Konföderation hingegen schlug die Angriffe der Union so energisch wie erfolgreich zurück und startete ihrerseits einige Angriffe auf das Unionsgebiet, um Washington zur Anerkennung der Sezession zu zwingen. Im September 1862 überquerten Konföderationstruppen unter dem Kommando von General Robert E. Lee den Potomac und stießen nach Maryland vor, doch gelang es der Unionsarmee, diesen Vormarsch am 17. September in der Schlacht von Antietam aufzuhalten. Mit 24 000 toten oder verwundeten Soldaten war dies der blutigste Tag des gesamten Bürgerkrieges, der freilich keinerlei Entscheidung brachte. Der Krieg an der Ostküste erstarrte in einem blutigen Patt. Im Westen hingegen gelangen der Union einige wichtige Erfolge. Die Unionsarmee unter dem Kommando von General Ulysses S. Grant gewann die Schlacht von Shiloh und kontrollierte ab dem Sommer 1862 weite Strecken des Mississippi. Vicksburg wurde zur letzten Bastion des Südens an diesem Fluss.

Das Jahr 1863 war dann in mehrerer Hinsicht ein Wendejahr des Krieges. Zum einen brachte es militärisch die entscheidende Verschiebung des bis dahin ausgeglichenen Kräfteverhältnisses zu Gunsten des Nordens. Die beiden zentralen militärischen Ereignisse sind einerseits die Schlacht von Gettysburg und andererseits die Eroberung von Vicksburg. Die Schlacht von Gettysburg, die vom 1. bis zum 3. Juli in Pennsylvania ausgefochten wurde, war eine der größten und blutigsten des gesamten Krieges. Sie endete mit der schweren Niederlage der Konföderationsarmee, die seitdem zu offensiven Operationen nicht mehr in der Lage war. Am 4. Juli 1863, dem Tag, an dem sich General Lee aus Gettysburg zurückzog, kapitulierte auch der Kommandant von Vicksburg, General John C. Pemberton, nach gut sechswöchiger Belagerung durch die Truppen von General Grant. Damit erlangte die Union die volle Kontrolle über den Mississippi und teilte zugleich die Konföderation in zwei voneinander isolierte Hälften.

Dieser Doppelschlag von Gettysburg und Vicksburg war die entscheidende militärische Wende des Krieges, der auch in politisch-ideologischer Hinsicht eine neue Richtung nahm, weil er nun offiziell zu einem Krieg für die Abschaffung der Sklaverei wurde. Nur die wenigsten Amerikaner hatten vor dem Ausbruch des Krieges die sofortige Abschaffung der Sklaverei im gesamten Gebiet der USA gefordert, und Abraham Lincoln selbst hatte immer wieder erklärt, dass es ihm als Präsident allein um den Erhalt der Union ging. Zwar hatte Lincoln persönlich seit langem eine tief sitzende, moralisch begründete Abneigung gegen die Sklaverei, er meinte aber trotzdem, als Präsident der USA nicht gegen die Institution vorgehen zu dürfen, wo sie bereits bestand, weil dem Präsidenten eben auch der Schutz des Eigentums oblag. Deshalb war die anfängliche Politik der Lincoln-Regierung in Sachen Sklaverei sehr verhalten. Lincoln selbst schrieb noch am 22. August 1862 einen inzwischen berühmten Brief an Horace Greeley, den abolitionistisch gesonnenen Herausgeber der *New York Tribune*, in dem er feststellte, dass es ihm allein um die Rettung der Union gehe. Könne er diese retten, ohne einen Sklaven zu befreien, so würde er das tun, und könne er sie retten, indem er alle Sklaven befreite, so würde er das tun, und könnte er die Union retten, indem er einige Sklaven befreite und andere nicht, so würde er auch das tun. Dieser verhaltene Kurs des Präsidenten wurde von radikalen Republikanern scharf verurteilt, und im Laufe des Jahres 1862 machte Lincoln sich angesichts der massiven Verluste und des Kriegsverlaufs deren entschiedenere Haltung zu Eigen.

Im Juli 1862 unterzeichnete er ein Konfiszierungsgesetz, das alle Sklaven für frei erklärte, die sich unter den Schutz der Unionsarmeen stellten. Gleichzeitig erlaubte dieses Gesetz dem Präsidenten den Einsatz von Schwarzen in der Unionsarmee. Im September 1862 fasste er dann nach eingehender Diskussion in seinem Kabinett den einsamen Entschluss zur Emanzipation der Sklaven. Nach der verlustreichen Schlacht von Antietam kündigte Lincoln an, alle Sklaven in den Staaten, die sich im Aufstand gegen die legitime Regierung der USA befanden, zum 1. Januar 1863 zu befreien, sollten die sezedierten Staaten bis dahin nicht wieder in die Union zurückgekehrt sein. Da die Konföderation auf diese Ankündigung nicht reagierte, unterzeichnete Präsident Lincoln am 1. Januar 1863 die endgültige *Emancipation Proclamation*, die alle Sklaven in den Staaten der Konföderation, die sich noch im Aufstand gegen die Bundesregierung befanden, von jetzt an und für immer frei erklärte.

Die internationalen Folgen der Umdeutung des Bürgerkrieges zu einem Krieg für die Abschaffung der Sklaverei waren beträchtlich. Die Konföderation hatte sich seit Beginn des Krieges um die Anerkennung durch die europäischen Großmächte insbesondere Großbritannien bemüht. Dabei war die Regierung der Konföderation davon ausgegangen, dass Großbritanniens Textilindustrie so abhängig von der Baumwolle des Südens sei, dass es sich sicher auf die Seite der Konföderation schlagen würde. Doch diese Hoffnungen waren auf Sand gebaut. Weder Großbritannien, noch Frankreich waren bereit, die Konföderation anzuerkennen, geschweige denn dafür einen Krieg mit der Union zu riskieren. Mit der *Emancipation Proclamation* war dann ohnehin jegliches Engagement zu Gunsten der Konföderation für die europäischen Großmächte unmöglich geworden, denn wer konnte schon einen Krieg zur Erhaltung der Sklaverei unterstützen?

Ungleich wichtiger und weitreichender als die internationalen Folgen der *Emancipation Proclamation* waren jedoch ihre nationalen Auswirkungen, da sie es nahelegte, *African Americans* als Soldaten für die Union nun auch tatsächlich zu rekrutieren, was bis dahin ungeachtet aller bestehenden rechtlichen Grundlagen noch nicht geschehen war. Nun wurden Schwarze systematisch für die Unionsarmee angeworben. Rund 186 000 von ihnen kämpften im Laufe des Krieges gegen die Konföderation, doch ihr Los war alles andere als einfach. Sie wurden in eigenen, von Weißen getrennten Bataillonen zusammengezogen und von weißen Offizieren kommandiert. Da der Rassismus auch in der Union tief verankert war, hatte die militärische Führung große Skrupel, schwarze Soldaten als Kampftruppen gegen Einheiten der Konföderation einzusetzen, die zwar aus Sicht der Union »Aufrührer«, aber doch immerhin weiß waren. Darüber hinaus traute die militärische Führung der Union den schwarzen Soldaten nicht viel zu. Die auch im Norden breit zirkulierenden rassistischen Stereotypen zeichneten *African Americans* entweder als kindisch oder aber als feige, in jedem Fall aber als »unmännlich«, weshalb ihr Einsatz auf den Schlachtfeldern als Gefährdung der eigenen Operation begriffen wurde. Zwar gab es einige afroamerikanische Kampfbataillone, wie zum Beispiel das vom weißen Offizier Robert Gould Shaw kommandierte 54. Regiment des Staates Massachusetts, das sich im Angriff auf Fort Wagner am 18. Juli 1863 höchste militärische Ehren erwarb. Dies waren jedoch Ausnahmen. In der Regel wurden schwarze Einheiten hinter der Front zu Lade-, Transport- und Bauarbeiten eingesetzt. Vielfach kam ihnen die Aufgabe zu, die Gefallenen zu beerdigen. Auch wurden sie schlechter bezahlt als ihre weißen Kameraden, ihre Ausrüstung war ebenso minderwertig wie ihr Essen. Insgesamt also verrichtete die Mehrzahl der schwarzen Soldaten nachgeordnete Tätigkeiten, die in militärischen Vorstellungswelten als »niedere Arbeiten« galten, sodass die Hierarchie der Rassen durch den Einsatz afroamerikanischer Soldaten gerade nicht in Frage gestellt, sondern im Endeffekt sogar bestätigt wurde. Aus Sicht der Schwarzen war der Militärdienst jedoch ein Ausweis von Gleichberechtigung und Staatsbürgertum. Im Süden hingegen ließ die Bewaffnung der Schwarzen die alte Urangst vor einem Aufstand der Schwarzen virulent werden und stärkte deshalb vielfach den Durchhaltewillen.

Neben diesen eher praktischen Konsequenzen sind vor allem jedoch die geschichts- und identitätspolitischen Folgen der *Emancipation Proclamation* zu thematisieren, denn am 1. Januar 1863 wurde der Amerikanische Bürgerkrieg ganz offiziell zu einem ideologisch aufgeladenen Krieg zur Abschaffung der Sklaverei. Damit einher ging eine grundlegende Umdeutung der amerikanischen Geschichte, die Präsident Lincoln am 19. November 1863 in seiner berühmten *Gettysburg Address* auf enorm wirkmächtige Weise vornahm. Für Lincoln erfüllte sich in der Emanzipation der Sklaven das bislang unerfüllte Glücksversprechen der Amerikanischen Unabhängigkeitserklärung, vollendete sich also die bislang unvollendete Amerikanische Revolution. Die *Gettysburg Address*, die neben der Unabhängigkeitserklärung der zweite große kanonische Text der amerikanischen Demokratie ist, war nicht sehr lang: Es sind gerade einmal 246 Worte, mit denen Präsident Lincoln dem Gemetzel des Bürgerkrieges einen neuen, geschichtsteleologischen Sinn verlieh. Lincoln hielt diese Rede, die nicht länger als zwei Minuten dauerte, anlässlich der Einweihung eines Friedhofs für die Gefallenen der Schlacht von Gettysburg, der auf dem Kriegsschauplatz selbst errichtet worden war. Gleich im ersten Satz zieht dieser Text eine historische Parallele zwischen der Amerikanischen Revolution und dem Amerikanischen Bürgerkrieg. Vor 87 Jahren (»Four score and seven years ago«) hätten die Gründerväter der USA eine neue Nation ins Leben gerufen, die auf dem Prinzip grundrechtlich definierter Freiheit gegründet worden sei. Gegenwärtig sei diese Nation dabei, einen großen Bürgerkrieg auszufechten, in dem es letztlich um die Frage gehe, ob eine aus dem Geist freiheitlicher Grundsätze geborene Nation lange würde bestehen können. Man sei nun auf einem der großen Schlachtfelder dieses Krieges zusammengekommen, um einen Friedhof einzuweihen, auf dem diejenigen, die hier gestorben seien, damit die Nation weiterleben könne, ihre letzte Ruhestätte gefunden hätten. Allerdings würden die Opfer, die diese Männer gebracht hätten, erst dann einen Sinn bekommen, wenn die Nation selbst die Freiheit neu gebären würde (»a new birth of freedom«), um sicherzustellen, dass ein auf freiheitlichen und demokratischen Grundsätzen beruhendes Regierungssystem (»government of the people by the people for the people«) nicht mehr von dieser Welt verschwinden werde.

7 Der Bürgerkrieg als »zweite Revolution«

Die *Gettysburg Address* ist als ein Akt der Sinnstiftung angesichts von Desorientierung in einem als Katastrophe erfahrenen Bürgerkrieg zu lesen. In ihr interpretiert Präsident Lincoln, der hier als oberster Sinndeuter von Vergangenheit und Gegenwart der Nation auftritt, den blutigen Konflikt als eine Art Test, den die Amerikaner zu bestehen hätten, um dem eigenen, als exzeptionell begriffenen Experiment in Demokratie Dauer und Erfolg zu verleihen und dadurch der Welt einen Beweis dafür zu geben, dass eine auf freiheitlich-demokratische Grundsätze gegründete Ordnung tatsächlich bestehen kann. In Lincolns Deutung waren *alle* Soldaten in Gettysburg – nicht nur die der Union – für die Freiheit gefallen, und ihre individuellen Opfer würden erst dann einen Sinn bekommen, wenn die (Über)Lebenden alles daran setzten, die amerikanische Demokratie zu vollenden, was in der Situation von 1863 hieß, die Sklaverei aufzuheben. Erst das Ende der Sklaverei würde die Neugeburt der Freiheit in den USA einleiten.

Daneben enthält die Rede von Lincoln einen weiteren wichtigen Aspekt: In ihr werden die Begriffe *Union* und *Nation* synonym verwendet. Dadurch wird die Amerikanische Revolution zu einem Staats- und Nationengründungsakt gleichermaßen. Genau dieser von Lincoln konstruierte unauflösbare Zusammenhang von *Union* und *Nation* war bis zum Bürgerkrieg bekanntlich hochgradig umstritten gewesen. Insofern beginnt mit der *Gettysburg Address*, die freilich erst durch den Erfolg des Nordens im Bürgerkrieg zur hegemonialen Lesart der amerikanischen Geschichte werden konnte, ein neues Kapitel in der Geschichte des amerikanischen Nationalismus.

Es bleibt jedoch die Frage, wer die Sklaven nun tatsächlich befreit hat. War es wirklich die Bundesregierung der USA in der Gestalt von Abraham Lincoln oder haben sich die Sklaven nicht vielmehr doch selbst befreit? Hat Lincoln mit seiner *Emancipation Proclamation* einen kühnen, in die Zukunft gerichteten Schritt getan, oder stellte seine Maßnahme nicht vielmehr eine längst überfällige Anpassung an die Realitäten dar, wie sie sich bis 1863 bereits herausgebildet hatten? An einer Grundtatsache lässt sich nämlich nicht rütteln: Am 1. Januar 1863, als Lincoln die *Emancipation Proclamation* unterzeichnete, war die Institution der Sklaverei unverkennbar in Auflösung begriffen. Auf vielen Plantagen hatte die Produktivität stark nachgelassen, und die einst rigide Disziplin war in Folge der Abwesenheit der meisten weißen Männer deutlich lockerer geworden. In den Kriegsgebieten wurden Plantagen von Soldaten und marodierenden Banden geplündert und niedergebrannt. Viele Sklaven nutzten die zunehmend chaotischen Verhältnisse zur Flucht in die Freiheit, und die Freiheit begann für sie an den vordersten Linien der Unionsarmee. Alle diese Entwicklungen stützen die These von der Selbstbefreiung der Sklaven im Zuge des Bürgerkrieges. Allerdings darf man nicht übersehen, dass die Mehrheit der Sklaven auf den Plantagen verblieb und dass es auch nach der *Emancipation Proclamation* zu keinem allgemeinen Aufstand der Sklaven kam. Das hat damit zu tun, dass das System der Sklaverei – vor allem sein Überwachungsapparat – ungeachtet aller Auflösungserscheinungen im Kern noch intakt war. Jeder Sklave, der seine Plantage unerlaubterweise verließ, wurde zum Gegenstand staatlicher Verfolgung und musste damit rechnen, Sklavenjägern, Konföderationstruppen oder marodierenden Banden in die Hände zu fallen. Vor allem aber darf man nicht vergessen, dass die meisten Sklaven überhaupt keine Möglichkeit zur Flucht hatten. Die übergroße Mehrheit von ihnen hatte ihre Plantagen überhaupt noch nie verlassen, oder kannte allenfalls noch benachbarte Betriebe und Orte. Die Grenzen der Lebenswelten, in denen die Sklaven zu leben gezwungen waren, waren sehr eng gezogen. Darüber hinaus konnten sie in der Regel weder lesen noch schreiben und hatten auch kein eigenes Geld oder sonstigen Besitz, um die mit einer Flucht verbundenen Kosten bestreiten zu können.

Insgesamt also erlebte das Jahr 1863 eine Radikalisierung des Bürgerkrieges, wobei ideologische und militärische Radikalisierung Hand in Hand gingen. Die Initiative lag nun ganz bei der Armee der Union, die seit Anfang 1864 unter dem Oberkommando von General Ulysses S. Grant stand. Wie Präsident Lincoln war auch Grant davon überzeugt, dass die Konföderation nur mit konzertierten Angriffen an mehreren Fronten gleichzeitig zu besiegen sein würde. Ihre numerische Überlegenheit voll ausspielend trug die Union den Krieg nun systematisch in das Gebiet der Konföderation und verfolgte dabei das erklärte Ziel, so viel Zerstörung wie möglich anzurichten, um den Widerstandswillen der Bevölkerung zu brechen und die Konföderation in die Kapitulation zu treiben. Diese neue Form der radikalen Kriegführung bezog ganz ausdrücklich auch militärische Gewalt gegen die Zivilbevölkerung ein, so dass neben Bahngleisen, Telegraphenstationen, Produktionsstätten und anderen kriegswichtigen Einrichtungen auch Plantagen geplündert, Wohnhäuser zerstört und Städte niedergebrannt wurden. Traurige Berühmtheit erlangte in diesem Zusammenhang General William T. Sherman, der am 2. September 1864 Atlanta eroberte, die Stadt niederbrannte und anschließend zu seinem im Süden der USA bis heute berüchtigten »Marsch zum Meer« aufbrach, der eine breite Spur der Verwüstung zwischen Atlanta und der am Atlantik gelegenen Hafenstadt Savannah hinterließ.

Weiter nördlich zog Grant im Mai 1864 mit 118 000 Mann gegen Richmond und trieb die Konföderationsarmee unter hohen eigenen Verlusten vor sich her. Sein Gegenüber Robert E. Lee grub sich mit seinen Truppen vor Richmond und Petersburg ein. Die Offensive Grants ging in einen Grabenkrieg über. Im März 1865 ging Grant erneut in die Offensive und trieb die Konföderationstruppen bis zum inneren Verteidigungsring von Petersburg zurück. General Lee ließ Richmond evakuieren und machte eine Fluchtbewegung nach Westen, doch gelang es der Unionsarmee, ihm den Fluchtweg abzuschneiden. Der Oberkommandierende der Konföderationsarmee gab das Rennen verloren und kapitulierte am 9. April 1865 in Appomattox Court House. Der Bürgerkrieg war zu Ende. Neben der Amerikanischen Revolution markiert er die zweite große Zäsur in der Geschichte der USA.

V Der Durchbruch der Moderne 1865–1914

Nachdem die politische Moderne in den USA bereits mit der revolutionären Gründung der liberalen Demokratie im späten 18. Jahrhundert begonnen hatte, formierte sich nach dem Bürgerkrieg nun auch die industrielle Moderne mit allem was dazugehört: Aufstieg der Industrie zum dominanten Sektor der Volkswirtschaft, wirtschaftliche Konzentrationsprozesse, die zur Bildung von gigantischen *Trusts* führten, atemberaubendes Wachstum der Städte, Technologisierung der Alltagswelt, Beschleunigung der Transport- und Kommunikationsrevolution, Entstehung einer kommerzialisierten Unterhaltungskultur, die Freizeit zu einem zunehmend großen Geschäft werden ließ, sowie nicht zuletzt die mit Max Webers bildreichem Wort von der »Entzauberung der Welt« beschriebene Säkularisierung von Wissens- und Vorstellungswelten. In einem so dynamischen wie chaotischen wirtschaftlichen Wachstumsprozess verwandelten sich die USA in gerade einmal 50 Jahren von einem Agrarland in die führende Industrienation der Welt.

Parallel zur industriellen Wirtschaftsordnung formierte sich die industrielle Klassengesellschaft mit den ihr eigenen Formen marktbedingter sozialer Ungleichheit. Damals entstanden mit Arbeitern und Angestellten zwei neue soziale Formationen, denen freilich gemeinsam war, dass ihre Mitglieder nicht-selbstständiger, lohn- bzw. gehaltsabhängiger Arbeit nachgingen. Deshalb waren die Lebensrhythmen und -chancen von immer mehr Amerikanern untrennbar mit dem Auf und Ab industriekapitalistischer Wachstumszyklen verknüpft. Ein Spezifikum der damals entstehenden industriellen Klassengesellschaft war ihre migrationsgefügte ethnisch-kulturelle Pluralität: Die Entfaltung des Industriekapitalismus ging einher mit einer zweiten großen Welle der Masseneinwanderung, die von etwa 1880 bis 1920 dauerte. Es war die Zeit der sogenannten *New Immigration*, die insofern »neu« war, als sie sich zu einem ganz überwiegenden Teil aus Südost- und Osteuropäern und Ostasiaten rekrutierte, während die bis dahin dominante Einwanderung aus den west- und nordeuropäischen Ländern zurückging. Die *New Immigration* bedeutete einen ethnisch-kulturellen Pluralisierungsschub, der starke Überfremdungsängste bei den bis dahin tonangebenden Amerikanern mit nord- und westeuropäischem Migrationshintergrund freisetzte. Allerdings war die wirtschaftliche Wachstumsdynamik nicht auf die Industrie beschränkt. Auch die Landwirtschaft expandierte nach dem Amerikanischen Bürgerkrieg rasant, ja war in gewisser Hinsicht sogar der Taktgeber der industriellen Entwicklung. Nach 1865 wurde der Westen jenseits des Mississippi so rasch besiedelt, dass die Siedlungsgrenze bis 1890 den Pazifik erreichte und die *Frontier* damit verschwand.

Üblicherweise unterteilen Historiker die Epoche von 1865 bis 1914 in zwei Abschnitte: Sie sprechen von den 1870/80er Jahren als dem *Gilded Age* und lassen dann in den 1890er Jahren die *Progressive Era* beginnen, die erst mit dem Ersten Weltkrieg an ihr Ende gelangte. So plausibel diese Unterteilung ist, so sollte man nicht übersehen, dass beide Phasen aufs engste miteinander verflochten sind. Das *Gilded Age* sah die Gründerzeit des modernen Industriekapitalismus in den USA. Es war eine Zeit des rasanten Wirtschaftswachstums und der heiß laufenden, ungebremsten und deshalb auch zerstörerischen Konkurrenz auf einem noch unregulierten Markt mit scharf ausgeprägten Wachstumszyklen. Das Auf und Ab der wirtschaftlichen Entwicklung trieb einen von Stabilitätsverlangen getriebenen wirtschaftlichen Konzentrationsprozess voran, der zur Entstehung riesiger *Trusts* führte, die nunmehr zu den zentralen Akteuren eines grundlegend reorganisierten Industriekapitalismus wurden. Gleichzeitig bildeten sich die sozialen Missstände der industriellen Welt im *Gilded Age* in aller Drastik aus. Diese Probleme und Gefahren der industriellen Ordnung setzten in der *Progressive Era* kraftvolle Bemühungen um eine grundlegende Reform des Industriekapitalismus frei. In Zusammenarbeit mit dem Staat bemühte sich eine Vielzahl von sozialen Reformbewegungen um die Regulierung der Marktwirtschaft, die Kontrolle der *Trusts* und die Behebung der vielen sozialen Missstände im Zeichen sozialer Gerechtigkeit. Ein letzter Prozess dieser Zeit sei hier benannt, und zwar der Aufstieg des amerikanischen Imperialismus, der insofern aufs engste mit der rasch voranschreitenden Industrialisierung verbunden ist, als die rasante wirtschaftliche Expansion nicht an den Grenzen der USA Halt machte, sondern sich in der ökonomischen Durchdringung Lateinamerikas und Asiens fortsetzte. Die boomende US-Wirtschaft produzierte mehr als auf dem heimischen Markt abgesetzt werden konnte, was eine kraftvolle Suche nach Märkten in Übersee freisetzte. Dies wiederum zog eine immer tiefere Verstrickung der USA in die Weltpolitik nach sich und führte im Jahr 1898 sogar dazu, dass die USA nach dem Spanisch-Amerikanischen Krieg zur Kolonialmacht auf den Philippinen wurden. Dieses Datum markiert das Ende eines selbstgenügsamen Kontinentalismus; es ließ die USA zu einer internationalen Großmacht werden, die sich selbst jedoch noch nicht als eine solche begriff.

1   *Reconstruction.* Die Wiedereingliederung des Südens

Die Aufhebung der Sklaverei hatte sowohl für die ehemaligen Sklaven als auch für die Sklavenhalter weitreichende Folgen, denn mit dem Ende der *Peculiar Institution* brach das gesamte politische, ökonomische, soziale und kulturelle Gefüge des Südens in sich zusammen. Die ehemaligen Sklaven waren nun freie Menschen, die zumindest theoretisch tun und lassen konnten, was sie wollten. Als freie Arbeitskräfte mussten sie für sich selbst sorgen und konnten frei entscheiden, für wen und zu welchen Konditionen sie arbeiten wollten. Ihre früheren Eigentümer hingegen mussten sehen, wie sie ihren Arbeitskräftebedarf decken konnten. Die Arbeitsverhältnisse im Süden wurden fortan durch frei verhandelte Verträge geregelt. Über die Höhe der Einkommen und die konkrete Ausgestaltung des Verhältnisses zwischen Arbeitgeber und Arbeitnehmer bestimmte der freie Markt. Allerdings verfügten die rund 3,5 Millionen ehemaligen Sklaven über keinen eigenen Besitz. Sie hatten keine eigenen Wohnungen, keine eigene Kleidung und kaum etwas zu essen, weil dies zuvor alles von den Sklavenhaltern zur Verfügung gestellt worden war. Darüber hinaus waren die ehemaligen Sklaven arm, ungebildet und völlig unerfahren im Umgang mit den Segnungen und Zumutungen der Freiheit.

Mit der Kapitulation von General Robert E. Lee begann in allen Staaten der ehemaligen Konföderation die Zeit der *Reconstruction*. Der Begriff bezeichnet einen doppelten Prozess: Zum einen meint er die Wiederherstellung der Union durch die Wiedereingliederung der im Jahr 1861 ausgetretenen Südstaaten in die Union. Zum anderen bezeichnet *Reconstruction* eine Phase tiefgreifenden politischen, sozialen, wirtschaftlichen und kulturellen Wandels, der die sozialen Beziehungen im Süden neu ordnete. Damit ist die *Reconstruction* mehr als nur eine Nachkriegszeit, sondern für den Süden eine Phase eines tumultuarischen Wandels, der von Eric Foner und anderen als »unvollendete Revolution« beschrieben worden ist. Der ohnehin schon krisenhafte Prozess der *Reconstruction* wurde noch dadurch verkompliziert, dass dessen politische Ziele innerhalb der Bundesregierung umstritten waren. Es ging darum, was wichtiger sei: Die Lösung der föderalen Krise, die mit dem Austritt der Südstaaten aus der Union entstanden war, oder die möglichst zügige rechtliche, soziale und ökonomische Gleichstellung der *African Americans*? Sollten beide Problemkreise miteinander verbunden oder voneinander abgekoppelt werden? Dieser Streit über die Ziele der *Reconstruction* verband sich zwischen 1865 und 1877 mit der Frage, wer die Politik bestimmen sollte – der Präsident, der Kongress oder die Einzelstaaten. Vor diesem Hintergrund lässt sich die Geschichte der *Reconstruction* in drei Phasen einteilen: Die erste ist die *Presidential Reconstruction*, die von 1863 bis 1867 währte. Daran schloss sich von 1867 bis 1870 eine Phase der *Congressional Reconstruction* an, bevor dann die *Reconstruction*-Politik zwischen 1871 und 1877 allmählich auslief, ohne dass die laufenden sozialen und ökonomischen Wandlungsprozesse da bereits abgeschlossen gewesen wären.

Während der *Presidential Reconstruction* bestimmte der Präsident der USA in seiner Eigenschaft als Oberbefehlshaber der Streitkräfte die Politik des Bundes gegenüber den Südstaaten. Abraham Lincoln und sein Nachfolger Andrew Johnson zielten in erster Linie darauf ab, den föderalen Bruch zu heilen und die abgefallenen Südstaaten rasch wieder in die Union einzugliedern. Dazu wollten sie in den Einzelstaaten schnell neue Regierungen wählen lassen, die die Sezessionserklärungen zurücknehmen, ihre Loyalität zur Union bekennen und zugleich die Aufhebung der Sklaverei anerkennen würden. Hinter dieser Politik stand das Verfassungsverständnis Abraham Lincolns, der davon überzeugt war, dass die Staaten des Südens die Union gar nicht verlassen konnten, da die Verfassung von 1787 eine immerwährende und unzerstörbare Union geschmiedet hatte.

Diese Politik setzte auf die Kooperation mit den alten Eliten des Südens, ohne die aus Sicht Lincolns und dann auch Johnsons eine reibungslose Wiederherstellung des Bundes nicht zu haben war. Bereits 1863 erließ Lincoln eine *Proclamation of Amnesty and Reconstruction*. Diese sah vor, dass, sobald 10 Prozent der Wähler von 1860 in den einzelnen Staaten des Südens einen Eid auf die Union geschworen und die Aufhebung der Sklaverei anerkannt haben würden, diese dann die neue Regierung ihres Staates wählen könnten. Zwar waren diejenigen Südstaatler, die führende Ämter in der Konföderation innegehabt oder der Südstaatenarmee als Offiziere gedient hatten, von diesem Zehn-Prozent-Plan ausgeschlossen, doch diese Proklamation bahnte einem Großteil der Pflanzerelite den Weg zurück zur Macht. Eine Beteiligung der *African Americans* war nicht vorgesehen, da sie ja auch 1860 nicht gewählt hatten. Einen grundlegenden Strukturwandel des Wahlvolks beabsichtigte Lincoln mit dieser Maßnahme also nicht. Bis zur Ermordung Lincolns waren Louisiana, Arkansas, Tennessee und Virginia auf diese Weise wieder in die Union aufgenommen worden.

Der von Republikanern dominierte Kongress verfolgte eine ganz andere Politik. Am 8. April 1864 beschloss der Senat den 13. Zusatz zur Verfassung, der Sklaverei und andere Formen »unfreiwilliger Dienstbarkeit« verbot. Das Repräsentantenhaus folgte diesem Beschluss am 31. Januar 1865, und bis zum 6. Dezember 1865 war der Verfassungszusatz ratifiziert. Darüber hinaus trieb der Kongress die soziale und ökonomische Gleichstellung der ehemaligen Sklaven für eine Zeit lang recht energisch voran. Im März 1865 – also noch vor Ende der Kampfhandlungen – beschloss das Bundesparlament die Einrichtung des *Freedmen's Bureau* im Kriegsministerium. Es hatte die primäre Aufgabe, konkrete Hilfsleistungen des Bundes für die befreiten Sklaven zu organisieren. Das *Freedmen's Bureau* verteilte Nahrungsmittel, Kleidung und andere lebensnotwendigen Dinge an die *African Americans* und sorgte auch für deren medizinische Versorgung. Darüber hinaus bereitete es die ehemaligen Sklaven auf das neue Leben in der Freiheit vor. Die Mitarbeiter des *Freedmen's Bureau* leisteten Rechtsberatung bei Arbeits- und Pachtverträgen, organisierten ein eigenes Schulsystem für die befreiten Sklaven, halfen beim Ausfüllen von Steuererklärungen und boten eine Vielzahl von Dienstleistungen und Hilfestellungen an, die den abrupten Übergang von einem Leben in Knechtschaft zu einem in Freiheit und Selbstständigkeit moderieren sollten. Das *Freedmen's Bureau* war zunächst auf ein Jahr angelegt, doch im Juli 1866 verlängerte der Kongress gegen das Veto von Präsident Johnson die Institution. Auch wenn das *Freedmen's Bureau* von Anfang an zu wenig Geld und zu wenige Mitarbeiter hatte, so trug es dennoch viel zur Linderung der materiellen Not der befreiten Sklaven bei. Allerdings hatte die Behörde auch disziplinierende und lenkende Funktionen, denn sie federte das potentielle Chaos, das der Agrarwirtschaft des Südens durch den schlagartig eingetretenen Arbeitskräftemangel drohte, ab. Durch seine Aktivitäten trug das *Freedmen's Bureau* dazu bei, die befreiten Sklaven als Arbeitskräfte im Süden zu halten. Eine massenhafte Migration von *African Americans* nach Norden blieb also aus. Die geplante Landreform, die zu organisieren ursprünglich Aufgabe des *Freedmen's Bureau* gewesen war, wurde jedoch nicht verwirklicht. Das von der Union konfiszierte oder von Plantagenbesitzern verlassene Land sollte in Einheiten von je 40 Acres aufgeteilt und den befreiten Sklaven als Besitz übertragen werden. Präsident Andrew Johnson hintertrieb dies jedoch, indem er das konfiszierte Land einfach an die ursprünglichen Eigentümer zurückgab.

Insgesamt also war es der Präsident, der den Kurs der *Reconstruction* in der unmittelbaren Nachkriegszeit bestimmte. Andrew Johnson trieb die von Lincoln eingeleitete Politik der Milde und Versöhnung weiter voran. Obwohl dem aus Tennessee stammenden und in armen Verhältnissen aufgewachsenen Südstaaten-Demokraten die

Pflanzerelite verhasst war, ging er im Mai 1865 mit zwei Resolutionen an die Öffentlichkeit, die das Verfahren zur Wiedereingliederung von Alabama, Florida, Georgia, Mississippi, North Carolina, South Carolina und Texas festsetzten. Demnach sollten alle Südstaatler, die sich öffentlich per Eid zur Union bekannten, amnestiert werden und ihren Besitz mit Ausnahme der Sklaven zurückerhalten. In jedem Staat sollten Versammlungen gewählt werden, die die Sezessionserklärung zurücknehmen und die Aufhebung der Sklaverei anerkennen würden, um dann reguläre Wahlen zur Bildung neuer Staatsregierungen zu organisieren. Bis zum Ende des Jahres 1865 hatten sich mit Ausnahme von Texas alle abgefallenen Südstaaten diesem Verfahren unterzogen. In ihren neuen Regierungen saßen vielfach dieselben Leute, die 1860/61 für die Sezession gestimmt hatten.

Die Politik der *Presidential Reconstruction* ließ die sozialen und ökonomischen Verhältnisse des Südens intakt. Sie verzichtete auf eine entschiedene Politik zur Gleichberechtigung der ehemaligen Sklaven und erlaubte es, dass die neu eingesetzten Südstaatenregierungen *Black Codes* verabschiedeten, die an die Stelle der ehemaligen *Slave Codes* traten, um die Beziehungen zwischen Weißen und Schwarzen zu regeln. Zwar gestanden die *Black Codes* den *African Americans* ein Minimum an Rechten zu – so durften sie nun heiraten, eigenen Besitz haben, Verträge schließen und vor Gericht aussagen – doch sie schränkten deren Freiheiten so stark ein, dass kaum noch Unterschiede zur Sklaverei bestanden. Ehen zwischen Weißen und Schwarzen wurden verboten. Ebenso durften *African Americans* weder wählen noch vor Gericht gegen Weiße aussagen oder als Geschworene eingesetzt werden. Auch wurden sowohl die Bewegungs- und Versammlungsfreiheit als auch die Vertragsfreiheit der *African Americans* stark eingeschränkt. Zwar wurden die *Black Codes* in den Jahren der *Congressional Reconstruction* gleich wieder aufgehoben, dennoch waren sie eine Manifestation des rassistischen Grundkonsenses in der weißen Gesellschaft des Südens. Die *Black Codes* zeigten, wie sich die Beziehungen zwischen Weißen und Schwarzen gestalten würden, wenn die Bundesregierung die Definition der Rassenbeziehungen den Südstaaten selbst überließ. Anders als der Präsident war der Kongress dazu in den 1860er Jahren noch nicht bereit.

Viele Republikaner wurden immer unzufriedener mit den Entwicklungen der Nachkriegszeit, und als der Kongress im Dezember 1865 wieder zusammentrat, begann eine Gruppe von radikalen Republikanern um Thaddeus Stevens und Charles Sumner die Ziele der *Reconstruction*-Politik neu zu definieren. Sie drängten auf eine entschiedenere Politik zur politischen, sozialen und ökonomischen Gleichstellung der befreiten Sklaven und stießen damit auch bei vielen moderaten Republikanern im Kongress auf offene Ohren. In ihren Augen hatten die Südstaaten mit der Sezessionserklärung die Union verlassen, weshalb die Bundesregierung deren Wiederaufnahme an Bedingungen binden konnte. Stevens, Sumner und ihre wachsende Zahl an politischen Freunden im Kongress forderten deshalb von den Staaten der ehemaligen Konföderation die Garantie politischer, rechtlicher und ökonomischer Chancengleichheit für die *African Americans* als sozialpolitische Vorleistung für die Rückkehr in die Union. Das Instrument der Reformpolitik sollte die Besatzungsherrschaft der Armee sein.

Im Lauf des Jahres 1866 verabschiedete das Parlament der USA eine Reihe von Gesetzen, die auf die soziale Umwälzung des Südens zielten. Das wichtigste dieser

Gesetze war der *Civil Rights Act* vom April 1866, der die *African Americans* zu Bürgern der USA erklärte und ihre staatsbürgerlichen Rechte garantierte. Als Präsident Johnson diesen Gesetzesentwurf mit einem Veto belegte, setzte sich der Kongress darüber hinweg und beschloss den Entwurf des 14. Zusatzes zur Verfassung. Dieser Zusatz erklärte alle in den USA geborenen oder naturalisierten Personen zu Bürgern der USA, die als solche unveräußerliche Bürgerrechte hatten. Damit wurden die Bestimmungen des Dred-Scott-Urteils des *Supreme Court* aus dem Jahr 1857 aufgehoben und zugleich die *Black Codes* für ungültig erklärt (vgl. S. 125). Im Juni 1866 wurde der 14. Zusatz zur Verfassung den Staaten zur Ratifikation übergeben.

Um die Südstaaten zur Annahme des 14. Verfassungszusatzes zu zwingen, verabschiedete der Kongress im März 1867 über das Veto des Präsidenten hinweg den *Reconstruction Act*. Dieser machte die unter Lincoln und Johnson vollzogenen Regierungsbildungen in den Südstaaten rückgängig und erklärte das Gebiet der ehemaligen Konföderation für staatenlos. Es wurde in fünf militärische Besatzungszonen aufgeteilt. Gleichzeitig wurden Militärgouverneure eingesetzt, die den Prozess der Staatsneubildung einleiten und lenken sollten. Dabei waren sie angehalten, besonders darauf zu achten, dass die *African Americans* als Wähler registriert wurden und ihr Wahlrecht ausüben konnten. Damit beschränkten sich die Maßnahmen der *Congressional Reconstruction* auf die rechtliche Gleichstellung der African Americans. Von wirtschaftlichen Reformmaßnahmen zur Herstellung von ökonomischer Chancengleichheit war keine Rede; dafür gab es auch keine Mehrheiten.

Drei Jahre nach dem *Reconstruction Act* beschloss der Kongress den 15. Zusatz zur Verfassung und erklärte dessen Annahme, ebenso wie bereits zuvor den 14. Verfassungszusatz, zur Bedingung für die Wiederaufnahme der Südstaaten in die Union. Dieser Zusatz bestimmte, dass keinem Bürger der USA das Wahlrecht wegen seiner Rasse, seiner Hautfarbe oder einer zurückliegenden Dienstknechtschaft verweigert oder eingeschränkt werden dürfe. Damit waren die Grundlagen für einen bedeutsamen Strukturwandel des Wahlvolkes in den Staaten des Südens gelegt, denn mehr als 700 000 *African Americans* wurden durch den 15. Verfassungszusatz über Nacht zu Wahlberechtigten. In fünf Staaten der ehemaligen Konföderation hatten sie sogar die Stimmenmehrheit. Diese Verschiebung brachte der Republikanischen Partei in allen Südstaaten eine strukturelle Mehrheit. Gleichzeitig wurden viele *African Americans* in die Einzelstaatsparlamente und teilweise auch in Regierungsämter gewählt. Doch auch die Mehrheiten innerhalb der weißen Wählerschaft verschoben sich durch in den Süden gekommene Nordstaatler und weiße Südstaatler ohne größeren Besitz. Die republikanischen *Reconstruction*-Regierungen erreichten zwar einige Verbesserungen für die *African Americans* – vor allem im Bereich des Schulwesens – doch sie waren insgesamt keine Motoren eines tief greifenden sozialen und ökonomischen Wandels. Zudem gab es viel Inkompetenz und Korruption, die den Republikanern, vor allem aber den *African Americans* angelastet wurden. Die alte rassistische Überzeugung, dass die Schwarzen zur Selbstregierung gar nicht in der Lage seien, schien sich aus Sicht vieler Weißer nun zu bestätigen.

Jenseits aller staatlichen Politik waren die Jahre der *Reconstruction* für die befreiten *African Americans* eine Zeit, in der sie sich mit großer Energie und Initiative daran machten, die Kontrolle über ihr Leben zu erlangen. Besonders wichtig für die Herausbildung afroamerikanischer Autonomie waren die Familie, die Kirchen und die Schulen. In diesem Zusammenhang war die Familie der wohl wichtigste Erprobungsraum von Selbstbestimmung. Das Ende der Sklaverei bedeutete eine nachhaltige Stabilisierung und Stärkung afroamerikanischer Familien, die nun nicht länger jederzeit durch den Verkauf einzelner Mitglieder auseinandergerissen werden konnten. Gleichzeitig konnten Frauen und Kinder fortan der schweren Arbeit auf den Feldern fernbleiben. Viele Frauen zogen es vor, sich um den Haushalt zu kümmern, während die Kinder in die Schule gingen, was aber nicht heißt, dass Frauen und Kinder nun nicht mehr in der Landwirtschaft gearbeitet hätten. Ganz im Gegenteil. Allerdings bestimmten die Familien jetzt selbst, wann und wie lange sie das taten. Damit übernahmen sie einerseits das Modell einer patriarchalisch strukturierten Familie mit dem Ehemann als Oberhaupt und Hauptverdiener und der Frau in der Rolle der Hausfrau und Mutter. Andererseits jedoch ist die Annahme dieses Modells als Akt afroamerikanischer Selbstbestimmung zu werten, denn genau dieses bürgerliche Familienleben war ihnen in der Sklaverei versagt geblieben.

Gleichzeitig begannen die *African Americans* des Südens ihre eigenen Kirchen zu organisieren. Überall taten sie sich zusammen, um Land erwerben, Gotteshäuser bauen und Prediger bezahlen zu können. Die ehemaligen Sklaven, die sich bis Mitte der 1870er Jahre in großer Mehrheit aus den von Weißen dominierten Kirchen zurückzogen und ihre eigenen gründeten, schlossen sich meist den Methodisten und Baptisten an. Mit ihren vielfältigen sozialen Aktivitäten und ihrem breiten institutionellen Netzwerk waren die schwarzen Kirchen ein wichtiges Übungsfeld für Autonomie und Selbstbestimmung. Diese rührige Aktivität kann freilich nicht darüber hinwegtäuschen, dass die Zukunft der ehemaligen Sklaven in den USA entscheidend von ihrer materiellen Situation und ihren ökonomischen Chancen abhing.

Nach dem Ende der Sklaverei waren die Arbeitsverhältnisse im Süden grundlegend neu zu verhandeln. In ökonomischer Hinsicht bedeutete Freiheit für die ehemaligen Sklaven, dass sie nicht länger unbezahlte Arbeit verrichten mussten und die Früchte ihres Schaffens nun selbst genießen konnten. Die meisten von ihnen strebten nach einer eigenen kleinen Farm, auf der sie Lebensmittel für den eigenen Bedarf und den Markt produzieren wollten. Deshalb war eine Bodenreform ihr zentrales Anliegen. Diese war jedoch mit ihren ehemaligen Herren nicht zu machen, und die Bundesregierung in Washington hielt sich in dieser Frage ebenfalls sehr zurück. Deshalb begannen Plantagenbesitzer und *African Americans* in der Nachkriegszeit mit neuen Formen der Arbeitsorganisation zu experimentieren, und es kam zu einer Vielzahl neuer Arrangements. Eines davon war die freie Lohnarbeit, die vor allem im Reis- und Zuckeranbau vorherrschte, wo *African Americans* nun gegen Bezahlung die Tätigkeiten verrichteten, die sie zuvor als Sklaven erledigt hatten. Eine weitere Form war das Pachtsystem, gemäß dessen ehemalige Sklaven ein Stück Land – vielfach von ihrem ehemaligen Besitzer – pachteten und es eigenverantwortlich bearbeiteten. Sie kauften ihre Geräte und das Saatgut selbst, bauten das an, was nach ihrem Dafürhalten den meisten Gewinn versprach, und trugen dabei das unternehmerische Risiko allein.

Die weitaus üblichste und zugleich folgenreichste Form neuer landwirtschaftlicher Arbeitsverhältnisse war jedoch das *Sharecropping*. Unter diesem System wurde das Land der Plantagen in Einheiten von rund 40 Acres eingeteilt und an die ehemaligen Sklaven verpachtet, die dann einen Teil der Ernte, in der Regel die Hälfte, als Bezahlung an den Verpächter gaben. Im Unterschied zu dem eben beschriebenen Pachtsystem stellte der Verpächter dem *Sharecropper* Haus, Geräte und Saatgut zur Verfügung und übernahm auch die Vermarktung der Erzeugnisse. Anfangs versprachen sich beide Seiten Gewinn von diesem Arrangement. Aus Sicht der Verpächter war es eine Möglichkeit, das Land bearbeiten zu lassen und zugleich die Kontrolle darüber zu behalten. Aus Sicht der Schwarzen war es ein Schritt zu mehr Unabhängigkeit, weil sie in Eigenregie arbeiten und die Hälfte der Erträge zur freien Verfügung hatten. Auch teilten Verpächter und Pächter das wirtschaftliche Risiko; egal wie ertragreich die Ernte ausfiel und wie sich die Agrarpreise auf dem Weltmarkt entwickelten, mehr als die Hälfte der Ernte musste der Pächter nicht für das Land bezahlen. Insofern nährte dieses System bei den befreiten Sklaven anfangs die Hoffnung, durch Fleiß und Unternehmertum eines Tages selbst ein Stück Land besitzen zu können. Tatsächlich aber wurde die dauerhafte ökonomische Abhängigkeit der Schwarzen von den Weißen durch dieses System begründet. Die *Sharecroppers* erhielten kein Geld, sodass sie gezwungen waren, Kredite auf die erwarteten Ernteerträge des jeweils kommenden Jahres aufzunehmen. Dadurch, dass sie in der Regel mehr Geld aufnehmen mussten, als sie durch die Erträge ihres Teils der Ernte zurückzahlen konnten, gerieten sie schnell in eine Überschuldung. Bis 1880 waren rund 80 Prozent des ehemaligen Plantagenlandes in Pachtstellen umgewandelt worden, die überwiegend von afroamerikanischen *Sharecroppers* bearbeitet wurden.

War die *Reconstruction* somit einerseits eine Zeit, in der die sozialen und ökonomischen Beziehungen im Süden in Bewegung gerieten, Maßnahmen zur politischen und bürgerlichen Gleichstellung der *African Americans* eingeleitet wurden und das Verhältnis zwischen Weißen und Schwarzen zumindest offen war, so war dies zugleich die Phase, in der viele der emanzipatorischen Errungenschaften zurückgedreht und die Grundlagen für die fortdauernde rassistische Diskriminierung der *African Americans* gelegt wurden. Bis 1870 waren alle ehemaligen Konföderationsstaaten zu den Bedingungen des Kongresses wieder in die Union aufgenommen worden. Damit setzte nun der normale Prozess demokratischer Selbstbestimmung ein, der dazu führte, dass die Südstaaten das Verhältnis von Weißen und Schwarzen auf ihre eigene Art regelten. Die Bundesregierung entschloss sich in den 1870er Jahren dazu, das zu akzeptieren. Bis 1877 hatte sich der Bund aus seiner Verantwortung für die ehemaligen Sklaven zurückgezogen.

Die Politik der sozialreformerischen *Reconstruction* stieß in der weißen Bevölkerung des Südens auf breiten Widerstand, der von der Demokratischen Partei artikuliert wurde. Gleichzeitig entstand mit dem Ku-Klux-Klan eine paramilitärische Terrororganisation, die mit brutaler Gewalt gegen *African Americans* vorging, die von ihrem Wahlrecht Gebrauch machen oder eigenes Land erwerben wollten. Der Ku-Klux-Klan wurde 1866 von ehemaligen Konföderationssoldaten als Geheimbund gegründet, der systematisch Angst und Schrecken verbreitete, um die *African Americans* einzuschüchtern und die Vorherrschaft der Weißen zu sichern. Zwar gingen die Regierungen des Bundes und der Einzelstaaten massiv gegen diese Organisation vor und hatten sie bis 1872 auch weitgehend unter Kontrolle. Ganz zerschlagen wurde der Geheimbund aber nicht, so dass er als terroristischer Arm der Demokratischen Partei weiter operieren konnte.

Gleichzeitig zog sich die Bundesregierung nach 1870 sukzessive aus dem Süden zurück. Das *Freedmen's Bureau* wurde bereits 1869 personell wie materiell stark verkleinert und im Jahr 1872 ganz abgeschafft. Der Oberste Gerichtshof kassierte einige Gesetze der *Congressional Reconstruction* als verfassungswidrig, und mit der Wiederaufnahme eines Staates in die Union endete dort die Besatzungsherrschaft. Gleichzeitig wurden die von Republikanern dominierten *Reconstruction*-Regierungen nach und nach abgewählt; bis 1877 waren die Demokraten überall im Süden wieder an der Macht. Das konnte vor allem aus zwei Gründen geschehen: Zum einen erhielten viele der durch ihren Einsatz für die Konföderation kompromittierten Weißen ihr Wahlrecht durch breit gewährte Amnestien zurück. Zum anderen hielt ein unerhörter rassistischer Terror die Schwarzen davon ab, von ihrem Wahlrecht Gebrauch zu machen. Diese Entwicklung brachte den Demokraten die strukturellen Mehrheiten zurück, die sie bereits vor dem Bürgerkrieg gehabt hatten. Einmal an der Macht, drehten die Demokraten schnell die Errungenschaften zurück, die die *Reconstruction* den *African Americans* gebracht hatte. Eine Politik der *White Supremacy* schränkte die Mobilitätsrechte der Schwarzen massiv ein, um sie an ihre weißen Verpächter und Arbeitgeber zu binden. Teilweise wurden Gesetze erlassen, die es *African Americans* verboten, zu jagen, zu fischen, Waffen zu tragen und Hunde zu besitzen. Verbrechen von Schwarzen an Weißen wurden mit drakonischen Strafen belegt.

Der Wiederaufstieg der Demokratischen Partei im Süden ging einher mit einem Wandel der Republikanischen Partei, die sich im Zuge des im Norden rasant an Fahrt gewinnenden Durchbruchs der Hochindustrialisierung immer mehr zu einer Industrie- und Wirtschaftspartei entwickelte. Im *Gilded Age* profilierten sich die Republikaner, denen rassistische Grundüberzeugungen alles andere als fremd waren, über andere Themen als die Gleichstellung der *African Americans*.

Gleichzeitig wurde im ganzen Land die Sehnsucht nach Aussöhnung zwischen Nord und Süd immer stärker. Diese Aussöhnung fand auf der Basis eines rassistischen Konsenses statt, der die »Rassenfrage« regionalisierte und es den Einzelstaaten überließ, das Verhältnis zwischen Weißen und Schwarzen zu organisieren. Diese Haltung kulminierte im sogenannten *Kompromiss von 1877*. Die Präsidentschaftswahl des Jahres 1876 zwischen dem Republikaner Rutherford B. Hayes und dem Demokraten Samuel J. Tilden war extrem knapp und auch hoch kontrovers, weil die Ergebnisse von Oregon, Louisiana, Florida und South Carolina zwischen den Parteien umstritten waren. Vorübergehend sah es so aus, als würde es gar keinen Präsidenten geben. Da einigten sich Demokraten und Republikaner in einer Serie von Hinterzimmervereinbarungen darauf, Hayes mit den Stimmen der Demokraten zum Präsidenten zu wählen. Dafür gestanden die Republikaner dem Süden neben einer Reihe von materiellen Vergünstigungen *Home Rule* in den »Rassenbeziehungen« zu.

Gleichwohl war die »Rassenfrage« im Süden mit dem Auslaufen der *Reconstruction* durchaus noch für eine Zeit lang offen. Das Verhältnis zwischen Schwarzen und Weißen war von Staat zu Staat unterschiedlich und gestaltete sich so vielfältig wie widersprüchlich. Dabei war es nicht nur so, dass Weiße nichts mit Schwarzen zu tun haben wollten. Vielmehr wollten auch die *African Americans* nach dem Ende der Sklaverei vielfach nichts mit ihren vormaligen Unterdrückern zu tun haben. So entwickelte sich in einigen Bereichen des Alltags eine Trennung der Rassen, auch wenn es eine durch Gesetze rigoros festgeschriebene, systematische Trennung der Rassen zunächst noch nicht gab. Weiße und Schwarze wohnten noch dicht beieinander und interagierten noch vielfältig miteinander. Sie benutzten noch dieselben Parks, dieselben Theater und auch dieselben Friedhöfe. Bis in die 1890er Jahre hinein nahmen die *African Americans* noch in vergleichsweise großer Zahl an Wahlen teil, hatten teils öffentliche Ämter inne und waren voll gerichtsfähig.

Erst um 1890 begann im Süden die systematische und flächendeckende politische Entmündigung und rechtliche Diskriminierung der Schwarzen. Die politische Entrechtung der *African Americans* fand statt, obwohl der 15. Zusatz zur Verfassung in allen Staaten des Südens gültig war. Aufgrund ihrer Hautfarbe wurde ihnen das Wahlrecht daher auch in keinem Staat entzogen. Das geschah vielmehr durch spezielle Wahlsteuern (*Poll Taxes*), den Nachweis der Schreib- und Lesefähigkeit und andere vorgeschaltete Bedingungen, die für alle Bürger eines Staates galten, aber von den *African Americans* in der Regel nicht erfüllt werden konnten. Parallel zur politischen Entmündigung setzte sich das System der Rassentrennung in den letzten beiden Dekaden des 19. Jahrhunderts überall im Süden durch. Immer mehr Bereiche des täglichen Lebens wurden diesem Prinzip unterworfen. Es gab getrennte Eisenbahnen, Straßenbahnen, Bahnhöfe, Restaurants, Saloons, Parks, Toiletten und sogar getrennte Bibeln vor Gericht, weil der Eid durch einen Kuss auf die Bibel zu bekräftigen war. Die rechtliche Grundlage dafür boten die so genannten *Jim-Crow*-Gesetze. Damit ist ein ganzes Ensemble von Gesetzen bezeichnet, das zwischen 1880 und 1920 in den Südstaaten nach und nach und weitgehend unabhängig voneinander verabschiedet wurden. Das System der Rassentrennung wurde nicht durch ein einzelnes zentrales Gesetz begründet, sondern durch eine Vielzahl von Einzelgesetzen, die jeweils für spezifische Gegebenheiten und Aspekte die Trennung der Rassen verfügten. Es gab somit auch nicht einen einzigen Ursprungsort dieser Gesetze, denn einzelne Städte, Gemeinden oder Einzelstaatsparlamente verabschiedeten jeweils eigene rechtliche Bestimmungen. Mit der Entscheidung des Obersten Gerichtshofes im Fall *Plessy v. Ferguson*, die die Trennung der Rassen für verfassungskonform erklärte solange gewährleistet sei, dass die Einrichtungen für Weiße und *African Americans* die gleichen Standards hätten (*Separate but Equal*), erhielt das System der Rassentrennung im Jahr 1896 seine höchstrichterliche Legitimation. In der Folge verabschiedeten die Parlamente des Südens bis 1920 eine Vielzahl neuer Gesetze, die zunehmend den gesamten Alltag dem Prinzip der Rassentrennung unterwarfen.

2 Die Besiedlung des Westens und das Ende der *Frontier*

Zwischen 1865 und 1914 drangen amerikanische Siedler in großer Zahl in das Gebiet westlich des Mississippi vor. Gleichzeitig wurde »der Westen« – grob das Gebiet jenseits des 98. Längengrades – politisch, infrastrukturell, ökonomisch und kulturell von den USA durchdrungen. Diese rasante Expansion der USA an die Pazifikküste ging einher mit der systematischen Vernichtung der indianischen Kulturen auf den *Great Plains* und der Marginalisierung der überlebenden amerikanischen Ureinwohner. Insgesamt war die Besiedlung des Westens ein hoch komplexer und vielschichtiger Prozess, der den Bau von Eisenbahnen und die Gründung von Siedlungen genauso umfasste wie die ökonomische Ausbeutung der reichen natürlichen Ressourcen und die Bildung neuer Bundesstaaten.

Schrittmacher der Entwicklung war in vieler Hinsicht der Bau transkontinentaler Eisenbahnlinien, die den Westen erschlossen und ihn zugleich in die nationale Marktwirtschaft integrierten. Darüber wird im Zusammenhang mit der Verkehrs- und Kommunikationsrevolution gleich noch ausführlicher berichtet. An dieser Stelle sei nur der innere Zusammenhang zwischen Eisenbahnbau und Besiedlungsprozess näher beleuchtet. Die Bedeutung der transkontinentalen Eisenbahnen lag nicht nur darin, dass sie es ermöglichten, Siedler und Wirtschaftsgüter von Küste zu Küste zu bringen. Vielmehr hat der Eisenbahnbau den Besiedlungsprozess selbst entscheidend strukturiert, weil die privaten Eisenbahngesellschaften nämlich zugleich zu den größten Landbesitzern gehörten. Das hat damit zu tun, dass der Bau von Eisenbahnen in den USA einerseits das Ergebnis privaten Unternehmertums war, andererseits jedoch massiv von den Staatsregierungen durch großzügige Übereignung öffentlichen Landes an die Eisenbahngesellschaften unterstützt wurde. Die Idee hinter dieser Politik war, dass die privaten Eisenbahngesellschaften das Land links und rechts des Schienenstranges mit Profit an Siedler verkauften, um aus den Erlösen den Bau der Eisenbahnen zu refinanzieren. Im Ergebnis fuhren die Eisenbahngesellschaften riesige Gewinne ein, auch weil das System wilder Landspekulation und massiver Korruption Tür und Tor öffnete. Gleichzeitig erhielten die Eisenbahngesellschaften einen enormen Einfluss auf Verlauf und Struktur des Besiedlungsprozesses: Sie bestimmten durch ihre Streckenplanung, welche Landstriche besiedelt wurden, wo Bahnhöfe gebaut und Städte gegründet wurden. Auch nahmen sie direkten Einfluss auf die ökonomische Struktur einer Region, indem sie die Siedler ermunterten, bestimmte Pflanzen anzubauen. Die Maismonokulturen in Iowa und Kansas oder die von Weizen in den nördlichen *Great Plains* (North und South Dakota, Wyoming) ist ein Ergebnis dieser von den Eisenbahngesellschaften betriebenen Wirtschafts- und Strukturpolitik.

Neben den Eisenbahngesellschaften nahmen jedoch auch die Staatsregierungen Einfluss auf den Besiedlungsprozess. Das zentrale politische Instrument dafür waren *Homestead Acts*. So unterschiedlich deren Bestimmungen im Einzelnen auch waren, so lag ihnen immer das Prinzip zu Grunde, Siedlern eine genau bestimmte Fläche noch unkultivierten öffentlichen Landes – meist 160 Acres – praktisch kostenlos zu überlassen, auf dass sie es urbar machten, für einige Jahre bestellten und dann zu den üblichen Marktpreisen verkauften, wenn sie es denn wollten. Zwar war auch dieses System für Landspekulation und Korruption in hohem Maße anfällig, doch es verhalf Hunderttausenden von Siedlern zu eigenem Landbesitz in den Gebieten jenseits des Mississippi.

Infolge dieser von staatlichen Institutionen und privaten Unternehmen betriebenen, systematischen Besiedlungspolitik kamen die Prärien unter den Pflug und machten die Viehzüchter die *Great Plains* entlang des östlichen Abhangs der Rocky Mountains zum Königreich der Rinderzucht. Doch nicht nur Bauern und Viehzüchter kamen damals in den Westen. Der Strom europäisch-amerikanischer Siedler spülte auch Bergleute, Holzfäller, Goldsucher, Landspekulanten, Glücksritter, Kriminelle und andere zwielichtige Gestalten in das Gebiet jenseits des Mississippi, wo die Staatsgewalt für eine ganze Zeit lang noch nicht recht funktionierte. Dass es allerdings überhaupt schon eine Staatsgewalt gab, ist Teil des Erschließungsprozesses, denn die rasante Besiedlung des Westens ging einher mit der politischen Organisation des Gebietes. In schneller Folge wurden zwischen 1864 und 1912 13 neue Bundesstaaten gebildet und in die Union aufgenommen: Nevada, Nebraska, Colorado, die beiden Dakotas, Montana, Washington, Idaho, Wyoming, Utah, Oklahoma, New Mexico und Arizona.

Es war die große Zeit der Cowboys und des *Open Range Cattle Ranching*, bei dem die Rinder nicht auf eingezäunten Weiden, sondern auf Tausenden von *Acres* frei in der Landschaft grasten. Die *Cattle Frontier* verlief am östlichen Abhang der *Rocky Mountains* von Montana und Wyoming bis hinunter nach Utah, Colorado, Oklahoma und Texas. Dies war auch der Lebensraum von rund 35 000 bis 55 000 Cowboys, die in der populären Kultur vielfach als Ikonen von Freiheit und Selbstbestimmung hingestellt werden, tatsächlich aber eher schlecht bezahlte, den marktwirtschaftlichen Zyklen hilflos ausgelieferte Lohnarbeiter waren, die in vieler Hinsicht mit den gleichen Problemen zu kämpfen hatten wie die Fabrikarbeiter im Nordosten: niedrige Einkommen, lange Arbeitszeiten, erbärmliche Arbeitsbedingungen, lange Phasen der Arbeitslosigkeit und eine insgesamt prekäre materielle Lage.

Soziologisch gesehen waren die Cowboys mit einem Durchschnittsalter von 24 Jahren relativ jung. Viele von ihnen waren Veteranen des Amerikanischen Bürgerkrieges und übten ihren Beruf in der Regel für etwa sieben Jahre aus, in denen ihr Einkommen stark schwankte, weil es ganz von ihrer Position in der Arbeitshierarchie abhing. Die Cowboys mit einem festen, unbefristeten Arbeitsvertrag verdienten relativ gut und hatten das ganze Jahr über Arbeit. Die weitaus meisten Cowboys waren jedoch Saisonarbeiter, die im Sommerhalbjahr auf den Ranches arbeiteten und sich im Winter mit Gelegenheitsarbeit in den Städten oder Bettelei und Diebstählen durchschlugen. Sie waren deshalb in den Städten nicht gut gelitten; »Cowboy« war in der Zeit ein höchst abfälliges Wort der Stadtbevölkerung. Sie selbst bezeichneten sich als *Waddy, Cowhand, Herder, Cowpuncher, Vaquero* oder *Buckaroo*.

Der Arbeitsalltag der Cowboys war durch die verschiedenen Arbeiten strukturiert, die im Zusammenhang mit der Viehzucht anfielen: Zäune und Gatter reparieren, Heu machen, Wasserlöcher und Tränken überprüfen, kranke oder verletzte Rinder versorgen, Brandzeichen anbringen. Sie verbrachten deshalb die meiste Zeit ihres Arbeitstages gar nicht auf dem Pferd, sondern gingen zu Fuß. Sie waren ständig draußen und den Elementen ausgesetzt, schliefen nachts in Erdlöchern oder einfachen Zelten, waren insgesamt schlecht abgesichert und aßen vor allem deshalb oft gemeinsam aus einem Topf, weil sie nicht mehr als einen Topf zur Verfügung hatten. Das, was in Cowboyfilmen und -romanen als die Hauptbeschäftigung der Cowboys erscheint – das Zusammentreiben der Rinder und der mehrwöchige Viehtrieb zum nächsten Bahnhof –, war tatsächlich die große Ausnahme im Arbeitsalltag. In diesem Zusammenhang ist es ebenso wichtig zu betonen, dass die Cowboys in ethnisch-kultureller Hinsicht eine sehr bunte Truppe waren. Während die Cowboys des Westerngenre nahezu ausschließlich weiß, angelsächsisch bzw. amerikanisch sind, bestand die historische Berufsgruppe tatsächlich bis zu einem Drittel aus *Hispanics*, *African Americans* und *Native Americans*.

Die rasante Besiedelung des Westens ging einher mit der Vernichtung der Indianer auf den *Great Plains*, deren Lebensform wie oben gezeigt ganz und gar in der Jagd auf den Bison gründete (vgl. S. 23 f.). Die Indianer sahen dem Vordringen der weißen Siedler nicht tatenlos zu und verteidigten ihre Lebensräume mit dem Mut der Verzweiflung. Doch ihr Widerstand gegen die Ausbreitung der europäisch-amerikanischen Zivilisation wurde gebrochen, und zwar endgültig. Hunderttausende *Plains*-Indianer starben zwischen 1870 und 1890 in Folge von Krieg, Hunger oder Auszehrung. Die Überlebenden wurden in Reservate umgesiedelt, wo die Lebensbedingungen erbärmlich waren. Damit hörten die Indianer im letzten Drittel des 19. Jahrhunderts auf, der wesentliche Faktor der amerikanischen Geschichte zu sein, der sie seit dem Beginn der europäischen Besiedlung des Kontinents im 17. Jahrhundert stets gewesen waren.

Der Hebel zur Vernichtung der Indianer auf den *Great Plains* war die Ausrottung der riesigen Bisonherden. Die Gründung immer neuer Farmen und die Ausweitung der agrarischen Nutzflächen auf den Prärien zerstörten die Weideflächen der Bisons. Jäger machten schonungslos Jagd auf die Büffel, deren Fleisch sich gut an die Bautrupps der transkontinentalen Eisenbahn verkaufen ließ, deren Felle gerne zu Kleidungsstücken und deren Leder noch viel lieber zu Förderbändern für die Fabriken verarbeitet wurden. Hatte diese Jagd auf Bisons zumindest noch ein nachvollziehbares ökonomisches Rational, so knallten Eisenbahnpassagiere die Tiere millionenfach aus den fahrenden Zügen aus purem Spaß ab. Daneben ermunterten die Behörden die Siedler in den *Frontier*gebieten dazu, die Bisonherden systematisch auszurotten, wussten sie doch, dass dies den indianischen Widerstand gegen das Vordringen weißer Siedler brechen würde. Insgesamt wurden allein zwischen 1872 und 1875 mehr als 9 Millionen Bisons getötet.

Resigniert nahmen viele Stämme das Angebot der Bundesregierung an und siedelten in Reservate über. Damit gaben sie nicht nur ihren angestammten Lebensstil auf, sondern waren für ihre materielle Versorgung fortan von staatlichen Lebensmittel- und Hilfsgüterlieferungen abhängig. Weil die Behörden ihren vertraglichen Verpflichtungen jedoch nur sehr unzureichend nachkamen, führten die Indianer in den Reservaten ein sehr elendes Leben. Viele von ihnen verhungerten, zumal das ihnen überlassene Land oft so schlecht war, dass sie sich nicht aus ihm selbst ernähren konnten. Auch mit dem versprochenen Schutz durch die Armee war es in den Reservaten nicht weit her. Immer wieder griffen weiße Siedlertrupps die Reservate an.

Viele Indianerstämme richteten sich in ihrem neuen Leben ein, manche widersetzten sich jedoch der ihnen drohenden Umsiedlung mit allen Mitteln. Zu nennen sind hier insbesondere die Cheyenne, die Sioux, die Arapaho, die Kiowa, die Komantchen, die Nez Percé, die Bannock und die Apachen. In unzähligen Attacken griffen sie Siedlungen der Pioniere oder Bautrupps der Eisenbahnen an, und zogen wiederholt gegen die Armee ins Feld. Die 1870/80er Jahre erlebten gleich eine ganze Serie von Indianerkriegen, die auf beiden Seiten mit großer Brutalität geführt wurden. Im Jahr 1874 erhoben sich im *Red River War* die Cheyenne, Kiowa und Komantchen im nördlichen Texas. Zwei Jahre später, am 25. Juni 1876, fand am *Little Bighorn* in Montana die wohl legendärste Schlacht zwischen Indianern und Weißen in der amerikanischen Geschichte statt. Damals griffen vereinigte Sioux-Stämme unter der Führung der Häuptlinge *Crazy Horse*, *Big Foot* und *Sitting Bull* das 7. US-Kavallerieregiment unter dem Kommando von General George A. Custer an und rieben es auf. Allerdings erwies sich dieser militärische Triumph für die Indianer als ein Pyrrhussieg: Nach der vernichtenden Niederlage am *Little Bighorn* ging die Armee nur umso entschlossener gegen die Indianer vor, mit dem Ergebnis, dass der indianische Widerstand in den nördlichen *Plains* bis zum Jahr 1890 endgültig gebrochen war. Das Massaker am *Wounded Knee*, bei dem Soldaten des 7. US-Kavallerieregiments am 29. Dezember 1890 Minneconjou-Lakota-Sioux-Indianer unter Häuptling *Big Foot* (*Spotted Elk*) massenhaft töteten, markiert das blutige Ende der kriegerischen Auseinandersetzungen zwischen Indianern und Weißen auf den nördlichen *Plains*. Auch im Südwesten war der militärische Widerstand der Indianer gegen die Ausbreitung der europäisch-amerikanischen Zivilisation bis 1890 gebrochen. In den 1880er Jahren führten Geronimo und seine Apachen einen wilden Guerillakrieg gegen die Armee und die mit ihr kollaborierenden Indianer, der mit der Kapitulation Geronimos im Jahr 1886 endete.

Das Ende der Indianerkriege und die rasante Besiedlung des Westens ging einher mit dem Ende der *Frontier*. Diese westliche Siedlungsgrenze, die im Verlauf der amerikanischen Geschichte immer weiter nach Westen gewandert ist, war weniger eine Linie, die indianische von europäisch-amerikanischen Lebensformen trennte, als vielmehr eine kulturelle Kontaktzone, in der Indianer und Weiße seit dem 17. Jahrhundert unmittelbar aufeinandergestoßen waren und in einem zum Teil symbiotischen, vor allem aber konfliktreichen Verhältnis zueinander gestanden hatten. Im Jahr 1890 stellte das Zensusbüro offiziell fest, dass die europäisch-amerikanische Zivilisation inzwischen bis an den Pazifik vorgedrungen sei, dass der Kontinent damit besiedelt und die *Frontier* an ihr Ende gelangt sei.

In diesem Kontext ist es nun entscheidend, dass die *Frontier* als Phänomen und Faktor der amerikanischen Geschichte in dem Moment als Quelle amerikanischer Identität ideologisiert wurde, in dem die *Frontier* selbst offiziell verschwunden war. Diese Erkenntnis wurde von Frederick Jackson Turner in seinem Aufsatz *The Significance of the Frontier in American History* im Jahr 1893 herausgearbeitet. In der Deutung Turners war alles, was an den USA amerikanisch war, das Ergebnis einer als exzeptionell begriffenen *Frontier*-Erfahrung. Die *Frontier* wurde dadurch zu einem Ort der so rapiden wie restlosen Amerikanisierung von europäischen Einwanderern. Der Prozess der *Frontier* war für Turner nicht nur die fortlaufende Verwandlung von »Wildnis« in Kulturland; er umfasste vielmehr auch die Verwandlung von Europäern in Amerikaner. Das Alleinstellungsmerkmal der USA war somit aus Sicht Turners das Phänomen der *Frontier* und die mit ihr verknüpften Erfahrungen: Dort wurde die nationale Identität der Amerikaner und ihr freiheitlich-demokratischer *Way of Life* geprägt, weshalb sie außergewöhnlich und mit keinem anderen Land der Welt vergleichbar waren. An der *Frontier* wurde demnach jene Lebenseinstellung immer und immer wieder aufs Neue geboren, die Freiheit und Demokratie ermöglichte. Für Turner gründete der spezifische Charakter der amerikanischen Gesellschaft als demokratisch-liberaler Bürgergesellschaft in der *Frontier*. Zwar hatte diese Darstellung der *Frontier* nur wenig mit den historischen Realitäten im jeweiligen Westen der USA gemeinsam, aber als Idee und

Mythos hat die von Turner konstruierte *Frontier* die amerikanische Geschichte genauso geprägt wie es der reale Westen getan hat.

Stellt man die Turner-These in den Kontext der Zeit, in der sie entstand, so wird man nicht umhin können, die *Frontier*-Ideologie auch als ein Krisenphänomen zu begreifen. Mit der *Frontier* sei die erste Epoche der amerikanischen Geschichte, die mit der Ankunft von Christoph Columbus und den ersten europäischen Siedlern begonnen habe, nun an ihr Ende gelangt, stellte Turner 1893 fest. Damit hatte er freilich zugleich die Frage aufgeworfen, was denn eigentlich aus der amerikanischen Demokratie werden solle, nun, da die *Frontier* als Quelle amerikanischer Identität versiegt war. Die Antworten darauf waren vieldeutig; nervöse Orientierungslosigkeit machte sich in weiten Teilen der weißen und wohlhabenden Bevölkerung breit. Dieses Krisengefühl verschärfte sich angesichts der tief greifenden Transformationen, die Politik, Gesellschaft, Wirtschaft und Kultur der USA mit der rasanten Herausbildung der industriellen Moderne im letzten Drittel des 19. Jahrhunderts erlebten, noch weiter.

3 Die industriekapitalistische Metamorphose der USA

Nach dem Bürgerkrieg trat die Industrialisierung der USA in eine neue Phase ein. Die Schwerindustrie, also die Kohle-, Stahl-, Chemie-, Maschinenbaubranche, löste ab 1865 die Textil-, Schuh- und Möbelindustrie als Leitsektor der volkswirtschaftlichen Entwicklung ab, ohne dass deshalb die wirtschaftliche Dynamik in den traditionellen Industriebranchen nachließ. Hinzu kam mit der fortschreitenden Elektrisierung des Landes auch die Haushaltsgeräteindustrie als neuer Wachstumszweig. In regionaler Hinsicht verlagerte sich das industrielle Zentrum der USA von der Atlantikküste in das Gebiet der Großen Seen. Dadurch entstand der *Manufacturing Belt*, der sich von *Lake Michigan* über Ohio, Pennsylvania und New York bis nach Neuengland zog.

Insgesamt durchlief die Wirtschaft in den Jahren von 1865 bis 1914 einen Prozess der tief greifenden Reorganisation, der sowohl die Produktion von Waren als auch die Administration von Betrieben und die Vermarktung von Produkten betraf. In der Konsequenz entstand im Nordosten der USA eine komplex vernetzte industrielle Ordnung, die eine Vielzahl von Betrieben mit ganz unterschiedlicher Größe und Ausrichtung in ein arbeitsteilig organisiertes Gesamtsystem integrierte, dessen Takt einerseits von den damals neu entstehenden *Trusts* vorgegeben wurde, das jedoch andererseits ohne die große Zahl von kleineren und mittelgroßen Zuliefererbetrieben, Werbeagenturen und Dienstleistern nicht funktioniert hätte. Konzentration und Arbeitsteilung, Mechanisierung und Spezialisierung der Produktion, Standardisierung der Produkte, Effizienzsteigerung, Kostenreduktion und Profitmaximierung durch neue Formen des Managements – das sind die zentralen Dimensionen des Industrialisierungsprozesses in den USA nach 1865. Diese Entwicklung führte zu einer rasanten Expansion des industriellen Sektors und zu einer atemberaubenden Steigerung der Produktivität, die in den Augen vieler zeitgenössischer Beobachter Züge des Wunderbaren annahm. Das Wort vom »Wirtschaftswunder USA« machte um 1900 in den Vereinigten Staaten und in Europa die Runde. Einige Zahlen mögen die ungeheure

Dynamik dieses industriewirtschaftlichen Wachstumsprozesses illustrieren. Hatten die USA im Jahr 1865 noch weniger als 20 000 Tonnen Eisen und Stahl produziert, so waren es 1890 fast 5 Millionen, 1900 schon mehr als 10 Millionen, und 15 Jahre später kochten die Eisen- und Stahlwerke der USA 35 Millionen Tonnen Eisen und Stahl. Parallel zur Expansion der Eisen- und Stahlindustrie stieg die Kohleproduktion zwischen 1865 und 1900 um 800 Prozent an. Auch die Branchen Maschinenbau, Öl, Salz, Zucker, Tabak und Fleischverarbeitung wurden im letzten Drittel des 19. Jahrhunderts von einer vergleichbar explosiven Wachstumsdynamik erfasst.

Fragt man nach den Gründen für dieses atemberaubende wirtschaftliche Wachstum, so sind mehrere Faktoren zu nennen. Da ist zunächst die reiche Ausstattung der USA mit Kohle, Eisenerz und anderen für die Hochindustrialisierung zentralen Rohstoffen. Ein weiterer Faktor war die Wissensrevolution in den Naturwissenschaften jener Jahre und die sich parallel dazu intensivierende technologische Entwicklung. Wissenschaftliche Forschung und die anwendungsbezogene Entwicklung neuer Technologien gingen enger Hand in Hand, Erfindungen wurden systematisch geplant und auf ihren wirtschaftlichen Nutzen hin ausgerichtet. Thomas Alva Edison und seine »Erfinderfabrik« in Menlo Park, der die Menschheit unter anderem so bahnbrechende Dinge wie die Glühbirne, den Phonographen und den Kinematographen verdankt, fallen einem hier natürlich sofort ein. Edisons Arbeit war jedoch eingelassen in einen damals rasch expandierenden wissenschaftlich-industriellen Komplex, in dem Universitäten, Forschungseinrichtungen und Wirtschaftsunternehmen symbiotisch zusammenarbeiteten, um wirtschaftlich verwertbare technologische Innovationen systematisch voranzutreiben. In den 1880er und 1890er Jahren wurden beim Patentamt jährlich im Durchschnitt 22 000 Patente auf Erfindungen angemeldet. Im letzten Drittel des 19. Jahrhunderts avancierten die USA zum Land der Technologie, das die Welt in Staunen versetzte. Die technologische Entwicklung spielte dem Ethos der Effizienz in die Hände, das im letzten Drittel des 19. Jahrhunderts zu einem wahren Glaubenssatz des amerikanischen Industriekapitalismus wurde. Effizienz bedeutete Optimierung der Betriebsabläufe und den Einsatz von arbeitssparenden Maschinen, um Kosten zu senken, Verbraucherpreise zu reduzieren und damit die Nachfrage anzukurbeln. Auch dieses Ethos der Effizienz hat den industriewirtschaftlichen Wachstumsprozess vorangetrieben.

Hinzu kam die Konzentration teils riesiger Vermögen in den Händen von Unternehmern und Banken. Einige der Vermögen waren bereits während des Amerikanischen Bürgerkrieges akkumuliert worden und wurden nach 1865 in Industrieprojekte investiert. Dann führte die Dynamik des einmal in Gang gekommenen industriekapitalistischen Prozesses zur Bildung neuer Vermögen. Der mörderische Wettbewerb auf einem noch weitgehend unregulierten Markt brachte es mit sich, dass Unternehmen permanent versuchten, sich durch fortlaufende Senkung der Kosten, ständige Ausweitung der Produktion sowie überaus aggressive Preispolitik gegenseitig in den Ruin zu treiben. In diesem Preiskampf überlebten nur die leistungsfähigsten Unternehmen, die Konkurrenten aufkauften oder sie in den Ruin trieben. Dies wiederum beschleunigte die Konzentration von Kapital in den Händen einiger weniger Unternehmer, die ganze Marktsegmente beherrschten und teilweise märchenhaft reich waren. Was Andrew

Carnegie in der Stahlindustrie war, das waren John D. Rockefeller in der Ölbranche, J.P. Morgan im Bankgewerbe oder Henry Ford in der Automobilindustrie.

Schließlich wurde das wirtschaftliche Wachstum in den USA von zwei Faktoren getragen, die gleich noch in eigenen Kapiteln thematisiert werden, nämlich erstens der sich nach 1865 abermals beschleunigenden Transport- und Kommunikationsrevolution sowie zweitens der massenhaften Einwanderung aus Europa und Asien, die ein riesiges Reservoir an billigen Arbeitskräften entstehen ließ. In Kombination mit der hohen Geburtenrate war Einwanderung damals ein wesentlicher Faktor des allgemeinen Bevölkerungswachstums. Zwischen 1870 und 1910 wuchs die amerikanische Gesellschaft von rund 39 Millionen auf rund 92 Millionen Menschen an. Mit der Bevölkerung wuchs natürlich auch die Nachfrage nach Gütern aller Art, die durch die boomende Industriewirtschaft der USA befriedigt wurde.

Allerdings war das wirtschaftliche Wachstum alles andere als linear und gleichmäßig. Es entfaltete sich vielmehr in scharf ausgeprägten Zyklen von Aufschwüngen und Abstürzen. Die Jahre von 1873 bis 1878, von 1882 bis 1885 und 1893 bis 1897 erlebten Wirtschaftskrisen, die erdbebengleich über das Land kamen. In diesem wirtschaftlichen Auf und Ab wurden zwei strukturelle Grundprobleme der Wirtschaft dieser Zeit sichtbar: Zum einen war es schwierig, die Produktion bei gleichzeitig zunehmender Sättigung des nationalen Marktes fortlaufend zu steigern. Im ausgehenden 19. Jahrhundert produzierte die Wirtschaft viel mehr, als die Amerikaner konsumieren konnten. Der Verbrauch stieg nicht so stark wie die Effizienzgewinne in der Produktion dies erforderten. Das zweite Grundproblem war die unregulierte Konkurrenz in einem noch unorganisierten Industriekapitalismus, die das Wirtschaftssystem als solches destabilisierte. Zwar bewirkten die Wirtschaftskrisen immer auch eine Konsolidierung des Marktes, weil schwache und instabile Firmen in Konkurs gingen, während andere Betriebe die eigene Rationalisierung so vorantrieben, dass sie vielfach gestärkt aus den Krisen hervorgingen und ihre Marktdominanz erhöhten. Doch insgesamt war die mörderische Konkurrenz in ihrer ganzen Unberechenbarkeit nicht im Interesse der Großunternehmen, weshalb sie um 1900 viel dafür taten, die Konkurrenz durch Organisation des Kapitalismus so weit einzuschränken und zu kontrollieren, dass ein gleichmäßigeres, stabileres wirtschaftliches Wachstum gewährleistet sein würde. In den Bemühungen um Organisation des Kapitalismus manifestierte sich das Verlangen der Unternehmer nach einer Balance von Ordnung und Konkurrenz im Dienste von wirtschaftlicher Stabilität. Der freie Markt war so zu organisieren, dass die zerstörerischen Auswüchse des Konkurrenzprinzips kontrolliert und ein gleichmäßigeres wirtschaftliches Wachstum möglich werden konnte. In diesem Zusammenhang erschien nun die systematische Bildung von Großunternehmen als Lösung des Problems. Viele Wirtschaftseliten waren unter dem Eindruck der tiefen Wirtschaftskrisen zu der Überzeugung gelangt, dass nur eine um Großbetriebe herum organisierte Wirtschaftsordnung in der Lage sei, den Mechanismen des *Boom and Bust* zu entkommen.

Deshalb erlebten die Jahre von 1890 bis 1904 die beschleunigte korporative Reorganisation des amerikanischen Kapitalismus. Dies war ein Akt der Selbstorganisation, der den Staat außen vor ließ. Die verheerende Wirtschaftskrise von 1893 löste eine Konzentrationsbewegung in der Wirtschaft aus, die bis Ende der 1890er dazu führte, dass die meisten Industriebranchen von gigantischen *Trusts* beherrscht wurden. *Trusts* waren Großunternehmen, die mehrere rechtlich selbstständige Unternehmen zu einer wirtschaftlichen Einheit unter einer Leitung zusammenfassten und ganze Marktsegmente kontrollierten. Damit einher ging die organisatorische Zusammenfassung der zuvor getrennten Bereiche Entwicklung, Produktion und Marketing. Dies machte *Trusts* zu hochkomplexen, funktional differenzierten Gebilden, die arbeitsteilig organisiert waren, um Effizienz und Profite zu steigern. Diese neue Form des Wirtschaftens war höchst profitabel.

Die Großunternehmen, die damals entstanden, waren entweder horizontal oder vertikal integriert. Horizontal integrierte *Trusts* vereinigen die Unternehmen einer einzigen Branche unter ihrem Dach. Das Musterbeispiel für einen horizontal integrierten *Trust* bietet die 1901 gegründete *United States Steel Corporation*, die aus dem Zusammenschluss der von Andrew Carnegie geführten, an sich schon gigantischen *Carnegie Steel Company* mit der nicht viel kleineren *Federal Steel Company* von Elbert H. Gary und weiterer großer Stahlproduzenten entstand. Bereits im ersten Geschäftsjahr produzierte *U.S. Steel*, das als erstes Unternehmen in der Geschichte der USA über ein Kapital von mehr als einer Milliarde Dollar verfügte, 67 Prozent des in den USA hergestellten Stahls. Im Vergleich zu horizontal integrierten *Trusts* vereinigten vertikal integrierte *Trusts* alle für die Herstellung ihrer Produkte relevanten Produktionsstufen in ihrer Organisationsstruktur, angefangen bei der Rohstoffgewinnung und endend bei dem eigenen Transport- und Vertriebssystem. So hatte die *Standard Oil Company* von John D. Rockefeller beispielsweise ihre eigenen Ölquellen, Raffinerien, Öltanker und Pipelines. Vertikal integrierte *Trusts* trieben die eigene wirtschaftliche Diversifizierung beständig voran, weil sie ihre Ressourcen dazu nutzten, auch verwandte Produkte herzustellen. Die Firma DuPont zum Beispiel, die im Jahr 1870 ihr Geld noch ausschließlich mit der Herstellung von Schießpulver verdiente, entwickelte sich durch eine Politik der gezielten Diversifizierung um 1900 zum führenden Chemieunternehmen der USA, das neben Schießpulver in allen Varianten auch Zelluloid, Farben und Färbemittel, Kunstleder und andere Kunststoffe herstellte.

Die *Trusts* waren Kernelemente einer spezifischen Form des amerikanischen Industriekapitalismus, dessen Eigenarten mit den Begriffen »Fordismus« und »Taylorismus« beschrieben sind. Dabei steht der auf den Autobauer Henry Ford zurückgehende »Fordismus« für ein doppeltes Prinzip: industrielle Massenfertigung mit Hilfe der Fließbandtechnologie und eine Politik der hohen Löhne, die die Arbeiter zu Käufern der Produkte machen sollte, die sie herstellten. Fords Geschäftsidee war es, eine begrenzte Anzahl von Produkten, die aus einer begrenzten Anzahl vorgefertigter, standardisierter Einzelteile zusammengebaut wurden, in hoher Stückzahl und unter starkem Einsatz von Maschinen kostengünstig herzustellen, um Verbraucherpreise soweit zu senken, dass sich möglichst viele die industriell hergestellten Güter leisten konnten. So gab es das von Henry Ford 1908 auf den Markt gebrachte – und zunächst noch nicht am Fließband produzierte – *Model T* in nur wenigen Varianten, die freilich alle dasselbe Chassis, dieselben Räder, denselben Motor und andere Teile gemeinsam hatten. Inspiriert durch die Schlachthöfe in Chicago eröffnete Ford im Jahr 1913 in *Highland Park*, Michigan, die erste Fabrik, in der Autos am Fließband hergestellt wurden. Die gesunkenen Produktionskosten gab Ford direkt an die Verbraucher weiter. Kostete das Standardmodel im Jahr 1909 noch 850 Dollar, so war der Preis bis 1913 auf 550 Dollar und bis 1915 auf 440 Dollar gefallen. Der Absatz stieg: Im Jahr 1911 verkaufte Ford 69 762 *Model T*, vier Jahre später waren es gut 500 000. Fünf Dollar am Tag zahlte Ford seinen Arbeitern zu Beginn; das war zu dieser Zeit unerhört viel. Allerdings hatte der Grundsatz des »Five-Dollar-Day« auch seine Kehrseite, denn als Gegenleistung verlangte Ford von seinen Arbeitern unbedingte Loyalität, was auch bedeutete, sich keiner Gewerkschaft anzuschließen. Hohe Löhne waren für Ford eine Möglichkeit, die Gewerkschaften aus seinen Betrieben herauszuhalten.

Neben »Fordismus« war »Taylorismus« das zweite Kernelement des amerikanischen Industriekapitalismus. Der Begriff verweist auf Frederick Winslow Taylor und das von ihm begründete *Scientific Management*, also die auf der Basis wissenschaftlicher Zeit- und Bewegungsmessungen durchgeführte fortschreitende Rationalisierung der Produktionsabläufe. Taylors Ziel war es, das Zusammenspiel von Mensch und Maschine in den Fabriken so zu optimieren, dass sowohl die Menschen als auch die Maschinen ihre größtmögliche Produktivität entfalteten. Zu diesem Zweck zerlegte Taylor mit seinen Wissenschaftlerteams den Produktionsprozess in seine einzelnen Stationen, maß die zeitliche Dauer einzelner Bewegungsabläufe, untersuchte die Anordnung der Maschinen und das Zusammenspiel von menschlichen Bewegungen und maschinellen Rhythmen. Auf der Grundlage dieser Messungen überlegte er dann, wie sich Arbeitsabläufe zeiteffizienter gestalten ließen. Allerdings unterwarf Taylor nicht nur den eigentlichen Produktionsprozess, sondern auch die administrativen Abläufe einer genauen wissenschaftlichen Analyse, um auch die Unternehmensbürokratien effizienter zu machen.

Die korporative Reorganisation der amerikanischen Wirtschaft ließ die fortschreitende Standardisierung zu einem Phänomen der Zeit werden. Das gilt natürlich unmittelbar für die in Massenfertigung hergestellten Produkte selbst, doch ist *Standardisierung* in einem umfassenderen Sinne zu verstehen. Damals wurden die Spurbreiten der Eisenbahnschienen vereinheitlicht, das heute noch gültige System der *Standard Time* eingeführt, Fahrpläne abgestimmt und immer mehr Aspekte des täglichen Lebens bürokratisch reguliert. Ein Spezifikum der amerikanischen Geschichte ist es, dass die Bürokratisierung anders als in Europa nicht vom Staat, sondern von den damals entstehenden *Trusts* vorangetrieben wurde. Um die immer komplexer werdende Verwaltung von Produktion und Absatz effizient bewältigen zu können, bauten die Unternehmen ihre bürokratischen Apparate systematisch aus. Dabei wurde die Unternehmensbürokratie von vielen Zeitgenossen auch als Modell für die effiziente Verwaltung des Staates gesehen. Andrew Carnegie zum Beispiel war der festen Überzeugung, dass erfolgreiche Geschäftsmänner viel besser als Politiker wüssten, wie das Gemeinwohl zu fördern und soziale Beziehungen zu strukturieren seien, damit es am Ende allen besser gehe. Die um Großbetriebe herum organisierte Wirtschaftsordnung wurde so zu einem Modell für die Organisation von Politik und Gesellschaft.

Hier stoßen wir auf einen Grundwiderspruch der Zeit: Erfolgreiche Industriemagnaten wie beispielsweise Andrew Carnegie machten sich damals lautstark sozialdarwinistische Theorien zu eigen und erklärten die freie marktwirtschaftliche Konkurrenz zum zentralen Motor eines als fortschrittlich konzipierten historischen Prozesses. In seinem 1889 veröffentlichten Essay *The Gospel of Wealth* schrieb Carnegie, der irische *Self-Made Man*, der es von einfachen Anfängen zum König der amerikanischen Stahlindustrie gebracht hatte, dass die freie Konkurrenz zur Auslese der Besten führe, die ihren Reichtum deshalb verdient hätten, weil sie talentierter, fleißiger und auch wagemutiger seien als die anderen. Wirtschaftlicher Erfolg wurde hier zum sichtbaren Beweis für »Stärke« im Ausleseprozess. Soziale Ungleichheit sei als Ergebnis der notwendigen Polarisierung des Wohlstands in einer industriekapitalistischen Ordnung billigend in Kauf zu nehmen, konstatierte Carnegie, der auch betonte, dass in einer industriell entwickelten Gesellschaft selbst die Ärmsten noch einen höheren Lebensstandard hätten als Arme in vorindustriellen Staaten. Mit dieser Geschichtsdiagnose verknüpfte Carnegie die Forderung nach dem weitgehenden Rückzug der Politik aus den Mechanismen des freien Marktes, der, solange er nur sich selbst überlassen bliebe, nicht nur wirtschaftliches Wachstum, sondern die Lösung aller sozialen Probleme herbeiführen würde. Diese Rhetorik des freien Marktes verdeckt freilich zum einen, wie sehr die Unternehmer seinerzeit selbst daran arbeiteten, die freie Konkurrenz durch Organisation und Konzentration einzuschränken. Zum anderen griffen die Unternehmer auch gerne da auf staatliche Hilfe zurück, wo es ihren Interessen von Wachstum und Stabilität nutzte.

4 Die Herausbildung der industriellen Gesellschaft

Im Zuge des im letzten Drittel des 19. Jahrhunderts an Fahrt gewinnenden Industrialisierungsprozesses prägten sich die Strukturen der industriellen Gesellschaft voll aus, und es entstanden zwei neue soziale Formationen: Die Industriearbeiter (*Blue-Collar Workers*) und die vielgestaltige Gruppe der Angestellten (*White-Collar Workers*).

Die amerikanische Arbeiterklasse

Die Lebens- und Arbeitswelt der Arbeiter war entscheidend von den Institutionen und den Rhythmen industrieller Produktion geprägt. Zwischen 1860 und 1900 stieg ihre Zahl von 885 000 auf 3,2 Millionen an. Die weitaus meisten von ihnen waren Ungelernte, weil die rasante Mechanisierung viele Tätigkeiten mit nur wenigen einfachen, hochgradig sich wiederholenden Handgriffen entstehen ließ, für die man keine Ausbildung benötigte. Insofern ist als genereller Trend der Zeit von 1870 bis 1914 festzustellen, dass sich die Zahl der ungelernten Arbeiter massiv erhöhte, während der Bedarf an Facharbeitern deutlich zurückging. Die übergroße Mehrheit der Industriearbeiter war in den großen Fabriken des Nordostens tätig, doch ebenso arbeiteten manche in kleinen und mittelgroßen Werkstätten. Ein verbindendes erfahrungsgeschichtliches Moment für alle war jedoch die unselbstständige, körperliche Lohnarbeit. Auf diesem Fundament gründeten die ökonomische Lage und die Lebenschancen, das Selbstverständnis, ja überhaupt die Lebensform der Industriearbeiter.

Die Arbeit in den Fabriken war hart und monoton. Die Arbeiter stellten das Produkt nicht mehr in Gänze mit allen dazugehörigen Arbeitsschritten her, sondern verrichteten als Teil eines von Maschinen bestimmten, anonymen Prozesses nur noch wenige, hochgradig spezialisierte und sich wiederholende Handgriffe. Im Vergleich zu den Arbeitsrhythmen der Landwirtschaft, in der die meisten Industriearbeiter zuvor gearbeitet hatten, war die Fabrik eine ganz andere Arbeitswelt mit rigoros durchgesetzter Disziplin und einem von den Maschinen vorgegebenen Takt. Allerdings war die Arbeit in den Fabriken nicht nur monoton, sondern auch gefährlich. Da selbst rudimentäre Arbeitsschutzmaßnahmen fehlten, waren größere und kleinere Arbeitsunfälle an der Tagesordnung. Viele Arbeiter starben bei Zwischenfällen in der Fabrik, mehr noch wurden vorübergehend oder dauerhaft arbeitsunfähig. Für deren Familien war das eine ökonomische Katastrophe, da Arbeitsunfähigkeit den sofortigen und weitgehend unkompensierten Einkommensverlust nach sich zog. Auch die Arbeitszeiten waren sehr lang, die Löhne gemessen an der Dauer, Härte und den Gefahren der Arbeit niedrig, und die Arbeiter selbst gegenüber ausbeuterischen Praktiken der Unternehmer kaum geschützt.

Die Lebensläufe der Arbeiter waren unauflöslich mit den Zyklen des industriekapitalistischen Auf und Ab verwoben. In Boomzeiten hatten sie Arbeit, Lohn und Brot, in Zeiten des wirtschaftlichen Abschwungs wurden sie arbeitslos. Doch gleich ob *Boom* oder *Bust*, die materielle Situation der Arbeiterschicht war insgesamt so prekär, dass Frauen und Kinder mit zum Familieneinkommen beitragen mussten. Arbeiterkinder fingen vielfach im Alter von acht oder neun Jahren in den Fabriken und Minen an zu arbeiten, und auch ihre Mütter trugen auf vielfältige Weise zum Unterhalt der Familie bei, sei es, dass sie selbst arbeiten gingen, sei es, dass sie in ihre ohnehin schon zu kleinen Wohnungen noch Untermieter aufnahmen und versorgten. Die Folgen für die Frauen waren ambivalent: Die Arbeit in den Fabriken war ungeachtet aller Härten und Ausbeutungen finanziell immer noch lukrativer als die Arbeit in der Landwirtschaft. Auch hatten sie ein eigenes Einkommen. Doch war dieses nicht hoch genug, um sich selbst ernähren zu können, so dass Arbeiterfrauen von ihren Familien abhängig blieben, denn nur als Teil einer Familie waren sie materiell einigermaßen abgesichert. Mit bürgerlichen Familienidealen hatten diese proletarischen Realitäten allerdings wenig gemein.

Die Wohnquartiere der Arbeiter in den Innenstädten waren übervölkerte Elendsviertel, voller Schmutz und Gestank, Müll und in den Straßen verrottenden Tierkadavern. Die zu exorbitanten Preisen vermieteten Wohnungen in heruntergekommenen Mietshäusern waren klein, dunkel und nur rudimentär ausgestattet. Hier wohnten Großfamilien mit zusätzlichen Untermietern auf kleinstem Raum zusammen. Privatsphäre gab es nicht; ein Großteil des sozialen Lebens spielte sich auf den Straßen und in den Saloons ab. Gewalt und Kriminalität waren allgegenwärtig. In den innerstädtischen *Slums* waren die Arbeiterfamilien weitgehend unter sich, denn wer es sich leisten konnte, zog in die besseren Wohngegenden am Stadtrand oder in die damals wie Pilze aus dem Boden schießenden Vorstädte. Für die in den Innenstädten zurückbleibenden Industriearbeiter war es hingegen schwer, dem Elend der *Slums* zu entkommen und sozial aufzusteigen. Der Teufelskreis aus Armut und Arbeitslosigkeit gab ihnen, die buchstäblich nichts besaßen außer ihre Arbeitskraft, keinerlei Aussicht auf den Erwerb von Eigentum. Damit existierte, abgesehen von den schwarzen Sklaven, erstmals eine soziale

Schicht der dauerhaft Armen mit nur wenig Aussicht auf einen sozialen Aufstieg. Das war ein Novum in der Geschichte der USA, in der es zwar immer Arme gegeben hatte, nie jedoch verfestigte proletarische Strukturen. Allerdings sollte man nicht übersehen, dass es in den USA eine Arbeiterklasse im Sinne einer in sich geschlossenen, kulturell homogenen und weltanschaulich gleichgerichteten sozialen Gruppe nicht gegeben hat. Vielmehr war die Schicht der Industriearbeiter in sich vielfältig entlang von sozialem Status und Ethnizität differenziert.

Eine ganz zentrale Scheidelinie verlief zwischen gelernten und ungelernten Arbeitern. Die Facharbeiter waren die Elite der Industriearbeiterschaft, die die anspruchsvollsten, verantwortungsvollsten und deshalb auch bestbezahltesten Tätigkeiten in der Fabrik verrichteten. Ihre berufliche Expertise gab ihnen eine herausgehobene Bedeutung für den Herstellungsprozess, weshalb sie nicht so einfach ersetzbar waren wie die ungelernten Arbeiter. Gegenüber den Unternehmern waren Facharbeiter in einer Position relativer Stärke. Sie wurden nicht so schnell entlassen, waren in der Gestaltung ihres Arbeitsalltags etwas autonomer als die Ungelernten und waren materiell meist besser als diese gestellt. Die Facharbeiterlöhne waren deutlich höher als die der ungelernten Kräfte, so dass die gelernten Arbeiter einen, wenn auch begrenzten, Wohlstand genossen. Sie lebten nicht in den *Slums*, sondern in den etwas besseren Gegenden der Innenstädte, wo sie zum Teil eigene Häuser und Wohnungen besaßen oder in den lukrativen firmeneigenen Mietswohnungen wohnten. Sie zahlten in die betrieblichen Kranken- und Rentenversicherungen ein und besaßen in vielen Fällen sogar Aktien ihrer Arbeitgeber. Weil sie deshalb bei Arbeitskonflikten viel zu verlieren hatten, waren die Facharbeiter ihren Firmen gegenüber tendenziell loyal und nur wenig streikbereit.

Doch war die Linie zwischen gelernten und ungelernten Arbeitern nicht nur eine ökonomische, sondern auch eine ethnisch-kulturelle, denn bei den gelernten Arbeitern handelte es sich zu einem ganz überwiegenden Teil um Leute, die bereits seit Generationen in den USA lebten, deren Muttersprache Englisch war und die einen nordwesteuropäischen Migrationshintergrund hatten. Demgegenüber rekrutierte sich die große Masse der ungelernten Arbeiter aus der sogenannten *New Immigration*. Am Vorabend des Ersten Weltkrieges waren die weitaus meisten der ungelernten Arbeiter außerhalb der USA geboren worden und beherrschten die englische Sprache allenfalls rudimentär.

Eine geschlossene, in einem gemeinsamen Klassenbewusstsein ankernde Arbeiterkultur hatte sich bis zum Vorabend des Ersten Weltkrieges nicht entfaltet. Dazu waren die ethnisch-kulturellen Frontstellungen und Konflikte innerhalb der Arbeiterschaft zu vielfältig und zu stark. In den Fabriken bildeten die verschiedenen Ethnien und Statusgruppen vielfach kleine Grüppchen, die sich nach außen abschlossen und sich kaum mit den anderen mischten. Die Mittagspausen verbrachten sie meist unter sich, und auch nach der Arbeit kam es nur selten zum Austausch und zu stabilen Beziehungen zwischen den verschiedenen ethnischen Gruppen. Die kulturell geprägten Wertideen und Lebenseinstellungen waren einfach zu unterschiedlich. Ein weltanschaulich weitgehend geschlossenes sozial-moralisches Arbeitermilieu wie das Ruhrgebiet in Deutschland hat sich in den industriellen Ballungszentren der USA während der Hochindustrialisierung nicht herausgebildet.

Die Arbeiter akzeptierten aber die Härten und Ungerechtigkeiten der industriellen Welt nicht einfach so. Im Gegenteil, Streikbereitschaft und Militanz waren im *Gilded Age* und der *Progressive Era* hoch. Zwischen 1881 und 1905 zählten Statistiker fast 37 000 Streiks, an denen sich rund 7 Millionen Arbeiter beteiligten. Einige dieser Streiks sind legendär. Im Jahr 1877 brachten streikende Eisenbahner einen Gutteil des Verkehrs zum Erliegen, und am 1. Mai 1886 streikten geschätzte 340 000 Menschen überall in den USA für die Einführung des Acht-Stunden-Tages. In Chicago, wo der größte Streik dieser konzertierten Aktion stattfand, kam es zu mehrtägigen Unruhen, die am 4. Mai im *Haymarket Riot* eskalierten und wenigstens elf Arbeiter und Polizisten tot zurückließen. Nicht minder bedeutsam waren im Jahr 1892 der *Homestead Strike* in den Stahlwerken Carnegies oder der *Pullman Strike* der Schlafwagenschaffner zwei Jahre später. In allen Fällen waren die Unternehmer entschlossen, die Streiks zu brechen und die Gewerkschaften aus ihren Betrieben herauszuhalten. Dazu war ihnen fast jedes Mittel recht. Die Arbeitskämpfe der Zeit waren nicht zuletzt deshalb so gewaltsam, weil die Unternehmen die Streikenden aussperrten, arbeitswillige Einwanderer, die vielfach gerade erst angekommen waren, als Streikbrecher einsetzten oder Privatdetektive beschäftigten, um der Anführer habhaft zu werden. Vor allem aber schalteten die Unternehmer die Gerichte ein und fanden dort regelmäßig Gehör. Mittels einstweiliger Verfügungen erklärten die Richter Streiks wieder und wieder für illegal und ermöglichten damit den Einsatz von Polizei zur Sicherung der Betriebe und zur Beendigung von Arbeitskämpfen.

Alle Streikbereitschaft und Militanz der Arbeiterschaft in den USA führten jedoch nicht zur Entwicklung starker Gewerkschaften. Gerade einmal rund 5 Prozent der Industriearbeiter waren um 1900 gewerkschaftlich organisiert. Sie hatten sich in einer der unter dem Dachverband der *American Federation of Labor* (AFL) organisierten Gewerkschaften angeschlossen. Die AFL-Gewerkschaften organisierten, dem traditionellen Modell der englischen *Craft Unions* folgend, nur gelernte Arbeiter. Sie begriffen sich als Berufsverband eines Handwerks und nicht als die Vertretung aller Arbeiter einer Industriebranche. Die AFL hatte sich im Jahr 1886 gegründet und unter der Leitung von Samuel Gompers einen pragmatischen Kurs eingeschlagen, der, frei von allem Sozialismus, vor allem die konkrete Verbesserung der Lebens- und Arbeitssituation für die Gewerkschaftsmitglieder im Blick hatte. Energisch stritt die AFL um bessere Arbeitsbedingungen, Sicherheitsmaßnahmen am Arbeitsplatz, höhere Löhne und weitere materielle Vergünstigungen, den Acht-Stunden-Tag sowie für die Beschränkung von Einwanderung, auf dass Konkurrenz ausgeschlossen und der Status der Facharbeiter erhalten bliebe. Dabei stand die AFL stets fest auf dem Boden der industriekapitalistischen Ordnung. Ihre Agitation hatte keine sozialrevolutionäre Dynamik; sie ankerte vielmehr in der Überzeugung, dass in einer von Großunternehmen dominierten Wirtschaftsordnung auch die Arbeiter sich in großen Gewerkschaften organisieren müssten, um ihre Interessen weiterhin geltend machen zu können. Die Welt des *Big Business* war für die AFL auch eine Welt des *Big Labor*. Bis zum Vorabend des Ersten Weltkrieges gewann die AFL zwar beständig an Mitgliedern, Macht und Einfluss – im Jahr 1904 zählten die AFL-Gewerkschaften rund 1,6 Millionen Mitglieder –, doch sie repräsentierte insgesamt nur einen Bruchteil der Industriearbeiterschaft, und hier auch nur die ohnehin schon besser gestellten Facharbeiter, die ungleich enger mit dem bestehenden System verwoben waren als die große Masse der ungelernten Industriearbeiter.

Zur Gründung von freien Industriegewerkschaften, die alle Arbeiter einer Branche organisierten, kam es nach dem Amerikanischen Bürgerkrieg nur in Ansätzen. Die zwischen 1866 und 1872 aktive, von William H. Sylvis geführte *National Labor Union* war ein erster Versuch, der jedoch nicht lange währte. Deutlich wirkmächtiger waren da schon die 1869 gegründeten *Knights of Labor*, eine nach dem Vorbild der Freimaurer organisierte Geheimgesellschaft, die es sich zum Ziel gesetzt hatte, alle lohnabhängigen Arbeitnehmer zu vereinigen. Ihre große Zeit hatten die *Knights of Labor* in den 1880er Jahren, als sie unter der Leitung von Terence V. Powderly mehr als 700 000 Arbeiter in rund 6000 Ortsgruppen organisierten. Dann jedoch sorgte eine Reihe von teils spektakulär gescheiterten Streiks für den raschen Niedergang der Gewerkschaft. Im Jahr 1905 kam es dann in Chicago zur Gründung der *Industrial Workers of the World* (IWW), eine revolutionäre Gewerkschaftsbewegung, deren Mitglieder im Volksmund *Wobblies* genannt wurden und die bis zum Beginn des Ersten Weltkrieges viel öffentliche Aufmerksamkeit auf sich zogen, allerdings aber wohl nie mehr als um die 30 000 Mitglieder hatten.

Die amerikanische Mittelklasse

Die zweite große Sozialformation, die im Zuge der industriekapitalistischen Transformation der USA entstand, war eine neue weiße Mittelklasse, die im Typus des Angestellten ihre Leitfigur fand. Sie arbeiteten nicht körperlich, sondern verrichteten Verwaltungstätigkeiten. Viele dieser neuen Jobs entstanden auf den mittleren Stufen des Managements, doch auch einfache Sachbearbeiter und Schreibkräfte auf den unteren Stufen der Unternehmensbürokratien konnten sich zur (unteren) Mittelklasse zählen.

Von zentraler Bedeutung für die Formierung der neuen Mittelklasse war die sogenannte »Manager Revolution«, die den Beruf des auf den mittleren Ebenen der Unternehmensbürokratien leitende administrative Aufgaben erfüllenden Angestellten entstehen ließ. Manager stellten ein wichtiges Bindeglied zwischen der Unternehmensführung und den Arbeitern in der Fabrikhalle her, und sie waren zugleich eine treibende Kraft hinter der korporativen Umgestaltung der amerikanischen Wirtschaftsordnung. Das ist wichtig zu betonen: Die industriekapitalistische Reorganisation der amerikanischen Wirtschaft wurde nicht nur von oben vorangetrieben, sondern auch aus der Mitte der Unternehmensbürokratien heraus generiert. Hier spielten die auf mittlerer Stufe operierenden Manager eine zentrale Rolle. Das Berufsbild des Managers prägte sich nach 1870 aus und hatte bis 1900 ein klares Ausbildungs- und Laufbahnprofil gewonnen. Die ersten Manager der 1870/80er Jahre waren noch auf ganz verschiedenen Wegen in ihren Beruf gekommen. Es waren vielfach *Self-Made-Men*, die innerhalb der damals rasch expandierenden Unternehmensbürokratien aufgestiegen waren. Die ersten Manager-Generationen hatten das Geschäft von der Pike auf gelernt und in ihren Unternehmen ganz verschiedene administrative Aufgaben übernommen.

Sie kannten deshalb die Firmen wie ihre Westentasche und hatten jede Menge praktisches Erfahrungswissen, mit dem sie die fortlaufende Spezialisierung der Unternehmensbürokratie vorantrieben. In dem Maße jedoch, in dem sich diese Bürokratien zwischen 1890 und 1914 konsolidierten und ausdifferenzierten, wurden auch die Laufbahnen der Manager formalisiert. Bildungstitel, in der Regel nachgewiesen durch eine College-Ausbildung, wurden zur Qualifikationsvoraussetzung; gleichzeitig entwickelten die Unternehmen selbst zunehmend formalisierte Ausbildungs- und Weiterbildungsgänge, so dass es zunehmend strukturierte Laufbahnen für Manager gab, die sich für die Dauer ihres beruflichen Lebens auf der mittleren Managementebene bewegten. Zwar stiegen Einzelne aus ihren Reihen immer wieder einmal in die Unternehmensspitze und Aufsichtsräte auf, doch die Regel war das nicht, und das sollte auch gar nicht so sein. Zwar gaben die Manager als *Organization Men* einen Gutteil ihrer Autonomie und Selbstbestimmung auf, übten dafür aber verantwortungsvolle Tätigkeiten aus und genossen ein Leben in relativer materieller Sicherheit.

Allerdings produzierte die industriekapitalistische Transformation nicht nur eine große und wachsende Zahl von Managern, sondern auch eine breite Vielfalt von einfacheren Verwaltungsjobs wie beispielsweise Sekretärinnen, Telefonistinnen, Buchhalter oder andere Sachbearbeiter. Um 1900 entwickelten die Unternehmensbürokratien einen solchen Bedarf an Verwaltungskräften, dass die Zahl der Büroangestellten geradezu explodierte. Im Jahr 1870 waren gerade einmal 1 Prozent aller Arbeitskräfte in den USA in Bürojobs tätig. Bis 1900 hatte sich diese Zahl mehr als verdreifacht, und bis zum Vorabend des Ersten Weltkrieges wuchs die Gruppe der Büroangestellten noch einmal um mehr als 120 Prozent an. Ins Auge sticht der hohe Anteil von Frauen in diesen Berufen. Das Vordringen von Schreibmaschinen und Telefonen kreierte Tausende von Stellen für Sekretärinnen und Telefonistinnen, so dass rund ein Viertel aller Büroangestellten in den USA um 1900 weiblich waren. Auch waren sie jung, denn sie gingen ihrem Beruf in aller Regel bis zur Heirat nach. Heirateten sie, so wurde erwartet, dass sie ihren Beruf aufgaben, um fortan als Hausfrau und Mutter tätig zu sein. Der Wertekanon der neuen Mittelklasse sah berufstätige Frauen nicht vor.

Insgesamt prägte die neue industrielle Mittelklasse bis zum Vorabend des Ersten Weltkrieges einen eigenen Lebensstil aus, der sich scharf von dem der Arbeiterklasse unterschied. Wesentliche Elemente dieses Lebensstils waren Bildungsbewusstsein – oft manifestiert in einer College-Ausbildung –, ostentativer Konsum als Statusmarker, ein Eigenheim am Stadtrand oder in einem der Vororte als Wohnort für Kernfamilien mit ein bis zwei Kindern sowie die standesbewusste Abgrenzung sowohl nach unten zu den Arbeitern als auch nach oben zu den Oberschichten, die vielfach als elitär, verschwenderisch und dekadent gesehen wurden. Die materiellen Grundlagen dieses Lebensstils wurden durch das feste Gehalt des Vaters als Familienoberhaupt gelegt. Das Gehalt hatte nicht nur eine ökonomische, sondern auch eine symbolische Bedeutung, weil es den im Vergleich zu den lohnabhängigen Arbeitern höheren sozialen Status der *White-Collar Workers* anzeigte. Anders als die Arbeiterfamilien, in denen alle Mitglieder zum Lebensunterhalt der Familie beitrugen, bedeutete das Gehalt des Mannes als »Brotverdiener« in den Familien der Mittelklasse zugleich auch die Zementierung einer Geschlechterordnung, die die häusliche Sphäre als Sphäre der Frau definierte, während die

Öffentlichkeit die Sphäre des seiner Familie Konsum und Vermögensaufbau ermöglichenden Mannes war.

5 *New Immigration* und neue ethnische Pluralität

Im letzten Drittel des 19. Jahrhunderts erreichte die Einwanderung aus Europa und Asien neue Dimensionen. Rund 25 Millionen Menschen wanderten zwischen 1870 und 1914 in die USA ein. In den 1870er Jahren zählte die amerikanische Einwanderungsstatistik rund 2,8 Millionen Neuankömmlinge, in den 1880er Jahren verdoppelte sich diese Zahl fast auf 5,2 Millionen, wobei allein im Jahr 1882 rund 789 000 Menschen in die USA einreisten. Dann jedoch ging die Zahl der Einwanderer wegen der schweren ökonomischen Krise der 1890er Jahre auf rund 3,7 Millionen zurück, nur um nach 1900 wieder sprunghaft nach oben zu schnellen, wobei die Jahre von 1905 bis 1907, 1910 und 1913/14 mit jeweils über einer Million Immigranten Spitzenwerte erreichten. Damit war die überseeische Einwanderung in die USA am Vorabend des Ersten Weltkrieges auf ihrem Höhepunkt, und sie trieb ein atemberaubendes Bevölkerungswachstum voran.

Allerdings strömten damals nicht nur mehr Menschen als jemals zuvor in die USA, sondern es kamen auch Ethnien und Nationalitäten, die bislang kaum oder gar nicht präsent gewesen waren. Vor allem nach 1890 wanderten nicht mehr nur wie zuvor in erster Linie Nord- und Westeuropäer in die USA ein, sondern auch Südost- und Osteuropäer. Auch christliche Araber aus der Levante und Armenier kamen in großer Zahl in die USA. Sie alle hatten sich in Neapel, Bremen, Hamburg oder Liverpool eingeschifft, waren meist auf dem Zwischendeck unter erbärmlichen Bedingungen über den Atlantik geschippert und nach rund zweiwöchiger Seereise in New York City angekommen. New York City war der wichtigste Einwanderungshafen an der Ostküste. Zunächst war *Castle Garden* an der südlichen Spitze von Manhattan das Empfangszentrum für die europäischen Einwanderer, dann wurde im Jahr 1892 der neue Sitz der Einwanderungsbehörde auf *Ellis Island* eröffnet, das bis zum Beginn des Zweiten Weltkrieges als die zentrale Sammelstelle der Bundesregierung für europäische Einwanderer fungierte.

Die allermeisten der europäischen Einwanderer, die nach 1890 in die USA kamen, entstammten den Armutsregionen des ländlichen Ost- und Südosteuropa, dem Mezzogiorno, der Peleponnes und dem Balkan. Auch bei den Polen und Russen handelte es sich fast ausschließlich um arme Bauern oder unterbäuerliche Schichten, darunter viele Juden. Im Unterschied zu früheren Einwanderern strebten die um 1900 in die USA kommenden europäischen Migranten nicht mehr in erster Linie aufs Land und in landwirtschaftliche Berufe; dazu war »Landwirtschaft« für sie zu sehr mit den Erfahrungen von Armut, Entbehrungen, Härte und Diskriminierung verbunden. Deshalb eröffneten einige von ihnen kleine Lebensmittelläden, Friseursalons, Restaurants oder Wäschereien, andere landeten im Baugewerbe. Der Löwenanteil der europäischen Einwanderer suchte sein Auskommen aber in den Fabriken des *Manufacturing Belt*. Hatten sie genug Geld dabei, zogen viele Neuankömmlinge kurz nach ihrer Ankunft in New York City weiter nach Chicago, Milwaukee, Detroit oder in andere Industriestädte an den Großen Seen. Waren ihre finanziellen Ressourcen nach der langen und teuren

Reise in die USA bereits erschöpft, so versuchten sie, in den Städten an der Atlantikküste einen Job zu finden. Insgesamt also ist die amerikanische Arbeiterkultur auf hochkomplexe Art mit den ländlichen Kulturen Ost- und Südosteuropas verflochten.

Jedoch speiste sich die damalige Masseneinwanderung nicht nur aus europäischen Ländern. Viele Migranten kamen auch aus Fernost, vor allem aus China und Japan. Zwischen 1850 und 1882 machten sich Tausende Chinesen auf nach Amerika, 20 000 allein im Jahr 1852. Zunächst angelockt durch den 1849 so richtig beginnenden kalifornischen Goldrausch, wurden chinesische Einwanderer schon bald von amerikanischen Unternehmern systematisch als billige Arbeitskräfte für den transkontinentalen Eisenbahnbau angeworben. Im Jahr 1870 lebten rund 63 000 *Chinese Americans* in den USA, zehn Jahre später waren es 105 000. Damit stellten die *Chinese Americans* zwar noch nicht einmal ein Viertelprozent der US-Bevölkerung, doch an der damals noch spärlich besiedelten Westküste waren sie sehr präsent. Der *Chinese Exclusion Act* von 1882 beendete die chinesische Einwanderung in die USA abrupt. Dafür kamen seit den 1890er Jahren Japaner in signifikanter Zahl in die USA, bis 1924 waren allerdings weniger als 300 000 von ihnen eingewandert. Insgesamt blieb die asiatische Immigration weitgehend auf die Westküste der USA beschränkt und wurde hauptsächlich über San Francisco abgewickelt. Analog zu *Ellis Island* unterhielt die Bundesregierung dort seit 1910 auf *Angel Island* ein Empfangszentrum. Für die Westküste bedeutete die asiatische Einwanderung einen ethnisch-kulturellen Pluralisierungsschub, der kaum schwächer war als der, der an der Ostküste von den Südost- und Osteuropäern bewirkt wurde. Im Westen der USA hatten *Hispanics* und Angloamerikaner bereits seit längerem konfliktreich nebeneinander gelebt. Mit der Einwanderung aus Asien wurde das ethnisch-kulturelle Mosaik dort nun noch bunter, und diese neue Pluralität war im Gegensatz zur Ostküste nicht nur auf die Städte beschränkt. Zwar ließen sich die chinesischen und japanischen Einwanderer in San Francisco, Los Angeles und anderen Städten nieder, um dort Wäschereien, Kaufläden, Restaurants und andere kleine Geschäfte zu betreiben. Sie gingen jedoch auch aufs Land, um dort in der Landwirtschaft oder im Eisenbahnbau zu arbeiten.

Viele der europäischen und asiatischen Migranten wollten eigentlich nur vorübergehend in den USA leben. Der Löwenanteil der zwischen 1880 und 1914 in die USA Eingewanderten bestand aus allein reisenden jungen Männern, die entweder noch unverheiratet waren oder ihre Familien zurückgelassen hatten. Ihr erklärtes Ziel war es, in den USA so viel Geld wie möglich zu verdienen und dann wieder in ihr Heimatland zurückzukehren. Viele taten das auch. Zwischen 1880 und 1930 wanderten wohl geschätzte vier Millionen Europäer aus den USA in ihre Heimatländer zurück, doch wissen wir über das Phänomen der Remigration noch viel zu wenig, um hier verlässliche Aussagen machen zu können. Auch sonst bemühten sich viele der Einwanderer, die Verbindungen zu ihren Familien in Europa und Asien aufrecht zu erhalten. Sie schrieben ihnen Briefe, schickten ihnen Geld und waren zugleich eher zögerlich mit der Annahme der amerikanischen Staatsbürgerschaft.

Für eine Zeit lang wurde die Einwanderung der Jahre von etwa 1880 bis zum Ersten Weltkrieg als *New Immigration* bezeichnet und zugleich scharf von einer *Old Immigration* aus West- und Nordeuropa abgegrenzt. Diese Unterscheidung ist inzwischen sehr problematisch geworden. Zum einen verdeckt sie, dass die Migration aus den nord- und westeuropäischen Ländern nach 1890 nicht komplett abriss. Im Gegenteil, in der ersten Dekade des 20. Jahrhunderts wanderten mehr als 1,5 Millionen Briten, Iren, Deutsche und Skandinavier ein. Zwar kamen im gleichen Zeitraum rund 6,5 Millionen Südost- und Osteuropäer in die USA, doch immerhin ging auch die nord- und westeuropäische Migration bis zum Ersten Weltkrieg weiter. Das ist freilich nicht das einzige Problem des Begriffs *New Immigration*. Vielmehr suggeriert die Unterscheidung zwischen einer »alten« und einer »neuen« Immigration, dass die Kultur der USA im Wesentlichen von Einwanderern aus Großbritannien, Deutschland und Skandinavien geprägt wurde. Ungeachtet aller auch zwischen ihnen bestehenden Unterschiede schienen sich diese ethnischen Gruppen doch unter einem gemeinsamen Wertehimmel zu bewegen, der es den britischen, deutschen und skandinavischen Neuankömmlingen leicht machte, sich in eine im Kern angelsächsisch-protestantisch geprägte Kultur einzufügen. Der Begriff *Old Immigration* legt also nahe, dass sich die bis etwa 1880 ins Land strömenden Einwanderer aus Nord- und Westeuropa leicht assimilieren würden, weil sie im Grunde schon so waren, wie die Amerikaner selbst. Im Gegensatz dazu schienen mit den *New Immigrants* ganz neue Ethnien in die USA zu kommen, die sich nur schwer assimilieren ließen, weil die sprachlichen, religiösen und kulturellen Unterschiede viel größer schienen als die Gemeinsamkeiten. Diese Unterscheidung zwischen »alter« und »neuer« Immigration verleugnet freilich, dass es eine »gute alte Zeit« der konfliktfrei verlaufenden Einwanderung, die dann mit dem Beginn der *New Immigration* an ihr jähes Ende kam, in den USA nie gegeben hat. Zu keinem Zeitpunkt war Migration für die Migranten einfach. Assimilation war stets ein Problem und migrationsgefügte kulturelle Konflikte waren und sind ein Dauerbrenner in der amerikanischen Geschichte.

6 Kommunikations- und Verkehrsrevolution

In den Jahren von 1865 bis 1914 beschleunigte sich die bereits laufende Kommunikations- und Transportrevolution dramatisch. Eine dichte Folge von technischen Neuerungen veränderte die Art und Weise, wie Menschen in Nordamerika lebten und arbeiteten, tief greifend und nachhaltig. Die nun auch transkontinental verkehrenden Eisenbahnen und die neu entwickelten elektrischen Straßenbahnen wurden zum Verkehrsmittel der Vielen. Nach 1900 fuhren dann auch schon immer mehr Automobile auf den für sie noch völlig unzulänglichen Straßen. Der Transport von Waren und Menschen wurde noch schneller und die amerikanische Gesellschaft noch mobiler als sie es zuvor schon gewesen war. Gleichzeitig trugen Entwicklungen im Bereich der Medien- und Kommunikationstechnologie dazu bei, öffentliche Kommunikation zu verdichten, zu beschleunigen und sie über immer größere Distanzen hinweg stattfinden zu lassen. Zugleich wurde öffentliche Kommunikation anonymer.

Die Eisenbahnen hatten bis zum Amerikanischen Bürgerkrieg nur eine regionale Bedeutung. Das änderte sich nach 1865 grundlegend. Zwischen 1863 und 1869 wurde mit der *Union-Pacific*, die zwischen Omaha, Nebraska und Sacramento in Kalifornien verlief, die erste transkontinentale Eisenbahn gebaut. Sie wurde am 10. Mai 1869 am im

Utah Territory gelegenen *Promontory Summit* feierlich in Betrieb genommen. Bis 1890 wurden mit der *Northern Pacific*, der *Atchison, Topeka and Santa Fe Railroad* und der *Southern Pacific* drei weitere transkontinentale Eisenbahnlinien gebaut. Diese Eisenbahnlinien erschlossen die jenseits des Mississippi gelegenen Gebiete der USA. Gleichzeitig wurde das an der Ostküste und im Mittleren Westen bereits bestehende Eisenbahnnetz fortlaufend ausgebaut. Das nationale Schienennetz wuchs kontinuierlich und erreichte im Jahr 1916 mit fast 410 000 Kilometern seine größte Ausdehnung überhaupt; es war größer als das aller europäischen Länder zusammengenommen.

In den Städten ereignete sich mit der Einführung der elektrischen Straßenbahn im ausgehenden 19. Jahrhundert eine sehr folgenreiche verkehrstechnische Neuerung. Von Pferden gezogene, teilweise doppelstöckige Schienenwagen hatte es bereits vor dem Amerikanischen Bürgerkrieg gegeben. Dann jedoch führte Frank Julian Sprague 1888 in Richmond, Virginia, der staunenden Öffentlichkeit das erste Modell einer elektrischen Straßenbahn vor und gab damit den Startschuss für eine rasche Ausbreitung dieser neuen Transporttechnologie, die das Gesicht der amerikanischen Städte bis zum Ersten Weltkrieg mehr veränderte als sonst kaum eine Erfindung. Nur sechs Jahre nach Spragues öffentlicher Demonstration hatten sich schon mehr als 250 Straßenbahngesellschaften in den USA gegründet. 1910 verkehrten Straßenbahnen allein in Massachusetts in 211 Städten.

Die nächste Stufe der Transportrevolution wurde von der Erfindung des Automobils erreicht. Die ersten Autos in Nordamerika waren europäische Importe, doch dann begannen Pioniere des amerikanischen Autobaus wie Ransom Olds und Henry Leland um 1900 eigene Modelle zu entwickeln. Gleichwohl blieben Autos noch für eine ganze Weile ein Luxusgegenstand. Das änderte sich, als Henry Ford im Jahr 1908 sein *Model T* präsentierte, das er seit 1913 am Fließband produzieren ließ. Die Zahl der in den USA zugelassenen Autos stieg explosionsartig an: Waren im Jahr 1900 gerade einmal 8000 Autos registriert, so waren es 1915 bereits 2,3 Millionen. Das Auto bedeutete einen weiteren Mobilitätsschub, denn Straßen ließen sich auch da noch bauen, wo man Schienen schon nicht mehr verlegen konnte. Zudem waren Straßen durchschnittlich billiger zu bauen als Schienennetze.

Etwa zur gleichen Zeit, als das Auto auf dem Weg zur Marktreife war, begannen die ersten Flugpioniere Nordamerikas bereits mit der Erprobung einer neuen Transporttechnologie. Am 17. Dezember 1903 legte Orville Wright mit seinem *Flyer I* in Kitty Hawk, North Carolina, eine Strecke von 120 Fuß (ca. 40 Meter) in der Luft zurück – der erste dokumentierte Motorflug der Weltgeschichte. Danach wurden die USA rasch zu einem Führungsland der Flugtechnologie. Angesichts der in Nordamerika zu überwindenden Distanzen war das Flugzeug das leistungsfähigste Transportmittel, das selbst entlegene Gegenden an die großen Zentren anzubinden vermochte. Allerdings war die Fliegerei bis zum Ersten Weltkrieg in erster Linie ein von kühnen jungen Männern, die weiß und alleinstehend waren, betriebenes Abenteuer und noch kein kommerziell veranstalteter Massentransport.

Mit der sich rasant beschleunigenden Transportrevolution Hand in Hand ging ein grundlegender Wandel in der öffentlichen Kommunikation. Zeitungen hatten die Amerikaner immer schon gerne gelesen, doch nach dem Bürgerkrieg stieß die Zeitungsleserei in neue Dimensionen vor. Damals wurden Zeitungen zu modernen Massenmedien, die täglich, teils sogar mehrmals täglich erschienen und breit zirkulierten. Die bereits in den 1840er Jahren entwickelte Rotationsdrucktechnik wurde in den 1860er Jahren durch William Bullock perfektioniert, was den zuverlässigen Druck von immer höheren Auflagen in immer kürzerer Zeit erlaubte. Die Zeitungspreise sanken, die Zahl der Leser wuchs, Nachrichten wurden zur Ware und Zeitungen zum ganz großen Geschäft. Der Markt für Zeitungen und Zeitschriften expandierte rasant, die Konkurrenz um Information, Marktanteile und Anzeigenkunden wurde mörderisch. In der Konsequenz entstanden die ersten Medien-*Trusts*, die mehrere Zeitungen und Zeitschriften unter ihrem Firmendach vereinigten. Joseph Pulitzer und William Randolph Hearst waren die ersten Medienmogule, deren Netzwerk aus Tageszeitungen und Zeitschriften sich über die gesamte Union erstreckte. Damals nahmen die Zeitungen ihre uns heute vertraute Gestalt an. Seit den 1880er Jahren boten sie eine Mischung aus Information und Unterhaltung, die Nachrichten und Reportagen aus Politik, Wirtschaft, Gesellschaft, Sport und Kultur mit Kurzgeschichten, Fortsetzungsromanen und Cartoons, Kreuzworträtseln und Preisaufgaben verband. Dazu kamen die vielen Werbeanzeigen, die für das wirtschaftliche Wohlergehen der Printmedien immer wichtiger wurden. Auch machten Innovationen im Bereich der Drucktechnologie die kostengünstige Reproduktion von Bildern möglich. 1880 erschien das erste Halbtonfoto in einer Tageszeitung, und seit Ende der 1890er Jahre wurden Fotos, deren Qualität freilich noch einiges zu wünschen übrig ließ, zum unverzichtbaren Bestandteil von Zeitungen und Zeitschriften. Die ganz eigene Disziplin des Fotojournalismus nahm um 1900 klare Konturen an. Insgesamt differenzierte sich das Zeitungsspektrum damals immer weiter aus. Einige Zeitungen entwickelten sich zu überregionalen Blättern, die meisten aber blieben lokal und regional im Zuschnitt. Folgenreicher war freilich die Herausbildung der *Yellow Press*, des Boulevardjournalismus also, der maßgeblich von Pulitzer und Hearst vorangetrieben wurde. Von Beginn an betrieb die *Yellow Press* einen aggressiven Sensations- und Enthüllungsjournalismus, der das Ziel hatte, Auflage zu machen und Profite zu generieren. Gleichzeitig bildete sich an der Wende zum 20. Jahrhundert mit dem sogenannten *Muckraking Journalism* eine spezifisch amerikanische Form des investigativen Journalismus heraus.

Bahnbrechendes ereignete sich damals auch auf dem Feld der Fotografie. Das 1851 von Frederick Scott Archer eingeführte Collodion-Verfahren, das Fotonegative auf nasse Glasplatten bannte, die unmittelbar nach der Aufnahme vor Ort entwickelt werden mussten, wurde in den 1870er Jahren von trockenen Bildgebungsverfahren abgelöst, die es dem Fotografen erlaubten, die Aufnahmen erst später zu entwickeln. Im Jahr 1880 eröffnete der erst 26-jährige George Eastman in Rochester, New York, die *Eastman Dry Plate Company*, die sich rasch zum Schrittmacher der Fototechnologie entwickelte: 1888 stellte Eastman die erste Kodak Kamera vor, ein Jahr später die erste Kamera mit Rollfilm. Bis zum Vorabend des Ersten Weltkrieges wurden die Verschlusszeiten der Kameras immer kürzer, die Qualität der Filme besser und die Technologie zuverlässiger. Fotografie wurde zu einer leicht handhabbaren Technologie für Jedermann, die es erlaubte, die verschiedensten Aspekte des eigenen Lebens und des Alltags im Bild festzuhalten. Gleichzeitig trieb die Fotografie einen tief greifenden Wandel der Sehgewohnheiten voran, denn es wurde plötzlich möglich, schnelle Bewegungsabläufe in ihren einzelnen Teilen fotografisch festzuhalten und dadurch Dinge sichtbar zu machen, die zuvor buchstäblich unsichtbar gewesen waren, weil sie für das menschliche Auge zu schnell aufeinander folgten.

Im gleichen Zeitraum, in dem die Fotografie auf dem Weg war, eine *der* visuellen Technologien des 20. Jahrhunderts zu werden, lernten die Bilder zu laufen. In den 1880er Jahren arbeiteten Erfinder in Europa und Amerika gleichermaßen fieberhaft an der Entwicklung von Geräten, die die Aufnahme und Reproduktion bewegter Bilder erlaubten. In den USA bauten Thomas Alva Edison und sein überaus fähiger Assistent William Kennedy Dickson in den Jahren 1891/92 den *Kinetoscope*, einen Guckkasten, in dem Filme in Endlosschleife liefen und die mit dem ebenfalls in den Edison-Labors entwickelten *Kinetograph* aufgenommen worden waren. Kurz darauf führten die Brüder Auguste und Louis Lumière in Paris der Welt ihren *Cinématographe* vor. Damit begann die Zeit des Kinos, das sich in den USA und Europa rasant zu einer neuen Form populärer Massenunterhaltung entwickelte. Zunächst wurden kurze Filme in sogenannten Vaudeville-Theatern als Teil von Varieté-Programmen gezeigt. Doch um 1905 öffneten die sogenannten *Nickelodeons* ihre Tore. Das waren bestuhlte Vorführräume, in denen den ganzen Tag lang Filme für eine Laufkundschaft liefen. Der Eintritt kostete fünf Cent, einen *Nickel* also. Noch vor dem Ersten Weltkrieg gingen dann auch die ersten Lichtspieltheater in Betrieb. Die dort gezeigten Filme waren zunächst ein buntes Gemisch von kurzen lustigen Sketchen oder einzelnen Episoden. Nach 1900 kamen dann jedoch längere Filme auf den Markt, die komplexere Geschichten erzählten. Edwin S. Porters *The Great Train Robbery*, ein 12-minütiger Western aus dem Jahr 1903, gilt vielen als der erste Spielfilm; er wurde ein Riesenerfolg. Bis zum Ersten Weltkrieg wurden die Filme länger, die Handlungen komplexer und die filmischen Möglichkeiten immer größer. Einen Höhepunkt bildete im Jahr 1915 der dreistündige Historienfilm *The Birth of a Nation* von D. W. Griffith, ein abendfüllender Spielfilm über die Zeit des Amerikanischen Bürgerkrieges und der *Reconstruction*, der finanziell das erfolgreichste Werk der Stummfilmzeit war und in ästhetischer Hinsicht Maßstäbe setzte. Insgesamt begann die Kunstform Film damals ihre eigenen Genres und Konventionen zu entwickeln. Studios wurden gegründet, und um die Filmschauspieler herum begann sich ein Starkult zu entwickeln, wie er seitdem für die amerikanische Filmindustrie charakteristisch ist. Bei alledem war bis etwa 1910 die Stadt New York das Zentrum der amerikanischen Filmindustrie, das sich dann jedoch im ersten Drittel des 20. Jahrhunderts nach Südkalifornien verlagerte, wo die Sonne öfter schien, die Tage heller waren und die Landschaft mehr Kulissen bot als die der Ostküste.

7 Urbanisierung und die Ausdifferenzierung des städtischen Raums

Urbanisierung ist der Zwilling der Industrialisierung, weshalb die amerikanischen Städte zwischen 1865 und 1914 rasant expandierten. Die alten urbanen Zentren an der Atlantikküste, insbesondere Boston, New York City und Philadelphia, wuchsen rasch und wurden zu Metropolen. Weiter westlich entstanden Städte fast aus dem Nichts. Während sich die Bevölkerung von New York City, Boston und Philadelphia zwischen 1870 und 1900 in etwa verdoppelte, stieg die Einwohnerzahl Chicagos im gleichen Zeitraum um rund 470 Prozent an, die von Milwaukee um rund 300 Prozent. An der Westküste war das Städtewachstum schlicht spektakulär: In Los Angeles wuchs die Zahl der Einwohner zwischen 1870 und 1900 von 5728 auf 102 479 – ein Wachstum von mehr als 1700 Prozent. Dieses Städtewachstum war das Ergebnis einer komplexen Überlagerung mehrerer Faktoren, die jedoch alle auf die eine oder andere Art mit der Industrialisierung zusammenhingen. Die Industrieunternehmen siedelten sich mit ihren Zentralen und ihren Fabriken in den Städten an. Dort fanden sie eine gute verkehrstechnische Anbindung vor. Auch gab es in den Städten Universitäten und Forschungseinrichtungen, die für die Ausbildung von Fachkräften und die Entwicklung neuer Produkte von zentraler Bedeutung waren. Hatten sich die Industrieunternehmen erst einmal angesiedelt, wurden sie zum Wachstumsfaktor: Die in den Städten entstehenden industriellen Arbeitsplätze zogen Migranten aus Übersee und den ländlichen Gebieten der USA an wie ein Magnet.

Im Zuge dieser Entwicklung verwandelte sich die amerikanische Gesellschaft von einer dominant agrarischen in eine zunehmend städtisch-urbane. Betrug der Anteil der Städter an der amerikanischen Gesamtbevölkerung im Jahr 1860 nur rund 20 Prozent, so lag er im Jahr 1900 bei rund 40 Prozent. Damit lebte zwar die Mehrheit der Amerikaner an der Wende zum 20. Jahrhundert weiterhin auf dem Land, doch die Städte wurden immer mehr zum Taktgeber des politischen, sozialen, wirtschaftlichen und kulturellen Lebens in den USA. Damit einher ging ein tief greifender Wertewandel. Die Fixsterne des agrarischen Wertehimmels – »Arbeit«, »Fleiß«, »Sparsamkeit« und »Enthaltsamkeit« – verloren zunehmend an Leuchtkraft in einer städtisch-urbanen Lebenswelt, die ostentativen Konsum und zur Schau gestellten materiellen Besitz zu identitätsdefinierenden Statussymbolen erklärte. Das alte protestantische Ethos der »innerweltlichen Askese« wich zunehmend einem Hedonismus, der es für legitim erklärte, die Gegenwart um ihrer selbst zu genießen. Die Jagd nach dem Glück im Diesseits wurde zunehmend wichtiger als die Hoffnung auf Erlösung im Jenseits, und diese neue Werteordnung, die sich nur unter Überwindung der asketischen Traditionen der USA formieren konnte, war untrennbar mit den Lebenswelten der damals rasant wachsenden Städte verbunden.

Allerdings war Urbanisierung im *Gilded Age* und der *Progressive Era* nicht nur unkontrolliertes, explosionsartiges Wachstum der Städte. Vielmehr ging die physische Expansion der Städte einher mit der sowohl funktionalen als auch sozialen Differenzierung des urbanen Raumes. Um 1850 waren die amerikanischen Städte noch klein. Nur wenige dehnten sich mehr als drei Kilometer vom Stadtkern in die Fläche aus und waren sogenannte *Walking Cities*. Das waren Städte, in denen man jeden Punkt mit einem rund 30-minütigen Fußmarsch erreichen konnte. Diese Städte waren funktional wie sozial weitgehend integrierte Räume, in denen alle sozialen Schichten in unmittelbarer Nachbarschaft nebeneinander lebten und in denen sich das tägliche Leben – Arbeit und Freizeit, Einkäufe und Geschäfte, Gottesdienste, Feste und Rituale – auf engem Raum abspielte. Mit dem nach 1865 an Fahrt gewinnenden Wachstum der Städte setzte die Spezialisierung des urbanen Raumes ein, die sowohl eine funktionale als auch eine soziale Dynamik hatte.

Funktionale Spezialisierung bezeichnet die fortschreitende Aufteilung des alltäglichen Lebens auf verschiedene Zonen in der Stadt. Im Zuge dieser Entwicklung wurden die Innenstädte zu reinen Geschäfts- und Bankenvierteln, entstanden Gewerbegebiete mit Fabriken und Zuliefererfirmen an den Stadträndern, wurden einige Stadtteile zu Schlaf- und Wohnstätten und bildeten sich spezielle Ausgeh- und Amüsierviertel heraus. Gleichzeitig entstanden suburbane Speckgürtel, in denen sich die wohlhabenderen Schichten Häuser im Grünen bauten, die dem Gestank, dem Dreck und der Kriminalität in den übervölkerten Innenstädten entfliehen wollten. Urbanisierung und das Entstehen der Vororte gingen deshalb Hand in Hand.

Soziale Differenzierung meint die Aufteilung des urbanen Raumes entlang der Linien von Klasse, Rasse, Ethnizität und Geschlecht, die immer auch Linien sozialer Ungleichheit waren. Unmittelbar einsichtig wird dies im Falle der Kategorie »Klasse«: Diejenigen, die es sich leisten konnten, zogen damals in die Vorstädte entlang der Eisenbahnlinien. Diese frühen Vororte wurden in der Regel von einer Allianz aus Eisenbahngesellschaften, Landspekulanten, Baufirmen und Investoren auf die grüne Wiese gestellt, um wohlhabenden Städtern in ländlicher Idylle lukrative Wohn- und Schlafstätten zu bieten. Tatsächlich waren die Eisenbahnvorstädte bis zum Vorabend des Ersten Weltkrieges weitgehend exklusive Wohngebiete der oberen Mittelklasse. Zwar wohnten auch ärmere Familien dort, doch zwischen 30 und 50 Prozent der Vorstadtbevölkerung gehörten am Vorabend des Ersten Weltkrieges zur Oberschicht oder oberen Mittelschicht. Während sich der Reichtum in den Vorstädten konzentrierte, entstand innerhalb der Städte selbst ein hoch komplexes System von »besseren« und »schlechteren« Stadtteilen. Die Innenstadtkerne wurden im Schatten der *Business Districts* zu *Slums*, in denen ungelernte Industriearbeiter ihre karge Existenz fristeten.

Der entscheidende Faktor, der die räumliche Ordnung der amerikanischen Städte prägte, war die Ethnizität. Während des *Gilded Age* und der *Progressive Era* wurden die amerikanischen Großstädte zu Orten ethnischer Pluralität. In den Innenstädten entstanden polnische, ungarische, italienische oder griechische Viertel als *Ethnic Neighborhoods* mit ihren Netzwerken aus Kirchen, Gaststätten, Vereinen, Zeitungen und anderen Institutionen ethnischer Subkulturen. *Little Italy* in New York City oder *China Town* in San Francisco sind zwei bis heute besonders bekannte und sichtbare Beispiele für diese ethnisch-kulturelle Differenzierung des urbanen Raumes um 1900; sie waren freilich nicht die einzigen. Allerdings waren nur die wenigsten dieser *Ehnic Neighborhoods* geschlossene Ghettos mit einer ethnisch-kulturell homogenen Bevölkerung. Gewiss, die *Chinese Americans* und die *African Americans* blieben in ihren Wohnvierteln weitgehend unter sich und bildeten einen eigenen, gegen die Außenwelt weitgehend abgeschlossenen Kosmos, weil der virulente Rassismus der hegemonialen gesellschaftlichen Gruppen sie dazu zwang. Die anderen *Ethnic Neighborhoods* waren jedoch viel durchlässiger und bei aller Hegemonie einzelner Ethnien durchaus durchmischt. Die amerikanischen Innenstädte des *Gilded Age* und der *Progressive Era* waren also der Ort einer migrationsgefügten ethnisch-kulturellen Pluralität, während die Vorstädte Orte einer weißen, angelsächsischen und protestantischen Homogenität waren.

Ein dritter Faktor der sozialen Differenzierung des städtischen Raumes war Gender. Damals entstanden urbane Räume, die insofern »weiblich« waren, als in ihnen vorwiegend Frauen anzutreffen waren. Die Vorstädte als städtischer Lebensraum der »zu Hause bleibenden Ehefrauen« sind hier zuerst zu nennen, doch auch die damals in den Innenstädten entstehenden Kaufhäuser waren primär auf ein weibliches Publikum zugeschnitten. Ein weiterer »weiblicher« Raum, der im ausgehenden 19. Jahrhundert entstand, war das Büro, wo Schreibmaschine und Telefon eine Vielzahl neuer Berufe kreierten, die bevorzugt von – zumeist jungen – Frauen ergriffen wurden (vgl. S. 163). Allerdings entstanden im Prozess der Urbanisierung im ausgehenden 19. Jahrhundert auch neue, überwiegend »männliche« Räume: Die schwerindustrielle Fabrik etwa, die Managerbüros in den Unternehmensbürokratien, das Sportstadion oder der Boxring.

Sowohl das tumultuarische Wachstum der Städte als auch die Ausdifferenzierung des urbanen Raumes standen in engem Zusammenhang mit der eben schon erörterten Transportrevolution. Das sich nach 1870 rasch verdichtende Netz von Eisenbahnlinien erschloss nicht nur den amerikanischen Kontinent, sondern auch das Umland der Städte. Hier entstand entlang der Schienenstränge ein zunehmend dichteres Netz von Vorstädten, in denen Berufspendler ein lukratives Zuhause fanden. Wichtiger jedoch als die Eisenbahnen waren die Straßenbahnen, deren sternenförmig von den Innenstädten ausstrahlende Liniennetze eine sehr viel weiter reichende Erschließung des urbanen Raumes ermöglichten. Sie verbanden die Stadtkerne mit den Stadträndern und stellten darüber hinaus auch eine Verbindung zwischen den innerstädtischen Gewerbegebieten und Wohnquartieren der Arbeiter her – und dies zu Preisen, die sich auch die ärmeren sozialen Schichten leisten konnten. Dadurch wurden Straßenbahnen in kurzer Zeit zu höchst effizienten Massentransportmitteln, die es dem Großteil der städtischen Bevölkerung erlaubten, sich im immer größer werdenden urbanen Raum zu bewegen. Ähnlich wie die Eisenbahngesellschaften waren auch die Straßenbahngesellschaften tief in stadtplanerische Aktivitäten involviert: Durch ihre Linienführung bestimmten sie über die Entwicklung einzelner Stadtteile, und in Zusammenarbeit mit Landspekulanten und Baufirmen stampften sie Eigenheimsiedlungen mit Anbindung an das Straßenbahnnetz aus dem Boden. Dadurch wurde die Entwicklung der Städte weniger das Ergebnis öffentlicher Planung, als vielmehr das Resultat von profitorientierten Unternehmensentscheidungen.

Gleichzeitig waren die Städte nur denkbar schlecht gerüstet, um die im letzten Viertel des 19. Jahrhunderts stark anwachsenden kommunalen Dienstleistungen bewältigen zu können. Selbst Basisaufgaben wie Wohnungsbau und Schulen, Feuerschutz und Wasserversorgung, Straßenbau und Kanalisation oder die Pflege öffentlicher Plätze und Erholungsgebiete wurden unter den Bedingungen eines rasanten und weitgehend unkontrollierten Städtewachstums zu Problemen, die von den städtischen Behörden kaum noch zu bewältigen waren. Der Korruption wurden dadurch Tür und Tor geöffnet. Viele amerikanische Großstädte waren um 1900 fest in der Hand von selbstherrlichen Bürgermeistern, Parteiklüngeln und gierigen Unternehmern, die in Hinterzimmern korrupte Vereinbarungen über Stadtentwicklungsprojekte trafen und dem organisierten Verbrechen den Weg ebneten.

Das alles sollte allerdings nicht den Blick für die Faszination verstellen, die die amerikanischen Großstädte auf viele Zeitgenossen ausübte. Viele sahen in ihren Wolkenkratzern und stählernen Hängebrücken, ihrer elektrischen Straßenbeleuchtung und ihren Straßenbahnen den Inbegriff des Fortschritts. Vor allem aber war es die sich in den Großstädten kristallisierende neuartige Freizeit- und Unterhaltungskultur, die viele Zeitgenossen in ihren Bann schlug. Die Entfaltung einer überaus vielgestaltigen, kommerzialisierten Popkultur, die ein wachsendes Massenpublikum bediente, überschnitt sich mit der immer rationaleren Taktung der Zeitabläufe des alltäglichen Lebens.

Insbesondere Industriearbeiter hatten nach der harten und monotonen Arbeit in den Fabriken ein gesteigertes Erholungs- und Amüsierbedürfnis. Ähnlich lagen die Dinge im Falle der Büroangestellten, die zwar nicht körperlich arbeiteten, aber sehr viel wiederholende Arbeit in einem hierarchisch gegliederten Umfeld zu erledigen hatten. Es waren vor allem diese Gruppen, die sich nach der Arbeit und am Wochenende ins Vergnügen stürzten. Deshalb entwickelten sich in den Innenstädten brummende Vergnügungsviertel mit Saloons und Tanzhallen als zentralen Institutionen. Saloons boten Bier und Mahlzeiten zu günstigen Preisen an. Geschätzte 10 000 davon existierten um 1900 allein in New York City. In Städten wie Chicago und Detroit sah es kaum anders aus. Darüber hinaus stellten die oft verschwenderisch dekorierten Saloons einen Ort der Geselligkeit dar, an dem man den engen Wohnverhältnissen zu Hause entfliehen, anderen Menschen begegnen und vorübergehend ein Stück Luxus genießen konnte. Auch fanden viele gesellige und kulturelle Veranstaltungen dort statt. Allerdings waren Saloons oft auch Orte des Alkoholmissbrauchs, der Prostitution und der Gewalt. Daneben konnte man dem Alltag entfliehen, indem man Sportveranstaltungen besuchte, ins neu aufkommende Kino oder ins Theater ging.

8 Die Widersprüche der industriellen Moderne und soziale Reform

Vor dem Hintergrund der langen Tradition des *Limited Government*, das dem Staat eine möglichst kleine Rolle in der Regulierung wirtschaftlicher und gesellschaftlicher Prozesse zuwies, stellte der chaotische Wandel der Jahre von 1865 bis 1914 die amerikanische Politik vor große Herausforderungen. Industrialisierung und Wirtschaftskrisen, Urbanisierung und Einwanderung sowie nicht zuletzt die rasante Besiedelung des Westens verlangten von der Politik Antworten, die diese anfangs nur sehr unzureichend zu geben vermochte, weil sie vorerst die gewohnten Bahnen nicht verließ. Sowohl Republikaner als auch Demokraten waren bei allem, was sie sonst auch trennte, übereinstimmend der Meinung, dass der Staat weder in die wirtschaftlichen Konzentrationsprozesse eingreifen noch mittels einer beherzten wohlfahrtsstaatlichen Politik etwas gegen die sozialen Missstände und die Schutzlosigkeit der Arbeitnehmer unternehmen dürfe. Eine Politik des *Laisser-faire*, die den unregulierten, marktwirtschaftlichen Wettbewerb als Weg zu Wohlstand für alle und Motor des allgemeinen Fortschritts begriff, war bis in die 1890er Jahre hinein die hegemoniale politische Philosophie in den

USA. Diese Grundhaltung übersetzte sich in eine konsequente Wachstumspolitik im Sinne des *Big Business*, die dem wirtschaftlichen Konzentrationsprozess seinen freien Lauf ließ, hohe Zollmauern zum Schutz des Binnenmarktes errichtete, die Erschließung neuer Märkte durch eine entsprechende Außenhandelspolitik förderte, die Unternehmer in ihrem Kampf gegen die Gewerkschaften durch eine Politik ostentativer staatlicher Neutralität unterstützte und sich ansonsten nur wenig um regulierende Eingriffe in Wirtschaft und Gesellschaft kümmerte. Die sozialen Härten und Ungerechtigkeiten des ungezügelten Industriekapitalismus waren in diesem Zusammenhang aus Sicht der institutionalisierten Politik eine zwar bedauernswerte, aber doch zugleich auch notwendige Begleiterscheinung des freien marktwirtschaftlichen Wettbewerbs. Dieser überwölbende *Laisser-faire*-Konsens bestimmte die amerikanische Politik bis in die 1890er Jahre hinein.

Dann aber setzte ein Umdenken ein, das viele der Prämissen kritisch hinterfragte, auf denen die amerikanische Politik bis dahin geruht hatte. Im Zeichen des *Progressivism* begann sich ein neues Denken über die Rolle von Staat und Politik im Kontext industrieller Gesellschaften durchzusetzen, demzufolge nicht länger die Regierung die beste war, die am wenigsten regierte, sondern eine, die sich als Agent sozialen und wirtschaftlichen Wandels im Sinne sozialer Gerechtigkeit begriff. »Gerechtigkeit« hieß dabei stets »Chancengleichheit«, *Equality of Opportunity*. Wie diese auch in einer industriellen und urbanen Welt für jeden zu erhalten sei – diese Frage definiert letztlich den Dreh- und Angelpunkt des *Progressivism*, wie er sich im *Progressive Movement* niederschlug, das in den 1890er Jahren an Dynamik gewann und die amerikanische Politik bis zum Ersten Weltkrieg bestimmte. Mit *Progressive Movement* wird eine überaus vielgestaltige, sich aus verschiedenen Quellen speisende, in ganz unterschiedlichen historischen Traditionen stehende Reformbewegung bezeichnet, die sich als soziale Bewegung außerhalb staatlicher und parteipolitischer Strukturen entfaltete. Sie läutete ein »Goldenes Zeitalter der Reform« ein, in dem sozialreformerische Impulse in den USA stärker und sozial breiter gestreut waren als jemals zuvor.

Um 1900 wurde eine präzedenzlos große Zahl von Amerikanern für ein breites Spektrum von Reformen mobilisiert. Dabei gab es kein einzelnes Reformanliegen, das allen Bewegungen gemeinsam gewesen wäre. Vielmehr war das *Progressive Movement* ein Ensemble von ganz verschiedenen *Single Issue Movements*, Bewegungen also, die nur ein einziges Reformanliegen vertraten. Ein Großteil der Reformanstrengungen konzentrierte sich auf die Verbesserung der Lebenssituation in den *Slums* der Großstädte. Einige Reformer wollten Armut, Kriminalität, Alkoholismus und Prostitution bekämpfen, andere schrieben sich das Verbot von Kinderarbeit auf die Fahnen oder bemühten sich um den Schutz arbeitender Mütter. Wieder andere setzten sich für die Erhöhung der Sicherheit in den Fabriken und die Einführung von betrieblichen Sozialkassen ein oder kämpften für die Verbesserung der Wohnungs- und Schulsituation in den Innenstädten. Neben der Überwindung sozialer Missstände ging es auch um Fragen der Mitbestimmung und der Chancengleichheit in der industriellen Gesellschaft, um den Schutz der Arbeitnehmer und die Kontrolle der *Trusts*, die Überwindung von Korruption und Filz in der öffentlichen Verwaltung sowie die Gleichstellung der Frauen. Auch die Anfänge einer Umweltschutzbewegung fallen in diese Jahre, in denen die ersten Nationalparks in den USA eingerichtet wurden. So bunt-schillernd das Reformmosaik des *Progressive Movement* auch erscheinen mag, alle diese Anliegen waren auf die eine oder andere Weise an die Industrialisierung und die von ihr produzierten Probleme und Härten gekoppelt.

Das *Progressive Movement* war dezentral organisiert. Das vielgestaltige Ensemble von sozialen Bewegungen bildete ein nur schwaches institutionelles Netzwerk aus, und die einzelnen lokalen und regionalen Organisationen waren eher locker miteinander verknüpft. Die Träger des *Progressive Movement* waren reformgesinnte Privatleute, darunter viele Frauen, die sich über die Parteigrenzen hinweg den einzelnen Reformanliegen verschrieben. Eine große Gruppe unter den Aktivisten waren gläubige Christen, die aus einer christlich-moralischen Grundhaltung heraus die Zustände in der industriell-urbanen Gesellschaft reformieren wollten und Sozialpolitik aus christlicher Verantwortung heraus betrieben. Im christlichen Reformlager waren die vielfach evangelikal gestimmten Protestanten des *Social Gospel Movement* tonangebend, doch in dem Maße, in dem die katholische Kirche einwanderungsbedingt wuchs, gewann auch die katholische Soziallehre im *Progressive Movement* an Präsenz. Die zweite große Gruppe der Reformer bildeten säkulare Funktionseliten wie Ärzte, Anwälte, Wissenschaftler, Bürokraten und Städteplaner. Zu nennen wäre hier im besonderen Jane Addams mit ihrem *Hull House Settlement Project* in Chicago, das zivilgesellschaftliche Praktiken in die Arbeiterviertel tragen wollte. Ebenso machten sich einzelne Politiker wie beispielsweise der Gouverneur von Wisconsin, Robert M. LaFollette, oder die Präsidenten Theodore Roosevelt und Woodrow Wilson die Anliegen der *Progressives* zu eigen. Es ist allerdings charakteristisch für die *Progressive Era*, dass die Reformbestrebungen nicht allein in einer politischen Partei beheimatet und dass die Verbindungen zwischen den Reforminitiativen und der institutionalisierten Politik eher locker waren. Schließlich waren auch die Gewerkschaften sowie die über den gemeinsamen Kampf für das Wahlrecht integrierte Frauenbewegung Teil der hoch komplexen Signatur der *Progressive Era*.

Auch wenn das *Progressive Movement* also durch eine bunte Vielfalt von Reformanliegen charakterisiert war und von einer Vielzahl von Aktivisten getragen wurde, so lässt sich doch nicht übersehen, dass dessen Agenda im Kern von weißen, angelsächsischen Protestanten der Mittelklasse bestimmt wurde. Diese waren einerseits getrieben von einer moralisch grundierten Empörung über die eklatanten Missstände, materiellen Härten und sozialen Ungerechtigkeiten der voll entfalteten industriellen Gesellschaft. Andererseits hatten viele aber auch eine diffuse Angst davor, dass Industrialisierung und Urbanisierung die jahrhundertealte Hegemonie der weißen, angelsächsischen und protestantischen Gesellschaftsgruppen unterspülten und die Grundlagen der amerikanischen Kultur erodieren ließen. Deshalb waren viele Reforminitiativen immer auch dadurch motiviert, einen nur vermeintlich traditionellen *American Way of Life* zu bewahren, der im Kern vom Wertehimmel der *White Anglo-Saxon Protestants* bestimmt war.

In den 1890er Jahren entfaltete sich das *Progressive Movement* zunächst aus der Mitte der Gesellschaft und außerhalb der Strukturen institutionalisierter Politik, doch das politische Ethos des *Progressivism* fand nach 1900 zunehmend Eingang in die politischen Parteien. Damit wurde »Reform« auch zum bestimmenden Thema der institutionalisierten Politik. Die Präsidenten Theodore Roosevelt, William Howard Taft und Woodrow Wilson kamen als erklärte *Progressives* ins Amt; das Weiße Haus wurde zum Motor sozialer Reform.

Ein politisches Kernthema war die staatliche Regulierung der *Trusts*. Diese wurde in einer Reihe von *Antitrust*-Gesetzen festgelegt, wobei dem *Sherman Antitrust Act* von 1890 und dem *Clayton Antitrust Act* von 1914 wegweisende Bedeutung zukamen. Zentral für die Kartell-Gesetzgebung war die Unterscheidung zwischen »guten« *Trusts*, die der Stabilität des Wirtschaftssystems und damit auch dem Allgemeinwohl zuträglich waren, und solchen die »schlecht« waren, weil sie durch unfaire Geschäftspraktiken den freien Wettbewerb unterliefen und dadurch ihre Macht missbrauchten. Deshalb zielte die *Antitrust*-Gesetzgebung der USA nicht per se auf die Zerschlagung von Unternehmen, sondern konzentrierte sich darauf, unfaire Geschäftspraktiken durch regelmäßige staatliche Überwachung der Großbetriebe zu verhindern. Zur Kontrolle des Wirtschaftsgeschehens etablierte die amerikanische Regierung eine Reihe von bundesstaatlichen Aufsichtsorganen (*Interstate Commerce Commission, Federal Trade Commission, Federal Reserve Board*). Allerdings waren diese Maßnahmen vor 1900 eher ineffektiv. Die Gerichte schlugen sich regelmäßig auf die Seite der *Trusts* und befanden zum Teil, dass man selbst bei Unternehmen, die mehr als 90 Prozent des Marktes kontrollierten, nicht von einem Monopol sprechen könne. Gleichzeitig stellten die Gerichte bereitwillig einstweilige Verfügungen aus, die es den Arbeitgebern erlaubten, Streiks zu brechen, weil auch gewerkschaftliche Organisation als unfaire Praxis zur Verhinderung freien Wettbewerbs im Sinne der *Antitrust*-Gesetzgebung gesehen werden konnte.

Erst mit Präsident Theodore Roosevelt änderte sich die Situation grundlegend. Roosevelt sah sich selbst als *Trustbuster* und machte es sich zur Aufgabe, die *Trusts* zu zerschlagen, die in seinen Augen das Allgemeinwohl gefährdeten. Er strengte insgesamt 44 Gerichtsverfahren gegen Großunternehmen an; bei seinem Nachfolger im Amt, Howard Taft, waren es trotz einer nur 4-jährigen Amtszeit sogar 90. In der Folge kam es zwischen 1900 und 1914 zu einer Reihe von spektakulären Gerichtsentscheidungen gegen einzelne Großunternehmen. So ordnete der *Supreme Court* im Jahr 1902 die Auflösung der *Northern Securities Company* an, die das Eisenbahngeschäft im Nordwesten weitgehend kontrollierte. Im Jahr 1911 wurde die *Standard Oil Company* auf die gleiche Weise zerschlagen und die Umstrukturierung der *American Tobacco Company* angeordnet. Allerdings kann weder von einem energischen Feldzug der Politik gegen die *Trusts*, noch von einer einheitlichen Rechtsprechung die Rede sein. Größe und Marktmacht eines Unternehmens waren noch nicht per se ein Grund zur Zerschlagung, sondern nur für »unfair« befundende Geschäftspraktiken und nachgewiesene Aktivität zur Verhinderung freien Wettbewerbs. Roosevelt war zutiefst von der Ordnungsfunktion »guter« *Trusts* überzeugt, und die Gerichte entschieden von Fall zu Fall. Auch sie waren nicht grundsätzlich gegen *Trusts* und nutzten deshalb die großen Interpretationsspielräume, die die Gesetze ihnen ließen, so dass einige der größten und mächtigsten Unternehmen unangetastet blieben.

Ein zweiter Schwerpunkt der Reformgesetzgebung lag im Bereich des Arbeiter- und Verbraucherschutzes. Durch eine Vielzahl von Gesetzen, die die Bundesregierung und die Einzelstaaten verabschiedeten, wurden der Acht-Stunden-Tag eingeführt, Kinderarbeit verboten, arbeitende Mütter besser geschützt, die Sicherheit am Arbeitsplatz erhöht und frühe Formen der Arbeiterunfallschutzversicherung ausprobiert. Auch in den Städten wurde um 1900 ein wahres Feuerwerk von Reformmaßnahmen abgebrannt. Die erbärmlichen hygienischen Zustände wurden durch neue Wasser- und Abwassersysteme sowie durch die Einführung von Müllabfuhr und Straßenreinigung nachhaltig verbessert. Der Bau von Stadtparks und Maßnahmen zur Reduktion der industriellen Luftverschmutzung steigerten die Lebensqualität genauso wie die vielen öffentlichen Wohnungsbauprogramme in den Innenstädten. Des Weiteren waren vor allem die öffentlichen Schulen ein Ziel reformerischer Anstrengungen. Auch gab es eine Vielzahl von Aktivitäten im Bereich der öffentlichen Gesundheitsfürsorge durch Impfprogramme, schulärztliche Untersuchungen und medizinische Informationsveranstaltungen. Andere Reforminitiativen zielten auf die Bekämpfung von Alkohol- und Drogenmissbrauch, weil beides die soziale Not in den Arbeitervierteln weiter erhöhte. Eine der wichtigsten Reformbewegungen jener Jahre war die Frauenbewegung, deren Aktivität sich im letzten Viertel des 19. Jahrhunderts auf den Kampf für das Wahlrecht zu konzentrieren begann. Nach dem Amerikanischen Bürgerkrieg wurden im Jahr 1869 gleich zwei Wahlrechtsorganisationen gegründet, die sich 1890 zur *National American Woman Suffrage Association* vereinigten und eine bis zum Ersten Weltkrieg immer schlagkräftigere Agitation entfalteten. Die Kampagnen der Suffragetten konzentrierten sich zunächst auf die einzelnen Bundesstaaten der USA und hatten dort auch Erfolg. Im Jahr 1893 gewährte der Bundesstaat Colorado den Frauen das Wahlrecht, Idaho folgte drei Jahre später und bis 1914 hatten insgesamt zwölf Bundesstaaten das Frauenwahlrecht eingeführt. Sie alle lagen westlich des Mississippi. Östlich davon war den Wahlrechtskampagnen bis zum Ersten Weltkrieg kein Erfolg beschieden.

»Gerechtigkeit« wurde um 1900 zu einem Schlüsselbegriff in den politischen Diskussionen der USA, wobei »Gerechtigkeit« primär den Erhalt von Chancengleichheit durch staatliche Aktivität bedeutete. Das sich in diesem Zusammenhang herausbildende neue Verständnis von den Aufgaben eines Staates blieb dabei eng gekoppelt an einen unerschütterlichen Optimismus bezüglich der Fähigkeit des Einzelnen zum Schmied des eigenen Glückes werden zu können. Damit verbunden war die Überzeugung, dass Dinge »machbar« waren, dass Menschen also tatsächlich ihre Lebenswelt gestalten und ihre Lebensverhältnisse fortlaufend verbessern können. Der Schlüssel dazu, schien rationale Planung auf der Basis wissenschaftlicher Erkenntnisse zu sein. Deshalb wurden viele Inhalte und Methoden der progressiven Reformen entscheidend von den damals rasant aufsteigenden Natur- und Sozialwissenschaften geprägt; die reformerische Aktivität entfaltete sich zu einem Gutteil als Anwendung wissenschaftlicher Theorien und Methoden auf die Gestaltung sozialer Verhältnisse. Im Ergebnis entstand so ein Regiment von Experten, die als akademisch gebildete Autoritäten scheinbar am besten zu wissen schienen, was für das Land und die Leute gut war. Nur mit dem Rat und der Autorität der Experten kam man allerdings nicht weit. Sollte die durchschlagende Reform der industriellen Welt gelingen, so bedurfte es vielmehr vor allem auch eines regulierenden, aktiven Staates, der sich aus Sicht der *Progressives* nicht mehr länger nur als weitgehend passiver Wächter über Recht und Ordnung begreifen durfte. Die progressiven Reformer wandten sich entschieden gegen ein Staats- und Politikverständnis des *Laisser-faire*, sahen den Staat als Agenten sozialer Reform im Sinne sozialer Gerechtigkeit und standen dabei doch insofern in der amerikanischen Tradition des *Limited Government* als staatliche Aktivität in ihren Augen die Chancengleichheit sichern und Hilfe zur Selbsthilfe geben sollte.

Ins Auge stechen sowohl die starke moralische Grundierung des *Progressive Movement* als auch der Rigorismus, mit denen einzelne Reformer für sich das Recht reklamierten, in die Privatsphäre anderer Leute hineinzuregieren und ihnen ihre Moralvorstellungen aufdrängen zu dürfen. Viele *Progressives* waren Gutmenschen der weißen, angelsächsischen Mittelklasse, die sich im Bewusstsein eigener moralischer Überlegenheit das Recht nahmen, das Leben anderer zu verändern. Deshalb forderten Reformer der *Progressive Era* beispielsweise, den Konsum von Alkohol zu verbieten, die Einwanderung zu beschränken, Einwanderer forciert zu assimilieren oder dem hedonistischen Treiben in den Kaufhäusern, Sportarenen und Vergnügungsparks des Landes Einhalt zu gebieten. Reform und soziale Kontrolle gingen um 1900 vielfach Hand in Hand. So gesehen wird das *Progressive Movement* zu einem Teil der Krisensignatur des Zeitalters, in dem Mitglieder einer zutiefst verunsicherten *WASP Middle Class* auch deshalb zu Reformern wurden, weil sie den kulturellen Kern der USA, wie sie ihn definierten, auch in der sich rasant formierenden industriellen Welt erhalten wollten. Zugleich erklärt die Dominanz der weißen Mittelklasse die charakteristische Mäßigung der Reformbewegung, die sich von Radikalen jeglicher Couleur, insbesondere natürlich den Sozialisten, scharf abgrenzte. Das *Progressive Movement* entfaltete sich aus der Mitte der amerikanischen Gesellschaft und operierte mit den Möglichkeiten, die ihm das System der amerikanischen Demokratie bot. Die *Progessives* schlossen sich in freiwilligen Assoziationen zusammen, starteten viele Aktionen zur politischen Bewusstseinsbildung in der Bevölkerung, versuchten durch Infoveranstaltungen, eigene Publikationen und eine gezielte Pressearbeit die öffentliche Diskussion in ihrem Sinne zu lenken, und sie drängten systematisch auf die Verabschiedung von Reformgesetzen durch die Parlamente des Landes. Sie standen damit ganz auf dem Boden der Verfassung von 1787 und operierten mit den Mitteln des durch sie regulierten politischen Prozesses.

9   Imperialismus und Industrialisierung

Die Jahre von 1865 bis 1914 erlebten den Aufstieg des amerikanischen Imperialismus. Unter »Imperialismus« soll hier nicht nur die direkte, formelle, koloniale Herrschaft der entwickelten Industrieländer über die weniger entwickelten Regionen der Erde verstanden werden, sondern auch die informelle, auf ökonomischer Durchdringung beruhende Kontrolle fremden Gebietes. Dies ist insofern wichtig, als dass der *American Way of Empire* in erster Linie durch vielfältige Formen indirekter Herrschaft über fremdes Gebiet charakterisiert war und direkte koloniale Herrschaft zu vermeiden suchte. Als historisches Phänomen sind der Imperialismus im Allgemeinen und der amerikanische im Besonderen aufs engste an den Durchbruch der industriellen Moderne gebunden. Er ist deshalb nicht nur ein Aspekt der Außenpolitik, sondern auch der

Innenpolitik, weil die inneren Probleme der Industriestaaten und ihr nach außen gerichtetes Expansionsstreben während des ausgehenden 19. Jahrhunderts in einem engen Wechselverhältnis zueinander standen.

Für die USA ist das insofern wichtig, als sich damals das Handlungsfeld ihres territorialen Ausgreifens wandelte: Amerikanische Politiker und Wirtschaftseliten suchten immer weniger nach freiem Siedlungsland, aber dafür immer mehr nach neuen Absatzmärkten für die eigene Industrieproduktion, die den Rahmen des nationalen Bedarfs zunehmend überstieg. Dies führte wiederholt zu schweren Wirtschaftskrisen, und neue Märkte in Übersee schienen einen Ausweg aus dem Dilemma zu bieten. Dabei ist zu bedenken, dass die USA als Industrienation nicht isoliert für sich agierten, sondern in einem internationalen Kontext, in dem auch andere Industrienationen aus vergleichbaren Motiven in die Welt ausgriffen. Diese Konkurrenz der entwickelten Industriestaaten um die ökonomisch rückständigen Gebiete der Welt entwickelte sich zu einem regelrechten Wettlauf, dem sich die aufstrebende Industriemacht USA kaum entziehen konnte. Untrennbar verknüpft mit diesen ökonomischen Erwägungen waren sozialimperialistische Impulse. Die zahlreichen inneren sozialen Spannungen und Konflikte der sich herausbildenden industriellen Gesellschaft wurden in die aggressive Expansion nach außen umgeleitet, um so die Stabilität nach innen zu erhalten.

Weitere Ursachen des amerikanischen Imperialismus waren kultureller Natur. In den 1890er Jahren wurde das seit den 1840er Jahren zirkulierende Denkmodell von der *Manifest Destiny* geographisch entgrenzt. Viele Amerikaner betrachteten von nun an die ganze Welt als ihren Expansionsraum. Eine komplementäre Entwicklung war die Anreicherung des christlich-heilsgeschichtlich grundierten Missions- und Sendungsbewusstseins der USA mit sozialdarwinistischen und rassistischen Denkfiguren. Viele Imperialisten begriffen die zivilisatorische Mission der USA auch als eine Bewährungsprobe für die »rassische Qualität« der angelsächsischen Völker im Allgemeinen und die der Amerikaner im Besonderen. In der erfolgreichen Zivilisierung der Welt würden die Amerikaner demnach den Beweis dafür erbringen, dass sie im Kampf der Rassen um Macht und Vorherrschaft bestehen könnten.

Nach dem Ende des Bürgerkrieges richtete sich die imperialistische Expansion der USA auf Asien und Lateinamerika. Die südliche Hälfte der eigenen Hemisphäre erschien vielen amerikanischen Wirtschaftseliten als eine Art Hinterhof, der sowohl Rohstofflieferant als auch Markt für die eigenen Fertigwaren war. In den 1880er Jahren begannen die USA deshalb diese Weltregion systematisch zu durchdringen. Das Mittel dazu war eine Kombination aus Hochzollpolitik, die ausländischen Produzenten den Zugang zum amerikanischen Markt versperrte, und bilaterale Reziprozitätsverträge, mit denen sich die Vertragspartner gegenseitig den freien Austausch von Waren zubilligten. Dadurch wurde es amerikanischen Firmen möglich, in der Karibik und auf dem mittel- und südamerikanischen Festland zu investieren und die dort produzierten Rohstoffe in die USA zu exportieren, während sie gleichzeitig diese Länder mit den eigenen Fertigwaren überschwemmten. So entstanden immer dichtere ökonomische Verflechtungen, die bald schon auch politische Interessen der USA in der Region definierten, weil der reibungslose Handel sichergestellt und der Besitz von US-Bürgern im Ausland geschützt werden mussten.

Dies führte zu einer immer aggressiveren Interventionspolitik der USA in Lateinamerika, die meist das Ziel hatte, politische und soziale Stabilität in dem jeweiligen Land zu erhalten, um amerikanische Unternehmen, Investitionen und Staatsbürger zu schützen. Da jedoch auch europäische Mächte Interessen in Lateinamerika hatten und vor allem Großbritannien die Rolle einer Ordnungsmacht in der südlichen Hemisphäre spielte, wurde Lateinamerika im letzten Viertel des 19. Jahrhunderts zum Schauplatz einer internationalen Mächtekonkurrenz, in der die USA eine immer wichtigere Rolle spielten. Mal griffen sie in die inneren Angelegenheiten lateinamerikanischer Länder ein, um der Intervention einer europäischen Macht zuvorzukommen, mal wurden sie in innere Konflikte hineingezogen, weil eines der Lager die USA mit dem Versprechen wirtschaftlicher Vorteile gegen andere Konfliktparteien und europäische Großmächte ausspielte, um eigene Interessen zu verfolgen.

Die Geschichte der amerikanischen Außenpolitik gegenüber Lateinamerika im letzten Viertel des 19. Jahrhunderts ist eine nicht abreißende Kette von Interventionen und Krisen, an deren Ende die USA Großbritannien noch vor dem Spanisch-Amerikanischen Krieg als Ordnungsmacht in der südlichen Hemisphäre abgelöst hatten. Als Nachfolgestreitigkeiten um das Präsidentenamt in der Republik Haiti im Herbst 1888 in einen Bürgerkrieg einmündeten, unterstützten die USA unter Einsatz ihrer Flotte die Partei um Florvil Hyppolite gegen den von Frankreich und Großbritannien anerkannten François Denys Légitime. Hyppolite gewann, und die USA drängten zwischen 1889 und 1891 massiv darauf, dass die neue haitianische Regierung ihnen Môle St. Nicholas als Flottenstützpunkt überlasse, was jedoch trotz mehrfacher US-Flottendemonstrationen vor der Küste der Karibikinsel nicht geschah.

Im Jahr 1891 kam es zu einem Zwischenfall in Chile, wo ein Aufstand der Kongress-Partei zum Sturz des von den USA unterstützten Präsidenten José Balmaceda führte. Als im Oktober 1891 zwei amerikanische Matrosen in Valparaíso von Mitgliedern der Kongress-Partei ermordet wurden, war Präsident Benjamin Harrison zum Krieg gegen Chile entschlossen. Die chilenische Regierung erfüllte jedoch das rigide amerikanische Ultimatum und zahlte 75 000 Dollar Entschädigung. In den Jahren 1893/94 kam dann die nächste Revolution, die nächste Intervention, diesmal in Brasilien. Die dortige Revolutionsregierung hatte ein einseitiges Handelsembargo gegen die USA verhängt. Washington entsandte daraufhin einige Kriegsschiffe, um es zu brechen.

Die nächste lateinamerikanische Krise ereignete sich 1893/95 in Nicaragua, das strategisch besonders wichtig war, weil zum einen sehr viele amerikanische Firmen dort aktiv waren, und weil Nicaragua zum anderen für das von den USA verfolgte Projekt des Panama-Kanals von zentraler Bedeutung war. Der Konflikt entstand, als die Revolutionsregierung von Nicaragua das Reservat der Mosquito-Indianer gewaltsam annektieren wollte, das für das Kanalbauprojekt von existentieller Bedeutung war. In dieser Situation entsandten zunächst Großbritannien und dann die USA Bodentruppen, um die Autonomie des Reservats zu erhalten und zugleich die US-Wirtschaftsinteressen in Nicaragua zu schützen. Damit hatte Großbritannien die Rolle der USA als Ordnungsmacht in Lateinamerika faktisch anerkannt.

In Asien konzentrierten sich die amerikanischen Expansionsinteressen auf China, dessen ökonomisches Potential in der Vorstellung vieler US-Eliten geradezu märchenhaft war. Deshalb versuchten die USA, einen Fuß in die chinesische Tür zu bekommen, um China für den amerikanischen Handel offen zu halten. Gleichzeitig taten die USA alles, um zu verhindern, dass die europäischen Großmächte in China eigene Interessenssphären absteckten, die Amerikanern den Zugang zum chinesischen Markt verwehren würden. Wenn der amerikanische Imperialismus wiederholt als ein Imperialismus der »Offenen Tür« bezeichnet worden ist, so trifft dies in besonderem Maße auf die amerikanische Chinapolitik im ausgehenden 19. Jahrhundert zu. Um ihre Ziele in Asien zu erreichen, bauten die USA ihre Handelsbeziehungen in diese Weltregion systematisch aus und waren zugleich bestrebt, ein System von strategisch wichtigen und verkehrstechnisch günstig gelegenen Handelsstützpunkten aufzubauen. Diese sollten für amerikanische Handelsschiffe sichere Häfen sein, in denen sie ihren Proviant und ihre Brennstoffvorräte auffrischen, notwendige Reparaturen vornehmen und Zuflucht finden konnten. Diese Handelsstützpunkte, an denen sich auch Kriegsschiffe zum Schutz des amerikanischen Handels stationieren ließen, sollten Sprungbretter nach China sein.

In den 1870er Jahren begannen die USA, ein Auge auf Samoa zu werfen, das ein idealer Zwischenstopp auf dem Weg nach Australien und Asien war. Im Jahr 1872 unterzeichnete Washington eine Vereinbarung mit den Eingeborenen von Samoa, das den USA exklusiven Zugang zur Bucht von *Pago Pago* garantierte. Im Gegenzug versprachen die USA wirtschaftliche Hilfe und den Schutz Samoas vor ausländischen Aggressionen. Das Problem war nur, dass Großbritannien und das Deutsche Reich ähnliche Übereinkünfte mit den Samoanern getroffen hatten. In der Folge entspann sich eine imperialistische Konkurrenz zwischen den drei Großmächten, die sich 1889 zu einer gefährlichen Krise verdichtete. Sie hätte leicht zum Krieg zwischen den USA, Großbritannien und Deutschland führen können, wenn nicht ein Wirbelsturm mehrere der vor Samoa kreuzenden Kriegsschiffe kampfunfähig gemacht hätte. Auf der Berliner Konferenz wurde 1889 eine diplomatische Lösung des Konflikts gefunden und Samoa zu einem Protektorat aller drei Großmächte erklärt.

Das zweite große Ziel im Pazifik war Hawaii, das einerseits als Zuckerinsel für sich genommen ökonomisch lukrativ, andererseits aber auch strategisch und verkehrspolitisch günstig auf halbem Weg nach China gelegen war. Im Jahr 1875 unterzeichneten die USA und Hawaii einen Handelsvertrag, der den amerikanischen Markt für hawaiianischen Zucker öffnete und mit dem Hawaii den USA garantierte, mit keiner anderen Macht vergleichbare Handelsabkommen abzuschließen. Damit begab sich Hawaii in eine ökonomische Abhängigkeit, die das Inselreich rasch zu einem Satelliten der USA werden ließ. Als 1893 eine Revolution die Demokraten in Hawaii an die Macht brachten, äußerte die neue hawaiianische Regierung den Wunsch, von den USA annektiert zu werden. Washington verweigerte sich dem jedoch zunächst noch. Als es dann jedoch kurz darauf wegen der japanischen Gastarbeiter auf den Zuckerplantagen zu einem Konflikt zwischen Hawaii und Japan kam, der so rasch eskalierte, dass eine japanische Invasion wahrscheinlich wurde, fanden die Annexionswünsche Hawaiis bei der amerikanischen Regierung Gehör. Am 16. Juni 1897 wurde ein Annexionsvertrag unterzeichnet, und im Januar 1898 begann die Ratifikationsdebatte im Senat. Es zeichnete sich eine klare Mehrheit für die Annexion ab, doch dann kam das Verfahren durch die

Ereignisse, die im April 1898 zum Ausbruch des Spanisch-Amerikanischen Krieges führten, vorübergehend zum Erliegen.

In Kuba war 1895 eine Rebellion gegen die spanische Kolonialherrschaft ausgebrochen, die in amerikanischen Unternehmerkreisen als unwillkommene Störung der sehr lukrativen geschäftlichen Beziehungen betrachtet wurde; damals belief sich die Summe der amerikanischen Investitionen in Kuba auf 50 Millionen Dollar. In der amerikanischen Öffentlichkeit stieß der kubanische Freiheitskampf jedoch auf sehr viel Sympathie; viele Amerikaner brachten dem Kampf der Kubaner gegen die ausbeuterische und despotische Kolonialmacht Spanien viel Sympathie entgegen. Spanien schlug den Aufstand mit harter Hand nieder, sperrte die Aufständischen in Internierungslagern ein und überließ sie dort weitgehend sich selbst. Die Sensationsberichterstattung der neu entstandenen *Yellow Press* schlachtete die Kuba-Krise aus reinem Profitinteresse aus. Die meisten Berichte über die Situation in Kuba waren maßlos überzeichnet, viele auch frei erfunden. Immer wieder aber wurde das Thema von der despotischen und grausamen europäischen Kolonialmacht bedient, die den legitimen Freiheitskampf eines amerikanischen Volkes brutal unterdrückte. Der Boulevard heizte die Stimmung an und drängte immer lautstärker auf ein militärisches Eingreifen der USA. Als das US-Schlachtschiff *Maine* am 15. Februar 1898 aus bis heute nicht endgültig geklärten Ursachen im Hafen von Havanna explodierte und 266 amerikanische Matrosen in den Tod riss, eskalierte die Krise. Die Presse warf Spanien vor, das amerikanische Schiff in die Luft gesprengt zu haben. Ungeachtet aller spanischen Konzessionen sandte Präsident William McKinley am 11. April eine Botschaft an den Kongress, mit der er die Parlamentarier dazu aufforderte, Spanien den Krieg zu erklären. Am 19. April erkannte der Kongress die Unabhängigkeit Kubas an und autorisierte ein militärisches Eingreifen, woraufhin die USA in einen kurzen, dynamischen Krieg gegen Spanien zogen. An dessen Ende errichteten sie eine Art Protektorat über Kuba und wurden zudem zur Kolonialmacht auf den Philippinen.

Die Kampfhandlungen des Spanisch-Amerikanischen Krieges dauerten nur dreieinhalb Monate und fanden an zwei räumlich weit voneinander entfernten Schauplätzen statt: Auf den Philippinen und auf Kuba. Am 1. Mai 1898 tauchte eine von Kommodore George Dewey befehligte US-Flotte, die am 27. April von Hongkong aus aufgebrochen war, im Hafen von Manila auf und versenkte innerhalb von sieben Stunden die dort ankernden spanischen Kriegsschiffe, um sie für einen möglichen Einsatz in Kuba unschädlich zu machen. Bis Mitte August hatten amerikanische Truppen die Hauptstadt Manila eingenommen und die spanische Kolonialherrschaft in den Philippinen beendet. In Kuba bemühten sich die USA erfolgreich darum, den im Südosten der Insel gelegenen Militärstützpunkt Santiago de Cuba zu erobern. Sie blockierten alle kubanischen Häfen von See aus, landeten im Juni mit Bodentruppen auf Kuba und nahmen am 1. Juli die drei stark befestigten Garnisonen in San Juan Hill, Kettle Hill und El Canay ein. Am 3. Juli versuchte die spanische Atlantikflotte, die amerikanische Seeblockade zu durchbrechen und wurde dabei komplett versenkt. Am 17. Juli ersuchte Spanien um Waffenstillstand, und am 10. Dezember 1898 wurde in Paris ein Friedensvertrag unterzeichnet, mit dem Spanien die Unabhängigkeit Kubas anerkannte und zugleich die Philippinen, Puerto Rico und Guam gegen eine Entschädigung von 20 Millionen Dollar an die USA abtrat.

Im Windschatten des Krieges gegen Spanien kam auch die Annexion Hawaiis zu einem Abschluss: Am 6. Juli 1898 hatte der Senat mit 42 zu 21 Stimmen dem Annexionsvertrag zugestimmt und einen Tag später hatte Präsident McKinley Hawaii offiziell zu einem *US-Territory* erklärt. Nach dem Frieden von Paris annektierten die USA zudem ihren Teil von Samoa. Damit waren die USA praktisch über Nacht und unverhofft zur Kolonialmacht geworden, die nun auch direkt über ein weit verzweigtes überseeisches Imperium aus Handelsstützpunkten und Militärbasen, Protektoraten und Kolonien herrschte. Ungeachtet aller weiterhin in den USA zu hörenden kritischen Stimmen, die das imperiale Ausgreifen als gefährliche Überdehnung der eigenen Kräfte und Verrat an den anti-kolonialen Traditionen der USA begriffen, waren die amerikanischen Imperialisten im Aufwind. Eine wachsende Zahl von Führungseliten war davon überzeugt, dass die USA eine Weltmacht seien, die ihre außenpolitischen Interessen in Konkurrenz zu anderen Großmächten behaupten müsse und sich darüber hinaus auch nicht aus der ordnungspolitischen Verantwortung stehlen könne, die aus ihrem gestiegenen Einfluss in der Welt resultierte. Das hatte weit reichende Folgen für den Gang der amerikanischen Außenpolitik bis zum Vorabend des Ersten Weltkrieges.

In Asien mussten die USA nach dem Ende des Spanisch-Amerikanischen Krieges ihren Herrschaftsanspruch auf den Philippinen gegen die Filipinos durchsetzen, was nach der Unterwerfung von regionalen Aufständen gelang. Der neben den Philippinen zweite große Schauplatz der US-Außenpolitik nach 1900 war China, das seit dem japanisch-chinesischen Krieg von 1894/95 in einem galoppierenden Prozess der inneren Auflösung begriffen war. Als sich die europäischen Großmächte und Japan daran machten, das chinesische Territorium unter sich aufzuteilen, wollte Washington dies um jeden Preis verhindern und setzte alles daran, die territoriale und politische Integrität Chinas zu erhalten. In einer Art anti-kolonialem Imperialismus der »Offenen Tür« verlangten die USA von den anderen Großmächten Garantien für den freien Zugang amerikanischer Unternehmen und Investoren zum chinesischen Markt. Als der Boxeraufstand 1899/1901 die Desintegration des Riesenlandes wahrscheinlich machte, beteiligten sich die USA in erster Linie deshalb an der internationalen Eingreiftruppe zur Niederschlagung des Aufstandes, um bei den anschließenden internationalen Verhandlungen mit am Tisch zu sitzen. Ihre Position formulierten sie in einer Reihe von diplomatischen Noten, den sogenannten *Open Door Notes*, mit denen Außenminister John Hay von den Großmächten die territoriale Integrität Chinas und den freien Zugang zum Chinahandel forderte.

In Lateinamerika begannen die USA nach 1900 immer offensiver die Rolle eines Hegemons zu spielen, der seinen Vorherrschaftsanspruch in der westlichen Hemisphäre durchaus aggressiv gegenüber den europäischen Großmächten durchsetzte. Getragen wurde diese neue Politik von einem neuen imperialen Selbstbewusstsein, das sich in Person und Politik des Präsidenten Theodore Roosevelt gewissermaßen verkörperte. Roosevelt begriff imperialistische Expansion als Zeichen der ideellen und materiellen Stärke einer Gesellschaft, und sie bot in seinen Augen die Chance zur Erneuerung der Demokratie zu Hause. Nach dem offiziellen Ende der *Frontier* auf dem amerikanischen Kontinent suchten Roosevelt und seine imperialistischen Freunde nach neuen *Frontiers* und fanden diese in Übersee. Überaus empfänglich für sozialdarwinistische Ideen, begriff Roosevelt die internationalen Beziehungen als einen Wettlauf zwischen Großmächten um Macht und Einfluss. Verweigerten sich die USA dieser internationalen Konkurrenz der Großmächte, so würden sie früher oder später abgehängt werden und ins Hintertreffen geraten. Diese machtbewusste Realpolitik verband sich bei Roosevelt mit einem durchaus idealistischen Denken, das es zur Aufgabe der USA erklärte, die angelsächsische Zivilisation in der Welt zu verbreiten.

Im Jahr 1904 fand diese neue Politik mit einer aggressiven Uminterpretation der Monroe-Doktrin im sogenannten *Roosevelt Corollary* ihre programmatische Grundlegung. In seiner Jahresbotschaft an den Kongress stellte Präsident Roosevelt am 6. Dezember 1904 klar, dass die USA gegenüber instabilen Staaten in Lateinamerika zu einer interventionistischen Politik im Dienste der Stabilität berechtigt seien. Roosevelt sah die USA in der Rolle eines Polizisten, der mit einem großen Knüppel in der Hand in der westlichen Hemisphäre für Recht und Ordnung sorgte, um das Eingreifen europäischer Großmächte zu verhindern. Bis zum Ersten Weltkrieg behaupteten die USA ihren hegemonialen Anspruch in Lateinamerika durchaus robust. Zwischen 1898 und 1920 intervenierten US-Streitkräfte in fast jedem Jahr in einem lateinamerikanischen Land, um aus ihrer Sicht Ordnung und Stabilität herzustellen und amerikanische Interessen zu schützen. Allerdings setzte Roosevelts *Big Stick Policy* nicht nur auf das Militär, sondern auch auf ökonomischen Druck und diplomatische Verhandlungen. Unter Präsident William Howard Taft wurde der militärische Interventionismus zugunsten einer aktiven »Dollardiplomatie« zurückgedreht.

VI Die USA im »kurzen 20. Jahrhundert« (1914–1990)

Der Zusammenbruch der Sowjetunion im Jahr 1991 hat die historischen Perspektiven auf das 20. Jahrhundert schlagartig verändert. Auf einmal erschien die Periode vom Ersten Weltkrieg bis zum Ende des Kalten Krieges als eine Geschehenseinheit, die im Kern durch den Konflikt zwischen Demokratie und totalitären Anti-Demokratien definiert war. Dieser Konflikt entfaltete sich zwischen 1917 und 1945 im spannungsgeladenen Dreieck von Kommunismus, Faschismus und Demokratie und reduzierte sich nach 1945 auf den weltumspannenden Gegensatz zwischen Kommunismus und Demokratie. Folgt man dieser Periodisierung, so war das 20. Jahrhundert ein kurzes; es begann mit dem Ersten Weltkrieg, der »Urkatastrophe des 20. Jahrhunderts« (George F. Kennan), und endete 1989/91 mit der Desintegration des sowjetischen Herrschaftsbereichs in Europa.

1 Die USA im Ersten Weltkrieg

Politische Neutralität und wirtschaftliche Verflechtung

Der Erste Weltkrieg begann als europäischer Krieg, doch wirkten die Schüsse von Sarajewo vom 28. Juni 1914 unmittelbar auf die USA zurück, auch wenn sie erst am 6. April 1917 in den Krieg eintraten. Dies vor allem, weil der Erste Weltkrieg der erste Krieg der industriellen Moderne war, der deshalb nicht mehr nur allein auf den Schlachtfeldern, sondern auch durch die Leistungsfähigkeit der Industriewirtschaften entschieden wurde. Das zynische Rational dieser Kriege bestand darin, Menschen und Material des Gegners schneller zu vernichten, als dieser sie ersetzen konnte. Deshalb waren die Kriegsparteien einerseits gezwungen, die eigene Wirtschaft möglichst effizient für die Kriegsproduktion zu mobilisieren, und mussten andererseits versuchen, die wirtschaftlichen Grundlagen der Kriegsfähigkeit des Gegners zu zerstören. Durch diese wirtschaftliche Dynamik wurden die USA trotz formaler Neutralität bis 1917 zur Kriegspartei, die mit ihrem Kapital sowie ihren Lieferungen von Waffen, militärischem Gerät und Lebensmitteln die Anstrengung der Entente gegen die Mittelmächte Deutschland und Österreich-Ungarn unterstützte.

Als der Krieg in Europa ausbrach, erklärte Präsident Wilson die USA für neutral. Für diese Politik gab es gleich mehrere Gründe. Im Sommer 1914 war der Erste Weltkrieg noch ein rein europäischer Krieg, von dem die meisten dachten, dass er schnell vorbei sein würde. Gegenüber europäischen Konflikten hatten die USA seit ihren Anfängen eine Politik der Nicht-Einmischung verfolgt, so dass Wilson hier im Einklang mit außenpolitischen Traditionen handelte. Gleichzeitig befürchtete die US-Regierung, dass ein Engagement in Europa die eigene multiethnische Gesellschaft vor eine Zerreißprobe stellen würde. Als der Erste Weltkrieg ausbrach, lebten Einwanderer aus allen Ländern, die nun in Europa miteinander Krieg führten, in den USA; eine amerikanische Parteinahme musste die Gesellschaft deshalb zwangsläufig spalten. Doch auch in anderer Hinsicht kam der Krieg ungelegen: Wilson und viele der *Progressives* fürchteten, dass eine amerikanische Kriegsbeteiligung wichtige Ressourcen und Energien von den inneren Reformprojekten abziehen würde. Insofern erschien die Neutralitätspolitik auch aus innenpolitischer Sicht als Gebot der Stunde.

Dennoch wurden die USA bis 1917 immer tiefer in den europäischen Krieg hineingezogen, zunächst ökonomisch, dann auch politisch, weil die USA rasch zum Arsenal der europäischen Kriegsparteien wurden. Die amerikanische Industrie belieferte die Europäer mit Waffen, Munition, Uniformen und anderem militärischen Gerät, die amerikanische Landwirtschaft versorgte sie mit Getreide, Fleisch und anderen Lebensmitteln, und US-Banken finanzierten den Krieg der europäischen Großmächte zu einem Gutteil. Infolge dieser Entwicklung wurden die USA vom Schuldner- zum Gläubigerland Europas, Wall Street in New York City löste London als Finanzzentrum der Welt ab.

Allerdings kam die amerikanische Finanz- und Wirtschaftskraft nicht allen Kriegsparteien gleichermaßen zu Gute. Während sich die Handelsbeziehungen der USA zu Großbritannien und Frankreich zwischen 1914 und 1917 verdichteten, verfiel der Handel mit dem Deutschen Reich. Eine Zahl mag genügen, um die groteske Unausgewogenheit der amerikanischen Wirtschaftsbeziehungen zu Europa zu illustrieren: Bis zum Jahr 1917 hatten amerikanische Banken den Mächten der Entente Kredite in Höhe von rund 2,3 Milliarden Dollar gewährt, während gerade einmal 27 Millionen Dollar an das Deutsche Reich geflossen waren. Wirtschaftlich gesehen waren die USA bis Anfang 1917 also längst zur Kriegspartei auf Seiten der Entente geworden.

Gleichwohl führte die ökonomische Verflechtung nicht automatisch zum Kriegseintritt der USA. Dieser wurde vielmehr durch den uneingeschränkten U-Bootkrieg des Deutschen Reiches provoziert, der wiederum eine Reaktion auf die Seeblockade der Entente war. Um die Mittelmächte von der Zufuhr kriegswichtiger Rohstoffe und Lebensmittel abzuschneiden, hatte Großbritannien im Herbst 1914 begonnen, Deutschland von der See her zu blockieren. Daraufhin erklärte die militärische Führung des Deutschen Reiches das Seegebiet um die Britischen Inseln und Irland am 4. Februar 1915 zum Kriegsgebiet und kündigte an, dass deutsche U-Boote jedes dort verkehrende gegnerische Handelsschiff ohne vorherige Warnung und Durchsuchung sowie ohne Rücksicht auf das Leben der Passagiere versenken würden. Gleichzeitig wollte das Deutsche Reich für die Sicherheit der Schiffe neutraler Mächte in der Sperrzone nicht garantieren.

Am 7. Mai 1915 versenkte ein deutsches U-Boot das britische Schiff *Lusitania*, das neben fast 2000 Passagieren auch einige hundert Kisten Munition an Bord hatte. 1198 Menschen starben bei dem Angriff, unter ihnen 128 Amerikaner. In drei scharfen diplomatischen Protestnoten verlangte Wilson daraufhin vom Deutschen Reich nicht nur materielle Entschädigung, sondern auch den sofortigen Stopp der U-Bootangriffe auf

Handels- und Passagierschiffe. Das Deutsche Reich spielte zunächst auf Zeit, doch als in den folgenden Wochen weitere Amerikaner bei deutschen U-Bootangriffen getötet wurden und die USA offen mit Krieg drohten, erklärte das Deutsche Reich, neutrale Schiffe und feindliche Passagierdampfer fortan schonen zu wollen. Im Sommer 1915 war damit klar, dass jede Rückkehr zum uneingeschränkten U-Bootkrieg den Kriegseintritt der USA auf Seiten der Entente zur Folge haben könnte. Das Deutsche Reich akzeptierte dies billigend, als es den uneingeschränkten U-Bootkrieg zum 1. Februar 1917 wieder aufnahm. Allerdings war die militärische Führung des Reiches unter Paul von Hindenburg und Erich Ludendorff davon überzeugt, dass der Krieg zu Gunsten Deutschlands entschieden sein würde, bevor der Kriegseintritt der USA sich auswirken würde.

Überraschenderweise führte die Wiederaufnahme des uneingeschränkten U-Bootkrieges nicht zum sofortigen Kriegseintritt der USA. Sie brachen zwar am 3. Februar 1917 alle diplomatischen Beziehungen zu Deutschland ab, doch zögerten sie zunächst noch, Deutschland den Krieg zu erklären. Dann allerdings wurde Ende Februar 1917 das »Zimmermann-Telegramm« bekannt. Bei ihm handelte es sich um eine Depesche des deutschen Außenministers Arthur Zimmermann an den deutschen Botschafter in Mexiko, mit der dieser dazu ermächtigt wurde, der mexikanischen Regierung folgenden Plan zu unterbreiten: Mexiko sollte an der Seite Deutschlands in den Krieg eintreten und mit deutscher Hilfe in die USA einmarschieren. Im Falle eines deutschen Sieges würde Mexiko das gesamte Territorium zurück erhalten, das es im Jahr 1848 mit dem Frieden von Guadalupe Hidalgo an die USA abgetreten hatte, also den gesamten Südwesten der USA. Die britische Regierung hatte dieses sensationelle Telegramm abgefangen, entschlüsselt und es am 24. Februar 1917 veröffentlicht. Am 1. März 1917 stand es in allen führenden Zeitungen der USA. Am 9. März ordnete Wilson die Bewaffnung der amerikanischen Handelsschiffe an, am 18. März erreichte Washington die Nachricht von weiteren amerikanischen Verlusten durch deutsche U-Bootangriffe, am 20. März stimmte das Kabinett einstimmig für einen Krieg gegen Deutschland, und am 2. April 1917 trat Wilson vor beide Häuser des Kongresses, um die Parlamentsabgeordneten aufzufordern, Deutschland den Krieg zu erklären.

Die Kriegsbotschaft Wilsons ist der programmatische Grundtext des *demokratischen Internationalismus*, jenes komplexen Ensembles von Wertideen, Prämissen und Zielstellungen also, das die amerikanische Außenpolitik im 20. Jahrhundert entscheidend bestimmt hat. In seiner Rede überhöhte Wilson den Krieg zu einem Kampf zwischen dem Prinzip der Freiheit und dem der Autokratie in preußischem Gewand. Der deutsche U-Bootkrieg sei ein Krieg gegen die gesamte Menschheit, meinte Wilson und definierte die Rolle der USA als Anwalt der Menschheit und Schutzmacht des Völkerrechts. Das Motiv der USA für den Kriegseintritt sei nicht Rache oder die Behauptung nationaler Stärke, sondern nur die Durchsetzung des internationalen Rechts. Die USA zögen in den Krieg, um die Welt für die Demokratie sicher zu machen (»The world must be made safe for democracy«). Damit deutete Wilson den Ersten Weltkrieg im Durchgriff auf eine nach ihm zu verwirklichende neue Weltordnung. Diese sollte sich seiner Meinung nach aus unabhängigen, demokratisch verfassten und selbstbestimmten Nationalstaaten zusammensetzen. Eine solche, aus Demokratien gebildete internationale Ordnung entsprach für Wilson nicht nur dem Freiheitsverlangen der Völker; sie garantierte zugleich auch die Sicherheit und den Wohlstand der USA selbst.

Zwei Tage nach Wilsons Rede stimmte der Senat mit 82 zu 6 Stimmen für eine Kriegserklärung an Deutschland, am 6. April schloss sich das Repräsentantenhaus mit 373 zu 50 Stimmen diesem Votum an. Erstmals in ihrer Geschichte traten die USA in einen europäischen Krieg ein.

Over There – Die amerikanischen Truppen in Europa

Als sie Deutschland den Krieg erklärten, hatten die USA eigentlich keine Armee. Ihre *American Expeditionary Force* (AEF) bestand aus rund 200 000 Soldaten, die über 300 000 veraltete Gewehre, 1500 Maschinengewehre, 55 technisch überholte Flugzeuge und zwei Feldtelefonanlagen verfügten. Der letzte große Einsatz dieser Truppe war im Winter 1916/17 die wilde Jagd auf Pancho Villa durch den Norden Mexikos gewesen; sie hatten ihn nicht bekommen. Der Aufbau einer schlagkräftigen Armee gehörte deshalb im Frühjahr 1917 zu den ersten Aufgaben. Bereits im Mai 1917 wurde die allgemeine Wehrpflicht eingeführt, gleichwohl verlief die amerikanische Mobilmachung zunächst eher schleppend. Zwar paradierten die ersten US-Soldaten bereits am 4. Juli 1917 durch Paris, doch lief der amerikanische Truppenaufmarsch erst im Sommer 1918 auf Hochtouren. Zu dem Zeitpunkt waren die Armeen der europäischen Mächte, insbesondere die deutsche, bereits der Erschöpfung nahe. Insgesamt schickten die USA 2 Millionen Soldaten nach Europa, wobei etwa 1,3 Millionen an der Front zum Einsatz kamen, während die übrigen Sicherungs- und Nachschubarbeiten in der Etappe verrichteten.

Der Eintritt der USA entschied den Krieg. Die US-Marine organisierte Konvois für Handelsschiffe im Atlantik und machte zugleich erfolgreich Jagd auf deutsche U-Boote. An der belgisch-französischen Front beendete der Einsatz amerikanischer Kampfverbände im Frühjahr 1918 die Pattsituation, die dort seit Herbst 1914 geherrscht hatte. Die AEF war an zwei militärischen Operationen entscheidend beteiligt. Im Mai/Juni 1918 trug sie maßgeblich dazu bei, die deutsche Frühjahrsoffensive an der Marne zurückzuschlagen, und im September 1918 waren rund eine halbe Million US-Soldaten an der alliierten Gegenoffensive beteiligt. In deren Verlauf eroberten amerikanische Verbände einen strategisch wichtigen Hügel bei St. Mihiel in der Nähe von Verdun, und vertrieben anschließend mit rund 1,2 Millionen Soldaten im Rahmen der alliierten Meuse-Argonne-Offensive die deutschen Verbände aus dem Argonnerwald. Allerdings agierte die AEF überaus unprofessionell und unkoordiniert. Wiederholt stürmte die Infanterie schneller voran, als Nachschubeinheiten oder Artillerie folgen konnten. Viele der US-Soldaten, die in der Septemberoffensive eingesetzt wurden, waren erst im Juli eingezogen worden und hatten kaum mehr als eine viermonatige Grundausbildung erhalten. Einige von ihnen waren überhaupt erst bei der Ankunft in Frankreich durch zehntägige Schnellkurse geschleust worden. Ihre Ausrüstung war oft ungeeignet, ihre Offiziere vielfach inkompetent. All dies kostete viele amerikanische Soldaten das Leben, und die französischen und britischen Kommandeure sparten nicht mit Kritik an dem verschwenderischen Umgang der USA mit den eigenen Truppen und dem eigenen Material. Insgesamt verloren 75 658 US-Soldaten im Ersten Weltkrieg ihr Leben. 34 249 fielen im Kampf, 13 691 erlagen ihren Verletzungen nach der medizinischen Behandlung, 23 937 starben an Krankheiten, 3681 durch Selbstmord, Mord oder Unfall. Gemessen an den Millionen von Gefallenen, die die europäischen Kriegsmächte verzeichneten, erscheinen die amerikanischen Verluste im Verhältnis zur Bevölkerung als relativ gering. Allerdings wurden die rund 76 000 US-Soldaten in einem Zeitraum von gerade einmal sechs Monaten getötet.

Over Here – Staat, Wirtschaft und Gesellschaft im Krieg

Der Erste Weltkrieg war der erste totale Krieg des 20. Jahrhunderts. Als solcher verlangte er nach der möglichst vollständigen und effizienten Mobilisierung der ökonomischen, sozialen und kulturellen Ressourcen eines Staates für die Kriegsanstrengung. Folglich musste der Staat tief in Wirtschaft und Gesellschaft eingreifen, um den Krieg führen und gewinnen zu können. Es gab in diesem Krieg nur Fronten, die Kampffront und die Heimatfront, und es gab in ihm, so Präsident Wilson in einer Rede am 16. April 1917, auch nur Soldaten, nämlich die eigentlichen Streitkräfte und die neuen »Soldaten« hinter der Front, also die Arbeiter und Landwirte in der Heimat. Diese Dynamik des modernen Krieges stellte für die auf den Grundsatz grundrechtlich definierter, individueller Freiheit gegründete amerikanische Demokratie eine besondere Herausforderung dar.

Der Erste Weltkrieg ließ den staatlichen Behördenapparat in den USA bis dahin kaum vorstellbare Dimensionen annehmen. Es entstanden beinahe 5000 Ämter und Behörden, die für einen Teil der gigantischen Kriegsanstrengung verantwortlich waren. Allerdings kamen die USA bei der wirtschaftlichen Mobilmachung weitgehend ohne zwangsstaatliche Maßnahmen aus. Vielmehr setzte die Bundesregierung auf die freiwillige Kooperation von Unternehmern und Arbeitern in einer Vielzahl von staatlichen Lenkungs- und Kontrollgremien, die die Kriegswirtschaft organisierten und regulierten. Vor allem vier dieser paritätisch besetzten Behörden waren für die Kriegführung von zentraler Bedeutung. Die im Mai 1917 gegründete und vom späteren Präsidenten Herbert Hoover geleitete *Food Administration* stellte die Lebensmittelversorgung von Truppen und Zivilbevölkerung sicher. Dem im Juli 1917 gegründeten *War Industries Board* oblag die Koordination der Industrieproduktion. Die *Fuel Administration* verwaltete die Brennstoffe, und das *War Labor Board* hatte die Aufgabe, als Vermittlungsinstanz zwischen Unternehmern und Arbeitern Streiks und andere Arbeitskonflikte zu verhindern, um die Kontinuität der Industrieproduktion zu gewährleisten. Gerade diese Behörde führte zu einer enormen Aufwertung der bis dahin weithin verfemten Gewerkschaften, deren disziplinierende und stabilisierende Funktion gerade von Regierungsseite zunehmend geschätzt wurde. Wiederholt drängten Regierungsvertreter die Unternehmer zu höheren Löhnen oder anderen materiellen Vergünstigungen, forderten bessere Sicherheitsmaßnahmen an den Arbeitsplätzen und machten sich andere Forderungen der Gewerkschaften zu eigen, um den Arbeitsfrieden zu sichern. Dies geschah freilich alles auf dem Wege von Verhandlungen und Kompromissen. Nur dort, wo das Prinzip der Freiwilligkeit versagte, griff die Bundesregierung zu zwangsstaatlichen Maßnahmen. So verstaatlichte Präsident Wilson am 26. Dezember 1917 die Eisenbahnen und unterstellte sie der *Railroad Administration*.

Die ökonomische Mobilisierungsleistung der USA war beeindruckend. Der Verteidigungshaushalt wuchs zwischen 1916 und 1919 von 305 Millionen auf 13,5 Milliarden Dollar an. Gleichzeitig gewährten die USA den Alliierten Kriegskredite in Höhe von mehr als sieben Milliarden Dollar. Diese Kriegskosten wurden zu einem Drittel aus insgesamt fünf Kriegsanleihen (*Liberty Bonds*) und zu zwei Drittel aus Steuern finanziert. Eine wichtige staatliche Einnahmequelle war die 1913 eingeführte Einkommenssteuer, andere Steuern wurden moderat erhöht, aber insgesamt schöpfte der Staat die enormen Kriegsgewinne der Unternehmen nur in geringem Umfang ab. Das war gewollt, denn die Aussicht auf Profit sollte die amerikanischen Unternehmer und Landwirte dazu bringen, ihre Produktion freiwillig an die Bedürfnisse der Kriegführung anzupassen.

Der Erste Weltkrieg bescherte der amerikanischen Industrie und Landwirtschaft einen großen Boom, durch den Millionen neuer, sehr gut bezahlter Jobs entstanden. Das Bruttosozialprodukt wuchs zwischen 1910 und 1920 von 35,3 auf 91,5 Milliarden Dollar. Die Industrieproduktion stieg zwischen 1914 und 1918 um mehr als ein Drittel an. Die Unternehmensgewinne schnellten in die Höhe. Lagen sie 1914 noch unter 4 Milliarden Dollar, so beliefen sie sich 1917 auf mehr als 10 Milliarden. Auch für die amerikanischen Landwirte war der Krieg ein gutes Geschäft. Sie versorgten sowohl das eigene Land als auch die europäischen Verbündeten mit Lebensmitteln und kriegswichtigen Rohstoffen. Die Anbauflächen wurden stark ausgeweitet und die Preise für Agrarprodukte stiegen zwischen 1913 und 1918 um mehr als das Doppelte. Zwar stieg damals auch die Inflation um 60 Prozent an, doch wurde die Teuerungsrate durch die steigenden Löhne mehr als ausgeglichen, so dass die Realeinkommen wuchsen. Wirtschaftlich erlebten die Amerikaner zwischen 1914 und 1918 goldene Zeiten.

Der Krieg beschleunigte die bereits laufenden wirtschaftlichen Konzentrationsprozesse, was von der US-Regierung, anders als noch vor dem Krieg, ausgesprochen begrüßt wurde, denn nur rational organisierte und leistungsfähige Großbetriebe waren den Anforderungen moderner Kriegführung gewachsen. Mit der wirtschaftlichen Konzentration einher ging die Ausweitung der Massenproduktion hochgradig standardisierter Produkte aus vorgefertigten Einzelteilen. Die Produktivitätssteigerung war enorm: Stellten die amerikanischen Autobauer im Jahr 1914 noch 460 000 Fahrzeuge her, so produzierten sie drei Jahre später 1,8 Millionen. Genauso wichtig wie die wirtschaftliche Mobilmachung war die geistige. Der Erste Weltkrieg war ein nicht gekannter Propagandakrieg, ein Kampf um die öffentliche Meinung im In- und Ausland. In den USA lag die Kriegspropaganda in den Händen des *Committee on Public Information* (CPI). Es bediente sich der gesamten Palette von Medien und Kommunikationsformen auf höchst innovative Art. Es nutzte das geschriebene Wort in Zeitungsartikeln, Pressemitteilungen und Flugschriften, das gesprochene Wort in Tausenden von Reden, ferner Film, Telegraphen, Poster und Stellwände, um die öffentliche Meinung zu lenken und auch zu manipulieren. Setzte das CPI anfangs auf Aufklärung durch Fakten und auf Überzeugung durch das bessere Argument, so wurde es mit der Dauer des Krieges zu einer kruden Propagandamaschine, die den Kriegsnationalismus schürte und den Gegner dämonisierte. Das CPI propagierte freiheitlich-demokratische Grundwerte, die durch den amerikanischen Kriegseinsatz verteidigt werden sollten, und konstruierte andererseits gezielt Feindbilder, die Deutschland als unzivilisierte Autokratie und die Deutschen als ein Volk von »Barbaren« und »Hunnen« darstellten.

Dort, wo sich der Kriegskonsens nicht mit den Mitteln propagandistischer Meinungslenkung erzeugen ließ, unterdrückte die Regierung aufkeimenden Dissens durch Zensur und die strafrechtliche Verfolgung von Kriegsgegnern. Der *Espionage Act* vom 15. Juni 1917 bestrafte Sabotage und Obstruktion der Kriegsanstrengung mit bis zu 10 000 Dollar und bis zu 20 Jahren Haft. Auf die Weitergabe von militärisch relevanten Informationen standen bis zu 30 Jahre Gefängnis oder der Tod. Der *Trading with the Enemy Act* vom 6. Oktober 1917 stellte unter anderem alle nicht-englischsprachigen Zeitungen und Zeitschriften unter staatliche Zensur, und der *Sedition Act* vom 16. Mai 1918 schränkte die Meinungsfreiheit noch weiter ein. Durch diese Gesetze erhielten die Behörden weitreichende Befugnisse für die Festnahme, Deportation und Internierung von Individuen und Gruppen, die die Kriegsanstrengung tatsächlich oder vermeintlich behinderten.

Der staatlich geschürte Kriegsnationalismus führte zu einer fast schon hysterischen Suche nach Feinden im Innern. Vor allem die Deutsch-Amerikaner, eine der größten und sichtbarsten ethnischen Gruppen in den USA, wurden zur Zielscheibe einer vielfach in Gewalt umschlagenden Intoleranz. Ihnen wurde unterstellt, »national unzuverlässig« zu sein und die amerikanische Kriegsanstrengung durch Spionage für Deutschland und Sabotage zu untergraben. Die Deutsch-Amerikaner wurden streng überwacht und Tausende von ihnen unter meist vollkommen haltlosen Vorwürfen ohne Verfahren interniert. Einige Bundesstaaten strichen den Deutschunterricht aus den Lehrplänen, Bibliotheken nahmen deutsche Bücher aus ihrem Angebot, die deutschsprachige Presse der USA wurde scharf zensiert, und Sauerkraut wurde in Restaurants vielfach als *Liberty Cabbage* verkauft. Immer wieder kam es zu gewalttätigen Übergriffen auf Deutsch-Amerikaner. Viele von ihnen reagierten auf diese Repressionen mit einem amerikanischen Hypernationalismus, der ihre deutschen kulturellen Wurzeln komplett negierte. Nach 1918 waren die Deutsch-Amerikaner als ethnische Gruppe in den USA nie wieder so sichtbar wie davor.

Eine weitere Zielscheibe staatlicher Repression waren Kriegsgegner im eigenen Land. Etwa 1500 von ihnen wurden 1917/18 wegen kritischer Äußerungen verhaftet und teils zu langen Freiheitsstrafen verurteilt. Dabei handelte es sich insgesamt um eine sehr heterogene Gruppe, in der einzelne Geistliche und Religionsgemeinschaften wie beispielsweise Quäker genauso vertreten waren wie Professoren, Publizisten und andere Intellektuelle. Hinzu kam die bunte Vielfalt linker Aktivisten.

Der schwierige Friede von Versailles

Die USA waren 1917 in den Krieg eingetreten, um den Frieden auf der Basis demokratischer und liberaler Grundwerte zu gestalten. Eine auf diese Prinzipien gegründete

Ordnung war aus amerikanischer Sicht die beste Garantie gegen neue Kriege, weil zwischenstaatliche Konflikte durch Verhandlungen gelöst und Systeme kollektiver Sicherheit den liberal-demokratischen Wertekonsens der internationalen Gemeinschaft aufrechterhalten würden. Die Eckpunkte dieser neuen Weltordnung formulierte Präsident Wilson noch während des Krieges am 8. Januar 1918 in seinen berühmten *Vierzehn Punkten*. In ihnen forderte er Transparenz in den internationalen Mächtebeziehungen, die Freiheit der Meere und den freien Zugang zu den Märkten der Welt, eine allgemeine Abrüstung, die Garantie des Rechts auf nationale Selbstbestimmung sowie die Einrichtung eines Völkerbundes als internationale Organisation, die die territoriale Integrität ihrer Mitgliedsstaaten garantieren und den demokratisch-liberalen Konsens der internationalen Gemeinschaft erhalten sollte. Damit waren Wilsons *Vierzehn Punkte* auch eine Antwort auf den von Lenin und den russischen Bolschewisten skizzierten sozialistischen Weg zu einer kriegsfreien Welt.

Mit seinen *Vierzehn Punkten* definierte Wilson den amerikanischen Fahrplan für die Friedensverhandlungen in Versailles, an denen er persönlich teilnahm. Wilsons Entschluss, selbst nach Versailles zu fahren, unterstreicht, wie ernst es ihm mit der nachhaltigen Neuordnung des internationalen Mächtesystems war. Gemessen an der Wilson'schen Vision eines »Friedens ohne Sieger« jedoch, erscheinen die Bestimmungen des Versailler Vertrages auf den ersten Blick als eine herbe Enttäuschung. Der den Kriegsverlierern ultimativ diktierte Vertrag zwang diese, Gebiete abzutreten und Reparationen zu bezahlen, ohne dass die Summe bereits festgelegt worden wäre. Zudem musste das Deutsche Reich mit § 231 des Vertrages die Alleinschuld am Ausbruch des Krieges übernehmen und andere ehrenrührige Passagen akzeptieren. Nicht nur die Deutschen waren nach der Bekanntgabe der Friedensbedingungen geschockt; viele Amerikaner waren es auch, denn dafür hatten sie nicht gekämpft.

Ist Wilson in Versailles gescheitert? Hat er seine eigenen Ideale verraten? War er ein naiver und entscheidungsschwacher Verhandlungsführer, den die europäischen Mächte, besonders Großbritannien und Frankreich, geradezu nach Belieben vor sich hertreiben konnten? All diese Ansichten sind von Zeitgenossen und Historikern geäußert worden, die dabei jedoch verkannten, dass die Ergebnisse von Versailles im Großen und Ganzen durchaus im Einklang mit Wilsons Grundvorstellungen waren. Der US-Präsident war ein geschickter Verhandlungsführer, dessen mäßigender Einfluss Großbritannien und Frankreich dazu brachte, von ihren Maximalforderungen abzusehen. Vor allem aber trotzte er ihnen den Völkerbund ab, das Kernstück seiner Vision einer neuen Weltordnung, wofür er viele Kompromisse einging. Allerdings glaubte er, diese Zugeständnisse machen zu können, weil er überzeugt war, dass der Völkerbund ein Instrument sein würde, mit Hilfe dessen die Ungerechtigkeiten des Versailler Friedens durch Verhandlungen revidiert werden könnten. Insgesamt reiste Wilson im Sommer 1919 deshalb durchaus zufrieden aus Paris ab.

Wilson ist nicht in Versailles, er ist in den USA gescheitert, denn der für die Ratifikation internationaler Verträge zuständige Senat verweigerte dem Versailler Frieden am 19. November 1919 mit 53 zu 38 Stimmen seine Zustimmung. Im Senat hatten die Wilson grundsätzlich feindlich gesonnenen Republikaner die Mehrheit, doch auch nicht alle Demokraten waren für die Annahme des Vertrages. Dabei ging der Streit im Senat gar nicht einmal primär um die Friedensbestimmungen an sich, als vielmehr um die Frage, ob die USA dem Völkerbund beitreten sollten, was mit der Ratifikation des Vertrages geschehen wäre. Aus Sicht einiger Senatoren, unter ihnen viele mit einem Hintergrund im *Progressive Movement*, war der Völkerbund kaum mehr als ein Instrument für den Imperialismus der europäischen Großmächte, mit denen sich die USA nicht gemein machen sollten. Andere Senatoren, unter ihnen zwar viele, aber nicht nur Republikaner waren der Meinung, dass eine Mitgliedschaft im Völkerbund die Handlungsfreiheit der USA im internationalen Mächtesystem viel zu sehr einschränken würde. Mit Isolationismus, also dem kompletten Rückzug von der Welt, ist diese Haltung nicht treffend gekennzeichnet. Die Mehrheit der Senatoren repräsentierte vielmehr verschiedene Spielarten eines Internationalismus, der die USA als Teil der Welt begriff und ihnen eine führende Verantwortung für die Stabilität des Mächtesystems zusprach. Allerdings wollten sie die Verwirklichung einer *Pax Americana* nicht auf dem Wege multilateraler Kooperation erreichen, sondern unilaterale Strategien verfolgen, die vor allem auf die amerikanische Wirtschaftskraft als Hebel zur nachhaltigen Befriedung der Welt setzten. In der Senatsdebatte ging es deshalb weniger um Isolationismus versus Internationalismus, als vielmehr um Unilateralismus versus Multilateralismus im Kontext einer grundsätzlich internationalistisch ausgerichteten Außenpolitik. Zur Debatte stand also, ob die USA ihre außenpolitischen Ziele in der Zusammenarbeit mit anderen Staaten (*multilateral*) oder im Alleingang (*unilateral*) verfolgen sollten. Darum sollte es im Verlauf des 20. Jahrhunderts noch des Öfteren gehen.

Die Ablehnung des Versailler Vertrags durch den US-Senat darf getrost als einer der Schlüsselmomente des 20. Jahrhunderts betrachtet werden, denn die Weltgeschichte der 1920/30er Jahre wäre gewiss anders verlaufen, wenn die USA sich zur Garantiemacht der Versailler Friedensordnung gemacht hätten. Es war zu Beginn der Senatsverhandlungen auch keineswegs klar, dass eine Mehrheit den Vertrag ablehnen würde. Allerdings beging Wilson in seinem Verhältnis zum Senat schwere Fehler. Obwohl die Republikaner im Senat die Mehrheit hatten, bezog er sie zu keiner Zeit in seine Pläne, geschweige denn in die Friedensverhandlungen mit ein. Er weigerte sich auch, die vom Senat im Rahmen der Ratifizierungsdebatte vorgeschlagenen Änderungen und Modifikationen überhaupt zur Kenntnis zu nehmen. Vielmehr war er entschlossen, die Präsidentschaftswahlen des Jahres 1920 zu einem Referendum über den Versailler Vertrag zu machen. Die Republikaner waren ihrerseits entschlossen, den Vertrag scheitern zu lassen, um die Wiederwahl des Präsidenten zu verhindern. Am 2. Oktober 1919 erlitt Wilson einen Schlaganfall, der ihn für den Rest seiner Amtszeit außer Gefecht setzte. Als er zusammenbrach, war er gerade auf einer sehr anstrengenden Redetour durch den mittleren Westen der USA, wo er bei den dort besonders zahlreichen Ratifizierungsgegnern für die Annahme des Versailler Vertrags warb. Niemand vermag zu sagen, wie das Ringen um den Versailler Vertrag ausgegangen wäre, wenn Wilson bis zum Ende im Vollbesitz seiner körperlichen, geistigen und vor allem auch rhetorischen Fähigkeiten geblieben wäre.

2 Paradoxe Zwischenkriegszeit

Die Jahre von 1918 bis 1941 waren eine Zeit der Widersprüche, die im Kern die Widersprüche der nunmehr voll entfalteten Moderne waren. Die Binnenstruktur der Epoche wird durch den Krach der New Yorker Börse im Oktober 1929 bestimmt, der die Periode in zwei radikal unterschiedliche Hälften teilt: Auf die Dynamik und den vordergründigen Glanz der 1920er Jahre folgte der Absturz in die *Great Depression*. Die Antwort auf die schwerste und längste Wirtschaftskrise in der Geschichte der USA war Präsident Franklin D. Roosevelts *New Deal*, der den amerikanischen Wohlfahrtsstaat begründete. Parallel wurde ein neues Politikverständnis hegemonial, das den Staat als Agenten sozialen und wirtschaftlichen Wandels im Sinne sozialer Gerechtigkeit begriff. Dieser in den 1930er Jahren etablierte *New Deal*-Konsens war bis in die 1970er Jahre hinein stabil.

Prekärer Wohlstand und *Great Depression*

Die Wirtschaft ist der Schlüssel zur Geschichte der Zwischenkriegszeit. In den 1920er Jahren beschleunigte sich die sogenannte *Zweite Industrielle Revolution*, durch die die Konsumgüterindustrien zur wichtigsten Wachstumsbranche wurden. Parallel ging der wirtschaftliche Konzentrationsprozess in eine neue Runde, in der die ohnehin schon großen *Trusts* noch gigantischer und mehr denn je zu international agierenden Akteuren in einer zunehmend miteinander vernetzten Weltwirtschaft wurden. Mechanisierung und Rationalisierung der industriellen Produktion schritten rasant voran und reduzierten die Herstellungskosten dramatisch. Die Verbraucherpreise sanken, so dass sich immer mehr Amerikaner die vielen neuen Automobile, Radios, Kühlschränke und andere elektrischen Haushaltsgeräte leisten konnten. Das sich in den 1920er Jahren ereignende amerikanische Wirtschaftswunder führte dazu, dass Amerika viel mehr produzierte, als auf dem heimischen Markt abgesetzt werden konnte. Deshalb beschleunigte sich die ökonomische Expansion der USA in die Welt rasant. Gleichzeitig schritt die ökonomische Durchdringung von Drittmärkten durch US-Unternehmen voran. Allerdings ging das aggressive ökonomische Ausgreifen der USA einher mit der Abschottung des eigenen Binnenmarkts. Die Zollgesetzgebung von 1921/22 (*Emergency Tariff Act* 1921, *Fordney-McCumber Tariff* 1922) belegte den Import von Gütern, die in den USA selbst auch produziert wurden, mit hohen Zöllen. Nach dem New Yorker Börsenkrach erhöhte der US-Kongress mit dem *Smoot-Hartley Tariff* im Juni 1930 das Zollniveau um 30 Prozent. Ende der 1920er Jahre war die US-Handelsbilanz deshalb höchst unausgeglichen. Im Jahr 1928 lag die Differenz zwischen Exporten und Importen bei 1,1 Milliarden Dollar.

Während die Industrie boomte ging es der Landwirtschaft zunehmend schlecht. Die Strukturkrise, die bereits mit der rasanten Kommerzialisierung der Landwirtschaft im ausgehenden 19. Jahrhundert begonnen hatte und durch den Boom des Ersten Weltkrieges nur vorübergehend verdeckt worden war, vertiefte sich. Nach 1918 setzte der Zyklus von Überproduktion und Preisverfall für landwirtschaftliche Produkte wieder voll ein und verschärfte sich zum Ende der Dekade hin, da die Produktion auf den kriegsbedingt ausgeweiteten Anbauflächen durch die Anwendung neuer Düngemittel und den Einsatz von immer leistungsfähigeren landwirtschaftlichen Maschinen geradezu explodierte. Gleichzeitig fanden US-Landwirte keine neuen Absatzmärkte für ihre Überschussproduktion, so dass die Weltmarktpreise rasant verfielen. Die Verschuldung der US-Landwirte stieg dramatisch an.

Allerdings war Überschuldung damals nicht nur ein Problem der Landwirtschaft. Vielmehr war der vordergründige Wohlstand, dem die Dekade das geflügelte Wort von den *Goldenen Zwanzigern* verdankt, insgesamt auf Sand gebaut, denn die Kaufkraft der Amerikaner stieg nicht im gleichen Maße wie die Produktivität ihrer Wirtschaft. Vor allem die Löhne der Arbeiter blieben deutlich zurück, so dass nur die oberen und mittleren Schichten der Gesellschaft am Wohlstand der 1920er Jahre teilhatten, wobei sich auch viele von ihnen ihren Wohlstand auf Pump gekauft hatten. Im Zuge der Entfaltung der Konsumgesellschaft wandelten sich die kulturellen Wertvorstellungen in Bezug auf Geld und Sparsamkeit grundlegend. Die *Trusts*, die Kaufhäuser und Ladenketten, sowie die damals rasch expandierende Werbewirtschaft förderten eine Grundhaltung, die es als sozial akzeptabel und moralisch legitim erscheinen ließ, sich um der Anschaffung von Konsumgüter willen zu verschulden. Viele Familien der Mittelschichten taten just dies, und die Banken gewährten ihnen großzügig Kredit.

Nicht alle diese Kredite flossen in den Kauf von Konsumgütern; viele der Wohlhabenden nahmen auch Geld auf, um an der Börse spekulieren zu können. Damals wurden die Amerikaner zu einem Volk von Aktionären und Börsenspekulation zu einer Art Volkssport. In nahezu jeder mittelgroßen Stadt eröffneten Börsenmakler Büros, die gut besucht waren von Menschen, die Aktien kauften und verkauften, aufgeregt den neuesten Börsennachrichten entgegenfieberten, sich gegenseitig zu gemachten Gewinnen gratulierten und Kursverluste gemeinsam betrauerten. Gleichzeitig investierten die Unternehmen einen Gutteil ihrer teils exorbitanten Gewinne nicht in den Bau neuer Produktionsstätten oder die Modernisierung ihrer Fabriken, sondern in Aktienspekulation.

In den Jahren 1928/29 erreichte das Spekulationsfieber seinen Höhepunkt. In Folge eines komplexen und staatlich kaum kontrollierten Systems von Preismanipulationen, finanziellen Tricks und verschwenderisch gewährten Krediten gingen die Aktienkurse durch die Decke. Vielfach wurden Aktien zu abenteuerlich hohen Zinsen auf Pump gekauft und die Kredite mit Spekulationsgewinnen zurückgezahlt. Bis zum Sommer 1929 hatte das Spekulationsfieber immer phantastischere Ausmaße angenommen, und eine wachsende Zahl von erfahrenen Anlegern war sich gewiss, dass die Spekulationsblase bald platzen würde. Als die Kurse im September 1929 leicht nachgaben, begannen immer mehr Aktionäre ihre Wertpapiere hastig zu verkaufen, wodurch die Kurse weiter fielen, was wiederum noch mehr Anleger dazu veranlasste, ihre Aktien zu verkaufen. Bis Ende Oktober machte sich so eine regelrechte Börsenpanik breit, die am 24. Oktober zum Schwarzen Donnerstag an der New Yorker Wall Street führte. Innerhalb von einer Woche fielen die Aktienkurse ins Bodenlose. Der Börsenkurs verfiel, und es wurde Kapital in gigantischen Ausmaßen vernichtet.

War das nicht schon schlimm genug, so riss der New Yorker Börsenkrach zusätzlich noch die Banken in einen Strudel, die nun die zuvor im großen Stil gewährten Kredite hastig zurückriefen. Hunderttausendfach gingen Anleger Bankrott, verloren Familien ihr auf Pump gekauftes Hab und Gut, mussten überschuldete Landwirte ihre Betriebe aufgeben und Unternehmer ihre Fabriken stilllegen. Auch die dem Ausland kurzfristig gewährten Kredite riefen die US-Banken zurück und zogen dadurch die europäischen Wirtschaften mit in den Abgrund. Doch half das alles nichts: Eine Bank nach der anderen kollabierte; zwischen 1929 und 1933 gingen mehr als 9500 Banken in Konkurs.

Die Bankenkrise erweiterte sich rasch zur Wirtschaftskrise. Die für das wirtschaftliche Wachstum zentrale Kaufkraft schrumpfte rapide, und der Zusammenbruch der europäischen Wirtschaften entzog den US-Unternehmen die dringend benötigten Märkte in Übersee. Die Wirtschaft kam zum Stillstand. Bis 1932 gingen mehr als 100 000 US-Unternehmen in Konkurs, die industrielle Produktion schrumpfte auf 54 Prozent des Wertes von 1929, und das Bruttosozialprodukt belief sich 1933 auf rund die Hälfte dessen, was es vor dem Börsenkrach betragen hatte. Auf dem Höhepunkt der *Great Depression* im Jahr 1933 waren rund 15 Millionen Menschen arbeitslos, das war ein Viertel aller Arbeitskräfte. Neben den industriellen Ballungszentren waren die Landwirtschaftsregionen des Südens und des Westens besondere Notstandsregionen, denn die *Great Depression* verschärfte die ohnehin schon tiefe Strukturkrise der Landwirtschaft noch weiter. Die Agrarpreise befanden sich im freien Fall. Viele Landwirte pflügten die Ernten unter oder ließen sie auf dem Feld verrotten, weil es sich finanziell nicht gelohnt hätte, sie einzubringen. Verschärft wurde die Situation noch durch eine die 1930er Jahre durchziehende extreme Dürre. Diese brachte gigantische Sandstürme mit sich, die in der *Dust Bowl* des Mittleren Westens ganze Landstriche verwüsteten und Ernten vernichteten.

Die *Great Depression* erreichte in den Jahren 1932/33 ihren Höhepunkt. In den Jahren danach erholte sich die Wirtschaft etwas, doch schon 1937/38 kam es zu einem abermaligen Einbruch, der, wie gleich noch zu erläutern sein wird, aus guten Gründen als *Roosevelt Recession* bezeichnet werden kann. Erst der mit dem Ausbruch des Zweiten Weltkrieges in Europa im Jahr 1939 einsetzende und sich mit dem Kriegseintritt der USA 1941 massiv beschleunigende Wirtschaftsboom setzte der *Great Depression* ein Ende.

Die Paradoxien der Moderne

Die 1920er waren die ersten Jahre einer nunmehr voll entwickelten Moderne in den USA. Die Urbanisierung erreichte neue Dimensionen; erstmals lebten nun in etwa genauso viele Amerikaner in der Stadt wie auf dem Land. Mittelstädte wurden zu Großstädten und Großstädte zu Metropolen, die immer komplexer mit ihrem Umland verflochten waren. Die funktionale, sozioökonomische und ethnische Ausdifferenzierung des städtischen Raumes, also dessen Aufteilung in Geschäftsbezirke, Industriebezirke und Wohnbezirke, die ihrerseits noch einmal entlang vieler sozialer und ethnischer Linien unterteilt waren, schritt voran. In den 1920er Jahren wurde die US-Gesellschaft jedoch nicht nur städtischer, sondern auch ethnisch und kulturell diverser. Der Erste

Weltkrieg hatte die sogenannte *New Immigration* nur vorübergehend unterbrochen. Als in Europa die Waffen schwiegen, erreichte die Auswanderung aus Süd- und Osteuropa schnell wieder die Dimensionen, die sie am Vorabend des Ersten Weltkrieges gehabt hatte. Allein 1921 kamen rund 800 000 Einwanderer in die USA, und nichts deutete darauf hin, dass sich das in absehbarer Zukunft ändern würde. Gleichzeitig verfestigten die bereits vor 1914 ins Land gekommenen *New Immigrants* ihre ethnischen Teilkulturen. Zunehmend selbstbewusst artikulierten sie ein kulturelles Eigenbewusstsein als *Polish Americans*, *Czech Americans* oder *Italian Americans* und organisierten sich ihre eigenen subkulturellen Institutionen und Netzwerke.

Diese neue ethnische Pluralität erzeugte bei den bislang hegemonialen *White Anglo Saxon Protestants* vielfach Überfremdungsängste, weshalb die bereits seit den 1890er Jahren vorgebrachten Forderungen nach einer Beschränkung der Zuwanderung nun immer mehr Gehör fanden – mit dem Ergebnis, dass der Kongress im Jahr 1924 den *National Origins Act* beschloss, der eine bis 1965 anhaltende Phase hochgradig restriktiver Einwanderungspolitik einläutete. Das Gesetz senkte die maximale Zahl an Einwanderern pro Jahr dramatisch ab; bis 1927 sollten jährlich nur 164 000 Europäer einreisen dürfen, danach würde neu verhandelt werden. Gleichzeitig wollte der Gesetzgeber sicherstellen, dass nur die »richtigen« ethnischen Gruppen einwanderten, und das waren aus seiner Sicht vor allem Nord- und Westeuropäer. Das Mittel zur ethnischen Kanalisierung der Einwanderung war ein System nationaler Quoten, die festlegten, aus welchen europäischen Ländern wie viele Auswanderer zugelassen werden sollten. Dabei wurden die Quoten auf der Basis des Zensus von 1890 berechnet. Das heißt jedoch, dass die ethnische Zusammensetzung der US-Bevölkerung, wie sie *vor* der *New Immigration* bestand, zur Grundlage der Einwanderungspolitik gemacht wurde. Der *National Origins Act* war somit der Versuch, den ethnischen Mix der Gesellschaft gewissermaßen auf dem Stand des Jahres 1890 einzufrieren. Konkret bedeutete das, dass die Quoten für Einwanderer aus Skandinavien oder den Britischen Inseln um ein Vielfaches höher waren als die für die Länder Süd- und Osteuropas. Die Einwanderung aus Asien blieb weiterhin gänzlich verboten. Allerdings blieb die hemisphärische Migration von dem nationalen Quotensystem ausgenommen. Kanadier, Mexikaner, Kubaner, Puerto Ricaner und andere Lateinamerikaner durften weiterhin in die USA einwandern. Damit legte der *National Origins Act* auch die Grundlagen für die Hispanisierung der USA, die nach 1945 und insbesondere mit der Liberalisierung der Einwanderungspolitik im Jahr 1965 startete.

Ein weiterer wesentlicher Aspekt der Modernität der 1920er Jahre ist der sich vielfältig manifestierende Hedonismus, also eine ganz im Hier und Jetzt angesiedelte Grundhaltung des Strebens nach innerweltlicher Glückseligkeit um ihrer selbst willen. Parallel dazu entstanden damals immer neue Vergnügungsmöglichkeiten. Das Angebot an Konsumgütern wuchs, und es prägte sich eine Konsumkultur aus, die Lebensstandard, Status und Glück über den Besitz von Konsumgütern definierte. Gleichzeitig schritt die Kommerzialisierung der Kultur rasant voran, und die Freizeit- und Unterhaltungsindustrie kam zur vollen Entfaltung. Hollywood erlebte in der Zwischenkriegszeit ein goldenes Zeitalter. In den späten 1920er Jahren kamen die ersten Tonfilme in die Kinos. Hier markierten *The Jazz Singer* mit Al Jolson im Jahr 1927 und der ein Jahr später veröffentlichte Gangsterfilm *Lights of New York* Meilensteine der Filmgeschichte. In den 1930er Jahren wurden die Filme dann farbig, wobei vor allem die Verfilmung von Margaret Mitchells Roman *Gone with the Wind* mit Clark Gable und Vivien Leigh im Jahr 1939 neue Maßstäbe setzte. Neben Film wurde populäre Musik in den 1920er Jahren zum großen Geschäft, und Jazz in seinen verschiedenen Varianten zum letzten Schrei. In Harlem (New York City), Chicago, St. Louis und anderen Großstädten entstand eine blühende und sehr einträgliche Clubkultur, in denen Ella Fitzgerald, Louis Armstrong und andere Musiker Karriere machten. Die zur Reife gelangende Schallplattenindustrie verbreitete die Lieder bis in den letzten Winkel der USA. Darüber hinaus waren die 1920er Jahre die *Radio Days*; der Rundfunk wurde zum neuen Massenmedium, das ganz neue Formen der Unterhaltung ermöglichte und natürlich auch Musik spielte. Gleichzeitig schritt die Professionalisierung des Sports rasant voran. Hunderttausende Zuschauer kamen und bezahlten, um Baseballspiele oder Boxkämpfe zu sehen. Erfolgreiche Sportler wie beispielsweise Babe Ruth oder Joe Louis wurden zu regelrechten Popstars, die von ihrem Sport gut leben konnten. In Literatur und Malerei erlebten die 1920er Jahre die Blüte des Modernismus. Damals schrieben Ernest Hemingway, F. Scott Fitzgerald und John Dos Passos Romane, die als Klassiker der klassischen Moderne gelten, Eugene O'Neill, Susan Glaspell und Elmer Rice begründeten in New York City und anderswo das moderne amerikanische Drama, und im Bereich der Malerei setzten Joseph Stella, Georgia O'Keefe und Charles Sheeler neue Maßstäbe. Eine besondere visuelle Manifestation fanden die Themen, Motive und Befindlichkeiten der Moderne in der Photographie, von der viele sagen, dass sie die amerikanische Kunstform schlechthin sei. Photographen wie Alfred Stieglitz, Paul Strand oder Man Ray trugen mit ihren Werken maßgeblich dazu bei, die visuelle Ästhetik der Moderne zu definieren.

Die aufregende Modernität der 1920er Jahre wurde allerdings nicht von allen Amerikanern begrüßt. Ganz im Gegenteil, in dem Maße, in dem die Gesellschaft diverser, liberaler und hedonistischer wurde, wuchsen auch die antimodernen Widerstände in den USA. Es kam zu regelrechten Kulturkriegen, in deren Verlauf sich ein wachsender Graben zwischen dem großstädtischen und dem ländlich-kleinstädtischen Amerika auftat. Die Prohibition, der damals sich formierende christliche Fundamentalismus sowie der Aufstieg des Ku-Klux-Klans sind überhaupt nur im Kontext dieser Kontroverse um die Moderne zu verstehen.

Die Prohibition begann bereits während des Ersten Weltkrieges, als der US-Kongress im Jahr 1917 den 18. Verfassungszusatz verabschiedete, der die Herstellung, den Verkauf und den Transport alkoholischer Getränke verbot. Bis 1919 hatten 45 der 48 Bundesstaaten diesen Verfassungszusatz angenommen. Zu Beginn stieß das Alkoholverbot in weiten Teilen der Bevölkerung auf große Zustimmung. Mit ihm erfüllten sich die Forderungen der Temperenzler, die sich bereits in den 1820/30er Jahren formiert und dann im Rahmen des *Progressive Movement* eine neue Durchschlagskraft erhalten hatten. Die Forderung nach einem Alkoholverbot war um 1900 zu einem integralen Bestandteil der Bemühungen um die Reform der Missstände in der industriellen Gesellschaft geworden.

Die Temperenzler waren eine bizarre Allianz aus Managern und Sozialreformern christlich-evangelikaler und säkularer Prägung. Während die einen den Alkoholkonsum aus religiösen Gründen als Sünde verurteilten und die anderen, die aus dem Genuss von

Alkohol resultierenden sozialen Probleme wie Alkoholsucht, eheliche Gewalt und Armut thematisierten, hatten die Manager klar erkannt, dass betrunkene Arbeiter ineffizient waren. Im Kern war die Prohibitionsbewegung eine Bewegung der weißen, angelsächsisch-protestantischen Mittelschichten, deren Forderung nach einem Alkoholverbot vor allem die *New Immigrants* traf, die eine ganz andere kulturell geprägte Einstellung zum Alkohol hatten. Gleichzeitig bildeten diese neuen ethnischen Gruppen den Kern der Arbeiterschaft, so dass der Kampf gegen den Alkoholkonsum auch eine klare Klassendynamik hatte.

Anfangs war die Prohibition durchaus erfolgreich. Saloons wurden reihenweise geschlossen, jegliche Werbung für alkoholische Getränke verschwand aus der Öffentlichkeit, und der Alkoholkonsum ging bis 1925 um rund 40 Prozent zurück. Dann allerdings erodierte das Alkoholverbot bis zum Ende der Dekade merklich: 1929 tranken die Amerikaner schon wieder rund 70 Prozent der Alkoholmenge, die sie 1914 getrunken hatten. Dafür gibt es mehrere Gründe: Der 18. Verfassungszusatz hatte zwar die Herstellung, den Transport und den Verkauf von Alkohol verboten, nicht aber den Konsum. Gleichzeitig hatte der *Volstead Act* von 1919, der die Ausführung des 18. Verfassungszusatzes regelte, den medizinisch bedingten Alkoholkonsum erlaubt. Folglich gab es in den 1920er Jahren massenweise Alkohol auf Rezept. Gleichzeitig überwachten viele Bundesstaaten das Alkoholverbot ausgesprochen lasch und überließen die Durchsetzung der Prohibition der Bundesregierung. Diese wiederum hatte weder das Geld noch den Apparat, um das effektiv tun zu können. Jeder, der wollte, konnte deshalb auch in Zeiten der Prohibition zu einem Drink kommen, denn in jeder größeren Stadt gab es geheime Bars, Restaurants und Nachtclubs, in denen Alkohol ausgeschenkt wurde. Der illegale Handel mit Bier, Wein und Spirituosen war damals ein Milliardengeschäft.

Deshalb war die Prohibitionsära eine große Zeit der organisierten Kriminalität. Der berüchtigte Gangsterkönig Al Capone baute in Chicago mit Hilfe einer ganzen Armee von Kriminellen ein Imperium aus Alkohol, Glücksspiel, Prostitution und Drogen auf, das einen Reingewinn von jährlich rund 60 Millionen Dollar abwarf. Kaum überraschend erklärte deshalb die von Präsident Herbert Hoover eingesetzte Expertenkommission unter der Leitung des ehemaligen Generalstaatsanwalts George W. Wickersham die Prohibition im Jahr 1931 für gescheitert. Zwei Jahre später wurde die Prohibition durch den 21. Verfassungszusatz dann eher lautlos beendet.

Eine weitere Manifestation der Kulturkämpfe der 1920er Jahre war der Aufstieg des christlichen Fundamentalismus, der sich in der Kontroverse um Charles Darwins Evolutionslehre manifestierte. Der christliche Fundamentalismus hatte sich bereits in den 1910er Jahren formiert, gewann in den 1920er Jahren vor allem im ländlich-kleinstädtischen Amerika starken Zulauf und setzte mit dem *Scopes Trial* im Jahr 1925 ein erstes spektakuläres Zeichen. Im März 1925 hatte der Bundesstaat Tennessee allen Lehrern an öffentlichen Bildungseinrichtungen gesetzlich verboten, Theorien zu unterrichten, die im Widerspruch zur biblischen Schöpfungsgeschichte stünden, was sich in erster Linie gegen die Darwin'sche Evolutionstheorie richtete. In dieser Situation entschlossen sich einige Aktivisten von der liberalen *American Civil Liberties Union*, das Gesetz gezielt zu brechen, um so ein Gerichtsverfahren zu provozieren, das nicht nur die

Rechtmäßigkeit des Gesetzes überprüfen, sondern die gesamte christlich-fundamentalistische Weltanschauung vor den Augen der Öffentlichkeit diskreditieren und der Lächerlichkeit preisgeben sollte. John T. Scopes, ein Biologielehrer an der *Central High School* von Dayton, Tennessee, fand sich bereit, in einer Schulstunde die Evolutionstheorie zu unterrichten, und ließ sich anschließend gerne anzeigen. Daraufhin kam der Fall vor dem Obersten Gericht des Staates Tennessee zur Verhandlung, in der säkularer Liberalismus und christlicher Fundamentalismus frontal aufeinander prallten. Das Verfahren, das als *Monkey Trial* in die Geschichte eingegangen ist, endete erwartungsgemäß mit der Verurteilung von Scopes zu einem Bußgeld in Höhe von 100 Dollar. In seinem Urteil konzentrierte sich das Gericht dabei jedoch allein auf die Frage, ob Scopes das Gesetz übertreten hatte, und enthielt sich jeglichen Urteils über die Richtigkeit der Darwin'schen Lehren. Damit war die Kontroverse zwischen christlichem Fundamentalismus und Moderne zunächst vorbei, doch beendet war sie nicht.

Als letztes Phänomen antimodernistischen Protests ist noch der Ku-Klux-Klan zu thematisieren, der in den 1920er Jahren eine große Gefolgschaft hatte. Die 1866 im Kontext der *Reconstruction Period* von ehemaligen Konföderationssoldaten gegründete und dann durch massiven Einsatz von Bundestruppen zerschlagene Terrororganisation weißer Rassisten des Südens war 1915 von William J. Simmons in Georgia im Lichte eines brennenden Kreuzes wieder gegründet worden (vgl. S. 146 f.). Obwohl sich der neue KKK ganz in die Tradition des alten stellte, war er doch nicht mehr dieselbe Organisation, denn im KKK der 1920er Jahre artikulierte sich in erster Linie der diffuse, aus Angst und Desorientierung geborene Protest des ländlich-kleinstädtischen Amerika gegen die liberal-urbane Moderne. Zwar blieb die rassistische Agitation vor allem im *Deep South* weiterhin ein wichtiges Anliegen des KKK, doch fand er seine meisten Anhänger im Mittleren Westen und im Südwesten der USA, wo seine Agitation gegen Katholiken, Juden, Sozialisten und Einwanderer sowie sein entschiedenes Bekenntnis zur Prohibition auf breite Zustimmung stießen.

Auf die aufregende Dynamik und den trügerischen Glanz der 1920er Jahre folgten die Armut, Entbehrungen und Entwurzelungen der 1930er Jahre. Die *Great Depression* vernichtete millionenfach Existenzen, zerstörte privates Lebensglück und gab vielen Lebensläufen eine unvorhergesehene Wendung. Der allgemeine Lebensstandard ging deutlich zurück: Millionen von Menschen hungerten, Hunderttausende verloren Haus und Hof und lebten fortan auf der Straße. Die besser gestellten Schichten gaben ihre Telefone auf, bestellten Zeitungen und Zeitschriften ab, verkauften ihre Radios, Autos und anderen Besitz. Viele Dinge wurden wieder in Heim- und Handarbeit selbst hergestellt: zerschlissene Kleider wurden repariert, aus alten Hosen wurden neue genäht, und die Marmelade, die zuvor als Fertigprodukt gekauft worden war, wurde nun wieder selbst gekocht. Eine riesige Armee von Vagabunden durchstreifte das Land auf der Suche nach Arbeit und in der Hoffnung, dass es irgendwo anders irgendwie besser sei.

Die Erfahrung der Not entlud sich in vielfach gewaltsamen Protesten, Unruhen und Streiks, die an den Grundlagen der US-Demokratie rührten. Ungehorsam, Gesetzesbruch und handgreiflicher Widerstand waren an der Tagesordnung, und vieles davon entstand spontan. So zogen rund 500 bewaffnete Landwirte am 3. Januar 1931 durch das Geschäftsviertel von England in Arkansas und forderten Lebensmittel für sich und ihre

Familien. Sollten sie die nicht umsonst bekommen, würden sie sich selbst bedienen. Am 3. Juni 1932 versuchten 25 hungrige Schulkinder in Boston ein kaltes Buffet zu stürmen, das für die Veteranen des Spanisch-Amerikanischen Krieges von 1898 aufgebaut worden war. Zwei Polizeibataillone hielten sie unter Aufbietung aller Kräfte davon ab. So wie in Arkansas und Massachusetts lief es in vielen Städten und Gemeinden der USA. Dies ging einher mit vielfältigen Akten der Solidarisierung und des zivilen Ungehorsams. Kam es zu Zwangsräumungen von Wohnungen und Häusern, trugen die Nachbarn die Gegenstände, die der Gerichtsvollzieher auf die Straße hatte bringen lassen, vielfach durch die Hintertür wieder zurück. Bei vielen Zwangsversteigerungen weigerten sich die Bieter oft mehr als nur ein paar Cent für gleich welchen Gegenstand zu bieten und unterliefen so die Autorität der staatlichen Behörden.

Neben diesen spontanen und lokal begrenzten Akten der Widersetzlichkeit erlebten die 1930er Jahre auch vielfältige Manifestationen organisierten Protests. Eine nicht endende Serie von Streiks, die oft in die gewaltsame Konfrontation zwischen Arbeitern und der Polizei einmündeten, durchzog die Zeit der *Great Depression*. Allein im Jahr 1934 legten schätzungsweise 1,5 Millionen Arbeiter die Arbeit nieder, um für höhere Löhne und gegen die soziale Not zu demonstrieren. Viele dieser Streiks entstanden spontan, viele wurden aber auch von den Gewerkschaften organisiert. Sozialisten und Kommunisten erhielten damals starken Zulauf, wobei vor allem die Kommunisten auf der lokalen Ebene sehr präsent waren. Sie bekleideten Schlüsselpositionen in einigen großen Industriegewerkschaften, organisierten viele Streiks und waren in den Organisationen und Institutionen der Arbeiterbewegung sichtbar vertreten.

Gleichzeitig fühlten sich viele Intellektuelle, Schriftsteller und Künstler der 1930er Jahre zu kommunistischen und sozialistischen Ideen hingezogen. Sherwood Anderson, John Dos Passos und vor allem John Steinbeck schrieben hochgradig politisierte Romane im Sinne einer »engagierten« Literatur. Sänger wie Woody Guthrie und Pete Seeger gaben der *Folk Music* eine dezidiert politische Note und begründeten die für das 20. Jahrhundert so folgenreiche Tradition der Folk-Protestsongs. Gleichzeitig irrlichterten dutzende selbsternannte politische Heilsbringer durch das Land, verkündeten ihre populistischen Ideen zur Überwindung der Krise und fanden dabei überraschend starken Zuspruch. So warb beispielsweise Huey Long für seine *Share Our Wealth*-Bewegung, die die Höhe individueller Vermögen massiv begrenzen, gleichzeitig jeder Familie ein Mindesteinkommen garantieren und Bildung für alle wollte. Der katholische Pfarrer Charles E. Coughlin predigte in seiner wöchentlichen Radiosendung für eine grundlegende Reform des Kapitalismus, forderte die Verstaatlichung von Schlüsselindustrien und verlangte eine Politik der sozialen Gerechtigkeit, die jedem Arbeiter einen anständigen Lebensstandard garantieren würde.

Die Verschränkung von vielfältigen Formen der Widersetzlichkeit und des Ungehorsams, die Militanz der Proteste, das bunte Spektrum von Reforminitiativen und vor allem die Blüte des linken Radikalismus haben den 1930er Jahren das Etikett der *Red Decade* eingebracht, in der es angeblich nach Revolution roch. Tatsächlich war die Kritik an Kapitalismus und Demokratie in den USA wohl zu keinem Zeitpunkt so scharf und weit verbreitet wie während der *Great Depression*. Allerdings muss man sich bis heute darüber wundern, dass eine so schwere wirtschaftliche und soziale Krise wie die *Great*

Depression insgesamt nur vergleichsweise wenig soziale Unruhe produziert hat. Dafür gibt es mehrere Gründe. So waren die meisten militanten Protestaktionen spontaner Natur. Sie entstanden meist außerhalb institutioneller Strukturen, so dass die fraglos vorhandene militante Energie selten in feste Bahnen gelenkt werden konnte. Viele der Streiks waren sogenannte wilde Streiks, die von keiner Gewerkschaft gebilligt oder gar organisiert worden waren, und in anderen Fällen stand keine politische Partei bereit, die den aufflammenden Protest in institutionalisierte Politik hätte überführen können. Im Ganzen blieb das Zwei-Parteiensystem auch in der Krise intakt. Hinzu kommen die schieren Dimensionen des Landes, die die Koordination nationaler Protestaktionen so gut wie unmöglich machten. Außerdem ist zu betonen, dass die Behörden scharf gegen Gesetzesübertretungen seitens der Protestierenden vorgingen, um das Eigentumsprinzip aufrechtzuerhalten.

Wichtiger jedoch als diese eher vordergründigen Faktoren sind zwei tief in der US-Kultur verankerten Traditionen, und zwar zum einen der Individualismus und zum anderen der Anti-Radikalismus. Die Kultur des Individualismus führte dazu, dass viele Amerikaner, so traumatisiert sie durch die *Great Depression* auch waren, dazu neigten, die Schuld für die Misere nicht im politischen und wirtschaftlichen System, sondern bei sich selbst zu suchen. Anstatt nach staatlicher Hilfe zu rufen, versuchten sie sich in der Not selbst zu helfen und in den harten Zeiten irgendwie voranzukommen. Als zweiter kultureller Faktor kam die so tiefsitzende wie diffuse Abneigung gegen linken Radikalismus hinzu. Obwohl Kommunisten und Sozialisten in den 1930er Jahren so sichtbar und einflussreich wie selten zuvor waren, waren sie doch keine Massenbewegung. Selbst auf dem Höhepunkt der *Great Depression* hatten die beiden Parteien zusammen keine 50 000 Mitglieder. Bei den Präsidentschaftswahlen des Jahres 1932 kamen die Kommunisten gerade einmal auf 103 307 Stimmen. Die Sozialisten gewannen immerhin 884 885 Stimmen, doch hatten beide Parteien damit auch schon ihren Höhepunkt überschritten. Alles in allem führte die größte wirtschaftliche Krise in der Geschichte der USA also nicht zur Zerstörung von Demokratie und Kapitalismus. Im Gegenteil, während der *Great Depression* erfuhren die liberalen und marktwirtschaftlichen Grundprinzipien der US-Demokratie in vieler Hinsicht eine Stärkung, und dies ist vor allem ein Ergebnis von Präsident Roosevelts *New Deal*-Politik, die das politische System der USA an die Realitäten der industriellen Moderne anpasste.

Vom *American Individualism* zum *New Deal*

Die 1920er Jahre waren durch die Vorherrschaft der Republikanischen Partei und die Amtszeit dreier republikanischer Präsidenten bestimmt: Warren G. Harding, der im Weißen Haus lieber Poker spielte als regierte, Calvin Coolidge, für den ein Tag immer dann gut war, wenn nichts passierte, und Herbert Hoover, fraglos der ambitionierteste und kompetenteste in dieser Reihe, zugleich eine der tragischsten Figuren in der Geschichte der US-Präsidentschaft überhaupt. Harding hatte 1920 die Präsidentschaftswahlen mit dem Versprechen einer »Rückkehr zur Normalität« gewonnen, Coolidge ist bekannt für seinen Ausspruch, dass die USA ein Land der Wirtschaft seien, weshalb sie auch eine wirtschaftsfreundliche Regierung bräuchten, während Herbert Hoover die Doktrin des *Amerikanischen Individualismus* als Alternative zum sozialistischen Glücksversprechen predigte. Diese drei Slogans umreißen die innenpolitische Gemengelage der 1920er Jahre: Nach der Phase progressiver Reform und der Kriegsmobilisierung schien es vielen nun an der Zeit, die Eingriffe des Staates in Wirtschaft und Gesellschaft zurückzuschrauben und zu einer scheinbar traditionellen Haltung des *Laisser-faire* zurückzukehren. Das auf seine grundrechtlich definierte Freiheit beharrende, selbsttätige Individuum, das aus eigener Verantwortung heraus für sich selbst sorgte und so zugleich auch die allgemeine Wohlfahrt des Landes beförderte, war das Grundelement in der hegemonialen Sozialphilosophie der 1920er Jahre. In diesem Kontext wurde ein überaus diffus definierter Sozialismus in den Ober- und Mittelschichten, aber auch in weiten Teilen der Arbeiterschaft als totale Negation des Amerikanischen gesehen. Die *Red Scare*, die die USA 1919/20 erfasste, war eine erste weithin sichtbare Manifestation dieses kulturell tief verankerten Antisozialismus. Eine Serie von großen Streiks, die, von radikalen Organisationen unterstützt, das Land im Jahr 1919 erschütterte, schürte damals in Kombination mit einer Serie von Briefbombenattentaten auf Regierungsvertreter eine hysterische Furcht vor »den Roten«. Massive staatliche Repressionen gegenüber vermeintlichen und tatsächlichen Kommunisten, Sozialisten, Anarchisten und sonstigen Radikalen waren die Folge. Im Januar 1920 kam es unter Leitung von Generalstaatsanwalt A. Mitchell Palmer zu den sogenannten *Palmer Raids*, in deren Verlauf die Büros von radikalen Organisationen durchsucht, Akten beschlagnahmt und mehr als 4000 des Radikalismus verdächtigte Personen verhaftet wurden. Ebenfalls in diesen Kontext zu stellen ist der Fall von Nicola Sacco und Bartolomeo Vanzetti, zwei bekennenden Anarchisten mit italienischem Migrationshintergrund, die von einem Gericht in Massachusetts ohne klare Beweise wegen Mordes zum Tode verurteilt und dann im August 1927 trotz starker internationaler Proteste hingerichtet wurden.

Allerdings sollte die *Red Scare*, die pauschale Verurteilung von zu viel Staatstätigkeit als »sozialistisch« und die ostentative Rückbesinnung auf marktliberale Werte nicht darüber hinwegtäuschen, dass der Staat auch unter der Ägide der Republikaner weiterhin in die wirtschaftlichen und sozialen Prozesse eingriff, allerdings tat er dies einseitig zur Förderung des wirtschaftlichen Wachstums. Die Steuerpolitik war ausgesprochen wirtschaftsfreundlich, Gerichte und Polizei hielten die Gewerkschaften in Schach, und die USA taten außenpolitisch alles, um die ökonomische Expansion in überseeische Gebiete zu fördern.

Diese Politik und die mit ihr verbundene Sozial- und Wirtschaftsphilosophie der Republikaner wurde durch die *Great Depression* radikal diskreditiert. Indem Präsident Hoover auch nach dem Börsenkrach unbeirrbar an den Grundmaximen republikanischer Politik festhielt und den *American Individualism* zum einzig möglichen Ausweg aus der Krise erklärte, trug er zur rasanten Verschärfung der Wirtschaftskrise bei. Viele Amerikaner identifizierten die Wirtschaftskrise mit der Person Herbert Hoovers, nannten die von Obdachlosen bewohnten Blechhüttensiedlungen an den Stadträndern *Hoovervilles* oder die von Pferden gezogenen fahruntüchtigen Autos *Hoover Cars*. In dieser Situation bildeten sich neue Mehrheiten für die Demokratische Partei heraus, wodurch die Republikaner ihre strukturelle Mehrheit für rund 40 Jahre verloren. Im Jahr 1932 schmiedete der Präsidentschaftskandidat der Demokraten, Franklin D. Roosevelt, die sogenannte *New Deal Coalition*, die auf überaus spannungsreiche Weise die Demokraten des Südens – weiß, angelsächsisch, protestantisch und rassistisch – mit der ethnisch ungemein diversen Arbeiterschicht sowie den *African Americans* des Nordens vereinigte. Gemeinsam wählten sie Franklin Delano Roosevelt ins Weiße Haus, wo er von 1933 bis 1945 regierte und so zum Präsidenten der *Great Depression* und des Zweiten Weltkrieges wurde.

Roosevelts Präsidentschaft ist untrennbar verbunden mit dem *New Deal*, der wichtigsten und langfristig folgenreichsten Reformphase des 20. Jahrhunderts, in der Grundlagen für einen rudimentären Sozialstaat gelegt wurden. Auch in den USA wurde der Staat nun zum Agenten sozialen und wirtschaftlichen Wandels im Sinne sozialer Gerechtigkeit, doch geschah dies, um das Glücksversprechen der Amerikanischen Revolution auch in der industriellen Gesellschaft erhalten zu können, ohne dabei die liberalen und kapitalistischen Grundlagen der Ordnung zu zerstören oder die Verfassung außer Kraft zu setzen. Das ist die im Kern konservativ-defensive Dynamik des *New Deal*, der keine Revolution war und auch keine sein sollte.

Die Reformtätigkeit des *New Deal* entfaltete sich in zwei Phasen. Der sogenannte *Erste New Deal* fällt in die Jahre von 1933 bis 1935 und ist weitgehend das Resultat der ersten hundert Tage Roosevelts im Amt. Der *Zweite New Deal* fand zwischen 1935 und 1938/39 statt und legte die Grundlagen für den amerikanischen Sozialstaat. Was die beiden ganz unterschiedlichen Phasen des *New Deal* miteinander verbindet ist mithin die Bewegung im politischen Spektrum nach links. Nach 1935 setzte Roosevelt nicht länger auf einen einvernehmlichen Ausgleich zwischen Unternehmern und Arbeitern und schnitt seine Reformtätigkeit immer entschiedener auf die Belange der arbeitenden Bevölkerung zu. Einen wichtigen Kooperationspartner fand er dabei in den Gewerkschaften, deren Rechte und Einflussmöglichkeiten gegenüber den Wirtschaftsunternehmen durch die Maßnahmen des *New Deal* nachhaltig gestärkt wurden.

Die hektische Folge von Maßnahmen des *Ersten New Deal* zielte darauf, die unmittelbare soziale Not zu lindern und die Wirtschaftskrise zu überwinden. Dabei wandte sich Roosevelt zunächst der Bankenkrise zu, verordnete gleich im März 1933 eine 5-tägige Bankenschließungen und ließ danach nur diejenigen Kreditinstitute wieder öffnen und mit staatlichen Geldern stützen, die strenge Stabilitätskriterien erfüllten. Gleichzeitig erhielt die Bundesregierung noch nicht dagewesene Kontroll- und Aufsichtsmöglichkeiten über das Börsen- und Aktienwesen. Diese Restrukturierung des Bankensektors war ein durchschlagender Erfolg, denn nach dem Ende der Bankenschließung war die Banken- und Finanzkrise gelöst.

Die Wirtschaftskrise dauerte hingegen an. Deshalb zielten viele Programme des *Ersten New Deal* darauf, die Massenarbeitslosigkeit in den Griff zu bekommen und ihre Folgen zu lindern. Die Bundesregierung rief eine Vielzahl von staatlichen Arbeitsbeschaffungsmaßnahmen ins Leben, die mehrere Millionen Amerikaner wenigstens für ein paar Monate wieder in Lohn und Brot brachten. Im ganzen Land wurden auf diese Weise Straßen, Schulen, Parkanlagen, Flugplätze, Theater, Auditorien und andere öffentliche Gebäude gebaut. Auch im Bereich von Kunst, Literatur und Theater initiierte die

Bundesregierung viele Programme. Bei einer Gesamtarbeitslosenzahl von rund 12 Millionen reichten diese hektischen Aktionen allerdings kaum aus, zumal sie vielfach schlicht unterfinanziert waren. Andere Maßnahmen sollten die Wirtschaft wieder in Gang bringen. Im Gegensatz zu Präsident Hoover vertraute Roosevelt nicht mehr allein auf die Selbstheilungskräfte des Marktes, sondern forderte eine Organisation der freien Marktwirtschaft im Dienste der Stabilität durch die Kooperation von Staat, Unternehmern und Arbeitern. Demnach sollten Produktionsquoten, Verbraucherpreise und Lohnhöhen gemeinsam ausgehandelt werden, um die Wirtschaftskrise überwinden zu können. Sowohl die Profite der Unternehmen als auch die Kaufkraft der Konsumenten sollten dadurch stabilisiert werden.

Zwei Maßnahmen waren das Herzstück des *Ersten New Deal*, und zwar der *Agricultural Adjustment Act* (AAA) vom 12. Mai 1933 und der *National Industrial Recovery Act* (NIRA) vom 16. Juni 1933. Der AAA setzte Produktionsquoten für landwirtschaftliche Erzeugnisse fest, führte Flächenstilllegungsprämien ein und garantierte Mindestpreise für die im Rahmen des staatlichen Quotensystems erzeugten Produkte. Der NIRA etablierte die *National Recovery Administration*, die Produktionsquoten bestimmte, Mindestlöhne festlegte sowie insgesamt rund 550 *Codes of Fair Competition* definierte, die den ruinösen Wettbewerb beenden sollte, der sich in Zeiten der Krise noch einmal verschärft hatte. Vor allem aber erkannte der NIRA die Gewerkschaften als legitime Vertreter der Arbeiterschaft an und billigte ihnen das Tarifrecht (*Collective Bargaining*) zu.

Die Maßnahmen des *Ersten New Deal*, so unerhört sie vor dem Hintergrund der langen Tradition des *Limited Government* waren, bewirkten nicht das Ende der Wirtschaftskrise. Im ersten Jahr von Roosevelts Präsidentschaft sank die Arbeitslosigkeit nur von 25 auf 22 Prozent. Das nationale Einkommen stieg im gleichen Zeitraum von 40 Milliarden Dollar auf 49 Milliarden Dollar an; 1929 hatte es sich auf 88 Milliarden Dollar belaufen. Die Folge waren weitgestreute Unzufriedenheit und Desillusionierung. Linke und rechte Kritiker des *New Deal* griffen Roosevelt scharf an: Den Linksliberalen, Sozialisten und Kommunisten gingen die Maßnahmen nicht weit genug. Für die Republikaner hingegen war selbst die vergleichsweise moderate Staatstätigkeit schon »Sozialismus«. Ebenso standen die meisten Wirtschaftsunternehmen, vor allem die großen *Trusts*, dem *New Deal* höchst skeptisch gegenüber und fügten sich deshalb nur widerwillig. Vor allem fuhren sie fort, die Gewerkschaften mit allen Mitteln zu bekämpfen. Der eigentliche Schlag gegen den *Ersten New Deal* kam jedoch vom *Supreme Court* der USA, der im Mai 1935 den NIRA und im Januar 1936 den AAA für verfassungswidrig erklärte. Damit stand der *New Deal* vor dem totalen Scheitern.

In dieser Situation gab Roosevelt jedoch nicht klein bei, sondern bewegte sich nach links und suchte seine Verbündeten nicht länger in der Wirtschaft, sondern nunmehr nur noch bei den Gewerkschaften und der Arbeiterschaft, den Lohn- und Gehaltsempfängern, den »kleinen Leuten«, den unteren sozialen Schichten, den Arbeitslosen und den Bedürftigen. Der sogenannte *Zweite New Deal* begann. Dessen wichtigste Gesetze, diesmal vom *Supreme Court* gebilligt, waren der *National Labor Relations Act* (*Wagner Act*) vom 5. Juli 1933 und der *Social Security Act* vom 14. August 1935. Letzterer führte eine staatliche Altersversorgung, Arbeitslosengeld und Unterstützungszahlungen für Blinde, bedürftige Alte und Minderjährige ein und legte damit die Grundlagen für den Sozialstaat. Der *Wagner Act* gewährte den Arbeitern erneut das Recht, sich in Gewerkschaften zu organisieren, und den Gewerkschaften das Recht auf *Collective Bargaining*. Reine Betriebsgewerkschaften wurden ebenso verboten wie die diversen Tricks und Machenschaften, mit Hilfe derer die Unternehmen bisher versucht hatten, die Gewerkschaften aus ihren Betrieben zu halten. Des Weiteren wurde mit dem *National Labor Relations Board* eine Bundesbehörde eingerichtet, die die Durchführung der Gesetzesmaßnahmen überwachen sollte. Die unmittelbare Folge war eine ungeheuer dynamische Entwicklung der Gewerkschaftsbewegung, in deren Verlauf sich das Prinzip der Industriegewerkschaft durchsetzte, die alle Arbeiter – und nicht nur die Facharbeiter – einer Branche organisierte. Gleich im Jahr 1935 setzten sich John L. Lewis, Sidney Hillman, David Dubinsky und andere von der *American Federation of Labor* ab und gründeten mit dem *Comittee for Industrial Organization*, das 1938 in *Congress of Industrial Organization* (CIO) umbenannt wurde, den Dachverband der US-Industriegewerkschaften.

Allerdings beendeten auch diese Maßnahmen die *Great Depression* nicht. Im Gegenteil, 1937/38 kam es zu einem weiteren wirtschaftlichen Einbruch, der maßgeblich eine Folge des *Zweiten New Deal* war, weshalb er auch als *Roosevelt Recession* bezeichnet worden ist. Im fälschlichen Glauben, die Wirtschaftskrise sei überwunden, hatte die Roosevelt-Regierung die öffentlichen Ausgaben reduziert, um den Haushalt zu konsolidieren, und der Wirtschaft dadurch Geld entzogen. Gleichzeitig stellten die von Unternehmern und Arbeitern gleichermaßen zu leistenden Zahlungen zu den neuen Sozialversicherungssystemen eine Belastung dar, die Unternehmensprofite und Kaufkraft reduzierte. Der *New Deal* verlor an Dynamik, die Opposition gegen weitere Reformmaßnahmen wuchs, und als 1939 in Europa der Zweite Weltkrieg begann, rückte die Außenpolitik endgültig ins Zentrum des politischen Geschehens. Präsident Roosevelt wurde nach eigener Einschätzung vom *Doctor New Deal* zum *Doctor Win the War*.

Neutralität und *demokratischer Internationalismus*

Der Versailler Vertrag war im US-Senat eigentlich nicht am Gegensatz zwischen Isolationisten und Internationalisten gescheitert, sondern an dem von Unilateralisten und Multilateralisten (vgl. S. 192 f.). Den mit der Annahme des Vertrags verbundenen Eintritt in den Völkerbund interpretierte eine Mehrheit der Senatoren als nicht akzeptable Einschränkung der außenpolitischen Handlungsfreiheit der USA. Sie waren zwar durchaus der Meinung, dass die USA eine aktive Außenpolitik verfolgen sollten, um Europa und Asien stabilisieren, das Entstehen neuer Kriege verhindern und den Vormarsch des revolutionären Bolschewismus eindämmen zu können. Allerdings sollten die USA dies aus Sicht der Republikaner nicht im Konzert mit anderen Mächten, sondern im Alleingang machen. Die Instrumente zur Neuordnung der Welt im Sinne einer *Pax Americana* sollten dabei die amerikanische Finanz- und Handelskraft sowie die freie unternehmerische Initiative von Privatleuten sein, nicht die Mittel der klassischen Machtpolitik. Insgesamt verfolgte die US-Außenpolitik der 1920er Jahre drei Ziele, und zwar erstens die weltweite Abrüstung, zweitens die gezielte Expansion der US-Wirtschaft in die Welt durch eine systematische Politik des Freihandels und drittens die finanzielle Liquidierung des Ersten Weltkrieges.

Nach 1918 trieben die USA die weltweite Abrüstung gezielt voran. Sie selbst schickten die Soldaten ihrer Weltkriegsarmee schnell nach Hause und rüsteten massiv ab. Gleichzeitig setzten sie alles daran, die internationale Flottenrüstung zu kontrollieren. Im November 1921 riefen sie in Washington eine internationale Flottenkonferenz zusammen, die bis zum 6. Februar 1922 ein umfangreiches Vertragswerk ausarbeitete, das das Kräfteverhältnis zwischen den Hauptseemächten festschrieb. Demnach sollten die Kriegsflotten der USA, Großbritanniens und Japans ein Stärkeverhältnis von 5:5:3 haben; Frankreich und Italien wurde der Faktor 1,67 zugebilligt. Gleichzeitig garantierten sich die Signatarmächte gegenseitig ihre Besitzungen im Pazifik, respektierten die Unabhängigkeit Chinas und bekannten sich zum Prinzip der *Offenen Tür* im Handel mit dem Reich der Mitte. Damit waren die Grundlagen für eine neue Stabilität im Fernen Osten gelegt, die erst mit der aggressiven Expansion Japans in den 1930er Jahren beendet wurde. Auch in anderen Zusammenhängen betrieben die USA in den 1920er Jahren eine gezielte Friedenspolitik. So war US-Außenminister Frank B. Kellogg 1928 maßgeblich am Zustandekommen des Kellogg-Briand-Paktes beteiligt, der, schließlich von 64 Nationen unterzeichnet, Krieg als Mittel der Politik ächtete und die Beilegung von Konflikten durch Verhandlungen forderte. Da der Vertrag jedoch keinerlei Instrumentarium zur Durchsetzung des feierlichen Bekenntnisses bereitstellte, kam ihm in erster Linie eine symbolische Bedeutung zu, die jedoch charakteristisch für die US-Außenpolitik der 1920er Jahre war.

Dessen ungeachtet kehrte Stabilität im für die USA wirtschaftlich wichtigen Europa nicht so schnell wie erwartet zurück. Ein wesentlicher Grund hierfür war das ungelöste Kriegsschulden- und Reparationenproblem. Während des Weltkrieges hatten Großbritannien und Frankreich in den USA knapp elf Milliarden Dollar Schulden aufgehäuft, die die USA nun energisch und zu hohen Zinsen eintrieben. Um ihre Kriegsschulden zurückzahlen zu können, hatten die Siegermächte Deutschland mit dem Versailler Vertrag zur Zahlung von Reparationen verpflichtet, die genaue Höhe sowie die Zahlungsmodalitäten aber unbestimmt gelassen. So entstand schnell eine krisenhafte Gemengelage, in der Großbritannien und Frankreich ihre Schulden und Deutschland die Reparationsforderungen nicht begleichen konnten. Dies führte 1923 zur französischen Ruhrbesetzung, die wiederum die Hyperinflation in Deutschland anheizte und Europa weiter destabilisierte.

Das war überhaupt nicht im Sinne der USA und ihrer boomenden Wirtschaft, so dass Washington mit dem Jahr 1924 die Initiative für die finanzielle Liquidierung des Ersten Weltkrieges übernahm. Präsident Coolidge setzte eine aus drei US-Bankiers bestehende Expertenkommission unter der Leitung von Charles G. Dawes ein, die den europäischen Mächten einen Vorschlag zur Lösung des Schulden- und Reparationenproblems unterbreiten sollte. Das Ergebnis war der *Dawes Plan*, der festlegte, dass Deutschland in den ersten fünf Jahren jährliche Reparationszahlungen in Höhe von einer Milliarde Mark leisten solle, danach bis auf weiteres 2,5 Milliarden Mark jährlich. Damit wurden die Reparationsleistungen an die deutsche Zahlungsfähigkeit angepasst und zugleich sichergestellt, dass die deutsche Währung durch die Reparationen nicht erneut gefährdet werden würde. Gleichzeitig wurde festgelegt, dass internationale Streitigkeiten wegen der Reparationen künftig von einem unter US-Vorsitz stehenden Schiedsausschuss geregelt werden sollten. Auf der Londoner Konferenz nahmen die europäischen Mächte im Juli/August 1924 diesen Plan an. Gleichzeitig wurde Deutschland eine internationale Anleihe in Höhe von 800 Millionen Mark als Stabilisierungskredit gewährt, der wesentlich mit US-Kapital finanziert wurde. Damit begann ein transatlantischer Schuldenkreislauf, in dem Deutschland die Zahlung der Reparationen an die europäischen Siegermächte des Ersten Weltkrieges mit US-Krediten bestritt, während Großbritannien, Frankreich und die übrigen Alliierten mit diesen deutschen Reparationen ihre Schulden in den USA bezahlten. So trug der *Dawes Plan* maßgeblich zur Stabilisierung Europas bei und bescherte diesem ein 5-jähriges wirtschaftliches Wachstum.

Als sich 1928 dennoch abzeichnete, dass Deutschland die erstmals fällige Zahlung von 2,5 Milliarden Mark nicht würde leisten können, machten sich die USA sogleich an die Revision des *Dawes Plans*. Wieder war es ein von der US-Regierung autorisiertes Gremium von Finanzexperten, das unter der Leitung von Owen D. Young eine endgültige Regelung des Reparationenproblems erarbeitete. Der am 7. Juni 1929 veröffentlichte *Young Plan* setzte die Gesamthöhe der Reparationen auf 34,5 Milliarden Reichsmark fest, die in 59 jährlichen Raten mit 5,5 prozentiger Verzinsung zu zahlen waren. Kurz darauf begann die Weltwirtschaftskrise und der auf die Stärke der amerikanischen Finanz- und Wirtschaftskraft basierenden Stabilisierungspolitik in Europa und Asien wurde ein jähes Ende gesetzt.

Verfolgten die USA in der Zwischenkriegszeit also durchaus eine aktive Außenpolitik im Sinne eigener Interessen, so waren sie doch zugleich entschlossen, sich in internationalen Konflikten neutral zu verhalten – und im Zeichen der sich verschärfenden internationalen Krisen bestätigte der US-Kongress diese Neutralitätspolitik in einer Reihe von Gesetzen in den 1930er Jahren. Diese Politik stand in Kontinuität zu der bis auf die Anfangstage der Republik zurückgehenden Tradition der Verweigerung von Allianzen mit europäischen Mächten, und sie wurde auch nach dem deutschen Angriff auf Polen im September 1939 zunächst beibehalten. Erst nach den deutschen Siegen des Jahres 1940 bereiteten sich die USA immer gezielter auf einen Krieg vor und unterstützten das inzwischen ganz auf sich allein gestellte Großbritannien immer entschiedener. Im Verlauf des Jahres 1940 bewilligte der US-Kongress eine Erhöhung des Verteidigungsetats von 2 auf 10 Milliarden Dollar und führte im September 1940 erstmals in der Geschichte der USA die allgemeine Wehrpflicht zu Friedenszeiten ein. Im Dezember 1940 erklärte Roosevelt die USA zum »Arsenal der Demokratie« und hielt am 6. Januar 1941 seine berühmte *Four Freedoms*-Rede, mit der er den Kongress dazu aufforderte, die Neutralitätsgesetze abermals zu ändern, um eine nachhaltigere Unterstützung Großbritanniens zu ermöglichen. Das Ergebnis war der *Lend-Lease-Act* vom März 1941, der den Präsidenten dazu autorisierte, nach seinem Ermessen Kriegsmaterial an andere Staaten zu verkaufen, zu leihen oder zu verpachten. Dieses Gesetz war eine wirtschaftliche Kriegserklärung an Deutschland, denn wie Senator Robert A. Taft zu Recht bemerkte, das Verleihen von Kriegsgerät ist so wie das Verleihen von Kaugummi – man will es nicht zurückhaben.

Einige Monate später traf sich Roosevelt mit dem britischen Premierminister Winston Churchill auf einem Kriegsschiff vor der Küste Neufundlands; gemeinsam verkündeten sie am 14. August 1941 die *Atlantik-Charta*, mit der sich beide Mächte zum Kampf für eine neue, auf liberalen und demokratischen Prinzipien beruhende Weltfriedensordnung verpflichteten. In ihr erklärten die USA und Großbritannien, keine territorialen Expansionsabsichten zu haben, das Recht der Völker auf Selbstbestimmung anzuerkennen und ein System kollektiver Sicherheit etablieren zu wollen, das die Unabhängigkeit, Freiheit und Integrität aller Staaten garantieren würde. Damit hatten die USA schon Kriegsziele formuliert, noch bevor sie überhaupt im Krieg waren. Im Laufe des Sommers 1941 gingen sie dazu über, die britischen Schiffskonvois im Atlantik militärisch gegen deutsche U-Boot-Angriffe zu schützen. Im September 1941 gab Roosevelt den eigenen Schiffen Feuererlaubnis gegen deutsche U-Boote, kurz darauf erlaubte der US-Kongress, dass für Großbritannien bestimmtes Kriegsmaterial auch auf amerikanischen Schiffen transportiert werden durfte. Damit befanden sich die USA im Herbst 1941 in einem nicht-erklärten Krieg gegen Deutschland.

Es waren dann aber nicht die europäischen Ereignisse, die zum formalen Kriegseintritt der USA führten, sondern die Eskalation des japanisch-amerikanischen Konflikts, der sich seit Anfang der 1930er Jahre im Windschatten der aggressiven japanischen Expansion in Asien aufgebaut hatte. Das militärische Ausgreifen Japans stellte die von den USA seit langem verfolgte Politik der *Offenen Tür*, die darauf zielte, die asiatischen Märkte für den eigenen Handel offen zu halten, radikal in Frage. Als Japan im Jahr 1931 die Mandschurei besetzte und sie sich im Jahr darauf als Provinz Mandschukho einverleibte, erklärten die USA mit der *Stimson Doktrin* postwendend, dass sie keine Übereinkunft zwischen China und Japan anerkennen würden, die den freien Zugang zum chinesischen Markt einschränken oder ganz unmöglich machen würde. Davon ließ sich Japan allerdings nicht beeindrucken, fing 1937 einen Krieg mit China an und griff bis 1941 immer weiter ins übrige Asien aus. Dies bedeutete aus Sicht der USA nicht nur eine eklatante Gefährdung der eigenen wirtschaftlichen Interessen, sondern auch des Weltfriedens. Sie versuchten deshalb, Japan durch ökonomischen Druck zum Einlenken zu zwingen. Im Jahr 1939 kündigten sie den 1911 mit Japan geschlossenen Handelsvertrag auf, wodurch Japan der Zugang zum US-Markt und seinen kriegswichtigen Gütern verschlossen wurde. Nach der japanischen Invasion in Französisch Indochina im Juli 1941 fror Präsident Roosevelt die Auslandsguthaben Japans ein. Entschieden bestanden er und sein Außenminister Cordell Hull gegenüber Japan auf drei Forderungen, nämlich erstens auf Festlandseroberungen zu verzichten, zweitens sich aus China und Indochina zurückzuziehen sowie drittens den 1940 mit Deutschland und Italien geschlossenen Dreimächtepakt aufzukündigen.

Diese sich bis 1941 weiter verhärtende Haltung der USA förderte in Japan die Bereitschaft, es in einer Art Flucht nach vorn auf einen Krieg mit den USA ankommen zu lassen. Nachdem ein letzter japanischer Vermittlungsversuch am 26. November 1941 an der kategorischen Haltung der US-Regierung gescheitert war, griff Japan am 7. Dezember 1941 Pearl Harbor auf Hawaii an. Diese Überraschungs-Attacke forderte auf Seiten der USA mehr als 2400 Tote und etwa 1100 Verwundete. Acht ihrer Schlachtschiffe wurden versenkt oder schwer beschädigt, dazu fast 360 ihrer Flugzeuge. Daraufhin erklärten die USA Japan am 8. Dezember 1941 den Krieg, was, gemäß den Bestimmungen des Dreimächtepakts, am 11. Dezember 1941 die Kriegserklärungen Deutschlands und Italiens an die USA nach sich zog. Damit wuchsen die bis dahin getrennten Konflikte in Europa und Asien zu einem Weltkrieg zusammen, in dessen Zentrum die USA fortan standen.

3 Die USA im Zweiten Weltkrieg

Kriegführung in Europa und Asien

Am Beginn des Zweiten Weltkrieges hatten die USA keine schlagkräftige Armee. Zwar war die allgemeine Wehrpflicht bereits im September 1940 wieder eingeführt worden, doch standen im Dezember 1941 gerade einmal rund 1,6 Millionen Mann unter Waffen. Danach allerdings stampften die USA in atemberaubender Schnelligkeit eine gewaltige Armee aus dem Boden, in der bis 1945 mehr als 15 Millionen Männer, darunter etwa eine Million *African Americans*, und fast 350 000 Frauen dienten. Sie alle waren Teil einer Koalition, die sich am 1. Januar 1942 im *Pakt der Vereinten Nationen* zum Kampf gegen Deutschland, Italien und Japan zusammenfand. Die Bündnispartner bekannten sich zu den Prinzipien der *Atlantik-Charta* und verpflichteten sich, keinen Separatfrieden mit Deutschland, Italien oder Japan abzuschließen. Eine ideologisch bizarre »Anti-Hitler-Koalition« war geboren, die ihre machtpolitischen und weltanschaulichen Gegensätze nur mühsam verdecken konnte.

Die USA verfolgten von Beginn an die *Europe First*-Strategie, wonach zunächst Deutschland und Italien in Europa und dann Japan in Asien zu schlagen waren. Allerdings herrschte im Lager der Alliierten Uneinigkeit darüber, wie dieser Sieg in Europa zu erreichen sei. Die USA befürworteten eine schnelle Invasion Frankreichs, um von dort aus einen massiven Vorstoß gegen Deutschland zu starten. Die Sowjetunion drängte ebenfalls auf die schnelle Einrichtung einer zweiten Front in Europa. Großbritannien allerdings setzte auf eine mittelfristige Abnutzungsstrategie: Deutschland sollte von der See her blockiert, seine Industrieanlagen aus der Luft zerstört und seine Bevölkerung durch Bombardierungen demoralisiert werden. Gleichzeitig sollte Europa nach Meinung Churchills von seinem »weichen Unterleib« her, also von Italien und dem Balkan aus, angegriffen werden. Für unmittelbar dringlich hielt der britische Premierminister alliierte Hilfe in Nordafrika, wo die deutsch-italienische Panzeroffensive unter der Führung von General Erwin Rommel im Sommer 1942 den Suezkanal bedrohte.

Churchills Ansicht setzte sich durch, und so kam es im Herbst 1942 in Nordafrika zu einer konzertierten Aktion der Westalliierten: Am 23. Oktober eröffnete die Britische 8. Armee unter dem Kommando von Feldmarschall Bernard Montgomery im ägyptischen El Alamein eine Großoffensive gegen Rommels Panzerarmee und zwang sie zum Rückzug. Kurz darauf, am 7./8. November, landeten amerikanische und britische Streitkräfte unter dem Oberbefehl von General Dwight D. Eisenhower im Rahmen der *Operation Torch* in Marokko und Algerien. Von dort aus stießen sie nach Osten vor und zwangen die deutsch-italienischen Einheiten bis Ende des Jahres zum Rückzug auf einen

Brückenkopf im Norden Tunesiens. Im Windschatten der *Operation Torch* trafen sich Roosevelt und Churchill Ende Januar 1943 zu einer Konferenz in Casablanca, wo sie sich auf die Fortsetzung der Mittelmeerstrategie einigten. Zugleich verkündeten sie, den Krieg bis zur bedingungslosen Kapitulation der Achsenmächte weiterführen zu wollen.

Auch an anderen Fronten des europäischen Krieges ging die Initiative im Jahr 1943 auf die Anti-Hitler-Koalition über. Am 2. Februar 1943 kapitulierte die Wehrmacht in Stalingrad, und die Rote Armee begann mit einer dynamischen Offensive, die erst mit der Eroberung Berlins im Frühjahr 1945 zum Stehen kam. Auch die Atlantikschlacht wendete sich im Frühjahr 1943 zu Gunsten der Alliierten, vor allem weil der Einsatz neuer Radartechnologie die zuverlässige Ortung von U-Booten erlaubte und die am Anfang des Krieges so effektive deutsche U-Bootwaffe stumpf werden ließ. Im Jahr 1943 intensivierten die Westalliierten zudem ihre Luftangriffe auf Deutschland; am Ende des Krieges waren die Zentren vieler deutscher Großstädte teils bis zu 80 Prozent zerstört.

Angesichts dieser Entwicklung ist es verwunderlich, dass die USA sich gegenüber der systematischen Judenvernichtungspolitik der Nationalsozialisten insgesamt passiv verhielten. Spätestens seit dem Sommer 1942 wusste die amerikanische Regierung vom Holocaust, doch zu mehr als punktueller praktischer Hilfe für die europäischen Juden kam es seitens der USA bis 1945 nicht. Die seit 1924 gültige restriktive Einwanderungspolitik wurde beibehalten, so dass zwischen 1933 und 1938 nur rund 60 000 europäische Juden in die USA einwandern konnten, wobei hier intellektuelle Eliten wie beispielsweise Albert Einstein, Theodor W. Adorno, Hannah Arendt und viele andere überproportional vertreten waren. Auch wurden verschiedene Optionen zur Rettung europäischer Juden durchgespielt, doch wurden sie alle verworfen. Aktionen zur Beendigung der Judenvernichtung waren aus der Sicht der amerikanischen Regierung und des Militärs nicht vorrangig.

Im Sommer 1944 errichteten die USA und Großbritannien die seit 1942 gegenüber Stalin in Aussicht gestellte zweite Front in Frankreich. In den frühen Morgenstunden des 6. Juni 1944 begann unter dem Oberbefehl von General Eisenhower die *Operation Overlord*, in deren Verlauf fast 200 000 amerikanische, britische und kanadische Soldaten mit der Unterstützung von 2700 Kriegsschiffen und mehr als 13 000 Flugzeugen einen rund 80 Kilometer langen Küstenabschnitt in der Normandie erstürmten. Das war die größte amphibische Landeoperation der Geschichte; am Ende dieses »längsten Tages« waren 120 000 alliierte Soldaten in der Normandie angelandet. In erbitterten Kämpfen setzen sie sich im Norden Frankreichs fest und befreiten bis zum Ende des Sommers 1944 Frankreich, Luxemburg und Belgien. Im Oktober erreichten sie bei Aachen die deutsche Grenze, doch kam der Vormarsch dort aufgrund von Nachschubproblemen zum Stehen. Im Dezember 1944 begann eine überraschende Großoffensive der Deutschen Wehrmacht, die mit einem massiven Vorstoß in den Ardennen bis weit nach Belgien vorstieß und einen Keil zwischen die britischen und amerikanischen Verbände trieb. Allerdings schlugen die Alliierten die Wehrmacht zurück und marschierten anschließend nach Deutschland ein. Am 7. März 1945 überquerten US-Truppen über die unzerstörte Brücke von Remagen den Rhein, schlossen bis Mitte April die Reste der Heeresgruppe B im Ruhrgebiet ein und zwangen diese am 18. April zur Kapitulation. Am 25. April erreichten amerikanische Verbände bei Torgau die

Elbe und verbrüderten sich dort mit den Soldaten der Roten Armee. Danach jedoch verweigerten die amerikanischen Verbände den von Churchill befürworteten schnellen Vorstoß nach Berlin und drangen stattdessen nach Süd- und Mitteldeutschland, nach Österreich und in die Tschechoslowakei vor. Am 30. April beging Hitler Selbstmord, am 2. Mai kapitulierten die Verteidiger Berlins und am 7. Mai unterzeichnete die neue Reichsregierung unter Großadmiral Karl Dönitz die deutsche Generalkapitulation im Hauptquartier der Westalliierten in Reims. Zwei Tage später wurde dieser Akt im sowjetischen Hauptquartier in Berlin-Karlshorst wiederholt. Der Krieg in Europa war zu Ende, in Asien jedoch ging er noch fast vier Monate weiter.

Im Pazifik lag die Initiative nach dem Angriff auf *Pearl Harbor* zunächst ganz bei Japan, das bis zum August 1942 die Philippinen, Niederländisch Indien, das französische Indochina und Burma überrannte. Dann jedoch schafften die Alliierten die Wende. Bereits mit der Seeschlacht am Korallenmeer (7.–8. Mai 1942) gelang es ihnen, den japanischen Vorstoß nach Australien zu stoppen, und bei der einen Monat später stattfindenden See-Luft-Schlacht bei Midway (3.–6. Juni 1942) brachten die USA Japan eine entscheidende Niederlage bei, die Tokio dauerhaft in die Defensive drängte. Schon im August 1942 begannen die USA auf der von Japan besetzten Salomonen-Insel Guadalcanal mit der verlustreichen Strategie des *Inselhüpfens*. Im Verlauf des Jahres 1943 stießen amerikanische Verbände, von Australien und Hawaii aus operierend, den Gegner Insel für Insel aus dem Pazifik zurück. Im Oktober 1944 leiteten sie die Rückeroberung der Philippinen ein, die bis zum Februar 1945 abgeschlossen war.

Dass Japan die Eroberung nicht kampflos geschehen lassen würde, zeigten die brutalen Schlachten um Iwojima und Okinawa, bei denen die USA zwischen Februar und Juni 1945 höhere Verluste erlitten als bei der Invasion in der Normandie. Das ließ für die Eroberung der japanischen Hauptinseln noch Schlimmeres befürchten. Da Japan ungeachtet der effektiven Seeblockade und der täglichen Bombardierungen seiner Städte nicht bereit war, bedingungslos zu kapitulieren, suchten die USA nach anderen Wegen, um den Krieg schnell zu beenden.

Seit 1939 hatten sie unter großen finanziellen Anstrengungen an der Entwicklung der Atombombe gearbeitet. Die Initiative dazu war von amerikanischen Wissenschaftlern ausgegangen, unter ihnen viele die, wie beispielsweise Enrico Fermi oder Albert Einstein, vor faschistischer Verfolgung aus Europa in die USA geflohen waren. Besorgt, dass Deutschland die kürzlich neu entdeckte Kernspaltung für militärische Zwecke nutzen könnte, wurden sie bei der amerikanischen Bundesregierung vorstellig und fanden dort Gehör. Präsident Roosevelt setzte noch im Jahr 1939 das *Advisory Committee on Uranium* ein, unter dessen Aufsicht bereits im Februar 1940 erste wissenschaftliche Projekte zur Erforschung der Kernspaltung begannen. Nach dem Kriegseintritt der USA entstand unter dem Codenamen *Manhattan Project* ein weit gespanntes Netzwerk von Laboratorien, Versuchsanstalten, Reaktoren und Werkstätten, in denen hunderte von Wissenschaftlern unter der Gesamtleitung des Physikers J. Robert Oppenheimer an der Entwicklung der Atombombe arbeiteten. Seit August 1943 waren auch britische und kanadische Wissenschaftler am *Manhattan Project* beteiligt. Vor der Sowjetunion hielten Roosevelt und Churchill dieses Projekt jedoch geheim; ein unverkennbares Zeichen fortdauernden Misstrauens in der Anti-Hitler-Koalition. Über ihren Spion

Klaus Fuchs, der als Teil der britischen Delegation an der Entwicklung der Atombombe mitarbeitete, erlangte jedoch auch die Sowjetunion Kenntnis vom *Manhattan Project*.

Am 16. Juli 1945 wurde in Alamogordo, New Mexico die erste Atombombe gezündet, und Präsident Truman war entschlossen, die neue Waffe umgehend einzusetzen, um Japan zur Kapitulation zu zwingen. Bei dieser Entscheidung wird man den Willen, das Leben amerikanischer Soldaten zu schonen, sicher hoch veranschlagen müssen. Auch die Eigendynamik des teuren Forschungsprojekts, dessen Ergebnisse nun auch einmal angewandt werden sollten, spielte in diese Entscheidung hinein. Gleichzeitig jedoch wollte Truman mit dem Abwurf der Atombombe auch gegenüber der Sowjetunion Stärke demonstrieren. Am 25. Juli gab er während der Potsdamer Konferenz grünes Licht für den Abwurf von Atombomben über Japan. Am 26. Juli forderten die Alliierten in ihrer *Erklärung von Potsdam* Japan ultimativ auf, bedingungslos zu kapitulieren oder die sofortige und völlige Zerstörung in Kauf zu nehmen. Als Japan sich weigerte, warf der amerikanische B-29 Bomber *Enola Gay* am 6. August 1945 eine Atombombe über Hiroshima ab, die die Stadt dem Erdboden gleichmachte, 70 000 Menschen sofort tötete und Zehntausende so schwer verletzte, dass die Gesamtzahl der Opfer bis Ende des Jahres 1945 sich auf mehr als 100 000 belief. Am 8. August erklärte die Sowjetunion Japan den Krieg und begann eine Offensive zur Eroberung der Mandschurei, Koreas und der Kurilen. Die USA kündigten den Einsatz weiterer Nuklearwaffen an, sollte Japan nicht umgehend kapitulieren. Aber das japanische Militär weigerte sich weiterhin, und so kam es am 9. August über Nagasaki zum Abwurf einer Wasserstoffbombe. Sie tötete mehr als 35 000 Menschen und ließ mindestens ebenso viele verbrannt und verstrahlt zurück. Aufgrund dieser Ereignisse akzeptierte die japanische Führung die amerikanischen Kapitulationsbedingungen am 14. August 1945, am 2. September nahm General Douglas MacArthur die Kapitulation Japans auf dem Schlachtschiff Missouri entgegen. Der Zweite Weltkrieg war entschieden, der »Kalte Krieg« sollte kommen.

Innere Wandlungsprozesse

Der Zweite Weltkrieg war der zweite totale Krieg, den die USA innerhalb von 30 Jahren zu führen hatten. Wieder hing der Kriegserfolg nicht mehr nur allein von militärischen Leistungen ab, sondern auch davon, wie gut es gelang, die sozialen, ökonomischen und kulturellen Ressourcen der Nation für die Kriegsanstrengung zu mobilisieren. Deshalb war der Krieg abermals ein Motor inneren Wandels, der diesmal jedoch viel tiefer ging als während des Ersten Weltkrieges.

Im Bereich der Wirtschaft verfestigte sich die Kooperation von Staat, Kapital und Arbeit. Um die Kriegswirtschaft zu organisieren, gründete die Bundesregierung ein Netzwerk von Behörden und Regierungsstellen, das mit der Dauer des Krieges zu wuchern begann und immer unübersichtlicher wurde. Eines der wichtigsten Ämter war das *War Production Board*, das Rohstoffe zuteilte, Rüstungsaufträge vergab und die Produktion nicht-kriegswichtiger Konsumgüter einschränkte. Ein anderes war die *War Manpower Commission*, die die Mobilisierung von Männern und Frauen als Soldaten und Arbeitskräfte lenkte. Das *Office of Price Administration* rationierte Güter und setzte

Preise fest, um die Inflation niedrig zu halten. Das *National War Labor Board* schließlich vermittelte in Arbeitskonflikten zwischen Unternehmern und Arbeiterschaft, um Streiks zu verhindern. Wie schon im Ersten Weltkrieg wurden auch diesmal die Prinzipien der freien Marktwirtschaft und der Freiwilligkeit hoch gehalten. Die Roosevelt Regierung organisierte, lenkte und begleitete die Transformation der Friedens- in die Kriegswirtschaft, aber sie enthielt sich weitgehend direkter staatlicher Eingriffe in den wirtschaftlichen Prozess. Die vielen staatlichen Behörden, Ämter und Regierungsstellen, die die Kriegswirtschaft organisierten, waren in der Regel paritätisch mit Regierungsvertretern, Unternehmern und Gewerkschaftern besetzt.

Gleichzeitig vertiefte sich die zuvor schon enge Zusammenarbeit von Staat, Wissenschaft und Industrie noch weiter. Der Staat förderte militärisch relevante Forschungsprojekte, was einen starken Expansionsschub der mathematisch-naturwissenschaftlichen Fachbereiche an den Universitäten und Forschungseinrichtungen nach sich zog und die Grundlagen für die Weltgeltung des *Massachusetts Institute of Technology* (MIT) in Boston und des *California Institute of Technology* (CIT) in Los Angeles legte. Im Zentrum der Forschungsanstrengungen standen die Entwicklung neuer Waffentechnologien, die Entschlüsselung der gegnerischen Geheimcodes, die Herstellung synthetischer Produkte wie beispielsweise Gummi aus Erdöl und anderer Kunststoffe sowie Innovationen in der Medizin.

Die finanzielle Kraftanstrengung war enorm. Insgesamt gab die Bundesregierung rund 360 Milliarden Dollar für den Krieg aus. Das war zehnmal mehr als für den Ersten Weltkrieg und insgesamt mehr als das Doppelte der Staatsausgaben, die zwischen 1789 und 1941 in den USA überhaupt getätigt wurden. Um den Krieg finanzieren zu können, verschuldete sich die Bundesregierung im großen Stil; die Bundesschulden stiegen zwischen 1941 und 1945 von 49 Milliarden auf 259 Milliarden Dollar an. Rund 60 Prozent der Gesamtkriegskosten wurden durch Kriegsanleihen finanziert. Damit verzichtete der Staat abermals darauf, den Krieg durch eigene Steuern zu finanzieren und die exorbitanten Profite der Unternehmen abzuschöpfen.

Die wirtschaftliche Mobilisierung löste einen Kriegsboom aus, der der *Great Depression* ein Ende setzte. Das wirtschaftliche Wachstum war schwindelerregend. In den unmittelbar kriegswichtigen Industrien kam es zu einem regelrechten »Wunder an Produktivität«, so zum Beispiel im Schiffbau. Bauten amerikanische Werften im Jahr 1939 neue Schiffe mit einer Tonnage von rund 100 000 Bruttoregistertonnen, so liefen 1944 Schiffe mit über 11,5 Millionen BRT vom Stapel. Damit stellten die USA allein zwei Drittel des alliierten Schiffsraums zur Verfügung. So wie im Schiffbau erging es auch in allen anderen kriegswichtigen Industrien. Die enorme Produktivitätssteigerung wäre nicht möglich gewesen ohne die starken Rationalisierungs- und Mechanisierungsschübe, in deren Verlauf die Prinzipien der Massenproduktion auf immer neue Produkte angewandt wurden. Im Zuge des spektakulären Wirtschaftswachstums entstanden rund 17 Millionen zumeist sehr gut bezahlte neue Jobs. Die grassierende Massenarbeitslosigkeit der 1930er Jahre verschwand quasi über Nacht, und die Reallöhne stiegen bis zum Ende des Krieges um 50 Prozent, womit sowohl die Kaufkraft als auch die Sparguthaben der Amerikaner wuchsen. Sie akkumulierten in den Kriegsjahren die privaten Vermögen, die den Wohlstandsschub der 1950/60er Jahre finanzierten.

Allerdings wuchsen während des Zweiten Weltkrieges nicht nur Profite, Produktivität und private Vermögen, sondern auch der Einfluss der Gewerkschaften. An der Kontinuität wirtschaftlicher Produktion interessiert, bemühte sich das *National War Labor Board* nicht nur um den Ausgleich der gegenläufigen Interessen von Arbeit und Kapital, sondern auch um eine Stärkung der Gewerkschaften, damit diese als Ordnungsfaktor in die Arbeiterschaft hinein wirken könnten. Zwischen 1940 und 1945 stieg die Zahl der Gewerkschaftsmitglieder von 9 auf fast 15 Millionen. In Folge dieser Politik waren Streiks zwar manchmal wild, aber immer kurz und hatten somit kaum Auswirkungen.

Der wohl weitreichendste kriegsgefügte wirtschaftliche Wandlungsprozess war die Industrialisierung des amerikanischen Westens und Südens, wo viele der neuen Rüstungsschmieden buchstäblich auf der grünen Wiese aus dem Boden gestampft wurden. Vor allem die Wachstumsbranchen des nachklassischen Industriezeitalters, der Flugzeugbau sowie die Elektronik- und Computerindustrien wurden hier neu angesiedelt. Damit wurden die Grundlagen für den Aufstieg des *Neuen Südens* gelegt, der sich nach 1945 rasch zu einer industriellen Wachstumszone entwickelte, die dem klassischen Kernland der amerikanischen Industrie im Gebiet um die Großen Seen zunehmend den Rang ablief.

Neben der wirtschaftlichen war die propagandistische Mobilisierung des Landes eine der Hauptaufgaben der amerikanischen Bundesregierung. Im Juni 1942 rief Präsident Roosevelt das *Office of War Information* ins Leben, das mehr als 4000 Künstler, Schriftsteller und Werbeexperten beschäftigte, um einerseits der feindlichen Propaganda etwas entgegenzuhalten und andererseits der eigenen Bevölkerung den Krieg als sinnvoll zu erklären. Das Spektrum der kriegspropagandistischen Maßnahmen war ähnlich breit und vielfältig wie während des Ersten Weltkrieges, allerdings standen nun mit Radio und Film zwei neue, sehr leistungsstarke Massenmedien zur Verfügung, die ganz neue Möglichkeiten der Meinungslenkung eröffneten.

Die Strategien der Kriegspropaganda waren dieselben wie schon im Ersten Weltkrieg: Wieder wurden freiheitlich-liberale Wertideen als Kernelemente der nationalen Identität hingestellt, die es vor der existenziellen Bedrohung durch autokratische Regime zu verteidigen gelte. Damit wurde der Krieg als ein Krieg um Ideen definiert und zu einem moralischen Kampf zwischen Gut und Böse stilisiert. Gleichzeitig konstruierte die amerikanische Kriegspropaganda Feindbilder, die die Kriegsgegner als Zerstörer des *American Way of Life* zeichneten. Allerdings waren die auf Deutschland und Japan bezogenen Feindbilder auf signifikante Weise unterschiedlich. So wurden die Nationalsozialisten zwar als rassistische Barbaren hingestellt, doch war die amerikanische Kriegspropaganda immer bemüht, zwischen Nationalsozialisten und den Deutschen an sich zu unterscheiden. Im Vergleich dazu stellte die amerikanische Kriegspropaganda die Japaner insgesamt als Ungeziefer und Affen dar, die sich feige und hinterhältig daran gemacht hätten, die USA zu vernichten.

Diese Art der Kriegspropaganda konnte nicht ohne Rückwirkungen auf die multiethnische Gesellschaft der USA bleiben. Wieder grassierte eine hysterische Furcht vor »Feinden im Innern«. Im Zentrum der Anfeindungen standen diesmal allerdings nicht die Deutsch-Amerikaner, sondern die *Japanese Americans*, denen mangelnde Loyalität zu den USA und die heimliche Unterstützung Japans unterstellt wurden. Unmittelbar nach dem japanischen Angriff auf *Pearl Harbor* entfaltete sich vor allem an der Westküste eine zunehmend militanter werdende Kampagne gegen die *Japanese Americans*, die in der Forderung gipfelte, sie in Lager im Landesinnern zu internieren. Schon im Februar 1942 beugte sich Präsident Roosevelt dem öffentlichen Druck und verfügte mit der *Executive Order 9066*, dass jede Person, die eine Gefahr für amerikanische Kriegführung darstellte, aus militärisch wichtigen Gebieten entfernt werden dürfe. Obwohl es nicht einen einzigen Beweis dafür gab, dass die Anschuldigungen gegen die *Japanese Americans* zutrafen, wurden rund 120 000 Menschen mit japanischem Migrationshintergrund, darunter fast 70 000 amerikanische Staatsbürger (*Nisei*), in Internierungslager eingesperrt. Diese von Stacheldraht umgebenen und militärisch bewachten Lager befanden sich in den heißesten, sandigsten und lebensfeindlichsten Gebieten der *Great Plains* und des inneren Westens.

Alliierte Nachkriegsplanungen

Als die USA im Dezember 1941 in den Krieg eintraten, ging es ihnen primär darum, einen schnellen Sieg über die Achsenmächte zu erringen. Darin erschöpften sich ihre Kriegsziele allerdings nicht, denn Präsident Roosevelt, der alle Fäden der Kriegsdiplomatie fest in seiner Hand hielt, hatte dem amerikanischen Einsatz bereits mit der *Atlantik-Charta* im August 1941 eine ideologisch-moralische Bedeutung verliehen. Mit dem *Pakt der Vereinten Nationen* hatte sich auch die Sowjetunion im Januar 1942 zu den Prinzipien einer im Selbstbestimmungsrecht der Völker ankernden Weltfriedensordnung bekannt, doch waren die machtpolitischen und weltanschaulichen Gegensätze im Lager der Anti-Hitler-Koalition damit nicht überwunden. Vor allem die unterschiedlichen Vorstellungen von der Nachkriegsordnung und der damit zusammenhängende Begriff von *Sicherheit* waren kaum miteinander vereinbar.

Die Sowjetunion definierte *Sicherheit* vor allem territorial und reklamierte deshalb Osteuropa als exklusive Einflusssphäre, die nach sowjetischem Vorbild umzugestalten war, weil nur ein solcher *Cordon sanitaire* die eigene Sicherheit zu garantieren schien. Demgegenüber hingen die USA der Idee kollektiver Sicherheit an. Unter Rückgriff auf die Ideale des *Wilsonianism*, aber eingedenk der mit dem Völkerbund in der Zwischenkriegszeit gemachten Erfahrungen, schwebte Präsident Roosevelt eine liberal-demokratisch verfasste Weltordnung vor, in der die vier Großmächte USA, Großbritannien, die Sowjetunion und China als regionale Ordnungsmächte unter dem Dach einer Weltorganisation Frieden und Stabilität garantieren würden. Zwischenstaatliche Konflikte sollten auf der Basis allgemein anerkannter Grundwerte durch Verhandlungen gelöst werden, und dort, wo Verhandlungen versagten, würden die vier »Weltpolizisten« ihre militärische Übermacht zur Sicherung von Frieden und Stabilität einsetzen. In Roosevelts Kalkül spielte die Sowjetunion die Rolle einer gleichberechtigten und mitverantwortlichen Weltmacht, die dauerhaft in das globale System kollektiver Sicherheit einzubinden war.

Angesichts dieser gegenläufigen Vorstellungen über die zukünftige Weltordnung ist es kaum überraschend, dass die Alliierten sich zunächst darauf konzentrierten, den

Krieg gegen die Achsenmächte zu gewinnen und die Pläne für die Nachkriegsordnung nicht allzu genau zu definieren. Als jedoch die Frage der Nachkriegsplanung mit der Kriegswende des Jahres 1943 immer drängender wurde, intensivierte die Anti-Hitler-Koalition ihre diesbezüglichen Verhandlungen. Diese Entwicklung fand einen ersten Höhepunkt im Herbst 1943, als die *Großen Drei* Roosevelt, Churchill und Stalin in Teheran erstmals zu einem Gipfeltreffen zusammenkamen (28.11.–1.12.). Dort sagten die USA und Großbritannien der Sowjetunion die Einrichtung einer zweiten Front in Europa für den Mai 1944 verbindlich zu. Dafür verpflichtete sich Stalin, den Westalliierten nach dem Sieg über Deutschland Waffenhilfe gegen Japan zu leisten. In Bezug auf die Nachkriegsordnung wurden drei wichtige Vereinbarungen getroffen: Erstens stimmte Stalin gegenüber Roosevelt dem Plan einer neuen Weltordnung mit den vier allmächtigen Weltpolizisten zu, zweitens sollte Deutschland aufgeteilt und der dauerhaften alliierten Kontrolle unterstellt werden und drittens erkannten Roosevelt und Churchill das Prinzip der Westverschiebung Polens an – und also auch die Gültigkeit des Hitler-Stalin-Pakts von 1939. Damit zeugte das Gipfeltreffen in Teheran insgesamt von der trotz allen gegenseitigen Misstrauens vorhandenen Bereitschaft der *Großen Drei*, über den Krieg hinaus bei der Gestaltung der Nachkriegsordnung zusammenarbeiten zu wollen.

Deshalb trieben die USA nach der Konferenz von Teheran die Grundlegung eines Systems von Weltorganisationen zielstrebig voran. Im Juli 1944 tagte im amerikanischen Bretton Woods eine Weltwährungskonferenz, auf der Vertreter von 44 Regierungen, darunter die Sowjetunion, über die zukünftige Ordnung der durch die *Great Depression* und der nationalen Autarkiepolitik zerstörten Weltwirtschaft und ihres Finanzsystems berieten. Sie waren sich weitgehend einig, dass der zurückliegende Wirtschaftsnationalismus zu Gunsten eines neuen Systems der internationalen Kooperation und des freien Austausches von Gütern überwunden werden sollte. Der Schlüssel zur Stabilität der Weltwirtschaft war in den Augen der Konferenzteilnehmer die Stabilität des internationalen Währungssystems. Deshalb wurde in Bretton Woods vereinbart, den US-Dollar zur Leitwährung der Nachkriegsordnung zu machen, den Wert des Dollars an einen bestimmten Goldpreis zu binden und die übrigen Währungen der Welt bei freier Konvertibilität durch feste Wechselkurse zum Dollar zu definieren. Gleichzeitig wurde in Bretton Woods mit dem *Internationalen Währungsfond (IWF)* ein Instrument zur Sicherung dieses im Gold-Standard gründenden Weltwährungssystem eingerichtet. Auch wurde die Einrichtung einer Weltbank vorgeschlagen, die das Geld für den Wiederaufbau Europas und Asiens bereitstellen sollte.

Kurz nach der Konferenz von Bretton Woods trat in Dumbarton Oaks (21.8.–7.10.1944) eine Arbeitskonferenz mit Vertretern der USA, Großbritanniens, der Sowjetunion und Chinas zusammen, um die grundsätzliche Struktur der *Vereinten Nationen* auszuarbeiten. Demnach sollte die Weltorganisation aus einer Generalversammlung, einem Sicherheitsrat, einem Sekretariat und einem Internationalen Gerichtshof bestehen, wobei vor allem der Sicherheitsrat die im Vergleich zum Völkerbund entscheidende Neuerung war. Im Sicherheitsrat sollten die USA, die Sowjetunion, Großbritannien und China als permanente Mitglieder die neue Friedensordnung hauptverantwortlich garantieren. Zwischen den *Großen Drei* war die Einrichtung des

Sicherheitsrates umstritten: Die Sowjetunion bestand auf der Einstimmigkeit aller Entscheidungen des Sicherheitsrates, während die USA sich diesem Vetorecht versagten. Die Konferenz ging in dieser Frage ohne Ergebnisse auseinander, jedoch wurden die Verhandlungen im Februar 1945 auf dem letzten Gipfeltreffen der *Großen Drei* in Jalta (4.2.–11.2.) fortgesetzt.

Bei den Verhandlungen auf der Krim ging es zentral darum, die Nachkriegsplanungen zu konkretisieren. Auf Drängen Großbritanniens akzeptierte Stalin Frankreich als vierte Besatzungsmacht in Deutschland, doch über die endgültige Aufteilung Deutschlands konnte keine Einigung erzielt werden. Allerdings wurde beschlossen, Deutschland als organisatorisch und wirtschaftlich einheitlichen Verwaltungsraum zu behandeln, damit es Reparationen in Form von Sachwerten zahlen könnte. Stalin forderte Entschädigungszahlungen in Höhe von insgesamt 20 Milliarden Dollar, die Hälfte davon für die Sowjetunion, die dafür auch auf die laufende deutsche Industrieproduktion zurückgreifen wollte. Roosevelt war bereit, die 20 Milliarden Dollar als Verhandlungsgrundlage zu akzeptieren.

Der eigentliche Streitpunkt in Jalta war jedoch nicht die Behandlung Deutschlands, sondern die künftige Ordnung in Osteuropa. Dieser Konflikt entzündete sich an der Zukunft Polens. Zwar zeigten sich Roosevelt und Churchill auch in Jalta bereit, die mit dem Hitler-Stalin-Pakt von 1939 gezogene polnisch-sowjetische Grenze zu akzeptieren und stimmten auch dem Prinzip der »Westverschiebung« Polens abermals zu. Sie verweigerten jedoch die von Stalin geforderte Oder-Neiße-Linie als künftige deutsch-polnische Grenze. Ebenso uneinig waren sich die *Großen Drei* über die Zusammensetzung der neuen Regierung in Warschau. Stalin wollte eine kommunistische Regierung, während Roosevelt und Churchill eine auf breiter Basis beruhende Allparteien-Regierung verlangten, die baldmöglichst allgemeine, freie und geheime Wahlen ansetzen sollte, um die Nachkriegsregierung Polens auf demokratischem Wege zu bestimmen. Auf dem Papier setzten sich die Westalliierten durch. In der von ihnen gemeinsam unterzeichneten *Erklärung über das befreite Europa* bekannten sich die USA, Großbritannien und die Sowjetunion zu ihrer gemeinsamen Verantwortung für den Wiederaufbau des ganzen Europa im Sinne der in der *Atlantik-Charta* niedergelegten Grundsätze.

Gleichzeitig bekräftigte Stalin in Jalta seine Bereitschaft zur Mitarbeit in den *Vereinten Nationen* und machte Zugeständnisse in Sachen Sicherheitsrat. Abermals erkannte er die Nationalchinesen unter Chiang Kai-shek und nicht die sich auf dem Vormarsch befindlichen Kommunisten unter Mao Zedong als legitime Regierung Chinas an. Auch bestand er in Jalta nicht länger auf einem absoluten Vetorecht aller Sicherheitsratsmitglieder in allen Fragen, sondern akzeptierte den amerikanischen Vorschlag, der Einstimmigkeit in allen Entscheidungen über politische, militärische oder wirtschaftliche Sanktionen verlangte, bei Verfahrensfragen jedoch qualifizierte Mehrheiten zuließ. Damit hatten sich in Jalta sowohl die Sowjetunion als auch die USA an eine multilaterale Weltordnung gebunden, die in den *Vereinten Nationen* ankern sollte. Insgesamt waren die Ergebnisse von Jalta ambivalent: Einerseits nährten sie gerade bei Roosevelt die Hoffnung, die Sowjetunion in die von ihm antizipierte Weltfriedensordnung einbinden und dadurch auch kontrollieren zu können, andererseits hing alles davon ab, ob Stalin die in Bezug auf Osteuropa gegebenen Versprechen einhalten würde. Wie sich sehr bald zeigte, tat er es nicht, und die Westalliierten hatten angesichts der von der Roten Armee bis zum Mai 1945 geschaffenen machtpolitischen Tatsachen keine Mittel, um ihn zur demokratischen Neuordnung Osteuropas zu zwingen.

Gleichwohl schritt die Gründung der *Vereinten Nationen* nach dem Jalta-Gipfel unter energischer Führung der USA schnell voran. Am 25. April 1945 trat in San Francisco die *United Nations Conference on International Organization* (UNCIO) zusammen, um die Charta der Weltorganisation auszuarbeiten, die am 26. Juni 1945 von 50 Staaten unterzeichnet wurde. Mit ihrer Unterschrift versicherten sich die Mitgliedstaaten gegenseitig der dauerhaften Zusammenarbeit im Dienste der nachhaltigen Friedenssicherung, und sie bekannten sich zu den universalen Menschenrechten als Grundlage der neuen Weltordnung. Mit der Gründung der *Vereinten Nationen* erreichten die USA eines ihrer außenpolitischen Hauptziele, und anders als der Völkerbund wurden die *Vereinten Nationen* von der amerikanischen Bevölkerung enthusiastisch begrüßt. Schon am 28. Juli 1945 stimmte der Senat mit 89 zu 2 Stimmen für den Beitritt der USA zu der neu geschaffenen Weltorganisation.

Roosevelt selbst hat diesen Triumph seiner Politik allerdings nicht mehr erlebt, da er bereits am 12. April 1945 den Folgen eines Hirnschlags erlag. Er musste deshalb auch nicht mehr mit ansehen, wie sich die Dinge in Europa entwickelten, wo die von Stalin rücksichtslos durchgeführte kommunistische Umgestaltung Osteuropas alle Hoffnungen auf die Einbindung der Sowjetunion in die von Roosevelt erträumte »eine Welt« zerstörte. Die Konstellation des Kalten Krieges hatte bis zum Ende des Zweiten Weltkriegs immer deutlichere Konturen gewonnen.

An der Diskussion um die »deutsche Frage« entfaltete sich der Ost-West-Konflikt dann vollends. Die amerikanischen Pläne für die Zukunft Deutschlands waren höchst widersprüchlich. Das *State Department* befürwortete einen Kurs der Reintegration eines wirtschaftlich starken Deutschlands in die internationale Gemeinschaft und empfahl deshalb eine insgesamt maßvolle Politik gegenüber dem besiegten Deutschland, dessen staatliche Integrität gewahrt und dessen wirtschaftliche Produktionskraft erhalten bleiben sollte. Ganz anders dachte da das Finanzministerium unter Henry Morgenthau, der eine Politik der radikalen Entindustrialisierung Deutschlands befürwortete. Seiner Ansicht nach konnte nur ein in einen Agrarstaat zurückverwandeltes Deutschland das Sicherheitsverlangen der Sowjetunion befriedigen und dauerhaft Frieden und Stabilität in Europa gewährleisten. Morgenthau empfahl ferner, Ostpreußen und das Saargebiet den Nachbarstaaten zuzuschlagen und den Rest des Landes in einen Nord- und einen Südstaat aufzuteilen. Im Sommer 1944 machte sich Präsident Roosevelt den *Morgenthau Plan* zu eigen, doch dies stieß sowohl innerhalb der Regierung als auch in der amerikanischen Öffentlichkeit auf heftige Kritik. Wirtschaftsvertreter hoben die Bedeutung eines starken Deutschlands für die amerikanische Wirtschaft und den Wiederaufbau Europas hervor. Zudem wurde darauf verwiesen, dass die Last der Versorgung eines rein agrarischen Deutschlands bei den Siegermächten und insbesondere den USA liegen würde. Daraufhin schwenkte Roosevelt um, und nachdem er Stalin in Jalta Reparationen aus der laufenden deutschen Industrieproduktion zugestanden hatte, war der *Morgenthau Plan* ohnehin hinfällig.

Auf der Potsdamer Konferenz, dem letzten großen Treffen der Anti-Hitler-Koalition, das vom 17. Juli bis zum 2. August 1945 vor den Toren Berlins stattfand, vertieften sich die Gegensätze zwischen den USA und der Sowjetunion weiter. Die Konferenz, die zusammentrat, als der Krieg in Europa bereits vorbei war, aber im Pazifik noch tobte, verfolgte eine doppelte Zielstellung: Zum einen sollte das Vorgehen gegen Japan koordiniert, zum anderen die territoriale und politische Neuordnung Ost- und Mitteleuropas festgelegt werden. Dabei konzentrierten sich die Debatten auf die Behandlung Deutschlands und die Zukunft Polens. Bezüglich der Westgrenze Polens und der Vertreibung der deutschen Bevölkerung aus Polen, der Tschechoslowakei und Ungarn hatte Stalin bis zum Sommer 1945 längst Fakten geschaffen, die die Westalliierten zwar nicht zu akzeptieren bereit waren, an denen sie aber auch nichts ändern wollten, weil sie durchaus bereit waren, der Sowjetunion Osteuropa als Einflusssphäre zuzugestehen. Stalin forderte die Abtretung Nordostpreußens mit Königsberg an die Sowjetunion, bestand auf der Oder-Neiße-Linie als deutsch-polnischer Grenze und verlangte die diplomatische Anerkennung der von ihm etablierten kommunistischen Regierungen in Ost- und Mitteleuropa. Wenngleich sie die Abtrennung Nordostpreußens billigten, wollten sich die USA und Großbritannien auf die anderen Forderungen nicht einlassen. Sie erkannten deshalb nur die polnische Verwaltungshoheit über die deutschen Gebiete östlich der Oder-Neiße-Linie an, delegierten aber jegliche endgültige Grenzziehung wie auch die Anerkennung der Regierungen in den sowjetischen Satellitenstaaten auf die erst noch zu verhandelnden Friedensverträge. Das Schlusskommuniqué der Potsdamer Konferenz beließ es bei der Gegenüberstellung der unterschiedlichen Grundpositionen.

Ebenso wenig wurde die Zukunft Deutschlands in Potsdam abschließend geklärt. Zwar bekräftigten die Siegermächte des Zweiten Weltkrieges die Aufteilung des Landes in vier Besatzungszonen, doch verpflichteten sie sich zugleich auf die einheitliche politische und wirtschaftliche Behandlung Deutschlands. Gleichzeitig wurden in der Frage der Reparationen auf Drängen der USA Regelungen getroffen, die die proklamierte Wirtschaftseinheit Deutschlands unterliefen. Demnach sollte jede Besatzungsmacht ihre Entschädigungsansprüche aus ihrer Zone und aus deutschen Auslandsguthaben befriedigen. Zusätzlich wurden der Sowjetunion 15 Prozent der für eine Friedenswirtschaft überflüssigen industriellen Ausrüstung aus den Westzonen zugestanden. Als weitere Eckpunkte der gemeinsamen Besatzungspolitik waren in Potsdam die Demilitarisierung und Entnazifizierung Deutschlands, die Zerschlagung des Landes Preußens, die Bestrafung der Kriegsverbrecher sowie Reparationszahlungen vereinbart worden. Dies alles sollte freilich nicht den Blick dafür verstellen, dass die USA inzwischen voll auf einen Kurs eingeschwenkt waren, der den Wiederaufbau eines wirtschaftlich starken Deutschlands im Blick hatte und die wirtschaftliche Teilung Deutschlands und Europas billigend in Kauf nahm. Die Rivalität zwischen den neuen Supermächten USA und UdSSR hatte die Kooperation zu überlagern begonnen.

4 Wandel der Rassen- und Geschlechterordnungen 1914–1945

New Negroes

Für die *African Americans* waren die Jahre von 1914 bis 1945 einerseits eine Periode gesteigerter rassistischer Diskriminierung. Andererseits fallen wichtige Emanzipationsgewinne, ohne die die Bürgerrechtsrevolution der 1950/60er Jahre nicht möglich gewesen wäre, in diese Zeit. Ein Basisprozess ist dabei gleich am Anfang zu benennen, und zwar die sogenannte *Great Migration*, in deren Verlauf Millionen von *African Americans* aus dem ländlichen Süden in die Städte des Nordens wanderten, wo zuvor so gut wie keine Schwarzen gelebt hatten. Angetrieben wurde diese Migrationsbewegung durch die Aussicht auf vergleichsweise gut bezahlte Stellen in der boomenden Industrie und ein relativ besseres Leben im Nordosten der USA, strukturiert wurde sie durch die Kriegs- und Krisensignatur der Zeit.

Mit dem Ausbruch des Ersten Weltkrieges kam die europäische Amerika-Auswanderung weitgehend zum Erliegen, und der daraus folgende Mangel an industriellen Arbeitskräften wurde zu einem Gutteil durch die *African Americans* überwunden. Während der *Great Depression* verlangsamte sich die *Great Migration* deutlich, beschleunigte sich jedoch im Zeichen der um 1940 einsetzenden wirtschaftlichen Kriegsmobilisierung wieder. Zwischen 1940 und 1945 wanderten mehr als eine halbe Million *African Americans* vom Süden in den Norden. Dabei erfüllten sich die Hoffnungen auf ein besseres Leben im Norden im Zweiten Weltkrieg weit mehr als noch im Ersten Weltkrieg, denn mit der *Executive Order 8802* verbot Präsident Roosevelt am 25. Juni 1941 jegliche Rassendiskriminierung in Unternehmen, die Aufträge von der Bundesregierung erhielten. Gleichzeitig setzte er das *Fair Employment Practices Committee* ein, das die Ausführung dieser Verordnung überwachen sollte. Hatten *African Americans* zuvor meist nur die einfachsten, schmutzigsten, ungesündesten und am schlechtesten bezahlten Tätigkeiten in den Fabriken verrichtet, so verdreifachte sich während der Kriegsjahre die Zahl schwarzer Facharbeiter.

Während eine wachsende Zahl von Schwarzen in den Norden zog, erreichte das System der Rassentrennung im Süden seine volle Ausprägung. Eine Vielzahl von Einzelgesetzen und Verordnungen wandte das Prinzip der Segregation auf immer neue Lebensbereiche an, bis es schließlich keinen Raum des öffentlichen Lebens mehr gab, der nicht segregiert war: Toiletten, Restaurants, Busse und Bahnen, überhaupt alle öffentlichen Orte. In der agrarischen Gesellschaft des Südens bildeten die *African Americans* die Unterschicht. Sie waren Kleinpächter oder Tagelöhner, und viele von ihnen fristeten eine karge Existenz als *Sharecropper* (vgl. S. 145 f.), deren ökonomische Situation sich durch schlechte Ernten und den Verfall der Weltmarktpreise bereits deutlich vor der *Great Depression* fortlaufend verschlechterte.

Doch gleich ob im Norden oder im Süden, die Jahre von 1914 bis 1945 waren durchzogen von rassistischer Gewalt gegen *African Americans*. Es kam zu einer Reihe von Rassenunruhen, wobei sich die blutigsten Zusammenstöße zwischen Schwarzen und Weißen im Norden ereigneten. Hier ist vor allem der *Chicago Race Riot* zu nennen, der die Stadt im Sommer des Jahres 1919 für zwei Wochen lahm legte. Die zweite große Manifestation rassistischer Gewalt war das Lynchen von *African Americans* durch weiße Mobs, das in den 1920er Jahren einen Höhepunkt erreichte. Vor allem der 1915 wiedergegründete Ku-Klux-Klan (vgl. S. 200) richtete einen Gutteil seines Terrors im Süden gegen die *African Americans*, und die staatlichen Behörden sahen diesem Treiben meist tatenlos zu. Zwischen 1914 und 1945 vertiefte sich damit das, was der schwedische Soziologe Gunnar Myrdal im Jahr 1944 das »amerikanische Dilemma« taufte: der durch die beiden Weltkriege gesteigerte freiheitliche Anspruch der USA wurde durch die rassistische Diskriminierung der *African Americans* eklatant unterlaufen. Allerdings hat dieses Dilemma zugleich auch das Emanzipationsverlangen der Schwarzen verstärkt.

In diesem Zusammenhang haben vor allem die Weltkriege als starke Motoren des Wandels gewirkt, auch wenn – oder gerade weil – die Erfahrungen, die sich für *African Americans* mit ihnen verbanden, überaus widersprüchlich waren. In beiden Weltkriegen waren *African Americans* entweder als Soldaten oder als Arbeiter aktiv am Krieg beteiligt, und doch war ihre Einbeziehung in die nationale Kriegsanstrengung durchaus kontrovers, denn sie stellte die Ideologie der *White Supremacy* und das System rassistischer Diskriminierung radikal in Frage.

Im Ersten Weltkrieg wurden rund 400 000 *African Americans* für die *American Expeditionary Force* (AEF) rekrutiert; 50 000 von ihnen wurden an die französisch-belgische Front geschickt, doch nur jeder fünfte von ihnen war tatsächlich auch in die Kämpfe involviert. Die überwiegende Mehrheit der schwarzen Soldaten wurde für Tätigkeiten herangezogen, die die überkommene Rassenhierarchie nicht in Frage stellte, weil die Schwarzen als Soldaten dieselben untergeordneten Tätigkeiten erledigten, die sie auch als Zivilisten verrichteten; so arbeiteten schwarze Soldaten als Hafen-, Verlade- und Lagerarbeiter, in Bautrupps oder als Ordonanzen in der Etappe. Im Ersten Weltkrieg gab es mit der 92. Division nur einen schwarzen Kampfverband in der *AEF*, allerdings wurden vier afroamerikanische Kampfregimenter der unvollständigen 93. Division zu den französischen Streitkräften abkommandiert. Hier zeichnete sich vor allem das 369. Infanterieregiment, die sogenannten *Harlem Hellfighters*, durch besonderen Mut und Tapferkeit aus, weshalb sie mit dem französischen *Croix de Guerre* ausgezeichnet wurden.

War der Einsatz afroamerikanischer Truppen im Ersten Weltkrieg eher begrenzt, so bot der Zweite Weltkrieg ein deutlich anderes Bild. Mehr als eine Million *African Americans* dienten zwischen 1941 und 1945 bei den Streitkräften. Zu Beginn des Krieges waren sie mit den gleichen Formen und Mustern rassistischer Diskriminierung konfrontiert wie schon 1917/18, aber je länger der Krieg dauerte und je größer die Verluste wurden, desto weniger ließ sich die Segregation in den Streitkräften aufrechterhalten. Die Destruktivität des Krieges ließ den Führungsstäben kaum eine andere Wahl, als schwarze Soldaten auch in Kampfeinheiten zu verwenden. Mit dem *761st Tank Battailon* wurde das erste rein schwarze Panzerbataillon in Europa eingesetzt, das *99th Pursuit Squadron* war die erste afroamerikanische Kampffliegereinheit, und die Zahl der afroamerikanischen Offiziere stieg im Laufe des Krieges rasant an. Hatte es im Jahr 1940 gerade einmal fünf höhere Offiziere gegeben, so waren es am Ende des Krieges mehr als

7000. Außerdem kämpften afroamerikanische Soldaten mit der Dauer des Krieges zunehmend in integrierten Einheiten Seite an Seite mit weißen Soldaten.

Diese Erfahrungen der beiden Weltkriege führten bei vielen Schwarzen zu einer neuen Entschlossenheit, das System der Rassentrennung in den USA nicht länger akzeptieren zu wollen. Bereits im Mai 1919 veröffentlichte W. E. B. Du Bois, einer der führenden afroamerikanischen Bürgerrechtsaktivisten, in der Zeitschrift *The Crisis* seinen Leitartikel *Returning Soldiers*, in dem er feststellte, dass Tausende von afroamerikanischen Soldaten die Demokratie in Frankreich gerettet hätten. Nun sei es ihre Aufgabe, die Demokratie auch in den USA zu retten. Wenn sie sich dieser Aufgabe nicht stellten, so Du Bois, seien sie selbst schuld. Dieses neue afroamerikanische Selbstverständnis fand sechs Jahre später seine volle Ausprägung in Alain Lockes Entwurf eines *New Negro*. Damit war der neue Typus eines *African American* bezeichnet, der sich nicht länger passiv der rassistischen Diskriminierung fügte und sich dem eigenen Minderwertigkeitskomplex ergab, sondern der im Bewusstsein seiner Selbst, seiner kulturellen Traditionen und seiner historischen Leistungen aktiv für Gleichberechtigung und das Recht auf Selbstbestimmung kämpfte. Identitätspolitik wurde hier zur Voraussetzung für politischen Aktivismus; der Wandel sollte im Kopf der *African Americans* beginnen, die sich zunächst auf ihre Geschichte und kulturellen Traditionen besinnen, sich über ihre Erfahrungen in den USA verständigen und ihren Ort in der amerikanischen Gesellschaft bestimmen mussten, um politisch aktiv werden zu können.

In diesen Kontext ist die *Harlem Renaissance* der 1920er Jahre zu stellen, eine Blütezeit afroamerikanischer Literatur, Malerei und Musik in den Städten des Nordens mit Zentrum in Harlem, New York City. Schriftsteller wie Langston Hughes, James Weldon Johnson, Claude McKay, Countee Cullen, Nella Larsen oder Zora Neale Hurston thematisierten in ihren vielgelesenen Werken das Erbe der Sklaverei und die Realitäten rassistischer Diskriminierung. Maler wie Aaron Douglas, Palmer Hayden oder William H. Johnson setzten sich visuell mit Geschichte und Alltag der *African Americans* auseinander. Josephine Baker und andere machten afroamerikanische Tänze populär, und Paul Robeson war der erste afroamerikanische Schauspieler, der in tragischen Rollen auf US-Theaterbühnen zu sehen war. Vor allem aber war »schwarze Musik« – Blues und die verschiedenen Spielarten des Jazz – so populär, dass viele Historiker von den 1920er Jahren nur als *the Jazz Age* sprechen. Louis Armstrong wurde als Jazztrompeter berühmt, die Bluessängerinnen Elizabeht »Bessie« Smith und Ma Rainey im ganzen Land gehört, und Edward Kennedy »Duke« Ellington, Cabell »Cab« Calloway oder William »Count« Basie machten mit ihrem Big-Band-Swing Furore.

Mit ihnen trat die afroamerikanische Kultur ihren Weg in den Mainstream an. Erstmals fanden afroamerikanische Literatur, Tanz und vor allem Musik ein weißes Massenpublikum. Gleichzeitig ließen sich weiße Maler, Schriftsteller und Musiker durch die afroamerikanische Kulturblüte zu eigenen Werken inspirieren. Eugene O'Neill schrieb 1920 das Theaterstück *The Emperor Jones*, das einen Afroamerikaner zum Hauptdarsteller hatte, und Musiker wie Glenn Miller, George Gershwin und später dann auch Elvis Presley integrierten Elemente des afroamerikanischen Blues und Jazz in ihren eigenen Stil.

Allerdings sollte der Glanz der *Harlem Renaissance* nicht verdecken, dass die Mechanismen rassistischer Segregation unverändert fortbestanden. Ironischerweise machte gerade der kommerzielle Erfolg schwarzer Künstler beim weißen Publikum diese Trennlinien besonders sichtbar. In dem Maße, in dem Weiße in die schwarzen Clubs, Bars und Tanzsäle in Harlem und anderswo pilgerten, verdrängten sie dort das schwarze Publikum, das sich die steigenden Eintrittspreise kaum noch leisten konnte.

Gleichwohl waren die 1920er Jahre eine wichtige Formationsphase der schwarzen Bürgerrechtsbewegung. Damals wurden die beiden großen emanzipatorischen Zielutopien formuliert, die für die weitere Geschichte des afroamerikanischen Emanzipationskampfes in den USA prägend wurden. Die eine von ihnen war der Entwurf einer integrierten multiethnischen Gesellschaft, in der die *African Americans* die gleichen Rechte und die gleichen Chancen wie alle anderen Amerikaner haben würden. Dieses Modell war in der *National Association for the Advancement of Colored People* (NAACP) institutionalisiert. Im Jahr 1909 von weißen und afroamerikanischen Bildungseliten gegründet, entwickelte sich die NAACP seit den 1920er Jahren zu einer der bedeutendsten Bürgerrechtsorganisationen. Sie verfolgte drei Strategien, nämlich erstens den juristischen Kampf gegen das System der Rassentrennung vor den Gerichten des Landes, zweitens die Verbesserung der Bildungschancen für *African Americans* und drittens die gezielte Förderung afroamerikanischen Selbstbewusstseins. In den 1920/30er Jahren bewältigte die NAACP in einer Politik der kleinen Schritte die Mühen der Ebene und baute ein breites Netzwerk von lokalen Zweigstellen und Aktivisten auf, das in der ganzen Union die Sache der afroamerikanischen Gleichstellung vorantrieb.

Die andere große Emanzipationsutopie fand ihre institutionelle Form in Marcus Garvey und der von ihm im Jahr 1914 auf Jamaika gegründeten und dann 1916 nach Harlem verlegten *Universal Negro Improvement Association* (UNIA). Statt auf Integration setzte Garvey auf Separation der *African Americans* von den Weißen als dem einzig möglichen Weg zu schwarzer Selbstbestimmung. Der von ihm propagierte *Black Nationalism* begriff die *African Americans* als integralen Bestandteil eines weltumspannenden Solidarverbandes aller Schwarzen und entband sie deshalb von der Loyalitätsverpflichtung auf die amerikanische Nation. Vor diesem Hintergrund ließ es Garvey auch nicht beim Kampf um rechtliche Gleichstellung bewenden, sondern forderte zudem die systematische wirtschaftliche Besserstellung der Schwarzen als materielle Grundlage ihrer Selbstbestimmung. Die *Great Depression* verlangsamte das afroamerikanische Emanzipationsstreben etwas, doch dann brachte der Zweite Weltkrieg einen neuen Mobilisierungsschub.

Der Krieg, der aus Sicht der USA nicht nur für die Demokratie, sondern erklärtermaßen auch gegen den nationalsozialistischen Rassismus ausgefochten wurde, ließ schwarze Bürgerrechtler bereits 1942 von einem *Double Victory* sprechen, einem doppelten Sieg also, der zunächst über Adolf Hitler in Übersee und dann über *Jim Crow* zu Hause erfochten werden sollte. Die NAACP erhielt massiv neuen Zulauf, und sie intensivierte ihren Kampf gegen Lynchjustiz, Wahlsteuern, das System der Rassentrennung und vor allem gegen die politische Entmündigung der Schwarzen. Gleichzeitig steigerte sich der schwarze Protest gegen die fortdauernde wirtschaftliche Diskriminierung. Im Frühjahr 1941 organisierte A. Philip Randolph, Präsident der schwarzen

Gewerkschaft der Schlafwagenschaffner, das *March on Washington Movement*. Die Bewegung forderte ultimativ ein Ende der Ungleichbehandlung von *African Americans* in der Rüstungsindustrie und drohte der Bundesregierung mit einem massenhaften Marsch auf die Hauptstadt. Um das zu verhindern, unterzeichnete Präsident Roosevelt die schon erwähnte *Executive Order 8802*. Im Jahr 1942 wurde zudem mit dem *Congress of Racial Equality* (CORE) eine neue, aggressivere Bürgerrechtsorganisation von weißen und schwarzen Aktivisten gegründet, die mit Formen des gewaltlosen Widerstands zu experimentieren begann. Insofern fällt die unmittelbare Vorgeschichte der Bürgerrechtsbewegung der 1950/60er Jahre in die Zeit des Zweiten Weltkrieges.

Neue Frauen

Die Kriege und Krisen des Katastrophenzeitalters transformierten auch die Beziehungen von Männern und Frauen in den USA nachhaltig. Zwar sind Verallgemeinerungen aufgrund der Vielgestaltigkeit und auch der Individualität von Geschlechterbeziehungen nur schwer möglich, gleichwohl wurde die patriarchalische Geschlechterordnung durch die Ereignisfolge der Jahre von 1914 bis 1945 ordentlich durcheinander geschüttelt. Wichtige Emanzipationsgewinne für Frauen fallen in diese Zeit, auch wenn diese Entwicklung weder linear noch in sich widerspruchsfrei verlief. Emanzipation soll hier einerseits politische Gleichstellung heißen, andererseits bezieht sich der Begriff aber auch auf neue Möglichkeiten und Formen weiblicher Selbstbestimmung innerhalb und außerhalb der Familie.

Zentral geprägt wurde die Geschlechtergeschichte dieser Jahre durch die Weltkriege, die tief in die Lebensgeschichten von Männern *und* Frauen einschnitten. Hunderttausende Frauen verloren ihre Ehemänner, Väter, Brüder und Freunde auf den Schlachtfeldern, und viele der Veteranen, die aus den Kriegen zurückkehrten, waren nicht mehr die Männer, die sie vor dem Krieg gewesen waren. Zahllose Familien wurden entweder zerstört oder in ihrem Gefüge tiefgreifend verändert.

Gleichzeitig waren Frauen unter den Bedingungen des totalen Krieges eine unverzichtbare soziale Ressource, die es zu mobilisieren galt. In beiden Weltkriegen dienten Tausende Frauen in den US-Streitkräften als Krankenschwestern, Sekretärinnen oder Telefonvermittlerinnen. Wichtiger jedoch war ihre Rolle an der Heimatfront, wo sie als Arbeitskräfte in den Kriegsindustrien und anderswo eingesetzt wurden, um die zum Wehrdienst eingezogenen Männer als Arbeitskräfte zu ersetzen. Dabei stießen sie in viele Berufe und Tätigkeiten vor, die zuvor als »männlich« gegolten hatten. Die schlichte Tatsache, dass Frauen in Kriegszeiten auch an den Hochöfen der Stahlindustrie, den Fließbändern der Autowerke, auf Baustellen oder in Kohlebergwerken körperlich schwere Arbeit erfolgreich und ausdauernd verrichten konnten, stellte patriarchalische Hierarchien in Frage und brachte sie teilweise auch ganz zum Einsturz. Viele der Grundannahmen über die scheinbar minderen geistigen und körperlichen Fähigkeiten der Frauen, auf denen der Überlegenheitsanspruch der Männer bis dahin beruht hatte, wurden durch die Erfahrungen der Kriege widerlegt. Wenngleich die Entwicklungen in beiden Weltkriegen in dieselbe Richtung gingen, gab es doch signifikante Unterschiede.

Im Ersten Weltkrieg wurden rund eine Million Frauen für die Kriegsindustrien rekrutiert. Die meisten von ihnen verrichteten leichtere Tätigkeiten, doch einige Zehntausend arbeiteten auch in der Schwerindustrie, und hier vor allem in Stahlwerken, einer traditionell männlichen Bastion. Auch außerhalb der kriegswichtigen Industrien übernahmen viele Frauen Berufe, die zuvor ausschließlich von Männern ausgeübt worden waren, beispielsweise Maurer oder Straßenbahnführer. Allerdings wurden 1917/18 fast nur Frauen für die Kriegsindustrien rekrutiert, die zuvor auch schon gearbeitet hatten. Die Mobilisierung der Frauen für die Kriegswirtschaft bedeutete deshalb eher eine Umschichtung innerhalb der arbeitenden Bevölkerung als einen grundlegenden demographischen Strukturwandel, zumal die kriegsbedingten Entwicklungen nach 1918 wieder zurückgedreht wurden, denn viele Politiker, Gewerkschafter, Unternehmer und die zurückkehrenden Veteranen verlangten nach dem Ende des Krieges, dass Frauen ihre Arbeitsplätze für die Männer wieder räumen sollten. Da, wo Reden nicht half, wurde zu handfesteren Maßnahmen gegriffen. In Cleveland, Ohio, zum Beispiel streikten die männlichen Straßenbahnführer im Jahr 1918, um ihre weiblichen Kollegen wieder aus den Jobs zu drängen.

Waren die Entwicklungen im Bereich der Arbeitswelt mithin höchst ambivalent, so brachte der Erste Weltkrieg den Frauen einen entscheidenden politischen Emanzipationsgewinn, nämlich das Wahlrecht. Die Agitation für das Frauenwahlrecht hatte seit den 1870er Jahren fortlaufend an Fahrt gewonnen. In einzelnen Bundesstaaten hatten die Suffragetten das Wahlrecht schon erkämpft, doch gab es am Vorabend des Ersten Weltkrieges noch keine bundeseinheitliche Regelung. Erst der Weltkrieg brachte den Durchbruch, und das hatte ideologische und erfahrungsgeschichtliche Gründe. Ideologisch gesehen ließ Woodrow Wilsons Stilisierung des Krieges zu einem Krieg für die Demokratie es kaum noch haltbar erscheinen, einem Großteil der eigenen Bevölkerung just diese Demokratie vorzuenthalten. Erfahrungsgeschichtlich waren die Frauen von Beginn an integraler Bestandteil der Kriegsanstrengung, und sie bewährten sich im Dienst für die Nation. Damit erbrachten sie eine Art Vorleistung für die geforderte politische Gleichberechtigung. Diese Gemengelage produzierte bereits während des Ersten Weltkrieges Mehrheiten für den 19. Verfassungszusatz, der im Jahr 1920 das allgemeine Wahlrecht für ganz USA einführte.

Der Zweite Weltkrieg brachte für keine gesellschaftliche Gruppe einschneidendere Veränderungen als für die Frauen. Mehr als 150 000 von ihnen dienten im *Women's Army Corps* der Streitkräfte als Krankenschwestern, Sekretärinnen, Telefonistinnen und in anderen zivilen Tätigkeiten. Abermals fanden jedoch die eigentlichen Veränderungen an der Heimatfront statt. Die Zahl der arbeitenden Frauen wuchs zwischen 1941 und 1945 um rund 6,5 Millionen an, was die Größe der *Female Workforce* auf 19 Millionen Frauen ansteigen ließ. Das war ein Wachstum von 52 Prozent, und nun gingen auch solche Frauen einer Berufstätigkeit nach, die zuvor nicht außerhalb von Haushalt und Familie gearbeitet hatten. Fast 4 der insgesamt 6 Millionen neuen weiblichen Arbeitskräfte waren zuvor allein Hausfrauen und Mütter gewesen. Vor allem verheiratete Frauen mittleren Alters aus den Mittelschichten vertauschten zwischen 1941 und 1945 die Schürze mit dem Blaumann. Dabei war der Einbruch der Frauen in die Domänen der Männer im Zweiten Weltkrieg viel massiver als 1917/18. *Rosie the Riveter*, eine imaginäre Rosie, die als ehemalige Durchschnitts-Hausfrau nun Flugzeuge zusammennietete, wurde damals zur einer nationalen Ikone. Im Zuge dieser Entwicklung wuchsen das Einkommen und die finanzielle Unabhängigkeit der Frauen spürbar. Ihre Löhne stiegen im Verlauf des Krieges um durchschnittlich mehr als 50 Prozent. Dennoch verdienten Frauen weiterhin deutlich weniger als Männer – im Jahr 1945 erhielten sie in den Kriegsindustrien nur rund 65 Prozent dessen, was Männer für die gleiche Arbeit bekamen –, und auch der Zugang zu Führungspositionen blieb ihnen meist versperrt.

Ließen die Weltkriege – und zumal der Zweite – die Geschlechterordnungen also einerseits erodieren, so zementierten sie andererseits patriarchalische Hierarchien. Die geschlechtsspezifische Arbeitsteilung des Krieges, die Männer als Krieger in Übersee Leib und Leben riskieren ließ, um Heimat und Familie zu schützen, erneuerte bald schon archaische Rollenvorstellungen. Es war eine patriarchalisch gefügte Welt, in die die US-Soldaten zurückzukehren hofften, wenn sie badende Schönheiten auf ihre Flugzeuge und Kanonen malten oder Bilder von knapp bekleideten *Pin-Up Girls* in ihren Tornistern mit sich trugen. Nach den Kriegen waren viele Frauen auch bereit, in diese patriarchalische Geschlechterordnung zurückzukehren, weil die Weltkriege in ihrer Sicht ausnahmehafte Abweichungen vom »Normalen« waren.

Eine wachsende Minderheit von Frauen erblickte ihre Bestimmung jedoch nicht länger in einer Rolle als Ehefrau und Mutter und begann bereits in den 1920er Jahren mit Lebensentwürfen jenseits dieser akzeptierten Normen zu experimentieren. Dies manifestierte sich im Phänomen der *Flappers*. Das waren junge Frauen der weißen Mittelklasse, die meist einen Hochschulabschluss hatten, ihren Lebensunterhalt selbst verdienten, vielfach mit anderen Frauen zusammenlebten und gar nicht daran dachten, zu heiraten oder geheiratet zu werden. Ihre Körper- und Kleidungspolitik brach radikal und weithin sichtbar mit den Konventionen der Zeit. Sie schnitten ihre Haare kurz, trugen kurze Röcke, schminkten sich auffällig, rauchten, tranken Alkohol in der Öffentlichkeit und tanzten den Charleston. Sie reklamierten auch für sich das Recht auf sexuelle Selbstbestimmung, ließen sich auf Affären mit Männern ein und übernahmen die Initiative in Liebesbeziehungen. Seine klassische literarische Repräsentation fand dieser neue Frauentyp 1926 in der Figur der Brett Ashley in Ernest Hemingways Roman *Fiesta (The Sun also Rises)*.

Allerdings war bei weitem nicht jede junge Frau der 1920er Jahre ein *Flapper*. Die Mehrheit der Frauen lebte weiterhin als Ehefrauen und Mütter, doch Geschlechterverhältnisse begannen sich auch in den Familien zu wandeln. In vielen Ehen ging es partnerschaftlicher zu, und neue Möglichkeiten der Geburtenkontrolle ermöglichten die allmähliche Entkoppelung von Sexualität und Schwangerschaft. Außerdem mussten viele Frauen notgedrungen andere Rollen als die der Hausfrau und Mutter übernehmen, sei es weil sie ihre Ehemänner im Krieg verloren hatten oder weil es die Dynamik der Konsumgesellschaft notwendig machte, dass beide Ehepartner arbeiten gingen, um sich all die Dinge der schönen neuen Warenwelt leisten zu können.

Diese ökonomische Dynamik der Geschlechtergeschichte verschärfte sich radikal während der *Great Depression*, die mit ihrer massenhaften Arbeitslosigkeit vor allem eine tiefe Krise der Männlichkeit darstellte, da Millionen arbeitsloser Männer ihre traditionelle Rolle als Brotverdiener der Familie nicht länger spielen konnten. Gleichzeitig wurden viele Frauen im Familiengefüge immer wichtiger: Während für viele arbeitslose Männer eine Welt zusammenbrach, machten ihre Frauen auch in der *Great Depression* das, was sie zuvor auch schon gemacht hatten: Sie bekochten ihre Familie, machten Hausputz und reparierten Kleidung, doch kam ihren Fähigkeiten und ihrer Expertise unter den Bedingungen des Mangels nun eine viel entscheidendere Bedeutung für das Überleben der Familie zu als vorher. Zudem trugen viele von ihnen zum Familieneinkommen bei, indem sie Zimmer vermieteten, in ihren Küchen improvisierte Schönheitssalons betrieben oder andere Formen der häuslichen Wirtschaft betrieben. Vielfach gingen sie auch einer regulären Tätigkeit außerhalb des Hauses nach, weil Frauen in den 1930er Jahren insgesamt eher Arbeit fanden als Männer.

Der Druck auf die Familien war in Zeiten der *Great Depression* also enorm. Viele junge Leute verzichteten aus ökonomischen Gründen darauf, Ehen einzugehen, oder verschoben den Heiratstermin auf die Zeit nach der Krise. Die Zahl der Eheschließungen fiel in den 1930er Jahren ebenso deutlich wie die Geburtenraten. Die Zahl der Scheidungen fiel auch, was freilich nicht heißt, dass die Familien in den 1930er Jahren stabiler waren als in der Dekade davor. Vielmehr konnten sich viele zerstrittene Ehepaare eine Scheidung nicht leisten und trennten sich deshalb ohne formalen Scheidungsakt. Die Zeitgenossen nannten das eine *Poor Man's Divorce*. Allerdings fielen nicht alle Familien damals auseinander. In den Familien, die dicht geknüpft und von emotionaler Nähe getragen waren, wuchsen Solidarität und Zusammenhalt trotz oder gerade wegen den Entbehrungen der *Hard Times*.

5 Fronten des Kalten Krieges

Mit dem Begriff »Kalter Krieg« wird der die Zeit von 1945 bis 1991 ausfüllende Konflikt zwischen den von den beiden Supermächten USA und UdSSR zu ihren jeweiligen Bedingungen integrierten Machtblöcken in Ost und West bezeichnet. In ihm prallten nicht nur Staaten, sondern zwei ganz unterschiedliche politische, gesellschaftliche, wirtschaftliche und kulturelle Systeme aufeinander. Dieser Systemkonflikt lässt sich einerseits durchaus als »Krieg« bezeichnen, also als bewaffneter Konflikt zwischen staatlichen Akteuren. Er blieb jedoch »kalt«, weil es zu keinem direkten militärischen Aufeinandertreffen der beiden Supermächte kam. Der so definierte Kalte Krieg zeitigte zwei grundlegende Neuerungen in der amerikanischen Außenpolitik: Erstens brachen die USA nach 1945 mit ihrer auf die Anfangstage der Republik zurückgehenden Tradition der Verweigerung dauerhafter Bündnisse mit anderen Staaten und schmiedeten nun systematisch militärische Allianzen, um die UdSSR einzukreisen. Die Gründung der NATO am 4. April 1949 war da nur der Anfang. Zweitens bauten die USA eine schlagkräftige stehende Armee auf, deren Stärke die UdSSR zu jeder Zeit von Aggressionen gegen die »Freie Welt« abschrecken sollte. Gleichzeitig wollten die USA die UdSSR dadurch in einen Rüstungswettlauf zwingen, in dem diese weder wissenschaftlich-technologisch noch ökonomisch würde mithalten können. Ungeachtet dieser Neuerungen setzten sich in der Außenpolitik der USA nach 1945 wesentliche Traditionen des amerikanischen Imperialismus fort, denn auch dem sich im Zuge des Kalten

Krieges herausbildenden *Cold War Empire* der USA lag ein eher schwach ausgeprägtes imperiales Design zugrunde (vgl. S. 178 ff.). Auch setzten die USA weiterhin bevorzugt auf Formen der informellen Kontrolle durch ökonomischen Druck und verfolgten in dem von ihnen reklamierten Einflussbereich eine Politik der Verhandlungen, der Kooperation und des Ausgleichs.

Der auf mehreren Ebenen und mit einer Vielzahl von machtpolitischen Mitteln ausgetragene Kalte Krieg verlief in fünf Phasen: Auf die Entstehungsphase (1941–1950) folgte eine rund 20-jährige Zeit der ununterbrochenen Konfrontation mit Hauptschauplätzen in Europa, Südostasien, dem Nahen Osten und Lateinamerika. Diese ging erst zu Ende, als Präsident Richard Nixon unter der intellektuellen Anleitung von Sicherheitsberater Henry Kissinger im Jahr 1969 auf einen Kurs der Entspannung im Verhältnis zur UdSSR und China einschwenkte. Diese Phase der Entspannung währte bis zum Ende der 1970er Jahre, dann verschärfte sich der Kalte Krieg bereits unter Präsident Jimmy Carter wieder. Präsident Ronald Reagan trieb die erneute Eskalation des Kalten Krieges in den 1980er Jahren zunächst systematisch voran, leitete dann aber zusammen mit Michail Gorbatschow, dem Generalsekretär der KPdSU, das Ende des Kalten Krieges ein, das sich dann mit dem Zusammenbruch der UdSSR im Jahr 1991 vollzog.

Die Entstehung des Kalten Krieges

Der Kalte Krieg entwickelte sich aus dem allmählichen Zerfall der bizarren Koalition aus den USA, Großbritannien und der UdSSR, die sich im Sommer 1941 zum gemeinsamen Kampf gegen das nationalsozialistische Deutschland zusammen gefunden hatte, ohne ihre tiefen weltanschaulichen und systemischen Gegensätze überwunden zu haben. Im Gegenteil, die Frontlinien des Kalten Krieges begannen sich bereits während des Zweiten Weltkrieges abzuzeichnen und gewannen dann nach der deutschen Kapitulation im Mai 1945 rasch an Kontur. Auf den drei Kriegskonferenzen in Teheran, Jalta und Potsdam hatten die USA und Großbritannien der UdSSR Ost- und Mitteleuropa faktisch als künftige Einflusssphäre zugestanden, Stalin jedoch das Versprechen freier Wahlen abgerungen. Dieser dachte allerdings überhaupt nicht daran, frei gewählte Regierungen im sowjetischen Einflussbereich zuzulassen. Er ließ die Vertreibung der Deutschen aus Mittel- und Osteuropa geschehen und installierte in den von der Roten Armee besetzten Gebieten rasch moskautreue kommunistische Regime. Damit schuf Stalin rücksichtslos Tatsachen, die signalisierten, dass ihm die Konsolidierung des eigenen Herrschaftsbereichs wichtiger war als ein gutes Verhältnis zu den Westmächten. Im Februar 1946 erklärte er obendrein öffentlich, dass die UdSSR niemals einen *Modus Vivendi* mit den kapitalistischen Ländern finden würde.

In dieser Situation bat die Truman-Regierung George F. Kennan, den führenden Russlandexperten im *State Department*, um eine Lageeinschätzung, die dieser in seinem berühmten, 8000 Worte umfassenden *Long Telegram* am 22. Februar 1946 gab. In ihm attestierte Kennan der sowjetischen Führung eine im Kern neurotische Weltsicht und erklärte, dass russische Herrscher seit jeher die eigene Sicherheit nur durch die totale

Vernichtung gegnerischer Mächte zu erreichen versucht hätten. Von dieser Diagnose ausgehend empfahl Kennan eine auf dem festen inneren Zusammenhalt der westlichen Welt basierende Politik der Stärke zur Eindämmung (*Containment*) der UdSSR. Diese Diagnose stieß bei Präsident Truman auf offene Ohren, der seit der Potsdamer Konferenz davon überzeugt war, dass Stalin allein die Sprache der Macht verstehe.

In der Folge wurde Deutschland in den Jahren 1946/47 zu einem Kristallisationspunkt des Kalten Krieges. Hatten die USA Deutschland in der unmittelbaren Nachkriegszeit als besiegten Feindstaat behandelt, dessen Bevölkerung entnazifiziert und dessen Wirtschaftskraft so eingeschränkt werden müsse, dass nur das für die eigene Versorgung unbedingt Notwendige im Land produziert werden konnte (Direktive JCS 1067), so wandelte sich die amerikanische Deutschlandpolitik im Verlauf des Jahres 1946 merklich. Die USA bemühten sich entschieden um die Verbesserung der katastrophalen Versorgungslage in den Westzonen, weil sie davon überzeugt waren, dass materielle Not die Bevölkerung im besonderen Maße für kommunistische Propaganda empfänglich mache. Daher wurden zwischen 1946 und 1960 insgesamt rund 9 Millionen *CARE*-Pakete nach Deutschland geschickt, die meisten davon in den Jahren der großen Not während der Besatzungszeit. Das stellte nicht nur eine deutliche Verbesserung der Versorgung dar, sondern war auch wichtige symbolische Geste auf dem Weg zu einer neuen deutsch-amerikanischen Freundschaft, denn die *CARE*-Pakete wurden von privaten amerikanischen Spendern bezahlt. Als die Konferenz der Außenminister in Paris, die im Frühjahr 1946 die politischen Grundsätze für die weitere Behandlung Deutschlands festlegen sollte, ergebnislos endete, schränkten die USA den Abbau deutscher Industrieanlagen ein, beendeten die Reparationsleistungen an die UdSSR und stoppten den Abzug ihrer Truppen. Gleichzeitig begann in der amerikanischen Besatzungszone der Prozess der behutsamen Demokratisierung. Parteien und Zeitungen wurden wieder zugelassen, verfassungsgebende Landesversammlungen konstituiert und schließlich Landtagswahlen abgehalten.

Im Frühjahr 1947 kam es mit der Verkündigung der Truman-Doktrin endgültig zur Neuausrichtung der amerikanischen Außenpolitik. Der Anlass hierfür war die im Februar des Jahres von der britischen Regierung gegenüber Washington vorgebrachte Erklärung, dass sie die Verantwortung für die militärische und wirtschaftliche Stabilität von Griechenland und der Türkei aus finanziellen Gründen nicht mehr länger würde übernehmen können und sich deshalb weitgehend aus Südosteuropa und dem Nahen Osten zurückziehen werde. Um zu verhindern, dass die UdSSR in das sich abzeichnende machtpolitische Vakuum stieß, forderte Präsident Truman am 12. März 1947 vom Kongress die großzügige Bewilligung von Militär- und Wirtschaftshilfe für Griechenland und die Türkei, weil es eines der Hauptziele der amerikanischen Außenpolitik sei, freie Völker in ihrem Kampf gegen drohende totalitäre Unterdrückung zu unterstützen. Das war der Kern der Truman-Doktrin, mit der die USA der UdSSR faktisch den Kalten Krieg erklärten.

Für Deutschland hatte das unmittelbare Folgen. Seit dem Frühjahr 1947 wurde die Bildung eines in Westeuropa verankerten, demokratisch verfassten Deutschlands zum Ziel der amerikanischen Politik, die damit die Teilung des Landes billigend in Kauf nahm. Da dieser westdeutsche Teilstaat integraler Bestandteil eines demokratisch geeinten und prosperierenden Europas sein sollte, war die Staatsbildung in Westdeutschland untrennbar mit dem wirtschaftlichen Wiederaufbau Europas verknüpft, der als Vorleistung für die Stabilität von Demokratie erschien. Am 3. April 1948 unterzeichnete Präsident Truman den vom Kongress beschlossenen *Economic Cooperation Act*, der die rechtliche Grundlage für das *European Recovery Program (ERP)* bildete, besser bekannt als Marshallplan. Im Zuge dieser Maßnahme erhielten 16 westeuropäische Länder und die Türkei zwischen 1948 und 1952 Wirtschaftshilfe im Gesamtwert von 13,5 Milliarden Dollar. Dabei basierte der Marshallplan auf den Gedanken der Selbstbestimmung, der Kooperation und der wirtschaftlichen Integration Europas. Kredite für einzelne Länder gab es nicht. Vielmehr sollten die europäischen Staaten das Geld unter sich verteilen und so zur Kooperation gezwungen werden. Energisch drängten die USA die Empfängerländer dazu, dauerhafte supranationale Institutionen zur Verwaltung der amerikanischen Wirtschaftshilfe einzurichten. Daraufhin bildeten 16 westeuropäische Staaten und die drei westlichen Besatzungszonen Deutschlands am 16. April 1948 die *Organisation für europäische wirtschaftliche Zusammenarbeit* (OEEC), die die Marshallplangelder verteilte.

Gleichzeitig trieben die USA die Gründung eines westdeutschen Teilstaates nun energisch voran. Seit dem 23. Februar 1948 berieten sie zusammen mit Großbritannien, Frankreich und den Beneluxstaaten auf der Londoner Sechsmächtekonferenz über dieses Ziel, woraufhin die UdSSR, die zu diesem Treffen nicht einmal mehr eingeladen worden war, den Alliierten Kontrollrat in Berlin am 20. März 1948 im Protest verließ und den Verkehr der Westalliierten nach Berlin zu behindern begann. Davon unbeeindruckt beschloss die Londoner Sechsmächtekonferenz am 2. Juni 1948, den Deutschen der drei Westzonen »regierungsartige Verantwortung« unter Aufsicht der Westalliierten zu gewähren. Parallel dazu bereiteten die Westalliierten eine Währungsreform für ihre Besatzungszonen vor, die am 21. Juni 1948 mit der Einführung der D-Mark vollzogen wurde und die Grundlagen für die Wirtschaftseinheit Westdeutschlands legte.

Diese von den USA maßgeblich vorangetriebene Deutschlandpolitik führte zur ersten offen feindseligen Konfrontation des Kalten Krieges. Um die Bildung eines westdeutschen Teilstaats zu verhindern, begann die UdSSR unmittelbar nach Einführung der D-Mark am 24. Juni 1948 mit der Blockade der Zufahrtswege nach Berlin und schnitt damit den westlichen Teil der Stadt von der Versorgung ab. Daraufhin organisierten die Westalliierten unter Federführung der USA eine Luftbrücke. In fast 280 000 Flügen brachten die sogenannten »Rosinenbomber« der amerikanischen und britischen Luftwaffe bis zum Ende der Berlin Blockade am 12. Mai 1949 rund 2 Millionen Tonnen Fracht in die Stadt, vor allem Kohle und Lebensmittel, und erhielten sie damit am Leben. Gleichzeitig trieben die USA die Gründung der Bundesrepublik Deutschland systematisch voran: Kurz nach dem Beginn der Berlin Blockade erhielten die Ministerpräsidenten der bereits gebildeten westdeutschen Länder den Auftrag, eine Verfassung auf föderaler Grundlage auszuarbeiten. In der Folge trat am 1. September 1948 in Bonn der Parlamentarische Rat zusammen, der bis zum 8. Mai 1949 das *Grundgesetz für die Bundesrepublik Deutschland* erarbeitete, das nach Genehmigung durch die Militärgouverneure der Westalliierten am 23. Mai verkündet wurde und mit Ablauf des Tages in Kraft trat.

Noch während der Berlin Blockade kam eine weitere Entwicklung zum Abschluss, die für den weiteren Verlauf des Kalten Krieges von zentraler Bedeutung sein sollte: Die Gründung der NATO, die einerseits die USA sicherheitspolitisch dauerhaft in Europa band, die andererseits aber auch Westeuropa in die Front des Kalten Krieges eingliederte. Die Initiative zur Gründung eines nordatlantischen Sicherheitsbündnisses war im Winter 1947/48 von Großbritannien ausgegangen. Sie stieß jedoch bei der Truman-Regierung zunächst auf Skepsis. Erst unter dem Eindruck des rasant eskalierenden Konflikts mit der UdSSR setzte in Washington ein Umdenken ein, weil es nun galt, Westeuropa als Partner bei der Eindämmung der Sowjetunion zu gewinnen. Unter dem Eindruck der Berlinkrise begannen Anfang Juli 1948 die Verhandlungen zur Bildung der NATO. Der überraschend deutliche Wahlsieg Trumans im November 1948 machte den Weg für die Gründung einer transatlantischen Sicherheitsallianz dann endgültig frei, und am 4. April 1949 wurde der Nordatlantikpakt besiegelt. In ihm verpflichteten sich die USA, Kanada, Großbritannien, Frankreich und acht weitere Länder zu gegenseitiger Hilfe im Falle eines Angriffs auf einen oder mehreren von ihnen. Art und Umfang der Hilfe sollte jeder Bündnispartner selbst bestimmen können; eine automatische Beistandsverpflichtung gab es nicht. Dennoch waren die sicherheitspolitischen Probleme Westeuropas mit der Gründung der NATO weitgehend gelöst. Die NATO band die USA als Schutzmacht an Westeuropa und bot sowohl Schutz vor einer sowjetischen Invasion als auch zugleich die Möglichkeit der Eindämmung Deutschlands.

Kurz nach der Gründung der NATO zündete die UdSSR am 29. August 1949 ihre erste eigene Atombombe. Damit endeten das nukleare Monopol der USA und eine darauf gegründete Politik der Stärke. Deshalb beschloss die Truman-Regierung im Januar 1950 die Entwicklung der Wasserstoffbombe voranzutreiben, und läutete damit die nächste Runde eines bis zum Ende des Kalten Krieges immer irrsinniger werdenden Rüstungswettlaufs ein. Programmatisch in Formen gegossen wurde diese Militarisierung des Kalten Krieges mit dem *National Security Paper NSC-68* vom 7. April 1950. Dieses vom Nationalen Sicherheitsrat verabschiedete und streng geheime Papier zog eine kritische Bilanz der bisherigen Eindämmungspolitik und verlangte im Lichte dieser Prüfung, die bisherige, vorwiegend ökonomisch definierte Politik des *Containment* durch eine massive Aufrüstung militärisch zu begleiten. Damit hatten sich die Fronten des Kalten Krieges bis zum Frühjahr 1950 in Europa klar abgezeichnet. Zu ihrer weiteren Verhärtung trugen dann die Ereignisse in Asien bei.

Die Anfänge des Kalten Krieges in Asien

Der Kalte Krieg erreichte Ende der 1940er Jahre auch Asien, als die von Mao Zedong geführten Kommunisten den seit den 1920er Jahren währenden chinesischen Bürgerkrieg für sich entschieden und am 1. Oktober 1949 die Volksrepublik China ausriefen. Die Truman-Regierung hatte einen Sieg Maos über die Nationalisten der von Chiang Kai-shek geführten Kuo-min-tang seit 1947 vorausgesehen und diesen billigend in Kauf genommen, weil sie die Hoffnung hegte, dass ein kommunistisches China aus Angst vor stalinistischer Aggression mit den USA kooperieren würde. Das änderte freilich nichts an der Tatsache, dass die Gründung der Volksrepublik China in Kombination mit der Teilung Europas und dem Verlust des Atommonopols ein schwerer Rückschlag für die USA war. In hitzigen Debatten warfen viele Amerikaner der Truman Regierung den leichtfertigen »Verlust Chinas« für die freie Welt vor.

Der nächste Paukenschlag folgte auf dem Fuß: Am 25. Juni 1950 überschritten nordkoreanische Verbände den 38. Breitengrad und griffen das seit 1945 unabhängige Südkorea an. Das war der Beginn des 3-jährigen Koreakrieges, der von Präsident Truman als »kleine Polizeiaktion« beschrieben wurde, tatsächlich aber der erste große Krieg des nuklearen Zeitalters war. Er brachte den Kalten Krieg endgültig nach Asien; seine Ursachen liegen jedoch tief in der Geschichte des Kolonialismus.

Bis zum Jahr 1910 war Korea ein eigenständiger Staat, dann wurde er von Japan annektiert. Nach der Niederlage Japans im Zweiten Weltkrieg besetzten sowjetische und amerikanische Truppen in einer improvisierten Aktion die Halbinsel, um die Stabilität in der Region zu sichern. Die Alliierten hatten die Unabhängigkeit Koreas erstmals in der Erklärung von Kairo (Dezember 1943) und noch einmal wieder auf der Potsdamer Konferenz (August 1945) garantiert. Doch während die USA eine Lösung der »koreanischen Frage« unter dem Dach der UNO betrieben, installierte die UdSSR in ihrer Besatzungszone eine kommunistische Regierung unter Führung von Kim Il Sung. Als die UNO am 14. November 1947 allgemeine freie Wahlen zu einer koreanischen Nationalversammlung beschloss, gab sich Nordkorea am 4. Dezember 1947 eine sozialistische Verfassung und rief am 9. September 1948 die *Volksdemokratische Republik Korea* aus. Die Wahlen zur koreanischen Nationalversammlung fanden deshalb nur im Süden statt. Aus ihnen ging am 10. Mai 1948 der autoritäre Nationalist Syngman Rhee als Sieger hervor, unter dessen Führung im August des Jahres die *Republik Korea* gegründet wurde. Südkorea war alles andere als eine mustergültige Demokratie und Rhee ein korrupter Autokrat. Er gab sich allerdings stramm antikommunistisch und versprach, das Land im Lager der »Freien Welt« zu halten. Das genügte den USA, um das Regime in Seoul militärisch, finanziell und wirtschaftlich zu unterstützen. Damit war in Korea eine mit Deutschland vergleichbare Situation entstanden.

Für die weitere Entwicklung entscheidend war nun, dass weder Syngman Rhee noch Kim Il Sung simple Marionetten der Supermächte waren. Bei allen weltanschaulichen Unterschieden waren sie beide entschiedene Nationalisten, die danach strebten, Korea als unabhängigen Nationalstaat zu etablieren. In diesem Zusammenhang bediente sich vor allem Kim Il Sung des Blockgegensatzes, denn seit dem Frühjahr 1949 bemühte er sich um die Rückendeckung der UdSSR und Chinas für seinen geplanten Angriff auf Südkorea. Zwar stieß er zunächst sowohl bei Stalin als auch bei Mao auf Zurückhaltung, doch am Ende überzeugte Kim Il Sung beide kommunistischen Großmächte in beharrlichen Verhandlungen davon, dass ein Eingreifen der USA unwahrscheinlich sei, so dass Moskau im Juni 1950 grünes Licht für den Angriff gab.

Von ihm wurde Washington komplett überrascht, handelte dann aber schnell und entschlossen. Die Truman-Regierung sah in dem nordkoreanischen Angriff einen von Moskau geplanten Akt zur Erweiterung des kommunistischen Machtbereichs und begriff ihn deshalb als einen Testfall für die amerikanische Entschlossenheit in Sachen *Containment*. Bereits am 27. Juni beorderte Truman die 7. US-Flotte in die Formosastraße und bemühte sich gleichzeitig erfolgreich um ein UN-Mandat. Dieses wurde nur möglich, weil die UdSSR zu diesem Zeitpunkt den Sicherheitsrat boykottierte, um gegen die Vergabe des für China reservierten Sitzes an Taiwan zu protestieren. Am 27. Juni 1950 verurteilte der UN-Sicherheitsrat den nordkoreanischen Angriff und gab seine Zustimmung zu einem militärischen Vorgehen zum Schutz Südkoreas. Zwei Tage später entsandte Truman Kampfeinheiten nach Korea, ohne dafür vom Kongress autorisiert worden zu sein. Sein Vorgehen stieß in der US-Bevölkerung jedoch auf breite Zustimmung. Wenngleich 16 UN-Mitglieder Kontingente für die multinationale Eingreiftruppe zur Verfügung stellten, so waren 50 Prozent der Bodentruppen, 86 Prozent der Marine-Einheiten und 93 Prozent der Luftwaffe US-amerikanischer Provenienz. Auch stellten die USA mit dem Fünfsternegeneral Douglas MacArthur den Oberbefehlshaber und trugen somit klar die Hauptlast des Krieges.

Die UN-Streitmacht holte umgehend zum Gegenschlag aus. Im August 1950 brachte sie den nordkoreanischen Angriff am Naktong-Fluss zum Stehen und setzte nun ihrerseits zum Angriff an, der mit der kühnen amphibischen Landung in Incheon, dem Hafen Seouls, am 15. September 1950 begann. Im Verlauf der UN-Gegenoffensive wurde die nordkoreanische Streitmacht nahezu vollständig aufgerieben und schon Anfang Oktober erreichten die UN-Truppen den 38. Breitengrad. Damit war das UN-Mandat erfüllt, doch Truman befahl nun mit Billigung der Weltorganisation den Vormarsch nach Nordkorea. Am 7. Oktober überschritten UN-Einheiten den 38. Breitengrad, 13 Tage später eroberten sie Pjöngjang und begannen ungeachtet aller chinesischen Warnungen am 24. November mit einer Generaloffensive in Richtung Yalu-Fluss, der die Grenze zu China markierte. Nachdem Peking, das sein Vorgehen eng mit Moskau abgestimmt hatte, die USA erfolglos zum Abbruch der Aktion aufgefordert hatte, marschierte China mit 300 000 Mann noch im November in Nordkorea ein und zwang die UN-Streitkräfte zu einem fluchtartigen Rückzug bis weit nach Südkorea hinein. In dieser Situation dachte UN-Oberbefehlshaber MacArthur ernsthaft über den Einsatz von Atomwaffen nach, was Truman jedoch kategorisch verweigerte. Doch auch ohne Einsatz von Atomwaffen gelang es den UN-Streitkräften bis zum Frühjahr 1951, die bis südlich von Seoul vorgedrungenen chinesisch-nordkoreanischen Verbände an den 38. Breitengrad zurückzudrängen. Dort stabilisierte sich die Front und blieb bis zum Ende des Krieges im Jahr 1953 weitgehend unverändert. Der Koreakrieg erstarrte zu einem Stellungskrieg, der von beiden Seiten mit großer Brutalität und hohen Verlusten geführt wurde, vielen Zivilisten das Leben kostete und das Land verwüstete.

Als die Truman-Regierung im März 1951 ein Waffenstillstandsangebot vorzubereiten begann, widersetzte sich General MacArthur diesem Vorhaben. In Anmaßung von Kompetenzen, die ihm als Militär nicht zustanden, drohte er der Volksrepublik China eigenmächtig mit der Ausweitung des Krieges und forderte ultimativ die Wiedervereinigung Koreas zu westlichen Bedingungen. Daraufhin entließ Präsident Truman den höchst populären General am 11. April 1951. Kurz darauf nahm die UNO unter Führung der USA in Panmunjeom Waffenstillstandsverhandlungen mit Nordkorea und China auf, die sich allerdings rasch auf der Stelle bewegten. Erst der Tod Stalins am 5. März 1953 sowie der Amtsantritt des neuen Präsidenten Dwight D. Eisenhower im Januar 1953, der den Druck auf China massiv erhöhte und die Bombenangriffe auf kommunistische Stellungen in Nordkorea intensivierte, lösten die Blockade. Schon am 27. Juli 1953 wurde in Panmunjeom ein Waffenstillstandsvertrag unterzeichnet, der das Land entlang des 38. Breitengrades in einen kommunistischen Nord- und einen zumindest nominell demokratischen Südstaat teilte.

Der Koreakrieg war ein Katalysator des Kalten Krieges in Asien. Er brachte die USA noch enger an die Seite Japans und Taiwans, was die Entfremdung zwischen Washington und Peking beschleunigte. Im Verhältnis zwischen den USA und der Volksrepublik China kam es zu einer Eiszeit, die bis in die 1970er Jahre währte. Vor allem aber begannen die USA sich unter dem Eindruck des Koreakrieges stärker in Vietnam zu engagieren.

Konsolidierung der Fronten in Europa

Unter dem Eindruck des Koreakrieges trieben die USA in den 1950er Jahren die Konsolidierung des nordatlantischen Sicherheitssystems stark voran. Gezielt arbeiteten sie darauf hin, eine wiederbewaffnete Bundesrepublik Deutschland in der westlichen Allianz zu verankern, um ein wiedervereinigtes, entmilitarisiertes und neutrales Deutschland zwischen den Blöcken zu verhindern. Die Einbettung Westdeutschlands in ein wirtschaftlich und militärisch verflochtenes Europa wurde zum zentralen Politikziel der USA, die den Prozess der europäischen Integration nun immer stärker vorantrieben. In vielen Verhandlungen und Hintergrundgesprächen rangen US-Regierungen unter den Präsidenten Truman und Eisenhower den europäischen Regierungen viele wichtige Konzessionen und Kompromisse untereinander ab. Den Schuman-Plan zur Gründung einer europäischen Montanunion begrüßten die USA im Mai 1950 uneingeschränkt.

Gleichzeitig brachte die zunehmende Militarisierung der Eindämmungspolitik die Frage der Wiederbewaffnung Westdeutschlands auf die Tagesordnung. Als der vom französischen Premierminister René Pleven entworfene Plan einer *Europäischen Verteidigungsgemeinschaft (EVG)* mit Westdeutschland als Partner am 30. August 1954 am Veto der französischen Nationalversammlung scheiterte, zögerten die USA nicht lange und machten auf Außenministerkonferenzen in London und Paris im September/Oktober 1954 den Weg für die NATO-Mitgliedschaft eines wiederbewaffneten Westdeutschland frei. Auf der Grundlage der Pariser Verträge vom 23. Oktober 1954 trat die Bundesrepublik Deutschland am 9. Mai 1955 der NATO bei. Kurz darauf trat am 4. Juni 1955 der von acht osteuropäischen Staaten in Warschau unterzeichnete *Vertrag über Freundschaft, Zusammenarbeit und gegenseitigen Beistand* (Warschauer Pakt) in Kraft. Damit war die Blockbildung in Europa abgeschlossen.

Parallel zur Konsolidierung der westlichen Allianz trieben die USA im Zeichen der neuen NATO-Strategie der massiven Vergeltung die nukleare Aufrüstung energisch voran. Unter Präsident Truman hatten die USA Pläne einer symmetrischen Kriegsführung verfolgt, wonach mit konventionellen Waffen zu Lande geführte Angriffe der UdSSR auch allein mit konventionellen Mitteln zurückgeschlagen werden sollten. Mit diesem Vorgehen war Präsident Eisenhower nicht einverstanden. Er sah den großen Vorsprung der UdSSR im Bereich konventioneller Waffen und wollte ihn mit dem massiven Ausbau des nuklearen Arsenals kompensieren. Im Zeichen des von ihm propagierten *New Look* der amerikanischen Sicherheitspolitik sollte jede Aggression der UdSSR mit einem massiven Atomschlag beantwortet werden. Dabei spielten auch Kostenkalkulationen eine Rolle, denn eine ganz auf Atomwaffen abgestellte Strategie war die kostengünstigere Variante der Abschreckung.

Vor diesem Hintergrund war die erfolgreiche Platzierung des sowjetischen Satelliten Sputnik im Weltall am 4. Oktober 1957 ein massiver Schock für die USA und ihr bis dahin grenzenloses Vertrauen in die eigene technologische Überlegenheit. Der durch Sputnik signalisierte Beginn der sowjetischen Raumfahrt zeigte den überraschten Amerikanern, dass die UdSSR, deren Übergewicht im Bereich konventioneller Waffen erdrückend war, nun auch dabei war, die USA bei den Trägerraketen zu überholen. Ein sowjetischer Raketenangriff auf die USA schien fortan im Bereich des Möglichen.

Die im Vertrauen auf die eigene nukleare Überlegenheit gründende Strategie der massiven Vergeltung war gekoppelt an eine neue Rhetorik des *Rollback*, die nicht länger nur die UdSSR eindämmen, sondern ihren Einfluss in den von ihr bereits kontrollierten Staaten aktiv zurückdrängen wollte. Tatsächlich aber agierten die USA unter Präsident Eisenhower in den unruhigen 1950er Jahren sehr pragmatisch auf dem Boden einer Realpolitik, die die sowjetische Interessenssphäre in Osteuropa durchaus anerkannte. Deshalb griffen die USA weder beim Volksaufstand des 17. Juni 1953 noch beim Ungarnaufstand des Jahres 1956 oder beim Bau der Berliner Mauer im Jahr 1961 in die inneren Verhältnisse des sowjetischen Einflussbereiches ein.

Diese amerikanische »Tatenlosigkeit« sah der Generalsekretär der KPdSU, Nikita Chruschtschow, Ende der 1950er Jahre als Beweis dafür, dass sich das Kräfteverhältnis zwischen den Supermächten zu Gunsten der UdSSR verschoben hatte und suchte deshalb nun auch in der weiterhin offenen Berlin-Frage eine Entscheidung. Am 27. November 1958 stellte er den anderen Siegermächten des Zweiten Weltkrieges ein Ultimatum, in dem er ein Ende der Vier-Mächte-Verwaltung und den Abzug aller alliierten Truppen aus Berlin forderte. Falls innerhalb der nächsten sechs Monate keine Regelung gefunden werde, würde die UdSSR mit der DDR einen Friedensvertrag unterzeichnen und ihr die Kontrolle über den Zugang zur Stadt übertragen. Eisenhower gab sich öffentlich unnachgiebig. Die Außenminister der drei Westmächte sowie der Bundesrepublik wiesen auf ihrer Konferenz, die am 14. Dezember 1958 in Paris stattfand, das sowjetische Ultimatum zurück und zeigten sich entschlossen, die Alliierten Rechte in Berlin zu wahren. In internen Besprechungen sagte Eisenhower jedoch, dass er die Lage Berlins »unnormal« finde und dem Plan einer »Freien Stadt« unter der Verwaltung der UNO durchaus etwas abgewinnen könne. Die Berlin-Krise schwelte bis zum Ende von Eisenhowers Präsidentschaft weiter.

Mit Amtsnachfolger John F. Kennedy zog eine markige Rhetorik der Entschlossenheit ins Weiße Haus ein. In seiner Rede zur Amtseinführung sagte der neue Präsident am 20. Januar 1961, dass die USA jeden Preis zahlen, jede Bürde tragen, jeden Freund unterstützen und sich jedem Feind entgegenstellen würden, um die Freiheit in der Welt zu verteidigen. Dazu gehörte für ihn auch die massive Aufrüstung, vor allem im konventionellen Bereich, im Zeichen der neuen NATO-Strategie einer *flexiblen Antwort*. Dabei handelte es sich um den Mehrphasenplan der abgestuften Abschreckung, der konventionelle Angriffe zunächst ebenfalls mit konventionellen Mitteln beantwortete und erst in der letzten Eskalationsstufe zu nukleare Waffen griff.

Kurz nach der Amtseinführung Kennedys und dem Debakel in der Schweinebucht im April 1961 (vgl. S. 238 f.) brachte Chruschtschow das Berlin-Thema wieder auf die Tagesordnung, wohl um die tatsächliche Entschlossenheit des in seinen Augen zu jungen und unerfahrenen amerikanischen Präsidenten zu testen. In aggressiver Form wiederholte er auf dem amerikanisch-sowjetischen Gipfeltreffen in Wien (3./4. Juni 1961) die Kernforderungen seines Berlin-Ultimatums von 1958. Dem hielt Kennedy entgegen, dass Westeuropa für die Sicherheit der USA von zentraler Bedeutung und die amerikanische Regierung zur Wahrung ihrer Interessen auch zum Krieg entschlossen sei. Gut einen Monat später verkündete Kennedy in einer Fernsehansprache am 25. Juli 1961, dass die Präsenz amerikanischer Truppen in Berlin, der freie Zugang zur Stadt und der Schutz Deutschlands vor sowjetischen Angriffen nicht verhandelbare Eckpunkte der amerikanischen Europapolitik seien. Entschlossen, die Rechte der Alliierten in Berlin zu wahren, kündigte der Präsident die Erhöhung der amerikanischen Truppenstärke in Europa an und forderte seine Landsleute zugleich dazu auf, Vorsichtsmaßnahmen für den Fall eines sowjetischen Atomangriffs zu treffen.

Nach dieser kriegerischen Rede Kennedys stimmte Chruschtschow dem vom Staatsratsvorsitzenden der DDR, Walter Ulbricht, seit längerem schon geforderten Bau einer Mauer in Berlin zu. Als dieser dann am 13. August 1961 begann, gab sich Präsident Kennedy rhetorisch zwar gewohnt entschlossen, war jedoch in Wirklichkeit nicht zu einer militärischen Konfrontation bereit. Vielmehr sah er den Mauerbau als eine zwar unschöne, aber doch insgesamt willkommene Lösung der seit 1958 schwelenden Berlinkrise, denn schließlich erkannte die UdSSR mit dem Bau der Mauer auch die von ihm vor kurzem erst formulierten Grundprinzipien der amerikanischen Deutschlandpolitik an. In den Worten Kennedys war eine Mauer besser als ein Krieg.

Gleichwohl ereignete sich im Zuge des Mauerbaus am 27. Oktober 1961 eine dramatischen Konfrontation am Checkpoint Charlie, wo sich amerikanische und sowjetische Panzer für eine Weile schussbereit gegenüberstanden. Zu dieser Konfrontation war es gekommen, weil DDR-Sicherheitskräfte seit Mitte Oktober die Ausweise von amerikanischen Militärs und Diplomaten beim Übertritt in die SBZ kontrollierten. Damit verstießen sie gegen den Vier-Mächte-Status Berlins, wonach westliche Militärs und Diplomaten das Recht hatten, die Zugangswege innerhalb und außerhalb der Stadt ungehindert zu passieren. Hinzu kam, dass es DDR-Sicherheitskräfte waren, die die Ausweise zu sehen verlangten. Hätten die Amerikaner sich das gefallen lassen, hätten sie die DDR indirekt anerkannt. Am 22. Oktober 1961 wollte Lucius D. Clay, Sonderbotschafter der USA in Berlin, deshalb die Probe aufs Exempel machen. Er ermunterte den ranghöchsten amerikanischen Diplomaten, Edwin Allan Lightner und dessen Frau zu einem Opernbesuch Unter den Linden und bat sie, sich beim Übergang in den Ostsektor der Kontrolle durch DDR-Sicherheitskräfte zu widersetzen. Lightner tat wie ihm geheißen. Als ihm die Weiterfahrt verweigert wurde, ließ Clay Panzer am Alliierten Kontrollpunkt in der Friedrichstraße auffahren, was die Gegenseite mit der gleichen Maßnahme beantwortete. Es kam jedoch zu keinen Kampfhandlungen, weil Kennedy und Chruschtschow, der die Aktionen der DDR-Sicherheitskräfte ohnehin nicht autorisiert hatte, die Krise auf dem Verhandlungswege über eine geheime Telefonleitung lösten und die Panzer abziehen ließen. Fortan gaben sich beide Seiten mit dem Status quo zufrieden, so wie er sich bis zum Herbst 1961 in Berlin eingestellt hatte. Die Fronten des Kalten Krieges in Europa waren geklärt, eine Phase der relativen Stabilität setzte ein. Dafür verlagerte sich das Geschehen des Kalten Krieges nun vorrangig in Länder der Dritten Welt.

Krisenherde und Konflikte des Kalten Krieges

Kuba

Lateinamerika, der traditionelle »Hinterhof« der USA, gewann nach 1945 als potentielles Schlachtfeld des Kalten Krieges zusätzliche Bedeutung. Das scharf ausgeprägte Wohlstandsgefälle in den lateinamerikanischen Staaten, die verfestigten Strukturen sozialer Ungleichheit in den dortigen Gesellschaften, die ökonomische Durchdringung der südlichen Hemisphäre mit US-Wirtschaftsinteressen und die von den USA seit dem frühen 19. Jahrhundert reklamierte Rolle als Hegemonialmacht waren ein fruchtbarer Boden für eine Vielzahl linksgerichteter Befreiungs- und Reformbewegungen, die, vielfach zwar von Moskau unterstützt aber nicht wirklich gelenkt, gleichermaßen sozialistische wie nationalistische Ziele verfolgten. Vor diesem Hintergrund war es das Ziel aller US-Regierungen während des Kalten Krieges, die Etablierung linksgerichteter Regime in Lateinamerika zu verhindern. Deshalb ist die Geschichte der US-amerikanischen Lateinamerikapolitik während des Kalten Krieges einerseits die Geschichte verschiedener Versuche, die Beziehungen zu den lateinamerikanischen Regierungen partnerschaftlich zu gestalten und den südlichen Nachbarn durch Wirtschafts- und Finanzhilfe zu mehr Modernität, Wohlstand und Demokratie zu verhelfen. Andererseits ist es auch die Geschichte einer nicht abreißenden Kette von militärischen Interventionen und verdeckten Geheimdienstoperationen, um die inneren Verhältnisse der lateinamerikanischen Staaten im Sinne Washingtons umzugestalten.

Der in diesem Zusammenhang wichtigste und gefährlichste Vorfall war 1962 die »Raketenkrise« in Kuba. Als eine von Fidel Castro angeführte Revolution, die gleichermaßen sozialistisch und postkolonial war, am Neujahrstag 1959 den kubanischen Diktator Fulgencio Batista stürzte, unternahm die Eisenhower-Regierung zunächst nichts. Sie wusste um die korrupte Diktatur Batistas und erkannte Castro als neuen Staatschef an. Als dieser sich jedoch im Folgenden daran machte, den traditionell starken amerikanischen Einfluss auf Kuba durch Verstaatlichung von Unternehmen, Bodenreformen und weitere »linke« Maßnahmen zurückzudrängen, schwenkten die USA auf eine neue Politik ein und arbeiteten auf den Sturz Castros hin.

Im März 1960 begann die CIA im Hinterland von Guatemala eine rund 1500 Mann starke Kommandotruppe auszubilden, die nach Kuba einmarschieren und sich an die Spitze eines von den USA erwarteten Volksaufstandes gegen Castro setzen sollte. Der im Januar 1961 in sein Amt eingeführte neue Präsident Kennedy führte das Projekt fort. Obwohl er so seine Zweifel hatte, stoppte er den Plan nicht und war vor allem darum bemüht, die amerikanische Beteiligung an dieser Operation geheim zu halten. Am 17. April 1961 landete die vorwiegend aus Exilkubanern bestehende Kommandotruppe in der südwestlich von Havanna gelegenen Schweinebucht. Rasch entwickelte sich die stümperhaft vorbereitete Aktion zu einem einzigen Desaster. Die Invasionstruppen stießen auf starke Gegenwehr und wurden binnen 72 Stunden aufgerieben. Die von Exilkubanern geflogenen Bomber verfehlten alle Ziele. Die Hoffnungen auf einen Volksaufstand gegen Castro erfüllten sich nicht, und Präsident Kennedy verweigerte kategorisch ein von den US-Militärs durchaus befürwortetes direktes Eingreifen. Um das Fiasko für die USA perfekt zu machen, rückte Kuba nun auch offiziell in das »sozialistische Lager« und machte sich daran, die eigene Revolution als Modell für ganz Lateinamerika zu empfehlen.

Dies ist die unmittelbare Vorgeschichte der Kuba-Krise, die die Welt im Herbst 1962 an den Rand eines Atomkrieges brachte. Im Juli 1962 hatte die UdSSR im Rahmen der Operation *Anadyr* heimlich damit begonnen, Soldaten und atomare Mittelstreckenraketen auf Kuba zu stationieren, die mit einer Reichweite von zwischen 2000 und 4500 Kilometern Ziele in den USA hätten treffen können. Mit dieser Stationierung zielte die UdSSR einerseits auf den Schutz Kubas vor weiteren amerikanischen Aggressionen, doch dies war sicher auch ein Versuch kurz nach dem Sputnik-Schock und dem Ende der Berlinkrise, das Kräfteverhältnis zwischen den Supermächten zu Gunsten der UdSSR weiter zu verschieben. Im August bekam die CIA von der Sache Wind und begann mit Aufklärungsflügen, auf denen am 14. Oktober Raketenabschussbasen entdeckt wurden. Zu diesem Zeitpunkt befanden sich etwa 100 taktische Atomwaffen und rund 42 000 Angehörige der Roten Armee auf Kuba; weitere sowjetische Frachtschiffe mit Raketen und Atomsprengköpfen an Bord waren auf dem Weg in die Karibik.

Die USA sahen ihre Sicherheitsinteressen existentiell bedroht. Der Kongress gab Präsident Kennedy freie Hand, doch dieser taktierte. Einerseits fürchtete er einen langen Guerillakonflikt mit schweren amerikanischen Verlusten und die mögliche Eskalation der Krise in einen weltweiten Atomkrieg. Andererseits wollte er nicht als Beschwichtiger dastehen, der die sowjetisch-kubanische Provokation einfach hinnahm. Entschieden widersetzte Kennedy sich den Forderungen der Militärs nach einem massiven Militärschlag gegen Kuba und verfolgte stattdessen eine flexible Strategie, die eine Politik der Stärke mit Verhandlungsbereitschaft kombinierte. Am 22. Oktober informierte der Präsident die Öffentlichkeit über den Ernst der Lage, verkündete eine amerikanische Seeblockade Kubas, um die Anlandung weiterer Raketen zu unterbinden, und forderte Chruschtschow ultimativ auf, die Atomwaffen aus Kuba abzuziehen. Dieser gab sich zunächst unbeeindruckt, erklärte die Seeblockade für völkerrechtswidrig, sagte, dass die sowjetischen Schiffe sich gegen jegliche Aggression zur Wehr setzen würden und ließ den Aufbau der Raketenstationen sogar noch beschleunigen.

Als kurz darauf am 27. Oktober ein amerikanisches Aufklärungsflugzeug über Kuba abgeschossen wurde, bereiteten die USA einen massiven Luftangriff vor, woraufhin der Kreml seinen Truppen auf Kuba erlaubte, sich gegen etwaige amerikanische Angriffe zu verteidigen. Während sowohl Kennedy als auch Chruschtschow öffentlich eine Politik der Stärke führen, sendeten sie hinter den Kulissen Signale der Verhandlungsbereitschaft. Kennedy bot den Abzug der amerikanischen Jupiter-Raketen aus der Türkei an und sagte zu, fortan nicht mehr mit Gewalt gegen das Castro-Regime vorgehen zu wollen, sofern die sowjetischen Raketen aus Kuba abgezogen würden. Chruschtschow war klar, dass weder die UdSSR noch die USA einen möglichen Krieg würde gewinnen können, und kündigte am 28. Oktober den Abzug der Raketen an.

Die Kuba-Krise war gleichermaßen ein Höhe- und Wendepunkt des Kalten Krieges, weil beide Supermächte sich angesichts der konkreten Möglichkeit eines Atomkrieges kompromissbereit zeigten und auf eine Politik des Status quo einschwenkten. Die USA und die UdSSR verzichteten fortan auf direkte Konfrontationen im Einflussbereich der jeweils anderen Seite und versuchten, das Entstehen neuer Krisen bereits im Vorfeld zu verhindern. Im Juni 1963 wurde deshalb eine direkte Fernschreibverbindung zwischen dem Weißen Haus in Washington und dem Kreml in Moskau installiert. Das bedeutete freilich nicht das Ende der Konfrontation; sie verlagerte sich vielmehr in die noch nicht aufgeteilten Teile der Welt. Vietnam rückte nun in den Brennpunkt der amerikanischen Eindämmungspolitik.

Vietnam

Der Vietnamkrieg ist zu Recht als *Amerikas längster Krieg* (George C. Herring) beschrieben worden. Wie auch der Koreakrieg erwuchs der Vietnamkrieg aus einem postkolonialen Kontext: Das Ausgreifen Japans nach Indochina in den Jahren 1941/42 hatte die dortige Kolonialherrschaft Frankreichs zerfallen lassen. Im Februar 1941 kehrte Ho Chi Minh, ein glühender vietnamesischer Nationalist, über China nach Vietnam zurück und organisierte die Vietminh als eine Guerillaarmee, die für einen selbstständigen vietnamesischen Nationalstaat kämpfte. Mit der japanischen Kapitulation rief Ho Chi Minh am 2. September 1945 in Hanoi die *Demokratische Republik Vietnam* aus. Damals erblickten die USA, die ohnehin das Ende jeglicher Kolonialherrschaft befürworteten, in Hoh Chi Minh, der sozialistischen Wertideen anhing aber auch gerne aus der amerikanischen Unabhängigkeitserklärung zitierte, durchaus einen Partner bei der Gestaltung der Nachkriegsverhältnisse in Vietnam. Das allerdings änderte sich in dem Maße, in dem sich die Konstellation des Kalten Krieges herausbildete. Als Frankreich sich entschloss, seine Kolonialherrschaft in Indochina wiederherzustellen, 1946 eine Marionettenregierung unter Bao Dai in Saigon installierte und entschieden gegen die Vietminh vorzugehen begann, hinderten die USA Frankreich nicht daran. In dem im Dezember 1946 voll entbrennenden Indochinakrieg blieben die USA zwar zunächst neutral, waren jedoch zunehmend davon überzeugt, dass die fortgesetzte französische Kolonialherrschaft über Indochina ein Bollwerk gegen den Kommunismus in der Region sein würde.

Als Mao Zedong im Oktober 1949 die Volksrepublik China ausrief, erkannten sowohl Peking als auch Moskau die *Demokratische Republik Vietnam* an und unterstützten die Vietminh mit Waffen, Geld und anderen Hilfslieferungen. Nun schlugen sich die USA offen auf die Seite Frankreichs. Schon im März 1950 – also noch vor dem Ausbruch des Koreakrieges – begann die amerikanische Finanz- und Militärhilfe für Frankreich zu fließen, und nach dem nordkoreanischen Einmarsch in Südkorea wurde sie drastisch erhöht. Im Jahr 1952 trugen die USA bereits 40 Prozent der französischen Kriegskosten, zwei Jahre später kamen sie gar für 80 Prozent der Kosten auf. Allerdings konnte auch die massive Hilfe der USA die Niederlage Frankreichs in der Kesselschlacht von Dien Bien Phu nicht verhindern. Mit der Kapitulation am 7. Mai 1954 war die französische Kolonialherrschaft in Südostasien beendet.

Als daraufhin eine internationale Indochinakonferenz in Genf zusammentrat, die vom 26. April bis zum 21. Juli 1954 tagte und sich seit dem 8. Mai mit der Vietnamfrage beschäftigte, saßen die USA zwar mit am Tisch, nahmen allerdings nur als Beobachter teil, weil sie nicht akzeptierten, dass die kommunistische Volksrepublik und nicht das von den USA anerkannte Taiwan China vertrat. Deshalb unterzeichneten sie auch nicht den in Genf ausgehandelten Waffenstillstandsvertrag, obwohl dessen Bestimmungen durchaus im Sinne Washingtons waren: Die französische Kolonialherrschaft in Südostasien wurde für beendet erklärt, die Unabhängigkeit der aus französisch Indochina gebildeten Staaten Vietnam, Kambodscha und Laos anerkannt, und Vietnam wurde entlang des 17. Breitengrades provisorisch geteilt. Für den Juli 1956 wurden für ganz Vietnam freie und geheime Wahlen zu einer Nationalversammlung vereinbart. Diese Bestimmungen spiegelten die tatsächlichen Machtverhältnisse in Vietnam nicht auch nur annähernd wider: Die Vietminh hatten Frankreich und die Regierung Bao Dai in Saigon vernichtend geschlagen, sie kontrollierten den Norden des Landes sowie weite Teile des Südens, und sie hatten großen Rückhalt in der Bevölkerung.

Nach der Indochinakonferenz verstärkten die USA ihr Engagement in Südvietnam massiv. Im Verbund mit der von ihnen installierten prowestlichen Regierung unter Ngo Dinh Diem setzten sie alles daran, die für 1956 angesetzten nationalen Wahlen zu verhindern. Gleichzeitig wollten sie Südvietnam durch eine systematische Politik des *Nation Building* zu einer stabilen Demokratie mit prosperierender Marktwirtschaft ausbauen. Für die Regierung von Präsident Eisenhower wurde Südvietnam zu einem Testfall für die Entschlossenheit der USA, den Vormarsch des Kommunismus auf der ganzen Welt zu stoppen. Leitend für diese Politik war die sogenannte *Domino-Theorie*. Die besagte, dass für den Fall, dass ein bislang freies Land kommunistisch werden sollte, auch die anderen Staaten der Region wie die Steine eines Dominospiels fallen würden. Es gelte deshalb das Fallen des ersten Dominosteins um jeden Preis zu verhindern, und aus Sicht der USA war Südvietnam dieser erste Stein.

Allerdings entwickelte sich die Politik des *Nation Building* nach durchaus verheißungsvollen Anfängen zu einem grandiosen Desaster. Das Diem-Regime war korrupt und autoritär. Die forcierte Modernisierungspolitik zerstörte viele gewachsene Traditionen, und die Forderung nach nationaler Einheit wurde von vielen Seiten erhoben. Bis 1958 hatte sich die allgemeine Unzufriedenheit in Südvietnam so weit aufgestaut, dass es zur offenen Rebellion kam. Der Aufstand gegen die Diem-Regierung war vielgestaltig; er wurde keinesfalls allein von den im Süden verbliebenen Vietminh getragen. Sie waren vielmehr nur eine von mehreren Widerstandsgruppen, zu denen auch Buddhisten, Katholiken und bürgerliche Liberale gehörten. Im Dezember 1960 gründete sich die *Front National de Libération* (FNL), die zum bewaffneten Aufstand gegen Diem und zur Bildung einer Allparteienregierung in Südvietnam aufrief. Ihr bewaffneter Arm war der Vietcong, der einen Guerillakrieg gegen Diem und seine amerikanischen Berater zu führen begann. Hanoi, das sich anfangs auf sowjetischen Druck hin aus den Entwicklungen im Süden herausgehalten hatte, gab nun dem Drängen des Vietcong nach und begann, den Aufstand durch Kämpfer und Waffenlieferungen zu unterstützen.

In dieser Situation waren die USA entschlossen, den Sturz Diems um jeden Preis zu verhindern. Folglich wurde die Aufrüstung der südvietnamesischen Armee (ARVN) systematisch vorangetrieben und die Zahl der seit 1954 im Land befindlichen US-Militärberater massiv erhöht. Hatten diese ursprünglich nur die ARVN ausbilden sollen, so nahmen sie zunehmend auch an Kampfeinsätzen teil. Auch die US-Luftwaffe unterstützte seit Ende 1961 die Operationen der ARVN. Damit begann die allmähliche »Amerikanisierung« des südvietnamesischen Bürgerkrieges, die unter Präsident Lyndon B. Johnson eskalierte.

Der nach der Ermordung Kennedys am 22. November 1963 unverhofft ins Präsidentenamt gekommene Johnson fand in Vietnam folgende Situation vor: Die ARVN war durch die Guerillataktik des Vietcong weitgehend demoralisiert; aufgrund hoher Verluste und einer noch höheren Desertionsrate stand sie am Rande des Zusammenbruchs. Gleichzeitig hatten sich die politischen Verhältnisse in Saigon weiter destabilisiert. Die Diem-Regierung hatte allen Kredit verspielt und wurde im November 1963 durch einen – von der Kennedy-Regierung gebilligten – Militärputsch abgesetzt. Eine Reihe von kurzlebigen Regierungen löste einander ab, bis eine Militärjunta unter Nguyen-Van-Thieu und Nguyen-Cao-Ky die Macht in Saigon übernahm. Der Vietcong wurde immer populärer und erfreute sich der Unterstützung eines immer weiter gespannten Netzwerkes von Sympathisanten und Helfern.

Am 2. und 4. August 1964 kam es im Golf von Tongking zu Scharmützeln zwischen nordvietnamesischen Torpedobooten und zwei US-Kriegsschiffen, deren Ursachen und Verlauf bis heute nicht genau geklärt sind. Dennoch nahmen die USA diesen »Tongking-Zwischenfall« zum Anlass für einen militärischen Gegenschlag. Am 5. August bombardierten Flugzeuge der 7. US-Flotte nordvietnamesische Marinebasen und Treibstofflager. Gleichzeitig brachte Johnson die *Golf-von-Tongking-Resolution* in den US-Kongress ein, die dort am 7. August 1964 mit überwältigender Mehrheit beschlossen wurde. Sie ermächtigte den Präsidenten als Oberkommandierenden der amerikanischen Streitkräfte, alle notwendigen Maßnahmen zu ergreifen, um bewaffnete Angriffe auf US-Streitkräfte zurückzuschlagen und künftige Aggressionen zu verhindern. Diese Resolution, mit der der US-Kongress seine Kontrolle über die Kriegspolitik in Südostasien weitgehend selbst aufgab, bildete die rechtliche Grundlage für den Kriegseinsatz der USA in Vietnam. Eine formale Kriegserklärung der USA hat es nie gegeben.

Nach der amerikanischen *Golf-von-Tongkin-Resolution* gab Nordvietnam seine bisherige Politik der indirekten Unterstützung von FNL und Vietcong auf und entsandte reguläre Verbände der eigenen Streitkräfte nach Südvietnam, die fortan zusammen mit den Vietcong unter einem gemeinsamen Oberkommando operierten. Auf dem durch Kambodscha verlaufenden, legendenumwobenen Ho-Chi-Minh-Pfad gelangten nordvietnamesische Waffen, Geräte und Truppen nach Südvietnam. Die UdSSR und China, die bislang mäßigend auf Hanoi eingewirkt hatten, rissen sich nun förmlich darum, Hanoi materiell wie finanziell zu unterstützen. Die USA reagierten mit massiven Luftschlägen gegen Nordvietnam. Am 13. Februar 1965 gab Präsident Johnson grünes Licht für die Operation *Rolling Thunder*, ein zeitlich unbefristetes, massives Bombardement der Gebiete nördlich des 17. Breitengrades. Kurz darauf gingen am 8. März 1965 die ersten zwei Bataillone *US-Marines* am Strand von Danang an Land. Hunderttausende Bodentruppen sollten ihnen in den kommenden Jahren folgen. Ihren Höhepunkt erreichte die US-Präsenz in Vietnam mit fast 540 000 Soldaten im Jahr 1968.

Der Krieg, den die US-Truppen führten, war ein asymmetrischer. In ihm standen sich zwei Parteien gegenüber, die im Hinblick auf Feuerkraft und Ausrüstung, Ausbildung und Einstellung zum Krieg fundamental unterschiedlich waren, und dies entfesselte auf beiden Seiten eine immer schneller rotierende Spirale der Gewalt. Der im Verbund mit der nordvietnamesischen Armee kämpfende Vietcong suchte keine schnelle Entscheidung, sondern verlegte sich darauf, den Gegner abzunutzen, ihn zu demoralisieren und seinen Kampfeswillen zu brechen. Typisch waren deshalb überfallartige Angriffe auf Einheiten der US-Streitkräfte aus dem Nichts, die das Ziel hatten, möglichst viele US-Soldaten zu töten. Zu offenen Feldschlachten, in denen sie hoffnungslos unterlegen gewesen wären, stellten sich Vietcong und nordvietnamesische Armee nicht. Sie schlugen schnell zu und verschwanden schnell wieder. In diesem Krieg war die Front somit überall und nirgendwo.

Die militärische Antwort der USA auf diese Art der Kriegsführung war eine doppelte: Zum einen flogen sie unaufhörlich Bombenangriffe gegen Ziele in Süd- und Nordvietnam, um das Land – so der damalige Luftwaffengeneral Curtis LeMay – in die Steinzeit zurück zu bomben. Am Boden verfolgten sie eine Strategie des *Search and Destroy*: US-Einheiten liefen endlose Patrouillen durch den Dschungel und das platte Land auf der Suche nach Soldaten und Stellungen der Gegner, die angegriffen, aufgerieben und getötet werden sollten. Auf der Suche nach tatsächlichen oder vermeintlichen Gegnern brannten US-Truppen einzelne Häuser und ganze Dörfer nieder, zerstörten Reisfelder und töteten dabei viele Zivilisten. Es kam zu einer Vielzahl von Kriegsverbrechen, von denen das Massaker von My Lai nur das bekannteste ist.

Obwohl sich der Krieg in Vietnam bis 1967 entscheidungslos hinschleppte, verkaufte die US-Regierung ihn als Erfolg. Im November 1967 sagte der Oberkommandierende der US-Streitkräfte in Vietnam, General William Westmoreland, dass die gegnerischen Truppen zu einem Grade reduziert worden seien, dass sie den Kampf nicht mehr länger würden fortsetzen können, und er sprach auch vom »Licht am Ende des Tunnels«. Eine Mehrheit der Amerikaner war im Herbst 1967 noch bereit, das zu glauben. Keine acht Wochen später starteten der Vietcong und die nordvietnamesische Armee am vietnamesischen Neujahrestag, dem »Tet-Feiertag«, eine massive Offensive. Rund 80 000 Kämpfer des Vietcong und der nordvietnamesischen Armee schlugen am 31. Januar 1968 in über 100 südvietnamesischen Städten gleichzeitig zu und griffen strategische Ziele an. US-Streitkräfte und ARVN schlugen die TET-Offensive innerhalb von Tagen zurück und fügten dem Vietcong so hohe Verluste zu, dass er als militärischer Faktor fortan ausfiel und reguläre nordvietnamesische Einheiten die Last des Kampfes alleine tragen mussten.

Wenngleich die TET-Offensive militärisch gesehen ein sehr blutiger Fehlschlag war, löste sie in den USA in psychologischer Hinsicht ein Erdbeben aus, weil sie alle optimistischen Prognosen über ein unmittelbar bevorstehendes Ende des Krieges als grandiosen Irrtum entlarvte. In den USA setzte sich die Ansicht durch, dass der Vietnamkrieg nicht zu gewinnen war. Die Unterstützung der Bevölkerung für den Krieg fiel in sich zusammen; die Friedensbewegung erhielt großen Zulauf und der Druck auf die Regierung wurde im Frühjahr so groß, dass ein tief erschütterter Präsident Johnson am 31. März 1968 ankündigte, dass die USA ihre Bombenangriffe weitgehend einstellen würden. Zudem bot er Nordvietnam informelle Friedensverhandlungen an und erklärte, dass er sich im Herbst des Jahres nicht zur Wiederwahl stellen würde.

Der daraufhin zu seinem Nachfolger gewählte Republikaner Richard M. Nixon war fest entschlossen, die US-Truppen aus Südostasien abzuziehen und den Bürgerkrieg zu »vietnamisieren«. Das heißt die Südvietnamesen selbst –nicht länger die US-Streitkräfte – sollten fortan die Hauptlast des Kämpfens tragen, während die USA sie weiterhin durch Geld-, Waffen- und Materiallieferungen sowie durch fortgesetzte Angriffe der US-Luftwaffe unterstützen würden. Gleichzeitig aber war Nixon so entschlossen wie seine Vorgänger, Südvietnam als einen unabhängigen, pro-westlichen Staat zu erhalten. Deshalb zog sich der amerikanische Einsatz in Vietnam hin. Während die ARVN nach 1969 tatsächlich zunehmend die Hauptlast des Bodenkampfes übernahm, weitete die US-Luftwaffe ihre Bombenangriffe massiv aus. Dabei wurden nicht länger nur Ziele in Nord- und Südvietnam attackiert, sondern auch in Laos und Kambodscha, um die Versorgungslinien des durch diese Länder laufenden Ho-Chi-Minh-Pfades zu unterbrechen. Diese Operationen waren so geheim, dass außer den Piloten und Navigatoren niemand an Bord der B-52 Bomber wusste, über welchem Land die todbringende Fracht abgeworfen wurde, weil das Pentagon die Einsatzpläne so manipuliert hatte, dass die Missionen als Routineangriffe über Südvietnam erschienen. Auch auf dem Boden trug die Nixon-Regierung den Krieg nach Kambodscha und Laos.

Ungeachtet aller Eskalation des Krieges verhandelte die Nixon-Regierung seit Anfang der 1970er Jahre abseits der offiziellen Pariser Friedensgespräche direkt, aber heimlich, mit der nordvietnamesischen Regierung über die Beendigung des Konflikts. Bis zum Herbst 1972 hatten der Nationale Sicherheitsberater Henry Kissinger und der nordvietnamesische Außenminister Le Duc Tho eine Übereinkunft erzielt, und am 27. Januar 1973 unterzeichneten Vertreter der USA, Nord- und Südvietnams sowie des Vietcong in Paris ein Waffenstillstandsabkommen, das den USA den Rückzug aus Vietnam ermöglichte. Die Regelung sah vor, dass die USA ihre Truppen aus Vietnam abzogen, ihre Luftangriffe auf Nordvietnam einstellten und sich einverstanden erklärten, dass die in den Süden vorgedrungenen nordvietnamesischen Truppen dort verblieben. Im Gegenzug sicherte Nordvietnam die Übergabe aller amerikanischen Kriegsgefangenen zu und erkannte implizit den Fortbestand einer südvietnamesischen Regierung an. Die weitere Gestaltung der Verhältnisse in Vietnam wurde einem *Nationalen Versöhnungsrat* überantwortet, in dem Vertreter der beiden Regierungen in Nord- und Südvietnam zusammen mit dem Vietcong und neutralen politischen Kräften über die Zukunft des Landes verhandeln sollten.

Das schließlich geschlossene Pariser Waffenstillstandsabkommen beendete aber nur das US-Engagement in Vietnam und nicht den Krieg an sich, der sich fortan als ein Bürgerkrieg entfaltete, aus dem Nordvietnam als Sieger hervorging. Im Frühjahr 1975 überrannten Einheiten der nordvietnamesischen Armee den Süden und drangen am

30. April nach Saigon vor. Als Präsident Gerald R. Ford daraufhin den US-Kongress um die Bewilligung einer Nothilfe für Saigon bat, wies der Senat dieses Ansinnen zurück und akzeptierte damit die Vereinigung Vietnams zu den Bedingungen des kommunistischen Nordens. Unter demütigenden Umständen evakuierten die USA ihre Botschaft in Saigon, und am 2. Juli 1976 wurden Nord- und Südvietnam unter dem Namen *Sozialistische Republik Vietnam* wiedervereinigt.

Lateinamerika

Seit der Raketenkrise war es das oberste Ziel der US-amerikanischen Lateinamerikapolitik, ein »zweites Kuba« in der eigenen Hemisphäre zu verhindern. Kommunistenabwehr und *Nation Building* waren auch hier die zentralen Säulen der US-amerikanischen Außenpolitik. So ließ Präsident Johnson im April 1965 Truppen in die Dominikanische Republik einmarschieren, um einen linken Putsch niederzuschlagen. Ebenso betrieben die USA in Chile den Sturz des linksgerichteten Salvador Allende, der seit 1970 regierte und am 11. September 1973 im Zuge eines von Augusto Pinochet angeführten und von der CIA unterstützten Staatsstreiches durch Selbstmord ums Leben kam.

Zu einem Phasenwechsel in der Lateinamerikapolitik kam es erst unter Präsident Carter, der mit der imperialistischen Vergangenheit der USA in der westlichen Hemisphäre brechen und klare Zeichen eines Neuanfangs setzen wollte. Die Rückgabe des Panamakanals schien dafür das geeignete Mittel. Die von den USA seit 1914 kontrollierte Wasserstraße hatte bis Mitte der 1970er Jahre einiges von ihrer einstmals überragenden strategischen Bedeutung verloren, kostete aber den amerikanischen Steuerzahler weiterhin viel Geld. Gleichzeitig war der schwer zu schützende Kanal nicht zuletzt wegen der massiven US-Truppenpräsenz in den Augen vieler Mittelamerikaner ein weithin sichtbares Symbol des *Yankee Imperialism*, der zu terroristischen Angriffen geradezu einlud. Deshalb hatte bereits Henry Kissinger Mitte der 1970er Jahre diplomatische Verhandlungen zur Neuregulierung der Verhältnisse am Panamakanal angestrengt; diese Bemühungen waren allerdings am Widerstand der Republikaner unter der Führung des aufstrebenden Ronald Reagan gescheitert. Dann jedoch machte Präsident Carter den Panamakanal zur Chefsache. Im Jahr 1977 unterzeichnete er mit dem durchaus linksgerichteten panamaischen Staatschef General Torrijos Verträge, die der internationalen Schifffahrt den freien Zugang zum Kanal für immer garantierten und die Souveränität über den Kanal mit dem Jahr 2000 in die Hände Panamas legten. Diese Regelung traf auf die erbitterte Kritik rechter Republikaner, die Carter vorwarfen, die Interessen der USA an einen marxistischen Diktator verkauft zu haben. Der Senat ratifizierte das Vertragswerk im April 1978 mit nur einer Stimme Mehrheit.

Während der Senat über die Ratifizierung des Panamavertrages debattierte, braute sich in Nicaragua eine Krise zusammen, die das Land bis zum Ende des Kalten Krieges zu einem Brennpunkt der US-Lateinamerikapolitik werden ließ. Dieser Konflikt begann im Sommer 1978 mit einem von verschiedenen gesellschaftlichen Gruppen getragenen allgemeinen Aufstand gegen den langjährigen nicaraguanischen Diktator Anastasio

Somoza. Aus dem mit großer Härte auf allen Seiten geführten Bürgerkrieg ging bis zum 19. Juli 1979 die linksgerichtete *Sandinistische Nationale Befreiungsfront* als Sieger hervor. Die *Sandinisten* waren keine orthodoxen Marxisten, sondern eher eine gemäßigte linke Oppositionsbewegung, die ein breites Spektrum von ideologischen Versatzstücken vom Sozialismus bis hin zur Befreiungstheologie integrierte. Die von ihnen eingesetzte fünfköpfige Regierung des Nationalen Wiederaufbaus leitete im Sommer 1979 den demokratischen und sozialistischen Umbau des Landes ein.

Unter Präsident Carter war die amerikanische Außenpolitik gegenüber Nicaragua widersprüchlich. Carter verurteilte die Diktatur Somozas aufs schärfste, und als der nicaraguanische Staatschef sich Anfang 1979 freien Wahlen verweigerte, belegte die Carter-Regierung das Land mit Sanktionen, die den Gegnern Somozas starken Auftrieb gaben. Als dann die Sandinisten das Ruder übernahmen und umgehend Kuba und die UdSSR um Unterstützung baten, versuchte die Carter-Regierung, dies zu verhindern. Während die Liberalen in den USA dies als illegitime Einmischung in die inneren Verhältnisse des mittelamerikanischen Landes verurteilten, warfen die Republikaner und insbesondere ihr Anführer Ronald Reagan dem Präsidenten vor, Nicaragua an die Sozialisten verloren zu haben.

Es kann deshalb kaum verwundern, dass Mittelamerika während der Präsidentschaft Reagans ganz ins Zentrum der Aufmerksamkeit rückte. Dabei setzten die USA weiterhin vorrangig auf verdeckte Geheimdienstoperationen und enthielten sich weitgehend der direkten militärischen Intervention. Das Ziel der Aktivität war es, ganz im Einklang mit der *Reagan Doktrin*, den weiteren Vormarsch linker Bewegungen in Mittelamerika zu stoppen und bestehende linke Regierungen zu destabilisieren. Zu diesem Zweck betrieb Washington die Bildung der *Contra-Rebellen*, einer rechtsgerichteten Guerillatruppe, die gegen die *Sandinisten* vorgehen und mittelfristig ganz Mittelamerika vom kubanischen und sowjetischen Einfluss befreien sollte. Die 10 000 Mann starke Guerilla-Armee wurde von der CIA ausgebildet, ausgerüstet und finanziert. Von Costa Rica und Honduras aus operierend, starteten die *Contras* Überfälle auf nicaraguanisches Gebiet, verminten ganze Landstriche, verübten Sabotageakte und verbreiteten Angst und Schrecken. Berüchtigt waren ihre Todesschwadronen, die Tausende von Nicaraguanern wahllos umbrachten. Im Jahr 1982 wurden die geheimen Machenschaften der CIA in Mittelamerika bekannt, was einen Sturm der Entrüstung in den USA entfesselte, nicht zuletzt weil viele Hilfsorganisationen und Kirchen des Landes beim Aufbau Nicaraguas stark engagiert waren. Am 8. Dezember 1982 beschloss das von Demokraten dominierte Repräsentantenhaus mit 411 zu 0 Stimmen das sogenannte *Boland Amendment*, das weitere Finanz- und Militärhilfe für Aktivitäten zum Sturz der *Sandinisten* verbot. Am 21. Dezember 1982 unterzeichnete Präsident Reagan das Gesetz, das durch weitere Beschlüsse des Kongresses bis 1984 noch weiter verschärft wurde.

Dies bedeutete aber nicht zugleich auch das Ende der verdeckten Operationen der CIA und der amerikanischen Unterstützung für die *Contras*. Sich kühl kalkulierend über das *Boland Amendment* hinwegsetzend organisierte der *Nationale Sicherheitsrat* weiterhin verdeckte Hilfe für die *Contras* in Mittelamerika. Die zentralen Figuren dieser geheimen Machenschaften waren die Nationalen Sicherheitsberater Robert McFarlane und John Poindexter sowie der Assistent des Stabes, Oberst Oliver North. Diese drei im

Auftun neuer Geldquellen sehr findigen Männer operierten offenbar ohne Wissen von Präsident Reagan. Allerdings hatte dieser intern so oft seine Entschlossenheit zum bedingungslosen Kampf gegen die Sandinisten kommuniziert, dass die drei durchaus der Meinung sein konnten, im Einklang mit dem Willen des Präsidenten zu handeln, auch wenn sie später alle Schuld allein auf sich nahmen.

Die Verwicklung der USA in die nicaraguanischen Geschehnisse zog bis Mitte der 1980er Jahre immer weitere Kreise, die am Ende bis nach Teheran reichten und in der *Iran-Contra-Affäre* kulminierten, und das kam so: Im Februar 1984 begann die islamistische Terrororganisation Hisbollah, im Libanon amerikanische Staatsbürger als Geiseln zu nehmen. Präsident Reagan weigerte sich zwar, direkt mit Terroristen zu verhandeln, ermunterte Sicherheitsberater McFarlane aber dazu, im Geheimen Waffen an den Iran zu verkaufen, der sich damals gerade in einem blutigen Abnutzungskrieg mit dem Irak befand. Im Gegenzug sollte die iranische Regierung ihren Einfluss auf die Hisbollah geltend machen, um die amerikanischen Geiseln frei zu bekommen. Mit dieser Politik unterlief die US-Regierung ihr eigenes Waffenembargo gegen die Islamische Republik Iran. Die Gewinne aus diesen Waffengeschäften ließen McFarlane, Poindexter und North dann den *Contras* in Mittelamerika zu Gute kommen. Dieser Handel flog auf, als ein amerikanisches Transportflugzeug mit Waffen für die *Contras* an Bord im Oktober 1986 über Nicaragua abgeschossen wurde. Der einzige überlebende Pilot wurde verhört, und kurz darauf waren die Grundlinien der *Iran-Contra-Affäre* öffentlich bekannt.

Präsident Reagan erklärte zunächst kategorisch, dass seine Regierung zu keinem Zeitpunkt mit islamistischen Terroristen verhandelt hätte, dann aber gab Reagan den Sachverhalt der Waffenverkäufe öffentlich zu, entband Poindexter und North von ihren Aufgaben und setzte eine Untersuchungskommission ein. Kurz darauf begann der Kongress mit eigenen Untersuchungen. Je mehr Details der Affäre bekannt wurden, desto drängender wurde die Frage nach der Rolle von Präsident Reagan. Am 4. März 1987 trat ein zerknirschter Reagan schuldbewusst vor die nationalen Fernsehkameras und sagte, dass McFarlane, Poindexter und North ohne sein Wissen und ohne seine Billigung gehandelt hätten. Reagan übernahm die volle politische Verantwortung für die Vorfälle, trat aber nicht zurück und konnte sich im Amt halten. Dies gelang, weil zum einen eidesstattliche Aussagen der Beteiligten den Präsidenten entlasteten, andererseits war Reagan wegen der sensationellen Erfolge in der Entspannungs- und Abrüstungspolitik, von denen gleich noch berichtet wird, bei der amerikanischen Bevölkerung so populär, dass die meisten Amerikaner Reagan als Präsidenten behalten wollten.

Dauerkonflikt im Nahen Osten

Für die USA war der Nahe Osten aus drei Gründen von besonderer Bedeutung. Erstens spielten die südlich an den sowjetischen Machtbereich grenzenden Länder Griechenland, Türkei, Irak und Iran eine zentrale Rolle für die Eindämmungspolitik. Zweitens waren die Ölreserven am Persischen Golf von vitaler Bedeutung, und drittens wurde das Verhältnis der USA zur Region entscheidend durch die besonderen Beziehungen zu

Israel bestimmt. So war zwar auch die amerikanische Nahostpolitik während des Kalten Krieges entscheidend durch das Streben nach Eindämmung der UdSSR bestimmt, doch war sie zugleich mit einer besonderen regionalen Konfliktkonstellation komplex verflochten, die von der Gründung des Staates Israel sowie den daran gekoppelten israelisch-arabischen Gegensatz definiert war. Diese Kombination machte den Nahen Osten zum Ort eines Dauerkonfliktes, der über das Ende des Kalten Krieges hinaus fortdauert.

Großbritannien hatte sich mit der Balfour-Deklaration vom 2. November 1917 noch während des Ersten Weltkrieges die zionistische Forderung nach einer nationalen Heimstätte für die Juden in Palästina zu eigen gemacht und am 24. Juli 1922 ein Mandat des Völkerbundes für die Umsetzung dieses Plans erhalten. Die USA hatten zugestimmt, doch stets darauf gedrängt, den Staat für die Juden im Einvernehmen mit den arabischen Bevölkerungsgruppen in Palästina zu gründen. Allerdings blieb die Lage in Palästina bis zum Beginn des Zweiten Weltkrieges ungeklärt. Nach 1945 war das finanziell erschöpfte Großbritannien allgemein nicht mehr in der Lage, sich im Nahen Osten zu engagieren. Im Dezember 1947 gab es sein Völkerbundsmandat zurück, woraufhin die USA zum Nachfolger Großbritanniens als Ordnungsmacht in Palästina wurden.

Die Truman-Regierung hielt sich an die im November 1947 verabschiedete UN-Resolution, die die Aufteilung Palästinas in eine jüdische und eine arabische Zone vorsah, was jedoch von den arabischen Bevölkerungsgruppen strikt abgelehnt wurde. Damit waren die USA in der Zwickmühle, denn ein zu starkes Engagement für die Gründung des Staates Israel konnte die Entfremdung der arabischen Staaten nach sich ziehen; zu befürchten war deren Abdriften ins Lager der UdSSR und die Sperrung des Zugangs zum Öl der Region. Allerdings war der von antisemitischen Vorurteilen nicht ganz freie Präsident Truman davon überzeugt, dass die nationalsozialistische Judenverfolgung der Forderung der Zionisten nach einem eigenen Staat neue Legitimität verliehen hatte. Gleichzeitig entfalteten pro-israelische Gruppen in den USA im Präsidentschaftswahljahr 1948 einen solchen öffentlichen Druck, dass der um seine Wiederwahl fürchtende Truman kaum anders konnte, als die Gründung Israels am 14. Mai 1948 zu befürworten. Seitdem bildete die Unterstützung Israels den Grundpfeiler einer amerikanischen Nahostpolitik, die Israel zum Sicherheitspartner der USA in der Region machte. Allerdings war das amerikanisch-israelische Verhältnis während des Kalten Krieges nicht frei von Belastungen, einerseits weil Israel bei der Durchsetzung seines von den arabischen Staaten bestrittenen Existenzrechts immer wieder eigenmächtig und rücksichtslos vorging, andererseits weil die sich um einen Ausgleich mit den arabischen Staaten bemühenden USA immer wieder mäßigend auf Israel einzuwirken versuchten, um einen Flächenbrand im Nahen Osten zu verhindern. Dessen ungeachtet waren die Beziehungen der USA zu anderen arabischen Staaten, insbesondere die zu Ägypten, durch die Unterstützung für Israel vergiftet, und sie verschlechterten sich in den folgenden Dekaden immer weiter. Eine wichtige Rolle spielte in diesem Zusammenhang die Dynamik eines panarabischen Nationalismus, der den Einfluss auswärtiger Mächte im Nahen Osten zurückdrängen und die Eigenständigkeit der arabischen Welt behaupten wollte. Dabei kam Ägypten, das sich als arabische Führungsmacht und Anwalt des Selbstbestimmungsrechts der Palästinenser rasch zum Hauptgegner Israels entwickelte, eine zentrale Bedeutung zu.

Ihre ganze Sprengkraft entfaltete die Kombination aus postkolonialem arabischem Nationalismus und Feindschaft zu Israel erstmals in der Suezkrise des Jahres 1956, als der Präsident Ägyptens, Gamal Nasser, den Suezkanal verstaatlichte. Nasser war ein arabischer Nationalist, der sich 1954 erfolgreich an die Macht geputscht hatte und seitdem aggressiv daran arbeitete, Ägypten von allem europäischen Einfluss zu befreien. Dabei nutzte er die Konstellation des Blockgegensatzes systematisch für seine eigenen nationalistischen Ziele aus. Er ließ sich Waffen aus den Ostblockstaaten liefern, verurteilte die gegen die UdSSR gerichtete Politik der USA im Nahen Osten, erkannte die Volksrepublik China an und verneinte das Existenzrecht Israels kategorisch.

Um der Anlehnung Ägyptens an die UdSSR entgegenzuwirken, boten die USA und Großbritannien Nasser im Jahr 1955 eine großzügige Finanzhilfe für den Bau des Assuan Staudammes an, zogen diese aber am 26. Juli 1956 wieder zurück, als Nasser sich weiterhin kompromisslos und militant anti-westlich zeigte. Daraufhin verstaatlichte Nasser den Suezkanal, um den Bau des Staudamms aus den Einnahmen des Kanals zu finanzieren, über den 70 Prozent aller europäischen Ölimporte abgewickelt wurden. Während Großbritannien und Frankreich zum Handeln entschlossen waren, maßen die USA dem Vorgang nicht die gleiche Bedeutung bei, zumal sie zu Recht fürchteten, dass ein Eingreifen des Westens zu einer Solidarisierung der arabischen Welt mit Ägypten führen werde.

Deshalb planten Großbritannien und Frankreich zusammen mit Israel eine geheime Operation: Israel, dem Nasser die Benutzung des Kanals verboten und den Zugang zum Roten Meer gesperrt hatte, sollte die Kanalzone militärisch besetzen, was die beiden europäischen Großmächte zum Anlass nehmen wollten, mit eigenen militärischen Verbänden in den Konflikt einzugreifen, um einen von der UNO beschlossenen Waffenstillstand durchzusetzen. So kam es dann auch: Am 29. Oktober 1956 marschierte Israel mit einem großen Truppenaufgebot in Ägypten ein, kurz danach besetzten britische und französische Einheiten am 5./6. November die Kanalzone. Die US-Regierung schäumte vor Wut, verurteilte im UN-Sicherheitsrat zusammen mit der UdSSR die Verletzung der ägyptischen Souveränität und forderte Israel, Großbritannien und Frankreich zum Rückzug auf. Dies zeigte zunächst keinen Erfolg. Als die UdSSR daraufhin eine gemeinsame Militäraktion mit den USA anregte, schlug sich Präsident Eisenhower klar auf die Seite der eigenen Bündnispartner, ohne jedoch den politischen und ökonomischen Druck auf sie zu verringern. Am Ende beugten sich Israel, Großbritannien und Frankreich dem amerikanischen Willen und zogen sich bis zum März 1957 aus Ägypten zurück. Obwohl die USA sich damit zum Anwalt Ägyptens gemacht hatten, erhöhte dies ihr Ansehen und Einfluss im Nahen Osten nicht. Im Gegenteil, die UdSSR war fortan der bevorzugte Bündnispartner der arabischen Staaten. Sie wurde zum wichtigsten Waffenlieferant Ägyptens und Syriens und machte sich in den internationalen Organisationen zum Anwalt der radikalsten antizionistischen Staaten in der arabischen Welt. Das ließ die seit 1956 weitgehend auf sich allein gestellten USA noch enger an die Seite Israels als Bastion des Westens rücken. Damit hatte die Suezkrise den Nahostkonflikt endgültig in die Fronten des Kalten Krieges eingereiht.

Der zweite Brennpunkt des beginnenden Kalten Krieges im Nahen Osten war Iran. Das Land war während des Zweiten Weltkrieges von britischen, amerikanischen und sowjetischen Truppen vorsorglich besetzt worden, einerseits um der deutschen Wehrmacht den Zugriff auf die persischen Ölquellen zu verweigern, andererseits um es als Nachschubbasis für die Versorgung der Roten Armee mit amerikanischen Rüstungsgütern nutzen zu können. Nach dem Ende des Zweiten Weltkrieges zogen die USA und Großbritannien vereinbarungsgemäß ihre Truppen ab, die UdSSR hingegen tat das nicht und machte sich stattdessen daran, Iran mit Gewalt in ihren eigenen Herrschaftsbereich zu integrieren. Dem traten die USA entschlossen entgegen. Auf einer der ersten Sitzungen des neu gegründeten UN-Sicherheitsrates verurteilten sie im Januar die fortdauernde sowjetische Präsenz im Iran scharf. Dessen ungeachtet beließ Stalin seine Soldaten im Land. Daraufhin erhöhten die USA den Druck und zwangen die UdSSR bis Ende März 1944 zum Rückzug ihrer Truppen.

Ließ der sowjetische Druck auf Iran im Frühjahr 1946 also nach, so kam es kurz darauf zu einem massiven Konflikt zwischen Iran und Großbritannien, dessen Unternehmen die iranische Ölindustrie weitgehend kontrollierten. Als der Schah Reza Pahlewi 1951 unter dem Druck einer lautstarken anti-westlichen Unabhängigkeitsbewegung den linksgerichteten charismatischen Nationalisten Mohammed Mossadegh zum Ministerpräsidenten ernannte, machte dieser sich gleich daran, die iranische Ölindustrie entschädigungslos zu verstaatlichen. Daraufhin bemühte sich Großbritannien mit Billigung des Schahs, der kräftig an der britisch kontrollierten Ölindustrie verdiente, bei der Truman-Regierung um Unterstützung für eine Militäraktion gegen Mossadegh. Dies war allerdings vergeblich, da Präsident Truman in Mossadegh einen Garanten der Stabilität erblickte. Der 1953 ins Amt gekommene Präsident Eisenhower sah dies jedoch anders. Überzeugt davon, dass der linksgerichtete Mossadegh den Iran an die Sowjetunion ausliefern werde, ließ er mit Billigung des Schahs eine Geheimdienstoperation zum Sturz des iranischen Ministerpräsidenten vorbereiten, die im August 1953 über die Bühne ging. Zusammen mit dem britischen Geheimdienst orchestrierte die CIA einen am Ende erfolgreichen Putsch persischer Militärs gegen Mossadegh. Fortan regierte der Schah mit massiver Unterstützung Washingtons. Amerikanische Wirtschaftshilfe floss in erheblichem Maße, währenddessen die USA auch beim Aufbau der iranischen Armee und des Geheimdienstes halfen, dessen brutales Regiment eine zentrale Stütze der autoritären Herrschaft von Schah Reza Pahlewi wurde.

In den 1960/70er Jahren schwelte der arabisch-israelische Konflikt unvermindert weiter. Die Serie von arabisch-israelischen Kriegen, die mit dem israelisch-arabischen Krieg von 1948/49 und der Suezkrise von 1956 begonnen hatte, setzte sich mit dem Sechstagekrieg (1967), dem Jom-Kippur-Krieg (1973) und dem israelischen Einmarsch in den Libanon (1982) fort. In all diesen Kriegen, in denen Israel sein Existenzrecht gegenüber den arabischen Staaten behauptete und zugleich sein Staatsterritorium erweiterte, erfuhr es verschiedene und wohl dosierte Formen amerikanischer Unterstützung. Doch die USA wirkten zugleich immer auch mäßigend auf ihren Bündnispartner ein. So zeigte Washington während des Sechstagekrieges, als Israel in einem Präventivschlag zwischen dem 5. und 10. Juni die ägyptische Luftwaffe am Boden zerstörte, die Golanhöhen und die Westbank eroberte, die Sinaihalbinsel besetzte und ganz Jerusalem unter seine Kontrolle brachte, zwar eine durchaus israelfreundliche Haltung. Als jedoch die dynamische israelische Expansion ein Eingreifen der UdSSR wahrscheinlich machte, unterstützte Präsident Lyndon B. Johnson die sowjetische Forderung nach einem von der UNO vermittelten Waffenstillstand.

Im Jom-Kippur-Krieg unterstützten die USA ihren Bündnispartner Israel abermals, mit dem Ergebnis, dass die in der *Organization of Arab Petroleum Exporting Countries* (OAPEC) zusammengeschlossenen, ölproduzierenden Länder am 17. Oktober 1973 ein Öl-Embargo gegen die USA und die westlichen Industrieländer verhängten, das erst im März 1974 aufgehoben wurde. Der Ölpreis schoss in die Höhe: Noch im Oktober 1973 stieg der Preis für ein Barrel Rohöl von rund 3 auf über 5 Dollar, später kostete es dann sogar mehr als 12 Dollar. Diese Steigerung um 400 % des Ölpreises in weniger als einem Jahr traf die westlichen Industrieländer und insbesondere die USA an ihrer empfindlichsten Stelle und heizte die wirtschaftliche Krise der 1970er Jahre weiter an.

In dieser Situation begannen die USA die Grundlagen ihrer Israel-Politik zu überdenken und bemühten sich zum ersten Mal seit 1948 aktiv um eine Lösung des israelisch-arabischen Konflikts. Der Schlüssel zur Lösung des Problems war Ägypten, das sich seit Anfang der 1970er Jahre von der UdSSR zu entfremden begann. Der seit 1970 amtierende Staatspräsident Anwar as-Sadat arbeitete systematisch darauf hin, die Abhängigkeit Ägyptens von der UdSSR zu reduzieren, um Spielraum für seine eigene aggressive Politik gegenüber Israel zu gewinnen. Andererseits hatte sich die UdSSR im Zeichen der Entspannungspolitik mit den USA geweigert, Ägypten weitere Angriffswaffen zu liefern. Nach dem militärischen Desaster des Jom-Kippur-Krieges ging Sadat deshalb immer stärker auf die USA zu. Kairo nahm wieder diplomatische Beziehungen zu Washington auf, und im Oktober 1975 besuchte Sadat als erster ägyptischer Staatschef die USA. Damit war eine strategische Kooperation zwischen Washington und Kairo begründet, die dann die Grundlage für den wohl größten Erfolg der amerikanischen Nahostdiplomatie während des Kalten Krieges bildete: der unter amerikanischer Führung im Camp-David-Abkommen vermittelte Friedensvertrag zwischen Ägypten und Israel.

Das Camp-David-Abkommen war ein großer persönlicher Erfolg Jimmy Carters, der die Lösung des Nahostkonflikts als eine vorrangige Aufgabe seiner Präsidentschaft betrachtete. Bei aller proisraelischen Grundhaltung war er davon überzeugt, dass die Palästinenser gemäß der UN-Resolution ein Recht auf Heimat und Selbstbestimmung hätten, weshalb er von Israel die Räumung der besetzten Gebiete verlangte. Überzeugt davon, dass allein direkte Gespräche zwischen den Regierungschefs die verfahrene Situation im Nahostkonflikt würden lösen können, lud Carter den ägyptischen Staatspräsidenten Sadat und den israelischen Ministerpräsidenten Menachem Begin im September 1978 zu einem Treffen nach Camp David ein. Auf dem Landsitz des amerikanischen Präsidenten handelten die drei Staatsmänner vom 5. bis zum 17. September 1978 ein Friedensabkommen aus, das die israelisch-ägyptischen Beziehungen auf eine neue Grundlage stellte. Israel willigte ein, die von ihm seit 1967 besetzte Sinaihalbinsel zu räumen und seine Truppen an der Grenze zu Ägypten zu reduzieren. Im Gegenzug erkannte Ägypten das Existenzrecht Israels an, nahm diplomatische Beziehungen zu ihm auf und gewährte ihm Zugang zum Suezkanal. Der am 17. September 1978 in Camp David unterzeichnete Vorfrieden bildete dann die Grundlage für den endgültigen ägyptisch-israelischen Friedensvertrag, der am 26. März 1979 unterzeichnet wurde. Mit diesem Abkommen gewann Präsident Carter mit Ägypten als Verbündetem die stärkste

Macht in der Region. Zugleich hatte er die Glaubwürdigkeit der USA im Nahen Osten erhöht und die Rolle als Anwalt der Menschenrechte und ehrlicher Makler mit großem persönlichem Einsatz geschickt gespielt.

Eine endgültige Lösung des Nahostkonflikts bedeutete das Camp-David-Abkommen allerdings nicht, denn kein anderer arabischer Staat trat dem Friedensabkommen bei. Auch setzte sich das von Carter begonnene amerikanische Engagement zur Vermittlung im israelisch-arabischen Konflikt unter seinem Amtsnachfolger Ronald Reagan nicht fort. Vor allem aber bedeutete das Camp-David-Abkommen auch deshalb keinen dauerhaften Frieden, weil die Iranische Revolution des Jahres 1979 dem gesamten Nahostkonflikt eine ganz neue Dynamik verlieh.

Seit dem Putsch gegen Ministerpräsident Mossadegh im Jahr 1953 war der Iran der treueste Verbündete der USA in Vorderasien. Der Schah forcierte die Modernisierung des Landes und konnte hier auch durchaus Erfolge feiern; die sozialen Kosten waren jedoch immens. Der Wohlstand im Land war sehr ungleich verteilt, eine rasch wachsende Unterschicht formierte sich und eine aus verschiedenen Quellen sich speisende Unzufriedenheit mit dem Regime des Schahs staute sich auf. Wirkmächtige Wortführer waren islamische Geistliche, die die von oben eingeleitete Modernisierung als eine gegen den Islam gerichtete »Verwestlichung« verurteilten. Das Schah-Regime reagierte mit einer rücksichtslosen Politik der harten Hand. Der Iran geriet immer tiefer in eine Krise, deren Tiefe und Dynamik die US-Regierungen von Eisenhower bis Carter nie voll erfassten.

Im Spätsommer 1978 eskalierte diese Krise in einem Aufstand gegen das Schah-Regime, an dessen Spitze sich der in Paris im Exil befindende, fundamentalistische schiitische Geistliche Ayatollah Khomeini setzte. Der Schah ging – mit massiver amerikanischer Unterstützung – zunächst brutal und rücksichtslos gegen die Aufständischen vor. Doch trotz Tausender Toter in den eigenen Reihen behielten die Aufständischen am Ende die Oberhand und zwangen den Schah am 16. Januar 1979 zur Flucht. Kurz darauf kehrte Ayatollah Khomeini am 1. Februar im Triumph aus Paris nach Teheran zurück. Die von ihm angeführten Schiiten drückten die moderat islamischen und säkularen Gruppen, die sich ebenfalls am Aufstand gegen den Schah beteiligt hatten, rasch an die Wand und verwandelten den Iran in eine islamische Republik. Mit ihr war eine neue politische Kraft in der Welt, die aus dem Geist des religiös-fundamentalistischen Widerstands gegen die von oben eingeleitete Modernisierung geboren war. Für die Mullahs waren die als »großer Satan« verteufelten USA der Inbegriff der westlichen Moderne, gegen die sie sich auflehnten.

Gegenüber den Entwicklungen im Iran reagierte die USA unter Präsident Carter unentschlossen. Primär daran interessiert, den Iran als Stabilitätsfaktor in der Region zu erhalten, setzten sie auf die moderaten Kräften im Iran und unterschätzten die religiöse Dynamik des Geschehens vollkommen. Um die Beziehungen zu den neuen Machthabern im Iran nicht zu gefährden, verweigerten die USA dem geflohenen Schah zunächst politisches Asyl. Doch als sich der Gesundheitszustand des durch die Welt fahrenden Reza Pahlewi im Herbst 1979 derart verschlechterte, dass eine medizinische Behandlung in den USA notwendig wurde, ließ Präsident Carter den Schah dann doch einreisen. Diese Entscheidung ließ die anti-amerikanische Stimmung im Iran eskalieren: Am

4. November 1979 stürmte ein Mob fanatisierter Iraner die amerikanische Botschaft in Teheran und nahm 66 Botschaftsangehörige als Geiseln. Die Botschaftsbesetzer forderten die Auslieferung des Schahs, die Freigabe der iranischen Guthaben bei amerikanischen Banken sowie eine Entschuldigung der USA für die Einmischung in die inneren Angelegenheiten des Iran. Ayatollah Khomeini pries die Botschaftsbesetzer als wahre Helden, ermunterte sie zum Durchhalten und weigerte sich, mit Abgesandten der USA überhaupt zu sprechen. Damit etablierte er eine neue Form des staatlich geduldeten Terrorismus.

Präsident Carter zeigte keinerlei Kompromissbereitschaft. Er fror alle iranischen Auslandsguthaben ein, belegte iranisches Öl mit einem Embargo und ließ alle iranischen Studenten ohne gültiges Visum aus den USA ausweisen. Das tat alles keine Wirkung. Die Geiseln blieben in der Botschaft gefangen. Ihr Schicksal war täglich in den Nachrichten, was den öffentlichen Druck auf die US-Regierung immer höher werden ließ. Im April 1980 scheiterte die von Carter angeordnete Rettungsmission *Operation Eagle Claw* spektakulär größtenteils am Unvermögen der amerikanischen Elite-Einheiten. Präsident Carter übernahm die volle Verantwortung für das Desaster, die USA waren vor aller Welt blamiert und ihr eigenes Selbstvertrauen nachhaltig erschüttert. Dennoch versuchte ein zunehmend verzweifelter Präsident Carter weiterhin alles, um die amerikanischen Geiseln freizubekommen. Allerdings kam erst nach dem Angriff des Irak auf den Iran am 22. September 1980 Bewegung in die verzwickte Situation. Angesichts des gerade ausgebrochenen Krieges mit dem Irak zeigte sich Ayatollah Khomeini bereit, die Teheraner Botschaftsgeiseln freizulassen, sofern die USA zusagten, sich fortan aus den inneren Angelegenheiten Irans herauszuhalten, die eingefrorenen Auslandsguthaben freizugeben und auf alle Entschädigungsansprüche zu verzichten. Präsident Carter willigte ein, dennoch zog sich das Geiseldrama weiter hin. Erst in den frühen Morgenstunden des 20. Januar 1981, dem Tag der Amtseinführung von Carters Nachfolger Ronald Reagan, kündigte der Iran die Freilassung der amerikanischen Geiseln an. Es war ein letzter Akt der Demütigung für Präsident Carter.

Während der Amtszeit Ronald Reagans rückte der Libanon in den Brennpunkt des Geschehens im Nahen Osten. Das seit Mitte der 1970er Jahre von einem Bürgerkrieg destabilisierte Land war das große Sicherheitsrisiko in der Region. Um die prekäre Situation im Libanon zu stabilisieren, blieben die USA mit eigenen Truppen im Rahmen der *Multinational Force* im Land präsent. Als Bündnispartner wurden sie dadurch jedoch in besonderem Maße zu einem Hassobjekt extremistischer muslimisch-arabischer Gruppen, die im Windschatten der schiitischen Revolution im Iran entstanden. Bereits 1979 war der *Islamische Jihad* gegründet worden, 1982 folgte dann die Gründung der *Hisbollah*, die sich, durch den Iran und Syrien unterstützt, schnell zur radikalsten antiisraelischen und anti-amerikanischen Gruppierung im Nahen Osten entwickelte. Im April 1983 wurde die US-Botschaft in Beirut Opfer eines Bombenanschlags, am 23. Oktober 1983 fuhr ein mit Sprengstoff beladener Lastwagen direkt in das Hauptquartier der *Marines* in Beirut und tötete 241 von ihnen. Die USA zogen sich anschließend aus dem Libanon zurück.

Insgesamt hatten sich die USA bis Mitte der 1980er Jahre von ihrer Rolle als Vermittler im Nahostkonflikt weitgehend verabschiedet. Aus Sicht Washingtons war im

Nahen Osten viel zu verlieren und kaum etwas zu gewinnen. Zwar standen die USA weiterhin zu Israel, das sie mit großzügigen Finanz- und Militärhilfen unterstützten, doch das israelisch-amerikanische Verhältnis blieb schwierig, weil Israel sich nicht so ohne weiteres auf Linie bringen ließ und seine Sicherheitsinteressen eigenmächtig verfolgte. Gleichzeitig blieb das Verhältnis zum Iran überaus gespannt, weshalb der Irak im Laufe der 1980er Jahre eine immer größere Bedeutung für die amerikanische Nahostpolitik gewann.

Der Irak war 1955 als Vertragspartner der USA dem Bagdad-Pakt beigetreten, einem multilateralen Verteidigungspakt im Zeichen der amerikanischen Politik zur Einkreisung der UdSSR, der eine Brücke von NATO und der *Southeast Asia Treaty Organisation* (SEATO) herstellte. Allerdings hatte der Bagdad-Pakt nicht auch nur annähernd die Bedeutung wie NATO und SEATO. Seit Ende der 1960er Jahre war Saddam Hussein als Sicherheitschef der sozialistischen und panarabisch-nationalistischen Baath-Partei zum starken Mann im Irak geworden. Im Juli 1979 zwang er den Präsidenten des Landes zum Rücktritt und war fortan selbst Regierungs- und Parteichef. Als linksgerichteter Staat und militanter Gegner Israels wurde der Irak Saddam Husseins von den USA anfangs mehr als skeptisch beäugt, als terrorismusbefördernder Staat klassifiziert und mit vielfältigen Sanktionen belegt. Als Hussein dann jedoch im Jahr 1980 einen Krieg gegen den von der Revolution destabilisierten Iran vom Zaun brach, der acht Jahre dauerte und von beiden Seiten mit großer Brutalität geführt wurde, schlugen sich die USA auf die Seite des Irak. Sie unterstützten die irakische Kriegsanstrengung mit Geheimdienstinformationen, Satellitenbildern, Zivilhubschraubern und großzügigen Kreditzusagen. Gleichzeitig aber – und das zeigt die merkwürdige Richtungslosigkeit der amerikanischen Nahostpolitik unter Präsident Ronald Reagan – lieferten die USA seit Mitte der 1980er Jahre Waffen an den Iran, um die von der Hisbollah im Libanon gefangen gehaltenen US-Geiseln freizubekommen (vgl. S. 246 f.).

Entspannungspolitik, Re-Eskalation und Ende des Kalten Krieges

Ungeachtet der Eskalation in Vietnam markiert der Amtsantritt von Präsident Nixon den Beginn einer neuen, etwa ein Jahrzehnt währenden Phase der Außenpolitik, die mit *Détente* – Entspannung – bezeichnet wird. Deren *Spiritus Rector* war Henry Kissinger, der zwischen 1969 und 1977 der starke Mann der US-Außenpolitik war, zunächst als *Nationaler Sicherheitsberater* (1969–1973) und dann als US-Außenminister. Kissinger war ein bekennender Realpolitiker, der in Kategorien von »Gleichgewicht«, »Stabilität«, »Sicherheit« und »Interessen« dachte. Für idealistische Motive war in diesem politischen Weltbild kein Platz. Ganz im Gegenteil, Kissinger war überzeugt davon, dass ein selbstvergessener Idealismus den nationalen Interessen der USA ausgesprochen abträglich war. Die von einem idealistischen demokratischen Internationalismus angetriebene Außenpolitik hatte, so Kissinger, die USA tief in europäische Händel hineingezogen und sie in blutige Kriege in Südostasien verstrickt, die die Ressourcen der USA gefährlich überdehnt hatten. Vor allem in Vietnam hatte in Kissingers Augen eine realitätsferne Außenpolitik die nationalen Sicherheitsinteressen der USA massiv gefährdet, das Land an die Grenzen seiner Macht getrieben und seine Gesellschaft tief gespalten.

Das Ziel der Entspannungspolitik im Sinne Kissingers war es deshalb, den kompromisslos konfrontativen Kurs gegenüber kommunistischen Regimen zu beenden und die Beziehungen zu ihnen im Dienste der globalen Stabilität zu normalisieren. Das bedeutete freilich nicht das Ende der amerikanischen Fundamentalopposition zum Kommunismus. Die UdSSR war für Nixon und Kissinger weiterhin der Hauptgegner, und niemand in der US-Regierung glaubte, dass der Systemgegensatz des Kalten Krieges sich in Luft auflösen lassen würde. Der im Zeichen der Entspannungspolitik stehenden US-Außenpolitik ging es darum, diesen Gegensatz durch Verhandlungen und Verträge zu regulieren und ihn durch eine Politik der Kompromisse zu entschärfen und zu begrenzen.

Zunächst bemühte sich Präsident Nixon darum, das Verhältnis zur Volksrepublik China zu normalisieren. Seit 1949 hatten die USA das »rote China« geflissentlich ignoriert, ihm die diplomatische Anerkennung verweigert und sich ganz auf die Seite Taiwans geschlagen. Gleichzeitig hatten die USA die Volksrepublik China mit einem Handelsembargo belegt. Als Nixon das Verhältnis zur Volksrepublik China auf eine neue Grundlage stellte, ging es aber nicht nur um freundschaftlichere Beziehungen zwischen Washington und Peking, sondern auch darum, die bis Anfang der 1970er Jahre offen zu Tage getretenen Konflikte zwischen China und der UdSSR strategisch für die eigenen Interessen auszunutzen. Dabei war sich Nixon im Klaren darüber, dass der Preis der Normalisierung ein Abzug von US-Streitkräften aus Taiwan sein würde, und er war auch bereit, ihn zu bezahlen. Im Sommer 1971 handelte Kissinger in geheimen Gesprächen mit der chinesischen Führung in Peking eine Vereinbarung aus, mit der die USA sich bereit erklärten, Truppen aus Taiwan abzuziehen. Im Gegenzug sicherte China den USA Hilfe bei der Lösung des Vietnamkonflikts zu. Im Februar 1972 stattete Nixon der Volksrepublik China als erster US-Präsident überhaupt einen offiziellen Staatsbesuch ab, der ein grandioser Erfolg wurde.

Parallel zur Normalisierung der Beziehungen zu China bemühte sich Präsident Nixon auch um Entspannung im Verhältnis zur UdSSR. Das Mittel dazu waren Handelsverträge auf Basis der Meistbegünstigungsklausel, die es der UdSSR erlaubten, Getreide, Konsumgüter und insbesondere Technologie aus den USA zu beziehen. Gleichzeitig drängte Nixon seit 1970 auf ein Gipfeltreffen mit der sowjetischen Führung in Moskau. Im Mai 1972 war es soweit: Nixon besuchte als erster US-Präsident die UdSSR und unterzeichnete in Moskau den *Strategic Arms Limitation Treaty* (SALT I), mit dem die beiden Supermächte ein 5-jähriges Moratorium für die Entwicklung und Stationierung von Interkontinentalraketen vereinbarten. Zwar wurde durch diesen Vertrag kein einziges bereits bestehendes Waffensystem verschrottet, und obendrein enthielten die Bestimmungen von SALT I viele Schlupflöcher, doch immerhin war ein Anfang in Sachen Abrüstung gemacht, zumal der Vertrag beide Partner zu weiteren Verhandlungen verpflichtete. Schon im November 1972 begannen in Genf die Verhandlungen über einen SALT-II-Vertrag.

Unter Nixons Nachfolger Präsident Gerald R. Ford setzten die USA ihre Entspannungspolitik fort, doch es blieb alles mühsam. Das gegenseitige Misstrauen zwischen den USA und der UdSSR saß tief, und in den USA selbst war die Entspannungspolitik umstritten. Deshalb ging das Wettrüsten auf beiden Seiten auch in dieser Tauwetterperiode ungebrochen weiter. Es gab allerdings auch Fortschritte. So unterzeichneten die USA und die UdSSR im Juli 1975 die Schlussakte der *Konferenz für Sicherheit und Zusammenarbeit in Europa* (KSZE) in Helsinki, die einerseits die bestehenden Grenzen in Europa anerkannte, andererseits aber alle Vertragspartner darauf verpflichtete, die Grund- und Menschenrechte zu achten. Letzteres war aus Sicht des Realpolitikers Kissinger die entscheidende Errungenschaft der KSZE-Schlussakte, denn er sah in dieser Vereinbarung den Beginn eines Liberalisierungsprozesses, der die Diktatur der Kommunisten in Osteuropa mittelfristig erodieren lassen würde. Die mit der amerikanischen Unterschrift garantierte Unverletzlichkeit der Grenzen in Europa war für ihn demgegenüber kaum mehr als die Anerkennung des Status quo. Deshalb drängte er Präsident Ford energisch dazu, die Schlussakte zu unterschreiben, obwohl Kritiker in den USA – darunter auch Ronald Reagan – in diesem Schritt einen Verrat an den ost- und südosteuropäischen Ländern und den eigenen freiheitlichen Grundsätzen erblickten.

Präsident Jimmy Carter setzte die Entspannungspolitik zunächst fort, brachte aber zugleich einen idealistischen Geist wieder zurück in die US-Außenpolitik. Der evangelikale Christ empfand die Realpolitik Kissingers als zynisch und amoralisch und wollte die US-Außenpolitik wieder stärker in den Dienst der Verbreitung von Demokratie und Menschenrechten überall in der Welt stellen, ohne darüber jedoch die Entspannungspolitik zu gefährden. Unter Carter kam die von Nixon eingeleitete Chinapolitik mit der Aufnahme voller diplomatischer Beziehungen zwischen den USA und der Volksrepublik China im Jahr 1979 zu einem gewissen Abschluss. Auch gegenüber der UdSSR zeigte sich Carter anfangs konziliant, prangerte jedoch die Verfolgung der tschechischen Dissidenten, die die *Charta 77* unterzeichnet hatten, offen an und machte sich gegenüber Moskau zum Anwalt des sowjetischen Physikers und Bürgerrechtlers Andrej Sacharow. Dessen ungeachtet bemühte Carter sich darum, die festgefahrenen SALT-II-Verhandlungen wieder in Gang zu bekommen. Nach zähem Beginn führten diese Gespräche zu einem Erfolg: Im Juni 1979 unterzeichneten Präsident Carter und Generalsekretär Breschnew in Wien den SALT-II-Vertrag, der die Produktion und Stationierung von strategischen Raketen auf beiden Seiten des Eisernen Vorhangs begrenzte. Allerdings traf der SALT-II-Vertrag im US-Senat auf heftigen Widerstand, so dass Carter sich noch im Sommer 1979 entschloss, grünes Licht für die Entwicklung des MX-Raketensystems zu geben. War dies das Signal für eine bereits unter Präsident Carter einsetzende Re-Eskalation des Kalten Krieges, so trieben der NATO-Doppelbeschluss und der sowjetische Einmarsch in Afghanistan diese Entwicklung im Folgenden weiter voran.

Hintergrund für den NATO-Doppelbeschluss war die Stationierung der neuen SS-20 Mittelstreckenraketen in Osteuropa, mit der die UdSSR parallel zu den SALT-II-Verhandlungen begonnen hatte. Die Waffengattung der Mittelstreckenraketen war nicht Gegenstand der SALT-Verhandlungen gewesen, in denen es allein um die Regulierung der Langstreckenwaffensysteme ging. Die in Osteuropa stationierten SS-20 Raketen konnten jedes Ziel in Mitteleuropa treffen, und als diese Bedrohung offensichtlich wurde, arbeitete Präsident Carter zielstrebig auf einen Doppelbeschluss der NATO hin, der am 12. Dezember 1979 besiegelt wurde. Mit ihm bot die NATO der UdSSR einerseits

Verhandlungen über die Begrenzung der Mittelstreckenwaffen an. Andererseits beschloss sie, nun auch amerikanische Mittelstreckenraketen des Typs Pershing II und Marschflugkörper in Westeuropa zu stationieren.

Endgültig vorbei war die kurze Phase der Entspannungspolitik mit dem Einmarsch der UdSSR in Afghanistan am 27. Dezember 1979. Präsident Carter schlug sich nun vollends auf die Seite der Falken. In der sogenannten *Carter Doktrin* erklärte er, dass jeder Versuch einer auswärtigen Macht, Kontrolle über die Region am Persischen Golf zu erlangen, von den USA als ein Angriff auf ihre vitalen Interessen betrachtet und deshalb mit allen Mitteln, einschließlich militärischer, zurückgeschlagen werden würde. Auf dieser programmatischen Grundlage handelte Präsident Carter schnell und entschlossen. Er zog den SALT-II-Vertrag aus dem US-Senat zurück, belegte die UdSSR mit einem Getreideembargo und empfahl eine Erhöhung des Verteidigungshaushaltes. Auf dem Feld der symbolischen Politik arbeitete die Carter-Regierung energisch auf den weltweiten Boykott der Olympischen Spiele in Moskau hin: Neben den USA verweigerten 64 weitere Länder im Sommer 1980 eine Teilnahme an der Olympiade.

Das alles war Wasser auf die Mühlen von Ronald Reagan und seinen politischen Freunden, die die Entspannungspolitik von Anfang an als großen politischen Fehler verurteilt hatten. Es kann deshalb kaum verwundern, dass die USA während der Präsidentschaft Ronald Reagans auf eine neue Politik der Stärke gegenüber dem Ostblock setzten, massiv aufrüsteten und den Kalten Krieg sowohl rhetorisch als auch praktisch wieder voll entfesselten. Diese Eskalation ging einher mit der massiven Erhöhung des Verteidigungshaushaltes, wobei der Löwenanteil der Gelder in die Entwicklung neuer, teils phantastischer Waffensysteme floss. Besonders spektakulär war das Projekt der *Strategic Defense Initiative* (SDI), im Volksmund *Star Wars* genannt. Die SDI war ein im Weltraum basiertes Abwehrsystem, das auf die USA zufliegende Interkontinentalraketen mittels Laserkanonen abschießen sollte. Kaum jemand hielt die SDI technisch für realisierbar und politisch war es obendrein eine klare Verletzung des Vertrages zur Abrüstung und Verwendung antiballistischer Waffen von 1972 (ABM-Vertrag). Präsident Reagan hingegen ignorierte alle kritischen Stimmen, vertraute fest auf die Leistungsfähigkeit der amerikanischen Wissenschaftler und pumpte Milliarden in das Projekt.

Vor diesem Hintergrund staunt man bis zum heutigen Tage darüber, dass ein so ideologischer Kalter Krieger wie Präsident Reagan, der die UdSSR am 8. März 1983 in einer Rede vor evangelikalen Christen in Orlando, Florida, als das »Reich des Bösen« bezeichnete, Mitte der 1980er Jahre zusammen mit dem Generalsekretär der KPdSU, Michail Gorbatschow, den Ost-West-Konflikt faktisch beendete. Denkt man jedoch etwas länger über Ronald Reagan, seine Persönlichkeit und seinen politischen Stil nach, dann wird das Ganze etwas weniger erstaunlich. Reagan hatte große Angst vor einem Atomkrieg, der für ihn das biblische Armageddon war, das das Ende der Geschichte markiere. Aus dieser Furcht resultierte der Wunsch, das Wettrüsten zu beenden. Gleichzeitig war Reagan bei aller ideologischen Rhetorik immer ein Pragmatiker und bereit, sowjetische Sicherheitsinteressen anzuerkennen. Auch war Reagan sehr sensibel für politische Stimmungen im eigenen Land und wusste deshalb, dass seine neue Politik des nuklearen Säbelrasselns auf wachsenden Widerspruch im Kongress und in der Bevölkerung, und zwar nicht nur der amerikanischen, stieß. Deshalb machte er seit 1981 immer wieder neue Vorschläge zur nuklearen Abrüstung und suchte gleichzeitig das direkte Gespräch mit der sowjetischen Führung, in der Michail Gorbatschow seit dem 11. März 1985 das Amt des Generalsekretärs bekleidete. Den Anfang machte im November 1985 eine erste Begegnung in Genf, und es folgten die historisch entscheidenden Gipfeltreffen in Reykjavik (Oktober 1986) und Washington (Dezember 1987), die das Wettrüsten des Kalten Krieges faktisch beendeten.

Bereits auf ihrem Treffen in Genf kamen Reagan und Gorbatschow gut miteinander zurecht und diskutierten weitreichende Abrüstungspläne. Weil Reagan sich in Sachen SDI jedoch gänzlich kompromisslos zeigte, verliefen die Gespräche ergebnislos. Gleichwohl drängte Gorbatschow entschieden auf die Fortsetzung der Abrüstungsgespräche. Im Oktober 1986 wurde überaus kurzfristig ein weiteres Treffen in Reykjavik anberaumt, auf dem Gorbatschow den USA sehr weit entgegenkam: Er akzeptierte im Prinzip die von Reagan bereits in November 1981 erstmals vorgeschlagene »Nulllösung«, wonach die USA und die UdSSR alle ihre Mittelstreckenraketen aus Europa abziehen würden. Gorbatschow band dies aber an die Bedingung, dass die USA ihr SDI-Projekt aufgäben. Da Reagan dies auf keinen Fall wollte, kam es auch in Reykjavik zu keinen handfesten Ergebnissen. Dennoch fuhr Reagan überaus gut gelaunt aus Island ab und feierte den Gipfel als atmosphärischen Erfolg. Gorbatschow hingegen war höchst frustriert. Wegen seiner innenpolitischen Reformvorhaben stand er unter starkem Handlungsdruck. Er war überzeugt davon, dass *Glasnost* und *Perestroika* im Innern nur gelingen würden, wenn die enorme finanzielle Belastung des Wettrüstens für die UdSSR endete. Deshalb ging Gorbatschow im Februar 1987 mit einer spektakulären Abrüstungsinitiative an die Öffentlichkeit und bot die bedingungslose Verschrottung aller sowjetischen Mittelstreckenwaffen an. Das machte den Weg für das dritte Gipfeltreffen in Washington frei, auf dem die USA und die UdSSR am 8. Dezember 1987 den INF-Vertrag unterzeichneten. Dieser Vertrag sah die weltweite Vernichtung aller landgestützten Nuklearraketen mit kürzerer und mittlerer Reichweite einschließlich deren Abschussvorrichtungen und Infrastruktur innerhalb von drei Jahren vor. Ferner wurde die weitere Produktion dieser Waffensysteme verboten und ein Verfahren zur Inspektion und Verifikation der Verschrottung vor Ort etabliert. Dies war der entscheidende Durchbruch auf dem Weg zur Beendigung des Kalten Krieges, und Präsident Reagan kommt das Verdienst zu, sich trotz seines tief verankerten Anti-Kommunismus auf Verhandlungen mit der sowjetischen Staatsführung eingelassen und zusammen mit Gorbatschow die spektakulären Abrüstungsvereinbarungen getroffen zu haben. Vor allem schaffte er es, im eigenen Land politische Mehrheiten für die Abrüstungspolitik zu organisieren. Kein Amerikaner kam auf die Idee, dem »Kommunistenfresser« Reagan zu unterstellen, durch eine Politik liberaler Milde die USA an die UdSSR zu verkaufen. Deshalb wurde der INF-Vertrag am 27. Mai 1988 mit 93 zu 5 Stimmen vom Senat ratifiziert.

Das eigentliche Ende des Kalten Krieges ereignete sich aber erst 1991, als mit der UdSSR einer der beiden Antagonisten von der Bildfläche verschwand. Der rasche und rückstandlose Zusammenbruch der UdSSR kam für Washington überraschend. In dieser Situation betrachtete Präsident Bush es als die Hauptaufgabe der USA, Stabilität zu garantieren und den Übergang in die Welt nach dem Zweiten Weltkrieg zu moderieren. In der Bush-Regierung gaben die nüchternen Realisten den Ton an, und ihnen war voll und ganz bewusst, dass Gorbatschows Reformprogramm vor allem darauf zielte, die UdSSR zu alter Stärke zu führen. Gleichzeitig wurden in der Republikanischen Partei die Stimmen lauter, die Präsident Reagans Arrangement mit der UdSSR immer schon mit Skepsis begegnet waren und auf einen härteren Kurs gegenüber Moskau drängten. Deshalb agierten die USA unter Präsident Bush abwartend und vorsichtig. Die Militärausgaben blieben weiterhin astronomisch hoch, die Entwicklung neuer Waffensysteme schritt voran, und die Modernisierung der amerikanischen Streitkräfte wurde systematisch fortgeführt. Gleichzeitig setzte Präsident Bush die von seinem Amtsvorgänger eingeleitete nukleare Entspannungspolitik fort: Mit START I und START II unterzeichnete er zwei weitreichende Abrüstungsverträge, die die Arsenale strategischer Nuklearwaffen deutlich reduzierten.

Gegenüber den Revolutionen, die sich 1989/90 überall im östlichen Europa ereigneten, fuhr die Bush-Regierung einen nüchternen Kurs. Sie griff nicht ermunternd in die Revolutionen ein, tat aber auch nichts, um der UdSSR bei der Stabilisierung ihrer Macht in Ost- und Südosteuropa zu helfen. Zwischen 1989 und 1991 standen die USA beobachtend an der Seitenlinie und bereiteten sich gleichzeitig darauf vor, die zu erwartende Situation gefährlicher Instabilität zu moderieren. Als am 9. November 1989 die Berliner Mauer fiel, arbeitete die Bush-Regierung zielstrebig auf die friedliche Wiedervereinigung Deutschlands hin: Sie unterstützte die Politik Helmut Kohls, überredete die anfangs skeptischen Weltkriegsalliierten, insbesondere Großbritannien, der Wiedervereinigung Deutschlands zuzustimmen, und machten zugleich unmissverständlich klar, dass die USA nur ein wiedervereinigtes Deutschland akzeptieren würden, das weiterhin Mitglied von NATO und Europäischer Union war und das die westliche Grenze Polens anerkannte. Weitgehend hinter den Kulissen operierend, war die Bush-Regierung damit ein wesentlicher Schrittmacher der Wiedervereinigung Deutschlands.

Sie enthielt sich aber der Versuchung, durch aktive Intervention in innere Verhältnisse Osteuropas den Zusammenbruch der UdSSR zu beschleunigen. Offiziell unterstützte die Bush-Regierung zunächst weiterhin den Kurs von Gorbatschow. Als dessen Macht nach dem Putschversuch orthodoxer Kommunisten vom 19. August 1991 erschüttert war, schlug sie sich auf die Seite des neuen starken Mannes Boris Jelzin und ließ den Dingen in der UdSSR ihren Lauf. Selten ist ein Imperium so lautlos zusammengebrochen. Wenngleich die Bush-Regierung kein aktiver Schrittmacher dieser Entwicklung war, so hat sie doch durch ihre umsichtige Außenpolitik in dieser Situation maßgeblich dazu beigetragen, die Epochenwende im Dienste von Stabilität und Frieden zu gestalten.

6 Wirtschaftlicher, sozialer und kultureller Wandel 1945–1991

Die Jahre des Kalten Krieges waren eine Zeit beschleunigten wirtschaftlichen, sozialen und kulturellen Wandels. Die USA verfügten über die größte und leistungsstärkste Industriewirtschaft der Welt, die zwar seit den 1970er Jahren an Position im globalen Gefüge verlor, aber weiterhin der wichtigste Taktgeber der Weltwirtschaft blieb. Dabei ging das ökonomische Wachstum mit einem postindustriellen Strukturwandel einher, der Wirtschaft und Gesellschaft der USA nachhaltig veränderte. In sozialer Hinsicht war die volle Entfaltung der Wohlstandsgesellschaft der alles überragende Basisprozess der Jahre von 1945 bis 1991. Dieser neue Gesellschaftstypus formierte sich in den Wohlstandsschüben der 1950/60er Jahre, durchlief in den 1970er Jahren eine Krise und wurde dann durch die konservative Wirtschafts- und Sozialpolitik der *Reagan Revolution* grundlegend umgebaut.

Die wirtschaftliche Entwicklung

Mit dem Ende des Zweiten Weltkrieges begann eine lang anhaltende Phase wirtschaftlichen Wachstums, die den größten und nachhaltigsten Wohlstandsschub in der Geschichte der USA zur Folge hatte. Diese Entwicklung war in den 1950/60er Jahren besonders rasant und kam dann in den von wirtschaftlicher Stagnation, steigender Inflation und hoher Arbeitslosigkeit geprägten 1970er Jahren etwas ins Stocken. In den 1980er Jahren jedoch entwickelte sie dann im Zeichen des Marktradikalismus der 1980er Jahre eine neue Dynamik.

Die amerikanische Wirtschaft war unzerstört und auf vollen Touren laufend aus dem Zweiten Weltkrieg hervorgegangen und wuchs bis zum Ende des Kalten Krieges kontinuierlich und sehr dynamisch. Das wirtschaftliche Wachstum war zwar durch mehrere Rezessionen strukturiert, zu Abstürzen wie der *Great Depression* kam es aber nicht mehr. Das Bruttoinlandsprodukt, gemessen am Wert des Dollars von 1958, stieg zwischen 1950 und 1960 von 371,2 Milliarden auf 528,5 Milliarden Dollar, belief sich 1970 auf 802,8 Milliarden und hatte 1980 die Billionengrenze knapp überschritten. Gleichzeitig blieb die Arbeitslosigkeit relativ gering; sie bewegte sich in den 1950er Jahren bei durchschnittlich 4,6 Prozent und stieg dann leicht an. Im Mai 1975 erreichte sie mit 9,2 Prozent einen Höchststand, ging dann aber bis Ende der 1980er Jahre wieder auf rund 5 Prozent zurück. Dieses außergewöhnliche Wirtschaftswachstum der USA wurde maßgeblich von drei Faktoren vorangetrieben: von der enormen Steigerung der Produktivität, der sich abermals beschleunigenden Expansion der amerikanischen Wirtschaft in die Welt und der staatlichen Ausgabenpolitik im Zeichen des Kalten Krieges.

Nach 1945 verdichtete sich die Verflechtung von Wissenschaft, Technologie und Produktion im Dienste der fortlaufenden Steigerung der Effizienz in bislang nicht gekannten Ausmaßen. Ein wichtiger Schrittmacher des sich während des Kalten Krieges ereignenden »Wunders an Produktivität« war die Automatisierung des industriellen Produktionsprozesses. Das heißt, es wurden Maschinen zum Betrieb von anderen Maschinen entwickelt. Dadurch erhöhte sich der Ausstoß von Produkten, deren Qualität wurde besser, das Management effizienter, und die Abläufe in Fabriken, Bürokratien und Dienstleistungsunternehmen beschleunigten sich insgesamt. Gleichzeitig ging der wirtschaftliche Konzentrationsprozess in eine neue Runde, weil zunehmend nur noch Großunternehmen in der Lage waren, effizient zu produzieren. Besondere Hochphasen der wirtschaftlichen Konzentration waren die 1950/60er und die 1980er Jahre. Im Zuge dieser Entwicklung entstand eine Vielzahl von Konglomeraten. Dabei handelt es sich um eine neue Form der Unternehmensorganisation, die über das bekannte Phänomen vertikal und horizontal integrierter *Trusts* insofern hinausging, als sie unter ihrem Unternehmensdach eine bunte Vielfalt von Firmen und Produktlinien vereinigten, die nichts miteinander zu tun hatten. Zwar verschwanden die klein- und mittelständischen Unternehmen nicht von der Bildfläche, denn noch im Jahr 1976 wurden 38 Prozent des Bruttosozialprodukts von klein- und mittelständischen Unternehmen erarbeitet, doch auch ihr wirtschaftliches Wohlergehen war strukturell an die Großunternehmen gekoppelt.

Der zweite wirtschaftliche Basisprozess ist die sich nach 1945 abermals beschleunigende Expansion amerikanischer Unternehmen in die Welt. Diese wurde in den 1950/60er Jahre entscheidend durch die Tatsache begünstigt, dass Europa und Asien in Folge des Zweiten Weltkrieges wirtschaftlich am Boden lagen, während die amerikanische Wirtschaft stärker war als je zuvor. Seit den 1970er Jahren entwickelte dann der sich beschleunigende Prozess der Globalisierung eine Eigendynamik. Amerikanische Großunternehmen wie Ford oder General Motors, IBM, Eastman Kodak, General Electric, Exxon oder ITT betrieben in anderen Ländern Fabriken, Logistikzentren und Verwaltungszentralen und verflochten sich mit den dortigen Märkten. Im Jahr 1963 kontrollierten US-Firmen mehr als die Hälfte der britischen Automobilindustrie, 40 Prozent der deutschen Erdölindustrie und 40 Prozent der Telekommunikationsindustrie Frankreichs. Gleichzeitig wurden die ausländischen Märkte für den wirtschaftlichen Erfolg amerikanischer Unternehmen immer wichtiger. Bereits Mitte der 1960er Jahre machten ausländische Märkte 29 Prozent der Geschäfte von IBM, 40 Prozent der von Coca Cola und 45 Prozent der von Caterpillar Tractors aus.

Der dritte Faktor des wirtschaftlichen Wachstums war die staatliche Ausgabenpolitik im Zeichen des Kalten Krieges, insbesondere die astronomisch hohen Ausgaben für Verteidigung. Diese stiegen während des Kalten Krieges so kontinuierlich wie dramatisch an und machten zu keinem Zeitpunkt weniger als 21 Prozent des nationalen Haushaltes aus. Meist waren sie jedoch viel höher. So gaben die USA während des Koreakrieges fast 70 Prozent des nationalen Haushaltes für Verteidigung aus. Während der 1960er Jahre lag der Anteil der Verteidigungsausgaben am Gesamthaushalt durchschnittlich bei 46 Prozent. Zwar sank er dann bis 1975 auf rund ein Viertel ab, doch im letzten Amtsjahr von Präsident Reagan gaben die USA mit 27,3 Prozent wieder fast ein Drittel ihres jährlichen Etats für Verteidigung aus; das waren 290,3 Milliarden Dollar. Durch diese staatliche Ausgabenpolitik wurde das Pentagon zum Hauptkunden der rasant expandierenden Rüstungsindustrie und zu einem der wichtigsten Auftraggeber für Forschungsprojekte im Land. Der Hebel dazu waren die kontinuierlich steigenden Budgets des Pentagons für *Research and Development*, mit denen wissenschaftliche Forschungen zur Entwicklung neuer Waffensysteme finanziert wurden. Lagen die Ausgaben für *R & D* zu Beginn der 1970er bei etwa 8 Milliarden jährlich, so stiegen sie im Zuge der Entfesselung des »Zweiten Kalten Krieges« zwischen 1978 und 1989 von 15,5 auf 53 Milliarden an. Die rasante Entwicklung der amerikanischen Universitäts- und Forschungslandschaft ist ohne diese staatliche Ausgabenpolitik nicht zu verstehen.

Im Zuge dieser Entwicklung entstand erstmals in der Geschichte der USA eine dauerhafte Rüstungsindustrie als Kernelement eines militärisch-industriellen Komplexes, eines Agglomerates von Institutionen, Individuen und Ressourcen also, die im Dienst der Vorbereitung auf einen erwarteten Krieg gegen den Ostblock standen. Dieses Netzwerk war bis zum Jahr 1961 bereits so stark geworden, dass Präsident Eisenhower die Amerikaner in seiner *Farewell Address* eindringlich vor den demokratie- und freiheitsgefährdenden Folgen des militärisch-industriellen Komplexes warnte. Tatsächlich wurde dieses Zusammenspiel von Staat, Rüstungsindustrie und Bildungseinrichtungen bis zum Ende des Kalten Krieges immer mehr zu einem sich selbst erhaltenden System, von dem die wirtschaftliche Entwicklung der USA entscheidend abhing. Gleichzeitig trieb die Militarisierung der amerikanischen Hochschul- und Forschungsinstitutionen eine naturwissenschaftliche Wissensrevolution voran, die das Alltagsleben in den USA grundlegend veränderte. Viele der ursprünglich für militärische Zwecke entwickelten Technologien wurden verstärkt seit den 1970er Jahren auch für die zivile Nutzung zur Verfügung gestellt: Transistorradios, Taschenrechner, Mikrowellenherde oder Geldautomaten und nicht zuletzt der PC sind hier nur wenige Beispiele.

Im Ganzen betrachtet, waren die Jahre des Kalten Krieges einerseits eine Zeit lang anhaltenden und sehr dynamischen wirtschaftlichen Wachstums. Andererseits waren sie aber auch die Zeit eines tiefgreifenden Strukturwandels: Die volkswirtschaftliche Bedeutung des Dienstleistungssektors stieg rasant, während die Bedeutung der Landwirtschaft geradezu dramatisch verfiel und der industrielle Sektor den krisenhaften Übergang zu einer postindustriellen Ordnung erlebte.

Das Wachstum des Dienstleistungssektors wurde von vielen Faktoren vorangetrieben. Da ist zunächst die Industrie selbst zu nennen. Ihre immer komplexer werdenden Abläufe erzeugten immer mehr Aufgaben außerhalb der unmittelbaren Produktion, die verrichtet werden mussten, um diese selbst am Laufen zu halten. Es entstanden viele neue Stellen im Management, und auch die immer stärkere Verflechtung von Forschung und Industrie schuf viele neue Angestelltenberufe. Ebenso wuchs die Beraterbranche in der immer unübersichtlicher werdenden Weltwirtschaft. Doch auch außerhalb der Industrieunternehmen entstanden viele neue Dienstleistungsberufe: Die Freizeit- und Unterhaltungsindustrie expandierte ebenso rasant wie die Medien- und Informationsbranche im Film- und Fernsehzeitalter. Ein weiterer Grund für das Wachstum des tertiären Sektors war die sich nach 1945 stark ausweitende Staatstätigkeit, die den Behördenapparat wachsen ließ. Schließlich ließ auch der Ausbau des höheren Bildungssystems viele Stellen für Lehrer, Wissenschaftler und Verwaltungsangestellte an Colleges, Universitäten und Forschungsinstitutionen entstehen. Infolge dieser komplexen Entwicklung arbeitete bereits Ende der 1950er Jahre mehr als die Hälfte aller Lohn- und Gehaltsempfänger in einem Dienstleistungsberuf, und der Anteil des tertiären Sektors am Bruttosozialprodukt machte bereits rund 60 Prozent aus. Bis Ende der 1980er Jahre stieg er auf fast 70 Prozent.

Die Ausweitung des Dienstleistungssektors ging vor allem zu Lasten der Land- und Forstwirtschaft. Im Vergleich zur Industrie ereignete sich in der Landwirtschaft nach 1945 ein noch viel spektakuläreres »Wunder an Produktivität«. Die Mechanisierung der Landwirtschaft stieß in ganz neue Dimensionen vor und machte manuelle Arbeit zunehmend überflüssig. In der Folge wurde die Landwirtschaft bei ständig sinkenden Weltmarktpreisen so kapitalintensiv, dass nur noch Großbetriebe wirtschaftlich arbeiten konnten. Dadurch entstanden die fabrikmäßig organisierten, landwirtschaftlichen Großbetriebe des *Agribusiness*, die landwirtschaftliche Produkte in nicht gekannten Mengen mit immer weniger Beschäftigten erzeugten. Im Jahr 1950 verdienten noch knapp 10 Millionen US-Bürger ihr Geld mit einem landwirtschaftlichen Beruf. 1960 waren es nur noch 7 Millionen und bis 1980 war diese Zahl auf 3,7 Millionen gesunken. Gab es 1950 noch gut 5,5 Millionen Farmen in den USA, so waren es 1960 nur noch knapp 4 Millionen und 1980 nur noch 2,4 Millionen. Die ländlichen Gebiete begannen sich zu entvölkern.

Der Industriesektor hingegen konnte seinen Anteil am Bruttosozialprodukt in etwa halten. Er lag während des Kalten Krieges stets zwischen 30 und 35 Prozent. Allerdings war die amerikanische Industrie einem dramatischen Strukturwandel unterworfen: Die Schwerindustrie verfiel, während die Elektronik-, Computer-, Leichtmetall- und Flugzeugbauindustrie zu neuen Wachstumsbranchen aufstiegen. Damit einher ging der Aufstieg des *Sun Belt* zur neuen wirtschaftlichen Führungsregion der USA. Der *Sun Belt*, also das Gebiet der ehemaligen Südstaatenkonföderation und des bis 1848 spanischen Südwestens, wurde nach 1945 zu einem wahren Magneten für Kapital, Unternehmen und Menschen. Durch eine gezielte Industrialisierungspolitik der Bundesregierung, der Staaten und der Gemeinden siedelten sich viele der zukunftsfähigen neuen Wachstumsbrachen in Kalifornien, Texas und anderen Staaten der Region an. Städte wie Los Angeles, Houston, Phoenix, Dallas und San Diego boomten, und Silicon Valley entwickelte sich seit Mitte der 1970er Jahre zum Gravitationszentrum der sogenannten *New Industries* in der Elektronik- und Computerbranche. Der wirtschaftliche Aufstieg des *Sun Belt* war strukturell gekoppelt an die De-Industrialisierung des *Manufacturing Belt*, die bereits in den 1950er Jahren begann, jedoch erst nach 1970 auf breiter Front einsetzte. Die Stahl- und Automobilindustrien verfielen, weil sie mit ihren veralteten Betrieben nicht mehr mit der Konkurrenz aus den Billiglohnländern Asiens und Lateinamerikas mithalten konnten. Fabriken wurden reihenweise stillgelegt, Hunderttausende Arbeitsplätze gingen verloren oder wurden ins Ausland verlagert, Städte schrumpften und verloren, wie beispielsweise Detroit, mit der Zeit ihre Urbanität.

Der Verfall der Schwerindustrie war ein wesentlicher Faktor der wirtschaftlichen Krise der 1970er Jahre, deren Signatur durch den Begriff der *Stagflation* beschrieben ist, eine Kombination von Stagnation und Inflation. Die Inflationsrate erreichte damals zweistellige und damit historisch präzedenzlose Dimensionen, gleichzeitig stagnierte das wirtschaftliche Wachstum. Gegen Ende der 1970er Jahre schien es deshalb vielen Amerikanern so, als seien die Grenzen des Wachstums erreicht und ihre Wirtschaft auf einem unumkehrbaren Abwärtstrend. Beides war jedoch nicht der Fall. Zwar verlor Amerikas Schwerindustrie in den 1970er Jahren international tatsächlich massiv an Position, doch die Flugzeug- und Raumfahrtindustrie sowie vor allem die Elektronik- und Computerindustrie im Süden der USA entwickelten sich zu weltweit führenden Branchen. Ebenso waren die amerikanische Chemieindustrie, der Motoren- und Turbinenbau und andere Branchen international weiterhin in hohem Maße konkurrenzfähig. Der Verfall der Schwerindustrie sollte auch nicht darüber hinwegtäuschen, dass der Nordosten der USA weiterhin von herausragender Bedeutung für das wirtschaftliche Geschehen war. Nicht alle Industriebranchen erlebten einen Niedergang, und als Sitz von Firmenzentralen, Banken, Börsen sowie berühmten Universitäten (Harvard, Yale, Princeton) und Forschungsinstituten (*MIT*) blieb die Region bis zum Ende des Kalten Krieges die Herzkammer der amerikanischen Wirtschaft.

Unter Präsident Reagan, der im Zeichen von Milton Friedmans angebotsorientierter Theorie der *Supply-Side Economics* die Staatsausgaben zurückfuhr, Steuern senkte und die Wirtschaft deregulierte, wurde die Wirtschaftskrise der 1970er Jahre überwunden. Eine lange Zeit realen wirtschaftlichen Wachstums brach an. Der Dow Jones Index stieg zwischen 1981 und 1989 von 950,88 auf 2239 Punkte, die Inflationsrate sank auf stabile 3,5 Prozent, der Sprit wurde wieder billiger, und 18 Millionen neue Arbeitsplätze entstanden. Eine giergetriebene Jagd nach immer größeren Profiten und Dividenden für Aktienbesitzer setzte ein, eine Jagd, die Oliver Stone in seinem Film *Wall Street* und Tom Wolfe in seinem Roman *Fegefeuer der Eitelkeiten* kritisch dargestellt haben.

Die neoliberale Entfesselung der Marktkräfte hatte freilich ihren Preis: Die Deregulierung entzog den Lohn- und Gehaltsempfängern zahlreiche Vergünstigungen. Viele der neuen Jobs entstanden im Niedriglohnbereich, die Reallöhne und -einkommen stagnierten, und der Mindestlohn lag bei 3,15 Dollar. Vor allem aber führte die Dynamik der *Reaganomics* dazu, dass viele Firmen ihre Gewinne nicht in die Modernisierung ihrer Unternehmen steckten, sondern für die Spekulation an der Börse verwendeten. Dadurch koppelten sich die Aktienkurse zunehmend von der realen wirtschaftlichen Leistung ab und die Börsenspekulation wurde immer phantastischer. Gleichzeitig zog sich der Staat im Zuge der Deregulierung auch aus der Aufsicht über Banken und Börsen immer weiter zurück, wodurch immer riskantere Finanztransaktionen möglich wurden. Die Grundlagen für die Serie von schweren Finanzkrisen, die die Weltwirtschaft nach der Jahrtausendwende erschüttert hat, wurden in den 1980er Jahren gelegt.

Die Entfaltung der Wohlstandsgesellschaft

Die Wohlstandsentwicklung, die sich durch das gesamte Zeitalter des Kalten Krieges mit allen seinen wirtschaftlichen Abschwüngen und Krisen zog, ließ einen neuen Gesellschaftstypus zur vollen Entfaltung kommen, den John Kenneth Galbraith als *Affluent Society* (Wohlstandsgesellschaft) bezeichnet hat. Bei ihr handelt es sich um eine weitgehend nivellierte Mittelstandsgesellschaft, deren Lebensform zentral durch den Erwerb von höheren Bildungstiteln, durch einen Angestelltenberuf (*White-Collar Job*) sowie durch ostentativen Konsum als Zeichen von sozialem Status bestimmt war. Die fortlaufende Steigerung des eigenen Lebensstandards, wie er sich im Eigenheim mit Garten, Automobilen, Fernsehern und Haushaltsgeräten, der jährlichen Urlaubsreise sowie anderen Konsumgütern dokumentierte, wurde immer mehr zum erklärten Lebensziel vieler Amerikaner. In der Folge koppelte sich das Konsumverhalten nach 1945 weitgehend von Fragen der materiellen Subsistenz ab. Vielmehr wurde »Neid« zu einer wichtigen Triebfeder, die den einzelnen Konsumenten danach streben ließ, das zu erwerben, was sein Nachbar schon hatte, oder ihn dazu anstachelte, diesen durch die Anschaffung höherwertiger Konsumgüter sogar noch zu übertreffen. Diese Dynamik kam in den 1950/60er Jahren in volle Fahrt und riss bis zum Ende des Kalten Krieges nicht wieder ab. Die Amerikaner kauften Autos, Kühlschränke und Waschmaschinen *en masse*. In den 1970/80er Jahren trieben Videorekorder, CD-Spieler und andere Unterhaltungselektronik sowie dann vor allem der Computer die Konsumentwicklung weiter voran.

In diesem Zusammenhang ist es entscheidend, dass nun auch die Industriearbeiter an der allgemeinen Wohlstandsentwicklung teilnahmen. Ihre Reallöhne stiegen zwischen 1945 und 1970 um 50 Prozent; der durchschnittliche Wochenlohn wuchs von 45,58 Dollar auf fast 120 Dollar. Den amerikanischen Arbeitern ging es besser als je zuvor. Sie konnten sich Häuser, Autos, Haushaltsgeräte und andere Konsumgüter leisten und übernahmen auch sonst viele Elemente des Lebensstils der Mittelklasse für sich. Es gab zwar weiterhin Armut in den USA – 30 Prozent der US-Bevölkerung lebten 1960 an oder unterhalb der offiziellen Armutsgrenze – doch sie wurde nach 1945 zunehmend die Erfahrung einer Minderheit. Entsprechend schwerer wurde es, politische Mehrheiten für wohlfahrtsstaatliche Maßnahmen zu organisieren.

Die Wohlstandsgesellschaft, die sich in den USA während des Kalten Krieges voll ausprägte, war eine städtische. Der Urbanisierungsprozess beschleunigte sich nach 1945 so sehr, dass Ende der 1970er Jahre drei Viertel aller Amerikaner in sogenannten *Standard Metropolitan Statistical Areas* lebten. Damit sind Städte und deren unmittelbares Umland mit 50 000 oder mehr Einwohnern gemeint, deren Zahl zwischen 1950 und 1980 von 168 auf 284 anstieg und den Anteil der Stadtbewohner an der Gesamtbevölkerung von 56,1 Prozent auf 74,8 Prozent anwachsen ließ. Damit einher ging die Suburbanisierung. Millionen von Amerikanern, die es sich leisten konnten, zogen auf der Flucht vor Schmutz und Gestank, Enge und Gedränge, Verfall und Kriminalität in die Vorstädte. Diese Entwicklung hatte bereits in den 1920er eingesetzt, doch beschleunigte sie sich nun rasant und erreichte neue Dimensionen, vor allem weil sich immer mehr Familien ein Haus in *Suburbia* leisten konnten. Ermuntert von der staatlichen Politik erschlossen private Investoren und Baugesellschaften neue Wohngebiete auf der grünen Wiese, wo weitgehend standardisierte Eigenheime in großer Zahl entstanden, die für eine wachsende Zahl von Mitgliedern der weißen Mittelklasse erschwinglich waren. In dem Maße, in dem ethnische Minderheiten wie die *African Americans*, die *Hispanics* und die *Asian Americans* ökonomisch aufstiegen, schlossen sie sich der Flucht aus den Innenstädten an. Die Bundesregierung förderte den Erwerb von Eigenheimen auf vielfältige Weise und trug durch Straßenbauprogramme dazu bei, die neu entstehenden Vorstädte an die Stadtzentren anzubinden. In der Konsequenz verfielen die Innenstädte immer weiter zu Armutsbezirken und sozialen Brennpunkten, während die *Suburbs* zunehmend eigene städtische Strukturen ausbildeten. Immer mehr Einkaufszentren, Schulen, Kirchen und kulturelle Einrichtungen siedelten sich dort an, was die Flucht aus den Innenstädten nur noch weiter beförderte.

Prägend für die Kultur der Wohlstandsgesellschaft ist der Erwerb von höheren Bildungstiteln, insbesondere der Collegeabschluss, als Eintrittsbillet für lukrative und statusträchtige Berufe. Deshalb gingen der Ausbau des höheren Bildungswesens und die Entfaltung der Wohlstandsgesellschaft miteinander Hand in Hand. Der *G.I. Bill of Rights*, den der US-Kongress schon im Jahr 1944 verabschiedete, sicherte studierwilligen Veteranen des Zweiten Weltkrieges Stipendien zur Finanzierung von Studiengebühren und Büchern zu. Die insgesamt 14,5 Milliarden Dollar, die die Bundesregierung im Zuge dieser Maßnahme an die Veteranen verteilte, führten zu einer dramatischen Erhöhung der Studentenzahlen und lösten einen sich selbst tragenden Bildungsboom aus, der bis zum Ende des Kalten Krieges anhielt. Als der *G.I. Bill* im Jahr 1956 auslief, hatten 7,8 Millionen ehemalige Soldaten die Unterstützungszahlungen in Anspruch genommen. 2,2 Millionen von ihnen hatten eine Collegeausbildung absolviert und 3,5 Millionen eine technische Ausbildungsschule besucht. Zwischen 1940 und 1960 verdoppelte sich die Zahl der Studenten in den USA auf fast 4 Millionen und bis 1970 war diese Zahl auf mehr als 8 Millionen gestiegen. Allerdings wurde höhere Bildung dadurch zu einem sehr lukrativen Geschäft, welches die Kosten für Bachelor- und Masterabschlüsse bis zum Ende des Kalten Krieges so sehr in die Höhe trieb, dass sich oft selbst gut verdienende Professoren die Collegeausbildung ihrer eigenen Kinder nicht mehr ohne die Finanzierung über Schulden leisten konnten.

Die Entfaltung der Wohlstandsgesellschaft ging einher mit einem tiefgreifenden Wandel kulturell geprägter Einstellungen zu Geld und Verschuldung. Die christlich-moralisch geprägten Traditionen der Sparsamkeit, des Konsumverzichts und der gottergebenen Zufriedenheit mit dem eigenen sozialen Status erodierten rasant. Diese Entwicklung hatte bereits um 1900 begonnen, doch setzte sie sich nun auf breiter Front durch. Amerikaner kauften nicht länger nur das, was sie sich tatsächlich auch leisten konnten, sondern nahmen immer mehr Kredite zum Kauf von Konsumgütern auf. Gleichzeitig bot die Wirtschaft neue Formen der Finanzierung an: Hypotheken, Ratenzahlung, Kleinkredite, Leasing und vor allem die Kreditkarte. *Buy Now – Pay Later* wurde zum geflügelten Wort der neuen Konsumkultur. In der Konsequenz stieg die private Verschuldung spektakulär an. Allein in den 1950er Jahren wuchs sie von 73 Milliarden auf 196 Milliarden Dollar. Zwischen 1983 und 1989 stieg die Privatverschuldung um durchschnittlich 13 Prozent von 31 700 Dollar auf 45 000 Dollar pro Haushalt, wobei sich die Verschuldung der mittleren Einkommensgruppe um fast 50 Prozent dramatisch erhöhte. Gleichzeitig stagnierten allerdings die durchschnittlichen Familieneinkommen, und die Familien waren zunehmend weniger in der Lage, die Verbindlichkeiten zurückzuzahlen.

In den 1970er Jahren verlangsamte sich die Wohlstandsentwicklung im Zeichen der *Stagflation*. Der daraus resultierende allgemeine Pessimismus spielte Ronald Reagan und seinem Projekt eines grundlegenden Politikwechsels in die Hände, denn viele Amerikaner, darunter viele Demokraten – die sogenannten *Reagan Democrats* –, waren geneigt, den Wohlfahrtsstaat in der Tradition des *New Deal* für ihre ökonomische Misere verantwortlich zu machen. Unter Präsident Reagan kehrten die guten Zeiten in den 1980er Jahren dann scheinbar wieder zurück. Die Wirtschaft nahm wieder an Fahrt auf, viele neue Jobs entstanden, die Inflation wurde eingedämmt und die Steuersenkungspolitik des Republikaners kam allen Schichten der Gesellschaft zu Gute. Allerdings profitierten die Wohlhabenderen eindeutig mehr von der Reagan'schen Fiskal- und Steuerpolitik als die unteren Einkommensgruppen. So ging es zwar vielen Angehörigen der oberen und mittleren Mittelklasse unter Reagan besser als je zuvor, doch die Einkommensschere zwischen Arm und Reich öffnete sich gleichzeitig weiter. Die Wohlhabenden wurden noch wohlhabender, während die mittleren und unteren Einkommen tatsächlich stagnierten. Dennoch hatten die meisten Amerikaner das Gefühl, dass es unter Reagan ökonomisch wieder voran ging.

Allerdings kann man nicht über die Wohlstandsgesellschaft in den USA berichten, ohne nicht auch vom Protest gegen sie zu erzählen, denn dieser ist ebenfalls Teil ihrer Geschichte. Besonderer Höhepunkt war die *Counterculture*, die als Gegen- und Alternativkultur zur Wohlstandsgesellschaft in den späten 1960er und frühen 1970er Jahren entstand. In erster Linie von Jugendlichen des weißen Mittelstandes getragen, entfaltete sich die *Counterculture* als gleichermaßen politischer wie generationeller Protest. Politisch war die *Counterculture* aufs engste mit der Studentenbewegung und der *New Left* verflochten. In generationeller Hinsicht war die *Counterculture* eine Kritik der *Baby Boomer* an der Konsumorientierung, dem Leistungsdenken, der Rationalitäts- und Wissenschaftsfixiertheit sowie den Konformitätserwartungen ihrer Eltern. Diese Kritik manifestierte sich in einem ostentativ jugendlich-nonkonformistischen Verhalten, das sein Ziel im demonstrativen Bruch mit den Normen des von den Aktivisten der *Counterculture* selbst diagnostizierten »Systems« der Wohlstandsgesellschaft fand. Die sichtbaren Zeichen dieses Nonkonformismus waren lange Haare und *Blue Jeans*, ein Kult der Spontanität und Kreativität, freiwillige Armut und sexuelle Freizügigkeit, das Zusammenleben in Kommunen und Wohngemeinschaften, der gemeinschaftliche Drogenkonsum im Dienste der Bewusstseinserweiterung sowie die Hinwendung zu Natur und asiatischen Religionen. Ihre stereotype Verdichtung fand die *Counterculture* in der Leitfigur des Hippies, ihr wohl wichtigstes Medium zur Artikulation ihres Lebensgefühls war die Folk- und Rockmusik wie sie von Bob Dylan, Joan Baez, Janis Joplin, *The Grateful Dead*, *The Jefferson Starship* oder *Peter, Paul and Mary* gemacht wurde.

Die Wertideen und Verhaltensweisen der *Counterculture* begannen sich bereits in den 1950er Jahren in der Musik des Rock'n'Roll (Elvis Presley, Chuck Berry), der Literatur der *Beat Generation* (Jack Kerouac, Allen Ginsberg, William S. Burroughs) und in Filmen wie *Rebel without a Cause* oder *Blackboard Jungle* (beide 1955) auszuprägen. Doch erst in den späten 1960er Jahren kam die *Counterculture* zu voller Entfaltung, als die Hippiekultur 1967 mit dem *Summer of Love* in San Francisco und zwei Jahre später mit dem *Woodstock Festival* im Bundesstaat New York ins Zentrum der öffentlichen Aufmerksamkeit rückte. Danach zerbrach die *Counterculture* bis Mitte der 1970er an ihren eigenen Widersprüchen. Der Konsum von Drogen produzierte neue Abhängigkeiten, die den Tod zur Folge haben konnten, wie im Falle von Leitfiguren wie Jimi Hendrix, Janis Joplin und Jim Morrison. Zudem erzwang die *Counterculture* ihre ganz eigene Form von subkultureller Konformität. Der inflationäre Kult von Gemeinschaft entwertete vielfach zwischenmenschliche Beziehungen, und die sexuelle Freizügigkeit ankerte meist in einem Verständnis von der Frau als jederzeit verfügbarem Objekt männlicher Sexualität. Vor allem aber war der Bruch der *Counterculture* mit den Konsummechanismen der Wohlstandsgesellschaft alles andere als radikal. Vielmehr entstand im Gegenteil rasch ein Markt für Rockmusik, Batik-T-Shirts, *Blue Jeans* und andere gegenkulturelle Konsumgüter, der von den Institutionen des amerikanischen Kapitalismus effizient und gewinnbringend bedient wurde.

Bürgerrechtsrevolutionen

Die Geschichte der USA seit 1945 ist durch eine Reihe von Emanzipationsbewegungen strukturiert, durch die bis dahin marginalisierte Gruppen ihr Recht auf Gleichberechtigung erkämpften. Den Anfang machte die afroamerikanische Bürgerrechtsbewegung, deren Kampf um rechtliche Gleichstellung im *Civil Rights Act* von 1964 und dem *Voting Rights Act* von 1965 kulminierte. In der Folge kam es zu einer umfassenden Bürgerrechtsrevolution, die zur Formierung eines »Grundrechtebewusstseins« geführt hat, das für den Gang der inneren Entwicklung der USA im letzten Viertel des 20. Jahrhunderts von überragender Bedeutung ist, weil es das Recht auf Eigenart und Selbstbestimmung in immer weiter verzweigten Zusammenhängen verankert hat.

Bereits zwischen 1941 und 1945 war starke Bewegung in die »Rassenbeziehungen« gekommen, und diese Entwicklung hielt über das Ende des Zweiten Weltkrieges hinaus an. Präsident Truman besetzte Schlüsselstellen in der Regierung mit *African Americans* und hob mit der *Executive Order 9981* am 26. Juli 1948 die »Rassentrennung« in den Streitkräften nun auch formal auf. Auch in anderen Bereichen des Alltagslebens änderte sich einiges. Seit 1946 waren schwarze Spieler bei Vereinen der *National Football League* unter Vertrag, 1947 war Jackie Robinson der erste schwarze Profi in der *Major League Baseball* und drei Jahre später waren Chuck Cooper und Nat »Sweetwater« Clifton die ersten *African Americans* in der *National Basketball Association*. Auch in der populären Musik rückten afroamerikanische Musiker und Musikstile in den weißen Mainstream vor. Schwarze Musiker wie Sam Cooke, Aretha Franklin, Ray Charles und Little Richard wurden zu breit verehrten Popstars, und weiße Künstler wie Elvis Presley und Bill Haley waren in ihrem Rock'n'Roll zutiefst der »schwarzen Musik« verpflichtet. Obwohl das System der Rassentrennung im Süden der USA weiterhin fest gefügt stand, waren die Beziehungen zwischen Schwarzen und Weißen in der unmittelbaren Nachkriegszeit in Fluss geraten.

Gleichzeitig bedeutete die fortbestehende rassistische Diskriminierung der Schwarzen im Kontext des Kalten Krieges ein Glaubwürdigkeitsdefizit für die USA als Führungsmacht der »Freien Welt«. Vor allem die Ostblockstaaten ließen es sich nicht nehmen, immer wieder darauf hinzuweisen, dass die USA als der selbsternannte Leuchtturm der Demokratie einem Großteil der eigenen Bevölkerung elementare Grundrechte vorenthielt. Nach 1945 war die Frage der Gleichstellung der *African Americans* deshalb nicht mehr länger nur ein innenpolitisches Problem, sondern auch ein außenpolitisches. Es kann deshalb kaum verwundern, dass die Bundesregierung nach 1945 zu einem Schrittmacher des Kampfes zur Beendigung der Rassentrennung im Süden wurde. Hatte sie sich am Ende der *Reconstruction*-Ära aus ihrer Verantwortung für die Gleichstellung der *African Americans* zurückgezogen und die Ausgestaltung der »Rassenbeziehungen« den Einzelstaaten überlassen, so begann die Bundesregierung sich nun wieder in die Angelegenheiten des Südens einzumischen.

Eine besondere Rolle spielten die Bundesgerichte, deren Urteile seit den 1940er Jahren in eine neue Richtung wiesen und damit den Aufstieg der afroamerikanischen Bürgerrechtsbewegung beschleunigten. Dieser Trend setzte sich in den ersten Nachkriegsjahren nahtlos fort und kulminierte am 17. Mai 1954 im *Supreme-Court*-Urteil im

Fall *Brown v. Board of Education of Topeka*. Mit ihm erklärte das oberste Gericht der USA die Rassentrennung an öffentlichen Schulen für verfassungswidrig und überwand damit sein eigenes Urteil im Fall *Plessy v. Ferguson* aus dem Jahre 1896, das den Grundsatz *Separate but Equal* definiert hatte.

Dieses Aufsehen erregende Urteil zog im Süden einen höchst kontroversen und sehr gewaltsamen Prozess der Schulintegration nach sich. 80 Prozent der Weißen des Südens lehnten das Urteil ab, und die Bundesstaaten verweigerten die Umsetzung. Überall im Süden bildeten sich spontan *Citizens' Councils*, die sich den Kampf gegen die Integration der öffentlichen Schulen auf die Fahnen geschrieben hatten. Selbst der Ku-Klux-Klan wurde wiederbelebt, um die *African Americans* so zu terrorisieren, dass sie gar nicht erst auf die Idee kommen würden, ihre Kinder in eine bislang den Weißen vorbehaltene Schule zu schicken. Allerdings war nun eine wachsende Zahl an *African Americans* nicht länger bereit, sich die rassistische Diskriminierung gefallen zu lassen. Viele schickten ihre Kinder auf bislang »weiße« Schulen und nahmen dafür große Risiken in Kauf. Gleichzeitig wuchs bei vielen, die sich bislang politisch nicht engagiert hatten, die Entschlossenheit zum aktiven Kampf für ihre bürgerliche und politische Gleichstellung. Das ist der Kontext für das spektakuläre Geschehen des Jahres 1957 in Little Rock, Arkansas. Die dortige Schulbehörde hatte sich in Anerkennung des *Supreme-Court*-Urteils im Fall *Brown v. Board of Education* bereit erklärt, die *Central High School* auch für die Schwarzen zu öffnen. Der Gouverneur von Arkansas, Orval E. Faubus, war jedoch strikt dagegen und beorderte Kontingente der *National Guard* nach Little Rock, um den neun afroamerikanischen Schülern den Zugang zur Schule zu versperren. Als ein Gerichtsurteil den Abzug der *National Guard* verlangte, blockierte ein hasserfüllter weißer Mob den schwarzen Schülern den Weg. In dieser Situation entsandte der anfangs zögerliche Präsident Eisenhower Einheiten der Streitkräfte, um den afroamerikanischen Schülern den Besuch der Schule zu ermöglichen.

Es war jedoch nicht nur die Bundesregierung, die eine veränderte Haltung einnahm; auch die afroamerikanische Bürgerrechtsbewegung wandelte sich nach 1945 grundlegend, indem sie nun zunehmend auf die neuen Strategien des zivilen Ungehorsams und des gewaltlosen Widerstandes setzte. Sie konzentrierte sich nicht länger auf die Gerichte, sondern entfesselte gezielt den Druck der Straße. Die Grundsätze dieser Form des Protests hat Martin Luther King in einem Brief vom 16. April 1963 aus dem Gefängnis von Birmingham, Alabama, anschaulich erläutert. Laut King ging es darum, in spektakulären und medienwirksamen »direkten Aktionen« die Gesetze, auf denen das System der Rassentrennung beruhte, gezielt zu übertreten, um die weißen Rassisten zu Reaktionen zu zwingen, die sie und ihre Politik grundlegend diskreditieren würden. Dabei rechneten die Bürgerrechtsaktivisten von vornherein mit gewaltsamen Aktionen der Gegenseite, denen sie mit ostentativer Gewaltlosigkeit begegnen wollten, um so die strukturelle Gewalt des rassistischen Systems und den irrationalen Hass der Rassisten für alle Welt sichtbar zu machen. Von zentraler Bedeutung war in diesem Zusammenhang die Mobilisierung der öffentlichen Meinung durch Zeitungen und Zeitschriften, das Radio, vor allem aber durch das Fernsehen, das sich in den 1950er Jahren zum neuen Massenmedium entwickelte. Bilder von zusammengeschlagenen blutenden Bürgerrechtsaktivisten und brennenden Bussen sollten die gesamte Nation aufrütteln, um so in allen Teilen der USA ein Unrechtsbewusstsein zu erzeugen und Mehrheiten für die rechtliche Gleichstellung der Schwarzen zu schaffen. Zudem sollten durch die Strategie des zivilen Ungehorsams systematisch Rechtsfälle produziert werden, mit denen die Justiz immer wieder aufs Neue zur Entscheidung über die Rechtmäßigkeit einzelner *Jim-Crow*-Gesetze gezwungen werden sollte. Doch auch die Bundesregierung – vor allem die Exekutive – wurde durch die Eskalation der Gewalt in die Auseinandersetzungen hineingezogen und zum Handeln gezwungen.

Die Bürgerrechtsbewegung wurde nun maßgeblich von einer neuen Generation von Eliten geprägt, die sich nicht mehr vorwiegend aus Juristen und anderen Akademikern der Nordostküste rekrutierte, sondern dem kirchlichen Milieu des Südens entstammte. Mit dieser neuen Führungselite hielt auch eine neue Sprache des Protests Einzug. King und andere ersetzten die trocken-rationale Begrifflichkeit der Juristen durch eine sehr emotionale, von biblischen Bezügen und Bildern durchsetzte Sprache, die von einem neuen Duktus der Dringlichkeit getragen wurde. Doch nicht nur die Führungseliten und die Sprache des Protests waren neu. Es wurden auch neue Organisationen gegründet, die die Protestaktionen trugen und koordinierten. Die altehrwürdige NAACP war weiterhin aktiv und führte ihren Kampf gegen *Jim Crow* vor den Gerichten fort. Ihr zur Seite traten jedoch mit der 1957 gegründeten *Southern Christian Leadership Conference* (SCLC) und dem 1960 ins Leben gerufenen *Student Non-Violent Coordinating Committee* (SNCC) zwei neuartige Organisationen, die auf direkte Aktion, zivilen Ungehorsam und gewaltlosen Widerstand setzten. Diese neue Proteststrategie war bereits im Dezember 1955 im legendären Busboykott von Montgomery, der Martin Luther King zur herausragenden Führungsfigur der Bürgerrechtsbewegung werden ließ, erstmals zur Anwendung gekommen. Sie setzte sich in den *Sit-ins* des Jahres 1960, den *Freedom Rides* von 1961 und vor allem dann in den Aktionen des Jahres 1963 fort, als der Bürgerrechtskampf zunächst mit den konzertierten Protesten in Birmingham, Alabama, und dann mit dem *March on Washington* seinen Höhepunkt erreichte. Birmingham war eine Hochburg des *Jim-Crow*-Systems, weshalb der Widerstand gegen die Aufhebung der Rassentrennung dort noch militanter war als an anderen Orten. Aus Sicht der Bürgerrechtsbewegung bot die Stadt deshalb eine ideale Bühne für eine ganze Serie von Protestmärschen, *Sit-ins* und *Pray-ins*, die die Aufmerksamkeit der nationalen Medien auf die Zustände in Birmingham lenken sollten. Das gelang auch voll und ganz: Als im Mai 1963 Tausende von Schulkindern, einige davon gerade einmal sechs Jahre alt, sich den bereits seit einigen Wochen laufenden Protestaktionen in Birmingham anschlossen, holte der örtliche Polizeichef Eugene »Bull« Connor zum großen Gegenschlag aus. Mit elektrischen Schlagstöcken, Wasserwerfern und scharf gemachten Hunden ließ er die Polizei gegen die Bürgerrechtsaktivisten vorgehen – und die Fernsehnation schaute fassungslos zu. Die Situation entschärfte sich nur dank eines von Präsident Kennedy vermittelten Ausgleichs. Die Bürgerrechtsbewegung erklärte sich bereit, die Protestaktionen zu beenden, und im Gegenzug sagten die Geschäftsleute von Birmingham zu, das System der Rassentrennung in ihren Läden zu beenden und künftig auch *African Americans* einzustellen.

Nach Birmingham mehrten sich in der Bundespolitik die Stimmen, die sich für die volle Gleichstellung der *African Americans* aussprachen. In einer Fernsehansprache erklärte Präsident Kennedy am 11. Juni 1963, dass Bürgerrechte für die Schwarzen ein moralisches Gebot der Stunde seien, und kurz darauf schlug er dem Kongress ein Gesetz zur Abschaffung der Rassentrennung vor. Als der Kongress sich dem zunächst verweigerte, rief die afroamerikanische Bürgerrechtsbewegung zu einem *March on Washington for Jobs and Freedom* auf, um Druck auf die Politik zu machen. Am 28. August 1963 versammelten sich 250 000 Menschen – darunter etwa 50 000 Weiße – im Schatten des Lincoln Memorials auf der Mall in Washington D.C. zur größten politischen Demonstration in der Geschichte der USA. Am Ende eines mit Gebeten, Reden und Gesängen angefüllten Tages betrat Martin Luther King das Podium und hielt mit *I Have a Dream* eine der berühmtesten Reden der amerikanischen Demokratie. King entwickelte in dieser Rede seine Vision einer auf der Basis gleicher Rechte integrierten Gesellschaft, deren Mitglieder alle die gleichen Chancen haben, und präsentierte die rechtliche Gleichstellung der Schwarzen als Vollendung der Amerikanischen Revolution.

Bis zum Sommer 1963 war damit eine Situation entstanden, in der sich sowohl im Kongress als auch in der amerikanischen Bevölkerung Mehrheiten für die Aufhebung der Rassentrennung gebildet hatten. Im Jahr 1964 beschloss der Kongress den *Civil Rights Act*, der Segregation und sonstige Formen der rassistisch motivierten Diskriminierung auf öffentlichen Plätzen und in Gebäuden untersagte, Ungleichbehandlung am Arbeitsplatz für illegal erklärte und die *Equal Employment Opportunity Commission* einsetzte, um das Diskriminierungsverbot zu überwachen. Der ein Jahr später beschlossene *Voting Rights Act* erklärte jegliche Einschränkung des Wahlrechts auf der Basis von Hautfarbe und »Rassenzugehörigkeit« für genauso ungesetzlich wie die langjährige Praxis der Einzelstaaten, das Wahlrecht an Tests jeder Art oder sonstige Bedingungen zu binden.

Der *March on Washington* und die Bürgerrechtsgesetze von 1964/65 sind gleichermaßen Höhe- und Scheitelpunkt der afroamerikanischen Bürgerrechtsbewegung, die danach an ihren eigenen inneren Widersprüchen zerbarst. Die Allianz zwischen den afroamerikanischen Aktivisten und den liberalen Weißen, die organisatorische und finanzielle Unterstützung leisteten, war immer schon prekär gewesen. Sie hielt nur so lange zusammen, wie sich der Kampf auf die rechtliche Gleichstellung der *African Americans* konzentrierte. Als es nach 1965 zunehmend um die strukturellen Ursachen ökonomischer Diskriminierung und die Frage sozialer Gerechtigkeit ging, entfremdete dies viele der weißen Liberalen. Doch auch im Lager der *African Americans* gab es Frontstellungen zwischen Integrationisten in der Tradition Kings und Separatisten, die im Zeichen eines *Black Nationalism* allein in der »rassebewussten« Abgrenzung der Schwarzen von den Weißen die Chance auf afroamerikanische Selbstbestimmung sahen.

Der wichtigste Vertreter des *Black Nationalism* war in den 1960er Jahren Malcolm X. Geboren 1925 unter dem Namen Malcolm Little, war dieser nach einer Karriere im kriminellen Milieu zum Islam konvertiert und Mitglied in der von Elijah Muhammad gegründeten *Nation of Islam* geworden. Dabei hatte er sich in Malcolm X umbenannt, um mit dem »X« anzuzeigen, dass die Sklaverei die *African Americans* ihres Namens und ihrer Identität beraubt hatte. Bis 1964 war Malcolm X zum prominentesten Prediger der *Nation of Islam* geworden, die sich immer mehr zu einer militant-separatistischen

Gegenbewegung zu der von King angeführten, christlich geprägten und auf Integration zielenden afroamerikanischen Bürgerrechtsbewegung entwickelte. Malcolm X warf King und seinen politischen Freunden Verrat und faule Kompromisse vor, weil sie mit ihrem Kampf für rechtliche Gleichstellung nichts täten, um die *African Americans* aus ihrer ökonomischen und sozialen Unterdrückung zu befreien.

Tatsächlich ignorierte das von King maßgeblich geprägte *Civil Rights Movement* bis Mitte der 1960er Jahre die ökonomischen Strukturen rassistisch motivierter Ungleichheit in den USA weitgehend. Materiell betrachtet lebten die allermeisten Schwarzen am unteren Rand der amerikanischen Gesellschaft. »Schwarz-Sein« und »Arm-Sein« waren weitgehend synonym und daran änderte auch die Bürgerrechtsgesetzgebung der 1960er Jahre nichts. Pointiert ausgedrückt heißt das, dass *African Americans* seit Mitte der 1960er Jahre zwar das Recht hatten, in Restaurants gleich behandelt zu werden, doch konnten sie sich in der Regel einen Restaurantbesuch gar nicht leisten. Auch führte die rechtliche Gleichstellung der *African Americans* in vielen Teilen der USA nicht zu einer Befriedung des Verhältnisses zwischen Weißen und Schwarzen, sondern im Gegenteil zu einem Anstieg von rassistisch motivierten Gewalttaten. Während des *Mississippi Freedom Summer* von 1964, als Bürgerrechtler aus dem Norden die Schwarzen in Mississippi systematisch dazu ermunterten, sich in die Wählerlisten eintragen zu lassen, wurden drei Bürgerrechtsaktivisten von weißen Rassisten kaltblütig ermordet, während die örtlich Polizei zuschaute. Überall im Land wurden die vielfältigen Praktiken der Diskriminierung fortgeführt; es kam zu gewalttätigen Übergriffen auf *African Americans*, und die Polizei behandelte die Schwarzen vielfach mit gewohnter Willkür und unverhältnismäßiger Härte.

Angesichts dieser Entwicklung radikalisierten sich Teile der afroamerikanischen Bürgerrechtsbewegung. Vor allem viele der jungen Aktivisten des SNCC waren immer unzufriedener mit dem gemäßigten Kurs von King und der SCLC. Sie drängten auf soziale Reformen zur ökonomischen Gleichstellung der Schwarzen und entfremdeten sich zunehmend von den moderaten Gruppen der Bewegung. Das SNCC wurde immer mehr zu einer von professionellen Kadern geführten Organisation, die sich seit 1966 im Zeichen des Slogans von *Black Power* radikalisierte. Unter ihrem Vorsitzenden Stokely Carmichael forderte das SNCC die *African Americans* zur »rassenstolzen« Abgrenzung von den Weißen auf, sprach sich für bewaffnete Selbstverteidigung aus und regte lokale Selbsthilfeprojekte zur Verbesserung der ökonomischen Situation der Schwarzen an.

Diese Radikalisierung von Teilen der Bürgerrechtsbewegung war getragen von der Enttäuschung und Wut, die sich in weiten Teilen der afroamerikanischen Gemeinschaft angesichts der fortbestehenden Diskriminierung in der zweiten Hälfte der 1960er Jahre breit machte. In vielen amerikanischen Städten kam es in den schwarzen Gettos zu teils mehrtägigen Unruhen mit Brandschatzung, Plündereien und gewaltsamen Auseinandersetzungen mit der Polizei. Besonders schwer waren die Krawalle 1965 in Watts, einem Stadtteil von Los Angeles, sowie die Aufstände in 130 Städten des Landes nach der Ermordung Martin Luther Kings am 4. April 1968. Doch dies waren nur besondere Höhepunkte einer zwischen 1964 und 1968 nicht abreißenden Kette von »Rassenunruhen«, die meist von tatsächlicher oder vermeintlicher Polizeiwillkür, absurden Mieterhöhungen oder Entwicklungen auf dem Arbeitsmarkt ausgelöst wurden. Unter dem

Eindruck dieser Entwicklungen bewegte sich auch Martin Luther King nach 1965 in vielen Punkten nach links. Er machte sich Fragen der sozialen Gerechtigkeit zu Eigen, verurteilte die Eskalation des Krieges in Vietnam und ging damit auf Oppositionskurs zur Regierung von Präsident Lyndon B. Johnson, der die Anliegen der Bürgerrechtsbewegung bis dahin unterstützt hatte.

Die neue Militanz entfremdete viele weiße Liberale und moderate Kräfte, die die Bürgerrechtsbewegung bis dahin finanziell und organisatorisch unterstützt hatten. Das FBI unter seinem langjährigen Direktor J. Edgar Hoover intensivierte die Überwachung von King, SCLC, SNCC und anderen schwarzen Organisationen, und tat alles, um einzelne Aktivisten zu diskreditieren und die Bewegung als Ganze zu zerstören. Doch auch viele *African Americans* waren wegen der militanten Töne der Radikalen erschrocken und zogen sich aus der Bewegung zurück. Anfang der 1970er Jahre hatte die afroamerikanische Bürgerrechtsbewegung deshalb viel von ihrer ehemaligen Dynamik verloren.

Die Frage, ob die afroamerikanische Bürgerrechtsbewegung der 1950/60er Jahre ein Erfolg war, ist nicht so leicht zu beantworten. Sicherlich ist das von ihr erfolgreich erkämpfte Ende der rechtlichen Diskriminierung von *African Americans* vor dem Hintergrund einer über 300-jährigen Geschichte von Sklaverei und Rassismus, Ausbeutung und Rechtlosigkeit kaum zu überschätzen. Die damals etablierte rechtliche Chancengleichheit war die Grundlage für die allmähliche Erweiterung einer schwarzen Mittelschicht. Die Integration des öffentlichen Schulwesens machte seit den 1960er Jahren immer weitere Fortschritte. In den 1970/80er Jahren schafften immer mehr *African Americans* ihren High-School-Abschluss, und mehr denn je besuchten Colleges und Universitäten, was in der Konsequenz die Zahl der *African Americans* in gut bezahlten Angestelltenberufen und Führungspositionen steigen ließ. Ende der 1980er Jahre gab es mehr schwarze Richter, Ärzte, Journalisten, Lehrer und Professoren in den USA als je zuvor. Auch in der Politik waren *African Americans* als Wähler und Amtsträger zunehmend präsent und konnten ihre Interessen auf allen Ebenen des politischen Systems immer besser vertreten. In der Wahl Barack Obamas zum ersten schwarzen Präsidenten der USA im Jahr 2008 hat sich diese Entwicklung in gewisser Hinsicht vollendet.

Gleichzeitig wurde die Rolle und Bedeutung der *African Americans* in der amerikanischen Geschichte grundlegend neu bewertet. An den Colleges und Universitäten wurden Geschichte und Kultur der *African Americans* zu einem Standardelement der Lehrpläne, wurden Professoren und Institute für *African American Studies* eingerichtet und wurden immer mehr schwarze Studenten und Mitarbeiter angeworben. *African Americans* wurden nicht mehr länger nur als Objekte und Opfer einer repressiven, von weißen, angelsächsischen und protestantischen Männern gemachten Geschichte gesehen, sondern als Subjekte und Akteure in den historischen Entwicklungen der USA reflektiert. Parallel dazu wandelte sich das Bild der Schwarzen in den Medien. Zwar zirkulierten seit langem ausgeprägte rassistische Stereotype nach wie vor, doch es gab auch wichtige Veränderungen. Alex Haleys Roman *Roots* erzählte im Jahr 1976 die Geschichte der Sklaverei zum ersten Mal aus der Perspektive eines Sklaven. Das Buch wurde zum Bestseller, 1977 mit dem Pulitzer-Preis ausgezeichnet und im gleichen Jahr als Fernsehserie verfilmt, die ein überwältigender Publikumserfolg war. Bis zu 130 Millionen Zuschauer, mehr als die Hälfte der Amerikaner, schalteten damals die Fernsehgeräte ein.

Vor allem aber war die afroamerikanische Bürgerrechtsbewegung ein wichtiger Impulsgeber für umfassendere Liberalisierungs- und Emanzipationsprozesse in der amerikanischen Gesellschaft. In ihrem Windschatten begannen auch andere, bislang marginalisierte Gruppen, ihr Recht auf Gleichberechtigung einzufordern. Dabei orientierten sie sich sowohl in ihrer Protestpraxis der direkten Aktion und den Einsatz der Medien als auch in ihrer um Selbstbestimmung und Teilhabe kreisenden emanzipatorischen Agenda an der afroamerikanischen Bürgerrechtsbewegung. Zu nennen wären hier die Bürgerrechtsbewegungen der Homosexuellen, der *Chicanos* sowie der verschiedenen Gruppen im Lager der *Asian Americans*. Über die sich in den 1960er Jahren neu formierende Frauenbewegung wird gleich noch ausführlicher berichtet.

Lässt sich dies alles als Erfolg der Bürgerrechtsbewegung verbuchen, so stellt sich die Entwicklung der Beziehungen zwischen Weißen und Schwarzen seit 1970 doch auch ambivalent dar. Die ökonomische Benachteiligung der Schwarzen hielt ungeachtet des Wachstums einer schwarzen Mittelklasse an. Die meisten von ihnen lebten weiterhin in den heruntergekommenen, überfüllten innerstädtischen Wohnvierteln, wo Drogen und Kriminalität allgegenwärtig und die Schulen schlecht waren. Die Kindersterblichkeitsrate lag weit über dem Landesdurchschnitt, die medizinische Versorgung der Schwarzen blieb schlechter als die anderer Bevölkerungsgruppen und ihre Lebenserwartung war ebenfalls niedriger.

Die Antwort der Politik auf diese Situation war *Affirmative Action*, ein Sammelbegriff für ein ganzes Bündel an Regierungsprogrammen, die, als Ausgleich für zurückliegende Diskriminierung, die bevorzugte Behandlungen von Minderheiten bei Einstellungen, öffentlichen Aufträgen, Zulassungen zu Hochschulen und in vielen anderen Zusammenhängen vorsahen. *Affirmative Action* galt zwar für viele Minderheiten, u.a. auch Frauen, doch waren die meisten Maßnahmen tatsächlich primär auf *African Americans* zugeschnitten. Diese staatliche Politik der Bevorzugung ganzer Gruppen stellte die lange Tradition des amerikanischen Individualismus in Frage, der nur individuelle Grundrechte, aber keine Gruppenrechte kannte, und erzeugte massiven Unmut bei der weißen Bevölkerung, die sich nun ihrerseits diskriminiert sah. Einen spektakulären Niederschlag fand dies 1974 in der Klage von Allan Bakke, einem weißen Veteran der *Marines*, gegen die *University of California* in Davis. Die Universität hatte ihn wegen des unter *Affirmative Action* eingeführten ethnischen Quotensystems nicht angenommen, dafür aber schwarze Studenten mit deutlich schlechteren Noten zugelassen. Bakke argumentierte vor Gericht, dass er durch *Affirmative Action* benachteiligt worden sei. Das Oberste Gericht des Staates Kalifornien gab ihm Recht, woraufhin die Universität den *Supreme Court* der USA anrief, der im Jahr 1978 mit fünf zu vier Stimmen urteilte, dass »Rasse« durchaus ein Kriterium bei der Auswahl der Studenten sein könne, das strikte Quotensystem in Davis aber trotzdem nicht verfassungskonform sei. Damit hatte das Gericht einerseits den Geist von *Affirmative Action* gebilligt, anderseits aber die konkrete Umsetzung in Davis verworfen und so das ganze Konfliktpotential einer staatlich reglementierten Vorzugsbehandlung von Minderheiten sichtbar gemacht.

Trotz *Affirmative Action* blieben die strukturellen Ungleichheiten im Bildungssystem erhalten, und zwar ironischerweise im Norden stärker als im Süden, wo die Integration der Schulen seit Ende der 1950er Jahre beständig Fortschritte machte. Im Norden war die Segregation der öffentlichen Schulen das Ergebnis der sozialen Ausdifferenzierung des städtischen Raumes: Die Schwarzen blieben in ihren Schulen deshalb unter sich, weil in ihren Wohnvierteln keine Weißen lebten. Diese waren, sobald sie es sich finanziell leisten konnten, aus den Innenstädten in die Vororte gesiedelt. Um schwarzen Schülern angesichts dieser de facto Segregation dennoch die gleichen Bildungschancen zu garantieren, verordneten die Gerichte des Landes den Städten und Gemeinde das sogenannte *Busing*. Schüler aus schwarzen Stadtteilen wurden mit dem Bus zu Schulen in weißen Stadtteilen transportiert und umgekehrt, um eine bessere Balance der »Rassen« an öffentlichen Schulen zu gewährleisten. Im Jahr 1979 wurden auf diese Weise geschätzte 12 Millionen Schüler aus rund 1500 Schulbezirken hin- und hergefahren. Diese von den Gerichten erzwungene Integration war hochgradig umstritten und heizte den »Rassenkonflikt« weiter an. So kam es im Sommer 1974 in Boston zu militanten Protesten der weißen Bevölkerung gegen das *Busing*-System, die so stark eskalierten, dass Präsident Ford Armeeeinheiten in Alarmbereitschaft versetzte, um die öffentliche Ordnung zu wahren.

Die Ordnung der Geschlechter

Im Zeitalter des Kalten Krieges änderte sich die Stellung der Frauen im sozialen Gefüge grundlegend. Ihre Lebenschancen und Wahlmöglichkeiten weiteten sich nach 1945 deutlich aus. Dieser Wandel der Geschlechterordnung gründete maßgeblich im kontinuierlichen Wachstum der Zahl berufstätiger Frauen. Dieser Prozess nahm bereits in den 1950/60er Jahren an Fahrt auf und beschleunigte sich deutlich in den 1970/80er Jahren. Zwischen 1950 und 1998 stieg der Anteil berufstätiger Frauen von 33,9 Prozent auf 59,8 Prozent. Parallel dazu wuchs die Zahl berufstätiger Mütter. Gingen im Jahr 1950 noch 12 Prozent aller verheirateten Frauen mit Kindern einer beruflichen Tätigkeit nach, so waren es im Jahr 1990 40 Prozent. Anders als früher waren nun Frauen aus allen sozialen Schichten berufstätig und sie waren dies oft nicht mehr nur bis zur Hochzeit, sondern ihr ganzes Erwerbsleben lang. Das war insbesondere für die Frauen der Mittelklasse ein dramatischer Wandel, denn Frauen der Arbeiterklasse und aus der Landwirtschaft hatten immer schon außerhalb der häuslichen Sphäre gearbeitet.

Doch im Amerika des Kalten Krieges wuchs nicht nur die Zahl berufstätiger Frauen, sondern auch das Spektrum ihrer beruflichen Möglichkeiten. Viele Berufe, die zuvor als dezidiert »männlich« galten, öffneten sich für Frauen, wie beispielsweise Lastwagenfahrer, Automechaniker, Schreiner, Polizist und insbesondere Soldat. Gleichzeitig machten immer mehr Frauen einen Universitätsabschluss, wodurch ihnen Berufe wie Arzt, Rechtsanwalt, Journalist, Professor oder Manager offen standen. 1970 waren bereits 3 Prozent aller Rechtsanwälte in den USA weiblich, bis 1980 war dieser Wert auf 8 Prozent gestiegen, und 1995 lag der Frauenanteil im Rechtsanwaltsberuf bei 23 Prozent. Ähnliche Entwicklungen fanden in anderen prestigeträchtigen und gut bezahlten Berufen statt.

Diese Entwicklung hatte mehrere Ursachen. Da ist zunächst die Konsumdynamik der Wohlstandsgesellschaft zu nennen, die zwar einerseits das traditionelle Familienideal mit der Frau als Hausfrau und Mutter insofern zementierte, als dass es als ein Zeichen von Wohlstand galt, die Ehefrau im vorstädtischen Eigenheim »zu Hause« lassen zu können. Andererseits aber konnten sich viele Familien just dies angesichts der endlosen Jagd nach immer neuen Konsumgütern zunehmend weniger leisten und waren folglich immer mehr auf ein zweites Einkommen angewiesen, um den eigenen Lebensstandard halten oder verbessern zu können. Doch hatte die wachsende Zahl berufstätiger Frauen auch etwas mit den sich verändernden Einstellungen der Frauen selbst zu tun, die sich bewusst dafür entschieden, außerhalb des Haushaltes Karriere zu machen. Gleichzeitig war die Gesellschaft zunehmend bereit, berufstätige Frauen, insbesondere berufstätige Mütter, zu akzeptieren. Die Ideologie der *Domestic Sphere*, die für lange Phasen der amerikanischen Gesellschaftsgeschichte so prägend gewesen war, erodierte nach 1945 rasant. Immer mehr Mädchen wurden von ihren Vätern und Müttern dazu erzogen, einen Beruf zu erlernen, einen Hochschulabschluss zu erwerben und Karriere zu machen, und immer mehr Lebenspartner akzeptierten auch die Berufstätigkeit ihrer Frauen.

Natürlich kann man nicht über die Transformation der Geschlechterordnung schreiben, ohne über die neue Frauenbewegung zu berichten, die sich im Kontext der Bürgerrechtsrevolution der 1960er Jahre in den USA formierte, um für die Gleichberechtigung von Frauen in *allen* Lebensbereichen zu kämpfen. Unter dem Eindruck des afroamerikanischen Bürgerrechtskampfes hatte sich bei vielen Frauen der Mittelklasse das Bewusstsein für die eigene Diskriminierung und deren Ursachen geschärft. Sie begannen sich nun selbst als eine marginalisierte und unterdrückte gesellschaftliche Gruppe zu begreifen, die sich selbst befreien und ihr Recht auf volle Selbstbestimmung erkämpfen müsse. Es war Betty Friedan, die im Jahr 1963 mit ihrem viel gelesenen Buch *The Feminine Mystique* die Isolation, Vereinsamung und Frustration vieler in der häuslichen Sphäre gefangener Frauen der vorstädtischen Mittelklasse diagnostizierte und damit ein bislang namenloses Problem benannte. Das allein um Kinder, Küche und Ehemänner kreisende Leben in saturiertem Wohlstand erschien ihr inhaltsleer und unbefriedigend.

Auf Grundlage dieser Problemdiagnose gründete sich am 29. Oktober 1966 die *National Organization for Women* (NOW) als Plattform eines neuen liberalen Feminismus. In ihrem *Statement of Purpose* schrieb sich die Organisation den Kampf für »wahre Chancengleichheit«, »volle Gleichberechtigung der Geschlechter« und uneingeschränkte Teilhabe der Frauen am gesellschaftlichen Leben auf die Fahnen. Damit sah sie sich als integralen Bestandteil einer »Menschenrechtsrevolution« von weltweitem Ausmaß, die die amerikanischen Frauen aus ihrem Status als »Bürger zweiter Klasse« befreien würde. War es der sogenannten *Ersten Frauenbewegung* um 1900 primär um das Wahlrecht gegangen, so war das Ziel der neuen Frauenbewegung »Selbstbestimmung« in einem ganz umfassenden Sinne. Das hatte einerseits ökonomische Dimensionen: Frauen sollten materiell auf eigenen Füßen stehen, ihr eigenes Einkommen haben und gleichen Lohn für gleiche Arbeit bekommen, wobei ihnen alle Berufe offenstehen sollten. Doch das feministische Emanzipationsstreben hatte auch klar soziokulturelle Dimensionen: Das normative Rollenmodell von der Frau als Ehefrau und Mutter sollte gebrochen und die Ideologie der Hausfräulichkeit zerschlagen werden, um es Frauen zu ermöglichen, ihr Leben nach ihren Vorstellungen selbstbestimmt zu gestalten. Das schloss die berufliche Selbstbestimmung ebenso ein wie die sexuelle.

Frauen sollten nicht länger mehr nur das Objekt männlicher Sexualität sein, sondern ein Recht auf ihre eigene Sexualität haben. Körperliche Liebe wurde damit von Fragen der Ehe und der natürlichen Reproduktion abgekoppelt und zu einem Wert an sich erhoben. Frauen sollten selbst bestimmen können, mit wem sie sexuell aktiv werden, ob sie Kinder haben oder monogam leben wollten. Ermöglicht wurde diese neue sexuelle Freiheit durch die in den 1960er Jahren entwickelte Antibabypille, die nun auch den Frauen die Möglichkeit zur folgenlosen Promiskuität gab. Das eingeforderte Recht auf Selbstbestimmung schloss auch das Recht auf Abtreibung ein, das in den 1970er Jahren zu einem Schlüsselthema der neuen Frauenbewegung wurde und tiefe sozial-moralische Gräben in die amerikanische Gesellschaft trieb. Ein weiterer Kristallisationspunkt feministischer Aktivität war der Kampf gegen männlichen Sexismus und die von ihm getragenen Ideale weiblicher Schönheit, denen Frauen sich zu unterwerfen hatten. In einer Reihe von symbolischen Aktionen krönten NOW-Aktivisten ein Schaf zu *Miss America* und stellten »Freiheitsmülleimer« auf, in die Frauen hochhackige Schuhe, BHs, Miederhosen und ähnliche Symbole eines männlichen Sexismus werfen konnten. Gleichzeitig setzte NOW Fragen zu sexueller Gewalt in- und außerhalb der Ehe auf die Tagesordnung. Diese feministische Agenda gründete tief in der Graswurzel-Protestkultur der 1960er Jahre. Sie entfaltete sich über weite Strecken als symbolische Politik auf der Straße, die hauptsächlich darauf gerichtet war, ein in Solidarität ankerndes Genderbewusstsein zu erzeugen, das anfangs durchaus trennend angelegt war und Männer als Gegner im Kampf um Gleichberechtigung zeichnete, um Frauen als Aktivistinnen einer in »Schwesternschaft« gründenden Agitation für Gleichberechtigung zu mobilisieren. Den Machtstrukturen und Entscheidungsprozessen der amerikanischen Demokratie standen die Aktivistinnen der 1960/70er vielfach in Fundamentalopposition gegenüber, sahen sie in ihnen doch die Institutionalisierung von Wertideen und Regeln eines Patriarchats, das zu überwinden war. Damit standen die feministischen Aktivistinnen freilich vor dem Problem, Interessen von Frauen in einem weiterhin von Männern dominierten politischen System durchsetzen zu müssen.

Insgesamt hat die liberal-feministische Frauenbewegung in den USA seit den 1970er Jahren viele konkrete Maßnahmen zur Gleichstellung der Frauen errungen und vor allem einen gesellschaftlichen Bewusstseinswandel vorangetrieben. Zusammen mit den Wohlstandsschüben hat sie viel dazu beigetragen, die ökonomische Situation, den Status und die Lebenschancen von Frauen in der amerikanischen Gesellschaft zu erhöhen. Allerdings ist die sich vor allem im letzten Viertel des 20. Jahrhundert rasant beschleunigende Emanzipation der Frauen keine lineare Erfolgsgeschichte, sondern höchst ambivalent. So wurden die Strukturen ökonomischer Diskriminierung in den USA seit 1970 zwar aufgeweicht, aber nicht völlig überwunden. Im Jahr 1979 verdienten Frauen im Durchschnitt knapp 60 Prozent dessen, was Männer verdienten. 20 Jahre später war dieser Wert um rund 15 Prozent gestiegen, allerdings verdienten Frauen damit immer noch rund ein Viertel weniger als Männer. Auch arbeiteten Frauen am Ende des Kalten Krieges zwar in allen möglichen Berufen, doch auf den Führungs- und Leitungsebenen waren sie eklatant unterrepräsentiert. Die allermeisten Frauen arbeiteten weiterhin in traditionell »weiblichen« Berufen als Sekretärinnen, Krankenschwestern oder Büroangestellte.

Vor allem aber formierte sich im Laufe der 1970er Jahre eine antifeministische Opposition zur liberalen Frauenbewegung, die zu einem wesentlichen Schrittmacher der sich mit der Wahl Ronald Reagans vollziehenden, »konservativen Wende« in der amerikanischen Politik wurde. Diese Bewegung, die zum großen Teil von Frauen der Mittelklasse getragen wurde, entfaltete sich in der Kritik am emanzipatorischen Liberalismus des Feminismus und formierte sich vor allem in zwei kontroversen politisch-sozialen Debatten der 1970er Jahre: die Abtreibung und das *Equal Rights Amendment* (ERA).

Am 22. Januar 1973 fällte der *Supreme Court* sein Grundsatzurteil im Fall *Roe v. Wade* und erklärte darin, dass die meisten der bestehenden Gesetze zur Regulierung von Schwangerschaftsabbrüchen das Recht auf Privatsphäre verletzten. Damit erklärte dieses Urteil Abtreibung zu einer Frage weiblicher Selbstbestimmung, band die Entscheidungsfreiheit allerdings an konkrete Voraussetzungen: Ein legaler Abbruch sollte nur bis zu einem in einer klaren Fristenregelung bestimmten Zeitpunkt in der Schwangerschaft möglich sein. Dieses Urteil löste binnen kürzester Zeit eine heftige Kontroverse aus, die bis heute anhält. Während NOW *Roe v. Wade* als emanzipatorischen Meilenstein feierte, sahen konservative Gegner weltlicher und christlich-religiöser Provenienz in ihm einen libertinären Exzess, der die Familie als den moralischen Kern der amerikanischen Gesellschaft existentiell bedrohe und zugleich eine Verletzung der gottgewollten Ordnung darstelle. Mit *Roe v. Wade* rückten Fragen von Ehe, Familie und Sexualmoral sowie überhaupt der Moralität von Lebensstilen immer mehr ins Zentrum der politischen und sozialen Kämpfe.

Diese Debatten überlagerten sich in den 1970er Jahren mit dem erbitterten Ringen um das ERA, das jegliche Ungleichbehandlung auf der Basis von Geschlecht für verfassungswidrig erklärte. Erste Bestrebungen, ein solches Gleichheitsgebot in der Verfassung zu verankern, gab es bereits in den 1920er Jahren, doch NOW brachte das Thema Anfang der 1970er Jahre zurück auf die Tagesordnung. Im August 1970 beteiligten sich Millionen von Amerikanerinnen an einem Frauenstreik, um für volle soziale, ökonomische und politische Gleichberechtigung zu demonstrieren. Daraufhin erarbeitete der Kongress ein ERA, das im März 1972 mit sehr klarer Mehrheit beschlossen und den Bundesstaaten zur Ratifikation übersandt wurde. Um Gültigkeit zu erlangen, hätten bis zum Jahr 1979 drei Viertel der Bundesstaaten den Verfassungszusatz annehmen müssen. Dazu kam es aber nicht, weil die von Phyllis Schlafly angeführte *STOP-ERA*-Bewegung, eine anti-feministische Opposition mit vielen Frauen als Aktivistinnen und in Führungspositionen, die Dreiviertel-Mehrheit für den Verfassungszusatz verhinderte.

Wenn die liberale Frauenbewegung bis zum Ende des Kalten Krieges an Dynamik verlor und in die Defensive geriet, so war das allerdings nicht nur der antifeministischen Agitation geschuldet. Schuld war auch, dass die institutionell ohnehin nicht sehr festgefügte liberale Frauenbewegung in sich vielfältig gespalten war und nur einen Teil der amerikanischen Frauen erreichte. NOW sprach vor allem die Probleme der Frauen aus der gut ausgebildeten, wohlhabenden weißen Mittelschicht an. Die Frauen der Arbeiterklasse und Afroamerikanerinnen hatten andere Probleme als »Bewusstseinsbildung«, Selbstverwirklichung und Zugang zu Top-Karrieren. Die Themen, die ihnen unter den Nägeln brannten, waren höhere Löhne und Arbeitsplatzsicherheit, staatliche Beihilfen für Familien mit Kindern, bezahlbarer Wohnraum und Stadtentwicklungsprogramme zur Verbesserung der Situation in den innerstädtischen *Slums*. Darüber hinaus war NOW stets die Bewegung einer Minderheit selbst unter den Frauen der weißen Mittelklasse, die in ihrer großen Mehrheit nicht feministisch bewegt waren, selbst wenn sie die Forderungen von NOW in Teilen unterstützten. Ganz von der Bildfläche verschwand der liberale Feminismus bis zum Ende des Kalten Krieges jedoch nicht.

7   Phasen der Innenpolitik im Kalten Krieg

Die Geschichte der Innenpolitik entfaltete sich zwischen 1945 und 1991 in zwei ganz gegensätzlichen Phasen. Bis zum Ende der 1960er Jahre stand sie ganz im Zeichen des liberalen *New Deal*-Konsenses, das heißt, der Wohlfahrtsstaat wurde kontinuierlich ausgebaut, um Arbeiter und Angestellte vor den Unwägbarkeiten und Härten marktwirtschaftlicher Zyklen zu schützen, ihre Kaufkraft zu erhöhen und sie auch in Zeiten von Arbeitslosigkeit und Krankheit als Konsumenten zu erhalten. Dann jedoch setzte eine konservative Rebellion gegen ein solches Staats- und Politikverständnis ein, die bereits Mitte der 1960er Jahre anfing, in den 1970er Jahren an Fahrt aufnahm und sich in der Wahl Ronald Reagans zum 40. Präsidenten der USA vollendete. Unter Präsident Reagan wurden der Wohlfahrtsstaat abgebaut, die Wirtschaft dereguliert und Steuern gesenkt. Seitdem wird die Innenpolitik der USA von konservativen Vorstellungswelten bestimmt, die um Konzepte wie den freien Gebrauch individueller Talente, die Entfesselung marktwirtschaftlicher Kräfte und geringe staatliche Einmischung herum gebaut sind. In Europa würde ein solches Staats- und Politikverständnis als »neoliberal« bezeichnet werden, in den USA heißt es jedoch »konservativ«, weil dies scheinbar im Einklang mit einer bis auf die Anfangstage der Republik zurückreichenden Politiktradition steht, mit der der »Liberalismus« des *New Deal* aus Sicht der Konservativen bricht.

Innenpolitik im Zeichen des New Deal Konsens 1945–1968

Unter den Präsidenten Harry Truman, Dwight D. Eisenhower, John F. Kennedy und Lyndon B. Johnson wurde die wohlfahrtsstaatliche Politik fortgeführt, die Präsident Roosevelt unter den Bedingungen der Weltwirtschaftskrise eingeleitet hatte. Das war am Ende des Zweiten Weltkrieges nicht unbedingt zu erwarten gewesen. Nach zwölf Jahren staatlicher Reform- und Interventionspolitik von präzedenzloser Intensität erwarteten viele Zeitgenossen eine »Rückkehr zur Normalität« unter der Ägide der Republikaner, so wie es nach dem Ersten Weltkrieg der Fall gewesen war, und rechneten deshalb mit einem massiven Angriff auf den Wohlfahrtsstaat. Genau das passierte jedoch nicht, weil der Systemantagonismus des Kalten Krieges der wohlfahrtsstaatlichen Bändigung des marktwirtschaftlichen Kapitalismus eine neue Bedeutung verlieh. Wohlfahrtsstaatliche Politik diente nun nicht mehr in erster Linie der Linderung krisengefügter Not, sondern der Reform des marktwirtschaftlichen Kapitalismus in einer Weise, dass alle sozialen Schichten am Wohlstand des Landes teilhaben konnten und sich der allgemeine Lebensstandard erhöhte. Der Kampf gegen Armut und für soziale Gerechtigkeit wurde so zu einem Lackmustest für die Leistungsfähigkeit der marktwirtschaftlichen Demokratie im Kampf gegen die kommunistische Alternative. Die beiden Säulen der amerikanischen Innenpolitik waren einerseits die systematische Förderung des wirtschaftlichen Wachstums durch die Kooperation von Staat, Arbeit und Kapital und andererseits die sukzessive Erweiterung des amerikanischen Wohlfahrtsstaats.

In diesem Zusammenhang war die Präsidentschaft Harry S. Trumans von zentraler Bedeutung für die innenpolitische Weichenstellung. Truman war entschlossen, die Politik des *New Deal* mit einem *Fair Deal* fortzuführen. Drei Wochen nach der Kapitulation Japans präsentierte er am 6. September 1945 dem Kongress die 21 Punkte seines wohlfahrtsstaatlichen Reformprogramms. Er forderte die Erhöhung des Mindestlohnes von 40 auf 65 Cent pro Stunde, den Ausbau des Sozialversicherungssystems, ein Vollbeschäftigungsprogramm, Bundesmittel für Stadtentwicklung und öffentlichen Wohnungsbau sowie Subventionen für die Landwirtschaft und andere Maßnahmen zur Preisregulierung. Damit schlug er unmittelbar nach dem Ende des Zweiten Weltkrieges praktisch alle Themen an, die die Reformdebatte in den USA bis Ende der 1960er Jahre bestimmen sollten. Allerdings sah sich Truman bis zu seiner Wiederwahl im Jahr 1948 im Kongress einer konservativen Mehrheit aus Republikanern und moderaten Demokraten gegenüber, die sich nur eines Bruchteils der von ihm angeregten Themen überhaupt annahm. Die Furcht vor der Zerstörung des *American Way of Life* durch Sozialisten und Kommunisten wurde im Zeichen des sich verfestigenden Kalten Krieges und der heraufziehenden McCarthy-Ära zunehmend hysterisch. Die Gegner des *New Deal* hatten leichtes Spiel, den Ausbau des Wohlfahrtsstaats sowie überhaupt alle Positionen »links der Mitte« als »unamerikanisch« zu disqualifizieren.

Davon ließ sich Truman allerdings nicht weiter beeindrucken und trat im Präsidentschaftswahlkampf von 1948 als entschiedener *New Dealer* auf. Damit landete er, der zu Beginn des Wahlkampfes weit zurücklag, einen der sensationellsten Siege in der Geschichte der amerikanischen Präsidentschaft: Mit 49,5 Prozent aller abgegebenen Stimmen und 303 Stimmen im Wahlmännergremium wurde er so unverhofft wie knapp im Amt bestätigt. Daraus leitete Truman ein Mandat für die Fortführung der Reformpolitik ab, traf allerdings auf einen Kongress, der trotz Demokratischer Mehrheit in der Umsetzung der *Fair Deal* Politik eher zurückhaltend war. Zwar wurden unter anderem die staatliche Alters- und Arbeitslosenversicherung ausgebaut, der Mindestlohn erhöht, der Mieterschutz verbessert, die Bundesmittel für öffentliche Wohnungsbau- und Stadtentwicklungsprogramme massiv erhöht und die Wissenschaften durch die Gründung der *National Science Foundation* im Jahr 1950 gefördert. Doch der Kongress verweigerte sich den ehrgeizigsten Plänen der Truman-Regierung: Zu einer Erhöhung der Steuern und der Bewilligung von Bundesmitteln für das öffentliche

Schulsystem kam es ebenso wenig wie zu den von Truman geforderten Preiskontrollen zur Bekämpfung der Inflation, einem nationalen Krankenversicherungssystem oder der Stärkung der Gewerkschaften. So blieb der *Fair Deal* zwar insgesamt Stückwerk, doch die allgemeine Richtung der Innenpolitik war am Ende von Trumans Präsidentschaft vorgezeichnet. Bei allem Streit über Details hatte sich ein *New Deal*-Konsens etabliert, der den Wohlfahrtsstaat als zivilisatorische Errungenschaft grundsätzlich akzeptierte und ihn als Faktor wirtschaftlichen Wachstums und allgemeiner Prosperität anerkannte.

Am Ende seiner Amtszeit war Truman denkbar unbeliebt. Der scheinbar unaufhaltsame Vormarsch des Kommunismus in der Welt, die Agitation McCarthys gegen die vermeintliche kommunistische Unterwanderung der Bundesregierung, die hohen Steuern und die Inflation – alles wurde Truman und seiner Politik angelastet. Die Zustimmungsraten zu seiner Amtsführung waren Anfang 1952 so niedrig, dass Truman nicht mehr für eine weitere Amtszeit kandidieren wollte. Gegen den charismatischen Präsidentschaftskandidaten der Republikaner, Dwight D. Eisenhower, der als siegreicher General des Zweiten Weltkrieges eine weit über das Lager der Republikaner hinaus anerkannte Integrationsfigur war, hätte er wohl auch keine Chance gehabt. Eisenhower wurde 1952 mit triumphalen 55,2 Prozent aller abgegebenen Stimmen und 442 der 531 Wahlmännerstimmen zum 34. Präsidenten der USA gewählt. Auch viele Demokraten aus dem Süden, die mit der Gleichstellungspolitik von Präsident Truman und den sozialen Vergünstigungen für die Schwarzen nicht einverstanden waren, hatten Eisenhower ihre Stimme gegeben. Im Windschatten von Eisenhowers persönlichem Erfolg gewann auch die Republikanische Partei die Mehrheit in beiden Häusern des Kongresses zurück. Nach der 20-jährigen Vorherrschaft der Demokraten war nun die *Grand Old Party* wieder am Zug.

Als Eisenhower ins Präsidentenamt kam, strebte die McCarthy-Ära ihrem Höhepunkt entgegen. Die Jahre von 1950 bis 1954 waren die Zeit, in der Senator Joseph McCarthy öffentlich Jagd auf vermeintliche und tatsächliche Kommunisten in Regierungsämtern und Behörden der USA machte. Freilich begann die McCarthy-Ära nicht erst mit den Aktivitäten des Senators. Vielmehr baute sich die *Red Scare* in dem Maße auf, in dem sich die Ideologie des Kalten Krieges in den unmittelbaren Nachkriegsjahren formierte. Die Furcht vor kommunistischer Unterwanderung war teilweise durch die Truman-Regierung und den Kongress geschürt worden, lange bevor Senator McCarthy am 9. Februar 1950 auf einer Versammlung der Republikaner mit einigen Blättern Papier herumwedelte und sagte, dass er hier eine Liste mit 205 Namen von Mitgliedern der Kommunistischen Partei in der Hand habe, die in verantwortlicher Position im Außenministerium arbeiteten, ohne jemals auch nur einen Namen zu nennen oder Beweise für seine Anschuldigungen zu erbringen. Im Herbst 1950 als Senator von Wisconsin wiedergewählt, wurde McCarthy Vorsitzender des *Permanent Subcommittee on Investigations*. Dieses nutzte er als Plattform für eine immer verstiegener werdende Jagd auf angebliche Kommunisten im Regierungsapparat. In seinen sehr öffentlichkeitswirksamen Anhörungen enttarnte er keinen einzigen Kommunisten, ruinierte dafür aber zahllose Karrieren und verbreitete ein Klima der Angst bis hin zu hysterischer Furcht, die das öffentliche Leben weitgehend lähmte. Präsident Eisenhower und viele

Republikaner mochten ihren Parteigenossen nicht, doch ließen sie ihn gewähren, weil er einerseits ein populärer Demagoge war und andererseits die »Drecksarbeit« machte, die in ihren Augen nötig war, um die Demokratische Partei in Schach zu halten.

Allerdings überspannte der immer selbstgerechtere McCarthy den Bogen, als er im Frühjahr 1954 vermeintliche kommunistische Umtriebe bei den Streitkräften zu untersuchen begann. Die 36-tägigen Anhörungen wurden im damals noch jungen Medium Fernsehen gezeigt, und die Fernsehnation konnte sich selbst ein Bild von den substanzlosen Anschuldigungen des polternden McCarthy machen, der sich sogar erdreistete, den Kriegshelden und Präsidenten Dwight D. Eisenhower direkt zu attackieren. Die Bevölkerung war geschockt, McCarthy diskreditiert und die Würde des Senats beschädigt. Im Dezember 1954 verurteilte der Senat offiziell die Aktivitäten McCarthys mit 65 gegen 22 Stimmen. McCarthy war am Ende und starb keine drei Jahre später an den Folgen seines Alkoholmissbrauchs.

Der Spuk der McCarthy-Ära lässt sich nur im Kontext des sich herausbildenden Kalten Krieges verstehen. Die Teilung Europas, der »Verlust Chinas«, der Koreakrieg – all' dies schien zu zeigen, dass der Kommunismus weltweit auf dem Vormarsch und dabei war, den Kalten Krieg zu gewinnen. Dabei war »Kommunismus« ein nur vage definiertes Plastikwort, das sich flexibel verwenden ließ, um politische Gegner oder nicht genehme Lebensformen zu diskreditieren. Nur so lässt sich erklären, dass die konservative Agitation eines George Wallace, Barry Goldwater oder Ronald Reagan immer wieder die Demokraten als Agenten einer kommunistischen Verschwörung und ihre politischen Programme als schleichenden Sozialismus disqualifizierten. Mit Senator McCarthy war der McCarthyismus als ein in der Furcht vor dem »Feind im Innern« ankerndes politisches Weltbild noch lange nicht verschwunden. Es war vielmehr tief in der Konstellation des Kalten Krieges verankert und gründete zugleich in der amerikanischen Ur-Angst vor einem zu großen und zu mächtigen Staat, der aktiv lenkend in die sozialen und wirtschaftlichen Prozesse eingriff. Deshalb stand ja der Wohlfahrtsstaat per se unter Kommunismusverdacht.

Allerdings blieb ein Generalangriff auf den Wohlfahrtsstaat auch unter der Ägide des Republikaners Eisenhower aus. Zwar wurden unter ihm, der mit der Agenda eines »dynamischen Konservatismus« angetreten war, die öffentlichen Ausgaben reduziert und die Bundesbürokratie verkleinert. Auch bei Mieten, Löhnen und Preisen gab der Staat einen Teil seiner Regulierungskompetenz auf, und insgesamt machte sich eine Abneigung dagegen breit, die Staatsverschuldung oder die Steuern zu erhöhen, um wohlfahrtsstaatliche Leistungen zu finanzieren. Dennoch stellte auch Eisenhower den Wohlfahrtsstaat nicht grundsätzlich in Frage. Unter seiner Ägide wurde sogar eine Reihe von Gesetzen beschlossen, die die Zahl der Anspruchsberechtigten bei der staatlichen Arbeits- und Rentenversicherung erhöhten. Der eher stillschweigende Ausbau des Wohlfahrtsstaates in den 1950er Jahren war allerdings nicht nur der individuellen Haltung des Präsidenten geschuldet, sondern auch der Tatsache, dass die Demokraten bei der triumphalen Wiederwahl Eisenhowers im Jahr 1956 die Kontrolle über den Kongress wieder erlangten und dann zwei Jahre später sogar ihren größten Sieg seit 1936 landeten. Die amerikanischen Wähler wollten einer republikanischen Staats- und

Wirtschaftsphilosophie offenbar nicht allein das Feld überlassen. Der *New Deal*-Konsens hatte weiterhin Bestand und setzte sich in den 1960er Jahren fort.

Als Präsident John F. Kennedy im Jahr 1960 mit knapper Mehrheit ins Präsidentenamt gewählt wurde, stellte er seine Politik der *New Frontier* ausdrücklich in die Tradition von *New Deal* und *Fair Deal*, wobei er vor allem das eklatante Nebeneinander von Armut und Überfluss in der Wohlstandsgesellschaft als das drängendste Problem seiner Zeit darstellte. Dabei meinte er, dass die Amerikaner Armut nicht nur in ihrem eigenen Land, sondern überall in der Welt bekämpfen sollten. Als eine seiner ersten Amtshandlungen rief Kennedy im Frühjahr 1961 das *Peace Corps* ins Leben, eine unabhängige Behörde, die junge, gut ausgebildete und meist aus der weißen Mittelklasse kommende Amerikaner für zwei Jahre als freiwillige Entwicklungshelfer in Länder der Dritten Welt schickte, auf dass sie dort als Ärzte, Landvermesser, Ingenieure, Lehrer oder Sozialarbeiter tätig wurden. Dabei ging es Kennedy zwar immer auch um die Zurückdrängung des Einflusses der kommunistischen Mächte in der »Dritten Welt« durch Entwicklungspolitik, doch man sollte den ehrlichen Wunsch nach konkreter Verbesserung der Situation in den Entwicklungsländern nicht in Abrede stellen. Unabhängig von allem machtpolitischen Kalkül stand das *Peace Corps* auch in der wohlfahrtsstaatlichen Tradition des *New Deal*, die Kennedy fortzusetzen beabsichtigte. Allerdings war der Präsident, dessen Amtszeit anfangs ganz im Zeichen außenpolitischer Krisen stand, mit der Umsetzung seiner innenpolitischen Pläne zunächst eher zögerlich, entwickelte sich dann aber zu einem immer entschiedeneren Reformer. Er drängte auf eine staatliche Krankenversicherung für die älteren Amerikaner, den Ausbau öffentlicher Beschäftigungsprogramme sowie die Erhöhung der Bundesmittel für Schulen, Wohnungsbau, Stadtentwicklungsprogramme und Naturschutzmaßnahmen. Ferner forderte er den gezielten Ausbau der Raumfahrtforschung.

In vielem war der Kongress bereit, dem Präsidenten zu folgen. Die Sozialversicherungsleistungen wurden ausgeweitet, die Arbeitslosenversicherung flexibilisiert, die öffentlichen Beschäftigungsprogramme vermehrt, die Entwicklungshilfe erhöht und die Bundesmittel für öffentliche Wohnungsbau- und Stadtentwicklungsprogramme massiv aufgestockt. Zu erwähnen ist der 1962 vom Kongress verabschiedete *Manpower Development and Training Act*, der den Einzelstaaten insgesamt 435 Millionen Dollar aus Bundesmitteln zur Verfügung stellte, um davon Umschulungs- und Ausbildungsmaßnahmen für Arbeitslose zu finanzieren. Bei den kühneren Reformplänen verweigerte der Kongress allerdings auch diesem Präsidenten die Gefolgschaft. Ein Bundesprogramm zur Verbesserung des öffentlichen Nahverkehrs fand ebenso keine Mehrheit wie die umfassende Liberalisierung der Einwanderungsgesetze. Zu einer Erhöhung der Bundesmittel für öffentliche Schulen und Unterstützungsleistungen für Wanderarbeiter kam es nicht. Ebenso scheiterte *Medicare*, die staatliche Krankenversicherung für Arbeiter im Ruhestand, am Widerstand des Kongresses.

Mit der Ermordung Kennedys in Dallas am 22. November 1963 wurde der amtierende Vizepräsident Lyndon B. Johnson 36. Präsident der USA. Unter ihm, der im November 1964 klar im Amt bestätigt wurde, erreichte der *New Deal*-Konsens seinen Höhe- und zugleich Wendepunkt. Johnson propagierte die *Great Society* und meinte damit eine auf der Basis von Freiheit, Demokratie und Wohlstand integrierte Gesellschaft, in der es keine Armut und soziale Ungerechtigkeit mehr geben würde. Die beiden größten Hindernisse, die der Verwirklichung dieses Zieles im Wege standen, waren in Johnsons Augen die Diskriminierung der *African Americans* und die fortbestehende Armut in den USA. Johnson selbst hat seine Sozialpolitik als *War on Poverty* charakterisiert; er verstand darunter ein breites Bündel von sozialstaatlichen Maßnahmen, die das Los der Amerikaner, die am oder unter dem Existenzminimum lebten – und das waren damals immerhin rund 30 Prozent – verbessern sollte. Der *Economic Opportunity Act* des Jahres 1964 rief insgesamt elf große Bundesprogramme ins Leben, die Kindern und Jugendlichen aus den unteren Schichten eine berufliche Zukunft eröffnen sollten. Unter anderem wurden in diesem Zusammenhang die Ausstattung der öffentlichen Schulen mit Bundesgeldern verbessert sowie Alphabetisierungsprogramme und Arbeitsbeschaffungsmaßnahmen finanziert. Mit *Medicare* und *Medicaid* setzte die Johnson-Regierung 1965 ein nationales Gesundheitssystem für die Armen und Alten durch. Zur Verbesserung der Lebenssituation in den Städten wurden die Armutsviertel mit Bundesgeldern saniert, das öffentliche Nahverkehrssystem verbessert und Umweltschutzmaßnahmen eingeleitet. Außerdem erhielten Arme und Bedürftige einen Anspruch auf Lebensmittelmarken, und der Kongress verabschiedete eine Reihe von Verbraucherschutzgesetzen.

Diese Politik erreichte durchaus spürbare Verbesserungen. Lebten 1960 noch 22,4 Prozent der amerikanischen Bevölkerung unter dem offiziellen Existenzminimum, so waren es 1970 nur noch 12,6 Prozent. Die öffentlichen Schulen wurden immer besser ausgestattet, und Stipendien sowie staatliche Darlehen eröffneten vielen Mitgliedern der unteren Schichten den Zugang zu höherer Bildung. Waren dies alles Erfolge, so ist Johnson dennoch, insgesamt betrachtet, mit seiner Sozialpolitik gescheitert. Am Ende seiner Präsidentschaft im Jahr 1968 war die Gesellschaft gespalten wie nie zuvor und die Armut ebenso wenig verschwunden wie die rassistische Diskriminierung der *African Americans*. Die von der Vision einer *Great Society* getriebene, beispiellose wohlfahrtsstaatliche Aktivität hatte die Gesellschaft nicht befriedet, sondern scheinbar gerade das Gegenteil erreicht. Im letzten Amtsjahr von Präsident Johnson waren die Proteste gegen den Vietnamkrieg auf dem Höhepunkt, stand die bürgerliche Mittelklasse fassungslos vor den Drogenexzessen und der freien Liebe der Hippies, wurden Martin Luther King und Robert Kennedy Opfer politischer Morde, brachen in vielen Städten »Rassenunruhen« aus und versank der Nominierungsparteitag der Demokratischen Partei in Chicago im Chaos, weil es in der Stadt zu Straßenschlachten zwischen der Polizei und Aktivisten der Friedensbewegung kam.

Fragt man nach den Gründen für Johnsons Scheitern, so werden schlaglichtartig einige charakteristische Strukturen und Grundprobleme des amerikanischen Wohlfahrtsstaates sichtbar. Drei Aspekte seien in diesem Zusammenhang besonders hervorgehoben. Erstens waren die bundesstaatlichen Sozialprogramme in aller Regel unterfinanziert. Dies geschah einerseits, weil es weiterhin starke konservative Widerstände gegen die wohlfahrtsstaatliche Politik gab, die bis weit in die Demokratische Partei reichten. Deshalb war jeder Präsident seit Franklin D. Roosevelt zu Kompromissen gezwungen. Andererseits aber verschlang die Außenpolitik im Zeichen des *Containment* Unsummen, die dann den sozialstaatlichen Maßnahmen fehlten. Im Jahr

1965 gingen so zwar ansehnliche 31 Prozent des Bundeshaushalts in das Ressort Soziales, doch im gleichen Jahr gingen 43 Prozent ins Pentagon. An diesem grundsätzlichen Missverhältnis änderte sich bis zum Ende des Kalten Krieges nichts. Zweitens kam der größte Teil der öffentlichen Gelder gar nicht den Armen und Bedürftigen direkt zu Gute, sondern floss in strukturpolitische Maßnahmen. Folglich wurden die Ausstattung von öffentlichen Schulen verbessert, städtische Armenviertel saniert, Flughäfen, Bahnhöfe und Straßen gebaut und der öffentliche Nahverkehr subventioniert, um Chancengleichheit herzustellen. Drittens fand jede wohlfahrtsstaatliche Politik ihre Grenzen in der von allen Regierungen des Kalten Krieges entschieden verfolgten Politik des wirtschaftlichen Wachstums, die wohlfahrtstaatliche Maßnahmen den Interessen der Unternehmen unterordnete.

New Left und *New Right*

Die Politik in der Tradition des *New Deal* führte in den 1960er Jahren zu einer allmählichen politischen Polarisierung. Zu dieser Zeit entstanden die politischen Lager der *New Left* und der *New Right*, die sich beide auf ihre Art in der Auseinandersetzung mit dem liberalen Konsens der Zeit formierten. Die *New Left*, ein vielgestaltiges Ensemble von Protest- und Emanzipationsbewegungen mit teils radikalem Anstrich, wollte die liberale Reform der amerikanischen Demokratie in neue Dimensionen treiben, während die *New Right* sich in der Opposition zum *New Deal*-Liberalismus und dem emanzipatorischen Radikalismus der *New Left* formierte. Die 1960er Jahre stellen sich damit als Zeit der Fundamentalpolitisierung für Aktivisten *beider* politischer Lager dar. Damals gründeten sich sowohl die *Students for a Democratic Society* (SDS), die prägende Organisation der *New Left*, als auch die *Young Americans for Freedom*, eine Art Kaderschmiede für spätere Eliten der *New Right*.

Dessen ungeachtet ist der Blick auf die Protestsignatur der 1960er Jahre bis heute stark von den liberalen Reform- und Emanzipationsbestrebungen der *New Left* dominiert. Die vielfach mit der Studentenbewegung der 1960er Jahre identische *New Left* war im Kern eine Bewegung bürgerlicher Akademiker aus der weißen Mittelklasse, die mit den Strukturen und Positionen der maßgeblich durch die Arbeiterbewegung geprägten *Old Left* nicht viel zu tun hatten. Ihre zumeist jugendlichen Aktivisten waren auf ganz unterschiedlichen Wegen zur Politik gekommen. Viele von ihnen hatten sich in der afroamerikanischen Bürgerrechtsbewegung engagiert, andere wurden durch die fortbestehende Armut in der Wohlstandsgesellschaft und das Problem sozialer Gerechtigkeit oder durch das sich in den 1960er Jahren allmählich ausprägende Bewusstsein für die ökologischen Kosten des Wohlstands »politisch«. Wieder andere kamen aus der Friedensbewegung, und auch die neue Frauenbewegung entwickelte sich unter dem Dach der *New Left*, die alles andere als eine in sich geschlossene, durchorganisierte Bewegung war. Eher war sie ein bunter Haufen von Aktivisten und Organisationen, die eine breite Palette von Reformanliegen vertraten, ohne ein gemeinsames ideologisches Fundament zu haben, schon gar kein doktrinär marxistisches oder auch nur sozialistisches.

In vieler Hinsicht stand das Mosaik aus theoretischen Versatzstücken, ideologischen Prämissen und Gesellschaftsentwürfen der New Left in der Tradition des egalitären Radikalismus, wie sie durch die Amerikanische Unabhängigkeitserklärung begründet wurde. Die Forderungen der New Left, wie sie im maßgeblich von Tom Hayden verfassten Port Huron Statement aus dem Jahr 1962 niedergelegt sind, kreisen um Konzepte wie Selbstbestimmung und Selbstverwirklichung, Individualität und Kreativität, Solidarität und partizipatorischer Graswurzeldemokratie, die auch demokratische Kontrolle der Wirtschaft einschloss. Angereichert wurde der Forderungskatalog von anti-materialistischen und kapitalismuskritischen, anti-rassistischen und anti-imperialistischen Positionen. Insgesamt wollten die Aktivisten der New Left die Wirtschaft, Gesellschaft und Politik der USA grundlegend reformieren, ohne jedoch mit den revolutionär begründeten Grundlagen der amerikanischen Demokratie zu brechen. Im Gegenteil, die vom SDS anvisierte »partizipatorische Demokratie« erschien als die Erfüllung des emanzipatorischen Versprechens der Amerikanischen Revolution.

Zum Ende der 1960er Jahre rückte der Protest gegen den Vietnamkrieg ins Zentrum der neulinken Agitation, und zwar nicht zuletzt auch deshalb, weil die Studenten angesichts der rasanten Eskalation des Krieges in Südostasien damit rechnen mussten, eingezogen und in den Krieg geschickt zu werden. Die SDS organisierten vielfältige, sehr öffentlichkeitswirksame Proteste in Form von Teach-ins und Anti-Kriegsdemonstrationen. Auch behinderten sie die Arbeit der Rekrutierungsstellen der Streitkräfte an den Hochschulen, inszenierten die öffentliche Verbrennung von Einberufungsbescheiden und belagerten Anlagen von Rüstungsfirmen wie Dow Chemicals, dem wichtigsten Produzenten von Napalm und Agent Orange. In vieler Hinsicht der Höhepunkt der Friedensdemonstrationen war 1969 der March Against Death in Washington, D.C., an dem sich rund 300 000 Menschen beteiligten. Im Jahr darauf, als Präsident Nixon die Eskalation der Bombenangriffe auf Nordvietnam und die Ausweitung des Krieges nach Kambodscha ankündigte, entlud sich die explosive Stimmung an vielen Hochschulen in Gewalt. In Ohio stellte der Gouverneur des Staates den Campus der Kent State University unter Ausnahmerecht und entsandte ein massives Aufgebot der Nationalgarde, um die dort seit Tagen währenden Proteste aufzulösen. Die schwer bewaffneten Nationalgardisten feuerten dabei mehrere Salven in die Menge; vier Studenten starben und elf weitere wurden teils schwer verletzt. Die Folge war ein landesweiter Studentenstreik, der das akademische Leben an rund 400 Colleges und Universitäten für Tage zum Erliegen brachte.

In Kombination mit dem Scheitern der mit großen Erwartungen verbundenen wohlfahrtsstaatlichen Reformpolitik von Präsident Johnson gab die durch Tumult, Aufruhr und Gewalt gekennzeichnete historische Signatur der 1960er Jahre den Kritikern eines dem New Deal verpflichteten Staats- und Politikverständnisses starken Auftrieb. Die konservative Rebellion gegen den Wohlfahrtsstaat begann 1964 mit der Präsidentschaftskandidatur von Barry Goldwater. Der republikanische Senator für Arizona stellte die radikale Kritik am New Deal-Konsens ins Zentrum seiner Kampagne, und hinter ihm scharten sich viele der späteren Größen der New Right wie beispielsweise Ronald Reagan. Vier Jahre später fand die konservative Rebellion mit der Wahl Richard Nixons zum 37. Präsidenten der USA ihre Fortsetzung. Sie gewann in den krisenhaften

1970er Jahren beständig an Fahrt und vollendete sich schließlich im Jahr 1980, als Ronald Reagan ins Weiße Haus gewählt wurde. Damit begann ein neues Zeitalter der amerikanischen Politik, in dem sich das politische Gravitationszentrum nach rechts von der Mitte verschob.

Dieser Aufstieg der *New Right* ging einher mit dem Zerfall der von Franklin D. Roosevelt geformten *New Deal*-Koalition, die einerseits an ihren eigenen inneren Widersprüchen und andererseits an ihren eigenen Erfolgen zerbrach. Viele Mitglieder der liberal gesonnenen weißen Mittelklasse entfremdeten sich unter dem Eindruck von Aufruhr und Gewalt, Jugendprotesten, sexueller Freizügigkeit und Drogenkonsum von der Demokratischen Partei, weil sie die Turbulenzen der Dekade für das Ergebnis eines aus dem Ruder gelaufenen Liberalismus hielten. Im Süden trug die vor allem rechtliche Gleichstellung der *African Americans* zum Zerfall der *New Deal*-Koalition bei, denn die größten Rassisten des Südens waren Demokraten, die nicht dazu bereit waren, die Bürgerrechtspolitik ihrer Partei mitzutragen. Berüchtigt ist der Ausspruch des Demokraten George Wallace, der bei seiner Einführung in das Amt des Gouverneurs von Alabama im Jahr 1963 ausrief: »Rassentrennung jetzt, Rassentrennung morgen, Rassentrennung für immer.« Gleichzeitig entfremdeten sich auch Arbeiter und die unteren Mittelschichten bis 1970 zunehmend von der Demokratischen Partei. In den zurückliegenden Dekaden hatten sie am meisten von den wohlfahrtsstaatlichen Maßnahmen profitiert und sich dadurch einen Wohlstand erarbeitet, der ihnen den Anspruch auf viele staatliche Unterstützungsleistungen entzog. Obwohl ihre eigene ökonomische Situation alles andere als gesichert war, bezahlten sie mit ihren Steuern viele Bundesprogramme, die die Lage der Armen verbessern sollten, ohne selbst noch in den Genuss dieser Maßnahmen zu kommen. Im Gegenteil, die von ihren Steuern finanzierte staatliche Unterstützung für Frauen, *African Americans* und andere ethnische Minderheiten schien nur weitere Konkurrenten auf dem Arbeitsmarkt zu produzieren.

In dieser Situation gelang es dem Republikaner Richard Nixon im Wahlkampf des Jahres 1968 neue Mehrheiten für seine Partei zu schmieden, indem er einerseits die traditionelle republikanische Klientel mobilisierte und zugleich all die enttäuschten Wähler der Demokraten für sich gewann. Nixon gab den Liberalen die Schuld am turbulenten Durcheinander der Zeit, versprach eine Politik des *Law and Order* und inszenierte sich selbst als Sprachrohr der »schweigenden Mehrheit«, die seiner Meinung nach das *eigentliche*, das *wahre* Amerika verkörperte. Zugleich verfolgte Nixon eine *Southern Strategy*, bei der er seine Opposition zur Politik der Gleichstellung von *African Americans* einsetzte, um die Demokraten des Südens für die Republikaner zu gewinnen, die ja immerhin die Partei Abraham Lincolns waren. Damit erfand Nixon eine neue Form des konservativen Populismus, der die Wähler spaltete, weil er beständig zwischen *die* und *wir*, den Liberalen und dem *eigentlichen* Amerika, zwischen den lautstarken linken Protestlern und der »schweigenden Mehrheit« unterschied. Mit dieser Strategie wollte er die politische Mitte besetzen und zugleich das konservative Amerika mobilisieren, was ihm dann auch gelang. Im *Sun Belt* und in den Vorstädten der weißen Mittelklasse gewann Nixon stabile neue Mehrheiten für die Republikaner. Bei den Präsidentschaftswahlen des Jahres 1968 siegte er scheinbar mit einem Erdrutschsieg, denn den 301 Wahlmännerstimmen für ihn standen nur 191 für seinen Konkurrenten

Hubert H. Humphrey gegenüber. Allerdings erhielt Nixon nur 43,4 Prozent aller abgegebenen Stimmen, während 42,7 Prozent an Humphrey gingen. Dennoch war die konservative Rebellion gegen den *New Deal*-Konsens in voller Fahrt und hätte sich sicherlich schon früher vollendet, wenn die Politik Nixons nicht durch den Watergate-Skandal vorübergehend diskreditiert worden wäre.

Die Watergate-Affäre

Die Watergate-Affäre war der bislang größte Politskandal in der Geschichte der US-amerikanischen Demokratie. Er steht im Zusammenhang mit dem durch Nixon personifizierten konservativen Phasenwechsel und erwuchs aus Nixons ehrgeizigem Verlangen nach einer zweiten Amtszeit. Um die Wiederwahl zu schaffen, wollte er im Jahr 1972 gegen einen Konkurrenten antreten, der es ihm einfach machen würde, seine antiliberale Agenda voll auszuspielen. Deshalb wollte er erreichen, dass die Demokraten George McGovern als ihren Präsidentschaftskandidaten nominierten. McGovern war ein überzeugter Liberaler, der entschieden für die Gleichstellung von *African Americans* und Frauen eingetreten war, sich in Fragen von Sexualität und Moralität eher libertär gegeben und sich zugleich gegen den Vietnamkrieg ausgesprochen hatte. Nach Einschätzung des Nixon-Lagers ließ sich die Nominierung McGoverns am besten dadurch sicherstellen, dass man die anderen Präsidentschaftsbewerber Edmund Muskie und George Wallace systematisch diskreditierte. Muskie war viel moderater als McGovern, und gegen einen feuerköpfigen Rassisten wie George Wallace ließ sich mit einer gegen die Gleichstellung der Schwarzen gerichteten Agenda politisch kaum punkten. Aus dieser Konstellation entstand der Watergate-Skandal, der sich als ein Drama in drei Akten beschreiben lässt.

Der erste Akt erstreckt sich von Mai 1971 bis zum Juni 1972. Er begann mit der Gründung des *Committee to Re-Elect the President* (CREEP), einem außerhalb von Regierung und Republikanischer Partei existierenden, aber personell eng mit dem Weißen Haus verquickten Komitee, das die Wiederwahl Nixons 1972 sicherstellen sollte. CREEP sammelte Spenden und führte die üblichen Wahlkampfaktionen durch, organisierte allerdings auch vielfältige Aktionen zur Manipulation des Vorwahlkampfs der Demokraten. Das Spektrum der schmutzigen Tricks war breit. Briefe mit diffamierendem Inhalt, die Muskie oder Wallace Homosexualität, Ehebruch oder Alkoholismus unterstellten, wurden in Umlauf gebracht. Wahlkampfauftritte der Demokratischen Bewerber wurden durch Stinkbomben gestört. Auch wurden gefälschte Flyer verteilt, mit denen ein Bewerber zu Freibier einlud, das es dann nie gab, und in einem Fall wurde sogar ein junges Mädchen dafür bezahlt, nackt durch ein Hotel zu laufen und »Ich liebe Muskie« zu schreien.

Bei solch pubertären Spielereien blieb es allerdings nicht. Vielmehr organisierte CREEP im Frühjahr 1972 den Einbruch in das Hauptquartier der Demokraten in Washingtons Watergate-Komplex. Das Ziel dieses Einbruchs war es, Abhörvorrichtungen in Telefonen zu installieren und vertrauliche Akten zu fotografieren, um dadurch Informationen zu erhalten, die gegen die Demokratischen Präsidentschaftsbewerber verwendet werden konnten. Es gab zwei Einbrüche in das Büro der Demokratischen Partei. Der erste fand am 28. Mai statt. Er blieb zwar unbemerkt, war ansonsten aber ein grandioser Fehlschlag. Die fotografierten Akten enthielten nichts Spektakuläres, und die Abhörvorrichtung am Telefon von Lawrence O'Brien, dem Vorsitzenden des *National Committee* der Demokraten, funktionierte nicht. Um die fehlerhafte Abhörvorrichtung zu ersetzen und andere, vielleicht ergiebigere Akten zu fotografieren, startete CREEP in der Nacht vom 16. auf den 17. Juni einen zweiten, hochgradig amateurhaften Einbruch in den Watergate-Komplex, bei dem dieses Mal die fünf Einbrecher entdeckt und verhaftet wurden. Schnell wurden vielfältige Spuren zu CREEP und zum Weißen Haus sichtbar.

Der zweite Akt, der unmittelbar darauf einsetzte, ist der kriminelle Kern der Affäre. In ihm missbrauchte Richard Nixon seine präsidentielle Macht, um die Beteiligung des Weißen Hauses an der Aktion zu verschleiern und die Aufklärung des Vorfalls durch die Institutionen des Rechtsstaats zu behindern. Den Festgenommenen wurden Geldzahlungen und Amnestien in Aussicht gestellt, für den Fall, dass sie sich vor Gericht für schuldig erklärten und dicht hielten. Akten wurden vernichtet, Gerichte und Öffentlichkeit systematisch belogen, Staatsanwaltschaft und FBI von der Aufklärung des Geschehens abgehalten und durch Desinformation auf falsche Fährten geleitet. Dank dieser vielfältigen kriminellen Aktivitäten seitens des Weißen Hauses erhielt die Watergate-Affäre zunächst nur wenig öffentliche Aufmerksamkeit. Nixon wurde im November 1972 spektakulär wiedergewählt.

Der dritte Akt ist die Aufklärung der betrügerischen Machenschaften durch die Institutionen der amerikanischen Demokratie. Mehrere von ihnen waren an der Aufklärung der Verbrechen beteiligt, ohne dass sie konzertiert zusammengearbeitet hätten. Die Presse – vor allem die legendären Journalisten Carl Bernstein und Bob Woodward, die für die *Washington Post* den Fall bereits recherchierten, als sich sonst noch kaum jemand dafür interessierte – spielte eine wichtige Rolle. Es waren aber keinesfalls nur die beiden Journalisten, die die Watergate-Affäre aufklärten. Vielmehr spielten auch die Gerichte und der Kongress eine entscheidende Rolle. Kurz vor Nixons zweiter Amtseinführung begann im Januar 1973 das Gerichtsverfahren gegen die fünf Watergate-Einbrecher vor dem Bundesgericht in Washington, D. C. Alle Angeklagten legten Geständnisse ab und erklärten sich für schuldig. Das erregte die Skepsis von Bundesrichter John J. Sirica, der die Angeklagten unverblümt wissen ließ, dass die Länge ihrer Haftstrafen ganz entscheidend von ihrer Kooperationswilligkeit abhängen würde. Dies brachte einen der Einbrecher, James McCord, dazu zuzugeben, dass die Angeklagten durch politischen Druck dazu gebracht worden waren, sich für schuldig zu erklären. Am 23. März 1973 machte Richter Sirica diese Informationen öffentlich und ließ damit eine Bombe platzen.

Knapp zwei Monate später, am 17. Mai, nahm ein vom Kongress eingesetzter Untersuchungsausschuss seine Arbeit auf. Die öffentlichen Anhörungen bestätigten weitgehend die bislang bekannten Zusammenhänge, förderten am 16. Juli aber die sensationelle Neuigkeit an den Tag, dass es im Weißen Haus ein geheimes Abhörsystem gebe, das alle Telefongespräche und Unterhaltungen des Präsidenten mit seinen Mitarbeitern aufzeichne. Seitdem ging es den Ermittlern vor allem darum, diese Tonbänder zu bekommen. Es entstand ein regelrechter Krieg um die *White House Tapes*, weil sich die Nixon-Administration bis ins Frühjahr 1974 hinein weigerte, die Bänder herauszugeben. Dann jedoch entschied der *Supreme Court* am 24. Juli einstimmig, dass der Präsident die Tonbänder zur Verfügung stellen müsse, woraufhin Nixon am 5. August 1974 die Tonbänder der Öffentlichkeit übergab. Unter ihnen befand sich die inzwischen legendäre *Smoking Gun*-Unterhaltung zwischen Nixon und dem Stabschef des Weißen Hauses, H. R. Haldeman, vom 23. Juni 1972, die belegte, dass Nixon von Anfang an bei der Verschleierung der Affäre beteiligt war. Um dem vom Kongress bereits eingeleiteten Amtsenthebungsverfahren zu entgehen, trat Richard Nixon am 9. August 1974 als erster und bislang einziger Präsident der USA von seinem Amt zurück. Die Watergate-Affäre war vorüber, die Krise der 1970er Jahre jedoch nicht.

Die innere Krise der 1970er Jahre

Die 1970er Jahre waren durch eine komplexe Überlagerung von politischen Krisen, wirtschaftlichen Problemen und sozialen Konflikten bestimmt, die weitreichende Desorientierung und eine überaus pessimistische Grundstimmung in den USA erzeugten. Die Krisensignatur ist einerseits durch konkrete Ereignisse wie den Watergate-Skandal, die Ölschocks von 1973/74 und 1979/80, die 1975 endgültig offenbar werdende Niederlage in Vietnam, den scheinbar unaufhaltsamen Vormarsch linksgerichteter Bewegungen und Regime in Asien, Afrika und Lateinamerika sowie die demütigende Geiselnahme von amerikanischem Botschaftspersonal in Teheran bestimmt. Andererseits wurde das Gefühl von Desorientierung und Krise durch die wirtschaftlichen und sozialen Probleme des Landes weiter geschürt.

Noch verschärft wurde die Desorientierungskrise der Dekade durch zwei schwache Präsidenten, die Führungsstärke vermissen ließen und vielfach wankelmütig agierten. Dabei waren die Hoffnungen hoch gewesen, die sich mit Gerald R. Ford und Jimmy Carter am Beginn ihrer jeweiligen Amtszeit verbanden. Der als amtierender Vizepräsident mit dem Rücktritt Nixons unverhofft ins Präsidentenamt gekommene Ford kannte den politischen Betrieb in Washington seit langen Jahren und galt als jemand, der die Nation nach dem Debakel in Vietnam und Watergate wieder zusammenführen könne. Als der Republikaner jedoch am 8. September 1974 mit einer seiner ersten Amtshandlungen Richard Nixon für alle im Amt begangenen Verbrechen begnadigte, zerplatzten diese Hoffnungen sofort; Amerika schrie empört »Skandal«. Bei den Zwischenwahlen im November 1974 verloren die Republikaner ihre Mehrheiten im Kongress, und im Januar 1975 lag die Zustimmungsrate für Ford bei einem historischen Tief von nur 37 Prozent. Der wirtschaftlichen Krise begegnete die Ford-Regierung mit höchst widersprüchlichen Maßnahmen. Um die Inflation zu bekämpfen, senkte er die öffentlichen Ausgaben, was auf erbitterte Kritik der Demokraten stieß, und er erhöhte zugleich die Einkommensteuer, was wiederum seiner eigenen Partei missfiel. Daraufhin änderte er seinen Kurs und befürwortete nun die Senkung öffentlicher Ausgaben und zugleich die Senkung der Steuern für Unternehmen und höhere Einkommensklassen. Das wollten die Demokraten im Kongress aber nicht. Ford zeigte sich kompromissbereit und unterzeichnete viele von der demokratischen Kongressmehrheit beschlossene Gesetze, die seinen eigenen fiskalischen Überzeugungen widersprachen, und zwar wiederholt auch solche, die er schon einmal mit seinem Veto belegt hatte. In den Augen vieler Amerikaner wurde Ford so zu einem »Flip-Flop«-Präsidenten. Die Demokraten betrieben eine regelrechte Obstruktionspolitik mit dem Ziel, das Weiße Haus wieder zurückzuerobern, doch auch seine eigene Partei misstraute Ford, der bald schon folgerichtig die Präsidentschaftswahlen im November 1976 gegen den Demokraten Jimmy Carter verlor.

Wie Ford war der in Georgia beheimatete Carter ein eher unwahrscheinlicher Kandidat fürs Präsidentenamt. Der Erdnussfarmer aus der Kleinstadt Plains, der als Baptist der erste evangelikale Christ im Weißen Haus war, kam 1976 buchstäblich aus dem Nichts. Politisch stand er in der Tradition des *Southern Progressivism* und war der Vertreter einer neuen Generation von Südstaaten-Demokraten, die sich umweltpolitischer Themen annahmen, die Effizienz des Staates erhöhen und die rassistische Diskriminierung der Schwarzen beenden wollten. Dabei hatte er eine zutiefst moralische und idealistische Vorstellung von Politik, die ganz auf persönliche Integrität im privaten wie im öffentlichen Leben gründete. Zugleich aber war er ein Technokrat, der glaubte, dass sich soziale Probleme genauso lösen ließen wie technische, und viele Amerikaner waren damals bereit zu glauben, dass Amerika mit Carter als Präsident die Misere der 1970er Jahre beenden könnte.

Diese Hoffnungen wurden bitter enttäuscht. Die Wirtschaft stagnierte weiterhin, Arbeitslosigkeit und Inflation blieben hoch. Gleichzeitig wuchs das Haushaltsdefizit bis 1980 auf beispiellose 74 Milliarden Dollar an, obwohl Carter auf eine strikte Sparpolitik gesetzt hatte. Die Ausweitung wohlfahrtsstaatlicher Maßnahmen war ihm zutiefst suspekt, weil sie den Staatsapparat aufblähten, die Bedürftigen in Abhängigkeit vom Staat brachten und ihre eigene Initiative zur Selbsthilfe lähmten. Deshalb wollte er staatliche Hilfen konzentriert dort einsetzen, wo sie wirklich bei der Linderung sozialer Not halfen. Damit setzte er sich zwischen alle Stühle.

So begrüßte er zwar grundsätzlich das Prinzip von *Affirmative Action*, stellte aber auch dieses Programm unter das Spardiktat mit dem Ergebnis, dass ihm die *African Americans* und andere ethnische Minderheiten vorwarfen, nun gerade bei den Maßnahmen zu sparen, von denen sie selbst in besonderem Maße profitierten. Auch in Frauen- und Geschlechterfragen agierte Carter unentschieden. Einerseits unterstützte er das *Equal Rights Amendment* und brachte gezielt Frauen in öffentliche Ämter, andererseits verfolgte er eine sehr restriktive Abtreibungspolitik, die die bundesstaatlichen Unterstützungsleistungen für Schwangerschaftsabbrüche nur auf solche Fälle beschränkte, die auf Vergewaltigungen und Inzest zurückgingen oder die das Leben der Frau gefährdeten. Der evangelikale Christ Carter hatte zwar nie etwas anderes vertreten, aber dennoch meinten viele Feministinnen, dass Carter die Sorge um arme und alleinstehende Frauen seiner Haushaltskonsolidierung opfere.

Bis zum Ende seiner Amtszeit hatte Carter also viele Amerikaner aus unterschiedlichen Gründen gegen sich aufgebracht. Seine Spar- und Reformpolitik im Dienste der Effizienz hatte die *New Deal*-Liberalen entfremdet, aus Sicht vieler *African Americans* und Frauen war seine Bilanz bestenfalls gemischt, und den Republikanern war Carters

Politik immer noch zu interventionistisch. Vom Präsidenten selbst ging nur wenig Strahlkraft aus. Am 15. Juli 1979 hielt er eine Fernsehansprache zur *Krise der Zuversicht*, in der er die gesamte Konflikt- und Problemsignatur der Zeit seit Anfang der 1960er Jahre Revue passieren ließ. Er sprach von den Attentaten auf John F. Kennedy, Martin Luther King und Robert Kennedy, von der Agonie in Vietnam und dem Schock von Watergate, von der radikalen Entwertung des Dollars durch eine 10-jährige Inflationsperiode und von der in den Ölkrisen erfahrenen Abhängigkeit von ausländischen Mächten. »Diese Wunden sind immer noch tief. Sie sind nie geheilt worden«, sagte Carter resigniert und suggerierte, dass die USA an die Grenzen ihres Wachstums und ihres Wohlstands gestoßen seien.

Ronald Reagan und der Aufstieg der *New Right*

Die *New Right* hatte im Laufe der 1970er Jahre eine zunehmend stabile intellektuelle und institutionelle Infrastruktur ausgebildet, die es ihr erlaubte, immer stärker den Takt auf allen Ebenen des politischen Prozesses vorzugeben. *Think Tanks* wie beispielsweise *The Brookings Institution, The Twentieth Century Fund* oder *The Heritage Foundation* entwickelten sich zu Treibhäusern eines neuen intellektuellen Konservatismus. Zeitungen und Zeitschriften wie die *National Review* oder das *Wall Street Journal* wurden zu Kristallisationspunkten konservativer Ideologie, deren Vertreter immer selbstbewusster auftraten. Vor allem aber trieb die Politisierung der evangelikalen Christen in den 1970er Jahren den Aufstieg der *New Right* voran.

Die Evangelikalen waren schon seit den 1950er Jahren auf dem Vormarsch gewesen und hatten um ihre Kirchen herum ein hochkomplexes Netzwerk aus Colleges und Universitäten, Radio- und Fernsehstationen, Zeitungen und Zeitschriften gewoben. Zwar hatten sie Liberalismus und Freizügigkeit immer schon abgelehnt, sich vor 1970 politisch jedoch nicht eingemischt, sondern sich in ihre Subkultur zurückgezogen. Dies änderte sich dann grundlegend. Im Juli 1979 riefen Jerry Falwell und andere evangelikale Christen die *Moral Majority* ins Leben, die als ausgesprochen politische Organisation allen Gleichgesinnten offenstehen und eine konservativ-christliche Agenda in allen aktuellen sozialen und kulturellen Kontroversen durchsetzen sollte. Falwell, der fundamentalistisch an die wortwörtliche Wahrheit der Bibel glaubte und Rauchen, Alkohol und Rock'n'Roll als Sünde ablehnte, erklärte die Tage der schweigenden Kirche für beendet. Man wolle sich nun in die Tagespolitik einmischen und energisch gegen die Gleichstellung der Frau, gegen Abtreibung, gegen Promiskuität und gegen Homosexualität vorgehen. Vertreter der *Moral Majority* waren davon überzeugt, dass Wohlfahrtsstaat und *Big Government* »unamerikanisch« seien und der Kommunismus das Böse schlechthin verkörpere, weshalb nur eine entschiedene Politik der Stärke gegenüber Moskau und Peking in Frage komme.

Bei der Präsidentschaftswahl des Jahres 1980 gelang es Ronald Reagan, die nun politisch gewordenen evangelikalen Christen für sich zu mobilisieren und zugleich die Mitte zu behaupten. Geschickt verfolgte er die von Nixon eingeschlagene *Southern Strategy* weiter und umgarnte zugleich die von den Demokraten enttäuschten Industriearbeiter des Nordens. Damit landete er im November 1980 einen eindrucksvollen Sieg über Jimmy Carter. Reagan gewann 489 Wahlmännerstimmen und 51 Prozent aller abgegebenen Stimmen und schmiedete zugleich für die Republikaner eine neue Wählerschaft, die letztlich bis zur Präsidentschaftswahl von 2004 zusammen blieb. Seit der Wahl Reagans lagen die strukturellen Mehrheiten in Amerika rechts von der Mitte, und ein konservatives Staats- und Politikverständnis, das sich in der Kritik am *New Deal* entfaltet hatte, gelangte zur Vorherrschaft.

Unter Reagan prägte sich eine spezifische Form des Konservatismus aus, der, von einem moralischen Idealismus getrieben, Steuersenkungen für Unternehmen und Wohlhabende mit dem Abbau des Wohlfahrtsstaates und der massiven Aufrüstung im Weltanschauungskampf mit der Sowjetunion kombinierte. Dabei ankerte Reagans Politik im Gestus des Neuanfangs nach langen Jahren politischer Abwege im Zeichen des *New Deal*. Der 40. Präsident der USA war zutiefst davon überzeugt, dass alles, was in den USA seit 1933 politisch geschehen war, ein einziger großer Irrtum war, den es zu korrigieren galt, um die USA zurück zu Wohlstand und Stärke zu führen. Dies machte er bereits in der Rede zur Amtseinführung am 20. Januar 1981 deutlich, in der er alle wirtschaftlichen, politischen und moralischen Probleme der USA einzig und allein als Ergebnis liberaler Politik darstellte. In der gegenwärtigen Krise, meinte Reagan in dem zentralen Satz seiner Rede, sei der Staat nicht die Lösung des Problems; er selbst sei das Problem. Deshalb werde er Größe und Aktivität der Bundesregierung reduzieren, um die Eigeninitiative und Selbstverantwortlichkeit des Individuums zu stärken und die marktwirtschaftlichen Kräfte freizusetzen, ohne die Amerika niemals wieder zurück zu alter Stärke und Wohlstand finden könne. Dabei war Reagans Denken über Individualismus eingelassen in einen auf kommunaler Ebene praktizierten Gemeinsinn. In Reagans stark idealisiertem Amerika lebten intakte Familien in solidarisch gefügten Nachbarschaften und Gemeinden, die, angetrieben durch Eigenverantwortung und Bürgergeist, sich selbsttätig um die Verbesserung ihres Gemeinwesens bemühten und dadurch staatliche Aktivität überflüssig machten. Es waren diese, in Reagans Sicht uramerikanischen Kräfte, die durch die Politik des *New Deal* gelähmt worden seien, wodurch die Krise der 1970er Jahre überhaupt erst entstanden sei.

Mit der *Reagan Revolution*, die eine Gegenrevolution zum *New Deal* war, setzte sich die Ideologie des freien Marktes gänzlich durch. Reagan war davon überzeugt, dass der von staatlicher Regulierung befreite Markt nicht nur die Wirtschaft wieder in Gang bringen, sondern auch viele soziale Probleme lösen würde. Der Markt als Modell für die Organisation von Gesellschaft als solcher, die Anwendung marktwirtschaftlicher Prinzipien und Praktiken auf immer neue Bereiche des alltäglichen Lebens – das sind die Prämissen des konservativen Staats- und Gesellschaftsverständnisses, das mit der Wahl Reagans in den USA hegemonial wurde. Damit einhergehend verschoben sich die politischen Perspektiven von der Nachfrage- zur Angebotsorientierung im Zeichen der volkswirtschaftlichen Lehren der *Chicago School* und ihres Vordenkers Milton Friedman. Nach Friedman war wirtschaftliches Wachstum entscheidend von der Menge des verfügbaren Geldes in einer Gesellschaft abhängig. Je mehr Geld Individuen und Unternehmen dauerhaft und zuverlässig zu ihrer Verfügung hätten, desto mehr würden sie investieren und die Wirtschaft deshalb stärker wachsen. Das beste Instrument zur Ankurbelung wirtschaftlichen Wachstums seien deshalb allgemeine Steuersenkungen, insbesondere für Unternehmen und die oberen Einkommensklassen. Auf diesem intellektuellen Fundament ruhte die vielfach als *Reaganomics* charakterisierte Wirtschafts- und Sozialpolitik des 40. Präsidenten, die eine radikale Sparpolitik im Bereich wohlfahrtsstaatlicher Programme mit massiven Steuersenkungen sowie einer Deregulierung des Marktes verband. Die aus den Steuersenkungen resultierenden Einnahmeverluste für den Staat sollten durch die Gewinne bei der Einkommensteuer ausgeglichen werden, die der erwartete wirtschaftliche Aufschwung mit sich bringen würde.

Unmittelbar nach seiner Amtseinführung machte sich der 70-jährige Reagan schnell und entschlossen an die Umsetzung seiner Politik mit einem von Demokraten dominierten Kongress. Hartnäckig verhandelte er tagelang mit Senatoren und Repräsentanten, um Mehrheiten für Steuersenkungen und Sparmaßnahmen zu schmieden. Ironischerweise half ihm dabei John Hinckley Jr., ein verirrter Einzelgänger, der am 30. März 1981 ein Attentat auf den Präsidenten verübte und ihn lebensgefährlich verletzte. In dieser Situation agierte der bei Bewusstsein gebliebene Reagan unglaublich cool, witzelte mit den Zuschauern und sandte eine Botschaft an seine Frau Nancy in die laufenden Kameras: »Schatz, ich habe vergessen, mich zu ducken.« Reagan war anschließend für mehrere Wochen im Krankenhaus und regierte das Land öffentlichkeitswirksam von seinem Krankenbett aus.

Von so viel Entschlossenheit und Führungsstärke waren die Amerikaner beeindruckt, und Reagan nutzte die für ihn günstige Stimmung, um Druck auf den Kongress auszuüben. Dies tat er mit Erfolg, denn im Juli 1981 beschloss das nationale Parlament die größte Steuersenkung in der Geschichte der USA. Das Gesetz, das Reagan am 13. August 1981 unterschrieb, sah die schrittweise Verringerung des Einkommensteuersatzes im Verlauf der kommenden drei Jahre um 23 Prozent vor. Das war nur der Anfang, denn bis zum Ende der Präsidentschaft Reagans wurden weitere Steuersenkungen beschlossen. Gleichzeitig kürzte der Kongress 1981 die Sozialausgaben um 25 Milliarden Dollar. Besonders betroffen waren Programme wie Lebensmittelgutscheine, Ausbildungsprogramme, Mittagessen in Schulen und Hilfen für Familien mit wirtschaftlich abhängigen Kindern. Und es sollte weiter gehen; Reagan kündigte umgehend weitere Einschnitte in das soziale Netz an und setzte sie auch durch. Allerdings darf man sich von der radikalen Rhetorik nicht blenden lassen, denn die Einschnitte ins soziale Netz waren unter Reagan nicht so tief wie man vermuten könnte. Der Ideologe Reagan war durchaus zu Pragmatismus fähig. Überaus populäre Programme wie die Alters- und Arbeitslosenversicherung oder *Medicare*, die zugleich auch die teuersten waren, blieben nicht nur unangetastet, sondern wurden sogar leicht ausgebaut. So zementierte denn gerade Reagans Angriff auf den Sozialstaat die Säulen, die ihn trugen. Überhaupt ging Reagans Finanz- und Haushaltspolitik nicht auf, weil zwar die Steuern gesenkt und die öffentlichen Ausgaben für Soziales zurückgefahren, die Ausgaben für Verteidigung im Zeichen der neuen Politik der Stärke gegenüber der Sowjetunion dafür aber dramatisch angehoben wurden. Das Ergebnis war eine beispiellos hohe Staatsverschuldung: Zwischen 1980 und 1989 verdreifachten sich fast die Schulden des Bundes von 909 Milliarden auf fast 2,9 Billiarden Dollar.

Neben Steuersenkungen und Einschnitten ins soziale Netz ruhte die Politik der *Reaganomics* auf der beschleunigten Deregulierung des Marktes. Viele Gesetze, Bestimmungen und Vorschriften, mit Hilfe derer der Staat das marktwirtschaftliche Treiben beaufsichtigte und regulierte, wurden zurückgenommen, um einerseits das freie Spiel der Marktkräfte zu entfesseln und andererseits den staatlichen Behördenapparat zu verkleinern. Nahezu alles, was der freien marktwirtschaftlichen Konkurrenz scheinbar im Wege stand, kam unter Reagan auf den Prüfstand: Mindestlöhne, Verbraucherschutz, Sicherheitsvorschriften am Arbeitsplatz, Umweltschutzbestimmungen oder die staatliche Aufsicht über Banken, Börsen und Großunternehmen. Die Deregulierung war besonders folgenreich in der Telekommunikation und dem Fernsehen, im Banken- und Finanzsektor sowie im Luftfahrt- und Transportwesen.

Die Folgen der Reagan'schen Politik sind ambivalent. Einerseits brachen, wie oben geschildert, in den 1980er Jahren wirtschaftlich gute Zeiten an. Andererseits führte die Steuerpolitik Reagans zu einer Umverteilung des Wohlstandes von unten nach oben. Zwar kamen alle sozialen Schichten in den Genuss der massiven Steuererleichterungen, hatte vor allem die Mittelklasse unter Reagan mehr Geld in der Tasche als zuvor, doch die oberen Schichten profitierten deutlich stärker von der konservativen Steuerpolitik als die mittleren und unteren Einkommensgruppen. Auch prägte sich die Ungleichheit der Einkommen schärfer aus. Der Mindestlohn stagnierte bei 3,15 Dollar die Stunde und die Reallöhne der Arbeiter sanken sogar. Die Schere zwischen Arm und Reich öffnete sich immer weiter, zumal viele ihren vordergründigen Wohlstand auf Pump kauften. Zu Beginn der 1990er Jahre waren rund eine Milliarde Kreditkarten bei einer Bevölkerung von rund 250 Millionen Amerikanern im Umlauf; entsprechend hoch war die Überschuldung vieler Privathaushalte. Viele der in den 1980er Jahren entstandenen Jobs waren im Dienstleistungsbereich angesiedelt und deshalb schlecht bezahlt. Die Zahl der Obdachlosen verdoppelte sich zwischen 1980 und 1990 von 200 000 auf 400 000.

Für die Gewerkschaften brachen unter Reagan noch schlechtere Zeiten an. Waren in den 1950er Jahren noch rund 35 Prozent aller Lohnempfänger in den USA gewerkschaftlich organisiert gewesen, so waren es an der Wende zum 21. Jahrhundert noch gerade einmal 14 Prozent. Die Gründe dafür sind komplex. Mit der um 1970 einsetzenden und sich dann rasch beschleunigenden De-Industrialisierung des *Manufacturing Belt* im Nordosten der USA verloren die Gewerkschaften mit der Schwerindustrie ihre klassische Bastion, während die neuen Wachstumsbranchen wie die Elektronik- und Leichtmetallindustrien oder der im Übergang zur postindustriellen Gesellschaft rasant wachsende Dienstleistungssektor keine gewerkschaftlichen Traditionen hatten. Gleichzeitig beförderte die unter Reagan dominant werdende Ideologie des freien Marktes bei den Managern und in weiten Teilen der Mittelklasse eine neue Feindseligkeit gegenüber den Gewerkschaften. Diese manifestierte sich in einer neuen aggressiven Entschlossenheit der Unternehmen, den Einfluss der Gewerkschaften zurückzudrängen. Um die Gewerkschaften zu Zugeständnissen zu zwingen, drohten sie offen mit der Schließung von Standorten und der Auslagerung von Arbeitsplätzen nach Mexiko oder Asien. In dem Maße, in dem die Gewerkschaften in den 1980er Jahren bereit waren, sich auf nur maßvolle Lohnerhöhungen einzulassen, ganz auf sie zu verzichten oder sogar Lohnkürzungen zu akzeptieren, um Arbeitsplätze zu erhalten, verloren sie an Akzeptanz innerhalb der Arbeiterschaft. Damit setzte ein Teufelskreis ein: Die Gewerkschaften verloren Mitglieder und kamen den *New Deal* Liberalen als Bündnispartner abhanden.

Insgesamt griff die neue konservative Ideologie seit der Wahl Reagans immer weiter in die Gesellschaft aus. Der Liberalismus amerikanischer Prägung geriet in eine Defensive, aus der er bis heute nicht herausgefunden hat. Im Jahr 1990 bezeichneten sich gerade noch einmal 16 Prozent aller Amerikaner als »liberal«, während eine wachsende Mehrheit bereit war, im Staat die Ursache und im freien Markt die Lösung all ihrer Probleme zu erkennen. Damit einhergehend sank die Bereitschaft, wohlfahrtsstaatliche Programme mit Steuergeldern zu bezahlen. Der *New Deal*-Konsens war endgültig zerrieben. Das Zeitalter des Konservatismus brach an – und es ist noch nicht klar, ob es mit der Wahl Barack Obamas zum amerikanischen Präsidenten im Jahr 2008 zu einem Ende gekommen ist.

VII   Die USA im 21. Jahrhundert

1   Außenpolitik

Mit dem Zerfall der Sowjetunion im Jahr 1991 ging der Kalte Krieg zu Ende. Aus Sicht der USA war dies der Triumph einer Außenpolitik des demokratischen Internationalismus, doch stürzte das Verschwinden des Blockgegensatzes die amerikanische Außenpolitik in eine Phase der Desorientierung, die erst mit den terroristischen Angriffen vom 11. September 2001 an ihr Ende gelangte. Seit »9/11« steht die amerikanische Außenpolitik im Zeichen eines *War on Terror*, der die USA in kostspielige Kriege in Afghanistan und im Irak verwickelt hat. Allerdings begannen weder die Erfahrungen mit dem Terrorismus noch das militärische Engagement im Mittleren Osten erst nach 1991. Vielmehr zeichneten sich seit Ende der 1970er Jahre neue Konfliktkonstellation im Mittleren Osten ab, die 1990/91 bereits zum Ersten Irakkrieg führten.

Der Erste Irakkrieg

Der erste Krieg im Irak war in vieler Hinsicht der erste Krieg des mit dem Ende des Kalten Krieges anhebenden neuen Zeitalters. Am 2. August 1990, zu einem Zeitpunkt, als der Zerfall des Ostblocks noch in vollem Gange war, ließ der irakische Staatschef Saddam Hussein Truppen in Kuwait einmarschieren und das Land als 19. Provinz des Irak annektieren. Diese irakische Aggression stand einerseits im Einklang mit der von Saddam Hussein seit den 1980er Jahren verfolgten arabisch-nationalistischen Großmachtpolitik und war andererseits eine Spätfolge des Iran-Irak-Krieges, in dessen Verlauf der Irak rund 10 Milliarden Dollar an Schulden im Ölscheichtum Kuwait aufgehäuft hatte.

Washington wurde durch die irakische Operation völlig überrascht. Der Irak war im Laufe der 1980er Jahre zu einer Art Verbündetem und zu einem Instrument in der gegen den Iran gerichteten amerikanischen Gleichgewichtspolitik am Persischen Golf geworden. Nun fiel der Irak scheinbar unvermittelt in das Nachbarland Kuwait ein, und Präsident George Bush begriff die Krise als eine Bewährungsprobe, die dazu beitragen würde, die Prinzipien der amerikanischen Außenpolitik für die Zeit nach dem Ende des Kalten Krieges zu definieren. Deshalb handelte er schnell und entschlossen. Noch am 2. August 1990 forderte der UN-Sicherheitsrat den Irak einstimmig zum Rückzug aus Kuwait auf. Sechs Tage später entsandten die USA im Rahmen der Operation *Desert Shield* ein massives Truppenaufgebot nach Saudi-Arabien, und am 11. September 1990 entwickelte Bush in einer Rede vor dem Kongress seine Vision einer »neuen Weltordnung«, in der alle Nationen unter Führung der USA dafür Sorge trugen, die Herrschaft des Völkerrechts durchzusetzen.

Geschickt schmiedete Präsident Bush eine internationale Allianz, der am Ende 34 Staaten, darunter auch viele muslimische, beitraten. Insbesondere bemühte Bush sich erfolgreich um einen Schulterschluss mit der UdSSR und war sehr darauf bedacht, das Vorgehen gegen den Irak von der UNO legitimieren zu lassen. Am 29. November 1990 billigte der UN-Sicherheitsrat einstimmig die Resolution 678, die ein militärisches Vorgehen zur Befreiung Kuwaits legitimierte, sofern sich der Irak nicht bis zum 15. Januar 1991 aus dem Land zurückzöge. In den USA hingegen waren die Mehrheiten nicht so eindeutig. Im Kongress gab es viele Kritiker, einerseits, weil der Präsident die Kriegsvorbereitungen ohne parlamentarische Billigung eingeleitet hatte, andererseits, weil viele Abgeordnete die Sicherheitsinteressen der USA durch die Krise am Persischen Golf nur marginal berührt sahen. Gleichwohl fanden sich am 12. Januar 1991 im Kongress knappe Mehrheiten für einen Militäreinsatz.

Die Operation *Desert Storm* zur Befreiung Kuwaits begann am 17. Januar 1991. Eine multinationale Streitmacht unter Führung des US-Generals Norman Schwarzkopf überzog den Irak zunächst mit einem massiven fast 6-wöchigen Bombardement und startete dann am 24. Februar auf breiter Front mit einem dynamischen Angriff von Bodentruppen, der Kuwait innerhalb von 100 Stunden befreite und einen Großteil der irakischen Armee vernichtete. In ostentativer Anerkennung der UN-Resolution, die eine Invasion des Irak nicht deckte, ließ Bush den Vormarsch an der irakischen Grenze stoppen. Am 12. April 1991 trat ein Waffenstillstand in Kraft, dessen Bedingungen von der UNO definiert worden waren.

Militärisch war der Krieg ein durchschlagender Erfolg für die USA. Die eigenen Verluste lagen bei knapp 300 Gefallenen, und 90 Prozent der Kriegskosten in Höhe von 60 Milliarden Dollar wurden von anderen Staaten der Weltgemeinschaft übernommen. Gleichzeitig hatten sich die USA peinlich an die Vorgaben der UN-Resolution gehalten, doch war diese Politik nicht nur einem Völkerrechtsidealismus geschuldet. Vielmehr gab es auch handfeste realpolitische Gründe dafür, nicht in den Irak einzumarschieren, um Saddam Hussein zu stürzen. So hatte Generalstabschef Colin Powell, ein Veteran des Vietnamkrieges, seinen Präsidenten dringend davor gewarnt, den Krieg in den Irak zu tragen, denn ohne klare politische Ziele könnte das für die USA leicht zu einem zweiten Vietnam werden. Auch war der Kollaps der Sowjetunion noch nicht beendet, die internationale Situation unübersichtlich, so dass die USA wichtigere Aufgaben hatten als eine potentiell endlose Besetzung des Irak mit unabsehbaren Folgen. Auch hegte Washington die Hoffnung, dass eine innere Rebellion im Irak zur Absetzung des Diktators führen könnte. Als sich dann jedoch die Kurden im Norden des Irak und die Schiiten im Süden tatsächlich erhoben, sprangen die USA ihnen nicht zur Seite. Vor den Augen der UN-Armee schlug Saddam Hussein den Aufstand von Kurden und Schiiten blutig nieder und blieb an der Macht.

Mit der Kapitulation unterstand der Irak der Oberaufsicht durch den UN-Sicherheitsrat, und Saddam Hussein musste sich verpflichten, Raketen mit einer Reichweite von mehr als 150 Kilometern sowie alle biologischen und chemischen Waffen unter

Aufsicht der UN zu vernichten. Allerdings verstieß der Irak im Folgenden immer wieder gegen Kapitulationsauflagen und behinderte die internationalen Kontrollen. Zwischen 1991 und 2001 verabschiedete die UN eine Reihe von Resolutionen, die das irakische Verhalten scharf verurteilten und den sofortigen, bedingungslosen und unbegrenzten Zugang zu allen Anlagen und Dokumenten forderte. Gleichzeitig richtete die UN zum Schutz der schiitischen und kurdischen Bevölkerungsteile im Irak Flugverbotszonen ein, die federführend von den USA und Großbritannien überwacht wurden. Die USA blieben also am Persischen Golf präsent, um den Irak in Schach zu halten, ihn zur Einhaltung der internationalen Kontrollen zu zwingen und die Sanktionen gegen ihn aufrecht zu erhalten. Dabei kam es bis 2001 immer wieder zu Scharmützeln und einzelnen Vergeltungsangriffen. Für die USA war der sogenannte Zweite Golfkrieg der erste militärische Konflikt seit dem Vietnamkrieg, und er trug seinen Teil dazu bei, das Trauma der Niederlage in Südostasien ein Stück weit zu überwinden. Allerdings führte der durchschlagende militärische Erfolg am Persischen Golf auch dazu, Krieg als Instrument der Außenpolitik zu rehabilitieren. Vorerst aber verlor die Sicherheitspolitik für eine Zeit lang ihre zentrale Stellung im Universum der amerikanischen Außenpolitik.

US-Außenpolitik im Zeichen des *Enlargement*

Mit Bill Clinton kam im Jahr 1993 ein Präsident ins Amt, der in erster Linie Innenpolitiker war und Außenpolitik unter dem Primat der Innenpolitik zu betrachten geneigt war. Inhaltlich knüpfte er an Jimmy Carter an, der nach dem Desaster in Vietnam die Rückbesinnung der USA auf eine Außenpolitik im Dienste der Menschenrechte vollzogen hatte. Auch personell stellte Clinton Kontinuitäten zur Carter-Regierung her, indem er mit Außenminister Warren Christopher und dem Nationalen Sicherheitsberater Anthony Lake zwei ihrer Veteranen in sein Kabinett berief.

Noch im ersten Jahr der Clinton-Präsidentschaft hielt Lake am 21. September 1993 an der *Johns Hopkins University* eine außenpolitische Grundsatzrede, die so etwas wie den Masterplan der Clinton'schen Außenpolitik definierte. Unter dem Thema *From Containment to Enlargement* stellte Lake fest, dass mit dem Zusammenbruch der UdSSR 1991 eine neue Ära begonnen habe, in der es keinen Konsens mehr darüber gebe, warum, wofür und ob überhaupt die USA sich international weiterhin engagieren sollten. Die Neubegründung einer internationalistischen amerikanischen Außenpolitik sei deshalb geboten, meinte Lake und erklärte, dass deren Ziel allein darin bestehen könne, Wohlstand und Demokratie in der Welt zu verbreiten, um die eigene Sicherheit und den eigenen Wohlstand zu gewährleisten. In Osteuropa, Asien, Afrika und im Nahen Osten gebe es große Gebiete, die erst noch für Demokratie und dem Prinzip der Marktwirtschaft erschlossen werden müssten. Deshalb sollten die USA, die die marktwirtschaftliche Demokratie während des Kalten Krieges durch die Eindämmung des Kommunismus geschützt hätten, sich nun um die systematische Erweiterung der demokratischen Sphäre auf der Welt bemühen. Dabei müssten sie sich fallweise für ein multi- oder unilaterales Vorgehen entscheiden, je nachdem, was die amerikanische Interessenlage erfordere.

Auf dieser weltanschaulich-konzeptionellen Grundlage, die sich nahtlos in die Traditionen der US-Diplomatie des 20. Jahrhunderts einfügte, ruhte eine Außenpolitik der Clinton-Regierung, die vor allem auf die Rolle der USA als Wirtschaftsmacht rekurrierte. Handel und Wirtschaft waren für Clinton die zentralen Instrumente einer Sicherheitspolitik, die den geänderten Bedingungen in der Welt nach dem Kalten Krieg Rechnung trug. Im Verhältnis zu Russland und den neuen osteuropäischen Demokratien setzte Clinton auf die entschiedene Unterstützung der Reformkräfte. Diese Politik gipfelte in der Osterweiterung der NATO, die Clinton gegen viele innere Widerstände betrieb, um Demokratie und Marktwirtschaft in den mittel- und osteuropäischen Demokratien zu schützen und zu stärken, ohne sich gleichzeitig Boris Jelzin zu entfremden. War dies ein großer Erfolg der *Enlargement*-Politik, so obsiegten im Verhältnis zu China die ökonomischen Interessen gegenüber der Menschenrechtspolitik.

Dazu gesellte sich eine interventionistische Außenpolitik aus humanitären Gründen, die zu amerikanischen Engagements in Somalia, Haiti und vor allem auf dem Balkan führte, aber insgesamt keiner klaren Linie folgte. Ein sehr sprechendes Beispiel für diese Art der Außenpolitik ist die amerikanische Intervention in die postjugoslawischen Kriege. Zunächst agierte Washington gegenüber den Entwicklungen auf dem Balkan unentschlossen, sprunghaft und widersprüchlich. Allerdings hatten die Europäer gegenüber den USA auch lange darauf beharrt, das Jugoslawien-Problem alleine lösen zu wollen, was diese den Europäern nur zu gerne zugestanden. Auch war die amerikanische Bevölkerung in ihrer großen Mehrheit gegen eine Intervention im ehemaligen Jugoslawien. Als jedoch der Bürgerkrieg in Bosnien-Herzegowina zur Mitte der 1990er Jahre hin eskalierte und die serbische Politik der ethnischen Säuberungen immer radikaler wurde, setzte ein Umdenken in Regierung und Öffentlichkeit der USA ein. Der Wendepunkt kam mit den Massakern in der UN-Schutzzone Srebrenica, in der der serbische General Ratko Mladić im Juli 1995 vor den Augen der untätigen niederländischen und kanadischen UN-Truppen rund 7000 muslimische Kriegsgefangene ermorden ließ. Dieses größte Kriegsverbrechen in Europa seit 1945 elektrisierte die Amerikaner und brachte Clinton zu der Überzeugung, dass die USA dem Geschehen auf dem Balkan nicht weiterhin tatenlos zuschauen dürften. Deshalb übernahmen sie nun, über die NATO agierend, im Bosnien-Konflikt die Führung.

Bereits am 10. August 1995 verständigten sich Vertreter von UNO und NATO in Neapel auf ein Militärabkommen zur Sicherung der Schutzzonen gegen weitere serbische Übergriffe. Nach einem serbischen Raketenangriff auf den Marktplatz von Sarajewo, der am 28. August 37 Tote und zahlreiche Verletzte forderte, begannen NATO-Kampfflugzeuge zwei Tage später mit der Bombardierung serbischer Stellungen. Das zwang die bosnischen Serben zum Rückzug und ermöglichte den inzwischen verbündeten bosnischen Muslimen und Kroaten eine erfolgreiche Großoffensive in der Krajina. Kurz darauf stimmten alle Seiten unter starkem US-amerikanischem Druck Friedensgesprächen in Dayton/Ohio zu, wo Richard Holbrooke, Staatssekretär für Europa und Kanada im US-Außenministerium, praktisch im Alleingang ein Friedensabkommen aushandelte. Es wurde am 21. November 1995 unterzeichnet, und die USA erklärten sich zur Garantiemacht dieser Friedensregelung. Sie beteiligten sich mit signifikanten Truppenkontingenten sowohl an der *Implementation Force* (IFOR) als auch an der kleineren Nachfolgemission der *Stabilization Force* (SFOR), die zwischen 1995 und 2004 die Stabilisierung Bosnien-Herzegowinas begleiteten.

Auch in dem 1996 rasant eskalierenden ethnischen Bürgerkrieg im Kosovo reagierte die Clinton-Administration anfangs ohne klare Linie, dann aber, als die Verletzung von Menschenrechten eklatant wurde, entschieden und energisch. Im Sommer 1998 gewannen die Serben im Kosovokonflikt die Oberhand und führten erneut ethnische Säuberungen im großen Stil durch. Mehr als 250 000 Kosovo-Albaner befanden sich auf der Flucht vor serbischen Sicherheitskräften. Daraufhin verabschiedete der UN-Sicherheitsrat unter amerikanischer Führung am 23. September 1998 Resolution 1199, die einen sofortigen Waffenstillstand und den Abzug von serbischer Armee und Sonderpolizei aus dem Kosovo forderte.

Am 13. Oktober autorisierte der Nordatlantische Rat Luftschläge gegen Rest-Jugoslawien, doch brachte der amerikanische Sonderbeauftragte Holbrooke in zähen Verhandlungen den serbischen Präsidenten Sloboban Milošević zum Einlenken. Dieser stimmte dem Abzug der serbischen Truppen und der Stationierung von 2000 unbewaffneten OSZE-Beobachtern zu. Allerdings ging die Gewalt im Kosovo unvermindert weiter. Als am 15. Januar 1999 45 tote Kosovaren im Dorf Račak gefunden wurden, die nach OSZE-Angaben von serbischen Sicherheitskräften ermordet worden waren, organisierten die USA für Februar 1999 eine Konferenz mit den Vertretern der Serben und der Kosovo-Albaner im französischen Schloss Rambouillet. Trotz eines Ultimatums der NATO verweigerten die Serben die Annahme eines Friedensplans, der die fast vollständige Selbstverwaltung des Kosovo innerhalb der Bundesrepublik Jugoslawien, freie Wahlen und die Entsendung einer NATO-Friedenstruppe vorsah. Daraufhin begann die NATO am 24. März 1999 im Rahmen der Operation *Allied Force* Ziele in Serbien zu bombardieren. Die Militäraktion war nicht durch den UN-Sicherheitsrat legitimiert, weil Russland die Zustimmung verweigerte. Die USA handelten deshalb unter dem Dach der NATO und zwangen Milošević bis zum 2. Juni 1999 zur Aufgabe. Die serbischen Truppen verließen den Kosovo und eine von der UNO sanktionierte, aber von der NATO kommandierte multinationale *Kosovo Force* (KFOR) rückte ein, um sowohl den Abzug der serbischen Streitkräfte als auch die Entwaffnung der für die Unabhängigkeit kämpfenden albanischen *Befreiungsarmee des Kosovo* (UÇK) zu überwachen und den Prozess des demokratischen *Nation Building* im Kosovo zu begleiten.

Insgesamt blieb die kulturelle Matrix der Außenpolitik Clintons durch die Traditionen des liberalen Internationalismus definiert. Aus einer moralisch tief empfundenen Verantwortung für die Welt und einem Selbstverständnis von den USA als »wohlmeinendem Hegemon« heraus zielte die US-Außenpolitik in den 1990er Jahren darauf, Demokratie und Marktwirtschaft zu verbreiten sowie Frieden und Stabilität in der Welt durch humanitäre Interventionen bis hin zu Militärschlägen zu garantieren. Im Allgemeinen jedoch verlor Demokratieexport als Sicherheitspolitik im Vergleich zum Kalten Krieg an Bedeutung, vor allem weil eine Bedrohung vitaler nationaler Interessen nicht in Sicht schien und die USA das internationale System unangefochten dominierten. Deshalb gewannen *Enlargement* und humanitäre Interventionen unter Clinton zwar ein Eigengewicht, doch war diese Politik ohne klaren Fokus. Unter seinem Amtsnachfolger George W. Bush setzte sich die Orientierungslosigkeit der amerikanischen Außenpolitik noch eine Zeit lang fort, dann jedoch kam der Paukenschlag vom 11. September 2001, der der amerikanischen Außenpolitik wieder Ziel und Richtung verlieh.

9/11 und der *War on Terror*

Am Morgen des 11. September 2001 entführten 19 Selbstmordattentäter des islamistischen Terrornetzwerks Al-Qaida, die teils seit Jahren als »Schläfer« in den USA gelebt hatten, vier Passagierflugzeuge amerikanischer Fluggesellschaften, um sie als fliegende Waffen gegen Ziele zu benutzen, die in besonderem Maße die globale Macht der USA symbolisierten. Um 8:46 Uhr schlug die Boeing 767 des *American Airlines* Flug 11, der um 7:59 in Boston mit Ziel Los Angeles gestartet war, in den Nordturm des *World Trade Centers* in New York City ein. Eine Viertelstunde später flog die Boeing 767 des *United Airlines* Flug 175, der ebenfalls von Boston nach Los Angeles fliegen sollte, in den Südturm des Gebäudes. Die Explosionen und die Hitze des brennenden Kerosins destabilisierten die Türme so sehr, dass sie in sich zusammenfielen: der Südturm um 9:59 Uhr, der Nordturm um 10:28 Uhr. Kurz zuvor, um 9:37 Uhr, war der am *Dulles International Airport* in Washington, D.C., gestartete *American Airlines* Flug 77 ins Pentagon, den Sitz des amerikanischen Verteidigungsministeriums, gelenkt worden. Das vierte entführte Passagierflugzeug, *United Airlines* Flug 93, von Newark, New Jersey, nach San Francisco in Kalifornien unterwegs, stürzte um 10:03 Uhr über einem Waldgebiet bei Shanksville, Pennsylvania, ab. Auch diese Boeing 757 mit 37 Fluggästen, zwei Piloten und fünf Flugbegleitern an Bord, sollte in ein öffentliches Gebäude gesteuert werden, doch hatten Passagiere, die von den Ereignissen in New York City und Washington wussten, versucht, die Terroristen zu überwältigen, worüber die Maschine abstürzte.

Rund 3000 Menschen starben bei den terroristischen Angriffen des 11. September 2001. Die meisten von ihnen waren amerikanische Staatsbürger, doch auch 373 Menschen aus 61 anderen Ländern der Welt fanden damals den Tod. Erstmals seit dem 7. Dezember 1941 waren die USA wieder auf ihrem eigenen Territorium angegriffen worden. Doch während die Japaner 60 Jahre zuvor mit *Pearl Harbor* einen Außenposten im Pazifik attackiert hatten, trafen die Angriffe vom 11. September 2001 symbolische Orte im Kernland der USA. Das war seit dem britischen Einmarsch in Washington im Jahr 1814, bei dem das Weiße Haus und andere öffentliche Gebäude niedergebrannt wurden, nicht mehr geschehen. Dieser Schock saß tief, und er produzierte eine neue politische Sprache der Hilflosigkeit und Angst, der Entschlossenheit und des Krieges mit ganz eigenem Vokabular, eigener Grammatik und eigenen Tonlagen, die Europäern oft sehr fremd erschien.

Schnell wurde klar, dass islamistische Terroristen des von Osama Bin Laden gegründeten Netzwerkes Al-Qaida hinter den Angriffen steckten. Bin Laden entstammte einer wohlhabenden saudischen Unternehmerfamilie, war sunnitischer Muslim und seit 1994 staatenloser Terrorist, der sich dem islamistisch-fundamentalistischen Kampf gegen die westliche Moderne, wie sie in seinen Augen paradigmatisch von den USA verkörpert wurde, verschrieben hatte. Am 7. Oktober 2001 bekannte sich Bin Laden offiziell zu den Anschlägen, dankte seinem Gott für ihren erfolgreichen Verlauf und sah in diesen die gerechte Vergeltung für die langjährige Demütigung und Unterdrückung der islamischen Welt durch die USA und den Westen. Abschließend sagte er, dass die USA solange nicht in Sicherheit leben würden, wie Palästina und das ganze Land des Propheten Mohammed nicht von allen »Ungläubigen« befreit seien. Zehn Jahre nach dem Ende des Kalten Krieges waren damit die Fronten eines neuen, globalen Konfliktes eröffnet. Das Zeitalter des Krieges gegen den Terrorismus hatte begonnen.

Wenngleich unmittelbar nach den Anschlägen vom 11. September 2001 immer wieder die historische Präzedenzlosigkeit des Geschehens hervorgehoben wurde, so kamen weder die Aktionen selbst noch der Terrorismus und das neue Feindbild des islamistischen Terroristen aus dem Mittleren Osten völlig überraschend. Zwar hatte die Welt ein konzertiertes Attentat wie das vom 11. September 2001 noch nicht erlebt, aber in den Filmwelten Hollywoods hatte man manches davon virtuell gesehen. Auch hatten sich die Erfahrungen der USA mit Terror und Terroristen aus dem Nahen und Mittleren Osten im letzten Drittel des 20. Jahrhunderts fortlaufend verdichtet. Zu nennen wären hier die Olympischen Spiele von München 1972, die Flugzeugentführung von Entebbe, Uganda 1976, die Geiselnahme in der amerikanischen Botschaft in Teheran 1979/80, die Zerstörung des Hauptquartiers der Marines in Beirut durch eine Autobombe schiitischer Milizen im Jahr 1983 oder das libysche Bombenattentat auf den *PanAm*-Flug 103 über dem schottischen Lockerbie von 1988. Auch Al-Qaida selbst hatte bereits seit 1993 terroristische Anschläge gegen amerikanische Einrichtungen unternommen, darunter ein gescheitertes Bombenattentat auf das World Trade Center am 26. Februar 1993, Anschläge auf die amerikanischen Botschaften in Nairobi und Daressalam am 7. August 1998 und ein Attentat auf den Zerstörer *USS Cole* am 12. Oktober 2000. In diesen Erfahrungen hatte sich allmählich ein stereotypes Feindbild vom Turban und lange Gewänder tragenden, bärtigen, religiös verbohrten, von irrationalem Hass auf die USA erfüllten islamistischen Fanatikers formiert, das dann nach den Anschlägen vom 11. September 2001 auf Osama Bin Laden und die tatsächlichen und vermeintlichen Mitglieder von Al-Qaida projiziert wurde.

Mit *9/11* rückten Fragen nationaler Sicherheit schlagartig wieder ins Zentrum der amerikanischen Außenpolitik, die fortan entscheidend vom proaktiven globalen Kampf gegen den Terrorismus geprägt wurde. In diesem ging es nicht länger mehr nur um Eindämmung und Abschreckung von Aggressoren, sondern um antizipatorische Selbstverteidigung im Zeichen der »Bush-Doktrin«, die in dem Grundsatzpapier *The National Security Strategy of the United States of America* vom 17. September 2002 ihre volle Ausprägung fand. In diesem Grundsatzpapier stellt Präsident Bush einleitend fest, dass der Terrorismus eine historisch neuartige Bedrohung darstelle, die die USA unter Anwendung ihrer ganzen Macht direkt bekämpfen würden, um Bedrohungen auszuschalten, ehe sie Amerika erreichten. Um die eigene nationale Sicherheit zu garantieren, würden die USA zur Not auch im Alleingang eine präventive Interventionspolitik verfolgen, die in letzter Konsequenz auch *Preemptive Strikes* beinhaltet. Damit sieht die »Bush-Doktrin« die USA in der Rolle einer globalen Ordnungsmacht, die sich in der Verfolgung ihrer nationalen Sicherheitsinteressen nicht länger an Regeln bindet und gebunden weiß, die im Vollzug ihrer Außenpolitik das Völkerrecht zu brechen bereit ist und sich vorbehält, Organisationen kollektiver Sicherheit zu umgehen, um Freiheit und Demokratie gegen die terroristische Bedrohung zu schützen. Das Ergebnis der »Bush-Doktrin« war eine konfrontative, unilaterale und ideologiegetriebene Außenpolitik, die die USA in Afghanistan und im Irak in zwei langwierige Kriege verstrickte, die die Außenpolitik des Landes am Beginn des 21. Jahrhunderts komplett dominierten.

Der Afghanistankrieg

Afghanistan kam als Ziel eines Vergeltungsschlags zuerst ins Visier der Bush-Regierung, vor allem deshalb, weil sich das Land bis Ende der 1990er Jahre zum Epizentrum des islamistischen Terrorismus entwickelt hatte. Nach dem Abzug der sowjetischen Besatzungstruppen 1989 hatten die Taliban Afghanistan bis zum Jahr 1998 unter ihre Kontrolle gebracht und einen kruden islamistischen Gottesstaat errichtet, der sich zu einem wahren Magneten für Dschihadisten aus aller Welt entwickelte. Osama Bin Laden war 1996 dorthin zurückgekehrt und betrieb mit Billigung der Taliban Ausbildungslager für Terroristen, in denen ein Großteil der Attentäter vom 11. September 2001 ausgebildet worden war. Ein Militäreinsatz gegen Afghanistan war somit gut begründet, auch weil es von vornherein um mehr als einen bloßen Vergeltungsschlag gehen sollte. Vielmehr war es die Absicht der USA, einen Regimewechsel einzuleiten, um Afghanistan zu einem demokratisch verfassten und in die Weltgemeinschaft integrierten Land zu machen. Deshalb sollte der militärische Einsatz gegen Al-Qaida und die Taliban mit einer nachhaltigen Demokratisierungs- und Stabilisierungspolitik einhergehen, die Afghanistan dauerhaft befrieden sollte.

Nachdem der Kongress der Exekutive am 14. September 2001 freie Hand für ein gewaltsames Vorgehen gegen alle Nationen, Organisationen und Personen, die die Terrorattacken geplant, angeordnet, durchgeführt oder auch nur unterstützt hatten, gegeben hatte, verkündete Präsident Bush am 20. September den Beginn eines zeitlich unbegrenzten und inhaltlich nicht weiter definierten globalen Feldzuges gegen den Terrorismus. Er forderte Afghanistan ultimativ auf, alle im Land befindlichen Führungsmitglieder von Al-Qaida auszuliefern und alle Ausbildungslager des Terrornetzwerkes zu schließen. Als das Taliban-Regime dem nicht nachkam, gab Präsident Bush am 7. Oktober 2001 den Einsatzbefehl für die *Operation Enduring Freedom* (OEF), die sich als ein effizientes Zusammenspiel von Luftwaffe, Spezialkommandos und der afghanischen Nordallianz entfaltete. Letztere war ein lockerer Verbund der Stämme des Nordens, die den Taliban feindlich gesonnen waren und deren Dienste sich die USA durch großzügige finanzielle Zusagen gesichert hatten. Die Krieger der Nordallianz trugen die Hauptlast des Bodenkampfes, während amerikanische Spezialkommandos mit Hilfe satellitengestützter Aufklärungselektronik Stützpunkte, Munitionslager und Rückzugsverstecke der Taliban aufrieben und britische und amerikanische Flugzeuge deren Stellungen bombardierten. Mit gerade einmal 316 Soldaten und 110 Mitarbeitern des CIA waren die USA auf afghanischem Boden präsent. Diese neue Form der Kriegsführung vertrieb die Taliban innerhalb von fünf Wochen von der Macht. Hunderte von gefangenen Taliban und Al-Qaida-Kämpfern wurden in das extraterritoriale

Lager in Guantánamo auf Kuba gebracht, wo sie ohne Gerichtsverfahren gefangen gehalten und mit völkerrechtswidrigen Methoden verhört wurden. Am 7. Dezember gaben die Taliban ihre letzten Stellungen kampflos auf und zogen sich in die unwegsame Bergwelt des Grenzlandes zwischen Afghanistan und Pakistan zurück. Am 22. Dezember wurde der Paschtune Hamid Karsai als neuer Präsident Afghanistans vereidigt.

Den Feldzug in Afghanistan hatten die USA unilateral durchgeführt. Dabei sahen sie sich durch die UN Resolution 1368 vom 12. September legitimiert, die die terroristischen Anschläge als Bedrohung des Weltfriedens verurteilt und das Recht auf Selbstverteidigung bekräftigt hatte. Zwar schwebte der UN eine internationale Zusammenarbeit bei der Bestrafung der Verantwortlichen und der Bekämpfung des Terrors vor, doch Washington sah auch ein unilaterales Vorgehen durch die Resolution gedeckt. Auch die Entscheidungsgremien der NATO wurden nicht in die Planungen einbezogen, und das, obwohl die Allianz am 12. September erstmals in ihrer Geschichte den Bündnisfall nach Artikel 5 festgestellt hatte. Die Bush-Regierung wollte den Alleingang und suchte sich die passenden Bündnispartner selbst. Dabei gelang es ihr, Pakistan, das bislang Schutzmacht der Taliban gewesen war, durch diplomatischen Druck und finanzielle Versprechen auf ihre Seite zu ziehen. Auch in Russland und Zentralasien bemühten sich die USA erfolgreich um Rückendeckung für den Angriff auf Afghanistan. Selbst Iran, das seine Grenzen zu Afghanistan schloss, und China zeigten sich kooperationsbereit.

Hatten die USA den Anti-Terrorkampf somit weitgehend in die eigene Hand genommen, so setzten sie beim Aufbau und der Stabilisierung des neuen, demokratisch verfassten afghanischen Staates durchaus auf multilaterale Kooperation im Kontext von UNO und NATO. Sie beteiligten sich führend an der am 20. Dezember 2001 per UN-Resolution 1386 eingerichteten *International Security Assistance Force* (ISAF), doch übernahmen die europäischen Bündnispartner ebenfalls wichtige Aufgaben im Rahmen dieser friedenerzwingenden Sicherheits- und Aufbaumission, die 2003 unter das Kommando der NATO gestellt wurde. Allerdings blieb der Kampf gegen Terroristen und Taliban weiterhin Aufgabe der von der ISAF getrennt operierenden OEF und damit weitgehend in der Hand der USA.

Ungeachtet des militärischen Erfolges blieb die Situation in Afghanistan prekär, denn der schnelle Sieg war trügerisch. Weder die Taliban noch Al-Qaida hatten sich dem Kampf gestellt. Al-Qaida hatte die Terrorlager unmittelbar nach den Angriffen vom 11. September geräumt, das Führungspersonal hatte sich in andere Länder abgesetzt oder war in die Berge geflohen, und zu allem Überfluss ließen die US-Amerikaner und ihre Verbündeten Osama Bin Laden bei der Schlacht um die Höhlenverstecke von Tora Bora nach Pakistan entkommen. Die Taliban zogen sich weitgehend kampflos in ihr angestammtes Siedlungsgebiet im afghanisch-pakistanischen Grenzraum zurück. Sie gruppierten sich dort neu und begannen im Frühjahr 2003 mit einer regelrechten Aufstandsbewegung gegen die NATO-Kontingente in den südlichen Provinzen Helmand, Kandahar und Khost, die zwischen 2006 und 2008 ihren Höhepunkt erreichte. Alle Bemühungen um den zivilen Wiederaufbau des Landes und eine Stärkung des neuen afghanischen Staates wurden durch diese fortlaufenden kriegerischen Auseinandersetzungen ad absurdum geführt. Allerdings ließen sowohl die USA als auch ihre Verbündeten einen energischen Gestaltungswillen beim *Nation Building* in Afghanistan vermissen. Der Aufbau von Polizei, Schulen, Verkehrsinfrastruktur und Wasserversorgung verlief schleppend, die tatsächliche politische Macht blieb weitgehend in den Händen der von Stammesältesten und Warlords repräsentierten Regionalgewalten, und der blühende Handel mit Heroin, das vielleicht größte Hindernis auf dem Weg zu Frieden und Stabilität in Afghanistan, wurde nicht unterbunden.

Diese Situation ist zum Gutteil Ergebnis der Tatsache, dass die Regierung von Präsident Bush im Jahr 2003 ohne Not im Irak eine zweite Front im Krieg gegen den Terror begann, die alle Kräfte der USA band und den Wiederaufbau in Afghanistan für sechs lange Jahre in den Hintergrund geraten ließ. Erst mit der Wahl Barack Obamas zum 44. Präsidenten der USA endete diese Phase der sträflichen Vernachlässigung, rückte Afghanistan wieder ins Zentrum der amerikanischen Außenpolitik und fanden die USA zu einer gezielten Antiterror- und Aufbaupolitik am Hindukusch zurück. Für Obama fand der eigentliche Krieg gegen den Terrorismus immer schon in Afghanistan statt, weshalb er alles daran setzte, die amerikanischen Truppen so schnell wie möglich aus dem Irak abzuziehen, um sie für den Anti-Terrorkampf in Afghanistan freizusetzen. In der ersten Hälfte des Jahres 2009 starben erstmals mehr G.I.s in Afghanistan als im Irak, und 2010 plante das Pentagon mit 65 Milliarden Dollar erstmals mehr Geld für den Krieg in Afghanistan als für den im Irak ein. Ein unmittelbares Ergebnis dieser neuen Afghanistanpolitik war am 2. Mai 2011 der Angriff von Spezialeinheiten der *Navy Seals* auf das Wohnhaus von Osama Bin Laden in Abbottabad, Pakistan, bei dem der Chef von Al-Qaida erschossen wurde. Gleichwohl ist die Zukunft in Afghanistan gegenwärtig offen. Anzeichen einer Stabilisierung des neuen Staates sind unübersehbar, aber ein Rückfall in die Taliban-Herrschaft ist weiterhin ebenso möglich, zumal die ISAF-Mission 2014 geendet hat.

Der Zweite Irakkrieg

Der Irak wurde 2003 zum zweiten großen Schauplatz des *War on Terror*. Das Land war bereits unmittelbar nach den Anschlägen vom 11. September 2001 ins Visier der Bush-Regierung gerückt, obwohl Saddam Hussein nichts mit den Angriffen zu tun hatte. Zwar wurde der Plan eines Vergeltungsschlages gegen den Irak zunächst zu Gunsten des Einsatzes in Afghanistan zurückgestellt, doch ganz verworfen wurde er nicht. In den Augen von Präsident Bush war der Irak einer jener »Schurkenstaaten«, die offene Gesellschaften bedrohten und nicht nur die USA, sondern den Weltfrieden allgemein gefährdeten. Diese Gefahr konnte aus Sicht der Bush-Regierung allein durch einen Regimewechsel in Bagdad gebannt werden, der am Anfang der Demokratisierung nicht nur des Irak, sondern des gesamten Nahen und Mittleren Ostens stehen würde. Dazu gesellte sich die durch den Schock des 11. September in den USA sehr groß gewordene Angst vor Massenvernichtungswaffen in den Händen von Staaten, die verdächtig waren, Terroristen zu unterstützen. Daneben gibt es aber noch eine weitere, sozialpsychologische Dimension, die bei der historischen Erklärung des Irakkrieges unbedingt zu beachten ist: Unter Eindruck der Ohnmachtserfahrungen, die sich mit den terroristischen Angriffen auf das *World Trade Center* und das Pentagon verbanden, ging es im Irakkrieg immer auch um eine Demonstration US-amerikanischer Stärke und um den Nachweis der eigenen Handlungsfähigkeit im Moment der Schwäche.

Nach dem scheinbar schnellen Sieg in Afghanistan rückte deshalb ein Angriff auf den Irak im Laufe des Jahres 2002 ins Zentrum der amerikanischen Planungen. Bereits im April 2002 sprach Bush erstmals öffentlich von der Notwendigkeit eines Regimewechsels im Irak und wies im Folgenden immer wieder darauf hin, dass Saddam Hussein seinen Abrüstungsverpflichtungen gegenüber der UN nicht nachgekommen und weiterhin im Besitz von nuklearen, chemischen und biologischen Massenvernichtungswaffen sei. In den folgenden Monaten entwickelte dieses Bedrohungsszenario im Kreis der Bush-Regierung eine Eigendynamik, die eine rationale Prüfung der Fakten und eine nüchterne Analyse der vom Irak tatsächlich ausgehenden Bedrohung immer weniger zuließ, zumal am Kabinettstisch nur noch Leute saßen, die von der Gefährlichkeit des Irak felsenfest überzeugt waren. Am 10./11. Oktober 2002 gab der Kongress der Bush-Administration die Erlaubnis, mit Gewalt gegen Saddam Hussein vorzugehen.

Angesichts dieses steigenden Drucks erklärte sich Saddam Hussein bereit, die UN-Waffeninspektoren ohne Bedingungen wieder ins Land zu lassen. Inspektoren fanden zwar ab dem 27. November Hinweise auf Waffenprogramme für biologische und chemische Kampfstoffe, aber keine belastbaren Beweise, und verlangten mehr Zeit für die Durchführung der Kontrollen. Das wollte die um eine Verschleppung der Angelegenheit fürchtende US-amerikanische Regierung nicht. Ohne sich um eine weitere UN-Resolution für einen Angriff auf den Irak zu bemühen, scharte Washington in direkten Verhandlungen eine internationale »Koalition der Willigen« um sich. Am 5. Februar 2003 präsentierte Außenminister Colin Powell vor dem UN-Sicherheitsrat scheinbar Beweise für die Existenz von Massenvernichtungswaffen. Staunend hörte die Welt von geheimdienstlich gewonnenen Informationen und betrachtete Sattelitenfotos, die angeblich mobile Labore zur Herstellung von biologischen Kampfstoffen und andere Anlagen zur Produktion von Massenvernichtungswaffen zeigten. Nach Powells Rede schwenkte die öffentliche Meinung in den USA auf Krieg um. 59 Prozent der Amerikaner sprachen sich dafür aus, Saddam Hussein mit Waffengewalt zu stürzen und das notfalls auch ohne UN-Mandat.

Am 17. März 2003 forderte Präsident Bush in einer Fernsehansprache den irakischen Staatschef ultimativ auf, das Land innerhalb von 48 Stunden zu verlassen. Ohne die Antwort Saddam Husseins überhaupt abzuwarten, sickerten amerikanische Spezialeinheiten bereits unmittelbar nach Bushs Ultimatumsrede im Irak ein, um das große Wüstengebiet im Westen des Landes unter ihre Kontrolle zu bringen. Das sollte verhindern, dass der Irak von dort aus Israel angriff oder die Ölfelder in Brand setzte, wie es 1991 geschehen war. Als Saddam Hussein das Ultimatum verstreichen ließ, erteilte Präsident Bush General Tommy Franks, Regionalkommandeur des *Central Command* für den Mittleren Osten, Süd- und Zentralasien und das Horn von Afrika, am 19. März den Einsatzbefehl für die *Operation Iraqi Freedom*, die im Kern von den USA und Großbritannien bestritten wurde. Die USA stellten 83 Prozent (245 000 Mann) und Großbritannien 15 Prozent (45 000 Mann) der Streitkräfte, während Australien 2000 und Polen 200 Mann beisteuerten. Dänemark half mit U-Booten und Fregatten.

Der Angriff auf den Irak begann am 20. März 2003 mit einem Luftschlag gegen einen Farmkomplex in der Nähe von Bagdad, wo Hussein fälschlicherweise vermutet wurde, am 21. März startete die Bodeninvasion. Das war früher als geplant, weil sich herausgestellt hatte, dass die irakischen Truppen noch nicht auf einen Angriff zu Land vorbereitet waren. Die Invasion bestritten die USA mit einer eher kleinen Armee, die mit sehr mobilen und schlagkräftigen Einheiten in einer Art »Blitzkriegsverfahren« die irakischen Truppen buchstäblich überrannten, strategisch wichtige Punkte in ihre Kontrolle brachten und im Eiltempo auf Bagdad zogen, ohne sich um die Kontrolle des Hinterlandes groß zu kümmern. Die amerikanischen und britischen Streitkräfte trafen kaum auf Widerstand und rückten rasch nach Norden vor. Allerdings überdehnten sie dabei ihre Nachschublinien, so dass die logistischen Probleme groß waren. Brennstoff, Wasser und Munition wurden bereits in der ersten Kriegswoche knapp, obwohl es noch gar nicht zu schweren Kämpfen gekommen war. Bereits am 5. April unternahmen die amerikanischen Truppen ihren ersten Sturmlauf auf Bagdad, Saddam Hussein floh und am 9. April wurde eine sechs Meter hohe Saddam-Statue in Bagdad vor laufenden Fernsehkameras von ihrem Sockel gestürzt. Am 1. Mai 2003 landete Präsident Bush in voller militärischer Fliegermontur mit einem Jet auf dem Flugzeugträger *USS Abraham Lincoln* und erklärte die Kampfhandlungen im Irak für beendet, das Land für befreit und die Mission für erfüllt.

Unmittelbar nach diesem Auftritt fingen die Probleme im Irak allerdings erst an. Nachkriegsplanungen waren von Verteidigungsminister Donald Rumsfeld bewusst nicht getroffen worden. Sein gegen viele Widerstände durchgesetzter Plan war es, mit einer kleinen – wie sich rasch herausstellte viel zu kleinen – und hochgradig mobilen Armee einzumarschieren, Saddam zu stürzen, sich als Befreier begrüßen zu lassen, eine den USA freundlich gesonnene Regierung zu etablieren, den demokratischen Staatsbildungsprozess anzustoßen und dann wieder aus dem Irak abzuziehen. Eine auf mehrere Jahre angelegte Stabilisierungspolitik im Sinne eines nachhaltigen *Nation Building* war gar nicht vorgesehen gewesen. In der Konsequenz versank der Irak im Frühjahr 2003 in Anarchie. Es kam zu Raub, Mord und Totschlag. Krankenhäuser, Schulen, Universitäten und Museen, Ministerien, Fabriken und Waffenlager wurden geplündert, und die Invasionsarmee sah tatenlos zu, weil sie nicht genügend Soldaten hatte, um die öffentliche Sicherheit gewährleisten zu können.

Als das Chaos im Irak unübersehbar wurde, rief die Bush-Regierung die von L. Paul Bremer geleitete *Provisorische Koalitionsbehörde* (CPA) ins Leben, die die exekutive, judikative und legislative Gewalt im Irak übernahm. Bremer kam am 12. Mai 2003 in Bagdad an und machte sich gleich mit harter Hand und einer guten Portion Arroganz hastig an die Arbeit, die darauf zielte, die Strukturen des Herrschaftssystems von Saddam Hussein zu zerschlagen und den Prozess der Demokratisierung im Irak einzuleiten. Bereits am 16. Mai löste Bremer die Baath-Partei auf und entfremdete damit deren rund 50 000 Mitglieder von der Besatzungsmacht. Alle höherrangigen Parteimitglieder wurden aus ihren Ämtern in Verwaltung, Schulen und Universitäten entfernt; die öffentliche Verwaltung brach völlig zusammen. Eine Woche später löste Bremer auch noch die 500 000 Mann starke irakische Armee auf, wodurch nicht nur die Geheimdienste und der Unterdrückungsapparat Saddam Husseins zerschlagen, sondern auch 385 000 reguläre Soldaten über Nacht arbeitslos und ihrer sozialen Stellung beraubt wurden. Mit der irakischen Armee verlor die Besatzungsbehörde das einzige sicherheitspolitische Instrument, mit dem sie das Land hätte kontrollieren können. Gleichzeitig produzierte die CPA mit diesem unüberlegten Schritt ein Heer von militärisch ausgebildeten Arbeitslosen und Frustrierten, aus denen sich die überall im Irak entstehenden aufständischen Gruppen frei bedienen konnten. In der Konsequenz wurden die amerikanischen Truppen in einen rasch eskalierenden Guerillakrieg verwickelt.

Ungeachtet des sich ausbreitenden Chaos hielt die Bush-Regierung unbeirrt an ihren ehrgeizigen Abzugsplänen für die ohnehin zu kleine Besatzungsarmee fest. Zwischen Juli 2003 und Januar 2004 fiel die Zahl der amerikanischen Soldaten im Irak von 150 000 auf 110 000, und stieg dann erst im Verlauf des Jahres 2004 wieder auf 180 000, was für eine Besatzungsarmee freilich immer noch viel zu wenig war. Um der sich weiterhin rasant verschlechternden Sicherheitslage dennoch Herr zu werden, griff die amerikanische Regierung auf private Sicherheitsfirmen zurück, so dass im Sommer 2004 mehr als 20 000 private Söldner im Land operierten und durch ihr aggressives Vorgehen das ohnehin schon ramponierte Ansehen der USA in der arabischen Welt noch weiter zerstörten. Gleichzeitig taten die USA nichts, um die Zivilbevölkerung im Irak für sich zu gewinnen. Die öffentliche Verwaltung funktionierte ebenso wenig wie die Schulen und Universitäten des Landes, eine effiziente irakische Polizei wurde viel zu spät und auch nur unzureichend ausgebildet, die neu ins Leben gerufene irakische Armee blieb Stückwerk, die Wirtschaft lag am Boden und der Terror eskalierte. Als dann am 28. April 2004 die Bilder aus dem Foltergefängnis von Abu Ghraib um die Welt gingen, war die gesamte *Operation Iraqi Freedom* endgültig diskreditiert, zumal es schon seit Januar des Jahres offiziell wurde, dass Saddam Hussein, der am 13. Dezember 2003 in einem Erdloch nördlich von Bagdad gefunden wurde, zum Zeitpunkt des amerikanischen Angriffs keine Massenvernichtungswaffenprogramme mehr unterhalten hatte.

In dieser Situation setzte die um ihre Wiederwahl im November 2004 fürchtende Bush-Regierung alles daran, die Verantwortung für das Land möglichst schnell in irakische Hände zu geben. Bremer hatte kurz nach seiner Ankunft in Bagdad einen 25-köpfigen irakischen Regierungsrat eingesetzt, der bis zum Februar 2004 eine Übergangsverfassung ausgearbeitet hatte, auf deren Grundlage die USA am 28. Juni 2004 die Souveränität an die irakische Übergangsregierung übergaben. Um die neue Ordnung zu schützen, verblieben amerikanische Truppen im Land, doch war damit kein einziges Problem des Irak gelöst. Im Gegenteil, das Land versank in einem Bürgerkrieg. In den USA wurde die Kritik an Verteidigungsminister Donald Rumsfeld, der das Desaster im Irak hauptsächlich zu verantworten hatte, immer lauter, doch erst als Zwischenwahlen am 7. November 2006 für die Republikaner krachend verloren gingen, wurde er von Präsident Bush entlassen. Robert Gates wurde sein Nachfolger.

Unter ihm vollzog sich im Zeichen der *Surge*-Strategie, die Präsident Bush am 10. Januar 2007 offiziell verkündete, ein radikaler Kurswechsel. General David Petraeus wurde zum neuen Oberkommandierenden im Irak ernannt, und die amerikanischen Truppen wurden zunächst um 20 000 Mann aufgestockt. Zusammen mit irakischen Sicherheitskräften liefen sie fortan in kleinen Einheiten ständig Patrouille, um öffentliche Präsenz zu zeigen und die Aufständischen gezielt zu bekämpfen. Im Rahmen des *Surge* wurden Bombenwerkstätten, Waffenlager und Verstecke der Aufständischen zerstört und deren Rückzugsräume abgeschnitten. Auch suchten die USA nun gezielt die Zusammenarbeit mit der irakischen Zivilbevölkerung und kriegsmüden Aufständischen. Infolge dieses Strategiewechsels begann sich die Situation im Irak im Laufe des Jahres 2007 allmählich zu stabilisieren, doch die Kosten waren hoch. Al-Qaida und andere Aufständische entfesselten eine Orgie der Gewalt, um den Bürgerkrieg zu ihren Gunsten zu entscheiden. Viele amerikanische Soldaten und weitaus mehr irakische Zivilisten starben, die politische Aussöhnung der Bürgerkriegsfraktionen kam nicht voran. Angesichts dieser verfahrenen Situation im Irak gaben die USA ihre hochfliegenden Pläne des *Regime Change* und des demokratischen *Nation Building* immer mehr auf. Im letzten Jahr seiner Amtszeit ging es Präsident Bush nur noch darum, die Stabilisierung soweit voranzutreiben, dass der neue irakische Staat selbst für Sicherheit würde sorgen können. Ende November 2008 schlossen die USA und der Irak ein Sicherheitsabkommen, das vorsah, alle amerikanischen Einheiten bis Ende 2011 aus dem Irak abzuziehen und das Land schrittweise in die volle Souveränität zu entlassen.

Diese Politik des stabilitätsorientierten neuen Realismus setzte sich unter Präsident Barack Obama, der als Senator gegen den Krieg im Irak gestimmt hatte, fort. Bereits am 27. Februar 2009 hielt er seine erste große Rede zum Irakkrieg, in der er das Ende des amerikanischen Kampfeinsatzes innerhalb der kommenden 18 Monate und den Rückzug aller Truppen bis zum Dezember 2011 anvisierte. Systematisch trieb Obama den Stabilisierungs- und Staatsbildungsprozessen im Irak voran und zog gleichzeitig die amerikanischen Truppen schrittweise ab. Am 31. August 2010 verkündete Obama das offizielle Ende des Kampfeinsatzes, und am 14. Dezember 2011 hieß er die letzten aus dem Irak zurückgekehrten Truppen in Fort Bragg in der Heimat willkommen. Zur ursprünglich geplanten Stationierung von 50 000 bis 60 000 US-Soldaten als Sicherheits- und Schutzmacht für den neuen irakischen Staat kam es nicht, weil die Verhandlungen über ein irakisch-amerikanisches Truppenabkommen an der Frage der Immunität für die US-Soldaten scheiterte. Im Dezember 2011 ging damit für die USA ein knapp 9-jähriger Krieg zu Ende, in dessen Verlauf 1,2 Millionen US-Soldaten im Irak stationiert waren, von denen 31 000 Soldaten teils schwer verwundet und 4500 getötet wurden. Der Krieg hatte enorme Summen verschlungen – etwa 700 Milliarden Dollar –, die amerikanische Gesellschaft gespalten und Amerikas weltpolitischen Führungsanspruch nachhaltig erschüttert. Letzterer hatte stets vor allem auf Amerikas moralischer Autorität und Glaubwürdigkeit beruht, niemals allein nur auf seiner militärischen und wirtschaftlichen Stärke. Guantánamo wurde zum Symbol für das Agieren eines konkurrenzlosen Hegemons, der sich selbst nicht an die Wertideen hielt, für die er zu kämpfen vorgab.

Der Nahostkonflikt

Neben den Kriegen im Mittleren Osten blieb der Nahostkonflikt ein bestimmendes Thema der amerikanischen Außenpolitik, doch gewann er zugleich neue Relevanz, weil sich die Krise im Nahen Osten seit dem Ende des Kalten Krieges komplex mit den Kriegen im Mittleren Osten verschränkte. Nachdem Washington sich in der Ära Reagan kaum um die Auseinandersetzungen zwischen Israel und den Palästinensern gekümmert und sich von seiner Rolle als Vermittler weitgehend zurückgezogen hatte, rückte Israel bereits während des Ersten Golfkrieges wieder stärker ins Zentrum der amerikanischen Außenpolitik. Dies vor allem, weil es galt, Israel angesichts der Raketenangriffe des Irak, mit denen Saddam Hussein den Konflikt mit den USA zu einem großen regionalen Krieg eskalieren lassen wollte, zum Stillhalten zu bewegen, was der Bush-Regierung gelang. Unter Präsident Clinton kehrten die USA dann insgesamt wieder zu einer aktiveren Vermittlungspolitik im Nahostkonflikt zurück. Anknüpfend an die Politik Jimmy Carters brachten die USA Israelis und Palästinenser in Oslo wieder zurück an den Verhandlungstisch, wo sich beide Parteien auf einen Zeitplan für Friedensverhandlungen einigten. In den am 13. September 1993 in Washington im Beisein von Präsident Clinton, dem israelischen Premierminister Yitzhak Rabin und dem PLO-Vorsitzenden Jassir Arafat unterzeichneten Osloer Verträgen willigte Israel ein, das besetzte Land in der *West Bank* und im Gazastreifen zurückzugeben, und stimmte einer palästinensischen Selbstverwaltung in den Gebieten als Übergang zu einem eigenen Palästinenserstaat zu. Außerdem verpflichteten sich beide Seiten zu Verhandlungen über das Problem palästinensischer Flüchtlinge und den Status Jerusalems. Dieser hoffnungsvolle, auf dem Prinzip »Land gegen Frieden« basierende Friedensprozess kam jedoch an sein jähes Ende, als Rabin am 4. November 1995 von einem jungen Israeli ermordet und kurz darauf der Hardliner Benjamin Netanjahu sein Nachfolger im Amt des israelischen Ministerpräsidenten wurde. In den Jahren 1996/97 eskalierte die Gewalt im Nahen Osten, als palästinensische Selbstmordattentäter wiederholt Anschläge in Israel verübten, die das Land mit Militärschlägen gegen palästinensische Siedlungen und Stellungen sanktionierte. Israel brach seinen Rückzug aus dem Gazastreifen ab und forcierte dafür seine umstrittene Siedlungspolitik, die darauf zielte, im Gazastreifen und der Westbank Land durch jüdische Siedler zu besetzen und damit kontrollieren zu lassen. In dieser verfahrenen Situation nahm Präsident Clinton einen zweiten Anlauf und brachte Arafat und den israelischen Premierminister Ehud Barak am 5. Juli 2000 in Camp David zu einem Gipfel zusammen. Barak zeigte sich zu weitgehenden Zugeständnissen bereit, doch verweigerte sich diesmal die PLO.

Im Jahr darauf entfesselte die PLO mit der sogenannten »zweiten Intifada« einen Aufstand der Palästinenser, in Israel wurde der Hardliner Ariel Sharon Premierminister und die Gewalt im Nahen Osten ging ungebrochen weiter, und das auch, weil die Regierung von Präsident George W. Bush, deren Aufmerksamkeit ohnehin ganz auf Afghanistan und den Irak gerichtet war, sich bestenfalls halbherzig um eine Vermittlerrolle im Nahostkonflikt bemühte. Im Jahr 2003 stellte die Bush-Regierung mit ihrer *Roadmap to Peace* zwar einen neuen Fahrplan für den Friedensprozess im Nahen Osten vor, doch tat sie im Folgenden wenig, um diesen Fahrplan zum Frieden auch einzuhalten. Der Nahostkonflikt blieb ungelöst, und an dieser Situation hat sich auch während der Präsidentschaft Barack Obamas nichts geändert.

2 Wirtschaftliche, soziale und kulturelle Wandlungsprozesse

Wirtschaftswachstum und prekärer Wohlstand

Die USA blieben auch über das Ende des Kalten Krieges hinaus die stärkste Wirtschaft der Welt. Der postindustrielle Strukturwandel ging weiter, und die Zusammenhänge des weltwirtschaftlichen Gefüges änderten sich durch die sich nach dem Ende des Kalten Krieges rasant beschleunigende Globalisierung grundlegend. Tiefer denn je war die US-amerikanische Wirtschaft mit anderen Märkten und Regionen verflochten, mehr denn je war ihr Wachstum abhängig von der Leistungsfähigkeit anderer Volkswirtschaften, komplexer und raumgreifender denn je war die Arbeitsteilung im weltwirtschaftlichen System. Jedoch war die US-amerikanische Wirtschaft dadurch auch anfälliger für Ereignisse und Krisen, die sich anderswo ereigneten. Wenngleich die Wohlstandsentwicklung in den USA zwischen 1991 und 2012 kontinuierlich weiterging und der allgemeine Lebensstandard beständig stieg, war die wirtschaftliche Entwicklung großen Schwankungen ausgesetzt. In den 1990er Jahren erlebten die Amerikaner eine der längsten Perioden nachhaltigen wirtschaftlichen Wachstums in ihrer Geschichte, dann jedoch schlitterte die amerikanische Wirtschaft in der ersten Dekade des 21. Jahrhunderts von einer Rezession in die nächste, und seit 2007/08 befindet sich das Land in der größten und längsten Wirtschaftskrise seit der *Great Depression*. Dabei ist die aktuelle Finanz- und Wirtschaftskrise gleichermaßen das Ergebnis von Globalisierung und De-Regulierung im Zeichen des Marktradikalismus, wie er seit den 1980er Jahren in den USA vorherrschend ist.

Die Jahre 1990/91 erlebten eine scharfe Rezession, die die Arbeitslosenrate auf 7 Prozent steigen ließ. Dieser wirtschaftliche Einbruch war im Wesentlichen das Ergebnis der Sparkassenkrise, die sich im Laufe der 1980er Jahre aufgebaut hatte und 1989 ihren Höhepunkt erreichte. Die *Savings & Loans*-Branche hatte sich in Folge der Reagan'schen Deregulierungspolitik mit riskanten Geld- und Kreditgeschäften im Immobilienboom der Dekade übernommen. Bis 1989 waren etwa 1000 dieser Kreditinstitute zahlungsunfähig geworden und noch mehr standen kurz vor dem Kollaps. Um eine Ausweitung der Krise zu verhindern, beschloss der Kongress im Jahr 1989 den *Financial Institutions Reform, Recovery, and Enforcement Act*, der das marode Sparkassenwesen mit rund 125 Milliarden Dollar aus der öffentlichen Hand sanierte und den amerikanischen Steuerzahler am Ende rund 160 Milliarden Dollar kostete. Doch war bis dahin bereits so viel Kapital und Verbrauchervertrauen vernichtet worden, dass die Wirtschaft in eine kurze, aber heftige Rezession abglitt. Allerdings erholte sie sich schnell wieder, und es begannen wirtschaftlich gute Zeiten, die bis zum Ende des 20. Jahrhunderts andauerten. Zwischen 1992 und 2000 stieg das Bruttosozialprodukt um 40 Prozent an, während die Inflations- und Zinsraten auf niedrigem Niveau blieben und die Arbeitslosenrate auf 4 Prozent sank. Der Konsum vor allem von Luxusgütern brummte.

Der Boom der 1990er Jahre hatte viele Ursachen, zwei davon sind besonders bedeutsam. Zum einen brachte die durch das *North American Free Trade Agreement* (NAFTA) kreierte kontinentale Freihandelszone neue wirtschaftliche Impulse, zum anderen hing das Wirtschaftswachstum der 1990er Jahre ganz wesentlich mit der kraftvollen Expansion der Computer-, Telekommunikations- und Elektronikbranche zusammen. Die NAFTA war noch von der Bush-Regierung ausgehandelt worden, doch setzte sich auch Präsident Clinton energisch für die Ratifizierung des Abkommens ein, das Mexiko, die USA und Kanada zu einer Freihandelszone zusammenschloss. Der Freihandelsvertrag trat zum 1. Januar 1994 in Kraft und setzte eine wirtschaftliche Dynamik in Gang, die ungeachtet aller Verlagerung von Arbeitsplätzen nach Mexiko auch in den USA neue Jobs schuf. Der zweite Wachstumsfaktor der 1990er Jahre war die Computer-, Telekommunikations- und Elektronikbranche. Die von ihr konstituierte sogenannte *New Economy* expandierte rasant und bot große Gewinne. Aktien von Computer- und Softwareunternehmen waren in den 1990er Jahren heiß begehrt. Der NASDAQ-Index, der größte und wichtigste Aktienindex der Technologiebranche, wuchs zwischen 1991 und 2000 von unter 500 auf über 5000 Punkte an. Doch auch die sogenannte *Old Economy* boomte. Die Profite der Großunternehmen wuchsen kontinuierlich, und das trieb die Börsenspekulation voran. Der *Dow-Jones-Index* stieg zwischen 1991 und 2000 von unter 3000 auf beinahe 12 000 Punkte an. In den 1990er Jahren waren die US-Amerikaner wie kaum je zuvor ein Volk von Aktionären. Millionen von privaten Kleinanlegern legten ihr Erspartes in Wertpapieren an, viele in der Hoffnung auf schnellen Profit, mehr noch mit der Hoffnung auf eine auskömmliche Altersvorsorge. Im Jahr 1998 besaß fast die Hälfte aller amerikanischen Familien Aktien, und zwar entweder direkt oder über die Pensionsfonds ihrer Arbeitgeber, die sich ebenfalls Aktien- und Wertpapierpakete schnüren ließen, um ihr Körperschaftsvermögen profitorientiert anzulegen. Allerdings spiegelten die Aktienkurse im Zuge der heiß laufenden Börsenspekulation immer weniger den tatsächlichen Wert und die Gewinnaussichten der Firmen wider. Das galt insbesondere für die wie Pilze aus dem Boden schießenden *Start-up*-Unternehmen der Computerbranche. Es war nur eine Frage der Zeit, bis die Spekulationsblase platzen musste.

Überhaupt waren Wachstum und Wohlstand der 1990er Jahre trügerisch. Die Profite der *Trusts* wurden allein durch Rationalisierungs- und Umstrukturierungsmaßnahmen, die systematische Reduktion von Kosten und die Verlagerung von Arbeitsplätzen ins Ausland erwirtschaftet. Dadurch strömten immer mehr industriell produzierte Fertigwaren vor allem aus Asien auf den US-amerikanischen Markt. Neben Japan wurde nun vor allem die Volksrepublik China zu einem immer wichtigeren Handelspartner. Im Jahr 2000 importierten die USA Waren im Wert von mehr als 100 Milliarden Dollar aus dem kommunistischen Land, das damit nach Kanada, Mexiko und Japan der viertgrößte Handelspartner der USA war. Amerikanische Firmen ließen in China produzieren, was in den USA erdacht, entwickelt und entworfen worden war. Dadurch schöpften sie einerseits große Gewinne ab, hielten andererseits aber auch die Verbraucherpreise niedrig. Allerdings stieg aufgrund dieser globalen Arbeitsteilung das amerikanische Handelsdefizit so kontinuierlich wie dramatisch an: Lag es bereits im Jahr 1993 bei 115 Milliarden Dollar, so vergrößerte es sich bis zur Jahrtausendwende fortlaufend und erreichte mit fast 800 Milliarden Dollar im Jahr 2007 einen historischen Höchststand, wobei allein 256 Milliarden Dollar auf den Handel mit China entfielen.

Mit der sich vertiefenden globalen Verflechtung der US-amerikanischen Wirtschaft hing ihr Wohlergehen immer stärker vom Wohlergehen ihrer internationalen Handelspartner ab. 1997/98 kam es zu einer dramatischen Situation: Die asiatischen Finanzmärkte gerieten infolge einer Währungskrise in Asien, die zeitgleich mit einer Rohstoffkrise in Russland auftrat, in eine bedrohliche Lage, die unmittelbar auf die amerikanische Wirtschaft durchschlug. Deshalb war die Clinton-Regierung federführend daran beteiligt, unter dem Dach des *Internationalen Währungsfond* (IWF) ein 40-Milliarden-Dollar-Rettungspaket zur Stützung der asiatischen Währungen zu schnüren.

Doch nicht nur in weltwirtschaftlicher Hinsicht war der amerikanische Wohlstand der 1990er Jahre auf Sand gebaut, auch im Inneren kam das Land in eine Schieflage. Gewiss, Millionen von Amerikanern profitierten von der Steuersenkungspolitik der Bundesregierung, es gab viele Möglichkeiten des sozialen Aufstiegs und alle sozialen Schichten partizipierten am Boom. Dennoch blieb der Wohlstand ungleich gestreut. Denn der Wohlstand in den USA wurde durch die konservative Steuerpolitik im Ganzen betrachtet von unten nach oben umverteilt. Während das reale Einkommen des reichsten Prozents der amerikanischen Bevölkerung im Jahr 2004 um 12 Prozent stieg, wuchs das Realeinkommen der restlichen 99 Prozent nur um gerade einmal 1,5 Prozent. Insgesamt verschärfte sich die soziale Ungleichheit im Land und wuchs die Verschuldung privater Haushalte in astronomische Höhen; im Jahr 2008 lag sie bei 2,6 Billionen Dollar.

Diese Entwicklungen sind im Zusammenhang mit dem postindustriellen Strukturwandel zu sehen, der sich nach dem Ende des Kalten Krieges beschleunigte. Im Jahr 2007 arbeiteten rund 79 Prozent der insgesamt 146 Millionen Arbeitskräfte in einem Dienstleistungsberuf, während nur noch 21 Prozent in Fabriken, auf Baustellen und Bauernhöfen oder anderswo einer körperlichen Tätigkeit nachgingen. Während die amerikanische Landwirtschaft und Industrie immer mehr mit immer weniger Arbeitskräften produzierte und deshalb Arbeitsplätze abbaute, entstanden Millionen neuer Stellen im Dienstleistungssektor. Viele von ihnen, insbesondere die in der IT-Branche, boten lukrative Einkommensmöglichkeiten und interessante, abwechslungsreiche Tätigkeiten. Das andere Ende der Dienstleistungsgesellschaft bilden jedoch die vielen schlecht bezahlten Jobs in Restaurants, Hotels, Reinigungen oder Läden. In diesem Zusammenhang nun werden die fortbestehenden Strukturen ethnischer Ungleichheit besonders deutlich, denn *African Americans* und *Hispanics* sind in den schlecht bezahlten und kaum abgesicherten Billigjobs des Dienstleistungssektors bis heute überproportional häufig vertreten. Ungeachtet der Herausbildung von stabilen und expandierenden Mittelklassen in beiden Gruppen, verdienten *African Americans* und *Hispanics* im Durchschnitt deutlich weniger als andere ethnische Gruppen, und sie waren auch öfter arbeitslos. Doch auch für andere soziale Gruppen waren die attraktiven Berufe des Dienstleistungssektors nicht so ohne weiteres zugänglich, verlangten sie doch nach hochqualifiziertem Personal mit wenigstens einem Collegeabschluss. Dadurch wurden Bildungstitel immer mehr zu einer Ware, die von einer expandierenden Bildungsbranche zu immer exorbitanteren Preisen angeboten wurde.

Mit dem Beginn des neuen Jahrtausends geriet die US-amerikanische Wirtschaft ins Schlingern. Die Präsidentschaft von George W. Bush begann mit einer scharfen Rezession, die vor allem dem Platzen der Spekulationsblase in der *New Economy* geschuldet war. Rund 250 IT-Firmen brachen damals zusammen, der Marktwert der überlebenden Firmen sank und Kapital wurde in großer Menge vernichtet. Hinzu kamen spektakuläre Bankrotte von Telekommunikationsfirmen, die einen ganzen Sumpf aus Korruption, Börsenmanipulation und gerissener Selbstbereicherung freilegten. Im Jahr 2001 war der Telekommunikationsriese *Enron* insolvent, nachdem er die Fälschung von Geschäftsberichte einräumen musste. Das hatte die Vorstandsvorsitzenden freilich nicht daran gehindert, ihre Firmenanteile im Wissen um den bevorstehenden Zusammenbruch noch schnell profitabel zu verkaufen. Im Jahr darauf gab auch *WorldCom*, das zweitgrößte Telekommunikationsunternehmen der USA, die Fälschung von Geschäftsberichten zu, erklärte sich für bankrott und entließ seine 17 000 Mitarbeiter. Auch andere Großfirmen und ihre Manager machten durch Betrug, schamlose Selbstbedienung, aggressive Lobbyarbeit und Korruption auf sich aufmerksam, was das Vertrauen von Anlegern und Konsumenten schwinden ließ. In der Folge fiel der Dow-Jones-Index im Verlauf des Jahres 2002 um 1679 Punkte oder fast 17 Prozent. Die industrielle Produktion sank und die Arbeitslosigkeit stieg. Bis Mitte 2003 hatten 2,6 Millionen Menschen ihre Arbeit verloren.

Dann jedoch erholte sich die Wirtschaft 2003 wieder, wobei vor allem die Immobilienbranche zu einem Wachstumsfaktor wurde. Präsident Bush brachte gleich zu Beginn seiner Amtszeit die größte Steuersenkung in der Geschichte der USA auf den Weg und das kurbelte Konsum und wirtschaftliches Wachstum an. Millionen von Amerikanern, vor allem die Wohlhabenden, profitierten von der Steuersenkungspolitik der Bush-Regierung, doch das Realeinkommen der mittleren und unteren Einkommensgruppen stagnierte. Die Immobilienbranche wurde zu einem Wachstumsmotor, doch finanzierten viele Amerikaner ihre Häuser mit sogenannten *Subprime*-Hypotheken. Das war ein neues riskantes Finanzprodukt der deregulierten Banken für Menschen, die nach strengen Maßstäben eigentlich nicht kreditwürdig waren. *Subprime*-Hypotheken boten niedrige Einstiegsraten, die dann jedoch mit fortschreitender Kreditlaufzeit stark anstiegen. Gleichzeitig verkauften die Kreditinstitute die *Subprime*-Hypotheken vielfach an Investmentbanken weiter, die sie in Aktien- und Wertpapierportfolios packten und Universitäten, Pensionsfonds und Privatleuten als Investitionsobjekt anboten.

Diese gefährliche Kombination von Immobilienboom, Überschuldung und Börsenspekulation bei fortlaufender Polarisierung des Wohlstands und steigender Staatsverschuldung führte 2008 zu einer Finanzkrise, die sich rasch zu der bis heute anhaltenden Wirtschaftskrise auswuchs. Im Jahr 2007 platzte die Immobilien-Spekulationsblase. Die Immobilienpreise sackten ins Bodenlose, die Bauwirtschaft geriet in eine Krise und viele private Hauseigentümer erklärten sich für zahlungsunfähig. Weil die Marktpreise rasant verfielen, konnten die Eigentümer ihre Häuser nicht mehr verkaufen oder die Hypothekenraten stemmen. Viele gaben ihre Häuser einfach auf und ließen sie leer stehen, da sie sich so nach amerikanischem Recht von ihren Hypotheken befreien konnten. Als bekannt wurde, dass viele Wertpapierportfolios *Subprime*-Hypotheken enthielten, stürzten die Börsenkurse ab. Von Oktober 2007 bis März 2009 fiel der Dow-Jones-Index von 14 000 auf unter 8000 Punkte. Viele Großbanken erlitten schwerste Verluste, die *Citigroup* und andere Kreditinstitute standen am Rande des Bankrotts. Am 15. September 2008 beantragte die Investmentbank *Lehman Brothers* Insolvenz. Um die Lage zu stabilisieren, gaben Banken keine Kredite mehr. Damit würgten sie jedoch den Konsum ab und brachten die Wirtschaft zum Erliegen. In dieser Situation verabschiedete der Kongress ein 700-Milliarden-Dollar Rettungspaket für die maroden Banken, ohne jedoch zugleich auch die staatliche Aufsicht über sie zu intensivieren und das Finanz- und Kreditwesen auf eine neue Grundlage zu stellen. Folglich nutzten die Banken das staatliche Geld zu einem großen Teil für die Sanierung der eigenen Kassen und um Managerboni in Milliardenhöhe zu bezahlen. Die Wirtschaftskrise hielt an. Das war die Situation, die Barack Obama vorfand, als er im Januar 2009 seine Arbeit als US-Präsident antrat. Er versuchte, der Krise mit einer neuen Politik staatlicher Intervention Herr zu werden. Kurz nach seiner Inauguration unterzeichnete er im Februar 2009 den *American Recovery and Reinvestment Act*, der zwar abermals Steuersenkungen in Höhe von 212 Milliarden beschloss, doch diese nun vor allem den mittleren und unteren Einkommensklassen zu Gute kommen ließ. Darüber hinaus sah das Gesetz 575 Milliarden Dollar an neuen Ausgaben vor, die in staatliche Maßnahmen zur aktiven Überwindung der Finanz- und Wirtschaftskrise fließen sollten. Obama war ganz dafür, Steuergelder für öffentliche Baumaßnahmen im Bereich von Schulen und Verkehrsinfrastruktur zu verwenden. Auch half er bankrotten Industrieunternehmen. So pumpte er mehrere Milliarden in die Autoindustrie, um die bankrotten Unternehmen Chrysler und General Motors zu retten, und er legte ein Sonderprogramm auf, das privaten Käufern amerikanischer Autos finanzielle Zuschüsse gab. Im Gegenzug für diese Hilfe sollten die Firmen unter staatlicher Aufsicht so restrukturiert werden, dass sie fortan profitabel arbeiten könnten. Beendet haben diese Maßnahmen die Krise nicht, aber sie haben dazu beigetragen, Schlimmeres zu verhindern.

Demographische Entwicklungen

Ungeachtet des wirtschaftlichen Auf und Abs seit 1991 ist die amerikanische Gesellschaft seit dem Ende des Kalten Krieges weiter gewachsen. Zählte das Zensusbüro im Jahr 1990 noch gut 248 Millionen Amerikaner, so waren es im Jahr 2010 mehr als 308 Millionen. Die meisten von ihnen, 60 Prozent, lebten in den Staaten des *Sun Belt*. Auch der Zuzug in die Städte blieb ungebrochen, während die ländlichen Gebiete sich weiter entvölkerten. Bereits im Jahr 2000 wohnten fast 80 Prozent aller Amerikaner in Städten. Gleichzeitig ist die amerikanische Gesellschaft seit dem Ende des Kalten Krieges immer älter geworden. Die Generation der *Baby Boomer* erreichte nach 1990 das Ruhestandsalter in oft bester Gesundheit, so dass rund 12 Prozent aller US-Amerikaner im Jahr 2008 über 65 Jahre alt waren. Ihre Lebenserwartung lag durchschnittlich bei über 78 Jahren. Dies war einerseits das Ergebnis des medizinischen Fortschritts, andererseits aber auch des allgemeinen Wohlstands, der es vielen Amerikanern erlaubte, sich gesundheitsbewusst zu ernähren und körperlich fit zu halten.

Das erstaunliche Bevölkerungswachstum der USA seit dem Ende des Kalten Krieges ist einerseits die Folge natürlicher Reproduktion, andererseits aber vor allem das Ergebnis einer neuen Einwanderungswelle, die alles Dagewesene bei weitem übertrifft. Diese neue Einwanderung setzte bereits in den 1970er Jahren ein, nahm in den 1980er Jahren deutlich an Fahrt auf und beschleunigte sich nach dem Ende des Kalten Krieges geradezu spektakulär. Die rechtliche Grundlage für diese massenhafte, bis heute anhaltende Einwanderung war die Liberalisierung der Einwanderungsgesetze. Das nationale Quotensystem, das der *National Origins Act* von 1924 eingeführt hatte, wurde abgeschafft und die jährlichen Höchstzahlen für die Einwanderung deutlich erhöht. Von zentraler Bedeutung ist in diesem Zusammenhang der *Hart-Celler Immigration and Nationality Act* des Jahres 1965. Dieses Gesetz erlaubte die Einwanderung von 290 000 Menschen pro Jahr und ersetzte das nationale Quotensystem durch »hemisphärische Höchstwerte«. Demnach sollten jährlich 120 000 Einwanderer aus der westlichen Hemisphäre kommen dürfen, die restlichen 170 000 aus den übrigen Weltteilen. Einwanderungsvisa sollten auf der *First-Come-First-Served*-Basis vergeben und Visa zur Zusammenführung von Familien in unbegrenzter Zahl ausgestellt werden.

In Folge des *Hart-Celler Immigration and Nationality Act* stieg die Einwanderung in die USA schnell an. Während der 1970er Jahre kamen 4,5 Millionen Einwanderer ins Land, in den 1980ern waren es schon 7,3 Millionen und in den 1990ern dann 9,1 Millionen. Diese Zahlen reflektieren aber nur die legale Einwanderung. Unzählige Millionen kamen illegal ins Land. Schätzungen zufolge wanderten zwischen 1970 und 2000 insgesamt mehr als 28 Millionen Menschen legal und illegal in die USA ein. Wichtiger noch als die schieren Zahlen ist die demographische Struktur der Einwanderer, in denen sich eine grundlegende Neuausrichtung der Migrationssysteme manifestiert. Rund zwei Drittel aller Einwanderer kam aus Lateinamerika, Asien und Afrika, während nur noch rund 12 Prozent aus Europa einwanderten, die meisten von ihnen aus dem ehemaligen Ostblock. Zwischen 1980 und 2000 zogen nur rund 2 Millionen Europäer in die USA, während 4 Millionen allein aus Mexiko kamen und weitere 2,8 Millionen aus anderen Ländern Lateinamerikas. Weil nun Menschen mit Migrationshintergrund aus aller Herren Länder dort leben, sind die USA zum Spiegelbild der Weltgesellschaft geworden.

Schaut man sich zwei der Migrationssysteme, das asiatische und das hemisphärische, etwas genauer an, so wird rasch deutlich, wie unterschiedlich beide in sich eigentlich sind. Die »asiatische Einwanderung« speist sich aus so unterschiedlichen Ländern wie den Philippinen, China, Japan, Korea, Vietnam und Indien. Auch Araber aus dem Libanon, Syrien und Palästina gehören dazu. Jede dieser unterschiedlichen Gruppen steht für eine eigene Kultur, sie alle machten jeweils andere gruppenspezifische Erfahrungen in den USA, und ihre Migration wurde durch jeweils andere Gründe verursacht. Sie war vielfach ökonomisch motiviert, doch es gab auch politische Gründe, die aufs Engste mit der amerikanischen Außenpolitik verflochten waren. So kamen viele Koreaner und Vietnamesen als Flüchtlinge aus Ländern, in denen die USA Krieg geführt hatten. Die Filipinos genossen aufgrund ihrer kolonialen Vergangenheit besondere Rechte, und viele weltliche Iraner suchten nach der Iranischen Revolution Asyl in den USA.

Die hemisphärische Migration ist in sich nicht weniger vielfältig, speist sie sich doch primär aus so unterschiedlichen Ländern wie Mexiko, Puerto Rico, Nicaragua, El Salvador, Honduras, Kuba und anderen karibischen Inseln. Gleichzeitig hat die hemisphärische Migration einige in der langen Einwanderungsgeschichte der USA einmalige

Merkmale. Da ist zunächst das Faktum der Überlandmigration. Hispanische Immigranten müssen keinen Ozean überwinden, um in die USA einreisen zu können, sondern nur durch den *Tortilla Vorhang*, also die rund 3100 Kilometer lange Landesgrenze zwischen Mexiko und den USA. Das heißt auch, dass sie nicht alle Verbindungen zu ihren Heimatorten komplett kappen müssen. Insbesondere mexikanische Einwanderer unterhalten enge Beziehungen zu ihren Herkunftsgebieten und pendeln häufig zwischen den USA und Mexiko. Viele von ihnen leben dauerhaft in zwei Welten; sie arbeiten in San Diego und heiraten in Guadalajara, betreiben ein Geschäft in New York City und verbringen trotzdem viele Wochen des Jahres bei ihren Großfamilien in Cancun. So hat die hemisphärische Migration transnationale soziale Räume entstehen lassen.

Ein weiteres Merkmal der hispanischen Einwanderung, das zu erbitterten sozialen Kämpfen und viel Gewalt geführt hat, ist das Phänomen substantieller illegaler Einwanderung. Dies hat es zuvor in der amerikanischen Geschichte nicht gegeben, weil die transozeanische Einwanderung über zentrale Empfangszentren in Häfen und Flughäfen abgewickelt und dadurch auch kontrolliert werden konnte. Seit den 1970ern versuchten Millionen von Mexikanern und andere *Hispanics* die Grenze zu den USA illegal zu überschreiten. Viele schafften es, viele aber auch nicht; Tausende ließen bei dem Versuch ihr Leben. Das Schleusen von illegalen Immigranten hat sich im letzten Viertel des 20. Jahrhunderts zu einem großen kriminellen Geschäft entwickelt. Die USA reagierten auf diese Entwicklung mit der massiven Befestigung der Grenze durch Zäune, Mauern und Bewegungsmelder. Gleichzeitig wurde die *Border Patrol* personell aufgestockt und mit der neuesten Überwachungstechnik ausgerüstet, um illegale Grenzgänger aufspüren zu können.

Schließlich ist die regionale Konzentration auf den Südwesten der USA und die großen Metropolen ein Spezifikum der hispanischen Migration, die bis zur Jahrtausendwende fast ausschließlich auf Kalifornien, Texas, Florida, New York, New Jersey und Illinois gerichtet war. New York City, Los Angeles, Miami und Chicago wurden zu den Metropolen mit dem höchsten Anteil an *Hispanics*. Infolge dieser Entwicklung ist vor allem der Südwesten der USA seit 1965 zunehmend so hispanisiert worden, dass inzwischen viele Elemente der hispanischen Kultur die angloamerikanische Mehrheitskultur überlagern. Im Süden Kaliforniens, in weiten Teilen von Arizona, New Mexico und Texas ist Spanisch zur zweiten Sprache mit vielfach quasioffiziellem Status geworden. So wurden beispielsweise im Jahr 1998 in Kalifornien mehr Jungen auf den Namen José als auf den Namen Michael getauft, und viele *Hispanics* und zumal die *Mexican Americans* tendieren dazu, ihre hispanisch-katholische Kultur in Abgrenzung zur angelsächsisch-protestantischen als Teil ihrer spezifischen Identität hochzuhalten. Insgesamt brachte die neue Einwanderung einen abermaligen ethnisch-kulturellen Pluralisierungsschub mit sich, der die US-amerikanische Gesellschaft im letzten Drittel des 20. Jahrhunderts noch bunter hat werden lassen, als sie es ohnehin schon gewesen war. Im Jahr 2009 waren gut 15 Prozent der mehr als 307 Millionen US-Amerikaner *Hispanics*, 13 Prozent *African Americans*, 4 Prozent *Asians* und ein Prozent *American Indians*.

Im Ganzen betrachtet sind die USA seit Mitte der 1970er Jahre zu einem immer weniger europäisch geprägten Land geworden, und diese Entwicklung hat zu nervösen Debatten über den Kern amerikanischer Identität geführt. Im Jahr 1997 sprach Präsident

Clinton von der Notwendigkeit einer »Dritten Amerikanischen Revolution«. Nach der politischen Revolution des 18. Jahrhunderts und der Bürgerrechtsrevolution der 1960er Jahre müssten die Amerikaner mit dieser dritten großen Revolution zeigen, dass sie auch in einem Land ohne dominant europäische Kultur leben könnten. Drei Jahre später gab Clinton seiner Hoffnung Ausdruck, dass er der letzte amerikanische Präsident sein möge, der nicht Spanisch spreche. Andere weiße Eliten sahen das nicht ganz so entspannt, sondern ließen ihren hispanophoben Ängsten freien Lauf. Der Harvard-Professor Samuel P. Huntington, für den das Angelsächsische den Kern amerikanischer Identität definierte, beschwor im Jahr 2004 in seinem vieldiskutierten Buch *Who Are We? The Challenges to America's National Identity* die Gefahr der Herausbildung eines autonomen, sprachlich-kulturell sich unterscheidenden und sich dauerhaft nicht in die amerikanische Gesellschaft integrierenden mexikanischen Blocks herauf. Charles Truxillo, Professor an der University of New Mexico, prognostizierte die Sezession der Staaten des Südwestens von den USA und deren Vereinigung mit dem ebenfalls eigenständig gewordenen Norden Mexikos zu einer *República del Norte*. Die Debatte ist noch nicht beendet, sie zeigt aber, dass *Ethnicity* und *Race* weiterhin sowohl Strukturelemente als auch Kategorien sozialer Selbstbeschreibung der US-amerikanischen Gesellschaft sind.

Trotz der fortschreitenden Pluralisierung und Diversifizierung bestanden die durch Klasse, Geschlecht und Ethnizität bestimmten Strukturen sozialer Ungleichheit in den USA fort, doch waren sie nicht unverrückbar zementiert. Es gab nach 1991 viele individuelle soziale Aufstiege von *African Americans*, *Hispanics* und *Asian Americans*. Auch die ökonomische Situation ganzer ethnischer Gruppen verbesserter sich ungeachtet fortbestehender diskriminierender Praktiken und Strukturen. Der Blick auf einzelne ethnische Gruppen im gegenwärtigen Amerika liefert deshalb meist sehr ambivalente Bilder. So hat sich die ökonomische Lage der *African Americans* seit dem Ende des Kalten Krieges deutlich verbessert. Ihr durchschnittliches Familieneinkommen lag im Jahr 2007 bei fast 35 000 Dollar. Verglichen mit den 1960/70er Jahren war das eine spürbare Verbesserung, doch lag das Einkommen schwarzer Haushalte weiterhin deutlich unter dem nationalen Durchschnitt von 50 700 Dollar. Dennoch ist die schwarze Mittelklasse seit 1991 kontinuierlich gewachsen, und immer mehr *African Americans* erreichten Spitzen- und Führungspositionen oder bekleideten hohe politische Ämter. Colin Powell, Außenminister in der Regierung von Präsident George W. Bush, und Condoleezza Rice, zunächst Nationale Sicherheitsberaterin im Kabinett Bush, dann Außenministerin, oder jetzt Präsident Barack Obama sind nur die Spitze des Eisbergs. Diese Expansion der schwarzen Mittelklasse ist auch das Ergebnis eines gestiegenen Bildungsbewusstseins, das dazu geführt hat, dass eine wachsende Zahl von *African Americans* College- und Universitätsabschlüsse erwirbt.

Dies sollte jedoch nicht den Blick für die fortbestehende rassistische Diskriminierung der Schwarzen verstellen. Es gibt weiterhin die enge Verbindung von Schwarz-Sein und Armut. In den unteren Einkommensschichten und bei den ausgesprochen Armen sind *African Americans* nach wie vor ebenso überproportional vertreten wie in den Armutsvierteln der Innenstädte. Sie verdienen weniger als Weiße, ihre Arbeitslosenquote liegt deutlich über dem nationalen Durchschnitt, und die Wahrscheinlichkeit, dass sie ihre *High School*-Ausbildung vorzeitig abbrechen ist bei afroamerikanischen Schülern höher als bei denen anderer Ethnien. Ungewollte Schwangerschaften, kaputte Familien und alleinerziehende Mütter treten bei *African Americans* öfter auf als bei anderen Bevölkerungsgruppen, und sie erkranken häufiger an AIDS. Auch ist die Kriminalitätsrate der *African Americans* höher als die anderer ethnischer Gruppen. Eine machtvolle Demonstration gegen die fortbestehenden Strukturen rassistisch definierter sozialer Ungleichheit war am 16. Oktober 1995 der von rund 200 afroamerikanischen Bürgerrechtsorganisationen veranstaltete *Million Man March* in Washington, D.C. Dieser maßgeblich von Louis Farrakhan, dem Vorsitzenden der *Nation of Islam*, geprägte Protestmarsch afroamerikanischer Männer sollte die Solidarität der schwarzen Gemeinschaft nach innen stärken und zugleich auf die drängenden sozialen und ökonomischen Probleme, mit denen die Mehrheit der *African Americans* weiterhin konfrontiert war, aufmerksam machen.

Im Vergleich dazu geht es *Hispanics* im Durchschnitt ökonomisch besser als den *African Americans*; ihr durchschnittliches Haushaltseinkommen lag im Jahr 2008 bei fast 40 000 Dollar, und die Arbeitslosigkeit bei ihnen ging zwischen 1995 und 2007 von 9 Prozent auf 5,6 Prozent zurück. Auch hier entstand eine breite und wachsende Mittelklasse, die seit dem Ende des Kalten Krieges zu einer immer wichtigeren Wählerklientel geworden ist und zunehmend öffentliche Ämter bekleidet. So gab es 2007 rund 5000 hispanische Bürgermeister, Parlamentsabgeordnete, Sheriffs und andere Inhaber öffentlicher Wahlämter. Zwei Jahre später wurde Sonia Sotomayor, deren Eltern aus Puerto Rico stammten, von Präsident Obama als Richterin für den *Supreme Court* nominiert und vom Senat bestätigt. Allerdings lebten 21,5 Prozent der *Hispanics* im Jahr 2007 in Armut, andere fristeten mit schlecht bezahlten Dienstleistungsberufen eine karge Existenz in den unteren Einkommensschichten.

Die *Asian Americans* hingegen wurden vor allem in den 1990er Jahren immer wieder als eine *Model Minority* diskutiert, in deren Bildungsbewusstsein, Fleiß und Aufstiegsmentalität sich der Amerikanische Traum scheinbar erneuerte. Fast 50 Prozent aller erwachsenen *Asian Americans* haben einen College-Abschluss, und 90 Prozent aller *Asian American High School*-Absolventen gehen anschließend weiter aufs College. Allerdings lohnt sich hier ein genaueres Hinsehen, weil die Gruppe der *Asian Americans* in sich besonders vielfältig differenziert ist.

Wertewandel und Kulturkämpfe

Die amerikanische Gesellschaft ist seit dem Ende des Kalten Krieges nicht nur in ethnisch-kultureller Hinsicht viel unterschiedlicher geworden. Sie ist auch viel individualisierter als noch vor 50 Jahren. Das Spektrum akzeptierter Lebensstile, die nach Alter, Ethnizität, Klasse, Geschlecht oder sexueller Orientierung differenziert sind, ist seit 1991 viel breiter geworden. Diese Vervielfältigung von Lebensstilen im Zeichen individueller Selbstbestimmung ist einerseits das Ergebnis des seit den 1960er Jahren kontinuierlich gewachsenen »Rechtebewusstseins« in den USA. Andererseits ist die amerikanische Gesellschaft ungeachtet aller erbitterten sozialen und kulturellen Kämpfe, auf die noch eingegangen wird, im letzten Drittel des 20. Jahrhunderts immer toleranter und offener für eine wachsende Vielfalt von individuellen Lebensentwürfen geworden. Ein spektakuläres Beispiel ist in diesem Zusammenhang die Entwicklung von Ehe, Familie und Lebenspartnerschaft. Die auf einer heterosexuellen Ehe beruhende Kernfamilie, die noch im Jahr 1960 74 Prozent aller Lebensgemeinschaften ausmachte, büßte ihre lange Zeit überragende Bedeutung bis zum Beginn des 21. Jahrhunderts ein. Weniger als 50 Prozent aller Partnerschaften in den USA folgten im Jahr 2007 noch diesem Modell. Das war zum einen das Ergebnis steigender Scheidungsraten – durchschnittlich wird rund die Hälfte aller Ehen in den USA wieder geschieden –, zum anderen aber entstand im letzten Drittel des 20. Jahrhunderts eine breite Vielfalt von alternativen Lebensentwürfen, die zunehmend akzeptiert wurde: nicht-eheliche Lebenspartnerschaften, *Patchwork*familien, gleichgeschlechtliche Ehen, aber auch ein dauerhaftes Single-Dasein waren zunehmend legitim.

Gekoppelt daran war die Debatte über die Rolle der Frau in der Gesellschaft, die auch nach dem Ende des Kalten Krieges nicht abgerissen ist. Zwar ist die Welle des liberalen Feminismus der 1960er Jahre in den 1980er Jahren ausgelaufen, und eine vergleichbar kraftvolle Frauenbewegung mit klar definierter feministischer Agenda ist seither auch nicht wieder entstanden. Wohl aber hat sich seit 1991 ein Bewusstsein für Fragen der Gendergerechtigkeit so tief in der politischen Kultur der USA verankert, dass selbst ein konservativer Präsident wie George W. Bush seinen Krieg gegen den Terrorismus als einen Krieg zur Befreiung muslimischer Frauen aus islamistischer Unterdrückung darstellte. Insgesamt also lässt sich sagen, dass sich das, was man ein feministisches Bewusstsein nennen könnte, von der liberalen Frauenbewegung abgelöst hat und zum Allgemeingut geworden ist.

Im Zuge dieser Entwicklung verfestigte sich der weit geteilte Konsens, dass Frauen berufstätig und auch in Führungspositionen präsent sein sollten. Die Zahl der Rechtsanwältinnen, Ärztinnen, Managerinnen und Wissenschaftlerinnen ist seit 1991 kontinuierlich angestiegen. Auch kamen Frauen zunehmend in hohe und höchste Führungspositionen. Präsident Clinton ernannte Madeleine K. Albright zur Außenministerin und Ruth Bader Ginsburg zur Richterin am *Supreme Court*. Auch sein Amtsnachfolger George W. Bush brachte gezielt Frauen in Spitzenpositionen, nicht zuletzt Condoleezza Rice, und im Jahr 2008 bewarb sich mit Hillary Clinton in den Vorwahlen der Demokraten erstmals eine Frau um die amerikanische Präsidentschaft.

Diese neue Präsenz von Frauen in öffentlichen Ämtern und Führungspositionen war nicht nur die Folge eines allgemeinen gesellschaftlichen Bewusstseinswandels, sondern auch das Ergebnis eines neuen Stils feministischer Politik. Diese bewegte sich seit 1991 immer weiter weg von der symbolischen Agitation im Zeichen einer sektiererischen »Schwesternschaft«, wie sie für die 1960/70er Jahre kennzeichnend gewesen war, und verfolgte zunehmend das realistische Ziel der machtpolitischen Partizipation gemäß den Spielregeln der amerikanischen Demokratie. Immer mehr Frauen strebten gezielt öffentliche Ämter und Führungspositionen in Wirtschaft, Verwaltung und Wissenschaft an, um weibliche Interessenpolitik in Entscheidungspositionen gestalten zu können. Neue Politische Aktionskomitees (PACs) wie der *National Women's Political Caucus* (NWPC), der *Westchester Black Women's Political Caucus* oder das *Hollywood Women's*

Political Committee betrieben gezielt eine offensive Spendenpolitik, um Wahlkämpfe weiblicher Bewerber um Bürgermeister-, Gouverneurs- und Senatorenämter zu finanzieren, mobilisierten Frauen als Wählerinnen, professionalisierten ihre Lobbyarbeit, knüpften Netzwerke und betrieben eine gezielte Öffentlichkeitsarbeit, um Genderbewusstein in der Gesellschaft breit zu verankern und Fraueninteressen durchzusetzen.

Jenseits eines organisierten Feminismus setzten sich viele Frauen für die Überwindung der fortbestehenden Genderungerechtigkeiten ein und trieben die Gleichstellung von Frauen in allen Bereichen des öffentlichen Lebens in ganz verschiedenen Positionen und Zusammenhängen voran. Ungeachtet aller Vermehrung der beruflichen Optionen für Frauen und ungeachtet auch des Aufstiegs von immer mehr Frauen in Führungspositionen, bestanden vielfältige Formen geschlechtsspezifischer Ungleichbehandlung fort. Auch nach dem Ende des Kalten Krieges verdienten Frauen immer noch deutlich weniger für die gleiche Arbeit und waren in Führungspositionen weiterhin unterrepräsentiert. So waren im Jahr 1996 gerade einmal 1,2 Prozent der Direktorenposten in den Vorständen der bei *Fortune 500* gelisteten größten Unternehmen der USA weiblich besetzt. Doch ging es nicht nur um den fortschreitenden Abbau von Genderungerechtigkeiten, es ging auch um den Erhalt dessen, was Frauen in Punkto Gleichberechtigung und Selbstbestimmung seit den 1970er Jahre errungen hatten. Abtreibung blieb ein kontroverses Thema, aber auch der Abbau des Wohlfahrtsstaates traf insbesondere Frauen, weil diese in besonderem Maße von Programmen wie *Affirmative Action, Aid to Families with Dependent Children* (AFDC) und diversen Mutterschutzbestimmungen profitiert hatten, die seit den 1980ern sukzessive abgebaut worden waren.

Speiste sich diese feministische Politik aus dem eher unkoordinierten und vielfach fallweisen Zusammenspiel verschiedener Akteure und Vereinigungen, so verschwand auch der organisierte Feminismus nach 1991 nicht ganz von der Bildfläche. Er hieß nur nicht mehr so, und seine Aktivistinnen, die sich in einem breiten Spektrum von ganz unterschiedlichen Bewegungen – Globalisierungsgegner, Umweltbewegung, *Occupy Wall Street*, u.v.a.m – engagierten, wollten auch nicht unbedingt mehr »Feministinnen« genannt werden. Dazu war der Begriff in den zusehends konservativer werdenden Amerika viel zu kontrovers. Auch weckte er viel zu starke, oft stereotype Assoziationen mit dem NOW-Feminismus der 1960/70er Jahre, den die Aktivistinnen der sich in den 1990er Jahren formierenden »dritten Welle« der Frauenbewegung eigentlich überwinden wollten. Dieser Feminismus der »dritten Welle« hat nicht mehr nur die Benachteiligung der Frauen in einem patriarchalischen System im Blick, sondern zielt mit seiner emanzipatorischen Agenda auf umfassende Gendergerechtigkeit, die Männer und Frauen gleichermaßen einschließt. Damit einhergehend rückten Fragen der Vereinbarkeit von Beruf und Familie sowie die ökonomischen Probleme alleinerziehender und bedürftiger Mütter stärker in den Blickpunkt. Mit dieser neuen Agenda kommen automatisch auch Fragen von Ethnizität ins Spiel, denn im Jahr 2013 lebten nur 23 Prozent der alleinerziehenden weißen Mütter unterhalb der Armutsgrenze, während dies bei jeweils 42 Prozent der alleinerziehenden afroamerikanischen und hispanischen Frauen der Fall war.

Zur Diversifizierung und Individualisierung der amerikanischen Gesellschaft gehört auch die neue Sichtbarkeit und Akzeptanz von Homosexuellen. Ende der 1960er Jahre hatte sich ein *Gay and Lesbian Movement* formiert, das integraler Bestandteil der Protest- und Emanzipationssignatur der Dekade geworden war. Wie die *African Americans*, die Frauen und die *Chicanos* verlangten auch die Homosexuellen ihr Recht auf Gleichberechtigung und ein Ende der Diskriminierung. Ein symbolischer Anfang dieser »rechtebewussten« Bewegung der Schwulen und Lesben wurde am Freitag, den 28. Juni 1969 in New York City gesetzt, als sich die Gäste des *Stonewall Inn*, einer stadtbekannten Schwulenbar, einer willkürlichen Polizeirazzia mit Gewalt widersetzten. Es kam zu 3-tägigen Straßenkrawallen, in deren Verlauf der Slogan *Gay Power* geprägt und der *Christopher Street Day* etabliert wurde, unter dem sich eine immer selbstbewusster auftretende Homosexuellenbewegung versammelte. Diese ermunterte Schwule und Lesben zu einem *Coming Out* und drängte immer energischer auf deren rechtliche und soziale Gleichstellung. Doch erst nach dem Ende des Kalten Krieges wurden Homosexuelle in der Öffentlichkeit immer präsenter. Sie bekannten sich offen zu ihrer sexuellen Orientierung, lebten in gleichgeschlechtlichen Lebensgemeinschaften zusammen, und viele von ihnen hatten biologisch eigene Kinder oder adoptierten welche. Im Jahr 2012 lebten fast 220 000 Kinder unter 18 Jahren in mehr als 125 000 gleichgeschlechtlichen Lebensgemeinschaften. Gleichzeitig wurde die Gesellschaft homosexuellen Lebensformen gegenüber immer toleranter. Das lässt sich am besten daran ablesen, dass Homosexualität in Fernsehserien und Filmen, wie beispielsweise dem vielfach ausgezeichneten Neo-Western *Broke Back Mountain* (2005), breit und facettenreich vor einem Massenpublikum thematisiert wurde.

Paradoxerweise ging die steigende gesellschaftliche Toleranz für eine Vielzahl von neuen Lebensentwürfen einher mit erbitterten sozial-moralischen Debatten darüber, was denn Amerika ausmache und was der Kern amerikanischer Identität sei. Diese Debatten eskalierten zu wahren Kulturkämpfen, in denen das liberale und das konservative Amerika im Streit um Lebensstile und Grundhaltungen frontal aufeinanderprallten. Dabei sehen nicht wenige Historiker einen inneren Zusammenhang zwischen der signifikanten Intensivierung der Kulturkämpfe und dem Ende des Kalten Krieges. Weil mit dem Zusammenbruch der UdSSR und des Ostblocks der äußere Feind abhandenkam, stritten die Amerikaner nun umso intensiver untereinander über die Grundlagen amerikanischer Identität und definierten sie zunehmend in Abgrenzung von den »Feinden im Innern«. In diesen Zusammenhang passt, dass die inneren Kulturkämpfe im Zeichen des *War on Terror* vorübergehend etwas abflauten und seit dem Beginn der Wirtschafts- und Finanzkrise 2007/08 deutlich an Intensität verloren haben. Von der Bildfläche verschwunden sind sie aber nicht, zumal gerade durch die terroristischen Angriffe vom 11. September 2001 neue Frontlinien entstanden sind.

Diese Kulturkämpfe hatten viele Akteure, und sie entfalteten sich an einer bunten Vielfalt von Themen, denen im Kern eigentlich nur gemeinsam ist, dass es in ihnen viel um die Moral und die Moralität von Lebensstilen ging. Der religiöse Flügel der *New Right* wurde nach dem Ende des Kalten Krieges zu einer immer stärkeren politischen und sozial-moralischen Kraft. Die Evangelikalen prägten die öffentlichen Debatten über Ehe, Familie und Sexualität sehr stark, und das nicht zuletzt deshalb, weil sie institutionell sehr gut organisiert waren und die neuen Medien stark nutzten. Ihre Fernsehprediger erreichten mit ihren Medienunternehmen ein Millionenpublikum, vor dem sie über den angeblichen moralischen Verfall im Land wetterten und den Antichristen im Anmarsch sahen. Pat Robertsons *Christian Coalition*, Beverly LaHayes *Concerned Women for America*, Donald E. Wildmon's *American Family Association* und andere konservative Organisationen haben Millionen von Mitgliedern und noch mehr Sympathisanten. Hinzu kommt die große Zahl an Schulen, Colleges und Universitäten, die von Baptisten, Methodisten und anderen evangelikalen Gruppen getragen wurden. All diese Organisationen waren in der Öffentlichkeit überaus präsent und nutzten alle Möglichkeiten der modernen Medien- und Informationsgesellschaft nahezu perfekt aus, um ihren konservativen Positionen Gehör zu verschaffen.

Ebenso wie das konservative schuf sich auch das liberale Amerika ein eigenes Netzwerk mit Organisationen wie beispielsweise die *American Civil Liberties Union*, *Amnesty International*, den *Sierra Club* oder *Emily's List*, die eine energische Öffentlichkeits- und Mobilisierungsarbeit im Dienste liberaler Wertideen und Lebensideale betrieben. *Democracy Now* und ähnliche Nachrichtenprogramme nutzten Radio, Internet und Fernsehen, um ihre Standpunkte zu vertreten und die der Konservativen zu verdammen. Rockstars wie Bruce Springsteen oder Neil Young sowie unzählige Hollywoodschauspieler und andere Künstler bezogen klar Stellung gegen den moralischen Kreuzzug der Konservativen und das Schüren fremdenfeindlicher Ängste vor dem Islam. Der Filmemacher Michael Moore legte mit Filmen wie *Fahrenheit 9/11* oder *Bowling for Columbine* überaus kritische Diagnosen der amerikanischen Gegenwart vor. Die Countryband *Dixie Chicks* sprach sich im Frühjahr 2003 bei einem Konzert in London gegen den Irakkrieg aus und erklärte, dass sie sich dafür schäme, dass der Präsident der USA wie sie selbst aus Texas sei. Diese Bemerkung kostete sie freilich ihre Karriere, weil die meist konservative Countryszene ihnen diese als verräterisch empfundene Bemerkung nicht verzieh und die Band fortan konsequent boykottierte.

Die Kulturkämpfe hatten viele Fronten. Es ging um Schulgebete, Religion und Evolutionstheorie, um Ehe, Familie und Kindererziehung, um Sexualität vor und in der Ehe, um Promiskuität und Homosexualität, um Multikulturalismus und nationale Identität und vieles andere mehr. Abtreibung blieb ein kontroverses Thema. Zwar lehnten in der ersten Dekade des 21. Jahrhundert stets nur rund 20 Prozent aller Amerikaner Abtreibung grundsätzlich ab, während rund 55 Prozent sich für Abtreibung mit klar definierten Einschränkungen aussprachen, doch ging es deshalb um die genaue Beschreibung der Bedingungen und Voraussetzungen, unter denen eine Abtreibung legal sein sollte. In diesem Zusammenhang beschäftigte das Urteil des *Supreme Court* im Fall *Roe v. Wade* die Gerichte des Landes weiterhin. Im Jahr 1992 bekräftigte das Verfassungsgericht in seinem Urteil *Planned Parenthood v. Casey* die Grundsätze von *Roe v. Wade* und damit das Recht der Frauen auf Abtreibung, doch hob es zugleich auch das Interesse des Staates am Schutz ungeborenen Lebens hervor und befand deshalb eine restriktive Abtreibungsregelung und staatliche Vorschriften, die Abtreibungen erschwerten und Frauen dazu ermunterten, das Kind zu bekommen, durchaus für verfassungskonform, solange diese Vorschriften keine unangemessene Belastung darstellten. Selbst dieses viele Fragen offen lassende Urteil war nur unter scharfem Streit innerhalb des Richtergremiums zustande gekommen. Während fünf Richter das Urteil uneingeschränkt unterstützten, lehnte Richter Harry Blackmun das Urteil als nicht gerechtfertigte Aufweichung der von *Roe v. Wade* definierten Fristenregelung in Teilen ab und sprachen sich vier konservative Richter gegen das Urteil aus, weil sie *Roe v. Wade* an sich für grundfalsch hielten.

Ein zweiter Brennpunkt der Kulturkämpfe war Homosexualität und hier vor allem das Problem gleichgeschlechtlicher Ehen. Im Jahr 1996 unterschrieb Präsident Clinton den von einer großen Koalition aus Republikanern und moderaten Demokraten im Kongress verabschiedeten *Defense of Marriage Act*, mit dem nur legalisierte heterosexuelle Partnerschaften als Ehe anerkannt wurden. Seit 2002 diskutiert der Kongress über einen Zusatz zur Verfassung, der allein heterosexuelle Lebensgemeinschaften als Ehe definiert. Dieser Vorschlag, der bis heute keine Mehrheit gefunden hat, wurde von Präsident Bush im Wahlkampf 2004 vorbehaltlos unterstützt. Daraufhin drängten Schwule und Lesben umso energischer auf die legale Verankerung gleichgeschlechtlicher Ehen und beriefen sich dabei oft auf den 14. Verfassungszusatz, der jegliche staatliche Beschneidung der Bürgerrechte verbietet und allen amerikanischen Staatsbürgern den gleichen Rechtsschutz garantiert. Wie so oft in der US-amerikanischen Geschichte begann die Liberalisierung auf der Ebene der Einzelstaaten. Am 18. November 2003 erklärte das Oberste Gericht von Massachusetts mit seinem Urteil *Goodridge v. Department of Public Health* die Beschränkung der Ehe auf heterosexuelle Partnerschaften für nicht vereinbar mit der Verfassung des Bundesstaates. Nur einige Wochen später wies der neugewählte Bürgermeister von San Francisco seine Verwaltung an, Heiratsurkunden auch für homosexuelle Paare auszustellen. In der Folge ließen sich rund 4000 schwule und lesbische Paare trauen, doch stoppte das Oberste Gericht von Kalifornien schon am 11. März 2004 alle weiteren Trauungen und erklärte die bereits ausgestellten Trauscheine am 12. August 2004 für ungültig. Allerdings ging der juristische Kampf weiter und im Mai 2008 legalisierte das Oberste Gericht Kaliforniens mit *In re Marriage Cases* gleichgeschlechtliche Ehen. Daraufhin organisierten die Gegner einen Volksentscheid, der gleichgeschlechtliche Ehen in Kalifornien verbieten sollte. Eine Mehrheit von 52 Prozent der Kalifornier stimmte für die berühmte *Proposition 8*, 48 Prozent dagegen. Doch auch das war noch nicht das Ende des juristischen Tauziehens, in dem es nun darum ging, *Proposition 8* zurückzunehmen. Nach einem langen Marsch durch alle Instanzen erklärte der *Supreme Court* der USA *Proposition 8* am 26. März 2013 für nicht verfassungskonform. Der Streit geht weiter, es ist nicht klar, wohin die Reise geht, und wohl auch deshalb hat Präsident Obama nach langem Zögern erst ganz am Ende seiner ersten Amtszeit klar Stellung für die Gleichberechtigung von Schwulen und Lesben bezogen.

Ein weiteres Schlachtfeld der Kulturkämpfe, die die USA seit dem Ende des Kalten Krieges in Atem halten, ist die Interpretation und Deutung der US-amerikanischen Geschichte. Hier entfalteten sich die Kontroversen zu einem Gutteil aus der Kritik an Geschichtserzählungen, die die Geschichte der USA als Geschichte der kontinuierlichen Ausbreitung freiheitlich-demokratischer Grundwerte und als ungebrochene angelsächsisch-europäische Erfolgsgeschichte im Zeichen der WASP-Ideologie darstellten. Die Bürgerrechtsrevolution der 1960/70er Jahre hatte nicht nur zu einer Vermehrung der Akteure in der amerikanischen Geschichte geführt, sondern auch die Geschichten, die man über Amerika erzählen konnte, vervielfältigt. An die Stelle einer Geschichtsinterpretation traten viele verschiedene, und die ließen sich zunehmend weniger unter einen Hut bringen. Die *African Americans,* die *Asian Americans,* die *Hispanics,* die *Native Americans* und andere Minderheiten – sie alle wollten »ihre« amerikanische Geschichte erzählen, die nicht notwendigerweise die der Amerikaner mit angelsächsisch-europäischem Migrationshintergrund war. Das führte zu einer massiven Kritik und allmählichen Dekonstruktion der lange Zeit dominanten Geschichtsdeutung eines *American Exceptionalism,* die die Geschichte der USA als Geschichte eines Ausnahme-Experiments in Freiheit und Demokratie zum Wohl der gesamten Menschheit gefasst hatte. Die vielstimmige Kritik am *American Exceptionalism* rückte die sozialen, ökologischen und sonstigen Kosten der amerikanischen Expansion in den Vordergrund, betonte die ganz unterschiedlichen Erfahrungen, die der Handel und Wandel der USA für andere Völker und Länder bereithielt.

Medienrevolution

Dass die Kulturkämpfe nach dem Ende des Kalten Krieges eine solche Intensität entfalten konnten, hatte auch etwas mit der durch Computer und Internet radikal veränderten Medien- und Kommunikationswelt zu tun. Zwar war die Computertechnologie bereits deutlich vor dem Ende des Kalten Krieges entwickelt und zur Marktreife gebracht worden, doch erst nach dem Ende des Kalten Krieges drang sie mit PCs und Laptops, MP3-Playern und Handys, dem Internet und Smartphones auf breiter Front in das Alltagsleben der Amerikaner ein. In diesem Zusammenhang ist es wichtig zu betonen, dass die Elektronik- und Computertechnologie nicht allein in den USA entwickelt wurde, sondern das Ergebnis einer internationalen wissenschaftlichen Zusammenarbeit innerhalb der westlichen Welt darstellt. Spezifisch amerikanisch ist jedoch die unternehmerische Findigkeit, mit der die ursprünglich zu militärischen Zwecken entwickelten Computer in zivile Nutzung überführt und profitorientiert vermarktet wurden. Spezifisch amerikanisch ist ferner die Bereitschaft der Konsumenten, diese neuen Technologien auch zu kaufen und sie in vielfältigen Zusammenhängen im Alltag zu verwenden. Hier kommt beispielsweise die historische Leistung von Unternehmern wie Bill Gates oder Steve Jobs ins Spiel. Deren Beiträge zur innovativen Verbesserung der Computertechnologie sind eher überschaubar, doch ihre Verdienste um deren Verbreitung in die Haushalte sind kaum zu überschätzen. Auch die Anfänge des Internets fallen in die Zeit des Zweiten Weltkrieges, und im Folgenden griffen die Innovationen auf dem Feld der Mikroelektronik, der Computertechnologie und der Telekommunikation ineinander, um das System miteinander kommunizierender Computer zu entwickeln, das in den 1990er Jahren Marktreife erlangte. Im Jahr 1993 stellte Tim Berners-Lee den ersten Webserver, den von ihm entwickelten Browser-Editor *World Wide Web* sowie die von ihm geschriebenen *Hypertext Transfer Protocol* (http), *Hypertext Markup Language* (html) und *Universal Resource Locator* (URL) vor. Im gleichen Jahr vollendete Marc Andreessen seine *Mosaic* Software, die es ermöglichte, Bilder und andere graphische Elemente in ein Netz hochzuladen, das bis dahin rein textbasiert war. Im Jahr 1994 ging Andreessen mit dem Internetbrowser *Netscape* an den Start und löste damit den Internetboom aus, der bis heute anhält.

Umweltzerstörung und Umweltschutz

Zu einem Problem von besonderer Sprengkraft hat sich seit dem Ende des Kalten Krieges die sich im Zuge der Globalisierung verstärkt fortsetzende Umweltzerstörung entwickelt. Bei deren Bekämpfung kommt den USA als größter Industriewirtschaft und größtem Energieverschwender der Erde – hier verbrauchen 5 Prozent der Weltbevölkerung 25 Prozent des Weltenergiebedarfs – eine zentrale Rolle zu. Allerdings haben sie sie nur unzureichend gespielt. Präsident Clinton sprach sich in den 1990er Jahren sehr für einen verstärkten, auf Nachhaltigkeit zielenden und staatlich gelenkten Umweltschutz aus, doch war die Umweltbilanz seiner Präsidentschaft eher durchwachsen, weil er im Zweifelsfall stets wirtschaftlichen Interessen Vorrang gab. Vor allem deshalb beteiligten sich die USA in den 1990er Jahren nicht an den internationalen Bemühungen zur Reduktion der Schadstoffemission. Zwar unterzeichnete Clinton trotz großer Bedenken das Protokoll der 1997 im japanischen Kyoto tagenden UN-Klimaschutzkonferenz, doch legte er es anschließend dem Senat nicht zur Ratifizierung vor. Im Vergleich dazu war Clintons Vizepräsident Al Gore ein ausgesprochener Verfechter des Umweltschutzes, der 1992 in seinem vielgelesenen Buch *Earth in Balance* sein ökologisches Kredo ablegte und sich energisch für verstärkte staatliche Aktivität zum Schutz von Klima und Umwelt aussprach, dann aber im Jahr 2000 unter äußerst umstrittenen Umständen (vgl. S. 331 f.) nicht zum Präsidenten gewählt wurde. Unter Präsident George W. Bush rückte der Umweltschutz noch weiter an den Rand der Agenda und wurde einer wachstumsorientierten Wirtschaftspolitik untergeordnet. Umweltauflagen für die Öl-, Holz-, Bergbau und Stromindustrien wurden im Zeichen einer wirtschaftlichen Wachstumspolitik gelockert, steuerliche Anreize zum Ausbau der Kohle-, Gas- und Ölförderung sowie auch der Kernenergie gegeben. Eine energische und nachhaltige bundesstaatliche Umweltpolitik lehnte die Bush-Regierung ab; sie setzte stattdessen auf das Prinzip der Freiwilligkeit und lokale Initiativen. Laufende Bemühungen der *Environmental Protection Agency* (EPA) zur Reduzierung des Schadstoffausstoßes von Kraftwerken setzte der Präsident aus. Auch wurde in den USA unter Präsident Bush verstärkt Erdgas mittels des ökologisch hochgradig problematischen Fracking-Verfahren gefördert. Die Existenz des Treibhauseffekts wurde regierungsamtlich verneint oder in seiner Bedeutung heruntergespielt. Das Kyoto-Protokoll verwarf Bush rundheraus, ebenso das 2001 in Bonn im Lichte amerikanischer Kritik modifizierte Klimaschutzprotokoll.

3   Innenpolitik

Angesichts der großen außenpolitischen Erfolge von Präsident Bush senior und der Hegemonie konservativer Grundwerte am Ende des Kalten Krieges, mag es überraschen, dass 1992 mit Bill Clinton der erste Demokrat seit 1980 ins Weiße Haus gewählt wurde. Clinton, der damals Gouverneur von Arkansas und alles andere als ein Schwergewicht in der Demokratischen Partei war, hatte seinen gesamten Wahlkampf auf die Innenpolitik und vor allem die wirtschaftliche Situation ausgerichtet. Er hatte staatliche Programme zur Förderung des wirtschaftlichen Wachstums und neuer Technologien versprochen, eine Reform des Wohlfahrtsstaates gefordert, ein nationales Krankenversicherungssystem in Aussicht gestellt und sich zu einem stärkeren Engagement im Umweltschutz verpflichtet. Damit war es ihm gelungen, viele der einstmals von der Partei enttäuschten *Reagan Democrats* aus der Arbeiter- und der Mittelklasse wieder in das Lager der Demokraten zu locken. Clinton gewann 43 Prozent der amerikanischen Wähler für sich, während nur 38 Prozent für Amtsinhaber George Bush senior stimmten; im Wahlmännergremium war das Stimmenverhältnis 370 zu 168 für Clinton. Ein klarer Sieg für die Demokraten also, doch einen politischen Phasenwechsel bedeutete die Wahl Clintons nicht. Unter ihm rückte Amerika nicht »nach links«, blieb die Hegemonie des konservativen Staats- und Politikverständnisses ungebrochen, schritt die politische Polarisierung im Land rasant voran und wurde der sozial-moralische Graben zwischen dem liberalen und dem konservativen Amerika noch tiefer.

Das hat vor allem damit zu tun, dass die Wahl Clintons weniger das Ergebnis der Stärke der Demokraten als vielmehr vorübergehender republikanischer Schwäche war. So erfolgreich die Außenpolitik von Präsident Bush senior gewesen war, so durchwachsen war seine innenpolitische Bilanz. Die Jahre 1990/91 erlebten eine scharfe wirtschaftliche Rezession und die Staatsverschuldung erreichte beispiellose Höhen. Das war neben den weiterhin hohen Ausgaben für Verteidigung auch ein Ergebnis der explodierenden Kosten für *Medicare* und *Medicaid* sowie der oben schon erläuterten Sparkassenkrise (vgl. S. 312). Angesichts der steigenden Staatsverschuldung, stimmte Präsident Bush, dessen einzige innenpolitische Aussage im Wahlkampf von 1988 *Read my Lips – No New Taxes* gewesen war, Steuererhöhungen zu. Das war aber nur der spektakulärste Kurswechsel seiner insgesamt unentschlossenen Innenpolitik.

Hinzu kam, dass Präsident Bush senior in der Republikanischen Partei, die immer stärker von konservativen, oft evangelikal gestimmten Radikalen dominiert wurde, nicht allzu beliebt war. Vielen der konservativen Ideologen war er zu moderat, zu pragmatisch, und darüber hinaus bemühte er sich nicht wirklich um die religiöse Rechte. Im Präsidentschaftswahlkampf brachte ihm die eigene Partei folglich nur lauwarme Unterstützung entgegen, und das obwohl Bush an zwei Fronten zu kämpfen gezwungen war. Mit dem Milliardär Ross Perot bemühte sich nämlich ein unabhängiger dritter Kandidat um die amerikanische Präsidentschaft und erhielt sensationelle 19 Prozent der Stimmen, die sonst wohl überwiegend den Republikanern zu Gute gekommen wären.

Mit der Wahl Clintons vollzog sich ein Generationswechsel in der amerikanischen Politik. Der 1946 geborene Clinton war der erste *Baby Boomer* im Weißen Haus. Er hatte den Zweiten Weltkrieg nicht mehr erlebt, hatte sich in den 1960er Jahren der Wehrpflicht und damit dem Krieg in Vietnam entzogen und war in vieler Hinsicht ein Kind der liberalen 1960er: narzisstisch, hedonistisch, drogenerfahren und der freien Liebe gegenüber durchaus aufgeschlossen. Clintons Persönlichkeit, Charakter und politische Grundhaltung waren sowohl Konservativen als auch linken Demokraten höchst suspekt. Für die Konservativen war er ein *Slick Willie*, ein opportunistischer Lügner, der jedem alles versprach, weil er von allen geliebt werden wollte, und dabei tatsächlich aber ein liberaler Wolf im moderaten Schafspelz war. Die *New-Deal*-Liberalen hingegen sahen in ihm einen pragmatischen Beschwichtiger, der sich den republikanischen Kritikern des

Wohlfahrtsstaates in den Schoß warf und zentrale Grundpositionen des Liberalismus preisgab.

Clinton war tatsächlich ein moderater, ein »neuer Demokrat«, dem der alte *New-Deal*-Liberalismus fremd war, der aber zugleich versuchte, die liberale Agenda an das neue konservativ geprägte Amerika anzupassen. Letztlich versuchte er das an Liberalismus umzusetzen, was in den 1990er Jahren noch möglich war. In den ersten zwei Jahren seiner Amtszeit setzte er schärfere Waffengesetze, Bildungskredite für studierwillige Amerikaner und bundesstaatliche Hilfen zur Verbesserung des öffentlichen Schulwesens durch. Auch verfolgte er eine liberale Geschlechterpolitik, berief viele Frauen in führende Positionen seiner Regierung und setzte sich für die Akzeptanz von Homosexuellen in der Armee ein. Das zentrale Projekt seiner ersten Amtszeit war jedoch das eines nationalen Krankenversicherungssystems. Keine Woche nach seiner Inauguration setzte er eine Expertengruppe ein, die einen Entwurf für ein solches System ausarbeiten sollte. Diese Arbeitsgruppe, die unabhängig von den Gremien des Kongresses beriet, wurde von seiner Frau Hillary Clinton geleitet. Das war das erste Mal, dass eine *First Lady* sichtbaren und direkten Einfluss auf die Gestaltung der nationalen Politik bekam. Das war nicht nur verfassungsrechtlich problematisch; eine politisch derart aktive *First Lady* stellte auch die geschlechtsspezifische Rollenverteilung im Weißen Haus – der Bastion traditioneller Familienideale schlechthin – radikal in Frage. Im September 1993 legte die Expertengruppe ihren 1300-seitigen, sehr sperrigen Vorschlag für ein nationales Krankenversicherungssystem vor. Dieser stieß umgehend auf massive Kritik, vieles davon berechtigt, vieles war aber auch ideologiegetriebene konservative Demagogie. Politische Mehrheiten für das Projekt waren nicht in Sicht, so dass Clinton den Vorschlag im September 1994 zurückzog, noch bevor er überhaupt im Kongress diskutiert worden war.

Nun holten die Republikaner zum großen Schlag gegen Clinton und die Demokraten aus. Im September 1994 unterzeichneten der spätere Sprecher des Repräsentantenhauses Newt Gingrich und rund 300 andere republikanische Kongressabgeordnete in einer öffentlichkeitswirksamen Zeremonie auf den Stufen des Kapitols den *Contract with America*, mit dem sie sich verpflichteten, sich für Steuersenkungen und härtere Strafgesetze einzusetzen, gegen Pornographie vorzugehen, die Verpflichtung zu einem ausgeglichenen Haushalt in der Verfassung zu verankern und teure wohlfahrtsstaatliche Programme abzuschaffen. Ungeachtet dieser entschieden konservativen Agenda, waren die Verfasser dieses neokonservativen Grundsatzdokumentes sehr darauf bedacht, bei den kontroversesten Themen wie Abtreibung, Familien- und Geschlechterpolitik oder Schulgebete nicht allzu klar Stellung zu beziehen, um die moderaten Republikaner und Wechselwähler nicht vor den Kopf zu stoßen. Dennoch landeten die Republikaner mit ihrem *Contract with America* bei den Zwischenwahlen im November 1994 einen triumphalen Sieg, der ihnen erstmals seit 1954 die Kontrolle über beide Häuser des Kongresses einbrachte. Diese Wahlen bedeuteten eine scharfe Wendung nach rechts, doch Clinton hielt geschickt die Mitte, indem er sich einige der populärsten Forderungen der Konservativen zu Eigen machte, insbesondere die nach Senkung der Staatsausgaben, Ausgleich des Haushaltes und Reform des Wohlfahrtsstaates. Diese Agenda war ganz auf die Mittelklassen zugeschnitten; die Sorge um das Wohlergehen der Armen und der unteren sozialen Schichten – ein klassisches Thema des *New-Deal*-Liberalismus – geriet darüber ganz aus dem Blickfeld. Das trug einerseits zu Clintons Image als opportunistischem Wendehals bei, doch schaffte er mit diesem flexiblen Kurs und dem Wahlslogan *It's the economy, stupid* andererseits eines der erstaunlichsten Comebacks in der Geschichte der amerikanischen Präsidentschaft: Im Jahr 1996 wurde er mit 49 Prozent der Stimmen im Amt bestätigt. Sein Konkurrent Bob Dole erhielt nur 41 Prozent der Stimmen; im Wahlmännergremium lagen die Mehrheitsverhältnisse bei 379 zu 159.

Fragt man nach den Gründen für diese überzeugende Wiederwahl, so ist zunächst darauf hinzuweisen, dass der moderate Republikaner Bob Dole, der bis dahin Senator für Kansas gewesen war, ein insgesamt schwacher Kandidat war. Auch trat Ross Perot abermals als unabhängiger Bewerber an und nahm Dole die 8 Millionen Stimmen weg, die ihm am Ende zum Sieg über Clinton fehlten. Das allein erklärt Clintons Erfolg freilich nicht. Vielmehr hatte er mit seiner Außenpolitik Punkte gemacht, und auch die gute Wirtschaftslage spielte bei seiner Wiederwahl eine wichtige Rolle. Vor allem aber hatte er 1995 im Haushaltsstreit mit den Republikanern Flagge gezeigt und dadurch Führungsstärke bewiesen. In jenem Jahr legte der von den Republikanern dominierte Kongress einen Haushalt vor, der zum Generalangriff auf den Wohlfahrtsstaat blies. Die teuersten, aber zugleich auch populärsten Programme *Medicare* und *Medicaid* sollten massiv gekürzt und die Zuständigkeit für sie von der Bundesebene in die Einzelstaaten verlagert werden. Auch waren tiefe Einschnitte bei den Sozialleistungen für die Ärmsten geplant, und das kostspielige *Aid to Families with Dependent Children* sollte ganz eingestellt werden. In dieser Situation schlug Präsident Clinton zurück, verweigerte die Unterschrift unter den Haushaltsentwurf und nahm darüber einen höchst öffentlichkeitswirksamen *Government Shut-Down* billigend in Kauf. In Ermangelung eines gültigen Haushaltes wurden alle Bundesbehörden und öffentlichen Einrichtungen, darunter Nationalparks, Museen und Büchereien, zunächst für sechs Tage, dann sogar für drei Wochen geschlossen. Genüsslich wies Clinton den Republikanern die Schuld an dem Desaster zu, von dem viele Bürger betroffen waren, und zwang sie am Ende zu einem Haushalt, der nicht ganz so tief in das wohlfahrtsstaatliche Netz einschnitt. Damit ging Clinton als Sieger aus dem Haushaltsstreit hervor; er hatte sich zum Anwalt der Mittelklasse gemacht und den Republikanern den schwarzen Peter zugeschoben.

Lange konnte sich der strahlend wiedergewählte Clinton jedoch nicht seines Sieges erfreuen, denn seine zweite Amtszeit stand ganz im Schatten des Lewinsky-Skandals, der zum Amtsenthebungsverfahren gegen den Präsidenten führte, obwohl die Verfehlungen Clintons nicht auch nur annähernd die kriminellen Dimensionen von Watergate oder der Iran-Contra-Affäre erreichten. Außereheliche Sexaffären ziehen sich wie ein roter Faden durch die berufliche und politische Karriere Bill Clintons. Schon viele Frauen hatten öffentlich behauptet, intimen Verkehr mit ihm gehabt zu haben, doch so richtig ernst wurde es für ihn, als Paula Jones, seine ehemalige Mitarbeiterin während seiner Zeit als Gouverneur von Arkansas, ihn im Mai 1994 beim zuständigen Bundesgericht wegen sexueller Belästigung verklagte. Im Verlauf des 4-jährigen Gerichtsverfahrens wurden auch Gerüchte über eine außereheliche Affäre mit Monica Lewinsky ruchbar, die 1995 Praktikantin im Weißen Haus gewesen war. Unter Eid wiesen sowohl Clinton als auch

Lewinsky diese Vorwürfe gegenüber dem Gericht als haltlos zurück. Allerdings erzählte Lewinsky ihrer Freundin Linda Tripp alles über die insgesamt neun sexuellen Begegnungen mit dem Präsidenten, die sich ihrer Aussage nach zwischen November 1995 und März 1997 ereignet hatten. Tripp zeichnete diese Gespräche auf und leitete die Bänder an Kenneth Starr weiter, der als vom Kongress eingesetzter *Unabhängiger Ermittler* seit 1994 die Korruptionsvorwürfe gegen Bill und Hillary Clinton im Zusammenhang mit dem gescheiterten Whitewater-Immobilien-Investitionsprojekt in Arkansas untersuchte. Obwohl er damit seinen Untersuchungsauftrag weit überdehnte, ließ Starr das FBI weitere Beweise gegen Clinton sammeln, und es dauerte nicht lange, bis die Affäre öffentlich wurde. Am 21. Januar 1998 berichtete die *Washington Post* über einen Sexskandal im Weißen Haus, am 26. Januar 1998 wies Clinton mit seiner Frau Hillary an der Seite im Fernsehen alle Vorwürfe energisch zurück. Damit kam der Stein ins Rollen. Bis zum Sommer war Clintons Sexleben in den Schlagzeilen, diskutierte die erregte Öffentlichkeit hitzig, ob der Präsident gelogen, vor Gericht einen Meineid geschworen und Lewinsky dazu gezwungen hatte, selbiges zu tun. Kenneth Starr ermittelte unverdrossen weiter. Am 28. Juli gab Lewinsky vor einer Grand Jury zu, mit Clinton Oralsex gehabt zu haben, und überreichte den Ermittlern ein mit dem Sperma des Präsidenten beflecktes, blaues Kleid. Am 17. August gestand dann auch Clinton eine »unziemliche körperliche Beziehung« zu Lewinsky ein, warf seinen Gegnern aber zugleich eine politisch motivierte Hetzkampagne gegen seine Person vor.

Im September übergab Starr dem Repräsentantenhaus seinen Bericht, in dem er die Einleitung eines Amtsenthebungsverfahrens gegen den Präsidenten wegen Meineids, Anstiftung zum Meineid und Strafvereitelung empfahl. Daraufhin leitete der Kongress auch mit Stimmen einiger entsetzter Demokraten das *Impeachment* gegen Clinton ein, das am 7. Januar 1999 unter Vorsitz des Obersten Bundesrichters William H. Rehnquist im Senat begann. Es dauerte bis zum 12. Februar und endete mit einem Freispruch, weil die erforderliche Zweidrittelmehrheit für die Anklagepunkte nicht zustande kam. Die Mehrheit der Amerikaner fand das Verfahren gegen den weiterhin populären Präsidenten ohnehin als unverhältnismäßig. Clinton blieb im Amt, war aber fortan eine *Lame Duck,* eine lahme Ente. Er konnte nicht länger gestaltend in die Politik eingreifen und war darüber hinaus moralisch diskreditiert.

Im Präsidentschaftswahlkampf des Jahres 2000 traten der amtierende Vizepräsident Al Gore und der Republikaner George W. Bush, Gouverneur von Texas und Sohn des 41. Präsidenten, gegeneinander an. Der sich betont anti-intellektuell gebende und als nette Plaudertasche von nebenan auftretende Bush war der Kandidat der Wirtschaft, der konservativen Mittelklasse und der religiösen Rechten, während der Demokrat Gore, der oft als intellektuell hochmütig erschien und sich angestrengt von Präsident Clinton distanzierte, von der liberalen Mittelklasse, den *African Americans*, Feministinnen, Gewerkschaften und Umweltaktivisten unterstützt wurde. Die *Hispanics* blieben zwischen den Lagern gespalten. In dem zunehmend polarisierten Amerika kämpften beide Kandidaten erbittert um die moderate Mitte und mussten zugleich darauf achten, die Kernklientel ihres jeweiligen Lagers nicht zu entfremden. Das glich der Quadratur des Kreises, und entsprechend knapp war das Kopf-an-Kopf-Rennen, an dessen Ende Gore sogar über 500 000 Stimmen mehr als Bush bekommen hatte und dennoch nicht amerikanischer Präsident wurde, weil sein Konkurrent Bush per Gerichtsbeschluss die Mehrheit im Wahlmännergremium zugesprochen bekam.

Der Ausgang der Wahl wurde in Florida entschieden, dessen Staatsregierung von Gouverneur Jeb Bush, dem Bruder des Präsidentschaftskandidaten, geführt wurde. Dort hatte George W. Bush nach Auszählung der Stimmen einen hauchdünnen Vorsprung von einigen hundert Stimmen. Allerdings hatten antiquierte Wahlmaschinen in einigen Wahllokalen dazu geführt, dass Stimmzettel teilweise nur unzureichend eingestanzt worden waren und der Wählerwille deshalb nicht eindeutig erkennbar war. In anderen Wahlbezirken waren die Stimmzettel so irreführend gestaltet worden, dass Hunderte von Gore-Anhängern versehentlich einen anderen Kandidaten gewählt hatten. Angesichts des knappen Ergebnisses ordnete das Oberste Gericht des Staates Florida eine Neuauszählung der Stimmen per Hand an, wogegen das Bush-Lager beim *Supreme Court* der USA Widerspruch einlegte. Entgegen aller Gepflogenheiten und Rechtstraditionen nahm das Verfassungsgericht die Klage an und begann den Fall zu beraten. Dann jedoch erklärte Katherine Harris, *Secretary of State* der Regierung Floridas, ungeachtet des schwebenden Gerichtsverfahrens und der laufenden Neuauszählung George W. Bush am 26. November zum Wahlsieger. Nach einigem juristischen Tauziehen ordnete der *Supreme Court* am 12. Dezember mit fünf zu vier Stimmen den Abbruch der Handauszählung in Florida an und machte Bush damit zum Wahlsieger in Florida. Tags darauf gestand Gore seine Niederlage ein. Nicht die Wähler, sondern die Gerichte und eine mit Bush familiär und auch sonst eng verbandelte Staatsregierung von Florida hatten den 43. Präsidenten der USA bestimmt. Die Nation war gespalten; und der neue Präsident Bush tat nichts, um diese Spaltung zu überwinden, sondern trieb mit einer ideologisch aufgeladenen, konservativen Agenda die politische Polarisierung im Land weiter voran.

Im Wahlkampf hatte Bush Steuersenkungen, weitere Deregulierungen und andere Maßnahmen zur Ankurbelung des wirtschaftlichen Wachstums gefordert. Außerdem hatte er, der in jungen Jahren Alkoholiker gewesen und dann zum wiedergeborenen Christen geworden war, in Familien- und Geschlechterfragen entschieden konservative Positionen bezogen. In den ersten Monaten seiner Amtszeit machte er sich auch gleich daran, diese Wahlversprechen umzusetzen, doch dann ließen die terroristischen Angriffe vom 11. September 2001 Fragen der inneren Sicherheit ins Zentrum der Innenpolitik rücken. Dabei wurde der für die amerikanische Demokratie klassische Konflikt zwischen Ordnungsverlangen und Freiheitsstreben sehr deutlich, denn der Kampf gegen den Terror im Innern konzentrierte sehr viel Macht in den Händen der Bundesregierung und gab ihr weit reichende Befugnisse zur Beschneidung der Bürgerrechte. Am 25. Oktober 2001 beschloss der Kongress mit dem *Patriot Act* ein umfassendes Anti-Terrorgesetz, das den Begriff »Terrorismus« auch auf inneren Terrorismus erweiterte und der Exekutive fast schon einen Blankoscheck zur Bekämpfung tatsächlicher und vermeintlicher Feinde im eigenen Land gab. Die gesetzlichen Bestimmungen für die Überwachung von Telefon- und E-Mailverkehr wurden stark gelockert, die Befugnisse des Finanzministeriums zu Eingriffen in den internationalen Zahlungsverkehr wurden ebenso erweitert wie die Befugnisse von Polizei und Einwanderungsbehörde, verdächtige Einwanderer festzuhalten und abzuschieben. Auf dieser Grundlage gestaltete die Bush-Regierung den Behördenapparat um, um die innere Überwachung effizienter organisieren zu können. Am 19. November 2001 wurde die mit Polizeibefugnissen ausgestattete *Transportation Security Administration* geschaffen, die die öffentliche Sicherheit auf Highways, Eisenbahnstrecken, Häfen und Flughäfen garantieren sollte und vor allem die Passagierkontrollen auf Flughäfen massiv verstärkte. Dieser Prozess kam im Jahr 2002 mit der Bildung des *Department of Homeland Security*, einer neuen Superbehörde, die verschiedene, mit Katastrophenschutz, öffentlicher Ordnung und innerer Sicherheit befasste Ämter und Dienststellen zusammenfasste, zu einem gewissen Abschluss. Auch wurden die insgesamt 15 verschiedenen amerikanischen Geheimdienste restrukturiert, um die Zusammenarbeit zwischen ihnen zu optimieren. Mit einer geheimen Verfügung ermächtigte Präsident Bush die *National Security Administration* bereits im Jahr 2002 dazu, den E-Mail- und Telefonverkehr ins Ausland ohne gerichtliche Verfügung abzuhören. Waren die Amerikaner unmittelbar nach den Anschlägen vom 11. September durchaus bereit, diese Einschränkung der Grundrechte zu Gunsten der inneren Sicherheit zu akzeptieren, so regte sich im weiteren Verlauf der Entwicklung eine immer lauter werdende Kritik an der von paranoiden Ängsten getriebenen Sicherheitspolitik der Bush-Regierung.

Die überragende Bedeutung der inneren Sicherheit für die Innenpolitik sollte freilich nicht den Blick dafür verstellen, dass Präsident Bush über seine zwei Amtszeiten eine radikal konservative innenpolitische Agenda verfolgte. Bereits im Mai 2001 brachte er die größte Steuersenkung in der Geschichte der USA durch den Kongress. Das Gesetz sah eine über zehn Jahre gestreckte Senkung der Einkommens- und anderer Steuern in Höhe von 1,3 Billionen Dollar vor, die vor allem den Wohlhabenden zu Gute kam. Diese Maßnahme zehrte den von der Clinton-Regierung übernommenen Haushaltsüberschuss rasch wieder auf und ließ die Staatsverschuldung seit 2002 wieder steigen. Im Feld der Sozial-, Familien- und Geschlechterpolitik setzte Präsident Bush eine breite Palette von Maßnahmen durch, die ganz im Sinne der evangelikal-fundamentalistischen religiösen Rechten waren. Über das neu geschaffene *Office of Faith-Based and Community Initiatives* wurden Bundesmittel an kirchlich getragene soziale Initiativen verteilt. Auf diesem Weg kamen evangelikale Organisationen, die gegen Abtreibung oder für sexuelle Enthaltsamkeit bei Teenagern agitierten oder Gefängnisseelsorge und Straßenarbeit betrieben, in den Genuss von Steuergeldern. Auch schränkte der Präsident die Stammzellenforschung ein und sprach sich 2004 für einen Zusatz zur Bundesverfassung aus, der gleichgeschlechtliche Ehen verboten hätte (vgl. S. 325).

In der Bildungs- und Gesundheitspolitik ging die Bush-Regierung ungeachtet ihres Bekenntnisses zu einem möglichst schwachen Staat in die Offensive und zeigte sich zu durchaus aktiven und kostspieligen Maßnahmen bereit. Im Jahr 2001 beschloss der Kongress die *No-Child-Left-Behind*-Initiative, die nationale Bildungsstandards in den Schulfächern Mathematik und Lesen einführte, dafür Bundesmittel zur Verbesserung des Niveaus an öffentlichen Schulen bereitstellte, aber zugleich denjenigen Schulen mit finanziellen Sanktionen drohte, die die vorgegebenen Standards nicht erreichten. Im Gesundheitswesen initiierte die Bush-Regierung im Jahr 2003 den *Medicare Prescription Drug, Improvement, and Modernization Act*, der das von Präsident Johnson eingeführte Krankenversicherungssystem für Senioren grundlegend reformierte. Dabei wurde die

Anspruchsberechtigung so erweitert, dass verschreibungspflichtige Medikamente unabhängig vom Einkommen der Versicherten zum Großteil von *Medicare* bezahlt wurden. Das kam nicht nur den Senioren zu Gute, sondern auch der Pharmaindustrie, machte aber das ohnehin schon teure *Medicare*-Programm noch teurer.

Als sich Präsident Bush 2004 um die Wiederwahl bewarb, war seine Bilanz höchst gemischt. Die Situation im Irak war desaströs, die in Afghanistan instabil. Die scharfen Maßnahmen der inneren Sicherheitspolitik stießen in der amerikanischen Bevölkerung auf zunehmende Kritik, die Bevölkerung selbst war in zwei Lager gespalten, die mit dem Rücken zueinander standen. Der kurze Moment nationaler Einheit nach den terroristischen Attacken vom 11. September war längst verflogen. In dieser Situation nominierte die Demokratische Partei John Kerry als ihren Präsidentschaftskandidaten, der Bush Irreführung der Bevölkerung beim Irakkrieg vorwarf, Teile des *Patriot Act* als Verletzung der Grundrechte kritisierte, strengere Umweltschutzgesetze forderte, sich gegen die Todesstrafe, für schärfere Waffengesetze und für eine liberale Abtreibungspraxis aussprach. Demgegenüber verteidigte der Amtsinhaber den Irakkrieg und *Patriot Act*, verwies darauf, dass Kerry im Kongress für beides gestimmt hatte, sprach sich gegen schärfere Waffengesetze und für die Todesstrafe aus, und er bezog darüber hinaus entschieden konservative Positionen in der Ehe-, Familien- und Geschlechterpolitik. Das reichte, um mit hauchdünnem Vorsprung im Amt bestätigt zu werden. 50,7 Prozent der Stimmen entfielen auf Präsident Bush, 48,3 Prozent auf Kerry; im Wahlmännergremium stand es 286 zu 251.

In seiner zweiten Amtszeit geriet Präsident Bush in schwere Fahrwasser. Das Vertrauen in ihn verfiel so rasant, dass im Jahr 2008 nur noch rund 25 Prozent aller Amerikaner mit seiner Amtsführung zufrieden waren. Noch nie war ein Präsident so unbeliebt gewesen. Im August 2005 versetzte dann ein Sturm dem Ansehen und der Autorität der Bush-Regierung einen weiteren Schlag: *Hurricane Katrina* verwüstete die Küstengebiete der am Golf von Mexiko gelegenen Bundesstaaten Alabama, Mississippi und Louisiana. Am schwersten betroffen war die Stadt New Orleans, die zum großen Teil unter dem Meeresspiegel liegt. Dort brachen die Dämme, die Stadt wurde überflutet und in weiten Teilen unbewohnbar. Als sei das nicht bereits schlimm genug, so vergrößerte die unzureichende und chaotische Arbeit der Behörden den von der Natur angerichteten Schaden. Es gab nicht genügend Busse, Notfallrationen und Notunterkünfte, die Rettungs- und Sicherheitskräfte waren überfordert, die Behörden ergingen sich in Zuständigkeits- und Kompetenzgerangel. Das war nicht zuletzt auch Ergebnis der Tatsache, dass die Katastrophenschutzbehörde FEMA 2003 im *Department of Homeland Security* aufgegangen und ganz in den Dienst der Terrorbekämpfung gestellt worden war, so dass nun Notfallpläne für Naturkatastrophen veraltet und Zuständigkeiten nicht mehr klar waren. Als die Bundesmittel dann endlich flossen, kam es in großem Ausmaß zu Korruption, die viel Geld in dunklen Kanälen versickern ließ. In all dem Chaos zeigte Präsident Bush nur wenig Anteilnahme. Widerwillig unterbrach er seinen Urlaub und schaute sich die Katastrophe aus der Luft an, ohne zu den Menschen vor Ort zu sprechen. Das ließ nicht nur Vorwürfe von administrativer Inkompetenz laut werden; vielmehr wurde dem Präsidenten auch latenter Rassismus unterstellt, weil die am stärksten betroffenen Teile von New Orleans und der Golfküste überwiegend von *African Americans* der Unterschichten bewohnt waren, die der Präsident ohnehin nicht zu seiner Wählerklientel zählte.

In fiskalischer Hinsicht führte die Politik von Präsident Bush zu ständig steigender Staatsverschuldung. Die Kosten für die Kriege im Irak und in Afghanistan stellten eine enorme Belastung des öffentlichen Haushaltes dar. Auch verschlangen die Zinszahlungen für die Staatsschulden in Höhe von rund 9 Billionen Dollar Unsummen. Darüber hinaus trug die Reform von *Medicaid* nicht unwesentlich zur Steigerung der Staatsausgaben bei. Weil die Bundesregierung parallel ihre energische Steuersenkungspolitik verfolgte und weitere Steuersenkungen beschloss, erreichten die Haushaltsdefizite kosmische Dimensionen und waren im Jahr 2004 mit 413 Milliarden Dollar auf einem historischen Höchststand. Auch die wirtschaftliche Lage war, wie oben gezeigt, während der beiden Amtszeiten von Präsident Bush höchst prekär.

Bereits bei den Zwischenwahlen 2006 straften die US-amerikanischen Wähler die Republikaner ab und gaben den Demokraten die Kontrolle über beide Häuser des Kongresses zurück. Zwei Jahre später wählten sie dann mit dem charismatischen Barack Obama nicht nur den ersten Schwarzen, sondern auch wieder einen Demokraten zum Präsidenten. Obama, der sich zunächst in den Vorwahlen als Außenseiter gegen die favorisierte Hillary Clinton als Präsidentschaftskandidat der Demokraten und dann gegen seinen republikanischen Konkurrenten John McCain durchgesetzt hatte, hatte im Wahlkampf eigentlich nichts weiter versprochen als *Change* und optimistisch festgestellt: *Yes, We Can*. Darüber hinaus kokettierte er mit seiner Außenseiterrolle und entwarf sich als jemand, der das Land vereinen und frischen Wind nach Washington bringen würde, weil er nicht Teil der Machtkartelle und der verkrusteten Strukturen in der Hauptstadt sei. Das genügte, um in den USA und anderen Teilen der Welt als Heilsbringer und Erneuerer der amerikanischen Demokratie nach dem Desaster der Bush-Jahre wahrgenommen zu werden.

Im Wahlkampf machte Obama innovativen Gebrauch vom nun voll entwickelten und interaktiv gewordenen Internet des *Web 2.0*. Er verkündete seine Kandidatur auf *YouTube*, platzierte Werbung in Internetspielgemeinschaften, *twitterte* und *mailte* fortlaufend Botschaften an seine ständig wachsende Gemeinschaft von Anhängern, zu denen er eine Beziehung von nie dagewesener Direktheit aufbaute. Dabei vergaß er nicht, sie zu Spenden aufzurufen. Selbst 5 Dollar-Spenden pro Person würden ihm helfen, meinte er, und mobilisierte auf diese Weise ein ganzes Heer von Kleinspendern, die seine Wahlkampftruhe füllten. Damit trat er eine virtuelle Graswurzelbewegung los, die sich im Netz schnell verselbständigte: Blogger machten für Obama Werbung, viele Amateure luden Videos auf *YouTube* hoch, dichteten, sangen Lieder und machten alles Mögliche, um ihre Unterstützung für Obama zum Ausdruck zu bringen. Dadurch wurden viele, vor allem junge Leute für die Wahl mobilisiert, die sonst nichts mit Politik am Hut hatten. Auch andere gesellschaftliche Gruppen gingen mit Rekordbeteiligung zur Wahl und stimmten mehrheitlich für Obama: die *African Americans*, die *Hispanics*, die *Asian Americans* und die Frauen. Es ging im Wahlkampf von 2008 ganz klar um die Hautfarbe und ethnische Zugehörigkeit. Während die ethnischen Minderheiten mit überwältigender Mehrheit für ihn stimmten, kamen nur 43 Prozent der Stimmen für Obama von Weißen. John McCain und seine Vizepräsidentschaftskandidatin Sarah

Palin hatten sich hingegen auf die traditionelle Klientel der Republikaner im ländlich-konservativen Amerika und der weißen Mittelklasse konzentriert. Am Ende landete Obama einen überwältigenden Sieg: 53 Prozent aller abgegebenen Stimmen entfielen auf ihn, während John McCain nur 46 Prozent erhielt. Im Wahlmännergremium stand es 365 zu 173 für Obama. Diese Wahl deutete an, dass die von Ronald Reagan geschmiedete strukturelle Mehrheit für die Republikaner dahinschwand – und bei der Wiederwahl von Barack Obama im Jahr 2012 war sie noch weiter geschrumpft.

Im Wahlkampf hatte Obama so viele Erwartungen geweckt und waren zugleich so viele Hoffnungen auf ihn projiziert worden, dass Enttäuschungen vorprogrammiert waren, zumal Obama viele innenpolitisch kontroverse Themen unentschlossen anging und eine insgesamt moderat liberale Agenda verfolgte. Das Gefangenenlager auf Guantánamo wurde entgegen der Versprechungen des Präsidentschaftskandidaten nicht geschlossen, die Bestimmungen des *Patriot Act* weiterhin entschieden angewandt, und zum Thema Homosexualität und gleichgeschlechtliche Partnerschaften war von Präsident Obama erst ganz am Ende seiner ersten Amtszeit etwas zu hören. Auch lehnte der 2009 überraschend mit dem Friedensnobelpreis gewürdigte Obama Krieg als Mittel der Außenpolitik keinesfalls ab.

Der kraftvolle Beginn einer neuen Ära war Obamas Präsidentschaft also nicht, doch er setzte Akzente. Der Wirtschaftskrise begegnete er mit einer aktiven staatlichen Politik. Er hob Bushs Verbot der Stammzellenforschung auf, forcierte die Erforschung erneuerbarer Energien und gab dem Umweltschutz neue Priorität. Als im April 2010 eine Ölplattform im Golf von Mexiko explodierte und es zu einer Ölkatastrophe kam, arbeitete der Präsident eng mit BP zusammen, um den Schaden zu begrenzen, setzte die Genehmigungsverfahren für die risikoreichen Tiefseebohrungen vorübergehend außer Kraft und forderte eine grundlegende Änderung der Bohrpraktiken. Am Ende aber, und das ist bezeichnend für die Präsidentschaft Obamas, wurden die Genehmigungsverfahren für Tiefseebohrungen dann doch erteilt, und es änderte sich insgesamt nicht viel. Das innenpolitische Schlüsselprojekt von Obamas erster Amtszeit war die grundlegende Reform des Gesundheits- und Krankenversicherungswesens. Obamas Ziel war es, durch die Reform die explodierenden Kosten im Gesundheitswesen zu kontrollieren und zugleich ein nationales Krankenversicherungssystem zu errichten, das auch die 32 Millionen bislang unversicherten Amerikaner in den Genuss eines rudimentären Krankenversicherungsschutzes kommen ließ. Die Gesundheitsreform war das kontroverseste innenpolitische Thema der ersten Amtszeit Obamas, das die Gesellschaft spaltete und die ohnehin schon tiefen Gräben zwischen Republikanern und Demokraten noch tiefer werden ließ. Während Liberale die allgemeine nationale Krankenversicherung befürworteten, sprachen die konservativen Gegner von »Sozialismus« und machten den Amerikanern mit Horrorszenarien einer vom Staat aus Kostengründen oktroyierten Euthanasiepraxis für Senioren Angst. Zwischen den Extremen gab es eine große Menge von Unentschiedenen, denen das Hemd näher als die Hose war und denen deshalb das Projekt einer allgemeinen Krankenversicherung auch für die Armen nicht wirklich unter den Nägeln brannte, zumal die breite Mehrheit der Amerikaner ja krankenversichert war. Es war so von Beginn an klar, dass Obama mit seinen Maximalforderungen nicht durch den Kongress kommen würde, wo auch viele Demokraten ihre Vorbehalte hatten.

Es ist deshalb als großer Erfolg zu werten, dass der *Health Care and Education Reconciliation Act* nach langem Geschacher und vielen Kompromissen vom Kongress beschlossen wurde und im März 2010 in Kraft trat. Wie kontrovers *Obamacare* in den USA aber blieb, zeigt die Tatsache, dass Mitt Romney, Präsidentschaftskandidat der Republikaner im Jahr 2012, im Wahlkampf versprach, dass Gesetz sofort nach seiner Amtseinführung wieder zurückzunehmen.

Obamacare war auch ein wesentlicher Faktor bei der Formierung des *Tea Party Movement*, das sich außerhalb der Republikanischen Partei als christlich-konservative Graswurzelprotestbewegung gegen das liberale Amerika formierte. Die Bewegung, die sich in Erinnerung an die *Boston Tea Party* von 1773 so nennt und den Kampf der damaligen Revolutionäre gegen die Steuerpolitik des Staates fortsetzen will, ist eng mit der Republikanischen Partei verflochten, aber nicht mit ihr identisch. Vielmehr bringt die *Tea Party*-Bewegung die Partei als eine soziale Bewegung vom rechten Rand her unter Druck und treibt damit sowohl die Erosion von deren moderater Mitte als auch die politische Polarisierung im Land weiter voran. Bei den Zwischenwahlen von 2010 spielte das *Tea Party Movement* eine wichtige Rolle. Viele der von ihnen unterstützten republikanischen Kandidaten wurden gewählt, und nicht zuletzt deshalb gewannen die Republikaner die Mehrheit im Repräsentantenhaus zurück. Zum Zeitpunkt der Wahlen von 2012 war der Einfluss des *Tea Party Movement* freilich schon wieder gesunken.

Im Präsidentschaftswahlkampf 2012 trat der Amtsinhaber Obama gegen den Republikaner Mitt Romney an. Romney hatte als Unternehmensberater Karriere gemacht und war von 2003 bis 2007 Gouverneur von Massachusetts gewesen. Mit diesem Profil bediente er die klassische Wirtschaftsklientel der Partei, blieb ansonsten aber recht farblos und traf nie so recht das Herz der Partei. Als Mormone blieben ihm die christlich-evangelikalen Kreise der Republikaner fremd, als Wirtschaftsboss und Technokrat fehlten ihm sowohl politische Visionen als auch soziales Bewusstsein und Mitgefühl für die unteren Schichten. Am Ende wurde Barack Obama mit 51 Prozent der Stimmen wiedergewählt, Romney erhielt 47 Prozent. Die Mehrheitsverhältnisse im Wählmännergremium standen 332 zu 206 Wahlmänner für Obama. Allerdings gewannen die Republikaner wieder die Mehrheit im Repräsentantenhaus; der Senat blieb in der Hand der Demokraten. In vieler Hinsicht war die Präsidentschaftskampagne von Mitt Romney so etwas wie das letzte Hurra der alten republikanischen Garde in der Tradition Ronald Reagans, die im demographisch und ethnisch-kulturell grundlegend gewandelten Amerika nicht die richtigen Themen und Antworten fand. Ob die Wiederwahl Obamas freilich zugleich auch das Ende der Dominanz konservativer Grundwerte und eines darauf gegründeten Staats- und Politikverständnisses ist, sei dahingestellt. Es könnte gut sein, dass 2016 Hillary Clinton oder ein anderer dezidiert liberaler Kandidat gewählt wird und das politische Pendel insgesamt wieder weiter nach links ausschlägt. Es könnte aber genauso gut sein, dass ein Konservativer aus dem Milieu des *Tea Party Movement* das Rennen macht und eine radikale Agenda verfolgt, von der Ronald Reagan nicht einmal zu träumen gewagt hätte. Die Zukunft der USA scheint wie immer offen.

Zusammenfassung

Die USA sind nicht nur ein *Land der Zukunft*, sondern auch ein *Land mit Geschichte*. Diese Geschichte beginnt nicht erst mit der Ankunft der ersten europäischen Entdecker und Siedler im 16. Jahrhundert, sondern am Ende der letzten Eiszeit, als die ersten Menschen von Asien kommend nach Nordamerika wanderten, sich dort ansiedelten und in kreativer Anpassung an die Gegebenheiten des Kontinents ganz verschiedene indianische Lebensformen ausprägten. Bis zum Beginn der europäischen Expansion in die westliche Hemisphäre, die nur wenige Jahre nach dem von Christoph Kolumbus 1492 in der Karibik gesetzten Auftakt auch das nordamerikanische Festland erfasste, hatte der Kontinent mithin schon einige tausend Jahre an historischem Handel und Wandel erlebt. Im 15./16. Jahrhundert entdeckten die Europäer eine somit nur für sie neue Welt.

Die auf den Beginn der europäischen Expansion folgende Geschichte der USA ist im vorliegenden Buch in den Epochen *Kolonialzeit, Revolution, Frühe Republik und Bürgerkrieg, Gilded Age und Progressive Era, »kurzes 20. Jahrhundert«* sowie schließlich *Die USA im 21. Jahrhundert* erzählt worden. Das ist abgesehen vom »kurzen 20. Jahrhundert« eine konventionelle Periodisierung der amerikanischen Geschichte, wobei auch dieses Buch die Epoche seit dem Ende des Kalten Krieges noch nicht richtig auf einen Begriff hat bringen können. Die Überschrift *Die USA im 21. Jahrhundert* ist eher eine Verlegenheitslösung. In dieser Begriffslosigkeit für die Zeitgeschichte seit 1991 wird eine Grundtatsache historischen Nachdenkens greifbar: Historische Periodisierungslinien verschieben sich im Lichte neuer Entwicklungen fortlaufend. Aber bei Periodisierungen gilt ja ohnehin: Es sind Verabredungen der Historiker, die es ihnen erleichtern, sich im Durcheinander der Zeitläufte zurechtzufinden und historischen Wandel in Kategorien von *Davor* und *Danach, Kontinuität* und *Diskontinuität* zu beschreiben. Epocheneinteilungen sind intellektuelle Hilfskonstruktionen, keine Tatsachen an sich, dennoch ist historische Erkenntnis ohne Epochengliederungen nicht zu haben, und ganz willkürlich sind sie ja auch nicht.

Die Kolonialzeit beginnt mit der Gründung erster dauerhafter europäischer Siedlungen in Nordamerika und sie endet mit der Unabhängigkeitserklärung von 13 britischen Kolonien am 4. Juli 1776. Allerdings waren es gar nicht die Engländer, die die ersten dauerhaften Siedlungen auf dem Gebiet der späteren USA gründeten, sondern die Spanier. 1565 errichteten sie den Militärposten St. Augustine in Florida, und 1598 riefen sie unter Juan de Oñate die Kolonie Neumexiko ins Leben. Verglichen mit den seit 1607 entstehenden britischen Siedlungskolonien entlang der Atlantikküste waren diese spanischen Niederlassungen jedoch nur unbedeutende Außenposten eines Kolonialreiches, dessen politischer, wirtschaftlicher und kultureller Schwerpunkt in Mittel- und Südamerika lag. Für die historische Genese der USA ist deshalb die britische Kolonisierung von überragender Bedeutung. Diese fundamentale Tatsache ist im Zeichen der poststrukturalistischen Kritik an historischen Meistererzählungen und der Vervielfältigung von Geschichtsnarrativen etwas aus dem Blick geraten, doch lässt sie sich kaum bestreiten. Die spezifische Modernität der USA, die sich bereits während der Kolonialzeit in Umrissen auszuprägen begann, ist im Kern Ergebnis der Prinzipien, Traditionen und Praktiken britischer Kolonialpolitik.

Zur Kultur des britischen Kolonialismus in Nordamerika gehörte einerseits der Export britischer Verfassungsinstitutionen und des *Common Law*, dazu gehörte andererseits jedoch auch die Bereitschaft, das Tagesgeschäft der Kolonisation Nordamerikas der profitorientierten unternehmerischen Initiative von Privatleuten zu überlassen. Darüber hinaus war die Form der Siedlungskolonie, in der Herrschaft durch Besiedlung und nicht durch militärische Unterwerfung ausgeübt wird, ein wesentlicher Aspekt britischer Kolonisation in Nordamerika. Ein letzter Grundsatz ist hier noch zu erwähnen, und zwar die Bereitschaft, die Migration radikaler religiöser Gruppen zu unterstützen, um die aus der Vielfalt protestantischer Religiosität im postreformatorischen England resultierenden erbitterten Glaubenskämpfe zu beenden. Diesem Plan war zwar im 17. Jahrhundert nur begrenzter Erfolg beschieden, doch immerhin sind die Pilgerväter, die Kongregationalisten, die Quäker und andere Gruppen des schillernden Spektrums des *Dissenting Protestantism* aufgrund dieser Kolonialpolitik nach Nordamerika gelangt.

Insgesamt wurde das koloniale Britisch Nordamerika durch diese Prinzipien und Praktiken der Kolonisation zum Ort einer kulturell-ethnischen und religiösen Vielfalt, wie sie auf so dichtem Raum zusammengeballt in der westlichen Hemisphäre sonst nirgends anzutreffen war und in Europa schon gar nicht. Ein weiterer wesentlicher Aspekt, der in der historischen Rückschau hervorsticht, ist die sich in den britischen Kolonien Nordamerikas während des 17./18. Jahrhunderts voll ausprägende Kultur lokaler Selbstbestimmung, die keineswegs nur auf die in jeder kolonialen Charta verbrieften, gewählten Kolonialparlamente beschränkt war, sondern viele Bereiche des alltäglichen Lebens durchzog.

Wie die Kolonien der anderen europäischen Großmächte in der westlichen Hemisphäre waren auch die britischen Kolonien ursprünglich als britische Provinzen in Nordamerika gegründet worden. Sie sollten also in politischer, sozialer und kultureller Hinsicht ein Abbild ihres Mutterlandes sein. Viele Faktoren waren jedoch dafür verantwortlich, dass sie sich in eine andere Richtung entwickelten. Zu nennen wären die so ganz andere Geographie des kontinentalen Raumes und die leichte Verfügbarkeit von Land, die relative Homogenität der europäisch-amerikanischen Siedlergesellschaften und das Fehlen feudalgesellschaftlicher Strukturen sowie der hohe Grad an ethnisch-kultureller Vielfalt. Doch zwei Entwicklungsfaktoren der Andersartigkeit überragen alle anderen, nämlich einerseits die massive Präsenz afrikanischer Sklaven vor allem in den südlichen Kolonien und – in allen Kolonien – die noch viel massivere Präsenz der Indianer. Letztere haben die Kolonialgeschichte viel mehr beeinflusst als die ältere Geschichtsschreibung zuzugestehen bereit war. Aus dem synergetischen Zusammenspiel und antagonistischen Zusammenprall von europäischer, afrikanischer und indianischer Kultur ergaben sich jene in viele Richtungen gehenden kulturellen Austauschprozesse, die dazu führten, dass die britischen Kolonien Nordamerikas dann doch ganz anders wurden als ihr europäisches Mutterland. Am Ende dieser sich über eineinhalb Jahrhunderte erstreckenden, allmählichen Auseinanderentwicklung steht die Unabhängigkeitserklärung von dreizehn Kolonien Britisch Nordamerikas. Der Weg dahin war jedoch alles andere als linear, und die Gründung der USA selbst im Jahr 1763 noch sehr unwahrscheinlich.

Das Jahr 1763 markiert beides: Das Ende des Siebenjährigen Krieges, der Großbritannien zum Herrn über Nordamerika machte, und zugleich den Beginn der Amerikanischen Revolution. Damit ist auch gesagt, dass die Revolution kein punktuelles Ereignis, sondern ein überaus vielschichtiger Prozess war, der neben der Emanzipation der Kolonien auch die Erfindung der modernen liberalen Demokratie mit sich brachte. Deshalb steht der 4. Juli 1776 am Anfang der politischen Moderne. Das Revolutionäre an der Amerikanischen Revolution ist die ideologische Grundlage für den kolonialen Protest: Mit ihrer Unabhängigkeitserklärung brachen die amerikanischen Kolonisten aus dem Rahmen der britischen Verfassung aus und stellten ihr Tun auf eine ganz neue Grundlage. Sie beriefen sich nicht länger auf die britische Verfassungstradition, die es zu bewahren gelte, sondern führten stattdessen einen naturrechtlich begründeten Liberalismus ins Feld. Damit einher ging der Wandel vom Partikularismus hin zum Universalismus: Es waren nicht länger die *Rechte der Engländer*, auf die sich die nordamerikanischen Kolonisten im Streit mit dem Mutterland beriefen, sondern die immer und überall gültigen Menschenrechte.

Das zentrale Dokument der revolutionären Wende ist die *Declaration of Independence* vom 4. Juli 1776. In ihr sind die politisch-sozialen Grundprinzipien niedergelegt, auf die die Ordnung der USA gebaut sein sollte. Diese Prinzipien enthalten das Versprechen eines im Gedanken umfassender individueller Selbstbestimmung gründenden Gemeinwesens, in dem jeder zum Schmied seines eigenen Glückes und auch Unglückes werden konnte. Ferner antizipierten sie einen rein säkular begründeten Staat, in dem das Volk Souverän und Autor einer geschriebenen Verfassung war, die alle legitime politische Macht aus der Gesellschaft selbst hervorgehen ließ und die Macht der Regierung an die Zustimmung der Regierung band. Allerdings stand das alles am 4. Juli 1776 nur auf dem Papier, so dass die amerikanischen Revolutionäre fortan vor der Aufgabe standen, ihre revolutionären Ideale in eine Verfassung überführen zu müssen, die eben diese Ideale und damit die Revolution selbst institutionalisierte. Das ist der Zusammenhang von Unabhängigkeitserklärung und den amerikanischen Verfassungen, die in den 1770er und 1780er Jahren geschrieben wurden – die Absicherung der Revolution durch Verfassungsgebung. Dieser Prozess fand auf zwei Ebenen statt, und zwar auf der der Einzelstaaten und der des Bundes. Zum einen konstituierten sich die dreizehn ehemaligen Kolonien als selbstständige Einzelstaaten mit republikanischer Grundordnung, zum anderen aber verbanden sie sich zu einem größeren politischen Gebilde, nämlich zu einem aus Staaten zusammengesetzten Staat, in dem Zentral- und Partikulargewalten gegeneinander austariert waren. In der Amerikanischen Revolution wurde mithin nicht nur die liberale Demokratie, sondern auch der moderne Föderalismus geboren.

Die Amerikanische Revolution hat das Verständnis von Rolle und Aufgaben des Staates in Wirtschaft und Gesellschaft zentral geprägt und tut es in vieler Hinsicht bis heute, wo eine vom Hass auf den Staat getriebene *Tea Party*-Bewegung sich zum Erben der revolutionären Gründerväter erklärt und die etablierten politischen Parteien vor sich her treibt. Allerdings ist die *Tea Party* nur der radikale Rand einer viel breiter in der amerikanischen politischen Kultur verankerten konservativen Grundströmung, die sich in ihren Anfängen auf die Amerikanische Revolution zurückführen lässt: Die tief sitzende Skepsis vor zu viel staatlicher Machtausübung, vor zu viel staatlicher Regulierung, vor zu viel hineinregieren in die wirtschaftlichen und sozialen Verhältnisse. Die Amerikanische Revolution hat folglich in den USA eine vom europäischen Standpunkt schwer zu verstehende Kultur der Angst vor zu viel Staat begründet. Dies ist die Rückseite der Medaille, die vorne die Postulate von individueller Selbstbestimmung und Eigenverantwortung eingeprägt hat.

Es hat bis an die Wende zum 20. Jahrhundert gedauert, bis sich angesichts der sozialen Missstände und Ungerechtigkeiten, die der amerikanische Industriekapitalismus produzierte, sowie vor allem angesichts der Konzentration wirtschaftlicher Macht in Händen der damals entstehenden *Trusts* ein neues Denken über die Aufgaben des Staates zu formieren begann. Während der *Progressive Era* gelangten immer mehr Amerikaner zu der Überzeugung, dass der Staat nicht nur die Aufgabe habe, Grundrechte zu schützen und Rechtsstaatlichkeit zu garantieren. Unter den Bedingungen der industriellen Moderne müsse er vielmehr auch als Agent wirtschaftlichen und sozialen Wandels im Zeichen von *Gerechtigkeit* operieren, um das in der Unabhängigkeitserklärung formulierte Glücksversprechen weiterhin aufrecht erhalten zu können. In den 1930er Jahren wurde diese Haltung durch die *New Deal*-Politik von Präsident Franklin Delano Roosevelt dann weithin geteilter Konsens. Dieser hielt zwar bis in die 1970er Jahre an, doch umstritten war *dieses* Staats- und Regierungsverständnis in den USA immer.

Mit der Ratifizierung der Verfassung von 1787 und dem Amtsantritt der ersten Bundesregierung im Frühjahr 1789 war der Prozess der Staatsgründung in den USA noch lange nicht abgeschlossen. Die mit so großen Hoffnungen verbundene Verfassungsordnung stand nur auf dem Papier. Sie musste erst noch in die Wirklichkeit überführt werden, und dieser Prozess der Etablierung und Ausgestaltung einer historisch neuartigen Herrschaftsordnung war ein aufregendes politisches Experiment, das von heftigen Grundsatzkontroversen über die gesellschaftliche und wirtschaftliche Zukunft der USA begleitet war. Gestritten wurde einerseits um die Wege und Mittel zur inneren Ausgestaltung, Konsolidierung und Stabilisierung der Republik, andererseits um die Rolle der USA in der Welt. Dieser Streit ist in vieler Hinsicht bis heute nicht abgeschlossen, doch war er besonders virulent in den Jahren von 1789 bis 1861, der Zeit der *Early Republic*, an deren Ende in der hier verfolgten Lesart der Amerikanische Bürgerkrieg steht. Dieser bis heute blutigste Krieg in der Geschichte der USA entstand aus den ungeklärten Grundsatzkonflikten über die Ausgestaltung des revolutionär begründeten Experiments in Demokratie.

Während in Fragen der Außenpolitik relativ schnell ein Konsens gefunden war – Behauptung der Souveränität der USA und ihres Expansionsanspruchs auf dem nordamerikanischen Kontinent in Kombination mit einer Politik der Nichteinmischung in Europa – entfaltete der Streit um die innere Ausgestaltung der amerikanischen Republik ein solches Konfliktpotential, dass die Union bereits vor dem Amerikanischen Bürgerkrieg wiederholt an den Rand des Zerfalls geriet. Dies hat damit zu tun, dass der Bundesstaat USA auf zwei zentralen Gründungskompromissen beruhte. Der erste betraf die Sklaverei, zu der die Verfassung von 1787 zwei widersprüchliche Regelungen enthielt. Während einerseits das Verbot des internationalen Sklavenhandels zum Jahr 1808 ein allmähliches Auslaufen der Sklaverei in Aussicht stellte, zementierte andererseits der berüchtigte *3/5-Kompromiss* das System auch wieder. Der zweite Gründungskompromiss der Union betraf das ungeklärte Verhältnis zwischen der Bundesgewalt und den Einzelstaaten. Die Einzelstaaten hatten sich mit der Annahme der Verfassung von 1787 dem Primat der Union untergeordnet. Waren sie fortan also nur nachgeordnete Glieder eines umfassenderen Ganzen, das, nachdem es einmal gegründet war, nie wieder aufgelöst werden konnte? Oder blieben die Einzelstaaten auch in der Union weiterhin souverän und hatten sie nur den Teil ihrer Souveränität an die Bundesregierung abgegeben, den diese benötigte, um die ihr zugewiesenen Aufgaben zu erfüllen? Diese essentiellen Fragen über den Charakter der Union hatte die Verfassung von 1787 offen gelassen.

Im Lichte dieser Gründungskompromisse wurde die politische, soziale, wirtschaftliche und kulturelle Ausgestaltung der amerikanischen Demokratie auf der Basis der Verfassung in den Jahren der *Early Republic* zu einem aufregenden und zugleich krisenhaften Prozess, der den bereits von Beginn der jungen Republik an deutlich sichtbaren sektionalen Konflikt bis zum Vorabend des Bürgerkrieges beständig vertiefte. Als wäre die Klärung der ungeklärten Grundsatzfragen nicht bereits Aufgabe genug, trug das rasante innere und äußere Wachstum der USA in der *Early Republic* zur Verschärfung der Krise bei. In jenem Zeitraum wuchsen die USA ungeheuer dynamisch. Sie vergrößerten ihr Territorium durch Verhandlungen, Kauf und Krieg und gründeten neue Bundesstaaten. Parallel dazu wuchs die Bevölkerung durch hohe natürliche Reproduktion und Einwanderung in einem hohen Tempo. Diese Entwicklung setzte eine *wilde*, politisch kaum kontrollierte und zu kontrollierende Migrations- und Siedlungsbewegung nach Westen frei. Gleichzeitig schritt die infrastrukturelle Erschließung des Kontinents durch Dampfschiffe, Kanäle und die ersten Eisenbahnen voran. Die *Marktrevolution* schuf einen arbeitsteiligen Binnenmarkt, der den sich industrialisierenden Norden mit dem Baumwolle produzierenden Süden zu einem *baumwoll-industriellen Komplex* verband.

Die Kombination von territorialer Expansion und ökonomischer Ausdifferenzierung im Zeichen der *Marktrevolution* verschärfte die sektionale Kontroverse in den USA massiv, und diese Entwicklung ließ die ohnehin prekären Gründungskompromisse bis 1860 immer brüchiger werden. Als verhängnisvoll erwies sich die zunehmend engere Verflechtung des Problems der Sklaverei mit der föderalen Krise, die aus dem ungeklärten Verhältnis von Einzelstaats- und Bundesstaatsgewalt resultierte. Jede Neuaufnahme eines Staates veränderte die föderalen Machtverhältnisse und brachte zugleich die Frage immer wieder neu auf die Tagesordnung, ob in dem neuen Staat die Sklaverei erlaubt sein sollte oder nicht, und vor allem, wer darüber entscheiden durfte – die Bundesregierung oder die Bevölkerung der Einzelstaaten.

Die Frage nach dem politischen Einfluss der Bevölkerung ist auch insofern bedeutsam, als die historische Signatur der *Early Republic* durch die fortlaufende Demokratisierung der zu Beginn von Eliten kontrollierten Republik gekennzeichnet ist. Zwar hörten die *Men of Property and Standing* auch im Zeichen der *Jacksonian Democracy* nicht auf, wichtige Fäden des politischen Prozesses in der Hand zu halten, doch vervielfältigte sich die Zahl der politischen Akteure in der ersten Hälfte des 19. Jahrhunderts deutlich, weil immer mehr zuvor ausgeschlossene Gruppen in den Prozess der amerikanischen Demokratie hineingezogen wurden. Ironischerweise trieb die Demokratisierung der Republik die Verschärfung der sektionalen Krise voran. Aus der Mitte der Gesellschaft heraus gründete sich eine zunehmend militanter werdende abolitionistische Bewegung, die überall in der Union Aktivisten mobilisierte, die ihre Sache zur Not auch im Widerstand gegen die Staatsgewalt vorantrieben. Parallel dazu erodierte die Kompromissfähigkeit der auf Kompromisse essentiell angewiesenen Institutionen der amerikanischen Demokratie.

Vor diesem Hintergrund bildet der Amerikanische Bürgerkrieg den Höhe- und Wendepunkt der sich über die Jahre von 1789 bis 1861 erstreckenden Gründungskrise der USA. Die seit 1789 schwelenden ungeklärten Grundsatzkonflikte wurden militärisch durch den Sieg der Nordstaaten gelöst. Hätten die Südstaaten gewonnen, was bis zum Wendejahr des Krieges 1863 durchaus eine Möglichkeit war, würden wir die Geschichte der USA heute ganz anders erzählen. Die Ergebnisse des Bürgerkrieges bedeuteten einerseits die endgültige Durchsetzung der Souveränität der Union gegenüber den Einzelstaaten und andererseits das Ende der Sklaverei. Die rassistische Diskriminierung der Afroamerikaner war damit jedoch noch lange nicht beendet. Deren Kampf um rechtliche Gleichstellung sollte noch einmal einhundert Jahre dauern. Hingegen ist ihr Kampf gegen den in der US-Gesellschaft tief verankerten Rassismus bis heute nicht beendet. Daran ändert auch die Tatsache nichts, dass mit Barack Obama im Jahr 2008 der erste *African American* ins Weiße Haus gewählt wurde.

Nach dem Bürgerkrieg brach sich eine spezifische industrielle Modernität in den USA Bahn und veränderte das Land in gerade einmal fünfzig Jahren grundlegend. Die amerikanische Schriftstellerin Gertrude Stein hat einmal gesagt, dass die USA das Land seien, das das 20. Jahrhundert als erstes betreten habe, und dass dies zwischen dem Ende des Amerikanischen Bürgerkrieges und dem Beginn des Ersten Weltkrieges geschehen sei. Diese Idee haben wir hier aufgenommen und die Geschichte des *Gilded Age* und der *Progressive Era* gegen den Fluchtpunkt einer sich entfaltenden spezifisch amerikanischen sozio-kulturellen Modernität geschildert, die die seit längerem schon bestehende politische Modernität komplementär ergänzte. Dabei ist deutlich geworden, dass sich die bereits laufenden Prozesse von Industrialisierung und Urbanisierung nach dem Bürgerkrieg rasant beschleunigten und in Kombination mit der in ganz neue Dimensionen vorstoßenden Masseneinwanderung im Zeichen der sogenannten *New Immigration* die Formierung einer industriell-urbanen Gesellschaft vorantrieben. Zu deren Lebensform gehören neben Individualismus und Selbstbestimmung auch ein vergangenheits- und zukunftsvergessener Hedonismus, ostentativer Konsum und ein in Konsumgütern gemessener Lebensstandard, darüber hinaus auch ethnisch-kulturelle Diversität sowie eine Pluralität von akzeptierten Lebensstilen. Allerdings wurde im Zuge dieser gesellschaftlichen Transformationsprozesse auch ein kultureller Riss zwischen dem städtischen und ländlichen Amerika deutlich, der sich im 20. Jahrhundert zunehmend vertiefte und bis heute sichtbar ist.

Zwei weitere Wandlungsprozesse bestimmen die Jahre von 1865 bis 1914. Sie lassen sich einerseits auf die Entfaltung der sozio-kulturellen Moderne beziehen, doch sind sie andererseits auch wieder ganz eigene Linien in der Signatur der Epoche. Gemeint ist einerseits die im Zuge der *Reconstruction* einsetzende systematische Rassentrennung durch eine kaum überschaubare Vielzahl von *Jim Crow*-Gesetzen. Andererseits erlebten die Jahre vom Ende des Bürgerkrieges bis zum Vorabend des Ersten Weltkrieges den Aufstieg eines amerikanischen Imperialismus, der vorwiegend auf Formen indirekter Kontrolle durch ökonomischen Druck setzte und sich der direkten kolonialen Herrschaft weitgehend enthielt. Zwar wurden die USA nach dem Spanisch-Amerikanischen Krieg des Jahres 1898 auch zur Kolonialmacht, doch die übliche Form des *American Way of Empire* war das nicht. Vielmehr setzte das amerikanische Ausgreifen nach Lateinamerika und Asien vorrangig auf die ökonomische Durchdringung fremden Gebiets. Im Ergebnis entstand bis zum Vorabend des Ersten Weltkrieges ein so weit verzweigtes wie vielschichtiges (Markt-)Imperium, das, obwohl durch eine aggressive Außen- und Handelspolitik zustande gekommen, seine eigene Imperialität weitgehend verneinte.

Der Erste Weltkrieg markiert in vielerlei Hinsicht den Beginn des 20. Jahrhunderts, das dann freilich ein kurzes war, kurz, was den Anfang betrifft, kurz aber auch, was das Ende angeht, da es bereits 1991 mit dem Zusammenbruch der Sowjetunion endete. Das Konzept des *kurzen 20. Jahrhunderts*, das in den 1990er Jahren vom großen britischen Historiker Eric Hobsbawm maßgeblich entwickelt wurde, wird üblicherweise nicht auf die amerikanische Geschichte angewendet. Dafür gibt es durchaus gute Argumente, weil zum einen der Erste Weltkrieg für die USA kein vergleichbar tiefer Einschnitt war wie für Europa. Zum anderen aber meinen viele mit Blick auf das für die USA triumphale Ende des Kalten Krieges, dass das jüngst vergangene Säkulum besser als ein *Amerikanisches Jahrhundert* beschrieben werde. Schließlich wirft die allerjüngste Zeitgeschichte seit 1991 mit ihren Krisenherden in Südost- und Osteuropa sowie vor allem den aus *9/11* resultierenden amerikanischen Kriegen in Afghanistan und Irak die Frage auf, ob nicht alle geläufigen Periodisierungen ohnehin überdacht werden müssen, weil das letzte Drittel des 20. Jahrhunderts nicht nur die zweite Hälfte des Kalten Krieges bildet, sondern plötzlich auch als die unmittelbare Vorgeschichte unserer eigenen Gegenwart erscheint.

Ungeachtet dieser plausiblen Einwände hat das vorliegende Buch das Konzept des *kurzen 20. Jahrhunderts* auf die Geschichte der USA angewandt, weil die Erkenntnisgewinne schwerer wiegen als die Verluste. Unter dem Blickwinkel eines *kurzen 20. Jahrhunderts* betrachtet erscheint die Periode vom Ersten Weltkrieg bis zum Ende des Kalten Krieges als eine weltgeschichtliche Geschehenseinheit, die im Kern durch den Konflikt zwischen Demokratie und totalitären Anti-Demokratien definiert ist. Dieser Konflikt entfaltete sich zwischen 1917 und 1945 im spannungsgeladenen Dreieck von Kommunismus, Faschismus und Demokratie und reduzierte sich nach 1945 auf den weltumspannenden Gegensatz zwischen Kommunismus und Demokratie. In diesem Jahrhundertkonflikt waren die USA Hauptakteur und Partei gleichermaßen. Zwischen

1914 und 1945 kämpften sie in zwei ideologisch hochgradig aufgeladenen Weltkriegen, danach führten sie zur Eindämmung des Kommunismus Kriege in Korea und Vietnam und waren mit massiven Truppenkontingenten in Europa dauerhaft präsent. Nach 1945 gaben die USA ihre kontinentale Selbstbezüglichkeit endgültig auf und ersetzten diese durch die außenpolitische Haltung des *demokratischen Internationalismus*, der den Export von Demokratie und Marktwirtschaft in alle Welt als die historisch-politische Hauptaufgabe der USA begriff. Dabei ging es freilich nicht nur um selbstvergessenen Idealismus, sondern immer auch um realistische Interessenpolitik, weil eine Welt, die sicher für Demokratie ist, auch für die amerikanische Demokratie sicher ist.

Im *kurzen 20. Jahrhundert* wurden die USA zum ökonomischen Kraftzentrum der Welt. Die US-Wirtschaft ging aus den beiden Weltkriegen nicht nur unbeschadet hervor, sondern sie hatte durch die Kriege rasante Industrialisierungs- und Wachstumsschübe erfahren. Diese machten die USA zum ökonomischen Herren der Welt, der mit seinem Kapital und seinen Waren andere Weltregionen immer stärker durchdrang. *Freihandel* – der durch keinerlei Zollschranken und reklamierte Einflusssphären behinderte freie Verkehr von Waren, Kapital und Menschen – wurde zu einem außen- und wirtschaftspolitischen Credo der USA, die im 20. Jahrhundert sehr viel dafür taten, ausländische Märkte für die eigenen Waren zu öffnen und die Türen dorthin auch offen zu halten. Damit wurden die USA zum Vorreiterland einer spezifischen Form des Kapitalismus. Dieser ist im Kern durch Effizienz in Produktion und Management charakterisiert. Dies schließt den innovativen Einsatz von arbeitssparenden Maschinen und die Fließbandproduktion standardisierter Konsumgüter in steigenden Stückzahlen und zu sinkenden Preisen genauso ein wie ausgeklügelte Werbe- und Marketingstrategien. Diese Form des Industriekapitalismus, die im massenhaften Konsum massenhaft produzierter Güter ihre Erfüllung findet, ließ gigantische Wirtschaftsunternehmen entstehen, die immer mehr als *Global Players* in einer zunehmend enger vernetzten Weltwirtschaft agierten.

Die sich im *kurzen 20. Jahrhundert* vertiefende Verflechtung der USA mit der Welt und die fortlaufende Rückkopplung von äußeren und inneren Entwicklungen in den rasch wechselnden Konstellationen des Zeitalters trieben nicht nur den politischen und wirtschaftlichen, sondern auch den sozialen und kulturellen Wandel in den USA voran. Der staatliche Behördenapparat wuchs stetig, da einerseits die Kriege eine möglichst effiziente Mobilisierung der wirtschaftlichen, sozialen und kulturellen Ressourcen notwendig machten. Andererseits wurde der im Zuge des *New Deal* während der 1930er Jahre begründete Wohlfahrtsstaat bis in die 1970er Jahre hinein ausgebaut, um die amerikanische Demokratie an die Realitäten der industriellen und postindustriellen Welten des 20. Jahrhunderts anzupassen. Dies geschah immer auch im Bewusstsein der globalen Konkurrenz der Systeme, in der vor allem der Kommunismus das Ende allen sozialen Elends in der verwirklichten Utopie der klassenlosen Gesellschaft versprach. Allerdings war der wohlfahrtsstaatliche Konsens stets prekär. Konservative Gegner des Wohlfahrtsstaates kritisierten ihn bereits in den 1930er Jahren als *Sozialismus*, und spätestens mit der Präsidentschaftskandidatur des Republikaners Barry Goldwater im Jahr 1964 begann eine konservative Rebellion gegen den Wohlfahrtsstaat, die sich mit der Wahl Ronald Reagans zum 40. Präsidenten der USA im Jahr 1980 vollendete.

Auch die sozialen und kulturellen Wandlungsprozesse in den USA wurden im 20. Jahrhundert entscheidend von der zunehmenden Verflechtung der USA mit der Welt vorangetrieben. Nach einer 1924 einsetzenden Phase der restriktiven Einwanderungspolitik spielt Migration seit Mitte der 1960er Jahre wieder eine überragende Rolle beim demographischen Wandel der USA. Die Liberalisierung der Einwanderungspolitik löste eine riesige Einwanderungswelle aus, die die ethnisch-kulturelle Diversifizierung der amerikanischen Gesellschaft in ganz neue Dimensionen vorstoßen ließ. Waren die USA am Vorabend des Ersten Weltkrieges – ungeachtet aller bereits laufenden Pluralisierungsprozesse – noch ein im Kern von weißen, angelsächsischen Protestanten (WASP) und ihrer Kultur dominiertes Land, so war die amerikanische Gesellschaft achtzig Jahre später das Abbild der Weltgesellschaft, in der nahezu alle Ethnien, Nationalitäten und auch Religionen der Welt vertreten waren. Im Zuge dieser migrationsgefügten Entwicklung haben die USA viel von ihrer europäischen Prägung verloren.

Gleichzeitig wurde die US-Gesellschaft im Laufe des 20. Jahrhunderts immer selbstbestimmter. Immer mehr Individuen und Gruppen reklamierten für sich das Recht, ihr Leben nach eigenen Glücksvorstellungen und jenseits hegemonialer Normen und Muster leben zu dürfen. Deshalb wurde das Spektrum an individuellen Lebensentwürfen im Laufe des *kurzen 20. Jahrhunderts* immer breiter. Ein wesentlicher Grund dafür ist eine ganze Abfolge von Emanzipationsbewegungen, die das Recht auf Selbstbestimmung für bislang marginalisierte Gruppen durchsetzten. Die beiden wichtigsten waren die Frauenbewegung und das afroamerikanische *Civil Rights Movement*. In diesen Bewegungen manifestierten sich Demokratisierungs- und Individualisierungsprozesse, die das gesamte *kurze 20. Jahrhundert* durchziehen. Sie haben einerseits zu einer enormen Vervielfältigung der Lebensformen in den USA geführt, resultierten andererseits aber auch in der Fragmentierung der US-Gesellschaft in eine Vielzahl von Teil- und Subkulturen. In dieser Entwicklung gründeten viele der angstgetriebenen Debatten um den Zusammenhalt der amerikanischen Gesellschaft und die vermeintliche *Essenz* der nationalen Identität. Deshalb ist die Geschichte der USA zwischen 1914 und 1991 auch die Geschichte heftiger Kulturkämpfe, in denen erbittert darüber gestritten wurde, welche Lebensform richtig oder falsch, legitim oder illegitim, *amerikanisch* oder *un-amerikanisch* sei. Diese Kontroversen haben die amerikanische Gesellschaft entlang vieler Linien gespalten.

Insgesamt veränderten sich die USA im *kurzen 20. Jahrhundert* schneller als jemals zuvor. Das Leben fast jeden Amerikaners wurde auf die eine oder andere Weise von den welterschütternden Wandlungsprozessen dieses so turbulenten wie gewaltsamen Zeitalters berührt. Die amerikanischen Lebenswelten von 1945 hatten nicht mehr viel mit denen von 1914 gemein, die von 1970 nicht mehr viel mit denen von 1945, und aus der Perspektive des beginnenden 21. Jahrhunderts erscheinen selbst die 1970er Jahre inzwischen als eine versunkene Welt. Es ist davon auszugehen, dass in 35 Jahren auch die amerikanische Gegenwart des Jahres 2015 in einem ähnlichen Licht erscheint.

Literaturverzeichnis

1 Quellen

Für alle Themen und Epochen der amerikanischen Geschichte stehen gedruckte Quellen in breiter Vielfalt zur Verfügung. Besonders reichhaltige und zuverlässige Quellensammlungen in elektronischer Form liefern
The Avalon Project. Documents in Law, History and Diplomacy (www.avalon.law.yale.edu)
Our Documents (www.ourdocuments.gov)
American Memory from the Library of Congress (www.memory.loc.gov).
Darüber hinaus enthalten die Online-Auftritte von Museen (beispielsweise *The National Museum of American History* [www.americanhistory.si.edu] oder *The National Museum of the American Indian* [www.nmai.si.edu]) sowie der *State Historical Societies* (beispielsweise Massachusetts Historical Society [www.masshist.org] oder *California Historical Society* [www.californiahistoricalsociety.org]) viele Materialien. Eine besondere Fundgrube sind auch die Online-Auftritte der *Presidential Libraries and Museums*, die es für alle Präsidenten seit Herbert Hoover gibt. Sie dokumentieren das politische Wirken des jeweiligen Präsidenten in den Kontexten seiner Zeit und stellen ausgewählte schriftliche, visuelle und audio-visuelle Quellen online zur Verfügung.
   Zentrale Quellen zur Geschichte der US Außenpolitik sind gesammelt in:
U.S. Department of State (Hg.), *Foreign Relations of the United States*, Washington, DC 1862– (teilweise auch online verfügbar: www.uwdc.library.wisc.edu/collections/FRUS)
Die Verhandlungen des US-Kongresses, die von ihm beschlossenen Gesetze und ratifizierten Verträge sind verfügbar in
United States Congressional Serial Set, 1817–1994 (http://www.readex.com/content/us-congressional-serial-set-1817-1994).
Congressional Record, 1994– (http://thomas.loc.gov/home/thomas.php).
United States Statutes at Large (www.archives.gov/federal-register/publications/statutes.html)
Statistische Materialien zur Geschichte der USA sind gesammelt in:
Carter, S.B. u.a. (Hg.). *Historical Statistics of the United States. Earliest Times to the Present.* 5 Bde. New York 2006.
Zu aktuellen Statistiken siehe den Online-Auftritt des *U.S. Census Bureau* (www.census.gov)
Wichtige gedruckte Quellen stellen die *Letters and Papers* der Präsidenten, führender Politiker sowie anderer herausragender Persönlichkeiten der amerikanischen Geschichte wie beispielsweise Benjamin Franklin (www.franklinpapers.org) oder Martin Luther King (www.mlk-kpp01.stanford.edu/index.php/kingpapers) dar.
   Zeitungen, Zeitschriften und anderes periodisches Schrifttum sind ebenfalls breit und vielfältig online verfügbar. Die führenden überregionalen Tageszeitungen *The New York Times, The Washington Post* sowie die führenden politischen Magazine *Time* und

Newsweek haben Online-Archive. Wichtige Zusammenstellungen historischer Periodika sind

Proquest Historical Newspapers (http://www.proquest.com/libraries/schools/news-newspapers/pq-hist-news.html)

American Antiquarian Society (AAS) Historical Periodical Collection (www.ebscohost.com/archives/aas-thematic-collection)

Nützlich sind die Bände aus der Serie *Major Problems in American History*, die es für alle Epochen und viele Themen der amerikanischen Geschichte gibt. Das Prinzip der Bände, die im Folgenden in den passenden thematischen Rubriken aufgelistet werden, ist es, ausgewählte Quellen, Auszüge aus der Forschungsliteratur und themenbezogene Forschungsbibliographien kapitelweise zusammenzustellen. Einem ähnlichen Muster folgen für die Kulturgeschichte der USA:

Engler, B. u. O. Scheiding (Hg.). *Key Concepts in American Cultural History. From the Colonial Period to the End of the 19th Century.* 2. Aufl., Trier 2007.

Dies. (Hg.). *A Companion to American Cultural History. From the Colonial Period to the End of the 19th Century.* Trier 2009.

Hingewiesen sei schließlich noch darauf, dass die neueste Auflage der verdienten Gesamtdarstellung von Jürgen Heideking eine CD mit Quellen enthält (s.u. Abschnitt 3). Empfehlenswert ist die inzwischen auf über einhundert Bände angewachsene *Bedford Series in History and Culture*, die Quellenmaterial zu einer breiten Vielfalt von Themen und Aspekten der US-amerikanischen Geschichte zuverlässig zusammenträgt und von ausgewiesenen Experten kommentieren lässt.

2   Nachschlagewerke und Hilfsmittel

Berg, M. *Geschichte der USA*. München 2013.

Boyer, P.S. (Hg.). *The Oxford Companion to United States History*. Oxford 2004.

Gassert, P. u. C. Mauch (Hg.). *Mrs. President. Von Martha Washington bis Hillary Clinton*. Stuttgart 2000.

Mauch, C. (Hg.). *Die amerikanischen Präsidenten. 44 historische Portraits von George Washington bis Barack Obama.* 6. Aufl., München 2013.

Mauch, C. u. R.B. Wersich (Hg.). *USA-Lexikon. Schlüsselbegriffe zu Politik, Wirtschaft, Gesellschaft, Kultur, Geschichte und zu den deutsch-amerikanischen Beziehungen.* 2. Aufl., Berlin 2013.

Sautter, U. *Die Vereinigten Staaten. Daten, Fakten, Dokumente.* Tübingen 2000.

Sautter, U. *Lexikon der amerikanischen Geschichte.* München 1997.

Hingewiesen sei auch auf die von der *University Press of Kansas* in Lawrence, KS herausgegebenen Bände der *American Presidency Series*, eine Serie von Monographien zu Biographie und Amtszeit der amerikanischen Präsidenten seit George Washington, die jeweils auch ein Bild der Epoche zeichnen und zugleich ausführliche Literaturhinweise enthalten. Ebenfalls nützlich sind die *Blackwell Companions to American History*, die den Gang der Forschungsdiskussion zu verschiedenen Themen und Epochen der US-Geschichte aufbereiten.

Neben diesen gedruckten Standardwerken gibt es mit der *Encyclopaedia of American Studies* (www.eas-ref.press.jhu.edu) ein zuverlässiges Nachschlagewerk online. Die zentrale Bibliographie zu allen Themen der amerikanischen Geschichte ist *America*.

History and Life (www.ebscohost.com/ACADEMIC/america-history-and-life), während *Humanities and Social Sciences Net Online* (www.h-net.org) die wichtigste Internetplattform zur amerikanischen Geschichte ist. Dort finden sich Diskussionsgruppen, Rezensionen, Tagungsberichte und Ankündigungen aller Art.

3 Gesamtdarstellungen

Boyer, P.S. u. a. *The Enduring Vision. A History of the American People.* 8. Aufl., Stamford 2015.
Caroli, B.B. *First Ladies. From Martha Washington to Michelle Obama.* New York 2010.
Depkat, V. *Geschichte Nordamerikas. Eine Einführung.* Köln 2008.
Foner, E. *Give me Liberty! An American History.* 4. Aufl., New York 2014.
Gassert, P., M. Häberlein u. M. Wala. *Kleine Geschichte der USA.* Ditzingen 2008.
Heideking, J. u. C. Mauch. *Geschichte der USA. Mit CD-ROM Quellen zur Geschichte der USA* (hg. v. M. Wala). 6. Aufl., Tübingen 2008.
LaFeber, W., R. Polenberg u. N. Woloch. *The American Century. A History of the United States since the 1890s.* 7. Aufl., Armonk 2013.
Norton, M.B. u.a. *A People and a Nation. A History of the United States.* 10. Aufl., Stamford 2015.
Sautter, U. *Geschichte der Vereinigten Staaten von Amerika.* 8. Aufl., Stuttgart 2013.

4 Epochen

4.1 Präkolumbisches Amerika

Dillehay, T.D. *The Settlement of the Americas. A New Prehistory.* New York 2000.
Fagan, B.M. *Ancient North America. The Archaeology of a Continent.* 4. Aufl., New York 2005.
Josephy, Jr., A.M. (Hg.). *America in 1492. The World of the Indian Peoples before the Arrival of Columbus.* New York 1991.
Kantner, J. *Ancient Puebloan Southwest.* Cambridge 2004.
Mann, C.C. *1491. New Revelations of the Americas before Columbus.* New York 2005.
Pauketat, T.R. *Ancient Cahokia and the Mississippians.* Cambridge 2004.

4.2 Koloniales Amerika

Anderson, F. *Crucible of War. The Seven Years' War and the Fate of Empire in British North America, 1754–1766.* New York 2000.
Berlin, I. *Many Thousands Gone. The First Two Centuries of Slavery in North America.* Cambridge 1998.
Breen, T.H. *Colonial America in an Atlantic World. A Story of Creative Interaction.* New York 2004.
Brown, K.M. *Good Wives, Nasty Wenches, and Anxious Patriarchs. Gender, Race, and Power in Colonial Virginia.* Chapel Hill 1996.
Butler, J. *Becoming America. The Revolution before 1776.* Cambridge 2000.
Calloway, C.G. *New Worlds for All. Indians, Europeans, and the Remaking of Early America.* 2. Aufl., Baltimore 2013.
Elliott, J.H. *Empires of the Atlantic World. Britain and Spain in America, 1492–1830.* New Haven 2006.

Fischer, K. u. E. Hinderaker (Hg.). *Colonial American History*. Malden 2002.
Gallay, A. (Hg.). *Indian Slavery in Colonial America*. Lincoln 2009.
Grabbe, H.-J. (Hg.). *Colonial Encounters. Essays in Early American History and Culture*. Heidelberg 2003.
Greene, J.P. *Pursuits of Happiness. The Social Development of Early Modern British Colonies and the Formation of American Culture*. Chapel Hill 1988.
Greene, J.P. u. P.D. Morgan (Hg.). *Atlantic History. A Critical Appraisal*. Oxford 2009.
Greene, J.P. u. J.R. Pole (Hg.). *Colonial British America. Essays in the New History of the Early Modern Era*. Baltimore 1984.
Hoffer, P.C. *The Brave New World. A History of Early America*. 2. Aufl., Baltimore 2006.
Horn, J. *A Land As God Made It. Jamestown and the Birth of America*. New York 2005.
Kessell, J.L. *Pueblos, Spaniards, and the Kingdom of New Mexico*. Norman 2008.
Kupperman, K.O. (Hg.). *Major Problems in American Colonial History. Documents and Essays*. 3. Aufl., Boston 2011.
Lachenicht, S. (Hg.). *Europeans Engaging the Atlantic. Knowledge and Trade, 1500–1800*. Frankfurt/M. 2014.
Landsman, N.C. *Crossroads of Empire. The Middle Colonies in British North America*. Baltimore 2010.
Mann, C.C. *1493. Uncovering the New World Columbus Created*. New York 2011.
Morgan, E.S. *American Slavery, American Freedom. The Ordeal of Colonial Virginia*. New York 1975.
Morgan, P.D. *Slave Counterpoint. Black Culture in the Eighteenth-Century Chesapeake and Lowcountry*. Chapel Hill 1998.
Nash, G.B. *Red, White, and Black. The Peoples of Early North America*. 7. Aufl., Boston 2014.
Silver, T. *A New Face on the Countryside. Indians, Colonists, and Slaves in South Atlantic Forests, 1500–1800*. Cambridge 1990.
Taylor, A. *American Colonies*. New York 2001.
Thornton, J.K. *Africa and Africans in the Making of the Atlantic World, 1400–1800*. 2. Aufl., Cambridge 1998.
Ulrich, L.T. *The Age of Homespun. Objects and Stories in the Creation of an American Myth*. New York 2001.
Vickers, D. (Hg.). *A Companion to Colonial America*. Malden 2006.
Weber, D.J. *The Spanish Frontier in North America*. New Haven 1992.
Wellenreuther, H. *Ausbildung und Neubildung. Die Geschichte Nordamerikas vom Ausgang des 17. Jahrhunderts bis zum Ausbruch der Amerikanischen Revolution 1775*. Münster 2001.
Wellenreuther, H. *Niedergang und Aufstieg. Geschichte Nordamerikas vom Beginn der Besiedlung bis zum Ausgang des 17. Jahrhunderts*. 2. Aufl., Münster 2004.

4.3   Die Amerikanische Revolution

Albertone, M. u. A. de Francesco (Hg.). *Rethinking the Atlantic World. Europe and America in the Age of Democratic Revolutions*. Basingstoke 2009.
Armitage, D. *The Declaration of Independence. A Global History*. Cambridge 2007.
Bailyn, B. *The Ideological Origins of the American Revolution*. 2. Aufl., Cambridge 1992.
Beard, C.A. *An Economic Interpretation of the Constitution of the United States*. New York 1913.
Beeman, R., S. Botein u. E.C. Carter (Hg.). *Beyond Confederation. Origins of the Constitution and American National Identity*. Chapel Hill 1987.
Breen, T.H. *American Insurgents, American Patriots. The Revolution of the People*. New York 2010.
Breen, T.H. *The Marketplace of Revolution. How Consumer Politics Shaped American Independence*. New York 2004.

Brown, R.D. u. B.L. Carp (Hg). *Major Problems in the Era of the American Revolution, 1760–1791. Documents and Essays.* 3. Aufl., Boston 2014.
Calloway, C.G. *The American Revolution in Indian Country. Crisis and Diversity in Native American Communities.* Cambridge 1995.
Cogliano, F.D. *Revolutionary America, 1763–1815. A Political History.* 2. Aufl., New York 2009.
Cornell, S. *The Other Founders. Anti-Federalism and the Dissenting Tradition in America, 1788–1828.* Chapel Hill 1999.
Countryman, E. *The American Revolution.* 2. Aufl., New York 2003.
Dippel, H. *Die Amerikanische Revolution. 1763–1787.* Frankfurt/M. 1985.
Dowd, G.E. *War under Heaven. Pontiac, the Indian Nations, and the British Empire.* Baltimore 2002.
Ellis, J.J. *Sie schufen Amerika. Die Gründergeneration von John Adams bis George Washington.* München 2002.
Ellis, J.J. *Seine Exzellenz George Washington. Eine Biographie.* München 2005.
Fitz, K. *The American Revolution Remembered, 1830s to 1850s. Competing Images and Conflicting Narratives.* Heidelberg 2010.
Gundersen, J.R. *To Be Useful to the World. Women in Revolutionary America, 1740–1790.* 2. Aufl., Chapel Hill 2006.
Heideking, J. *Die Verfassung vor dem Richterstuhl. Vorgeschichte und Ratifizierung der amerikanischen Verfassung 1787–1791.* Berlin 1988.
Jasanoff, M. *Liberty's Exiles. American Loyalists in the Revolutionary World.* New York 2011.
Kerber, L.K. *Women of the Republic. Intellect and Ideology in Revolutionary America.* Chapel Hill 1980.
Klooster, W. *Revolutions in the Atlantic World. A Comparative History.* New York 2009.
Lerg, C.A. *Die Amerikanische Revolution.* Tübingen 2010.
Maier, P. *American Scripture. Making the Declaration of Independence.* New York 1997.
McConville, B. *The King's Three Faces. The Rise and Fall of Royal America, 1688–1776.* Chapel Hill 2006.
Middlekauff, R. *The Glorious Cause. The American Revolution, 1763–1789.* 2. Aufl., New York 2007.
Morgan, E.S. *American Slavery, American Freedom. The Ordeal of Colonial Virginia.* New York 1975.
Nash, G.B. *The Urban Crucible. Social Change, Political Consciousness, and the Origins of the American Revolution.* Cambridge 1979.
Nash, G.B. *The Unknown American Revolution. The Unruly Birth of Democracy and the Struggle to Create America.* New York 2005.
Norton, M.B. *Liberty's Daughters. The Revolutionary Experience of American Women, 1750–1800.* Boston 1980.
Rakove, J.N. *Original Meanings. Politics and Ideas in the Making of the Constitution.* New York 1996.
Royster, C. *A Revolutionary People at War. The Continental Army and American Character, 1775–1783.* Chapel Hill 1979.
Waldstreicher, D. *In the Midst of Perpetual Fetes. The Making of American Nationalism, 1776–1820.* Chapel Hill 1997.
Wellenreuther, H. *Von Chaos und Krieg zu Ordnung und Frieden. Der Amerikanischen Revolution erster Teil, 1775–1783.* Berlin 2006.
Wellenreuther, H., M. Gehrke u. M. Stange (Hg.). *The Revolution of the People. Thoughts and Documents on the Revolutionary Process in North America, 1774–1776.* Göttingen 2006.
Wood, G.S. *The Creation of the American Republic 1776–1787.* Chapel Hill 1969.
Wood, G.S. *The Radicalism of the American Revolution.* New York 1992.

Wood, G.S. *The American Revolution. A History.* New York 2002.
Woody, H. *Forced Founders. Indians, Debtors, Slaves, and the Making of the American Revolution in Virginia.* Chapel Hill 1999.
Young, A.F. *The Shoemaker and the Tea Party. Memory and the American Revolution.* Boston 1999.

4.4 Frühe Republik (1789–1861)

4.4.1 Gesamtdarstellungen

Elkins, S.M. u. E.L. McKitrick. *The Age of Federalism. The Early American Republic, 1788–1800.* New York 1993.
Feller, D. *The Jacksonian Promise. America, 1815–1840.* Baltimore 1995.
Finzsch, N. *Konsolidierung und Dissens. Nordamerika von 1800 bis 1865.* Münster 2005.
Freeman, J.B. *Affairs of Honor. National Politics in the New Republic.* New Haven 2001.
Howe, D.W. *What Hath God Wrought. The Transformation of America, 1815–1848.* New York 2007.
Reynolds, D.S. *Waking Giant. America in the Age of Jackson.* New York 2008.
Sharp, J.R. *American Politics in the Early Republic. The New Nation in Crisis.* New Haven 1993.
Wilentz, S. u. J.H. Earle (Hg.). *Major Problems in the Early Republic, 1787–1848. Documents and Essays.* 2. Aufl., Boston 2008.
Wilentz, S. *The Rise of American Democracy. Jefferson to Lincoln.* New York 2005.
Wood, G.S. *Empire of Liberty. A History of the Early Republic, 1789–1815.* Oxford 2009.

4.4.2 Expansion und Konsolidierung

Bauer, K.J. *The Mexican War, 1846–1848.* 2. Aufl., Lincoln 1992.
Clary, D.A. *Eagles and Empire. The United States, Mexico, and the Struggle for a Continent.* New York 2009.
Goetzmann, W.H. *When the Eagle Screamed. The Romantic Horizon in American Diplomacy, 1800–1860.* New York 1966.
Greenberg, A.S. *Manifest Manhood and the Antebellum American Empire.* Cambridge 2005.
Heidler, D.S. u. J.T. Heidler. *The Mexican War.* Westport 2006.
Hickey, D.R. *The War of 1812. A Forgotten Conflict.* Urbana 1989.
Horsman, R. *Race and Manifest Destiny. The Origins of American Racial Anglo-Saxonism.* Cambridge 1981.
Kukla, J. *A Wilderness So Immense. The Louisiana Purchase and the Destiny of America.* New York 2003.
Silbey, J.H. *Storm Over Texas. The Annexation Controversy and the Road to Civil War.* New York 2005.
Stagg, J.C.A. *Borderlines in Borderlands. James Madison and the Spanish-American Frontier, 1776–1821.* New Haven 2009.
Stagg, J.C.A. *The War of 1812. Conflict for a Continent.* Cambridge 2012.
Taylor, A. *The Civil War of 1812. American Citizens, British Subjects, Irish Rebels, and Indian Allies.* New York 2011.

4.4.3 Marktrevolution

Balleisen, E.J. *Navigating Failure. Bankruptcy and Commercial Society in Antebellum America.* Chapel Hill 2001.
Larson, J.L. *Internal Improvement. National Public Works and the Promise of Popular Government in the Early United States.* Chapel Hill 2001.
Larson, J.L. *The Market Revolution in America. Liberty, Ambition, and the Eclipse of the Common Good.* New York 2010.
Sellers, C. *The Market Revolution. Jacksonian America, 1815–1846.* New York 1991.
Sheriff, C. *The Artificial River. The Erie Canal and the Paradox of Progress, 1817–1862.* New York 1996.

4.4.4 Antebellum South

Berlin, I. *Generations of Captivity. A History of African-American Slaves.* Cambridge 2003.
Camp, S.M.H. *Closer to Freedom. Enslaved Women and Everyday Resistance in the Plantation South.* Chapel Hill 2004.
Dusinberre, W. *Them Dark Days. Slavery in the American Rice Swamps.* New York 1996.
Egerton, D.R. *Gabriel's Rebellion. The Virginia Slave Conspiracies of 1800 and 1802.* Chapel Hill 1993.
Fehrenbacher, D.E. u. W.M. McAfee. *The Slaveholding Republic. An Account of the United States Government's Relations to Slavery.* New York 2001.
Finkelman, P. (Hg.). *Slavery and the Law.* Madison 1997.
Follett, R.J. *The Sugar Masters. Planters and Slaves in Louisiana's Cane World, 1820–1860.* Baton Rouge 2005.
Fox-Genovese, E. u. E.D. Genovese. *The Mind of the Master Class. History and Faith in the Southern Slaveholders' Worldview.* New York 2005.
Fox-Genovese, E. u. E.D. Genovese. *Slavery in White and Black. Class and Race in the Southern Slaveholders' New World Order.* New York 2008.
Genovese, E.D. *Roll, Jordan, Roll. The World the Slaves Made.* 2. Aufl., New York 1974.
Greenberg, K.S. *Honor and Slavery. Lies, Duels, Noses, Masks, Dressing as a Woman, Gifts, Strangers, Humanitarianism, Death, Slave Rebellions, the Proslavery Argument, Baseball, Hunting, and Gambling in the Old South.* Princeton 1996.
Johnson, W. *Soul by Soul. Life Inside the Antebellum Slave Market.* Cambridge 1999.
Oakes, J. *The Ruling Race. A History of American Slaveholders.* New York 1998.
Smith, M.M. *Debating Slavery. Economy and Society in the Antebellum American South.* Cambridge 1998.
White, D.G. *Ar'n't I a Woman? Female Slaves in the Plantation South.* 2. Aufl., New York 1999.

4.4.5 Sozialer Wandel und Reform

Clark, C. *Social Change in America. From the Revolution through the Civil War.* Chicago 2006.
Dorsey, B. *Reforming Men and Women. Gender in the Antebellum City.* Ithaca 2006.
Dublin, T. *Women at Work. The Transformation of Work and Community in Lowell, Massachusetts, 1826-1860.* 2. Aufl., New York 1993.
Honeck, M. *We Are the Revolutionists. German-Speaking Immigrants and American Abolitionists after 1848.* Athens 2011.

Kelley, M. *Learning to Stand and Speak. Women, Education, and Public Life in America's Republic.* Chapel Hill 2006.
McCarthy, T.P. u. J. Stauffer (Hg.). *Prophets of Protest. Reconsidering the History of American Abolitionism.* New York 2006.
Mintz, S. *Moralists and Modernizers. America's Pre-Civil War Reformers.* Baltimore 1995.
Ortlepp, A. *»Auf denn, Ihr Schwestern!« Deutschamerikanische Frauenvereine in Milwaukee, Wisconsin, 1844–1914.* Stuttgart 2004.
Wellman, J. *The Road to Seneca Falls. Elizabeth Cady Stanton and the First Woman's Rights Convention.* Urbana 2004.
Wilentz, S. *Chants Democratic. New York City and the Rise of the American Working Class, 1788-1850.* 20th Anniversary Edition. New York 2004.

4.5   Bürgerkrieg und Reconstruction

Ashworth, J. *Slavery, Capitalism, and Politics in the Antebellum Republic.* 2 Bde. Cambridge 1995–2007.
Berlin, I. (Hg.). *Free at Last. A Documentary History of Slavery, Freedom, and the Civil War.* New York 1992.
Blight, D.W. *Race and Reunion. The Civil War in American Memory.* Cambridge 2001.
Brown, T.J. (Hg.). *Reconstructions. New Perspectives on the Postbellum United States.* Oxford 2006.
Donald, D.H. *Lincoln.* New York 1995.
Faust, D.G. *Mothers of Invention. Women of the Slaveholding South in the American Civil War.* Chapel Hill 1996.
Foner, E. *Reconstruction. America's Unfinished Revolution, 1863–1877.* New York 1988.
Foner, E. (Hg.). *Our Lincoln. New Perspectives on Lincoln and His World.* New York 2008.
Ford, L.K. (Hg.). *A Companion to the Civil War and Reconstruction.* Malden 2005.
Förster, S. u. J. Nagler (Hg.). *On the Road to Total War. The American Civil War and the German Wars of Unification, 1861–1871.* New York 1997.
Freehling, W.W. *The Road to Disunion.* 2 Bde. New York 1990–2007.
Gallagher, G.W. *The Union War.* Cambridge 2011.
Heidler, D.S. u. J.T. Heidler (Hg.). *Encyclopedia of the American Civil War. A Political, Social, and Military History.* 5 Bde. Santa Barbara 2000.
Hochgeschwender, M. *Der Amerikanische Bürgerkrieg.* München 2010.
Holt, M.F. *The Political Crisis of the 1850s.* New York 1978.
Keegan, J. *The American Civil War. A Military History.* New York 2009.
Levine, B.C. *Half Slave and Half Free. The Roots of Civil War.* 2. Aufl., New York 2005.
Litwack, L.F. *Been in the Storm So Long. The Aftermath of Slavery.* New York 1979.
Manning, C. *What This Cruel War Was Over. Soldiers, Slavery, and the Civil War.* New York 2007.
McPherson, J.M. *Battle Cry of Freedom. The Civil War Era.* New York 1988.
McPherson, J.M. *For Cause and Comrades. Why Men Fought in the Civil War.* Oxford 1997.
Nagler, J. *Abraham Lincoln. Amerikas großer Präsident. Eine Biographie.* München 2009.
Neely, M.E. *The Union Divided. Party Conflict in the Civil War North.* Cambridge 2002.
Perman, M. u. A.M. Taylor (Hg.). *Major Problems in the Civil War and Reconstruction. Documents and Essays.* 3. Aufl., Boston 2011.
Richards, L.L. *The Slave Power. The Free North and Southern Domination, 1780–1860.* Baton Rouge 2000.
Richardson, H.C. *The Death of Reconstruction. Race, Labor, and Politics in the Post-Civil War North, 1865–1901.* Cambridge 2001.
Royster, C. *The Destructive War. William Tecumseh Sherman, Stonewall Jackson, and the Americans.* New York 1991.

Sautter, U. *Der Amerikanische Bürgerkrieg 1861–1865.* Stuttgart 2009.
Schild, G. *Abraham Lincoln. Eine politische Biographie.* Paderborn 2009.
Silber, N. *Daughters of the Union. Northern Women Fight the Civil War.* Cambridge 2005.
Sinha, M. *The Counterrevolution of Slavery. Politics and Ideology in Antebellum South Carolina.* Chapel Hill 2000.
Smith, J.D. (Hg.). *Black Soldiers in Blue. African American Troops in the Civil War Era.* Chapel Hill 2002.
Smith, J.D. (Hg.). *When Did Southern Segregation Begin?* Boston 2002.
Trelease, A.W. *White Terror. The Ku Klux Klan Conspiracy and Southern Reconstruction.* New York 1971.
Varon, E.R. *Disunion! The Coming of the American Civil War, 1789–1859.* Chapel Hill 2008.
Vorenberg, M. *Final Freedom. The Civil War, the Abolition of Slavery, and the Thirteenth Amendment.* Cambridge 2001.
Wills, G. *Lincoln at Gettysburg. The Words That Remade America.* New York 1992.
Woodward, C.V. *The Strange Career of Jim Crow.* 3. Aufl., New York 1974.

4.6 Durchbruch der Industriellen Moderne, Gilded Age und Progressive Era

4.6.1 Gesamtdarstellungen

Buenker, J.D. u. J. Buenker (Hg.). *Encyclopedia of the Gilded Age and Progressive Era.* 3 Bde. Armonk 2005.
Edwards, R. *New Spirits. Americans in the »Gilded Age,« 1865–1905.* 3. Aufl., New York 2015.
Fink, L. (Hg.). *Major Problems in the Gilded Age and the Progressive Era. Documents and Essays.* 3. Aufl., Stamford 2015.
Lears, T.J.J. *Rebirth of a Nation. The Making of Modern America, 1877–1920.* New York 2009.
Painter, N.I. *Standing at Armageddon. The United States, 1877–1919.* New York 1987.

4.6.2 Industrialisierung und die Transformation des amerikanischen Kapitalismus

Beatty, J. *Age of Betrayal. The Triumph of Money in America, 1865–1900.* New York 2007.
Bensel, R.F. *The Political Economy of American Industrialization, 1877–1900.* Cambridge 2000.
Hoffer, W. *To Enlarge the Machinery of Government. Congressional Debates and the Growth of the American State, 1858–1891.* Baltimore 2007.
Hoganson, K.L. *Consumers' Imperium. The Global Production of American Domesticity, 1865–1920.* Chapel Hill 2007.
Matt, S.J. *Keeping Up With the Joneses. Envy in American Consumer Society, 1890–1930.* Philadelphia 2003.
Montgomery, D. *The Fall of the House of Labor. The Workplace, the State, and American Labor Activism, 1865–1925.* Cambridge 1987.
Pletcher, D.M. *The Diplomacy of Trade and Investment. American Economic Expansion in the Hemisphere, 1865–1900.* Columbia 1998.
Scranton, P. *Endless Novelty. Specialty Production and American Industrialization, 1865–1925.* Princeton 1997.
Sklar, M.J. *The Corporate Reconstruction of American Capitalism, 1890–1916. The Market, the Law, and Politics.* Cambridge 1988.

Voss, K. *The Making of American Exceptionalism. The Knights of Labor and Class Formation in the Nineteenth Century.* Ithaca 1993.
White, R. *Railroaded. The Transcontinentals and the Making of Modern America.* New York 2011.
Zunz, O. *Making America Corporate, 1870–1920.* Chicago 1990.

4.6.3 Sozialer Wandel und Reform

Beckert, S. *The Monied Metropolis. New York City and the Consolidation of the American Bourgeoisie, 1850–1896.* Cambridge 2001.
Buk-Swienty, T. *The Other Half. The Life of Jacob Riis and the World of Immigrant America.* New York 2008.
Dawley, A. *Changing the World. American Progressives in War and Revolution.* Princeton 2003.
Edwards, R. *Angels in the Machinery. Gender in American Party Politics from the Civil War to the Progressive Era.* New York 1997.
Elshtain, J.B. *Jane Addams and the Dream of American Democracy. A Life.* New York 2002.
Fink, L. *Progressive Intellectuals and the Dilemmas of Democratic Commitment.* Cambridge 1997.
Flanagan, M.A. *America Reformed. Progressives and Progressivisms, 1890s–1920s.* New York 2007.
Floyd, J. u.a. (Hg.). *Becoming Visible. Women's Presence in Late Nineteenth-Century America.* Amsterdam 2010.
Frankel, N. u. N.S. Dye (Hg.). *Gender, Class, Race, and Reform in the Progressive Era.* Lexington 1991.
Kloppenberg, J.T. *Uncertain Victory. Social Democracy and Progressivism in European and American Thought, 1870–1920.* New York 1986.
McGerr, M.E. *A Fierce Discontent. The Rise and Fall of the Progressive Movement in America, 1870–1920.* New York 2005.
Postel, C. *The Populist Vision.* Oxford 2007.
Rodgers, D.T. *Atlantic Crossings. Social Politics in a Progressive Age.* Cambridge 1998.
Schäfer, A.R. *American Progressives and German Social Reform, 1875–1920. Social Ethics, Moral Control, and the Regulatory State in a Transatlantic Context.* Stuttgart 2000.
Schmidt, J.D. *Industrial Violence and the Legal Origins of Child Labor.* Cambridge 2010.
Schneirov, R., S. Stromquist u. N. Salvatore (Hg.). *The Pullman Strike and the Crisis of the 1890s. Essays on Labor and Politics.* Urbana 1999.
Schüler, A. *Frauenbewegung und soziale Reform. Jane Addams und Alice Salomon im transatlantischen Dialog, 1889–1933.* Stuttgart 2004.
Smith, C. *Urban Disorder and the Shape of Belief. The Great Chicago Fire, the Haymarket Bomb, and the Model Town of Pullman.* 2. Aufl., Chicago 2007.
Southern, D.W. *The Progressive Era and Race. Reaction and Reform, 1900–1917.* Wheeling 2005.

4.6.4 Außenpolitik und Imperialismus

Clymer, K.J. *Protestant Missionaries in the Philippines, 1898–1916. An Inquiry into the American Colonial Mentality.* Urbana 1986.
Hannigan, R.E. *The New World Power. American Foreign Policy, 1898–1917.* Philadelphia 2002.
Hoganson, K.L. *Fighting for American Manhood. How Gender Politics Provoked the Spanish-American and Philippine-American Wars.* New Haven 1998.
Jacobson, M.F. *Barbarian Virtues. The United States Encounters Foreign Peoples at Home and Abroad, 1876–1917.* New York 2000.
Kaplan, A. *The Anarchy of Empire in the Making of U.S. Culture.* Cambridge 2002.

Kramer, P.A. The *Blood of Government. Race, Empire, the United States, and the Philippines.* Chapel Hill 2006.
LaFeber, W. *The American Search for Opportunity, 1865-1913.* Cambridge 1993.
LaFeber, W. *The New Empire. An Interpretation of American Expansion, 1860-1898.* 35th Anniversary Edition. Ithaca 1998.
Love, E.T.L. *Race over Empire. Racism and U.S. Imperialism, 1865-1900.* Chapel Hill 2004.
May, E.R. *American Imperialism. A Speculative Essay.* Chicago 1991.
Ninkovich, F.A. *The United States and Imperialism.* Malden 2001.
Nugent, W.T.K. *Habits of Empire. A History of American Expansion.* New York 2009.
Rosenberg, E.S. *Financial Missionaries to the World. The Politics and Culture of Dollar Diplomacy, 1900-1930.* Durham 2003.
Wehler, H.-U. *Der Aufstieg des amerikanischen Imperialismus. Studien zur Entwicklung des Imperium Americanum, 1865-1900.* 2. Aufl., Göttingen 1987.

4.7 Die USA im Ersten Weltkrieg

Ambrosius, L.E. *Wilsonianism. Woodrow Wilson and His Legacy in American Foreign Relations.* New York 2002.
Capozzola, C.J.N. *Uncle Sam Wants You. World War I and the Making of the Modern American Citizen.* Oxford 2008.
Cooper, Jr., J.M. *Breaking the Heart of the World. Woodrow Wilson and the Fight for the League of Nations.* Cambridge 2001.
Cooper, Jr., J.M. (Hg.). *Reconsidering Woodrow Wilson. Progressivism, Internationalism, War, and Peace.* Washington D.C. 2008.
Grotelueschen, M.E. *The AEF Way of War. The American Army and Combat in World War I.* Cambridge 2007.
Harries, M. u. S. Harries. *The Last Days of Innocence. America at War, 1917-1918.* New York 1997.
James, P. (Hg.). *Picture This. World War I Posters and Visual Culture.* Lincoln 2009.
Jensen, K. *Mobilizing Minerva. American Women in the First World War.* Urbana 2008.
Kennedy, D.M. *Over Here. The First World War and American Society.* 25th Anniversary Edition. Oxford 2004.
Knock, T.J. *To End All Wars. Woodrow Wilson and the Quest for a New World Order.* New York 1992.
Lentz-Smith, A. *Freedom Struggles. African Americans and World War I.* Cambridge 2009.
Patterson, D.S. *The Search for Negotiated Peace. Women's Activism and Citizen Diplomacy in World War I.* New York 2008.
Shenk, G.E. *»Work or Fight!« Race, Gender, and the Draft in World War One.* New York 2005.

4.8 Die USA zwischen den Weltkriegen (1918-1941)

4.8.1 Gesamtdarstellungen

Dumenil, L. *The Modern Temper. American Culture and Society in the 1920s.* New York 1995.
Goldberg, D.J. *Discontented America. The United States in the 1920s.* Baltimore 1999.
Gordon, C. (Hg.). *Major Problems in American History, 1920-1945. Documents and Essays.* 2. Aufl., Boston 2011.

Kennedy, D.M. *Freedom from Fear. The American People in Depression and War, 1929-1945.* New York 1999.
Palmer, N. *The Twenties in America. Politics and History.* Edinburgh 2006.
Shlaes, A. *The Forgotten Man. A New History of the Great Depression.* New York 2007.
Terkel, S. *Hard Times. An Oral History of the Great Depression.* New York 1970.
Watkins, T.H. *The Great Depression. America in the 1930s.* Boston 1993.

4.8.2 Sozialer und kultureller Wandel

Arnesen, E. *Black Protest and the Great Migration. A Brief History with Documents.* Boston 2003.
Blee, K.M. *Women of the Klan. Racism and Gender in the 1920s.* Berkeley 1991.
Corbould, C. *Becoming African Americans. Black Public Life in Harlem, 1919-1939.* Cambridge 2009.
Hawley E.W. *The Great War and the Search for a Modern Order. A History of the American People and Their Institutions, 1917-1933.* 2. Aufl., New York 1992.
Larson, E.J. *Summer for the Gods. The Scopes Trial and America's Continuing Debate Over Science and Religion.* New York 1997.
Latham, A.J. *Posing a Threat. Flappers, Chorus Girls, and Other Brazen Performers of the American 1920s.* Hanover 2000.
Leuchtenburg, W.E. *The Perils of Prosperity, 1914-1932.* 2. Aufl., Chicago 1993.
MacLean, N. *Behind the Mask of Chivalry. The Making of the Second Ku Klux Klan.* New York 1994.
Moran, J.P. *The Scopes Trial. A Brief History with Documents.* New York 2002.
Pegram, T.R. *One Hundred Percent American. The Rebirth and Decline of the Ku Klux Klan in the 1920s.* Chicago 2011.
Schneider, M.R. *We Return Fighting. The Civil Rights Movement in the Jazz Age.* Boston 2002.
Welskopp, T. *Amerikas große Ernüchterung. Eine Kulturgeschichte der Prohibition.* Paderborn 2010.

4.8.3 Great Depression und New Deal

Borgwardt, E. *A New Deal for the World. America's Vision for Human Rights.* Cambridge 2005.
Brands, H.W. *Traitor to His Class. The Privileged Life and Radical Presidency of Franklin Delano Roosevelt.* New York 2008.
Cohen, L. *Making a New Deal. Industrial Workers in Chicago, 1919-1939.* 2. Aufl., Cambridge 2008.
Dickstein, M. *Dancing in the Dark. A Cultural History of the Great Depression.* New York 2009.
Egan, T. *The Worst Hard Time. The Untold Story of Those Who Survived the Great American Dust Bowl.* Boston 2006.
Erenberg, L.A. *Swingin' the Dream. Big Band Jazz and the Rebirth of American Culture.* Chicago 1998.
Galbraith, J.K. *The Great Crash, 1929.* 3. Aufl., Boston 1972.
Katznelson, I. *Fear Itself. The New Deal and the Origins of Our Time.* New York 2013.
Kelley, R.D.G. *Hammer and Hoe. Alabama Communists During the Great Depression.* Chapel Hill 1990.
Lawson, R.A. *A Commonwealth of Hope. The New Deal Response to Crisis.* Baltimore 2006.
Sklaroff, L.R. *Black Culture and the New Deal. The Quest for Civil Rights in the Roosevelt Era.* Chapel Hill 2009.

Smith, J.S. *Building New Deal Liberalism. The Political Economy of Public Works, 1933–1956.* New York 2006.
Sullivan, P. *Days of Hope. Race and Democracy in the New Deal Era.* Chapel Hill 1996.
Westin, J.E. *Making Do. How Women Survived the '30s.* Chicago 1976.
Zieger, R.H. *The CIO, 1935–1955.* Chapel Hill 1995.

4.9 Die USA im Zweiten Weltkrieg

Arthur, M. (Hg.). *Forgotten Voices of World War II. A New History of World War II in the Words of the Men and Women Who Were There.* Guilford 2004.
Buruma, I. *Year Zero. A History of 1945.* New York 2013.
Doenecke, J.D. u. M.A. Stoler. *Debating Franklin D. Roosevelt's Foreign Policies, 1933–1945.* Lanham 2005.
Hastings, M. *Inferno. The World at War, 1939–1945.* New York 2011.
Hönicke Moore, M. *Know Your Enemy. The American Debate on Nazism, 1933–1945.* Cambridge 2010.
Kashima, T. *Judgment Without Trial. Japanese American Imprisonment During World War II.* Seattle 2003.
Lichtenstein, N. *Labor's War at Home. The CIO in World War II. With a New Introduction by the Author.* Philadelphia 2003.
Moye, J.T. *Freedom Flyers. The Tuskegee Airmen of World War II.* Oxford 2010.
Paton-Walsh, M. *Our War Too. American Women Against the Axis.* Lawrence 2002.
Rotter, A.J. *Hiroshima. The World's Bomb.* Oxford 2008.
Walker, J.S. *Prompt and Utter Destruction. Truman and the Use of Atomic Bombs against Japan.* 2. Aufl., Chapel Hill 2004.
Weinberg, G.L. *A World at Arms. A Global History of World War II.* 2. Aufl., Cambridge 2005.

4.10 Die USA im Kalten Krieg

4.10.1 Gesamtdarstellungen

Abrams, R.M. *America Transformed. Sixty Years of Revolutionary Change, 1941–2001.* New York 2006.
Agnew, J.-C. u. R. Rosenzweig (Hg.). *A Companion to Post-1945 America.* Malden 2002.
Bailey, B.L. u. D.R. Farber (Hg.). *America in the Seventies.* Lawrence 2004.
Berkowitz, E.D. *Something Happened. A Political and Cultural Overview of the Seventies.* New York 2006.
Borstelmann, T. *The 1970s. A New Global History from Civil Rights to Economic Inequality.* Princeton 2012.
Chafe, W.H. *The Unfinished Journey. America since World War II.* 8. Aufl., New York 2015.
Cohen, L. *A Consumer's Republic. The Politics of Mass Consumption in Postwar America.* New York 2003.
Collins, R.M. *More. The Politics of Economic Growth in Postwar America.* New York 2000.
Collins, R.M. *Transforming America. Politics and Culture in the Reagan Years.* New York 2007.
Ehrman, J. *The Eighties. America in the Age of Reagan.* New Haven 2005.
Farber, D.R. u. B.L. Bailey. *The Columbia Guide to America in the 1960s.* New York 2001.
Freeman, J.B. *American Empire. The Rise of a Global Power, the Democratic Revolution at Home, 1945–2000.* New York 2012.

Gosse, V. u. R.R. Moser (Hg.). *The World the Sixties Made. Politics and Culture in Recent America.* Philadelphia 2003.
Grantham, D.W. u. T. Maxwell-Long. *Recent America. The United States since 1945.* 3. Aufl., Wheeling 2011.
Hodgson, G. *More Equal Than Others. America from Nixon to the New Century.* Princeton 2004.
Hodgson, G. *America in Our Time. From World War II to Nixon – What Happened and Why.* 2. Aufl., Princeton 2005.
Patterson, J.T. *Grand Expectations. The United States, 1945-1974.* New York 1996.
Patterson, J.T. *Restless Giant. The United States from Watergate to Bush v. Gore.* New York 2005.
Schulman, B.J. *The Seventies. The Great Shift in American Culture, Society, and Politics.* New York 2001.
Whitfield, S.J. (Hg.). *A Companion to 20th-Century America.* Malden 2004.
Wilentz, S. *The Age of Reagan. A History, 1974-2008.* New York 2008.
Winkler, H.A. *Geschichte des Westens. Vom Kalten Krieg zum Mauerfall.* München 2014.
Zaretsky, N. u.a. (Hg.). *Major Problems in American History since 1945. Documents and Essays.* 4. Aufl., Stamford 2014.

4.10.2 Außenpolitik und Internationale Beziehungen während des Kalten Krieges

Allen, M.J. *Until the Last Man Comes Home. POWs, MIAs, and the Unending Vietnam War.* Chapel Hill 2009.
Anderson, D.L. *The Columbia History of the Vietnam War.* New York 2010.
Ball, S.J. *The Cold War. An International History, 1947-1991.* London 1998.
Beschloss, M.R. u. S. Talbott. *At the Highest Levels. The Inside Story of the End of the Cold War.* Boston 1993.
Borstelmann, T. *The Cold War and the Color Line. American Race Relations in the Global Arena.* Cambridge 2001.
Callanan, J. *Covert Action in the Cold War. US Policy, Intelligence, and CIA Operations.* London 2010.
Craig, C. u. F. Logevall. *America's Cold War. The Politics of Insecurity.* Cambridge 2009.
Dudziak, M.L. *Cold War Civil Rights. Race and the Image of American Democracy.* Princeton 2000.
Frey, M. *Geschichte des Vietnamkriegs. Die Tragödie in Asien und das Ende des Amerikanischen Traums.* 9. Aufl., München 2010.
Gaddis, J.L. *We Now Know. Rethinking Cold War History.* Oxford 1997.
Gaddis, J.L. *Der Kalte Krieg. Eine neue Geschichte.* 3. Aufl., München 2015.
Greiner, B. *Krieg ohne Fronten. Die USA in Vietnam.* Hamburg 2007.
Greiner, B., C.T. Müller u. D. Walter (Hg.). *Krisen im Kalten Krieg.* Hamburg 2008.
Herring, G.C. *America's Longest War. The United States and Vietnam, 1950-1975.* 5. Aufl., Boston 2014.
Immerman, R.H. u. P. Goedde (Hg.). *The Oxford Handbook of the Cold War.* Oxford 2013.
Junker, D. (Hg.). *Die USA und Deutschland im Zeitalter des Kalten Krieges, 1945-1990. Ein Handbuch.* 2 Bde. Stuttgart 2001.
LaFeber, W. *America, Russia, and the Cold War, 1945-2006.* 10. Aufl., Boston 2008.
Leffler, M.P. *A Preponderance of Power. National Security, the Truman Administration, and the Cold War.* Stanford 1992.
Leffler, M.P. *For the Soul of Mankind. The United States, the Soviet Union, and the Cold War.* New York 2007.

Leffler, M.P. u. O.A. Westad (Hg.). *The Cambridge History of the Cold War*. 3 Bde. Cambridge 2010.
Lehmkuhl, U. *Pax Anglo-Americana. Machtstrukturelle Grundlagen anglo-amerikanischer Asien- und Fernostpolitik in den 1950er Jahren*. München 1999.
Pierpaoli, Jr., P.G. *Truman and Korea. The Political Culture of the Early Cold War*. Columbia 1999.
Prados, J. *Vietnam. The History of an Unwinnable War, 1945–1975*. Lawrence 2009.
Sandler, S. *The Korean War. No Victors, No Vanquished*. Lexington 1999.
Small, M. *At the Water's Edge. American Politics and the Vietnam War*. Chicago 2005.

4.10.3 Liberaler Konsens und Konservative Reaktion

Anderson, T.H. *The Pursuit of Fairness. A History of Affirmative Action*. New York 2004.
Andrew, J.A. *Lyndon Johnson and the Great Society*. Chicago 1998.
Courtwright, D.T. *No Right Turn. Conservative Politics in a Liberal America*. Cambridge 2010.
Farber, D.R. *The Rise and Fall of Modern American Conservatism. A Short History*. Princeton 2010.
Genovese, M.A. u. I.W. Morgan (Hg.). *Watergate Remembered. The Legacy for American Politics*. New York 2012.
Haynes, J.E. u. H. Klehr. *In Denial. Historians, Communism & Espionage*. San Francisco 2003.
Humes, E. *Over Here. How the G.I. Bill Transformed the American Dream*. Orlando 2006.
Klarman, M.J. *From Jim Crow to Civil Rights. The Supreme Court and the Struggle for Racial Equality*. Oxford 2004.
Lowndes, J.E. *From the New Deal to the New Right. Race and the Southern Origins of Modern Conservatism*. New Haven 2008.
McGirr, L. *Suburban Warriors. The Origins of the New American Right*. 2. Aufl., Princeton 2015.
Micklethwait, J. u. A. Wooldridge. *The Right Nation. Conservative Power in America*. New York 2004.
Murray, C.A. *Coming Apart. The State of White America, 1960–2010*. New York 2012.
Newton, J. *Eisenhower. The White House Years*. New York 2011.
Olson, K.W. *Watergate. The Presidential Scandal That Shook America*. Lawrence 2003.
Phillips-Fein, K. *Invisible Hands. The Making of the Conservative Movement from the New Deal to Reagan*. New York 2009.
Savage, S.J. *JFK, LBJ, and the Democratic Party*. Albany 2004.
Schäfer, A.R. *Piety and Public Funding. Evangelicals and the State in Modern America*. Philadelphia 2012.
Schrecker, E. *Many Are the Crimes. McCarthyism in America*. Boston 1998.
Schrecker, E. *The Age of McCarthyism. A Brief History with Documents*. 2. Aufl., Boston 2002.
Storrs, L.R.Y. *The Second Red Scare and the Unmaking of the New Deal Left*. Princeton 2013.
Troy, G. *Morning in America. How Ronald Reagan Invented the 1980s*. Princeton 2005.

4.10.4 Sozialer und kultureller Wandel, Protest und Reform

Allyn, D. *Make Love, not War. The Sexual Revolution, an Unfettered History*. New York 2001.
Altschuler, G.C. *All Shook Up. How Rock 'n' Roll Changed America*. Oxford 2003.
Bailey, B.L. *Sex in the Heartland*. Cambridge 1999.
Brick, H. *Age of Contradiction. American Thought and Culture in the 1960s*. New York 1998.
Cashin, S. *The Failures of Integration. How Race and Class Are Undermining the American Dream*. New York 2004.
Chapman, R. u. J. Ciment (Hg.). *Culture Wars in America. An Encyclopedia of Issues, Viewpoints, and Voices*. 3 Bde. 2. Aufl., Armonk 2014.

Davis, B.J. u.a. (Hg.). *Changing the World, Changing Oneself. Political Protest and Collective Identities in West Germany and the U.S. in the 1960s and 1970s.* New York 2010.
Eisenbach, D. *Gay Power. An American Revolution.* New York 2006.
Fried, R.M. *The Russians Are Coming! The Russians Are Coming! Pageantry and Patriotism in Cold-War America.* New York 1998.
Gilcher-Holtey, I. *Die 68er Bewegung. Deutschland – Westeuropa – USA.* München 2001.
Hale, G.E. *A Nation of Outsiders. How the White Middle Class Fell in Love with Rebellion in Postwar America.* Oxford 2011.
Hunter, J.D. *Culture Wars. The Struggle to Define America.* New York 1991.
Klimke, M. *The Other Alliance. Student Protest in West Germany and the United States in the Global Sixties.* Princeton 2010.
Linenthal, E.T. u. T. Engelhardt (Hg.). *History Wars. The Enola Gay and Other Battles for the American Past.* New York 1996.
Meyerowitz, J.J. *Not June Cleaver. Women and Gender in Postwar America, 1945–1960.* Philadelphia 1994.
Schäfer, A.R. *Countercultural Conservatives. American Evangelicalism from the Postwar Revival to the New Christian Right.* Madison 2011.
Schäfer, A.R. (Hg.). *American Evangelicals and the 1960s.* Madison 2013.
Schlesinger, Jr., A.M. *The Disuniting of America. Reflections on a Multicultural Society.* 2. Aufl., New York 1998.
Skrentny, J.D. *The Minority Rights Revolution.* Cambridge 2002.
Sugrue, T.J. *The Origins of the Urban Crisis. Race and Inequality in Postwar Detroit.* Princeton 1996.

4.11 Die USA im 21. Jahrhundert

Bacevich, A.J. *The Limits of Power. The End of American Exceptionalism.* New York 2008.
Bierling, S. *Geschichte des Irakkriegs. Der Sturz Saddams und Amerikas Albtraum im Mittleren Osten.* München 2010.
Burke, J. *The 9/11 Wars.* London 2011.
Diamond, L.J. *Squandered Victory. The American Occupation and the Bungled Effort to Bring Democracy to Iraq.* New York 2005.
Dudziak, M.L. (Hg.). *September 11 in History. A Watershed Moment?* Durham 2003.
Evans, S.M. *Tidal Wave. How Women Changed America at Century's End.* New York 2003.
Falke, A. (Hg.). »Die Bush-Administration. Eine erste Bilanz.« Themenheft *Amerikastudien/ American Studies* 5.3 (2008), 283–485.
Filkins, D. *The Forever War.* New York 2008.
Fink, M. u. L. Mathias. *Never Forget. An Oral History of September 11, 2001.* New York 2002.
Greiner, B. *9/11. Der Tag, die Angst, die Folgen.* München 2011.
Keen, A. *The Internet Is Not the Answer.* London 2015.
Kloppenberg, J.T. *Reading Obama. Dreams, Hope, and the American Political Tradition.* Princeton 2011.
Krugman, P.R. *The Return of Depression Economics and the Crisis of 2008.* New York 2009.
Kuttner, R. *Obama's Challenge. America's Economic Crisis and the Power of a Transformative Presidency.* White River Junction 2008.
Lepore, J. *The Whites of Their Eyes. The Tea Party's Revolution and the Battle over American History.* Princeton 2010.
Mayer, J. *The Dark Side. The Inside Story of How the War on Terror Turned into a War on American Ideals.* New York 2008.
Melnick, J.P. *9/11 Culture. America under Construction.* Chichester 2009.

Meyerowitz, J. (Hg.). *History and September 11th.* Philadelphia 2003.
Murphy, D.E. *September 11. An Oral History.* New York 2002.
O'Neill, W.L. *A Bubble in Time. America during the Interwar Years, 1989–2001.* Chicago 2009.
Packer, G. *The Unwinding. An Inner History of the New America.* New York 2013.
Rodgers, D.T. *Age of Fracture.* Cambridge 2011.
Rubin, D. u. J. Verheul (Hg.) *American Multiculturalism after 9/11. Transatlantic Perspectives.* Amsterdam 2009.
Savage, C. *Takeover. The Return of the Imperial Presidency and the Subversion of American Democracy.* New York 2007.
Simpson, D. *9/11. The Culture of Commemoration.* Chicago 2006.
Skocpol, T. u. V. Williamson. *The Tea Party and the Remaking of Republican Conservatism.* New York 2012.
Stiglitz, J.E. *Freefall. America, Free Markets, and the Sinking of the World Economy.* New York 2010.
Tomsen, P. *The Wars of Afghanistan. Messianic Terrorism, Tribal Conflicts, and the Failures of Great Powers.* New York 2011.
Woodward, B. *Die Macht der Verdrängung. George W. Bush, das Weiße Haus und der Irak.* München 2007.

5 Themen

5.1 Native American History

Adams, D.W. *Education for Extinction. American Indians and the Boarding School Experience, 1875-1928.* Lawrence 1995.
Arens, W. u. H.-M. Braun. *Die Indianer Nordamerikas. Geschichte, Kultur, Religion.* München 2004.
Blackhawk, N. *Violence over the Land. Indians and Empires in the Early American West.* Cambridge 2006.
Blackhawk, N. *American Indians and the Study of U.S. History.* Washington 2012.
Calloway, C.G. *Our Hearts Fell to the Ground. Plains Indian Views of How the West Was Lost.* Boston 1996.
Calloway, C.G. *One Vast Winter Count. The Native American West before Lewis and Clark.* Lincoln 2003.
Deloria, P.J. u. N. Salisbury (Hg.). *A Companion to American Indian History.* Malden 2002.
Edmunds, R.D., F. Hoxie u. N. Salisbury. *The People. A History of Native America.* Boston 2007.
Feest, C.F. u.a. (Hg.). *Kulturen der nordamerikanischen Indianer.* Köln 2000.
Fixico, D.L. u. J. Axtell (Hg.). *Rethinking American Indian History.* Albuquerque 1997.
Hämäläinen, P. *The Comanche Empire.* New Haven 2008.
Hoxie, F.E. *A Final Promise. The Campaign to Assimilate the Indians, 1880-1920.* Lincoln 2001.
Hurtado, A.L. u.a. (Hg.). *Major Problems in American Indian History. Documents and Essays.* 3. Aufl., Boston 2015.
Läng, H. *Kulturgeschichte der Indianer Nordamerikas.* 8. Aufl., Göttingen 1994.
Lindig, W. u. M. Münzel. *Die Indianer. Band 1. Nordamerika. Von der Beringstraße bis zum Isthmus von Tehuantepec.* 6. Aufl., München 1994.
Nichols, R.L. *Indianer in Nordamerika. Die Geschichte der indianischen Völker von der Kolonialzeit bis heute.* Rheda-Wiedenbrück 2001.
Oberg, M.L. *Native America. A History.* Malden 2010.

Ostler, J. *The Plains Sioux and U.S. Colonialism from Lewis and Clark to Wounded Knee.* Cambridge 2004.
Richter, D.K. *The Ordeal of the Longhouse. The Peoples of the Iroquois League in the Era of European Colonization.* Chapel Hill 1992.
Richter, D.K. *Facing East from Indian Country. A Native History of Early America.* Cambridge 2001.
Smith, P.C. u. R.A. Warrior. *Like a Hurricane. The Indian Movement from Alcatraz to Wounded Knee.* New York 1996.
Sturtevant, W.C. (Hg.). *Handbook of North American Indians.* 20 Bde. Washington 1978–2008.
Trigger, B.G. u. W.E. Washburn (Hg.). *The Cambridge History of the Native Peoples of the Americas. Volume 1. North America.* Cambridge 1996.
Ulrich, R. *American Indian Nations from Termination to Restoration, 1953–2006.* Lincoln 2010.
Wilkinson, C.F. *Blood Struggle. The Rise of Modern Indian Nations.* New York 2005.

5.2 Außenpolitik und Internationale Beziehungen

Bender, T. *A Nation Among Nations. America's Place in World History.* New York 2006.
Bierling, S. *Geschichte der amerikanischen Außenpolitik. Von 1917 bis zur Gegenwart.* 3. Aufl., München 2007.
Cohen, W.I. *The Cambridge History of American Foreign Relations. Volume 4. America in the Age of Soviet Power, 1945–1991.* Cambridge 1993.
De Grazia, V. *Irresistible Empire. America's Advance Through Twentieth-Century Europe.* Cambridge 2005.
DeConde, A., R.D. Burns u. F. Logevall (Hg.). *Encyclopedia of American Foreign Policy.* 2. Aufl., New York 2002.
Dülffer, J. u. G. Niedhart (Hg.). *Frieden durch Demokratie? Genese, Wirkung und Kritik eines Deutungsmusters.* Essen 2011.
Ferguson, N. *Das verleugnete Imperium. Chancen und Risiken amerikanischer Macht.* Berlin 2004.
Gardner, L.C. *The Long Road to Baghdad. A History of U.S. Foreign Policy from the 1970s to the Present.* New York 2008.
Gardner, L.C. *Three Kings. The Rise of an American Empire in the Middle East after World War II.* New York 2009.
Gienow-Hecht, J.C.E. *Sound Diplomacy. Music and Emotions in Transatlantic Relations, 1850–1920.* Chicago 2009.
Herring, G.C. *From Colony to Superpower. U.S. Foreign Relations since 1776.* New York 2008.
Hoff, J. *A Faustian Foreign Policy from Woodrow Wilson to George W. Bush. Dreams of Perfectibility.* Cambridge 2008.
Hogan, M.J. (Hg.). *Ambiguous Legacy. U.S. Foreign Relations in the »American Century.«* Cambridge 1999.
Hogan, M.J. *Paths to Power. The Historiography of American Foreign Relations to 1941.* New York 2000.
Hogan, M.J. u. T.G. Paterson (Hg.). *Explaining the History of American Foreign Relations.* 2. Aufl., Cambridge 2004.
Hunt, M.H. *Ideology and U.S. Foreign Policy.* New Haven 1987.
Iriye, A. *The Cambridge History of American Foreign Relations. Volume 3. Globalizing of America, 1913-1945.* Cambrige 1993.
Junker, D. *Power and Mission. Was Amerika antreibt.* Freiburg i.Br. 2003.
Kinzer, S. *Overthrow. America's Century of Regime Change from Hawaii to Iraq.* New York 2006.

LaFeber, W. *The Cambridge History of American Foreign Relations. Volume 2. American Search for Opportunity, 1865-1913.* Cambridge 1993.
Latham, M.E. *The Right Kind of Revolution. Modernization, Development, and U.S. Foreign Policy from the Cold War to the Present.* Ithaca 2011.
Lundestad, G. *The United States and Western Europe since 1945. From »Empire« by Invitation to Transatlantic Drift.* Oxford 2003.
Maier, C.S. *Among Empires. American Ascendancy and Its Predecessors.* Cambridge 2006.
Manela, E. *The Wilsonian Moment. Self-Determination and the International Origins of Anticolonial Nationalism.* New York 2007.
Mart, M. *Eye on Israel. How America Came to View Israel as an Ally.* Albany 2006.
McDougall, W.A. *Promised Land, Crusader State. The American Encounter with the World since 1776.* New York 1997.
Merrill, D. u. T.G. Paterson (Hg.). *Major Problems in American Foreign Relations. Documents and Essays.* 2 Bde. 7. Aufl., Boston 2010.
Münkler, H. *Imperien. Die Logik der Weltherrschaft. Vom Alten Rom bis zu den Vereinigten Staaten.* Berlin 2005.
Münkler, H. *Die Neuen Kriege.* 4. Aufl., Reinbek b. Hamburg 2010.
Ninkovich, F.A. *The Wilsonian Century. U.S. Foreign Policy since 1900.* Chicago 1999.
Perkins, B. *The Cambridge History of American Foreign Relations. Volume 1. Creation of a Republican Empire, 1776-1865.* Cambridge 1993.
Perlmutter, A. *Making the World Safe for Democracy. A Century of Wilsonianism and Its Totalitarian Challengers.* Chapel Hill 1997.
Rosenberg, E.S. *Spreading the American Dream. American Economic and Cultural Expansion, 1890-1945.* New York 1982.
Schild, G. (Hg.). *The American Experience of War.* Paderborn 2010.
Schulzinger, R.D. (Hg.) *A Companion to American Foreign Relations.* Malden 2003.
Schwabe, K. *Weltmacht und Weltordnung. Amerikanische Außenpolitik von 1898 bis zur Gegenwart. Eine Jahrhundertgeschichte.* 3. Aufl., Paderborn 2011.
Smith, T. *America's Mission. The United States and the Worldwide Struggle for Democracy in the Twentieth Century.* Princeton 1994.
Stephan, A. (Hg.). *The Americanization of Europe. Culture, Diplomacy, and Anti-Americanism after 1945.* New York 2006.
Tooze, J.A. *Sintflut. Die Neuordnung der Welt 1916-1931.* München 2015.
Tyrrell, I. *Transnational Nation. United States History in Global Perspective since 1789.* 2. Aufl., New York 2015.

5.3 Rechts- und Verfassungsgeschichte

Belknap, M.R. *The Supreme Court under Earl Warren, 1953-1969.* Columbia 2005.
Berg, M., S. Kapsch u. F. Streng (Hg.). *Criminal Justice in the United States and Germany. History, Modernization, and Reform = Strafrecht in den Vereinigten Staaten und Deutschland. Geschichte und neuere Entwicklungen.* Heidelberg 2006.
Berg, M. *Lynchjustiz in den USA.* Hamburg 2014.
Dippel, H. (Hg.). *Constitutional Documents of the United States of America 1776-1860.* 8 Bde. München 2006.
Friedman, L.M. *Law in America. A Short History.* New York 2002.
Hall, K.L. (Hg.). *The Oxford Companion to American Law.* New York 2002.
Hall, K.L. u. T.S. Huebner (Hg.). *Major Problems in American Constitutional History. Documents and Essays.* 2. Aufl., Boston 2010.

Hoffer, P.C., W. Hoffer u. N.E.H. Hull. *The Supreme Court. An Essential History.* Lawrence 2007.
Kramer, L.D. *The People Themselves. Popular Constitutionalism and Judicial Review.* New York 2004.
Martschukat, J. *Geschichte der Todesstrafe in Nordamerika. Von der Kolonialzeit bis zur Gegenwart.* München 2002.
Sarat, A. u. J. Martschukat (Hg.). *Is the Death Penalty Dying? European and American Perspectives.* New York 2011.
Wellenreuther, H. u. C. Schnurmann (Hg.). *Die amerikanische Verfassung und deutschamerikanisches Verfassungsdenken. Ein Rückblick über 200 Jahre.* New York 1991.
Zelizer, J.E. u. B.J. Schulman. *The Constitution and Public Policy in U.S. History.* University Park 2009.

5.4 Wirtschafts- und Sozialgeschichte

Appleby, J.O. *The Relentless Revolution. A History of Capitalism.* New York 2010.
Boris, E. u. N. Lichtenstein (Hg.). *Major Problems in the History of American Workers. Documents and Essays.* 2. Aufl., Boston 2003.
Engerman, S.L. u. R.E. Gallman (Hg.). *The Cambridge Economic History of the United States.* 3 Bde. Cambridge 1996–2000.
Galbraith, J.K. *The Affluent Society.* Boston 1958.
Hughes, J.R.T. u. L.P. Cain. *American Economic History.* 8. Aufl., Boston 2011.
Lichtenstein, N. *The Retail Revolution. How Wal-Mart Created a Brave New World of Business.* New York 2009.
Lichtenstein, N. *State of the Union. A Century of American Labor.* 2. Aufl., Princeton 2013.
Lipset, S.M. u. G. Marks. *It Didn't Happen Here. Why Socialism Failed in the United States.* New York 2001.
Puth, R.C. *American Economic History.* 3. Aufl., Fort Worth 1993.
Roediger, D.R. *The Wages of Whiteness. Race and the Making of the American Working Class.* 2. Aufl., London 2007.
Saxton, A. *The Indispensable Enemy. Labor and the Anti-Chinese Movement in California.* Berkely 1995.
Stein, J. *Pivotal Decade. How the United States Traded Factories for Finance in the Seventies.* New Haven 2010.

5.5 Migrationsgeschichte

Bailyn, B. *The Peopling of British North America. An Introduction.* New York 1986.
Bailyn, B. *The Barbarous Years. The Peopling of British North America. The Conflict of Civilizations, 1600–1675.* New York 2012.
Bailyn, B. u. B. DeWolfe. *Voyagers to the West. A Passage in the Peopling of America on the Eve of the Revolution.* New York 1986.
Chan, S. (Hg.). *Chinese American Transnationalism. The Flow of People, Resources, and Ideas between China and America during the Exclusion Era.* Philadelphia 2006.
Daniels, R. *Coming to America. A History of Immigration and Ethnicity in American Life.* 2. Aufl., New York 2002.
Daniels, R. *Guarding the Golden Door. American Immigration Policy and Immigrants since 1882.* New York 2004.

Gabaccia, D.R. u. F.M. Ottanelli (Hg.). *Italian Workers of the World. Labor Migration and the Formation of Multiethnic States.* Urbana 2001.
Gallman, J.M. *Receiving Erin's Children. Philadelphia, Liverpool, and the Irish Famine Migration, 1845–1855.* Chapel Hill 2000.
Grabbe, H.-J. *Vor der großen Flut. Die europäische Migration in die Vereinigten Staaten von Amerika 1783–1820.* Stuttgart 2001.
Hamm, M., M. Henker u. E. Brockhoff. *Good Bye Bayern, Grüss Gott America. Auswanderung aus Bayern nach Amerika seit 1683.* Darmstadt 2004.
Handlin, O. *The Uprooted. The Epic Story of the Great Migrations that Made the American People.* 2. Aufl., Philadelphia 2001.
Helbich, W.J. u. W.D. Kamphoefner (Hg.). *German-American Immigration and Ethnicity in Comparative Perspective.* Madison 2004.
Higham, J. *Strangers in the Land. Patterns of American Nativism, 1860–1925.* 2. Aufl., New Brunswick 2002.
Hoerder, D. u. J. Nagler (Hg.). *People in Transit. German Migrations in Comparative Perspective, 1820–1930.* New York 1995.
Jacobson, M.F. *Whiteness of a Different Color. European Immigrants and the Alchemy of Race.* Cambridge 1998.
Klemke, U. *Die deutsche politische Emigration nach Amerika 1815–1848. Biografisches Lexikon.* Frankfurt/M. 2007.
Lee, E. *At America's Gates. Chinese Immigration during the Exclusion Era, 1882–1943.* Chapel Hill 2003.
Ngai, M.M. *Impossible Subjects. Illegal Aliens and the Making of Modern America.* Princeton 2004.
Ngai, M.M. u. J. Gjerde (Hg.). *Major Problems in American Immigration History. Documents and Essays.* 2. Aufl., Boston 2013.
Roediger, D.R. *Working toward Whiteness. How America's Immigrants Became White. The Strange Journey from Ellis Island to the Suburbs.* New York 2005.
Spickard, P.R. (Hg.). *Race and Immigration in the United States. New Histories.* New York 2012.
Ueda, R. (Hg.). *A Companion to American Immigration.* Malden 2006.
Zolberg, A.R. *A Nation by Design. Immigration Policy in the Fashioning of America.* New York 2006.

5.6 African American History

Astor, G. *The Right to Fight. A History of African Americans in the Military.* Novato 1998.
Berg, M. *The Ticket to Freedom. The NAACP and the Struggle for Black Political Integration.* Gainesville 2005.
Berlin, I. *Many Thousands Gone. The First Two Centuries of Slavery in North America.* Cambridge 1998.
Eltis, D., F.D. Lewis u. K.L. Sokoloff (Hg.). *Slavery in the Development of the Americas.* Cambridge 2004.
Finkelman, P. (Hg.). *Encyclopedia of African American History, 1619-1895. From the Colonial Period to the Age of Frederick Douglass.* 3 Bde. New York 2006.
Finkelman, P. (Hg.). *Encyclopedia of African American History, 1896 to the Present. From the Age of Segregation to the Twenty-First Century.* 5 Bde. New York 2009.
Finzsch, N., J.O. Horton u. L.E. Horton. *Von Benin nach Baltimore. Die Geschichte der African Americans.* Hamburg 1999.
Fogel, R.W. *Without Consent or Contract. The Rise and Fall of American Slavery.* New York 1989.
Gilmore, G.E. *Defying Dixie. The Radical Roots of Civil Rights, 1919–1950.* New York 2008.

Grant, C. *Negro with a Hat. The Rise and Fall of Marcus Garvey and His Dream of Mother Africa.* London 2008.
Greene, C. *Our Separate Ways. Women and the Black Freedom Movement in Durham, North Carolina.* Chapel Hill 2005.
Hahn, S. *A Nation under Our Feet. Black Political Struggles in the Rural South from Slavery to the Great Migration.* Cambridge 2003.
Holt, T.C. u. E.B. Brown (Hg.). *Major Problems in African-American History. Documents and Essays.* 2 Bde. Boston 2000.
Holt, T.C. *Children of Fire. A History of African Americans.* New York 2010.
Hornsby, A. (Hg.). *A Companion to African American History.* Malden 2005.
Horton, J.O. u. L.E. Horton. *In Hope of Liberty. Culture, Community, and Protest among Northern Free Blacks, 1700-1860.* New York 1997.
Hunter, T.W. *To 'Joy My Freedom. Southern Black Women's Lives and Labors after the Civil War.* Cambridge 1997.
Joseph, P.E. *Waiting 'til the Midnight Hour. A Narrative History of Black Power in America.* New York 2006.
Klein, H.S. *The Atlantic Slave Trade.* 2. Aufl., Cambridge 2010.
Kolchin, P. *American Slavery, 1619-1877.* 2. Aufl., New York 2003.
Kruse, K.M. u. S. Tuck (Hg.). *Fog of War. The Second World War and the Civil Rights Movement.* New York 2012.
Lewis, D.L. *W.E.B. Du Bois. Biography of a Race, 1868-1919.* New York 1993.
Lewis, D.L. *W.E.B. Du Bois. The Fight for Equality and the American Century, 1919-1963.* New York 2000.
Litwack, L.F. *Trouble in Mind. Black Southerners in the Age of Jim Crow.* New York 1998.
Meissner, J., U. Mücke u. K. Weber. *Schwarzes Amerika. Eine Geschichte der Sklaverei.* München 2008.
Miller, R.M. u. J.D. Smith (Hg.). *Dictionary of Afro-American Slavery.* 2. Aufl., Westport 1997.
Nash, G.B. *Forging Freedom. The Formation of Philadelphia's Black Community, 1720-1840.* Cambridge 1988.
Norrell, R.J. *Up from History. The Life of Booker T. Washington.* Cambridge 2009.
Payne, C.M. *I've Got the Light of Freedom. The Organizing Tradition and the Mississippi Freedom Struggle.* 2. Aufl., Berkeley 2007.
Raboteau, A.J. *Slave Religion. The »Invisible Institution« in the Antebellum South.* 2. Aufl., New York 2004.
Schneider, M.R. *We Return Fighting. The Civil Rights Movement in the Jazz Age.* Boston 2002.
Sitkoff, H. *The Struggle for Black Equality, 1954-1992.* 2. Aufl., New York 1993.
Sitkoff, H. *King. Pilgrimage to the Mountaintop.* New York 2008.
Smith, M.M. (Hg.). *Slavery in North America. From the Colonial Period to Emancipation.* 4 Bde. London 2008.
Stuckey, S. *Slave Culture. Nationalist Theory and the Foundations of Black America.* New York 1987.
Sugrue, T.J. *Sweet Land of Liberty. The Forgotten Struggle for Civil Rights in the North.* New York 2008.
Tuck, S.G.N. *We Ain't What We Ought to Be. The Black Freedom Struggle from Emancipation to Obama.* Cambridge 2010.
Waldschmidt-Nelson, B. *Martin Luther King, Malcolm X.* Frankfurt/M. 2000.
Waldschmidt-Nelson, B. *Malcolm X. Der schwarze Revolutionär.* München 2015.
Wendt, S. *The Spirit and the Shotgun. Armed Resistance and the Struggle for Civil Rights.* Gainesville 2007.
Woodward, C.V. *The Strange Career of Jim Crow.* 3. Aufl., New York 1974.

5.7 Ethnien

Acuña, R. *Occupied America. A History of Chicanos.* 8. Aufl., Boston 2015.
Bayor, R.H. (Hg.). *Race and Ethnicity in America. A Concise History.* New York 2003.
Brodkin, K. *How Jews Became White Folks and What That Says About Race in America.* New Brunswick 1998.
Cohen, D. *Braceros. Migrant Citizens and Transnational Subjects in the Postwar United States and Mexico.* Chapel Hill 2010.
Foner, N. u. G.M. Frederickson (Hg.). *Not Just Black and White. Historical and Contemporary Perspectives on Immigration, Race, and Ethnicity in the United States.* New York 2004.
Guglielmo, T.A. *White on Arrival. Italians, Race, Color, and Power in Chicago, 1890–1945.* New York 2003.
Gutiérrez, D.G. *Walls and Mirrors. Mexican Americans, Mexican Immigrants, and the Politics of Ethnicity.* Berkely 1995.
Helbich, W.J. (Hg.). *Deutsche im Amerikanischen Bürgerkrieg. Briefe von Front und Farm 1861–1865.* Paderborn 2002.
Ignatiev, N. *How the Irish Became White.* New York 1995.
Jung, M.-H. *Coolies and Cane. Race, Labor, and Sugar in the Age of Emancipation.* Baltimore 2006.
Kazal, R.A. *Becoming Old Stock. The Paradox of German-American Identity.* Princeton 2004.
Pfaelzer, J. *Driven Out. The Forgotten War against Chinese Americans.* New York 2007.
Pitti, S.J. *The Devil in Silicon Valley. Northern California, Race, and Mexican Americans.* Princeton 2003.
Spickard, P.R. *Almost All Aliens. Immigration, Race, and Colonialism in American History and Identity.* New York 2007.
Telles, E.E. u. V. Ortiz. *Generations of Exclusion. Mexican Americans, Assimilation, and Race.* New York 2008.

5.8 Gender History

Baker, J.H. (Hg.). *Votes for Women. The Struggle for Suffrage Revisited.* Oxford 2002.
Bederman, G. *Manliness and Civilization. A Cultural History of Gender and Race in the United States, 1880-1917.* Chicago 1995.
Block, S., R.M. Alexander u. M.B. Norton (Hg.). *Major Problems in American Women's History. Documents and Essays.* 5. Aufl., Stamford 2014.
Bronski, M. *A Queer History of the United States.* Boston 2011.
Celello, K. *Making Marriage Work. A History of Marriage and Divorce in the Twentieth-Century United States.* Chapel Hill 2009.
Chauncey, G. *Gay New York. Gender, Urban Culture, and the Making of the Gay Male World, 1890–1940.* New York 1994.
Clark, D.A. *Creating the College Man. American Mass Magazines and Middle-Class Manhood, 1890–1915.* Madison 2010.
Coontz, S. (Hg.). *American Families. A Multicultural Reader.* 2. Aufl., New York 2008.
Coontz, S. *A Strange Stirring. The Feminine Mystique and American Women at the Dawn of the 1960s.* New York 2011.
Cott, N.F. *Public Vows. A History of Marriage and the Nation.* Cambridge 2000.
D'Emilio, J. *The World Turned. Essays on Gay History, Politics, and Culture.* Durham 2002.
Eisenbach, D. *Gay Power. An American Revolution.* New York 2006.
Flexner, E. u. E.F. Fitzpatrick. *Century of Struggle. The Woman's Rights Movement in the United States.* 2. Aufl., Cambridge 1996.

Gilbert, J.B. *Men in the Middle. Searching for Masculinity in the 1950s.* Chicago 2005.
Gilmore, G.E. *Gender and Jim Crow. Women and the Politics of White Supremacy in North Carolina, 1896-1920.* Chapel Hill 1996.
Ginzberg, L.D. *Untidy Origins. A Story of Woman's Rights in Antebellum New York.* Chapel Hill 2005.
Hewitt, N.A. (Hg.). *A Companion to American Women's History.* Malden 2002.
Hine, D.C. *Black Women in America.* 3 Bde. 2. Aufl., Oxford 2005.
Hine, D.C. u. K. Thompson. *A Shining Thread of Hope. The History of Black Women in America.* New York 1998.
Hodes, M. *White Women, Black Men. Illicit Sex in the Nineteenth-Century South.* New Haven 1997.
Hoffert, S.D. *A History of Gender in America. Essays, Documents, and Articles.* Upper Saddle River 2003.
Jones, J. *Labor of Love, Labor of Sorrow. Black Women, Work, and the Family, from Slavery to the Present.* 2. Aufl., New York 2010.
Kerber, L.K., A. Kessler-Harris u. K.K. Sklar (Hg.). *U.S. History as Women's History. New Feminist Essays.* Chapel Hill 1995.
Kessler-Harris, A. *In Pursuit of Equity. Women, Men, and the Quest for Economic Citizenship in 20th Century America.* New York 2001.
Kimmel, M.S. *Manhood in America. A Cultural History.* 3. Aufl., New York 2012.
Ling, H. *Surviving on the Gold Mountain. A History of Chinese American Women and Their Lives.* Albany 1998.
Lyons, C.A. *Sex among the Rabble. An Intimate History of Gender and Power in the Age of Revolution, Philadelphia, 1730–1830.* Chapel Hill 2006.
Martschukat, J. *Die Ordnung des Sozialen. Väter und Familien in der amerikanischen Geschichte seit 1770.* Frankfurt/M. 2013.
Martschukat, J. u. O. Stieglitz (Hg.). *Väter, Soldaten, Liebhaber. Männer und Männlichkeiten in der Geschichte Nordamerikas. Ein Reader.* Bielefeld 2007.
Mead, R.J. *How the Vote Was Won. Woman Suffrage in the Western United States, 1868–1914.* New York 2004.
Peiss, K.L. (Hg.). *Major Problems in the History of American Sexuality. Documents and Essays.* Boston 2002.
Rosen, R. *The World Split Open. How the Modern Women's Movement Changed America.* New York 2000.
Ruíz, V.L. *From out of the Shadows. Mexican Women in Twentieth-Century America.* 10th Anniversary Edition. New York 2008.
Summers, M.A. *Manliness and Its Discontents. The Black Middle Class and the Transformation of Masculinity, 1900-1930.* Chapel Hill 2004.
Ulrich, L.T. *A Midwife's Tale. The Life of Martha Ballard, Based on Her Diary, 1785–1812.* New York 1990.
Weiss, J. *To Have and to Hold. Marriage, the Baby Boom, and Social Change.* Chicago 2000.

5.9 Geschichte Neuenglands

Bercovitch, S. *The Puritan Origins of the American Self.* New Haven 1975.
Gross, R.A. *The Minutemen and Their World.* 25th Anniversary Edition. New York 2001.
Feintuch, B. u. D.H. Watters (Hg.). *The Encyclopedia of New England. The Culture and History of an American Region.* New Haven 2005.
Judd, R.W. *Second Nature. An Environmental History of New England.* Amherst 2014.

Miller, P. *Errand into the Wilderness.* Cambridge 1956.
Miller, P. *The New England Mind. From Colony to Province.* Cambridge 1953.
Temin, P. (Hg.). *Engines of Enterprise. An Economic History of New England.* Cambridge 2000.

5.10 Geschichte des Südens

Ayers, E.L. *The Promise of the New South. Life after Reconstruction. 15th Anniversary Edition.* New York 2007.
Dailey, J., G.E. Gilmore u. B. Simon (Hg.). *Jumpin' Jim Crow. Southern Politics from Civil War to Civil Rights.* Princeton 2000.
Davis, D.E. *Southern United States. An Environmental History.* Santa Barbara 2006.
Kolchin, P. *A Sphinx on the American Land. The Nineteenth-Century South in Comparative Perspective.* Baton Rouge 2003.
Lowndes, J.E. *From the New Deal to the New Right. Race and the Southern Origins of Modern Conservatism.* New Haven 2008.
McMillen, S.G. u.a. (Hg.). *Major Problems in the History of the American South. Documents and Essays.* 3. Aufl., Boston 2012.
Perman, M. *Struggle for Mastery. Disfranchisement in the South, 1888-1908.* Chapel Hill 2001.
Wilson, C.R. (Hg.). *The New Encyclopedia of Southern Culture.* 23 Bde. Chapel Hill 2006–2013.
Woodward, C.V. *Origins of the New South, 1877–1913.* Baton Rouge 1951.

5.11 Geschichte der Frontier und des Westens

Deverell, W. *A Companion to the American West.* Malden 2004.
Etulain, R.W. (Hg.). *Does the Frontier Experience Make America Exceptional?* Boston 1999.
Hine, R.V. u. J.M. Faragher. *Frontiers. A Short History of the American West.* New Haven 2007.
Limerick, P.N. *The Legacy of Conquest. The Unbroken Past of the American West.* New York 1987.
Limerick, P.N., C.A. Milner u. C.E. Rankin (Hg.). *Trails. Toward a New Western History.* Lawrence 1991.
Milner, C.A., A.M. Butler u. D.R. Lewis (Hg.). *Major Problems in the History of the American West. Documents and Essays.* 2. Aufl., Boston 1997.
Milner, C.A., C.A. O'Connor u. M.A. Sandweiss (Hg.). *The Oxford History of the American West.* New York 1994.
Waechter, M. *Die Erfindung des amerikanischen Westens. Die Geschichte der Frontier-Debatte.* Freiburg i.Br. 1996.
White, R. *»It's Your Misfortune and None of My Own.« A History of the American West.* Norman 1991.
Worster, D. *Under Western Skies. Nature and History in the American West.* New York 1992.

5.12 Urban History

Bernard, R.M. u. B.R. Rice. *Sunbelt Cities. Politics and Growth Since World War II.* Austin 1983.
Biles, R. *The Fate of Cities. Urban America and the Federal Government, 1945-2000.* Lawrence 2011.
Boehm, L.K. u. S.H. Corey. *America's Urban History.* New York 2015.
Chudacoff, H.P u. P.C. Baldwin (Hg.). *Major Problems in American Urban and Suburban History. Documents and Essays.* Boston 2005.

Cronon, W. *Nature's Metropolis. Chicago and the Great West.* New York 1991.
Jackson, K.T. *Crabgrass Frontier. The Suburbanization of the United States.* New York 1985.
Lassiter, M.D. *The Silent Majority. Suburban Politics in the Sunbelt South.* Princeton 2006.
Shumsky, N.L. *Encyclopedia of Urban America. The Cities and Suburbs.* Santa Barbara 1998.

5.13 Umweltgeschichte

Biel, S. (Hg.). *American Disasters.* New York 2001.
Black, B. u. D.L. Lybecker. *Great Debates in American Environmental History.* 2 Bde. Wesport 2008.
Cronon, W. *Changes in the Land. Indians, Colonists, and the Ecology of New England.* 2. Aufl., New York 2003.
Hays, S.P. *A History of Environmental Politics since 1945.* Pittsburgh 2000.
Lehmkuhl, U. u. H. Wellenreuther (Hg.). *Historians and Nature. Comparative Approaches to Environmental History.* Oxford 2007.
Merchant, C. (Hg.). *Major Problems in American Environmental History. Documents and Essays.* 3. Aufl., Boston 2012.
Merchant, C. *American Environmental History. An Introduction.* New York 2007.
Sackman, D.C. (Hg.). *A Companion to American Environmental History.* Chichester 2010.
Steinberg, T. *Down to Earth. Nature's Role in American History.* 3. Aufl., New York 2013.
Wellock, T.R. *Preserving the Nation. The Conservation and Environmental Movements, 1870-2000.* Wheeling 2007.
Worster, D. *Dust Bowl. The Southern Plains in the 1930s. 25th Anniversary Edition.* New York 2004.

5.14 Religionsgeschichte

Albanese, C.L. *America, Religions and Religion.* 5. Aufl., Belmont 2013.
Allitt, P. (Hg.). *Major Problems in American Religious History. Documents and Essays.* 2. Aufl., Boston 2013.
Carwardine, R.J. *Evangelicals and Politics in Antebellum America.* New Haven 1993.
Corrigan, J. u. W.S. Hudson. *Religion in America. An Historical Account of the Development of American Religious Life.* 8. Aufl., Upper Saddle River 2010.
Depkat, V. u. J. Martschukat (Hg.). *Religion and Politics in Europe and the United States. Transnational Historical Approaches.* Washington 2013.
Eck, D.L. *A New Religious America. How a »Christian Country« Has Now Become the World's Most Religiously Diverse Nation.* San Francisco 2001.
Hamburger, P. *Separation of Church and State.* Cambridge 2002.
Hankins, B. *American Evangelicals. A Contemporary History of a Mainstream Religious Movement.* Lanham 2008.
Hatch, N.O. *The Democratization of American Christianity.* New Haven 1989.
Heyrman, C.L. *Southern Cross. The Beginnings of the Bible Belt.* New York 1997.
Hochgeschwender, M. *Wahrheit, Einheit, Ordnung. Die Sklavenfrage und der amerikanische Katholizismus, 1835-1870.* Paderborn 2006.
Hochgeschwender, M. *Amerikanische Religion. Evangelikalismus, Pfingstlertum und Fundamentalismus.* Frankfurt/M. 2007.
Johnson, P.E. *A Shopkeeper's Millennium. Society and Revivals in Rochester, New York, 1815-1837.* 2. Aufl., New York 2004.

Kidd, T.S. *The Great Awakening. The Roots of Evangelical Christianity in Colonial America.* New Haven 2007.
Lambert, F. *Religion in American Politics. A Short History.* Princeton 2008.
Lehmann, H. (Hg.). *Transatlantische Religionsgeschichte. 18. bis 20. Jahrhundert.* Göttingen 2006.
Marty, M.E. *Pilgrims in Their Own Land. 500 Years of Religion in America.* Boston 1984.
Miller, S.P. *Billy Graham and the Rise of the Republican South.* Philadelphia 2009.
Noll, M.A. *America's God. From Jonathan Edwards to Abraham Lincoln.* New York 2002.
Orsi, R.A. *The Madonna of 115th Street. Faith and Community in Italian Harlem, 1880–1950.* 3. Aufl., New Haven 2010.
Prätorius, R. *In God We Trust. Religion und Politik in den USA.* München 2003.
Turner, J. *Without God, without Creed. The Origins of Unbelief in America.* Baltimore 1985.
Williams, P.W. *America's Religions. From Their Origin to the Twenty-First Century.* 4. Aufl., Urbana 2015.

Christoph Marx

Südafrika
Geschichte und Gegenwart

2012. 326 Seiten, 22 Abb., 3 Karten. Kart. € 29,90
ISBN 978-3-17-021146-9

Südafrika blickt auf eine jahrtausendealte Geschichte zurück, es gilt als Ursprungsort der Menschheit. Mit dem Eintreffen der ersten Schiffe der niederländischen Ostindien-Handelskompanie begann die Kolonialgeschichte Südafrikas, die Zwangseinwanderung von Sklaven und die systematische Unterwerfung der indigenen Bevölkerung. Die Apartheidpolitik des 20. Jahrhunderts bedeutete eine Verschärfung des Rassismus, der zur Grundlage der Staatsordnung wurde. Dieser Band vermittelt einprägsam und eingängig grundlegende Informationen zur Geschichte des Landes bis in die unmittelbare Gegenwart. Das Buch bietet neben der politischen Ereignisgeschichte mit einem Schwerpunkt auf dem 20. Jahrhundert auch facettenreiche Einblicke in die südafrikanische Wirtschafts-, Kultur- und Sozialgeschichte.

Professor Dr. Christoph Marx lehrt außereuropäische Geschichte an der Universität Duisburg-Essen.

Leseproben und weitere Informationen unter www.kohlhammer.de

W. Kohlhammer GmbH · 70549 Stuttgart
vertrieb@kohlhammer.de

Kohlhammer

Udo Steinbach

Die arabische Welt im 20. Jahrhundert

Aufbruch – Umbruch – Perspektiven

2015. 414 Seiten, 22 Tab. Kart. € 49,-
ISBN 978-3-17-021157-5

Diese Geschichte der arabischen Welt behandelt den Zeitraum des 20. Jahrhunderts, vom Beginn des Ersten Weltkriegs bis zum Ausbruch der „Dritten Arabischen Revolte" ab 2011. Im Mittelpunkt der Darstellung steht die Entwicklung aller 22 Mitgliedsländer der Arabischen Liga. Die Einzeldarstellungen sind in die politischen, wirtschaftlichen, kulturellen und religiösen Zusammenhänge innerhalb der arabischen Welt als ganzer sowie in den Kontext der internationalen Politik seit dem Ende des Zweiten Weltkriegs eingebettet. Ein eigenes Kapitel ist der Rolle Deutschlands im Nahen Osten gewidmet. Ein Ausblick auf das 21. Jahrhundert „der Araber" projiziert die Ergebnisse der historischen Untersuchung in die Zukunft.

Professor Dr. Udo Steinbach war von 1976 bis 2006 Direktor des Deutschen Orient-Instituts in Hamburg. Von 2007-2010 lehrte er an der Universität Marburg Politik und Gesellschaft des Nahen und Mittleren Ostens.

Leseproben und weitere Informationen unter www.kohlhammer.de

W. Kohlhammer GmbH · 70549 Stuttgart
vertrieb@kohlhammer.de

Aus der Reihe

Mensch – Zeit – Geschichte

Ulrich Renz
Georg Elser
Allein gegen Hitler

2014. 116 Seiten, 23 Abb.
Kart. € 24,99
ISBN 978-3-17-026352-9

Bernd Braun
Die Reichskanzler der Weimarer Republik
Von Scheidemann bis Schleicher

2013. 154 Seiten, 12 Abb.
Kart. € 18,90
ISBN 978-3-17-021899-4

Sylvia Schraut
Bürgerinnen im Kaiserreich
Biografie eines Lebensstils

2013. 160 Seiten. Kart.
€ 19,90
ISBN 978-3-17-022436-0

Dominik Burkard
Joannes Baptista Sproll
Bischof im Widerstand

2013. 172 Seiten. Kart.
€ 19,90
ISBN 978-3-17-021492-7

Ernst Wolfgang Becker
Theodor Heuss
Bürger im Zeitalter der Extreme

2011. 184 Seiten, 11 Abb.
Kart. € 18,90
ISBN 978-3-17-021490-3

Christopher Dowe
Matthias Erzberger
Ein Leben für die Demokratie

2011. 160 Seiten. Kart.
€ 15,90
ISBN 978-3-17-021491-0

Kurt Hochstuhl
Friedrich Hecker
Revolutionär und Demokrat

2011. 122 Seiten, 17 Abb.
Kart. € 18,90
ISBN 978-3-17-021626-6

Leseproben und weitere Informationen unter www.kohlhammer.de

W. Kohlhammer GmbH · 70549 Stuttgart
vertrieb@kohlhammer.de

Kohlhammer